EDINO RIBEIRO GARCIA
WAGNER MENDES

ENCICLOPÉDIA DE LANÇAMENTOS CONTÁBEIS

6ª EDIÇÃO

Freitas Bastos Edit

Copyright © 2019 *by* Edino Ribeiro Garcia, Wagner Mendes

Todos os direitos reservados e protegidos pela Lei 9.610, de 19.2.1998. É proibida a reprodução total ou parcial, por quaisquer meios, bem como a produção de apostilas, sem autorização prévia, por escrito, da Editora.
Direitos exclusivos da edição e distribuição em língua portuguesa:

Maria Augusta Delgado Livraria, Distribuidora e Editora

Editor: *Isaac D. Abulafia*
Capa e Diagramação: *Jair Domingos de Sousa*

DADOS INTERNACIONAIS PARA CATALOGAÇÃO
NA PUBLICAÇÃO (CIP)

Garcia, Edino Ribeiro
   Enciclopédia de lançamentos contábeis / Edino Ribeiro Garcia, Wagner Mendes. 6. ed. Rio de Janeiro: Freitas Bastos, 2019.
   772 p.; 15,5cm x 23cm.
   Inclui Bibliografia
   ISBN 978-85-7987-358-4
   1. Contabilidade – Enciclopédias I. Mendes, Wagner. II. Título.

16-02734   CDD-657.03

Freitas Bastos Editora

Tel./Fax: (21) 2276-4500
atendimento@freitasbastos.com
www.freitasbastos.com

APRESENTAÇÃO

O livro "Enciclopédia de Lançamentos Contábeis" demonstra de maneira simples e objetiva a forma de contabilização dos fatos contábeis que ocorrem em diversas operações das empresas, sejam elas, industriais, mercantis ou prestadoras de serviços.

O objetivo desta obra é facilitar o dia a dia dos profissionais da área contábil, que atuam em diversos setores, sejam eles contadores, sub-contadores, analistas contábeis, assistentes contábeis, recém-formados em ciências contábeis, técnicos em contabilidade e demais profissionais que atuam na área fiscal ou tributária

Nesta edição, incluímos novos lançamentos contábeis como: Gratuidade, Imóveis para investimento, Ágio na Emissão de Ações, Ganhos e Perdas de Ajuste a Valor Justo, Ativo Biológico, Troca de mercadorias, Reserva de prêmios na emissão de debêntures, Royalties pagos e recebidos, PIS/COFINS – Estorno de crédito, Estoque – Peças de reposição, entre outros.

Estamos trazendo também os lançamentos contábeis das subcontas instituídos pela IN RFB nº 1.700/2017 que estão diretamente relacionados com a Lei nº 12.973/2014, para fins de ajuste na tributação do lucro real.

Os autores

SUMÁRIO

A

ABONO DO PIS/PASEP 1
    1. Introdução 1
    2. Tributação 2
    3. Registro Contábil 2
    4. Exemplo Prático 3

AÇÃO TRABALHISTA 3
    1. Introdução 3
    2. Imposto de Renda 3
    3. Registro Contábil 3
    4. Exemplo Prático 4

AÇÕES EM TESOURARIA EM SOCIEDADE ANÔNIMA 5
    1. Introdução 5
    2. Reservas utilizáveis 5
    3. Tributação 6
    4. Registro Contábil 6
    5. Exemplo Prático 7

ADIANTAMENTO A FORNECEDORES 9
    1. Introdução 9
    2. Imposto de Renda Pessoa Jurídica 9
    3. Registro Contábil 9
    4. Exemplo Prático 10

ADIANTAMENTO DE CLIENTES 13
    1. Introdução 13
    2. Imposto de Renda 13

3. Registro Contábil 13
4. Exemplo Prático 13

ADIANTAMENTO DE DESPESAS COM VIAGENS 15

1. Introdução 15
2. Imposto de Renda 16
3. Registro Contábil 16
4. Exemplo Prático 17

ADIANTAMENTO DE SAFRA 19

1. Introdução 19
2. Imposto de Renda 19
3. Registro Contábil 20
4. Exemplo Prático 20

ADIANTAMENTO PARA FUTURO AUMENTO DE CAPITAL .. 22

1. Introdução 22
2. Imposto de Renda 23
3. Registro Contábil 23
4. Exemplo Prático 24

ÁGIO EM INVESTIMENTOS AVALIADOS PELO PATRIMÔNIO LÍQUIDO 25

1. Introdução 25
2. Imposto de Renda 26
3. Registro Contábil 26
4. Exemplo Prático 26
   4.1 Ágio por mais-valia 26
   4.2 Amortização do ágio por rentabilidade futura 27
      4.2.1 Situação no Balanço 28
      4.2.2 Valor Líquido de Venda 28
      4.2.3 Valor de uso 28
      4.2.4 Perda por desvalorização 29
      4.2.5 Registro da perda na investidora 29

ÁGIO NA EMISSÃO DE AÇÕES 29

1. Introdução 29
2. Tributação 30

3. Registro Contábil 31
4. Exemplo Prático 31

AJUSTE A VALOR PRESENTE 32

1. Introdução 32
2. Tributação 32
3. Registro Contábil 34
4. Exemplo 34

AJUSTE DE EXERCÍCIOS ANTERIORES 37

1. Introdução 37
2. Retificação de Erros 37
   2.1. Correção dos erros 38
   2.2. Limitação à reapresentação retrospectiva 38
   2.3. Divulgação de erro de período anterior 39
   2.4. Exemplo 39
3. Registro Contábil 40
4. Exemplo Prático 40

ALIENAÇÃO DE PARTICIPAÇÃO SOCIETÁRIA –
AVALIADAS PELO MEP 42

1. Introdução 42
2. Imposto de Renda 42
3. Registro Contábil 42
4. Exemplo Prático 43

ALUGUEL 44

1. Introdução 44
2. Imposto de Renda 45
3. Registro Contábil 45
4. Exemplo Prático 45

AMORTIZAÇÃO 46

1. Introdução 46
2. Imposto de Renda 47
3. Registro Contábil 48
4. Exemplo Prático 48

AMOSTRA GRÁTIS 49
1. Introdução 49
2. Custos da produção 49
3. Registro Contábil 50
4. Tributos envolvidos na operação de distribuição das amostras grátis 50
5. Exemplo Prático 50

APLICAÇÃO FINANCEIRA DE RENDA FIXA 52
1. Introdução 52
2. Imposto de Renda 53
3. Registro Contábil 53
4. Exemplo Prático 54

APLICAÇÕES FINANCEIRAS EM RENDA VARIÁVEL 55
1. Introdução 55
2. Legislação Societária 56
3. Imposto de Renda 56
4. Registro Contábil 56
5. Exemplo PrÁtico 57

ARRENDAMENTO MERCANTIL FINANCEIRO 58
1. Introdução 58
2. Imposto de Renda 59
3. Registro Contábil 59
4. Exemplo Prático 62

ARRENDAMENTO MERCANTIL OPERACIONAL 66
1. Introdução 66
2. Imposto de Renda 66
3. Registro Contábil 67
4. Exemplo Prático 69

ASSINATURAS DE JORNAIS E REVISTAS 71
1. Introdução 71
2. Imposto de Renda 71

3. Registro Contábil 72
4. Exemplo Prático 73

ASSISTÊNCIA MÉDICA 74

1. Introdução 74
2. Imposto de Renda 74
3. Registro Contábil 75
4. Exemplo Prático 76

ATIVIDADE IMOBILIÁRIA – DISTRATO 76

1. Introdução 76
2. Imposto de Renda 77
3. Registro Contábil 77
4. Exemplo Prático 77

ATIVIDADE IMOBILIÁRIA – VENDA A PRAZO DE UNIDADE CONCLUÍDA 79

1. Introdução 79
2. Imposto de Renda 79
3. Registro Contábil 80
4. Exemplo Prático 80

ATIVIDADE IMOBILIÁRIA – VENDA COM CUSTO ORÇADO 82

1. Introdução 82
2. Imposto de Renda 83
3. Registro Contábil 83
4. Exemplo Prático 84

ATIVO BIOLÓGICO 86

1. Introdução 86
2. Tributação 87
3. Registro Contábil 88
4. Custos versus Valor Justo 88
5. Exemplo Prático 90
   5.1 Avaliação pelo método de custo 90
   5.2 Método pelo Valor Justo 91

ATIVO IMOBILIZADO – AQUISIÇÃO DE BENS 93
1. Introdução 93
2. Imposto de Renda 94
3. Registro Contábil 95
4. Exemplo Prático 95

ATIVO IMOBILIZADO – AQUISIÇÃO DE BENS COM FINANCIAMENTO 97
1. Introdução 97
2. Imposto de Renda 97
3. Registro Contábil 97
4. Exemplo PrÁtico 98

ATIVO IMOBILIZADO – BAIXA DE BENS 99
1. Introdução 99
2. Imposto de Renda 100
3. Registro Contábil 104
4. Exemplo Prático 104

ATIVO IMOBILIZADO – IMPORTAÇÃO DE BENS 108
1. Introdução 108
2. Imposto de Renda 108
3. Registro Contábil 110
4. Exemplo Prático 111

ATIVO IMOBILIZADO – SUBSTITUIÇÃO DE PARTES E PEÇAS 118
1. Introdução 118
2. Imposto de Renda 119
3. Registro Contábil 119
4. Exemplo Prático 120

ATIVO INTANGÍVEL 121
1. Introdução 121
2. Imposto de Renda 122
3. Registro Contábil 122
4. Exemplo Prático 124

AVALIAÇÃO CONTÁBIL DE INVESTIMENTO PELO CUSTO DE AQUISIÇÃO 124
1. Introdução 124
2. Imposto de Renda 125
3. Registro Contábil 126
4. Exemplo Prático 126

AVALIAÇÃO CONTÁBIL DE INVESTIMENTO PELO MEP 128
1. Introdução 128
2. Imposto de Renda 129
3. Registro Contábil 130
4. Exemplo Prático 131

B

BACK TO BACK 134
1. Introdução 134
2. Imposto de Renda 134
3. Registro Contábil 135
4. Exemplo Prático 135

BAIXA DOS ESTOQUES 138
1. Introdução 138
2. Imposto de Renda 138
3. Registro Contábil 139
4. Exemplo Prático 139

BANCO DE HORAS 140
1. Introdução 140
2. Imposto de Renda 141
3. Registro Contábil 141
4. Exemplo Prático 142

BENFEITORIAS EM PROPRIEDADE DE TERCEIROS 143
1. Introdução 143

2. Imposto de Renda 143
   3. Registro Contábil 144
   4. Exemplo Prático 146

**BONIFICAÇÕES DE MERCADORIAS
(DÚZIA DE 13 OU QUILO DE 1.200) 149**
   1. Introdução 149
   2. Imposto de Renda 149
   3. Registro Contábil 150
   4. Exemplo Prático 150

ÔNUS DE ADIMPLÊNCIA FISCAL 152
   1. Introdução 152
   2. Contribuição Social sobre o Lucro Líquido 152
   3. Registro Contábil 153
   4. Exemplo Prático 153

BRINDES 154
   1. Introdução 154
   2. Imposto de Renda 154
   3. Registro Contábil 155
   4. Exemplo Prático 156

C

CARTÃO DE CRÉDITO – COMPRAS 158
   1. Introdução 158
   2. Imposto de Renda 158
   3. Registro Contábil 159
   4. Exemplo Prático 159

CARTÃO DE CRÉDITO – VENDAS 160
   1. Introdução 160
   2. Imposto de Renda 160
   3. Registro Contábil 160
   4. Exemplo Prático 161

CESTA BÁSICA **162**
    1. Introdução 162
    2. Tributação 162
    3. Registro Contábil 163
    4. Exemplo Prático 164

CESTA DE NATAL DISTRIBUÍDA A COLABORADORES **165**
    1. Introdução 165
    2. Imposto de Renda 166
    3. Registro Contábil 166
    4. Exemplo Prático 167

CHEQUE ESPECIAL **168**
    1. Introdução 168
    2. Imposto de Renda 168
    3. Registro Contábil 168
    4. Exemplo Prático 168

CHEQUES DEVOLVIDOS **169**
    1. Introdução 169
    2. Imposto de Renda 169
    3. Registro Contábil 169
    4. Exemplo Prático 170

CHEQUES PRÉ-DATADOS **170**
    1. Introdução 170
    2. Imposto de Renda 171
    3. Registro Contábil 171
    4. Exemplo Prático 172

CISÃO DE SOCIEDADES **174**
    1. Introdução 174
    2. Imposto de Renda 174
    3. Registro Contábil 175
    4. Exemplo Prático 175

COMODATO **178**

1. Introdução 178
2. Imposto de Renda 179
3. Registro Contábil 179
4. Exemplo Prático 180

COMPENSAÇÃO DO PIS/PASEP, DA COFINS E DA CSL RETIDAS NA FONTE 182

1. Introdução 182
2. Contribuições Sociais 182
3. Registro Contábil 183

COMPRA DE MATÉRIA-PRIMA 185

1. Introdução 185
2. Imposto de Renda 185
3. Registro Contábil 186
4. Exemplo Prático 186

CONSIGNAÇÃO MERCANTIL 187

1. Introdução 187
2. Imposto de Renda 187
3. Registro contábil 187
4. Exemplo Prático 188

CONSÓRCIO DE BENS 193

1. Introdução 193
2. Imposto de Renda 194
3. Registro Contábil 194
4. Exemplo Prático 196

CONSTITUIÇÃO DE EMPRESAS 202

1. Introdução 202
2. Imposto de Renda 202
3. Registro Contábil 203
4. Exemplo Prático 203

CONSTRUÇÃO EM ANDAMENTO 205

1. Introdução 205

2. Imposto de Renda 205
3. Registro Contábil 206
4. Exemplo Prático 206

CONTRATO DE CONCESSÃO DE SERVIÇO PÚBLICO 208
1. Introdução 208
2. Imposto de Renda 209
3. Registro Contábil 210
   3.1. Ativo intangível 211
   3.2. Ativo financeiro 211
   3.3. Ativo intangível e ativo financeiro 212
4. Exemplo Prático 212

CONTRATOS DE LONGO PRAZO 216
1. Introdução 216
2. Tributação 217
3. Registro Contábil 218
4. Exemplo 218

CONTRATOS DE MÚTUO 221
1. Introdução 221
2. Tributação 222
3. Registro Contábil 223
4. Exemplo Prático 224

CRÉDITO DE CARBONO 226
1. Introdução 226
2. Imposto de Renda 227
3. Registro Contábil 227
4. Exemplo Prático 228

CRÉDITO DE PIS/COFINS 229
1. Introdução 233
2. Imposto de Renda 233
3. Registro Contábil 234
4. Exemplo Prático 234

CRÉDITO EXTEMPORÂNEO 233
1. Introdução 233
2. Imposto de Renda 233
3. Registro Contábil 234
4. Exemplo Prático 234

CRÉDITO OUTORGADO – SERVIÇO DE TRANSPORTE 235
1. Introdução 235
2. Imposto sobre a Circulação de Mercadorias e Serviços 235
3. Registro Contábil 235
4. Exemplo Prático 236

CRÉDITO PRESUMIDO DO IPI 237
1. Introdução 237
2. Imposto Sobre Produtos Industrializados 237
3. Registro Contábil 238
4. Exemplo Prático 238

CRÉDITOS DE LIQUIDAÇÃO DUVIDOSA 239
1. Introdução 239
2. Imposto de Renda 240
3. Registro Contábil 242
4. Exemplo Prático 243

CSRF (CONTRIBUIÇÕES SOCIAIS RETIDAS NA FONTE).... 245
1. Introdução 245
2. Retenção na Fonte 245
3. Registro Contábil 245
4. Exemplo Prático 247

CUSTO ATRIBUÍDO 249
1. Introdução 249
2. Tributação 249
3. Registro Contábil 250
4. Exemplo 250

CUSTO DE DESMONTAGEM 252

1. Introdução 252
2. Imposto de Renda 253
3. Registro Contábil 253
4. Exemplo Prático 253

CUSTO DE EMPRÉSTIMO SOBRE IMOBILIZADO 254

1. INTRODUÇÃO 254
2. IMPOSTO DE RENDA 255
3. REGISTRO CONTÁBIL 256
4. EXEMPLO PRÁTICO 256

CUSTOS INDIRETOS DE FABRICAÇÃO 258

1. Introdução 258
    1.1. Materiais Indiretos 258
    1.2. Mão de Obra Indireta 258
    1.3. Outros Custos Indiretos de Fabricação 258
2. Tributação 259
3. Registro Contábil 259
4. Exemplo Prático 260

D

DAÇÃO EM PAGAMENTO 262

1. Introdução 262
2. Imposto de Renda 262
3. Registro Contábil 263
4. Exemplo Prático 263

DEBÊNTURES 263

1. Introdução 263
2. IMPOSTO DE RENDA 264
3. Registro Contábil 264
    3.1. Juros e Participações 264
    3.2. Gastos com a colocação das debêntures no
    mercado 264
4. Exemplo Prático 265

DEMOLIÇÃO DE BENS DO ATIVO IMOBILIZADO 267
1. Introdução 267
2. Tributário 267
3. Registro Contábil 268
   3.1. CPC 27 – Imobilizado 269
   3.2. Definição 269
4. Exemplo Prático 269
   4.1. Aquisição de Edificação Nova com Demolição Prevista 269
   4.2. Demolição de Edificação existe com Nova Edificação 271

DEPÓSITO RECURSAL NA JUSTIÇA DO TRABALHO 272
1. Introdução 272
2. Registro Contábil 273
3. Exemplo Prático 273

DEPRECIAÇÃO 274
1. Introdução 274
2. Imposto de Renda 274
3. Registro Contábil 276
4. Exemplo Prático 276

DESCONTO DE DUPLICATAS 277
1. Introdução 277
2. Registro Contábil 278
3. Exemplo Prático 278
   3.1. Quando há a transferência dos riscos e benefícios 281

DESCONTO OBTIDO E CONCEDIDO 282
1. Introdução 282
2. IMPOSTO DE RENDA 282
3. Registro Contábil 283
   3.1. Na empresa que concede o desconto (credora) 283
   3.2. Na empresa que paga a duplicata ou outro título com desconto (devedora) 283

4. Exemplo Prático 283

DESONERAÇÃO DA FOLHA DE PAGAMENTO – FÉRIAS 284

1. Introdução 284
2. Aspectos da Desoneração da Folha 285
   2.1 Determinação dos valores devidos 285
   2.2 Períodos completos 286
   2.3 Períodos incompletos 286
3. Registro Contábil 287
4. Exemplos Práticos 288
   4.1 Atividades 100% desoneradas 288
   4.2 Demonstrativos para apuração das férias 288
       4.2.1 Período aquisitivo e dias de férias 288
       4.2.2 Demonstrativo dos valores a serem utilizados para provisionar 289
   4.3 Provisão com base na folha de pagamento 290
   4.4. Reversão da provisão 290
   4.5. Provisão com base na desoneração da folha 291

DESPESA COM PROPAGANDA E PUBLICIDADE 295

1. Introdução 295
2. Imposto de Renda 296
3. Registro Contábil 297
4. Exemplo Prático 298

DESPESA PRÉ-OPERACIONAL 300

1. Introdução 300
2. Imposto de Renda 301
3. Registro Contábil 302
4. Exemplo Prático 302

DESPESAS COM EMISSÕES DE AÇÕES 303

1. Introdução 303
2. Imposto de Renda 303
3. Registro Contábil 303
4. Exemplo Prático 303

DESPESAS COM FESTAS DE FINAL DE ANO 304

1. Introdução 304
2. Registro Contábil 305
   2.1. Cesta de Natal 305
   2.2. Festas de Confraternização 305
3. Exemplos Práticos 305
   3.1. Cesta de Natal 305
   3.2. Festas de Confraternização 306

DESPESAS COM FESTAS E GORJETAS DE FIM DE ANO 307

1. Introdução 307
2. Imposto de Renda 307
3. Registro Contábil 307
4. Exemplo Prático 308

DESPESAS DE VIAGENS 308

1. Introdução 308
2. Imposto de Renda 309
3. Registro Contábil 309
4. Exemplo Prático 309

DEVOLUÇÃO DE COMPRAS 310

1. Introdução 310
2. Imposto de Renda 311
3. Registro Contábil 311
4. Exemplo Prático 311

DEVOLUÇÃO DE VENDAS 312

1. Introdução 312
2. Registro Contábil 313
3. Exemplo Prático 313

DOAÇÃO 314

1. Introdução 314
2. Imposto de renda 315
3. Registro Contábil 316
4. Exemplo Prático 316

DUPLICATAS CAUCIONADAS 317
    1. Introdução 317
    2. Registro Contábil 317
    3. Exemplo Prático 318

DUPLICATAS – COBRANÇA SIMPLES 320
    1. Introdução 320
    2. Tributação 321
    3. Registro Contábil 321
    4. Exemplo Prático 321

E

EMBALAGENS 324
    1. Introdução 324
    2. Tributação 324
    3. Registro Contábil 325
    4. Exemplo Prático 325
    5. Custo 326
    6. Despesa 327
    7. Acondicionamento para o Transporte 328
    8. Da Relevância da Questão 329
    9. O que não pode ser feito 329
    10. Resumo 330

EMPRÉSTIMOS BANCÁRIOS COM JUROS ANTECIPADOS. 331
    1. Introdução 331
    2. Imposto de Renda 331
    3. Registro Contábil 331
    4. Exemplo Prático 332

EMPRÉSTIMO COMPULSÓRIO SOBRE COMBUSTÍVEIS E VEÍCULOS – ATUALIZAÇÃO MONETÁRIA E JUROS 334
    1. Introdução 334
    2. Atualização Monetária e Juros 334
    3. Imposto de Renda 335
    4. Registro Contábil 335

5. Exemplo Prático 335

EMPRÉSTIMOS DE DINHEIRO 336
1. Introdução 336
2. Encargos Financeiros 336
3. Registro Contábil 337
   3.1. Na empresa mutuante (que empresta o dinheiro) .. 337
   3.2. Na empresa mutuária (que toma o dinheiro emprestado) 337
4. Exemplo Prático 337

EMPRÉSTIMO PRÉ-FIXADO 340
1. Introdução 340
2. Tributação 340
3. Registro Contábil 341
4. Exemplo Prático 341

ENCERRAMENTO DE ATIVIDADES 342
1. Introdução 342
2. Imposto de Renda 343
3. Registro Contábil 343
4. Exemplo Prático 343

ENERGIA ELÉTRICA 347
1. Introdução 347
2. Registro Contábil 347
3. Exemplo Prático 348

ESTIMATIVA – IRPJ/CSLL 349
1. Introdução 349
2. Tributação 349
3. Registro Contábil 349
4. Exemplo Prático 350

ESTOQUE – AJUSTE ENTRE O FÍSICO E O CONTÁBIL 351
1. Introdução 351
2. Registro Contábil 351
3. Exemplo Prático 352

ESTOQUE – AVALIAÇÃO DE ESTOQUES PELO MÉTODO DE CUSTO (CPC 16) 353
1. Introdução 353
   1.1. Custo de Aquisição 353
   1.2. Custos de Transformação 354
2. Tributação 354
   2.1. Lucro Real 354
   2.2. Lucro presumido ou optante pelo Simples Nacional 355
   2.3. Mercadorias para revenda e matérias-primas industriais 356
3. Regras Contábeis e Exemplos Práticos 356
   3.1. O Questionamento da Depreciação Como Custo Fixo ou Variável 356
      3.1.2. Conceito de Custo Indireto 357
      3.1.3. Análise dos critérios de alocação de custos fixos indiretos 357
         3.1.3.1. Exemplos 357
   3.2. Forma de Tratamento do Custo Indireto 358
      3.2.1. Produção Simultânea de mais um Produto 359
   3.3. Demais Custos 360
   3.4. Itens não Incluídos no custo 360
   3.5. Componentes Financeiros nas Compras a Prazo ...361
   3.6. Demais Maneiras de Avaliação e Valorização dos Custos de Estoque 362
   3.7. Avaliação do Estoque pelo Valor de Mercado 363
   3.8. Valor de Mercado, Valor Realizável Líquido e Valor Justo 363
   3.9. Aplicação do Valor Realizável Líquido 365
      3.9.1. Redução dos estoques ao valor realizável líquido 365
         3.9.1.1. Estimativas do valor realizável líquido 366
         3.9.1.2. Provisões 366
         3.9.1.3. Materiais e outros bens de consumo 367
   3.10. Exemplo 367
   3.11. Repetição da Avaliação nos Períodos Subsequentes 368
   3.12. Diferenças entre o estoque físico e o contábil 369

3.12.1. Ajuste decorrente de erro na escrituração 369
3.12.2. Ajuste decorrente de furto, roubo,
desvio etc. 370

ESTOQUE – CUSTO DAS MERCADORIAS VENDIDAS 371
1. Introdução 371
2. Tributação 371
3. Registro Contábil 371
4. Exemplo Prático 372

ESTOQUE – PEÇAS DE REPOSIÇÃO PARA MANUTENÇÃO DE MÁQUINAS E EQUIPAMENTOS 373
1. Introdução 373
2. Registro Contábil 373
3. Exemplo Prático 374

ESTOQUE DE MERCADORIAS E DE INSUMOS 375
1. Introdução 375
2. Registro Contábil 375
3. Exemplos Práticos 376
   3.1. Compra de mercadorias para revenda 376
   3.2. Compra de insumos 376

ESTOQUES – VALOR REALIZÁVEL LÍQUIDO X VALOR DE CUSTO 377
1. Introdução 377
2. Imposto de Renda 377
3. Registro Contábil 377
4. Exemplos Práticos 378

EXAUSTÃO 379
1. Introdução 379
2. Imposto de Renda 379
3. Registro Contábil 380
4. Exemplo Prático 381

EXAUSTÃO DE RECURSOS MINERAIS 382
1. Introdução 382
2. Imposto de Renda 383

3. Registro Contábil 384
4. Exemplo Prático 384
    4.1. Quota normal 384
        4.1.1. Com base no volume de produção em relação à possança 384
        4.1.2. Com base no prazo de concessão 385
    4.2 Quota incentivada 385

EXPORTAÇÃO DE MERCADORIAS 386

1. Introdução 386
2. Impostos e Contribuições 387
    2.1 IPI 387
    2.2 PIS/Cofins 387
    2.3 DRAWBACK 387
3. Registro Contábil 388
4. Exemplo Prático 388
    3.1. O exportador aguarda o vencimento da cambial ... 388
    3.2. O exportador obtém um adiantamento sobre o contrato de câmbio 392

F

FACTORING 399

1. Introdução 399
2. Caracterização 399
3. Registro Contábil 400
4. Exemplo Prático 400

FATURAMENTO ANTECIPADO 401

1. Introdução 401
2. Registro Contábil 401
3. Exemplo Prático 402

FÉRIAS 404

1. Introdução 404
2. Imposto de Renda 405

3. Registro Contábil 406
4. Exemplo Prático 406

FINAME – BENS DO ATIVO IMOBILIZADO 409

1. Introdução 409
2. Encargos Financeiros 410
3. Registro Contábil 410
4. Exemplo Prático 410

FOLHA DE PAGAMENTO 412

1. Introdução 412
2. Registro Contábil 412
   2.1. Adiantamento salarial 412
   2.2. Salário-família 412
3. Exemplo Prático 413

FUNDO DE COMÉRCIO (*GOODWILL*) 418

1. Introdução 418
2. Imposto de Renda 418
3. Registro Contábil 418
4. Exemplo Prático 419

FUNDO FIXO DE CAIXA 421

1. Introdução 421
2. Registro Contábil 421
   2.1. Constituição do Fundo Fixo 421
   2.2. Recomposição do Fundo Fixo 421
3. Exemplo Prático 422

FURTO E APROPRIAÇÃO INDÉBITA PRATICADA POR FUNCIONÁRIOS 423

1. Introdução 423
2. Registro Contábil 423
3. Exemplo Prático 423

FUSÃO DE SOCIEDADES 425

1. Introdução 425

2. Imposto de Renda 425
3. Registro Contábil 426
4. Exemplo Prático 426

G

GANHOS E PERDAS DE AJUSTE A VALOR JUSTO 430
1. Introdução 430
2. Tributação 431
3. Registro Contábil 431
4. Exemplo Prático 432
   4.1 Ganho 432
   4.2 Perda 433

GRATIFICAÇÕES A EMPREGADOS E DIRETORES 434
1. Introdução 434
2. Imposto de Renda 434
3. Registro Contábil 435
4. Exemplo Prático 435

GRATUIDADE 436
1. Introdução 436
2. Tributação 436
3. Registro Contábil 437
4. Exemplo Prático 437

I

ICMS – CONSUMO DE ENERGIA ELÉTRICA 439
1. Introdução 439
2. Imposto de Renda 439
3. Registro Contábil 440
4. Exemplo Prático 440

ICMS – DIFERENÇA DE ALÍQUOTA 441

1. Introdução 441
2. ICMS 442
3. Registro Contábil 442
4. Exemplo Prático 442

ICMS – PAGAMENTO DE DUPLICATAS COM CRÉDITO DO ICMS 444

1. Introdução 444
2. ICMS 444
3. Registro Contábil 445
4. Exemplo Prático 445

ICMS – SUBSTITUIÇÃO TRIBUTÁRIA 446

1. Introdução 446
2. Imposto de Renda 446
3. Registro Contábil 446
4. Exemplo Prático 447

ICMS E IPI – COMPRA E VENDA 456

1. Introdução 456
2. ICMS e IPI 456
3. Registro Contábil 457
4. Exemplo Prático 458

ICMS PAGO POR ESTIMATIVA 461

1. Introdução 461
2. Imposto sobre Circulação de Mercadorias (ICMS) 461
3. Registro Contábil 461
4. Exemplo Prático 462

ICMS SOBRE FRETE 464

1. Introdução 464
2. Imposto sobre a Circulação de Mercadorias e Serviços (ICMS) 464
3. Registro Contábil 465
4. Exemplo Prático 465

ICMS SOBRE O ATIVO IMOBILIZADO 466
1. Introdução 466
2. ICMS, PIS-Pasep e Cofins 467
3. Registro Contábil 468
4. Exemplo Prático 469

IMÓVEIS PARA INVESTIMENTOS 472
1. Introdução 472
2. Tributação 473
3. Registro Contábil 473
   3.1 Método do custo 474
   3.2 Método do valor justo 474
4. Exemplo Contábil 475

IMPORTAÇÃO DE MERCADORIAS E INSUMOS 476
1. Introdução 476
2. Imposto de Renda 476
3. Registro Contábil 476
4. Exemplo Prático 477

INCORPORAÇÃO 481
1. Introdução 481
2. Imposto de Renda 482
3. Registro Contábil 483
4. Exemplo Prático 483

INDUSTRIALIZAÇÃO POR ENCOMENDA 493
1. Introdução 493
2. Imposto de Renda 493
3. Registro Contábil 493
4. Exemplo Prático 494

INSS RETIDO NA FONTE 496
1. Introdução 496
2. Registro Contábil 496
3. Exemplo Prático 497

    3.1. Na empresa prestadora de serviços 497
    3.2. Na empresa tomadora de serviços 498

INVESTIMENTOS EM CONTROLADAS E COLIGADAS 499

    1. Introdução 499
    2. Imposto de Renda 499
    3. Registro Contábil 500
    4. Exemplo 500

IOF A PAGAR 502

    1. Introdução 502
    2. Tributação 502
    3. Registro Contábil 502
    4. Exemplo Prático 503

IPTU 503

    1. Introdução 503
    2. Imposto de Renda 504
    3. Registro Contábil 504
    4. Exemplo Prático 504

IPVA 508

    1. Introdução 508
    2. Imposto de Renda 508
    3. Registro Contábil 509
    4. Exemplo Prático 509

IR FONTE – SERVIÇOS PRESTADOS ENTRE PESSOAS JURÍDICAS 511

    1. Introdução 511
    2. Imposto de Renda Retido na Fonte 511
    3. Registro Contábil 511
    4. Exemplo Prático 512

ISS (IMPOSTO SOBRE SERVIÇOS DE QUALQUER NATUREZA) 513

    1. Introdução 513

2. ISS 513
   3. Registro Contábil 514
   4. Exemplo Prático 514

ISS – ESTIMATIVA **515**
   1. Introdução 515
   2. ISS 515
   3. Registro Contábil 516
   4. Exemplo Prático 516

J

JUROS SOBRE O CAPITAL PRÓPRIO **519**
   1. Introdução 519
   2. Imposto de RENDA 519
   3. Registro Contábil 521
      3.1. Pessoa jurídica que estiver pagando ou
      creditando o rendimento 521
      3.2. Pessoa Jurídica Beneficiária do Rendimento 521
      3.3. S/A de Capital Aberto 521
   4. Exemplo Prático 522

L

**LIBERAÇÃO DAS COMISSÕES DEPOIS DO
RECEBIMENTO DAS VENDAS** **524**
   1. Introdução 524
   2. Imposto de Renda 524
   3. Registro Contábil 525
   4. Exemplo Prático 525

**LUCROS DISTRIBUÍDOS POR CONTA DE EXERCÍCIO
NÃO ENCERRADO** **526**
   1. Introdução 526
   2. Imposto de Renda 527

3. Registro Contábil 529
4. Exemplo Prático 529

LUCROS E DIVIDENDOS RECEBIDOS 531

1. Introdução 531
2. Registro Contábil 531
3. Exemplo Prático 532
    3.1. Participação societária avaliada pelo Método de Equivalência Patrimonial (MEP) 533
    3.2. Participação societária avaliada pelo Método de Custo de Aquisição (MCA) 534

M

MARCAS E PATENTES 537

1. Introdução 537
2. Registro Contábil 537
    2.1. Marcas 538
    2.2. Patentes de invenção 538
3. Exemplos Práticos 538

MERCADORIAS RECEBIDAS EM DEVOLUÇÃO DE VENDAS REALIZADAS EM EXERCÍCIOS ANTERIORES 539

1. Introdução 539
2. Registro Contábil 539
3. Exemplo Prático 540

MERCADORIAS RECEBIDAS EM DEVOLUÇÃO NO PRÓPRIO EXERCÍCIO 542

1. Introdução 542
2. Avaliação do Estoque e CVM 542
3. Registro Contábil 542
4. Exemplo Prático 543

MULTA DE MORA 545

1. Introdução 545
2. Imposto de Renda 546

3. Registro Contábil 546
4. Exemplo Prático 546

MULTA DE TRÂNSITO 547

1. Introdução 547
2. Imposto de Renda 548
3. Registro Contábil 548
4. Exemplo Prático 548

O

ÔNUS DO IRRF ASSUMIDO PELA FONTE PAGADORA 549

1. Introdução 549
2. Reajustamento do Rendimento Pago 549
3. Registro Contábil 550
4. Exemplo Prático 550

P

PAGAMENTO BASEADO EM AÇÕES 552

1. Introdução 552
2. Imposto de Renda 552
3. Registro Contábil 553
4. Exemplo Prático 554

PAGAMENTO DE DÍVIDA COM CHEQUE DE TERCEIROS .. 555

1. Introdução 555
2. Registro Contábil 556
3. Exemplo Prático 556

PARCELAMENTO DE DÉBITOS 557

1. Introdução 557
2. Registro Contábil 557
3. Exemplo Prático 558

PERDÃO DE DÍVIDA 560
1. Introdução 560
2. Tributação 561
3. Registro Contábil 561
4. Exemplo Prático 561
    4.1 Operação realizada no devedor 561
    4.2 Operação realizada no credor 562

PERMUTA 562
1. Introdução 562
2. Registro Contábil 563
3. Exemplo Prático 563

PIS/PASEP E COFINS 565
1. Introdução 565
2. Imposto de Renda 566
3. Registro Contábil 566
4. Exemplos Práticos 567

PIS/PASEP E COFINS – ESTORNO DE CRÉDITO 572
1. Introdução 572
2. PIS/PASEP e COFINS 572
3. Registro Contábil 572
4. Exemplo Prático 573

PIS/PASEP E COFINS – SUBSTITUIÇÃO TRIBUTÁRIA 574
1. Introdução 574
2. Registro Contábil 575
3. Exemplo Prático 575

PRECATÓRIOS – ADQUIRIDOS COM DESÁGIO 576
1. Introdução 576
2. Imposto de Renda 576
3. Registro Contábil 577
4. Exemplo Prático 577

PREJUÍZO CONTÁBIL 578

1. Introdução 578
2. Registro Contábil 578
3. Exemplo Prático 579

PRÊMIOS DE BENS COMO INCENTIVO À PRODUTIVIDADE 580

1. Introdução 580
2. Imposto de Renda 581
3. Registro Contábil 581
4. Exemplo Prático 581

PRÊMIOS DE SEGUROS 581

1. Introdução 581
2. Imposto de Renda 582
3. Registro Contábil 582
4. Exemplo Prático 582

PROGRAMA DE ALIMENTAÇÃO AOS TRABALHADORES (PAT) 583

1. Introdução 583
2. IMPOSTO DE RENDA 583
3. Registro Contábil 583
4. Exemplo Prático 584
   4.1. Empresas que adotam o sistema de refeições-convênio 584
   4.2. Empresas que fornecem refeições adquiridas de terceiros 585
   4.3. Empresas que possuem restaurante próprio 585

PRO LABORE 588

1. Introdução 588
2. Imposto de Renda 588
3. Registro Contábil 588
4. Exemplo Prático 589

PROUNI (PROGRAMA UNIVERSIDADE PARA TODOS) 591

1. Introdução 591

2. Imposto de Renda 591
3. Registro Contábil 592
4. Exemplo Prático 592

PROVISÃO DE FÉRIAS 593

1. Introdução 593
2. Imposto de Renda 593
3. Registro Contábil 594
   3.1. Baixa da provisão 594
4. Exemplo Prático 594

PROVISÃO IRPJ/CSLL – DIFERIDAS 596

1. Introdução 596
2. Imposto de Renda 596
3. Registro Contábil 596
4. Exemplo Prático 597

PROVISÃO PARA A CSLL 598

1. Introdução 598
2. Imposto de Renda 598
3. Registro Contábil 598
4. Exemplo Prático 598

PROVISÃO PARA O 13º SALÁRIO 598

1. Introdução 598
2. Imposto de Renda 599
3. Registro Contábil 600
4. Exemplo Prático 600

PROVISÃO PARA O IRPJ 604

1. Introdução 604
2. Imposto de Renda 604
3. Registro Contábil 604
4. Exemplo Prático 604

PROVISÃO PARA PASSIVO CONTINGENTE 605

1. Introdução 605
2. Imposto de Renda 606
3. Registro Contábil 606
4. Exemplo 607

PROVISÕES PARA PERDAS DE LIVROS 608

1. Introdução 608
2. Imposto de Renda 609
3. Registro Contábil 609
4. Exemplo Prático 610

Q

QUEBRA E PERDA DE ESTOQUES 611

1. Introdução 611
2. Imposto de Renda 611
3. Registro Contábil 611

QUOTAS LIBERADAS 613

1. Introdução 613
2. Registro do Comércio 613
3. Imposto de Renda 614
4. Registro Contábil 614
5. Exemplo Prático 614

R

REDUÇÃO DO CAPITAL SOCIAL 617

1. Introdução 617
2. Registro Contábil 617
3. Exemplo Prático 617

REEMBOLSO DE DESPESAS 618

1. Introdução 618

2. Registro Contábil 618
3. Exemplos Práticos 618
   3.1. Reembolso de despesas de veículos de empregados 618
   3.2. Reembolso de despesas entre empresas 619

REMESSA DE MERCADORIAS PARA CONSERTO 621

1. Introdução 621
2. Registro Contábil 621
3. Exemplo Prático 621

REMESSA DE MERCADORIAS PARA DEMONSTRAÇÃO 622

1. Introdução 622
2. Registro Contábil 623
3. Exemplo Prático 623
   3.1. Contabilização na empresa remetente 623
   3.2. Contabilização na empresa de representação de vendas 624

RESERVA DE CAPITAL 624

1. Introdução 624
2. Legislação Societária 624
3. Registro Contábil 625
4. Exemplo Prático 625

RESERVA DE LUCROS 626

1. Introdução 626
2. Classificação 627
   2.1. Reserva legal 627
   2.2. Reserva estatutária 628
   2.3. Reserva para contingências 628
   2.4. Reserva de incentivos fiscais 628
   2.5. Reserva de lucros para expansão 628
   2.6. Reserva de lucros a realizar 629
   2.7. Reserva especial para dividendo obrigatório não distribuído 629
3. IMPOSTO DE RENDA 630

4. REGISTRO CONTÁBIL 631
5. EXEMPLO PRÁTICO 631

RETENÇÃO DO ISS 632

1. Introdução 633
2. ISS 633
3. Registro Contábil 633
4. Exemplo Prático 634

RESCISÃO DO CONTRATO DE TRABALHO 635

1. Introdução 635
2. Previdência e FGTS 635
3. Exemplo Prático 635

RESERVA DE INCENTIVOS FISCAIS 638

1. Introdução 638
2. Imposto de Renda 638
3. Registro Contábil 640
4. Exemplo Prático 641

RESERVA DE PRÊMIOS NA EMISSÃO DE DEBÊNTURES 643

1. Introdução 643
2. Imposto de Renda 643
3. Registro Contábil 644
4. Exemplo Prático 644

RESERVA PARA CONTINGÊNCIA 647

1. Introdução 647
2. Registro Contábil 647
3. Exemplo Prático 648

RETIFICAÇÃO DE LANÇAMENTOS CONTÁBEIS 649

1. Introdução 649
2. Registro Contábil 649
3. Exemplo Prático 650

ROYALTIES PAGOS E RECEBIDOS 652

1. Introdução 652
2. Imposto de Renda 652
3. Registro Contábil 653
4. Exemplo Prático 653

S

SALÁRIO-MATERNIDADE 655

1. Introdução 655
2. Registro Contábil 655
3. Exemplo Prático 655

SIMPLES NACIONAL 656

1. Introdução 656
2. Registro Contábil 656
3. Exemplo Prático 656

SINISTRO DE BENS 657

1. Introdução 657
2. Imposto de Renda 657
3. Registro Contábil 657
   3.1. Estorno do crédito de ICMS, PIS/Pasep e Cofins 658
4. Exemplo Prático 658

SOBRAS DE MATERIAL PRODUTIVO – RESÍDUOS 660

1. Introdução 660
2. Imposto de Renda 660
3. Registro Contábil 660
   3.1. Sobras com valor insignificante 661
   3.2. Sobras com valor significativo 661
      3.2.1. Avaliação pelo custo estimado 662
      3.2.2. Avaliação pelo preço de mercado 663
4. Exemplo Prático 664

SUBCONTAS DA LEI Nº 12.973/2014 664

1. Introdução 664

2. Valor Presente 664
3. Valor Justo 665
4. Adoção Inicial 665
5. Imposto de Renda 666
    5.1. Adoção inicial 666
    5.2. Valor presente do ativo 667
    5.3. Valor presente do passivo 667
    5.4. Avaliação a valor justo 669
6. Registro Contábil 670
    6.1. Adoção inicial 670
    6.2. Valor presente do ativo 671
    6.3. Valor presente do passivo 671
    6.4. Avaliação a valor justo 673
7. Exemplos Práticos 674
    7.1. Adoção inicial: Diferença positiva do ativo. 674
    7.2. Adoção inicial: Diferença negativa do ativo. 675
    7.3. Ajuste a valor presente do passivo: 676
    7.4. Ajuste a valor presente do ativo: 677
    7.5. Avaliação a valor justo: Ganho do ativo. 679
    7.6. Avaliação a valor justo: Perda do ativo. 680

SUBSCRIÇÃO DE CAPITAL SOCIAL 682

1. Introdução 682
2. Registro Contábil 682
3. Exemplo Prático 682

SUBVENÇÕES PARA INVESTIMENTOS 683

1. Introdução 683
2. Imposto de Renda 683
3. Registro Contábil 684
4. Exemplo Prático 685

T

TESTE DE RECUPERABILIDADE 686

1. Introdução 686
2. Imposto de Renda 687

3. Registro Contábil 687
4. Exemplo 687

TÍTULOS A RECEBER 690

1. Introdução 690
2. Registro Contábil 690
3. Tributação 690
4. Exemplo Prático 691

TRANSFERÊNCIA ENTRE MATRIZ E FILIAL 691

1. Introdução 691
2. Imposto de Renda 692
3. Registro Contábil 692
   3.1. Contabilidade Centralizada 692
   3.2. Contabilidade Descentralizada 692
4. Exemplo Prático 692

TROCA DE MERCADORIAS EM GARANTIA 693

1. Introdução 693
2. Registro Contábil 693
3. Exemplo Prático 694

V

VALE-PEDÁGIO 695

1. Introdução 695
2. Registro Contábil 695
   2.1. No embarcador 696
3. Exemplo Prático 696

VALE-TRANSPORTE 699

1. Introdução 699
2. imposto de renda 699
3. Registro Contábil 699
   3.1. Aquisição dos vales-transportes 700
   3.2. Descontos dos empregados 700
4. Exemplo Prático 700

VALOR JUSTO **701**
   1. Introdução 701
   2. Imposto de Renda 701
   3. Registro Contábil 702
   4. Exemplo Prático 703

VARIAÇÃO CAMBIAL **704**
   1. Introdução 704
   2. Imposto de Renda 704
   3. Registro Contábil 705
   4. Exemplo Prático 705

VARIAÇÃO NO PERCENTUAL DE PARTICIPAÇÃO AVALIADA PELO MÉTODO DE EQUIVALÊNCIA PATRIMONIAL **706**
   1. Introdução 706
   2. Tributação 707
   3. Registro Contábil 707
   4. Exemplo Prático 707
      4.1 Cálculo do novo percentual 708
      4.2 Calcular a Equivalência Patrimonial 708
      4.3 Lançamentos contábeis 708

VENDA AMBULANTE **709**
   1. Introdução 709
   2. Imposto de Renda 709
   3. Registro Contábil 710
   4. Exemplo Prático 710

VENDA COM ENTREGA FUTURA **712**
   1. Introdução 712
   2. Imposto de Renda 713
   3. Registro Contábil 713
   4. Exemplo Prático 713

VENDA DE INGRESSOS EM EVENTOS **715**
   1. Introdução 715
   2. Imposto de Renda 715

3. Registro Contábil 715
4. Exemplo Prático 716

VENDA DE MERCADORIAS E SERVIÇOS **716**

1. Introdução 716
2. Definições 717
3. Registro Contábil 717
4. Exemplo Prático 717

VENDOR **719**

1. Introdução 719
2. Registro Contábil 719
3. Exemplo Prático 719

W

WARRANT AGROPECUÁRIO (WA) **722**

1. Introdução 722
2. Características do *Warrant* 722
3. Registro Contábil 724
4. Exemplo Prático 724

BIBLIOGRAFIA **726**

A

ABONO DO PIS/PASEP

1. INTRODUÇÃO

O programa do Abono Salarial é um benefício no valor de um salário mínimo anual, assegurado aos empregados que recebem até dois salários mínimos de remuneração mensal de empregadores que contribuem para o Programa de Integração Social ou para o Programa de Formação do Patrimônio do Servidor Público (artigo 239 da CF/1988 e Lei nº 7.998/1990), quais sejam:

a) tenham exercido atividade remunerada pelo menos durante 30 dias no ano-base;

b) estejam cadastrados há pelo menos 5 anos no Fundo de Participação PIS/Pasep ou no Cadastro Nacional do Trabalhador. Instituído em 1970, por intermédio das Leis Complementares nos 7 e 8, de forma similar para Empregados Privados e Servidores Públicos, objetivando promover a integração na vida e no desenvolvimento das Empresas/Entidades Públicas, mediante contribuições dos empregadores a serem distribuídas em contas individuais em nome de cada empregado/servidor. Posteriormente, foram unificados, sob a denominação de PIS/Pasep, os fundos constituídos com recursos do Programa de Integração Social (PIS) e do Programa de Formação do Servidor Público (Pasep) (Lei Complementar nº 26/1975).

Em 5 de outubro de 1988, o Congresso Constituinte promulgou a nova Carta Magna, alterando parcialmente a destinação das contribuições para os programas PIS/Pasep, por meio do artigo 239, passando a financiar o programa do Seguro-Desemprego, o Abono Salarial, e programas de desenvolvimento econômico, bem como preservou os patrimônios acumulados.

Complementarmente, procedeu-se à regulamentação do dispositivo constitucional, mediante Leis n°s 7.998/1990, que especificamente dispuseram o quanto segue:

É assegurado o recebimento de Abono Salarial no valor de um salário mínimo vigente na data do respectivo pagamento, aos empregados que:

a) receberam em média, até 2 (dois) salários mínimos mensais no ano anterior;

b) estiverem cadastrados no Programa de Integração Social (PIS) ou Programa de Formação do Patrimônio do Servidor Público;

c) PIS/Pasep há pelo menos 5 (cinco) anos;

d) trabalharam no ano anterior, com vínculo empregatício, pelo menos 30 dias.

Convênio

Se a empresa ou entidade pública estiver cadastrada na Caixa Econômica Federal ou Banco do Brasil S.A., o pagamento será realizado por meio do contracheque do trabalhador.

2. TRIBUTAÇÃO

O abono salarial do PIS/Pasep está isento do Imposto de Renda na Fonte e na Declaração de Ajuste Anual da pessoa física, conforme dispõe o artigo 35, inciso I, alínea "m" do RIR/2018.

3. REGISTRO CONTÁBIL

A empresa conveniada com a Caixa Econômica Federal receberá o valor do abono do PIS e registrará em conta do passivo circulante com obrigação a pagar e em contrapartida a conta de caixa ou bancos.

4. EXEMPLO PRÁTICO

Admita-se que uma empresa receba da CEF o valor de R$ 1.000,00 a ser repassado aos seus colaboradores cadastrados no PIS.

I – Pela entrada dos recursos do PIS:

CONTAS CONTÁBEIS	DÉBITO – R$	CRÉDITO – R$
Caixa ou Bancos (Ativo Circulante)	1.000,00	
Abono do PIS a Pagar (Passivo Circulante)		1.000,00

II – Pelo pagamento do abono do PIS:

CONTAS CONTÁBEIS	DÉBITO – R$	CRÉDITO – R$
Abono do PIS a Pagar (Passivo Circulante)	1.000,00	
Caixa ou Bancos (Ativo Circulante)		1.000,00

AÇÃO TRABALHISTA

1. INTRODUÇÃO

Ação trabalhista também denominada de reclamação trabalhista é uma ação judicial movida pelo empregado contra a empresa ou equiparada a empresa ou empregador doméstico a quem tenha prestado serviço, que visa resgatar direitos decorrentes da relação de emprego, expressa ou tacitamente celebrado entre empregado e empregador.

2. IMPOSTO DE RENDA

As provisões constituídas decorrentes de ação trabalhista somente serão dedutíveis para fins de determinação do lucro real e da base de cálculo da Contribuição Social sobre o Lucro Líquido quando houver o transito julgado da ação, que defina o valor da condenação, ou o seu respectivo pagamento, sendo que tal faculdade não pode ocasionar prejuízos a Fazenda Nacional (art. 339 do RIR/2018 e Lei nº 9.249/1995, art. 13, inciso I).

3. REGISTRO CONTÁBIL

De acordo com os princípios de contabilidade, recomenda-se que as ações trabalhistas sejam provisionadas para a empresa se precaver de futuros gastos com obrigações já ocorridas que ainda não possuem prazos e nem valores de liquidação.

De acordo com o Pronunciamento Técnico CPC 25, provisão é um passivo de prazo ou de valor incertos.

Uma provisão somente deve ser reconhecida quando atender, cumulativamente, às seguintes condições:

> a) a entidade tem uma obrigação legal ou não formalizada presente como consequência de um evento passado;
>
> b) é provável a saída de recursos para liquidar a obrigação;
>
> c) pode ser feita estimativa confiável do montante da obrigação.

Se o passivo não atender os critérios necessários para o seu reconhecimento não deve ser contabilizado, tendo em visto que será tratado como passivo contingente. Neste caso, se a probabilidade de ocorrência do desembolso for provável ou possível deve ser divulgado em notas explicativas.

4. EXEMPLO PRÁTICO

Vamos supor que existe um processo trabalhista contra a empresa e é provável que ocorra o pagamento da ação trabalhista e que tenham sido reconhecidas as 3 (três) condições citadas no item anterior. A probabilidade de ocorrência dos desembolsos futuros é dada pela seguinte tabela:

CENÁRIOS	DESEMBOLSO EM R$	PROBABILIDADE DE OCORRÊNCIA DO DESEMBOLSO
A	200.000	20%
B	190.000	70%
C	180.000	40%

Como o cenário B apresenta a maior probabilidade de ocorrência de pagamento, é recomendável que essa provisão seja reconhecida pelo valor de R$ 190.000, pois apresenta a melhor estimativa.

1.Pela apropriação da provisão

CONTAS CONTÁBEIS	DÉBITO R$	CRÉDITO R$
Despesas com Provisões Trabalhistas (Conta de Resultado)	190.000,00	
Provisão de Natureza Trabalhista (Passivo Circulante)		190.000,00

AÇÕES EM TESOURARIA EM SOCIEDADE ANÔNIMA

1. INTRODUÇÃO

A sociedade anônima poderá adquirir suas próprias ações, para permanência em tesouraria ou cancelamento, desde que até o valor do saldo de lucros ou reservas, exceto a legal, e sem diminuição do capital social, ou por doação (artigo 30 da Lei nº 6.404/1976).

A aquisição das ações pela própria sociedade anônima de capital aberto deve seguir as normas expedidas pela Comissão de Valores Mobiliários, que poderá subordiná-las à prévia autorização, conforme o caso.

As próprias ações adquiridas pela sociedade anônima, enquanto mantidas em tesouraria não terão direito a dividendo e nem a voto.

2. RESERVAS UTILIZÁVEIS

Para que uma empresa possa adquirir ações próprias para simples manutenção em tesouraria ou futuro cancelamento, é necessário que possua reservas com valores suficientes para suportar o montante pago por essa compra. Todavia, não deve ser considerada a reserva legal (as reservas de reavaliação e de correção monetária do capital integralizado, enquanto existiam, também não podiam ser consideradas para esse fim).

No caso da reserva legal, a proibição é expressa por lei e, no das outras reservas, a vedação é pela natureza que elas possuem.

As reservas de reavaliação não podiam ter outra destinação a não ser sua transformação em lucros acumulados (ou em resultado do exercício), já que eram valores incrementados no Patrimônio

Líquido por avaliação a preços de mercado; eram valores que ainda não tinham sido realizados.

Com a alteração da Lei das S.As. pela Lei nº 11.638/2007, desde 1º.01.2008, a conta de reservas de reavaliação deixou de existir. Assim, de acordo com o artigo 6º da Lei nº 11.638/2007, os saldos existentes nas reservas de reavaliação deverão ser mantidos até a sua efetiva realização ou devem ter sido estornados até 31.12.2008.

3. TRIBUTAÇÃO

Em caso de venda das ações em tesouraria com lucro (contabilizado diretamente a crédito da conta de reserva de capital – Reserva de Ágio na Alienação de Ações Próprias, este não sofrerá tributação pelo Imposto de Renda, de acordo com o Decreto-Lei nº 1.598/1977, artigo 38, incorporado ao RIR/2018, artigo 520.

Do mesmo modo, segundo o mesmo dispositivo legal, em caso de venda com prejuízo, este não será dedutível para fins do Imposto de Renda, mesmo que, erroneamente, seja debitado do resultado.

4. REGISTRO CONTÁBIL

Quando a companhia adquire ações próprias, ela não pode mantê-las no seu Ativo Circulante, mesmo que tenham grandes chances de negociação em mercado, haja vista que estas representam direitos contra seu próprio Patrimônio Líquido. Essa compra corresponde a uma devolução de capital aos acionistas e assim deve ser tratada: como redução do Patrimônio Líquido.

Por isso, no plano de contas deve haver uma conta com o título "Ações em Tesouraria", ou outro semelhante, dentro do Patrimônio Líquido, que funcione como conta retificadora.

A aquisição de ações de emissão da própria entidade e sua alienação também são consideradas transações de capital da entidade com seus sócios e igualmente não devem afetar o resultado da entidade. Os custos de transação incorridos na aquisição de ações de emissão da própria entidade devem ser tratados como acréscimo do custo de aquisição de tais ações. (Resolução CFC nº 1.313/2010 – NBC TG 08 – Custos de Transação e Prêmios na Emissão de Títulos e Valores Mobiliários, itens 8 e 9).

5. EXEMPLO PRÁTICO

A) Aquisição das ações

Admite-se que a Sociedade Anônima adquiriu 10.000 ações próprias a um custo unitário de R$ 1,50 cada uma e que tenha reservas estatutárias no montante de R$ 100.000,00. Sugerimos o seguinte lançamento.

I – Pela aquisição das ações:

CONTAS CONTÁBEIS	DÉBITO – R$	CRÉDITO – R$
Ações em Tesouraria (Conta Redutora do PL)	15.000,00	
Disponibilidades (Ativo Circulante)		15.000,00

DEMONSTRAÇÃO NO PATRIMÔNIO LÍQUIDO	VALOR EM R$
Reservas Estatutárias	100.000,00
(-) Ações em Tesouraria	15.000,00
Resultado da conta	85.000,00

B) Venda das ações

No caso da sociedade alienar essas ações e obter lucro, o registro contábil da operação deve ser feito em conta de reserva, com tratamento de ágio na alienação de ações em tesouraria.

Considerando os dados da aquisição de ações com venda de metade das ações, temos:

5.000 ações x R$ 1,50 = R$ 7.500,00 (custo de aquisição)

Venda no valor de R$ 10.000,00

Ganho apurado de: R$ 10.000,00 – R$ 7.500,00 = R$ 2.500,00

I – Pela venda:

CONTAS CONTÁBEIS	DÉBITO – R$	CRÉDITO – R$
Disponibilidades (Ativo Circulante)	10.000,00	
Ações em Tesouraria (Conta Redutora do PL)		7.500,00
Reserva de Ágio na alienação de ações em tesouraria (Patrimônio Líquido)		2.500,00

C) Venda com prejuízo

Suponhamos que a outra metade seja vendida com prejuízo. Este poderá integrar o resultado do exercício? Também não. Primeiramente, deveremos baixá-lo contra a conta de ágio criada com os resultados positivos em vendas anteriores. Se essa conta não existir ou se seu saldo não for suficiente, o valor adicional do prejuízo deverá ser contabilizado contra as reservas que originaram recursos para aquisição das ações.

No exemplo, consideramos que as ações próprias adquiridas foram compradas com recursos constantes das reservas estatutárias.

Dessa forma, se vendermos o outro lote com prejuízo, teremos que, primeiramente, consumir o saldo da reserva de capital criada com o lucro da negociação anterior.

Se o prejuízo for superior a esse saldo, a diferença será jogada contra as reservas estatutárias.

É exatamente para o caso de esses prejuízos acontecerem que a legislação exige que a companhia só possa negociar (por deliberação sua) com ações próprias se tiver reservas com saldos suficientes.

Contabilização

Consideremos que a metade restante das ações venha a ser vendida por apenas R$ 2.500,00. Teremos o seguinte lançamento:

I – Pela venda:

CONTAS CONTÁBEIS	DÉBITO – R$	CRÉDITO – R$
Disponibilidades (Ativo Circulante)	2.500,00	
Reserva de Ágio na alienação de ações em tesouraria (Patrimônio Líquido)	2.500,00	
Reserva Estatutária (Patrimônio Líquido)	2.500,00	
Ações em Tesouraria (Conta Redutora do PL)		7.500,00

ADIANTAMENTO A FORNECEDORES

1. INTRODUÇÃO

A pessoa jurídica adquirente de bens poderá conceder adiantamento a fornecedores de insumos, mercadorias para revenda ou mesmo de bens destinados ao ativo imobilizado.

No adiantamento a insumos ou mercadorias, a classificação será feita na conta de Estoque dentro do Ativo Circulante e, quando da aquisição de bens duráveis, será registrado em conta do Ativo Imobilizado dentro do Ativo Não Circulante.

2. IMPOSTO DE RENDA PESSOA JURÍDICA

Os adiantamentos feitos a fornecedores não serão passiveis de tributação por parte do fornecedor enquanto o bem ainda não tiver sido produzido e o adquirente somente poderá registrar os impostos recuperáveis quando obtiver o bem pela tradição.

3. REGISTRO CONTÁBIL

Adiantamentos a fornecedores de insumos e/ou materiais de consumo

Considerando-se que não constituem um direito a ser exercido com a finalidade de imobilização (mas sim para o giro dos negócios), os adiantamentos a fornecedores de mercadorias, matérias-primas, material secundário, material de embalagem e materiais de consumo classificam-se:

a) no Ativo Circulante, quando realizáveis no curso do exercício subsequente; ou, mais remotamente;

b) no Ativo Realizável a Longo Prazo, quando realizáveis após o término do exercício seguinte.

Adiantamentos concedidos a fornecedores de bens destinados ao Ativo Imobilizado. Há duas linhas de entendimento, a saber:

a) classificação no Ativo Imobilizado, por representarem um direito a ser exercido com a finalidade de aquisição de bens destinados à manutenção das atividades da empresa;

b) classificação no Ativo Circulante ou no Ativo Realizável a Longo Prazo (conforme o prazo de realização), justamente por se tratar de simples direito de aquisição, o qual poderá ser realizado ou não, pendente, pois, de evento futuro, ou seja, do cumprimento do contrato.

Para nós o procedimento referido na letra "a" é o que melhor atende à boa técnica contábil, uma vez que o fato de os adiantamentos serem efetuados para aquisição de bens do Ativo Imobilizado, por si só, já representa manifestação da intenção de permanência.

> **Nota**
> O Parecer Normativo nº 108/1978 orienta que, quando efetuada de acordo com princípios contábeis recomendados para cada caso específico, é admitida a classificação dos adiantamentos em referência no Ativo Circulante ou no Ativo Realizável a Longo Prazo.

A empresa que recebe os adiantamentos registrará em conta do passivo a obrigação com terceiros em contrapartida à conta caixa ou bancos.

4. EXEMPLO PRÁTICO

1º) Compra de Mercadorias

Admita-se que determinada empresa, em 1º.04.20X1, adquirisse de seu fornecedor, Comercial "ERG" Ltda., mercadorias para revenda nas seguintes condições:

- A mercadoria tem com prazo de entrega 30.04.20X1, momento que será emitido o documento fiscal de saída das mercadorias.
- Foi disponibilizado adiantamento no valor de R$ 25.000,00.
- O valor remanescente de R$ 25.000,00 será pago 30 dias após o recebimento da mercadoria.

I – Pelo Adiantamento:

CONTAS CONTÁBEIS	DÉBITO – R$	CRÉDITO – R$
Adiantamento a Fornecedores (Ativo Circulante)	25.000,00	
Caixa ou Bancos (Ativo Circulante)		25.000,00

II – Pelo Recebimento da mercadoria:

CONTAS CONTÁBEIS	DÉBITO – R$	CRÉDITO – R$
Estoque (Ativo Circulante)	41.000,00	
ICMS a Recuperar (Ativo Circulante)	9.000,00	
Fornecedores		50.000,00

III – Pela Quitação do Adiantamento:

CONTAS CONTÁBEIS	DÉBITO – R$	CRÉDITO – R$
Fornecedores (Passivo Circulante)	25.000,00	
Adiantamento a Fornecedores (Ativo Circulante)		25.000,00

IV – Pelo pagamento do saldo:

CONTAS CONTÁBEIS	DÉBITO – R$	CRÉDITO – R$
Fornecedores (Passivo Circulante)	25.000,00	
Caixa ou Bancos (Ativo Circulante)		25.000,00

2º) Compra de bem do Ativo Imobilizado

Admita-se um adiantamento de R$ 50.000,00 pago à Empresa "WM" Ltda., na assinatura do pedido, em 20.04.20X1, por conta da produção de uma prensa no valor total de R$ 150.000,00.

O saldo remanescente de R$ 100.000,00 será pago no momento da entrega do equipamento com previsão para 20.05.20X1, ocasião em que será emitida, pelo fornecedor, a respectiva nota fiscal.

I – Pelo Adiantamento:

CONTAS CONTÁBEIS	DÉBITO – R$	CRÉDITO – R$
Imobilizado em Andamento (Ativo Não Circulante)	50.000,00	
Caixa ou Bancos (Ativo Circulante)		50.000,00

II – Pelo recebimento do bem com a transferência da conta Imobilizado em Andamento:

CONTAS CONTÁBEIS	DÉBITO – R$	CRÉDITO – R$
Imobilizado (Ativo Não Circulante)	50.000,00	
Imobilizado em Andamento (Ativo Não Circulante)		50.000,00

III – Pelo recebimento do bem com o pagamento do saldo:

CONTAS CONTÁBEIS	DÉBITO – R$	CRÉDITO – R$
Imobilizado (Ativo Não Circulante)	73.000,00	
ICMS a Recuperar (Ativo Circulante)	27.000,00	
Caixa ou Bancos (Ativo Circulante)		100.000,00

ADIANTAMENTO DE CLIENTES

1. INTRODUÇÃO

É comum as empresas receberem de seus clientes adiantamentos por conta da produção de bens ou serviços. As importâncias recebidas a esse título constituem uma obrigação da beneficiária (a fornecedora) para com o seu cliente.

2. IMPOSTO DE RENDA

Os adiantamentos recebidos de clientes por conta de produtos ou mercadorias ainda não produzidas, regra geral, não terão tributação do Imposto de Renda e da Contribuição Social sobre o Lucro.

3. REGISTRO CONTÁBIL

Os adiantamentos recebidos de clientes, por conta do fornecimento futuro de bens ou serviços, representam uma obrigação da empresa beneficiária do adiantamento para com seu cliente.

A classificação da obrigação de entregar os bens ou os serviços objeto do adiantamento será no Passivo Circulante, quando for exigível até o término do exercício seguinte, ou no Passivo Não Circulante quando for exigível após o término do exercício seguinte

4. EXEMPLO PRÁTICO

Admita-se que determinada empresa fabricante de caixas de parafusos receba em 03.06.20X1 um adiantamento de R$ 5.000,00 de seu cliente "RAG" Comercial Ltda. para o fornecimento de 50.000 unidades do referido produto.

- valor total da mercadoria – R$ 10.000,00;
- prazo para entrega da mercadoria (quando então será emitida a nota fiscal correspondente) – 15 dias contados a partir da data de assinatura do pedido (03.04.20X1), ou seja, em 18.06.20X1; e

- saldo remanescente, que é de R$ 5.000,00 – será pago 10 dias após a data de entrega da mercadoria, ou seja, em 28.06.20X1.

I – Pelo Adiantamento recebido em 03.06.20X1:

CONTAS CONTÁBEIS	DÉBITO – R$	CRÉDITO – R$
Caixa ou Bancos (Ativo Circulante)	5.000,00	
Adiantamento de clientes (Passivo Circulante)		5.000,00

II – Pela venda da mercadoria em 18.06.30x1:

CONTAS CONTÁBEIS	DÉBITO – R$	CRÉDITO – R$
Clientes (Ativo Circulante)	10.000,00	
Receita de Vendas (Conta de Resultado)		10.000,00

III – Pelo ajuste do valor a receber em 18.06.20X1:

CONTAS CONTÁBEIS	DÉBITO – R$	CRÉDITO – R$
Adiantamento de Clientes (Passivo Circulante)	5.000,00	
Clientes (Ativo Circulante)		5.000,00

Demonstrativo de saldo das contas clientes e Adiantamento de Clientes:

CONTA	DÉBITO	CRÉDITO	SALDO (D/C)
Clientes	R$ 10.000,00	R$ 5.000,00	R$ 5.000,00 (D)
Adiantamento de Clientes	R$ 5.000,00	R$ 5.000,00	-0-

IV – Pelo recebimento do saldo em 28.06.20X1 ajuste do valor a receber em 15.04.20X1:

CONTAS CONTÁBEIS	DÉBITO – R$	CRÉDITO – R$
Caixa ou Bancos (Ativo Circulante)	5.000,00	
Clientes (Ativo Circulante)		5.000,00

ADIANTAMENTO DE DESPESAS COM VIAGENS

1. INTRODUÇÃO

Conceituam-se como diárias os valores pagos em caráter acidental e transitório, embora possam estender-se por um mês ou mais, bem como ocorrer em vários meses do ano, destinados a cobrir, exclusivamente, despesas de alimentação e pousada em virtude de deslocamento de empregado, funcionário ou diretor para município diferente do de sua sede profissional no desempenho de seu emprego, cargo ou função para efetuar serviço eventual por conta do empregador.

De acordo com a legislação do Imposto de Renda, a pessoa jurídica na concessão de diárias, deverá observar o seguinte:

a) que os valores pagos a esse título guardem critérios de razoabilidade, não só em relação aos preços vigentes no local da prestação do serviço como também em relação à estrutura de cargos e salários da pessoa jurídica;

b) que as diárias não visem a indenizar gastos com pessoas sem vínculo empregatício;

c) que correspondam a despesas de alimentação, pousada e correlatas no local da prestação do serviço eventual e temporário;

d) que, a qualquer momento, possa ser comprovado pela pessoa jurídica, que pagou a diária e a lançou contabilmente, como despesa operacional, a realização do deslocamento e do pernoite, se for o caso, que originou seu pagamento;

e) a comprovação retro mencionada deverá ser efetuada mediante a apresentação do bilhete de passagem ou nota fiscal de serviço e do recibo do estabelecimento hoteleiro, quando a viagem incluir pernoite. Nesses documentos, deve constar o nome do empregado, sendo também necessário que a pessoa jurídica mantenha relatórios internos que demonstrem os valores pagos como diárias a cada empregado que as recebeu.

2. IMPOSTO DE RENDA

A pessoa jurídica poderá deduzir na determinação do lucro real, em cada período de apuração, independentemente de comprovação, os gastos de alimentação, no local do desempenho da atividade, em viagem de seus empregados a seu serviço, desde que não excedentes ao valor de R$ 16,57 por dia de viagem.

Para tanto, a viagem deverá ser comprovada por recibo de estabelecimento hoteleiro, ou bilhete de passagem quando a viagem não incluir qualquer pernoite, que mencione o nome do funcionário a serviço da pessoa jurídica.

Essa dedução, todavia, não se aplica aos casos de gastos de viagem realizada por funcionários em função de transferências definitivas para outro estabelecimento da pessoa jurídica e também em relação às despesas com alimentação de sócios, acionistas e diretores. Essa vedação aplica-se, inclusive, para efeito de apuração da base de cálculo da Contribuição Social sobre o Lucro. (Lei nº 9.249/1995, Instrução Normativa SRF nº 1.700/2017 e Portaria MF nº 312/1995).

3. REGISTRO CONTÁBIL

Despesas com viagens no território nacional

Os valores correspondentes a adiantamentos concedidos aos empregados para suprir gastos com viagens devem ser lançados em conta do Ativo Circulante, na conta "Adiantamentos para Viagens". À opção da empresa, podem ser criadas, ainda, subcontas distintas que segreguem os adiantamentos concedidos a empregados daqueles concedidos a dirigentes.

No retorno do empregado ou dirigente, quando este prestar contas à empresa, os valores efetivamente gastos durante a viagem serão, então, registrados na conta, ou contas, de despesa correspondente, tendo como contrapartida a conta do Ativo supramencionada.

Despesas com viagens no exterior

Os adiantamentos concedidos em moeda estrangeira, para empregados ou dirigentes que viajarem a serviço da empresa para o exterior, devem ser convertidos em reais com base na cotação vigente na data da aquisição, devendo ser contabilizados:

a) em conta do Ativo Circulante, no subgrupo "Disponível" ("Numerário em Moeda Estrangeira", por exemplo), caso a entrega da respectiva quantia ao empregado não ocorra imediatamente; ou

b) diretamente em conta do subgrupo "Outros Créditos" ("Adiantamentos para Viagens", por exemplo), também do Ativo Circulante, se o valor for disponibilizado de imediato ao empregado ou dirigente.

Caso o numerário seja disponibilizado em data posterior à da aquisição, caberá a atualização do respectivo valor com base na variação cambial ocorrida no período.

Por ocasião da prestação de contas, o valor correspondente aos gastos realizados no exterior deve ser convertido em reais com base na cotação da moeda estrangeira vigente nessa data.

Importa observar que a variação cambial deve ser reconhecida por regime de caixa ou segundo o regime de competência, conforme seja a opção da pessoa jurídica quanto ao sistema de reconhecimento da atualização de créditos e obrigações em moeda estrangeira.

4. EXEMPLO PRÁTICO

Viagens dentro do Brasil

Admita-se que a empresa tenha concedido adiantamento no valor de R$ 1.000,00 em 10.10.20X1 para suprir os gastos com viagem a ser realizada por um de seus colaboradores e que este houvesse retornado em 25.10.20X1, tendo gasto R$ 800,00 na viagem.

I – Pelo adiantamento concedido em 10.10.20X1:

CONTAS CONTÁBEIS	DÉBITO – R$	CRÉDITO – R$
Adiantamentos para Viagens (Ativo Circulante)	1.000,00	
Caixa ou Bancos (Ativo Circulante)		1.000,00

II – Pela apropriação da despesa em 25.10.20X1:

CONTAS CONTÁBEIS	DÉBITO – R$	CRÉDITO – R$
Despesas com viagens (Conta de Resultado)	800,00	
Caixa ou Bancos (Ativo Circulante)	200,00	
Adiantamento para Viagens (Ativo Circulante)		1.000,00

Viagens para o Exterior

Admitam-se os seguintes dados:

- Adiantamento de U$ 3.000,00, com dólar cotado nesta data a R$ 1,70.
- Na data da variação cambial e apropriação da despesa, cotação do dólar a R$ 1,75.
- Despesa com viagens na ordem de U$ 2.900 com cotação do dólar a R$ 1,75.

I – Pela aquisição da moeda estrangeira:

CONTAS CONTÁBEIS	DÉBITO – R$	CRÉDITO – R$
Adiantamento de Viagens ao Exterior (Ativo Circulante)	5.100,00	
Caixa ou Bancos (Ativo Circulante) U$ 3.000,00 x 1,70		5.100,00

II – Pela variação cambial:

CONTAS CONTÁBEIS	DÉBITO – R$	CRÉDITO – R$
Adiantamento de Viagens ao Exterior (Ativo Circulante)	150,00	
Variação Cambial Ativa (Conta de Resultado) U$ 3.000,00 x 1,75 – R$ 5.100,00		150,00

III – Pela apropriação da despesa:

CONTAS CONTÁBEIS	DÉBITO – R$	CRÉDITO – R$
Despesas com viagens (Conta de Resultado)	5.075,00	
Numerário em Moeda Estrangeira (Ativo Circulante) U$ 2.900,00 x 1,75 – 5.250,00	175,00	
Adiantamento de Viagens ao Exterior (Ativo Circulante)		5.250,00

ADIANTAMENTO DE SAFRA

1. INTRODUÇÃO

As vendas para entrega futura podem ocorrer em qualquer segmento da atividade.

Na rural, pode ocorrer de a empresa alienar a safra não colhida. Neste caso, o recebimento do valor será tratado como uma antecipação.

2. IMPOSTO DE RENDA

Os adiantamentos de recursos financeiros, recebidos por conta de contrato de compra e venda de produtos agrícolas para entrega futura, são computados como receita no mês da efetiva entrega do produto. (Instrução Normativa RFB nº 83/2001, artigo 19.)

3. REGISTRO CONTÁBIL

A pessoa jurídica que explora atividade rural ao vender a sua safra ainda não produzida registrará o adiantamento recebido em conta do Passivo que poderá ser denominada Adiantamento de Terceiros.

Por ocasião da entrega da safra produzida, será reconhecida a receita bruta de venda dos produtos.

4. EXEMPLO PRÁTICO

Admita-se a venda de uma safra ainda não colhida no valor de R$ 100.000,00 em 15.09.20X1 com entrega da safra produzida em 26.12.20X1 e, ao final da safra colhida, o custo foi de R$ 80.000,00.

Nota
Estamos admitindo que a empresa tenha optado por emitir a nota fiscal de simples faturamento.
Nos dados do exemplo, não há qualquer menção ao valor do ICMS incidente sobre a operação porque é vedado o destaque desse imposto na nota fiscal de "simples faturamento", emitida por ocasião das vendas para entrega futura (artigo 40 do Convênio s/nº, de 15.12.1970, com a redação que lhe foi dada pelo Ajuste Sinief nº 01/1987).

Empresa Agropecuária

I – Pelo adiantamento recebido:

CONTAS CONTÁBEIS	DÉBITO – R$	CRÉDITO – R$
Caixa ou Bancos (Ativo Circulante)	100.000,00	
Adiantamento de terceiros (Passivo Circulante)		100.000,00

II – Pela venda efetiva:

CONTAS CONTÁBEIS	DÉBITO – R$	CRÉDITO – R$
Clientes (Ativo Circulante)	100.000,00	
Receita de Vendas (Conta de Resultado)		100.000,00

III – Pela baixa do estoque:

CONTAS CONTÁBEIS	DÉBITO – R$	CRÉDITO – R$
Custo da safra vendida (Conta de Resultado)	80.000,00	
Estoque (Ativo Circulante)		80.000,00

IV – Impostos e contribuições sobre a venda:

CONTAS CONTÁBEIS	DÉBITO – R$	CRÉDITO – R$
Impostos Incidentes sobre a Venda (Ativo Circulante)	31.201,22	
ICMS a Recolher (Passivo Circulante)		21.951,22
PIS a Recolher (Passivo Circulante)		1.650,00
Cofins a Recolher (Passivo Circulante)		7.600,00

Nota
Os lançamentos do ICMS, PIS e Cofins foram feitos considerando que a legislação desses tributos não isenta o produto na sua saída.

V – Pela baixa do adiantamento recebido:

CONTAS CONTÁBEIS	DÉBITO – R$	CRÉDITO – R$
Adiantamento de Terceiros (Passivo Circulante)	100.000,00	
Clientes (Ativo Circulante)		100.000,00

Empresa adquirente dos insumos

I – Pelo adiantamento da safra:

CONTAS CONTÁBEIS	DÉBITO – R$	CRÉDITO – R$
Direitos de Safra (Ativo Circulante)	100.000,00	
Caixa ou Bancos (Ativo Circulante)		100.000,00

II – Pela aquisição da safra:

CONTAS CONTÁBEIS	DÉBITO – R$	CRÉDITO – R$
Estoque (Ativo Circulante)	68.798,78	
ICMS a Recuperar (Ativo Circulante)	21.951,22	
PIS a Recuperar (Ativo Circulante)	1.650,00	
Cofins a Recuperar (Ativo Circulante)	7.600,00	
Fornecedores (Passivo Circulante)		100.000,00

Nota
Os tributos foram lançados em conta do ativo a recuperar considerando que a legislação vigente venha a permitir a sua compensação.

III – Pela baixa do adiantamento da safra:

CONTAS CONTÁBEIS	DÉBITO – R$	CRÉDITO – R$
Fornecedores (Passivo Circulante)	100.000,00	
Direito de Safra (Ativo Circulante)		100.000,00

ADIANTAMENTO PARA FUTURO AUMENTO DE CAPITAL

1. INTRODUÇÃO

Os adiantamentos para futuro aumento de capital são os recursos recebidos pela empresa, de seus acionistas ou quotistas, a serem utilizados com a finalidade de aumentar o capital social.

As dúvidas relacionadas aos adiantamentos para aumento de capital residem na sua classificação como Passivo Exigível ou como Patrimônio Líquido na empresa que os recebe e como Ativo Realizável a Longo Prazo ou como Investimento (no Ativo Não Circulante) na empresa que os efetua.

É necessário levantar, inclusive, os aspectos relativos à análise de balanços, pela interferência que as diferentes classificações têm nos cálculos dos diversos índices de liquidez geral e de relacionamento entre capital próprio e de terceiros etc.

2. IMPOSTO DE RENDA

O Fisco brasileiro, no passado, não via com simpatia essa forma de contabilização dos adiantamentos para futuro aumento de capital, não aceitando a dedutibilidade da correção monetária da parte do Patrimônio Líquido representado por valores dessa natureza (Parecer Normativo CST nº 23/1981).

Esse posicionamento fiscal certamente era motivado pela inexistência de norma que obrigasse à correção monetária do valor do adiantamento, na empresa que o efetuasse, quando classificado fora do Ativo Não Circulante.

Todavia, com o advento do Decreto nº 332/1991, em face do disposto no seu artigo 4º, I, "f" (que estava incorporada à alínea "j" do inciso I do artigo 396 do RIR/1994), tornou-se obrigatória a correção monetária das contas devedoras e credoras representativas de adiantamentos para futuro aumento de capital, como procedimento integrante da correção monetária patrimonial.

Verifica-se, assim, que a preocupação do Fisco no tocante à questão era tão somente com as suas implicações na correção monetária do balanço, o que, atualmente, não tem mais razão de ser, em virtude da extinção dessa correção desde 1º.01.1996 (Lei nº 9.249/1995, artigo 4º).

3. REGISTRO CONTÁBIL

A princípio, no recebimento de tais recursos, a empresa deve registrar o recurso recebido, normalmente, no Ativo Circulante, e a crédito dessa conta específica "Adiantamento para Futuro Aumento de Capital".

Assim, consideramos que, no caso de haver por parte do profissional de contabilidade, inclusive na função específica de auditor independente, razão para crer que se trata de adiantamento a ser efetivamente destinado a aumento de capital, o valor deve figurar desde a sua entrada na empresa como parte do Patrimônio Líquido.

PATRIMÔNIO LÍQUIDO	VALOR EM R$
Capital Integralizado	R$ xxxx
Adiantamento para Futuro Aumento de Capital	R$ xxxx

Por outro lado, no Ativo da pessoa jurídica que efetuar o adiantamento, deveria ser classificado o adiantamento já como parte do Investimento (no Ativo Não Circulante). Afinal, a intenção de investir está desde já identificada no próprio adiantamento, e sua classificação no Ativo Realizável não faz muito sentido.

Só que, por não ser ainda participação societária, não cabe a aplicação do método da equivalência patrimonial.

Assim, segundo estabelece a Resolução CFC nº 1.159/2009, itens 68 e 69, apesar de os adiantamentos para futuro aumento de capital não terem sido tratados especificamente pelas alterações trazidas pela Lei nº 11.638/2007 e Lei nº 11.941/2009; todavia, devem ser à luz do princípio da essência sobre a forma classificados no Patrimônio Líquido das entidades.

Os adiantamentos para futuros aumentos de capital realizados, sem que haja a possibilidade de sua devolução, devem ser registrados no Patrimônio Líquido, após a conta de Capital Social. Caso haja qualquer possibilidade de sua devolução, devem ser registrados no Passivo Não Circulante.

4. EXEMPLO PRÁTICO

Admita-se que os sócios da empresa GBTO participações Ltda. resolvam aportar capital no valor de R$ 100.000,00 na sua empresa como adiantamento para futuro aumento de capital, mas não tem certeza absoluta que isso acontecerá no futuro.

I – Pelo Adiantamento para futuro aumento de capital:

CONTAS CONTÁBEIS	DÉBITO – R$	CRÉDITO – R$
Caixa ou Bancos (Ativo Circulante)	100.000,00	
Adiantamento para Futuro Aumento de Capital (Passivo Não Circulante)		100.000,00

Continuando o exemplo, considerando que passado algum tempo, os sócios resolvam que não mais será integralizado o capital com o aporte realizado, temos:

II – Pelo devolução do adiantamento para futuro aumento de capital:

CONTAS CONTÁBEIS	DÉBITO – R$	CRÉDITO – R$
Adiantamento para Futuro Aumento de Capital (Passivo Não Circulante)	100.000,00	
Caixa ou Bancos (Ativo Circulante)		100.000,00

Agora considerando os mesmos dados, na data do adiantamento já este evidenciado que será capitalizado o aporte efetuado, temos:

III – Pelo Adiantamento para futuro aumento de capital:

CONTAS CONTÁBEIS	DÉBITO – R$	CRÉDITO – R$
Caixa ou Bancos (Ativo Circulante)	100.000,00	
Adiantamento para Futuro Aumento de Capital (Patrimônio Líquido)		100.000,00

ÁGIO EM INVESTIMENTOS AVALIADOS PELO PATRIMÔNIO LÍQUIDO

1. INTRODUÇÃO

O ágio reconhecido em uma combinação de negócios é a diferença entre o valor pago ou compromissos por pagar e o montante líquido do valor justo dos ativos e passivos da entidade.

Valor justo é o preço que seria recebido pela venda de um ativo ou que seria pago pela transferência de um passivo em uma transação não forçada entre participantes do mercado na data de mensuração (CPC 46 – Mensuração do Valor Justo).

Na aquisição do investimento, quaisquer diferenças entre o custo do investimento e a participação do investidor no valor justo líquido dos ativos e passivos identificáveis da investida devem ser contabilizadas separadamente.

2. IMPOSTO DE RENDA

Para atender a legislação do imposto de renda a pessoa jurídica que avaliar seus investimentos pelo valor do patrimônio líquido deverá separar o custo de aquisição em (art. 431 do RIR/2018):
 a) Valor de patrimônio líquido, ou seja, valor contábil
 b) Mais ou menos-valia, ou seja, a diferença entre o valor justo do patrimônio líquido e o valor contábil deste.
 c) Ágio por rentabilidade futura, ou seja, a diferença entre o custo de aquisição e o somatório dos valores apurados nas letras "a" e "b"

A aquisição de participação societária sujeita à avaliação pelo valor do patrimônio líquido exige o reconhecimento e a mensuração, primeiramente, dos ativos identificáveis adquiridos e dos passivos assumidos a valor justo; e posteriormente, do ágio por rentabilidade futura (*goodwill*) ou do ganho proveniente de compra vantajosa.

3. REGISTRO CONTÁBIL

A participação societária, a mais-valia e o ágio por rentabilidade futura devem ser registrados em contas separadas.

O ágio fundamentado em rentabilidade futura (*goodwill*) relativo a uma coligada, a uma controlada ou a um empreendimento controlado em conjunto, deve ser incluído no valor contábil do investimento e sua amortização não é permitida.

Qualquer excedente da participação do investidor no valor justo líquido dos ativos e passivos identificáveis da investida sobre o custo do investimento, deve ser incluído como receita na determinação da participação do investidor nos resultados da investida no período em que o investimento for adquirido.

4. EXEMPLO PRÁTICO

4.1 Ágio por mais-valia

Empresa ABC adquire participação na empresa GAMA pelo valor de 180.000,00 cujo percentual é de 35%. O Patrimônio liquida da investida é de 400.000,00 e o seu valor justo é de 420.000,00.
 a) Ágio por mais-valia é de 7.000,00 (20.000,00 x 35%)

b) Ágio por rentabilidade futura é de 84.000,00 (180.000 − 35% de 420.000)

1. Pela aquisição do Investimento

CONTAS CONTÁBEIS	DÉBITO – R$	CRÉDITO – R$
Participação na empresa GAMA (Ativo Não Circulante)	89.000,00	
Mais Valia (Ativo Não Circulante)	7.000,00	
Ágio por Rentabilidade Futura (Ativo Não Circulante)	84.000,00	
Bancos Conta Movimento (Ativo Circulante)		180.000,00

Considerando que o ágio por mais-valia se deu em função de bens do ativo não circulante da investida e que no 1º ano o bem foi depreciado a taxa de 20% ao ano, a amortização do ágio será reconhecida na investidora no final do exercício social da seguinte forma:

Valor do ativo registrado 7.000,00 x 20% = 1.400,00

2. Pela amortização do ágio por mais-valia

CONTAS CONTÁBEIS	DÉBITO – R$	CRÉDITO – R$
Receita de Equivalência Patrimonial (Conta de Resultado)	1.400,00	
Mais Valia (Ativo Não Circulante)		1.400,00

4.2 Amortização do ágio por rentabilidade futura

O ágio por rentabilidade futura (*goodwill*) não poderá ser amortizado, por ter vida útil indeterminada, mas pode ser realizado em função da redução ao valor recuperável de ativos previstos no CPC 01 (teste do impairment). Movimento (Ativo Circulante) 180.000,00.

A entidade deve avaliar ao fim de cada período, se há alguma indicação de que um ativo possa ter sofrido desvalorização. Se houver alguma indicação, a entidade deve estimar o valor recuperável do ativo.

Independentemente de existir, ou não, qualquer indicação de redução ao valor recuperável, a entidade deve, testar, anualmente, o ágio pago por expectativa de rentabilidade futura (*goodwill*) em combinação de negócios.

Considerando que a empresa GAMA tem uma máquina para produção registrada pelo valor de 28.000,00 (custo de aquisição) e taxa de depreciação de 10% ao ano teremos:

4.2.1 Situação no Balanço

Valor de Custo	28.000,00
Depreciação	5.600,00
Valor Contábil	22.400,00

4.2.2 Valor Líquido de Venda

Valor Mercado	24.400,00
Gasto Venda	12.000,00
Valor Venda	12.400,00

4.2.3 Valor de uso

Produção de 10.000 peças ao custo de 3,50 por peça totalizando 35.000,00 e preço de venda 5,00 por peça resultando em 50.000,00 de receita bruta no ano 1 e ano 2

Ano 20X1

Receita Bruta	50.000,00
Custo	40.000,00
Resultado	10.000,00

Custo Contábil do bem e de 10% ao ano
Valor Presente 10.000,00/1,1 = 9.090,90

Ano 20X2

Receita Bruta	50.000,00
Custo	40.000,00
Resultado	10.000,00

Custo Contábil do bem e de 10% ao ano
Valor Presente 10.000,00/1,21 = 8.264,46
Dessa forma o valor de uso resulta em: 9.090,90 + 8264,46 = 17.355,36

4.2.4 Perda por desvalorização

Valor Venda   12.400,00
Valor Uso   17.355,36

Utilizar o maior valor entre
Valor Contábil   22.400,00
Valor Uso   17.355,36
Perda   5.044,64

4.2.5 Registro da perda na investidora

Como a empresa investida efetuara o registro da perda no valor de 5.044,64 a investidora poderá fazer à amortização de 25% dessa perda resultando em 1.261,16

2. Pela amortização do ágio por rentabilidade futura

CONTAS CONTÁBEIS	DÉBITO – R$	CRÉDITO – R$
Perda por teste de recuperabilidade (Conta de Resultado)	1.261,16	
Ágio por Rentabilidade Futura (Ativo Não Circulante)		1.261,16

ÁGIO NA EMISSÃO DE AÇÕES

1. INTRODUÇÃO

Os valores registrados nas contas de Reservas de Capital não transitam por contas de resultado, sendo recebidos sem contraprestação de serviços ou bens, mas como aplicações de capital.

Serão classificadas como reserva de capital as contas que registrarem a contribuição do subscritor de ações que ultrapassar o valor nominal e a parte do preço de emissão das ações sem valor nominal que ultrapassar a importância destinada à formação do capital social, inclusive nos casos de conversão em ações de debêntures ou partes beneficiárias. Essa reserva tem a denominação de "Reserva de Ágio na Emissão de Ações".

As Reservas de Capital somente podem ser utilizadas para:

a) absorver prejuízos, quando estes ultrapassarem os lucros acumulados e as reservas de lucros, exceto no caso da existência de lucros acumulados e de reservas de lucros, quando os prejuízos serão absorvidos primeiramente por essas contas;
b) resgate, reembolso ou compra de ações;
c) resgate de partes beneficiárias;
d) incorporação ao capital social;
e) pagamento de dividendo a ações preferenciais, quando essa vantagem lhes for assegurada.

2. TRIBUTAÇÃO

Não serão computadas na determinação do lucro real as importâncias, creditadas a reservas de capital, que o contribuinte com a forma de companhia receber dos subscritores de valores mobiliários de sua emissão a título de ágio na emissão de ações por preço superior ao valor nominal, ou a parte do preço de emissão de ações sem valor nominal destinada à formação de reservas de capital.

Os aumentos de capital das pessoas jurídicas mediante incorporação de lucros ou reservas não sofrerão tributação do imposto na fonte.

A isenção não se aplica se a pessoa jurídica, nos cinco anos anteriores à data da incorporação de lucros ou reservas ao capital, restituiu capital aos sócios ou ao titular, mediante redução do capital social, caso em que o montante dos lucros ou reservas capitalizados será considerado, até o montante da redução do capital, atualizado monetariamente até 31 de dezembro de 1995, como lucro ou dividendo distribuído, sujeito, na forma da legislação pertinente, à tributação na fonte e na declaração de rendimentos, quando for o caso, como rendimento dos sócios, dos acionistas, ou do titular da pessoa jurídica.

Se a pessoa jurídica, dentro dos cinco anos subsequentes à data da incorporação de lucros ou reservas, restituir capital social aos sócios ou ao titular, mediante redução do capital social ou, em caso de liquidação, sob a forma de partilha do acervo líquido, o capital restituído considerar-se-á lucro ou dividendo distribuído, sujeito, nos termos da legislação pertinente, à tributação na fonte e na declaração de rendimentos, quando for o caso, como rendimento dos sócios, dos acionistas ou do titular.

A tributação não se aplica no caso de aumento do capital social mediante incorporação de reserva de capital formada com ágio na emissão de ações, com o produto da alienação de partes beneficiárias ou bônus de subscrição, ou com correção monetária do capital.

3. REGISTRO CONTÁBIL

O ágio na emissão de ações é lançado em conta do patrimônio líquido tendo como contrapartida a conta de caixa ou bancos, tendo em vista que não pode afetar o resultado do período.

4. EXEMPLO PRÁTICO

A empresa ERG emite 9.000 ações com valor nominal de R$ 6,00 por ação e procede a venda dessas ações a preço de 8,60 por ação, obtendo um ágio de 2,60 por ação.

Cálculo do ágio
9.000 ações x R$ 6,00 =   R$ 54.000,00
9.000 ações x R$ 8,60 =   R$ 77.400,00
Diferença =   R$ 23.400,00

1. Pela subscrição das ações

CONTAS CONTÁBEIS	DÉBITO R$	CRÉDITO R$
Capital Social a Realizar (Patrimônio Líquido)	54.000,00	
Capital Social (Patrimônio Líquido)		54.000,00

2. Pela realização da subscrição de ações

CONTAS CONTÁBEIS	DÉBITO R$	CRÉDITO R$
Bancos Conta Movimento (Patrimônio Líquido)	77.400,00	
Capital Social a Realizar (Patrimônio Líquido)		54.000,00
Reserva de Ágio na Emissão de Ações (Patrimônio Líquido)		23.400,00

AJUSTE A VALOR PRESENTE

1. INTRODUÇÃO

Ajuste a Valor presente (AVP) de que trata o Pronunciamento Técnico CPC nº 12 tem como objetivo efetuar o ajuste para demonstrar o valor presente de um fluxo de caixa futuro. Esse fluxo de caixa pode estar representado por ingressos ou saídas de recursos (ou montante equivalente; por exemplo, créditos que diminuam a saída de caixa futuro seriam equivalentes a ingressos de recursos).

O AVP é aplicado aos ativos ou passivos de longo prazo, e quando tenham relevância também são aplicados nos ativos e passivos de curto prazo.

Para determinar o valor presente de um fluxo de caixa, três informações são requeridas:

a) valor do fluxo futuro (considerando todos os termos e as condições contratados),

b) data do referido fluxo financeiro e

c) taxa de desconto aplicável à transação.

Podemos definir que Ajuste a Valor Presente é o preço a vista de um ativo ou de um passivo.

2. TRIBUTAÇÃO

O ajuste a valor presente de ativos e passivos de longo prazo, em relação a cada operação, será considerado na determinação do lucro real e da base de cálculo da CSLL no mesmo período de apuração da receita ou resultado da operação.

Os impactos fiscais aplicáveis a receitas e despesas decorrentes do reconhecimento de "Ajustes a Valor Presente" sobre elementos do ativo e passivo, ambos de longo prazo, são reconhecidos na determinação do lucro real, à medida da realização dos referidos ativos e passivos.

Isto quer dizer que o "Ajuste a Valor Presente" de receitas, custos e despesas, será oferecido à tributação apenas quando da realização do evento ao qual está ligado, como nos casos de aquisição, a prazo, de:

- Estoque de mercadorias para revenda (realização: na revenda do bem);
- Insumos na produção de bens ou serviços (realização: no momento de seu uso na produção);
- Ativo imobilizado ou intangível (realização: na venda, baixa, depreciação, amortização ou exaustão do ativo).

O Ajuste a Valor Presente para serem dedutíveis precisam ser evidenciados em subconta vinculada ao ativo.

Os custos e despesas oriundos de Ajuste a Valor Presente somente serão considerados na determinação do lucro real, se dedutíveis.

No que se refere a riscos classificados no passivo não circulante em relação aos ajustes a valor presente, serão considerados na determinação do lucro real e da base de cálculo da CSL no período de apuração em que:

a) o bem for revendido, no caso de aquisição a prazo de bem para revenda;
b) o bem for utilizado como insumo na produção de bens ou serviços, no caso de aquisição a prazo de bem a ser utilizado como insumo na produção de bens ou serviços;
c) o ativo for realizado, inclusive mediante depreciação, amortização, exaustão, alienação ou baixa, no caso de aquisição a prazo de ativo não classificável nas letras "a" e "b";
d) a despesa for incorrida, no caso de aquisição a prazo de bem ou serviço contabilizado diretamente como despesa; e
e) o custo for incorrido, no caso de aquisição a prazo de bem ou serviço contabilizado diretamente como custo de produção de bens ou serviços.

O disposto nas letras "a" a "c" decorrentes de ajuste a valor presente deve ser contabilizados em subconta vinculada ao ativo que esta sofrendo o ajuste.

Nas situações de ajuste a valor presente de passivos de riscos classificados no Passivo Não Circulante não poderão ser considerados na determinação do lucro real:

a) na hipótese de depreciação, amortização, exaustão ou baixa, caso o valor realizado, inclusive mediante depreciação, amortização, exaustão, alienação ou baixa, não seja dedutível;

b) na hipótese de custo incorrido, caso a despesa não seja dedutível; e

c) nas hipóteses de bem revendido, bem utilizado na produção e depreciação, amortização, exaustão ou baixa, caso os valores decorrentes do ajuste a valor presente não tenham sido evidenciados.

3. REGISTRO CONTÁBIL

Os valores de Ajuste a Valor Presente deverão ser registrados em subconta vinculada ao ativo ou passivo.

4. EXEMPLO

Compra de mercadorias para revenda pelo valor de R$ 200.000,00, a ser paga em 18 parcelas, com juros de 1% ao mês.

- Valor da compra: R$ 200.000,00
- Prazo de pagamento: 18 parcelas
- Taxa de juros: 1% ao mês

Cálculo do AVP:

R$ $200.000,00/(1 + i)^n$ onde "i" é a taxa de juros, e "n" o período.

VP = R$ $200.000,00/(1 + 0,01)^{18}$

VP = R$ 200.000,00/1,19615

VP = R$ 167.203,11

AVP = R$ 200.000,00 − R$ 167.203,11

AVP = R$ 32.796,89

Registro Contábil – Com base no item 18 da Resolução CFC nº 1.170/2009, NBC TG 16 – Estoques.

1. Pela aquisição

CONTAS CONTÁBEIS	DÉBITO – R$	CRÉDITO – R$
Estoque de Mercadorias (Ativo Circulante)	167.203,11	
Ajuste a Valor Presente a Apropriar (Redutora do Passivo Circulante)	32.796,89	
Fornecedores (Passivo Não Circulante)		200.000,00

2. Pela apropriação mensal dos juros (1º mês)

CONTAS CONTÁBEIS	DÉBITO – R$	CRÉDITO – R$
Despesas Financeiras (Conta de Resultado)	1.673,72	
Ajuste a Valor Presente a Apropriar (Passivo Não Circulante)		1.673,72

Nota

A apropriação dos juros nos demais meses segue o mesmo lançamento do 1º mês.

Registro Contábil – Com base na Lei nº 12.973/2014

O *caput* do § 1º e o inciso III do § 2º, do art. 4º da Lei nº 12.973/2014 exige que o valor do AVP seja destacado contabilmente em subconta vinculada aos estoques.

A evidenciação pode ser através de um lançamento contábil ou através de um "De/Para" para outro plano de contas.

1. Pela aquisição

CONTAS CONTÁBEIS	DÉBITO – R$	CRÉDITO – R$
Estoque de Mercadorias (Ativo Circulante)	200.000,00	
Fornecedores (Passivo Não Circulante)		200.000,00

2. Pelo ajuste a valor presente

CONTAS CONTÁBEIS	DÉBITO – R$	CRÉDITO – R$
Ajuste a Valor Presente – Fornecedores (Passivo Não Circulante)	32.796,89	
Ajuste a Valor Presente – Estoque (Ativo Circulante)		32.796,89

3. Pela venda

CONTAS CONTÁBEIS	DÉBITO – R$	CRÉDITO – R$
Clientes (Ativo Circulante)	500.000,00	
Vendas (Conta de Resultado)		500.000,00

4. Pela baixa do estoque

CONTAS CONTÁBEIS	DÉBITO – R$	CRÉDITO – R$
Custo das Mercadorias Vendidas (Conta de Resultado)	167.203,11	
Ajuste a Valor Presente – Estoque (Ativo Circulante)	32.796,89	
Estoques (Ativo Circulante)		200.000,00

5. Pela apropriação dos juros

CONTAS CONTÁBEIS	DÉBITO – R$	CRÉDITO – R$
Despesas Financeiras (Conta de Resultado)	32.796,89	
Ajuste a Valor Presente – Fornecedores (Passivo Não Circulante)		32.796,89

6. Pelo pagamento ao fornecedor

CONTAS CONTÁBEIS	DÉBITO – R$	CRÉDITO – R$
Fornecedores (Passivo Não Circulante)	200.000,00	
Caixa/Bancos (Ativo Circulante)		200.000,00

AJUSTE DE EXERCÍCIOS ANTERIORES

1. INTRODUÇÃO

A empresa que cometer um erro efetivo em sua escrita (que não deveria ter ocorrido) por deixar de computar determinadas receitas ou despesas para efeito fiscal, ou então, por aplicar um coeficiente indevido ou até por interpretação errônea da legislação deverá fazer o acerto contábil como ajuste de anos anteriores (Lei nº 6.404/1976, artigo 186, § 1º).

Erros podem ocorrer no registro, na mensuração, na apresentação ou na divulgação de elementos de demonstrações contábeis.

Para regularizar, o Conselho Federal de Contabilidade publicou a Resolução CFC nº 1.179/2009 (CPC nº 23), que definiu os critérios para a seleção e a mudança de políticas contábeis, juntamente com o tratamento contábil e a divulgação de mudança nas políticas contábeis, com a mudança nas estimativas contábeis e com a retificação de erro.

As demonstrações contábeis não estarão em conformidade com os pronunciamentos, interpretações e orientações do CPC se contiverem erros materiais ou imateriais cometidos intencionalmente para se alcançar determinada apresentação da posição patrimonial e financeira, do desempenho ou dos fluxos de caixa da entidade.

Os potenciais erros do período corrente descobertos devem ser corrigidos antes de as demonstrações contábeis serem autorizadas para publicação.

2. RETIFICAÇÃO DE ERROS

Os potenciais erros do período corrente descobertos devem ser corrigidos antes de as demonstrações contábeis serem autorizadas para publicação.

Contudo, os erros materiais, por vezes, não são descobertos até um período subsequente, e esses erros de períodos anteriores são corrigidos na informação comparativa apresentada nas demonstrações contábeis do referido período subsequente (ver subtópicos 2.1 e 2.2 adiante).

2.1. Correção dos erros

Sujeito ao disposto no subtópico 2.2, a entidade deve corrigir os erros materiais de períodos anteriores retrospectivamente no primeiro conjunto de demonstrações contábeis cuja autorização para publicação ocorra após a descoberta de tais erros:

a) por reapresentação dos valores comparativos para o período anterior apresentado em que tenha ocorrido o erro; ou

b) se o erro ocorreu antes do período anterior mais antigo apresentado, da reapresentação dos saldos de abertura dos ativos, dos passivos e do Patrimônio Líquido para o período anterior mais antigo apresentado.

2.2. Limitação à reapresentação retrospectiva

Um erro de período anterior deve ser corrigido por reapresentação retrospectiva, salvo quando for impraticável determinar os efeitos específicos do período ou o efeito cumulativo do erro.

Quando for impraticável determinar os efeitos de erro em um período específico na informação comparativa para um ou mais períodos anteriores apresentados, a entidade deve retificar os saldos de abertura de ativos, passivos e Patrimônio Líquido para o período mais antigo para o qual seja praticável a reapresentação retrospectiva (que pode ser o período corrente).

Quando for impraticável determinar o efeito cumulativo, no início do período corrente, de erro em todos os períodos anteriores, a entidade deve retificar a informação comparativa para corrigir o erro prospectivamente a partir da data mais antiga praticável.

A retificação de erro de período anterior deve ser excluída dos resultados do período em que o erro é descoberto. Qualquer informação apresentada sobre períodos anteriores, incluindo qualquer resumo histórico de dados financeiros, deve ser retificada para períodos tão antigos quando for praticável.

Quando for impraticável determinar o montante do erro (por exemplo, erro na aplicação de política contábil) para todos os períodos anteriores, a entidade retificará a informação comparativa prospectivamente a partir da data mais antiga praticável.

Dessa forma, a entidade irá ignorar a parcela da retificação cumulativa de ativos, passivos e Patrimônio Líquido relativa a períodos anteriores à data em que a retificação do erro foi praticável. O tópico 6, adiante, fornece orientação sobre quando é impraticável corrigir erro para um ou mais períodos anteriores.

As correções de erro distinguem-se de mudanças nas estimativas contábeis.

As estimativas contábeis, por sua natureza, são aproximações que podem necessitar de revisão à medida que se conhece informação adicional. Por exemplo, o ganho ou a perda reconhecida no momento do desfecho de contingência, que, anteriormente, não podia ser estimada com precisão, não constitui retificação de erro.

2.3. Divulgação de erro de período anterior

A entidade deve divulgar:

a) a natureza do erro de período anterior;

b) o montante da retificação para cada período anterior apresentado, na medida em que seja praticável:

    b.1) para cada item afetado da demonstração contábil; e

    b.2) se o Pronunciamento Técnico CPC 41 se aplicar à entidade, para resultados por ação básicos e diluídos;

c) o montante da retificação no início do período anterior mais antigo apresentado; e

d) as circunstâncias que levaram à existência dessa condição e uma descrição de como e desde quando o erro foi corrigido, se a reapresentação retrospectiva for impraticável para um período anterior em particular.

As demonstrações contábeis de períodos subsequentes à retificação do erro não precisam repetir essas divulgações.

2.4. Exemplo

Quando a entidade corrige erro de período anterior na mensuração de ativos financeiros previamente classificados como investimentos a serem mantidos até seu vencimento, ela não deve alterar a respectiva base de mensuração para esse período se a administração tiver decidido mais tarde não mais mantê-los até o vencimento.

Já quando corrige erro de período anterior ao cálculo de seu passivo referente ao afastamento por doença dos empregados, de acordo com o Pronunciamento Técnico CPC 33 – Benefícios a Empregados, a entidade deve ignorar informação acerca de temporada atípica de viroses durante o período seguinte que se tornou disponível depois de as demonstrações contábeis do período anterior terem sido autorizadas à divulgação.

O fato de estimativas significativas serem frequentemente exigidas quando se retifica informação comparativa apresentada para períodos anteriores não impede o ajuste ou a correção confiável da informação comparativa.

3. REGISTRO CONTÁBIL

Os ajustes em lucros ou prejuízos acumulados devem, em qualquer caso, ser feitos pelo valor líquido dos efeitos tributários que incidem sobre o lucro, Imposto de Renda Pessoa Jurídica (IRPJ) e Contribuição Social sobre o Lucro (CSLL), por exemplo, ou do faturamento, eventualmente Cofins e contribuição para o PIS/Pasep.

Se o ajuste implicar acréscimos legais, multa e juros de mora, todos esses encargos devem ser segregados e analisados em relação ao período a que pertencem e, como ajustes de exercícios anteriores, só podem ser lançados valores que já deveriam constar no balanço passado.

Quando se tratar de Sociedade Anônima, a Lei nº 6.404/1976 determina, no seu artigo 176, § 5º, "h", que sejam mencionados nas notas explicativas os ajustes de exercícios anteriores, isso pelo fato de referirem-se a erros cometidos pela empresa e que precisam ser comentados e justificados ou, então, que decorrerem de mudanças deliberadas pela sociedade, que também precisam de uma explanação.

4. EXEMPLO PRÁTICO

Considerando que a empresa não tenha reconhecido receita de vendas no ano-calendário de 20X1 no valor de 10.000,00 e admitindo que os tributos ficassem em torno de 40% e juros sobre os tributos de 10%, sugerimos os seguintes lançamentos contábeis:

I – Pelo ajuste da omissão de receita:

CONTAS CONTÁBEIS	DÉBITO – R$	CRÉDITO – R$
Estoque ou Contas a Receber (Ativo Circulante	10.000,00	
Lucros ou Prejuízos Acumulados – Ajuste de Exercícios Anteriores (Conta patrimonial ou de resultado)		10.000,00

II – Pelo ajuste dos tributos:

CONTAS CONTÁBEIS	DÉBITO – R$	CRÉDITO – R$
Lucros ou Prejuízos Acumulados – Ajuste de Exercícios Anteriores (Conta patrimonial ou de resultado)	4.000,00	
Impostos e Contribuições a Recolher		4.000,00

III – Pelos juros incorridos sobre os tributos:

CONTAS CONTÁBEIS	DÉBITO – R$	CRÉDITO – R$
Lucros ou Prejuízos Acumulados – Ajuste de Exercícios Anteriores (Conta patrimonial ou de resultado)	400,00	
Juros Incorridos a Pagar		400,00

> **Nota**
> As multas devidas são lançadas diretamente no resultado do exercício quando efetivamente pagas, não havendo necessidade da constituição da sua provisão, a menos que a pessoa jurídica queira efetuar a sua provisão como despesa indedutível para fins de apuração do IRPJ e CSL, quando da tributação com base no lucro real.

ALIENAÇÃO DE PARTICIPAÇÃO SOCIETÁRIA – AVALIADAS PELO MEP

1. INTRODUÇÃO

Os investimentos feitos pela pessoa jurídica em outras sociedades, cujo método de avaliação do investimento e a equivalência patrimonial, ao ocorrer a sua venda, devem ser feitos, o ajuste desse investimento no balanço patrimonial da respectiva investidora para efetuar a baixa do investimento.

Método de equivalência patrimonial (MEP) é um método de contabilização por meio do qual o investimento é inicialmente reconhecido pelo custo e posteriormente ajustado pelo reconhecimento da participação atribuída ao investidor nas alterações dos ativos líquidos da investida.

O resultado do período do investidor deve incluir a parte que lhe cabe nos resultados gerados pela investida.

Nota:
O comportamento do deságio esta sendo considerado antes da Lei nº 12.973/2014 e IN RFB nº 1.700/2017, art. 178.

2. IMPOSTO DE RENDA

O ganho ou perda de capital na alienação ou liquidação de investimentos avaliados pela equivalência patrimonial será determinado pelo confronto entre o valor obtido na sua alienação ou liquidação e o valor contábil do investimento.

O valor contábil, para efeito de determinar o ganho ou perda de capital na alienação ou liquidação do investimento, será a soma algébrica do valor do investimento e do deságio ou ágio, conforme o caso.

3. REGISTRO CONTÁBIL

Na venda de participação societária avaliada pelo método de equivalência patrimonial, em primeiro lugar, a investidora deve registrar o ajuste de equivalência com base no balanço da investida no mês da venda ou 30 dias antes e registrado em conta de receita ou perda de equivalência patrimonial, conforme o caso.

A baixa do investimento será dada contra a conta de Ganho ou Perda de Capital e caso tenha ágio ou deságio também será baixado contra esta conta.

4. EXEMPLO PRÁTICO

A empresa ERG pretende vender sua participação societária de 35% na empresa CMB cuja avaliação é feita pelo Método de Equivalência Patrimonial.

- Valor de venda   R$ 750.000,00
- Valor Contábil do Investimento   R$ 350.000,00
- Deságio na aquisição do investimento   R$ 50.000,00

Balanço patrimonial da investida CMB na data da venda da participação societária:

Capital Social   R$ 1.000.000,00
Reservas   R$ 100.000,00
Total   R$ 1.100.000,00

Cálculo da equivalência:

R$ 1.100.000,00 x 35% = R$ 385.000,00

Valor do investimento ajustado   R$ 385.000,00
(-) Valor do investimento antes do ajuste   R$ 350.000,00
(=) Valor do ajuste a ser feito   R$ 35.000,00

I – Pelo ajuste da equivalência:

CONTAS CONTÁBEIS	DÉBITO – R$	CRÉDITO – R$
Participação na empresa CMB (Ativo Não Circulante – Investimento)	35.000,00	
Receita de Equivalência Patrimonial (Conta de Resultado)		35.000,00

II – Pela venda da participação na empresa CMB:

CONTAS CONTÁBEIS	DÉBITO – R$	CRÉDITO – R$
Contas a Receber (Ativo Circulante)	750.000,00	
Ganhos ou Perda de Capital (Conta de Resultado)		750.000,00

III – Pela baixa da participação societária na empresa CMB:

CONTAS CONTÁBEIS	DÉBITO – R$	CRÉDITO – R$
Ganhos ou Perda de Capital (Conta de Resultado)	350.000,00	
Participação na empresa CMB (Ativo Não Circulante – Investimento)		350.000,00

IV – Pela baixa do deságio:

CONTAS CONTÁBEIS	DÉBITO – R$	CRÉDITO – R$
Ganho ou Perda de Capital (Conta de Resultado)	50.000,00	
Deságio da participação na empresa CMB (Conta Redutora do Ativo Não Circulante – Investimento)		50.000,00

ALUGUEL

1. INTRODUÇÃO

Aluguel é uma relação jurídica onde uma das partes se obriga a ceder à outra, mediante pagamento, o uso e o gozo de bem móvel ou imóvel.

O locador (proprietário) é aquele que cede o bem mediante pagamento do locatário (inquilino) para que este o utilize conforme as finalidades do bem, isto é: moradia se for um imóvel residencial; trabalho se for um imóvel comercial ou industrial; locomoção se for um automóvel etc.

2. IMPOSTO DE RENDA

O rendimento de aluguel pago por pessoa jurídica (locatária) a pessoa física (locadora) está sujeito à incidência do imposto de renda, mediante aplicação da tabela progressiva do mês do pagamento (art. 688 do RIR/2018).

Não está sujeito a incidência do imposto de renda na fonte quando o aluguel for pago por pessoa jurídica a outra pessoa jurídica.

3. REGISTRO CONTÁBIL

A locadora do bem deve reconhecer a receita de aluguel como bruta, se a receita for rotineira (art. 2º da Lei nº 12.973/2014, que alterou o art. 12 do Decreto-lei nº 1.598/1977). Caso contrário, deverá ser reconhecida como receita operacional.

Com relação à empresa locatária, os gastos incorridos com aluguéis devem ser reconhecidos como despesas operacionais pelo regime de competência.

4. EXEMPLO PRÁTICO

Vamos supor que pessoa jurídica aluga um galpão para outra pessoa jurídica.

Considerando que o prazo do contrato seja de 30 meses.

Considerando que a contraprestação mensal seja de R$ 10.000,00.

Teremos:

a) Registro contábil na empresa locadora:

- pela competência:

CONTAS CONTÁBEIS	DÉBITO – R$	CRÉDITO – R$
Aluguel a Receber (Ativo Circulante)	10.000,00	
Receita Bruta de Prestação de Serviços		10.000,00

- pelo recebimento:

CONTAS CONTÁBEIS	DÉBITO – R$	CRÉDITO – R$
Caixa/Banco Conta Movimento (Ativo Circulante)	10.000,00	
Aluguel a Receber (Ativo Circulante)		10.000,00

b) Registro contábil na empresa locatária:

- pela competência:

CONTAS CONTÁBEIS	DÉBITO – R$	CRÉDITO – R$
Aluguel (Conta de Resultado)	10.000,00	
Aluguel a Pagar (Passivo Circulante)		10.000,00

- pelo pagamento:

CONTAS CONTÁBEIS	DÉBITO – R$	CRÉDITO – R$
Aluguel a Pagar (Passivo Circulante)	10.000,00	
Caixa/Banco Conta Movimento (Ativo Circulante)		10.000,00

AMORTIZAÇÃO

1. INTRODUÇÃO

A amortização é o modo pelo qual se registra, contabilmente, a diminuição de valor dos bens dos Ativos Imobilizado e Intangível correspondente à perda do valor do capital aplicado na aquisição de direitos da propriedade industrial ou comercial e quaisquer outros com existência ou exercício de duração limitada, ou cujo objeto sejam bens de utilização por prazo legal ou contratualmente limitado.

A companhia deverá efetuar, periodicamente, análise sobre a recuperação dos valores registrados no Ativo Imobilizado e Intangível, a fim de que sejam:

a) registradas as perdas de valor do capital aplicado quando houver decisão de interromper os empreendimentos ou atividades a que se destinavam ou quando comprovado que não poderão produzir resultados suficientes para recuperação desse valor;

b) revisados e ajustados os critérios utilizados para determinação da vida útil econômica estimada e para cálculo da depreciação, exaustão e amortização.

2. IMPOSTO DE RENDA

Dentre os capitais que podem ser amortizados, está o capital aplicado na aquisição de direitos cuja existência ou exercício tenha duração limitada, ou de bens cuja utilização pelo contribuinte tenha prazo legal ou contratualmente limitado, tais como:

a) patentes de invenção, fórmulas e processos de fabricação, direitos autorais, licenças, autorizações ou concessões;

b) investimento em bens que, nos termos da lei ou contrato que regule a concessão de serviço público, devam reverter ao poder público concedente, ao fim do prazo da concessão, sem indenização;

c) custo de aquisição, prorrogação ou modificação de contratos e direitos de qualquer natureza, inclusive de exploração de fundos de comércio (valor pago a título de luvas ou semelhante);

d) custo das construções ou benfeitorias em bens locados ou arrendados ou em bens de terceiros, quando não houver direito ao recebimento do seu valor;

e) o valor dos direitos contratuais de exploração de florestas (direitos sobre empreendimentos de propriedade de terceiros).

Não podem ser amortizados (nem depreciados) os recursos aplicados em direitos cujo exercício ou duração não tenha prazo determinado, como, por exemplo, direito de uso de linha telefônica adquirido de terceiros ou da própria concessionária.

Não é admitida, também, amortização de bens ou direitos para os quais seja registrada quota de exaustão, como, por exemplo, recursos minerais ou empreendimentos florestais destinados ao corte para industrialização, comercialização ou consumo.

Também não são amortizáveis (mas podem ser depreciados em função do prazo de vida útil) os custos das construções ou benfeitorias realizadas em bens locados ou arrendados de terceiros, quando o contrato de locação ou arrendamento não tiver prazo de duração determinado, ou, mesmo tendo prazo determinado, não vedar à empresa locatária ou arrendatária o direito de ser indenizada pelas benfeitorias realizadas.

3. REGISTRO CONTÁBIL

A amortização realizada em bens pertencentes ao ativo imobilizado é lançada em conta redutora do Ativo Não Circulante, no subgrupo intangível em contrapartida custo ou despesa operacional.

A taxa anual de amortização é fixada tendo em vista o número de anos restantes da existência do direito ou do prazo (legal ou contratual) de utilização dos bens.

Por exemplo, se uma empresa realizou, em setembro/20X1, benfeitorias em bens locados de terceiros conforme contrato firmado em 1º.09.20X0 e a terminar em 31.08.20X3, o prazo contratual restante em que poderá utilizar as benfeitorias é de dois anos (setembro/20X1 a agosto/20X3). Portanto, nesse caso, a taxa anual admitida é de 50%.

4. EXEMPLO PRÁTICO

Admita-se que o valor despendido na construção das benfeitorias, no mês de setembro/20X1, foi de R$ 27.400,00 e consideramos, adicionalmente, que:

- o contrato de locação (cujo prazo de vigência é de três anos, com início em 1º.09.20X0 e término em 31.08.20X3) estipula que o valor das benfeitorias que forem realizadas no imóvel pela locatária não será indenizado pelo locador;
- as benfeitorias começaram a ser efetivamente utilizadas em setembro/20X1;
- taxa anual em função do prazo restante de vigência do contrato (2 anos – setembro/20X1 a agosto/20X3): 50%.

Cálculo do encargo

Quota de Amortização – R$ 27.400,00 x 50% = R$13.700,00

Duodécimos mensais – R$ 13.700,00 ÷ 12 = R$1.141,67

Se a empresa apurar o lucro real anualmente e contabilizar o encargo só na data do balanço de encerramento do período-base, o valor do encargo a contabilizar em 31.12.20X1 será R$ 1.141,67 x 4 (setembro a dezembro/20X1) = R$ 4.566,67.

I – Pela apropriação dos encargos de amortização:

CONTAS CONTÁBEIS	DÉBITO – R$	CRÉDITO – R$
Amortização (Conta de Resultado)	1.141,67	
Amortização Acumulada (Conta Redutora do Ativo Não Circulante – Imobilizado)		1.141,67

AMOSTRA GRÁTIS

1. INTRODUÇÃO

Amostra grátis representa porção, fragmento ou unidade de certo produto ou mercadoria produzido sem valor comercial, destinados a promover a qualidade ou tipo de produtos que se pretende vender ou colocar em circulação.

2. CUSTOS DA PRODUÇÃO

A formação dos custos das amostras grátis tem o mesmo princípio dos demais produtos fabricados pela empresa e colocados à venda.

Dessa forma, todos os gastos diretos e indiretos utilizados na produção das amostras grátis devem compor o seu custo, como por exemplo, matéria-prima, mão de obra, encargos de depreciação de máquinas utilizadas nesta fabricação etc.

Existem produtos que o controle deve ser feito com muito mais cuidado, tendo em vista as características da legislação do ICMS e do IPI, como por exemplo, de medicamentos.

3. REGISTRO CONTÁBIL

As amostras grátis por tratar-se de divulgação de produtos de uma empresa são classificadas pelo regime de competência em conta de Despesa Operacional dentro do subgrupo, Despesas com Vendas, conta "Despesa com Propaganda", subconta Amostra Grátis.

4. TRIBUTOS ENVOLVIDOS NA OPERAÇÃO DE DISTRIBUIÇÃO DAS AMOSTRAS GRÁTIS

IPI/ICMS

Esses impostos normalmente são lançados em conta de Impostos a Recuperar dentro do Ativo Circulante.

Em sendo o ICMS isento, a pessoa jurídica não terá direito ao crédito deste imposto sobre os seus insumos (matéria-prima, materiais direitos e embalagens) utilizados na fabricação das amostras grátis, devendo ser estornado na escrituração fiscal. Neste caso, os créditos do ICMS serão lançados juntamente com o custo de aquisição dos insumos que será a débito de despesas com vendas em contrapartida ICMS a recolher ou mesmo ICMS a recuperar dependendo da legislação de cada estado.

De acordo com a IN SRF nº 33/1999, o IPI pago na aquisição de insumos e utilizado na fabricação de produtos isentos ou tributados à alíquota zero pode ser creditados nos livros de apuração desse imposto.

Verifica-se que os valores lançados contabilmente devem ser verificados com os apurados nos livros de apuração do ICMS e IPI.

Cofins/PIS/Pasep

Quando da aquisição de insumos para fabricação de amostras grátis, a pessoa jurídica sujeita ao regime não cumulativo dessas contribuições podem apropriar-se dos créditos, observadas as Leis nºs 10.637/2002 e 10.833/2003.

No caso de aquisição de insumos sujeitos à alíquota zero, não poderá apropriar-se de créditos dessas contribuições.

5. EXEMPLO PRÁTICO

Fabricação de 500 amostras grátis ao custo de R$ 3.000,00 ao custo unitário de R$ 6,00

ICMS apurado na aquisição dos insumos – R$ 270,00

Registro contábil

I – Pela transferência do valor total dos custos de produção para o estoque:

CONTAS CONTÁBEIS	DÉBITO – R$	CRÉDITO – R$
Estoque de Amostra Grátis (Ativo Circulante)	3.000,00	
Custo de Produtos (Conta Transitória)		3.000,00

II – Pela distribuição de 250 amostras grátis:

CONTAS CONTÁBEIS	DÉBITO – R$	CRÉDITO – R$
Despesas com Vendas (Conta de Resultado) • Amostra Grátis	1.500,00	
Estoque de Amostra Grátis (Ativo Circulante)		1.500,00

Custo unitário das amostras R$ 6,00 x quantidade distribuída 250 = R$ 1.500,00

III – Apropriação de IPI e ICMS:

No caso de saída isenta de IPI e ICMS, com os respectivos estornos do crédito do ICMS incidentes sobre as entradas de insumos utilizados:

Estorno do crédito do ICMS:

CONTAS CONTÁBEIS	DÉBITO – R$	CRÉDITO – R$
Despesas com Vendas (Conta de Resultado) • Amostra Grátis	135,00	
ICMS a Recuperar (Ativo Circulante)		135,00

Nota
Memória de cálculo: R$ 270,00 (créditos de ICMS/500 (quantidade produzida) x 250 (quantidade distribuída) = 135,00

IV – Caso a saída das amostras grátis seja tributada pelo IPI em 10% e ICMS em 18%, teremos:

R$ 1.500,00/(1,00 – 0,18) = R$ 1.500,00/0,82 = R$ 1.829,27
ICMS – 18% de R$ 1.829,27 = R$ 329,27
IPI – 10% de R$ 1.829,27 = R$ 182,93

Registro do IPI:

CONTAS CONTÁBEIS	DÉBITO – R$	CRÉDITO – R$
Despesas com Vendas (Conta de Resultado) • Amostra Grátis	182,93	
IPI a Recolher (Passivo Circulante)		182,93

Registro do ICMS:

CONTAS CONTÁBEIS	DÉBITO – R$	CRÉDITO – R$
Despesas com Vendas (Conta de Resultado) • Amostra Grátis	329,27	
ICMS a Recolher (Passivo Circulante)		329,27

APLICAÇÃO FINANCEIRA DE RENDA FIXA

1. INTRODUÇÃO

As aplicações financeiras de renda fixa são utilizadas principalmente para as empresas investirem folgas temporárias de caixa, de forma que o dinheiro não fique parado e seja remunerado pelos juros, até o momento de sua utilização. As modalidades de aplicações financeiras de renda fixa mais comuns atualmente são os Fundos de Investimentos de Renda Fixa e os Certificados de Depósito Bancário (CDB). Veremos a seguir os procedimentos básicos para a contabilização dessa operação.

2. IMPOSTO DE RENDA

A apropriação do rendimento de aplicação financeira observará o regime de competência. Nas aplicações com prazo superior a um mês, efetua-se o registro dos rendimentos por partidas mensais; nas aplicações de curtíssimo prazo, em que o resgate e a aplicação ocorrem dentro do mesmo mês, o registro do rendimento será feito por ocasião do resgate.

Para o levantamento de balanço ou balancete, os saldos das aplicações financeiras remanescentes devem estar atualizados *pro rata tempore*. Dessa forma, devem-se contabilizar os juros incorridos desde a data da aplicação ou da última atualização até a data do balanço ou balancete.

O Imposto de Renda Retido na Fonte (IRRF) incidente sobre rendimentos de aplicação financeira é compensável com o imposto devido pela empresa com base no lucro real, presumido ou arbitrado, e será registrado em conta do subgrupo de Impostos a Recuperar no Ativo Circulante.

3. REGISTRO CONTÁBIL

Os investimentos em aplicações financeiras de renda fixa são classificados da seguinte forma:
- a) no Ativo Circulante:
  - a.1) entre as disponibilidades, no caso de aplicações em modalidades resgatáveis a qualquer momento, sem vinculação a prazo predeterminado;
  - a.2) como investimentos temporários, se resgatáveis em prazo determinado, cujo vencimento ocorrerá até o término do exercício social seguinte;
- b) no Ativo Não Circulante, dentro do subgrupo Realizável a Longo Prazo, no caso de aplicações financeiras resgatáveis em prazo determinado, cujo vencimento ocorrerá após o término do exercício social seguinte.

Ao destinar recursos para uma aplicação de renda fixa, efetua-se o lançamento de transferência do montante aplicado a débito da conta de aplicação correspondente, de acordo com a expectativa de resgate, e a crédito da conta "Banco Conta Movimento" que sofrer o respectivo desembolso.

4. EXEMPLO PRÁTICO

Admita-se uma aplicação em CDB no dia 02.10.20X1 no valor de R$ 60.000,00 com resgate após 30 dias, ou seja, em 31.10.20X1, com rendimentos produzidos nesse período no valor de R$ 750,00, temos os seguintes lançamentos:

I – Pela aplicação financeira em 02.10.20X1:

CONTAS CONTÁBEIS	DÉBITO – R$	CRÉDITO – R$
Aplicações Financeiras de Renda Fixa (Ativo Circulante)	60.000,00	
Caixa ou Bancos (Ativo Circulante)		60.000,00

II – Pelo Resgate da aplicação financeira em 31.10.20X1:

CONTAS CONTÁBEIS	DÉBITO – R$	CRÉDITO – R$
Caixa ou Bancos (Ativo Circulante)	60.581,25	
IRRF a Recuperar (Ativo Circulante)	168,75	
Rendimentos de Aplicações Financeiras (Conta de Resultado)		750,00
Aplicações Financeiras de Renda Fixa (Ativo Circulante)		60.000,00

Nota
R$ 750,00 x 22,5% (alíquota para aplicações financeiras com prazo de até 180 dias – Lei nº 11.033/2004).

Método alternativo do lançamento da aplicação financeira de renda fixa

Alternativamente, nas aplicações prefixadas, podemos registrar o valor nominal de resgate do título na conta de aplicação e utilizar uma conta retificadora para o registro da receita financeira a apropriar.

Utilizando essa forma de registro nos dados já apresentados, os lançamentos são feitos da seguinte forma:

I – Pela aplicação financeira em 02.10.20X1:

CONTAS CONTÁBEIS	DÉBITO – R$	CRÉDITO – R$
Aplicações Financeiras de Renda Fixa (Ativo Circulante)	60.750,00	
Caixa ou Bancos (Ativo Circulante)		60.000,00
Receita Financeira a Apropriar (Conta redutora do Ativo Circulante)		750,00

II – Pelo resgate da aplicação financeira em 31.10.20X1:

CONTAS CONTÁBEIS	DÉBITO – R$	CRÉDITO – R$
Caixa ou Bancos (Ativo Circulante)	60.581,25	
IRRF a Recuperar (Ativo Circulante)	168,75	
Aplicações Financeiras de Renda Fixa (Ativo Circulante)		60.750,00

III – Pela apropriação da receita em 31.10.20X1:

CONTAS CONTÁBEIS	DÉBITO – R$	CRÉDITO – R$
Receita Financeira a Apropriar (Conta redutora do Ativo Circulante)	750,00	
Rendimentos de Aplicações Financeiras (Conta de Resultado)		750,00

APLICAÇÕES FINANCEIRAS EM RENDA VARIÁVEL

1. INTRODUÇÃO

As aplicações financeiras são classificadas em dois segmentos segundo as normas tributárias:

a) em renda Fixa, cuja remuneração é fixada quando da aplicação do capital, ou seja, o retorno é conhecido;

b) em renda Variável, cuja remuneração não pode ser mensurada no ato da aplicação de capital, pois depende do mercado que oscila todo dia.

Vamos tratar aqui das aplicações financeiras em renda variável que compreende os mercados de bolsa de valores.

Define-se como renda variável: termo genérico para denominar os títulos cuja remuneração não é discriminada previamente, como acontece com os de renda fixa.

Assim, mercado de renda variável é aquele em que a rentabilidade depende da oferta e da procura e varia de acordo com as condições momentâneas do mercado de capitais.

2. LEGISLAÇÃO SOCIETÁRIA

O inciso I do art. 183 da Lei nº 6.404/1976 (Lei das S.A.) dispõe que as aplicações em instrumentos financeiros, inclusive derivativos, e em direitos e títulos de créditos, classificados no Ativo Circulante ou no Realizável a Longo Prazo devem ser avaliados:

a) pelo seu valor justo, quando se tratar de aplicações destinadas à negociação ou disponíveis para venda; e

b) pelo valor de custo de aquisição ou valor de emissão, atualizado conforme disposições legais ou contratuais, ajustado ao valor provável de realização, quando este for inferior, no caso das demais aplicações e os direitos e títulos de crédito.

3. IMPOSTO DE RENDA

Nos termos dos arts. 13, inciso I e 35 da Lei nº 9.249/1995, desde 1º.01.1996, a despesa com a constituição dessa provisão é indedutível tanto para fins de determinação do lucro real como da base de cálculo da Contribuição Social sobre o Lucro (CSLL)

4. REGISTRO CONTÁBIL

As aplicações financeiras devem ser classificadas:
No Ativo Circulante:

- entre as disponibilidades, no caso de aplicações em modalidades resgatáveis a qualquer momento, sem vinculação a prazo predeterminado;
- como investimentos temporários, se resgatáveis em prazo determinado, cujo vencimento ocorrerá até o término do exercício social seguinte.

No Ativo Não Circulante: no subgrupo do Realizável a Longo Prazo, no caso de aplicações financeiras resgatáveis em prazo determinado, cujo vencimento ocorrerá após o término do exercício social seguinte.

5. EXEMPLO PRÁTICO

Admita-se que foi feita aplicação no mercado de renda variável no valor de R$ 1.000.000,00 e os rendimentos auferidos de R$ 35.000,00 no mês do resgate.

I – Pela aplicação financeira de renda variável:

CONTAS CONTÁBEIS	DÉBITO – R$	CRÉDITO – R$
Aplicações Financeiras de Renda Variável – Ações (Ativo Circulante)	1.000.000,00	
Bancos Conta Movimento (Ativo Circulante)		1.000.000,00

II – Pelo resgate da aplicação com ganho líquido:

CONTAS CONTÁBEIS	DÉBITO – R$	CRÉDITO – R$
Bancos Conta Movimento (Ativo Circulante)	1.029.750,00	
Imposto de Renda a Compensar (Ativo Circulante)	5.250,00	
Aplicações Financeiras de Renda Variável – Ações (Ativo Circulante)		1.000.000,00
Receita Financeira – Renda Variável (Conta de Resultado)		35.000,00

No caso de investimento em renda variável com perda de R$ 80.000,00, procede-se ao seguinte lançamento.

III – Pelo resgate da aplicação com perda:

CONTAS CONTÁBEIS	DÉBITO – R$	CRÉDITO – R$
Bancos Conta Movimento (Ativo Circulante)	920.000,00	
Perda em aplicação de Renda Variável (Conta de Resultado)	80.000,00	
Aplicações Financeiras de Renda Variável – Ações (Ativo Circulante)		1.000.000,00

ARRENDAMENTO MERCANTIL FINANCEIRO

1. INTRODUÇÃO

Em sintonia com o propósito de harmonização das normas contábeis brasileiras aos padrões internacionais de contabilidade, preconizado pela Lei nº 11.638/2007, o Comitê de Pronunciamentos Contábeis (CPC) elaborou o Pronunciamento Técnico CPC nº 06 – Operações de Arrendamento Mercantil.

O objetivo principal do referido pronunciamento é regular, para arrendatários e arrendadores, a contabilização das operações de arrendamento mercantil, em face da nova redação dada ao inciso IV do artigo 179 da Lei das S.As. Esta nova redação trata dos direitos que tenham por objeto bens corpóreos destinados à manutenção das atividades da companhia ou da empresa ou exercidos com essa finalidade, inclusive os decorrentes de operações que transfiram à companhia os benefícios, riscos e controle desses bens, como é o caso das operações de arrendamento mercantil.

Tais normas são aplicáveis a contratos que transfiram o direito de uso de ativos, mesmo que existam serviços substanciais relativos ao funcionamento ou à manutenção de tais ativos prestados pelos arrendadores. Contudo, elas não se aplicam a contratos de prestação de serviços que não transfiram o direito de uso do ativo de uma parte contratante para a outra.

2. IMPOSTO DE RENDA

As contraprestações de arrendamento mercantil somente são dedutíveis, para efeito de apuração do lucro real e da base de cálculo da Contribuição Social sobre o Lucro, quando o bem arrendado estiver relacionado intrinsecamente com a produção ou comercialização dos bens e serviços (RIR/2018, artigo 366).

Não são dedutíveis para fins de determinação do lucro real as despesas financeiras incorridas pela arrendatária em contratos de arrendamento mercantil e são vedadas as deduções de despesas de depreciação, amortização e exaustão geradas por bem objeto de arrendamento mercantil pela arrendatária, na hipótese em que esta reconheça contabilmente o encargo. Como o lançamento contábil está sendo efetuado segundo o CPC nº 06, a pessoa jurídica deverá proceder ao ajuste no e-Lalur e e-LACS (CSLL) dentro do Bloco "M" da Escrituração Contábil Fiscal (ECF) para anular o reflexo contábil *versus* o fiscal, tendo em vista que a Lei nº 12.973/2014 (conversão da MP nº 627/2013) revogou a partir de 01.01.2015 o Regime Tributário de Transição (RTT).

3. REGISTRO CONTÁBIL

A classificação das operações de arrendamento mercantil se baseia na extensão em que os riscos e benefícios inerentes à propriedade do ativo arrendado permanecem no arrendador ou no arrendatário.

Tais benefícios podem ser representados pela expectativa de funcionamento lucrativo durante a vida econômica do ativo e pelos ganhos derivados do aumento do valor ou da realização do valor residual deste.

Um arrendamento mercantil é classificado como financeiro se este transferir substancialmente todos os riscos e benefícios inerentes à propriedade.

Seguem alguns exemplos de situações que individual ou em conjunto levariam normalmente a que um arrendamento mercantil fosse classificado como financeiro:

a) o arrendamento mercantil transfere a propriedade do ativo para o arrendatário no fim do prazo do arrendamento mercantil;

b) o arrendatário tem a opção de comprar o ativo por um preço que se espera seja suficientemente mais baixo do que o valor justo à data em que a opção se torne exercível de forma que, no início do arrendamento mercantil, seja razoavelmente certo que a opção será exercida;

c) o prazo do arrendamento mercantil refere-se à maior parte da vida econômica do ativo mesmo que a propriedade não seja transferida;

d) no início do arrendamento mercantil, o valor presente dos pagamentos mínimos do arrendamento mercantil totaliza, pelo menos substancialmente, todo o valor justo do ativo arrendado;

e) os ativos arrendados são de natureza tão especializada de tal forma que apenas o arrendatário pode usá-los sem grandes modificações;

f) se o arrendatário puder cancelar o arrendamento mercantil, as perdas do arrendador associadas ao cancelamento são suportadas pelo arrendatário;

g) os ganhos ou as perdas da flutuação no valor justo do valor residual são atribuídos ao arrendatário; e

h) o arrendatário tem a capacidade de continuar o arrendamento mercantil por um período adicional com pagamentos que sejam substancialmente inferiores ao valor de mercado.

As regras a seguir comentadas são aplicáveis na contabilização de todas as operações de arrendamento mercantil (*leasing*), exceto em relação a:

a) arrendamentos mercantis para explorar ou usar minérios, petróleo, gás natural e recursos similares não regeneráveis; e

b) acordos de licenciamento para itens como fitas cinematográficas, registros de vídeo, peças de teatro, manuscritos, patentes e direitos autorais.

Depreciação

Um arrendamento mercantil financeiro dá origem a uma despesa de depreciação relativa ao bem arrendado, assim como uma despesa financeira para cada período contábil.

A política de depreciação para os ativos arrendados depreciáveis deve ser consistente com a dos demais ativos depreciáveis da entidade, e os encargos de depreciação deve ser calculada de acordo com as regras aplicáveis aos bens do ativo imobilizado.

É pouco provável que a soma dos encargos de depreciação do bem arrendado e dos encargos financeiros do arrendamento seja igual ao pagamento da prestação do arrendamento mercantil durante o período. Por essa razão, é inadequado, simplesmente reconhecer as contraprestações do arrendamento mercantil como despesa.

É, portanto, improvável que o valor do ativo (o bem arrendado) e o do passivo (a obrigação assumida com o arrendamento) sejam de valores iguais após o início do prazo do arrendamento mercantil.

Os pagamentos mínimos do arrendamento mercantil devem ser segregados entre encargo financeiro e redução do passivo em aberto.

Os encargos financeiros incidentes sobre o arrendamento devem ser imputados a cada período durante o prazo do contrato, de forma a produzir uma taxa de juros periódica constante sobre o saldo remanescente do passivo.

Já os pagamentos contingentes devem ser contabilizados como despesa nos períodos em que são incorridos.

Na prática, ao imputar o encargo financeiro aos períodos durante o prazo do arrendamento mercantil, o arrendatário pode usar alguma forma de aproximação para simplificar os cálculos.

4. EXEMPLO PRÁTICO

Na Arrendatária

Apresentamos a seguir um esquema de contabilização de uma operação de arrendamento mercantil financeiro, no qual foram utilizados os seguintes dados (meramente ilustrativos):

- veículo de passeio;
- data da assinatura do contrato 15.12.20X0;
- o valor justo do bem arrendado (conforme nota fiscal) é de R$ 30.000,00;
- o prazo de vigência do contrato é de 36 meses;
- o valor das prestações mensais é de R$ 1.038,89;
- o valor do contrato é de R$ 37.400,00, que corresponde às 36 parcelas de R$ 1.038,89;
- os encargos financeiros incidentes sobre o contrato totalizaram R$ 7.400,00, e correspondem à diferença entre o valor do contrato (R$ 37.400,00) e o valor justo do bem arrendado (R$ 30.000,00).

I – Pela assinatura do contrato:

CONTAS CONTÁBEIS	DÉBITO – R$	CRÉDITO – R$
Veículos (Ativo Não Circulante – Imobilizado)	30.000,00	
Encargos Financeiros a Apropriar (Conta Redutora – Passivo Circulante)	2.400,00	
Encargos Financeiros a Apropriar (Conta Redutora – Passivo Não Circulante)	5.000,00	
Arrendamentos Mercantis Financeiros a Pagar (Passivo Circulante)		12.466,66
Arrendamentos Mercantis Financeiros a Pagar (Passivo Não Circulante)		24.933,34

Notas
1) Encargos financeiros relativos às parcelas a vencer até 31.12.2X01.
2) Encargos financeiros relativos às parcelas a vencer após 31.12.20X1.
3) 12 parcelas a vencer até 31.12.20X1.
4) 24 parcelas a vencer após 31.12.20X1.

II – Pelo pagamento das prestações:

CONTAS CONTÁBEIS	DÉBITO – R$	CRÉDITO – R$
Arrendamentos Mercantis Financeiros a Pagar (Passivo Circulante)	1.038,89	
Caixa ou Bancos (Ativo Circulante)		1.038,89

Depreciação

Se não houver certeza razoável de que o arrendatário irá adquirir a propriedade do bem arrendado no fim do prazo do arrendamento mercantil, o ativo deve ser totalmente depreciado durante o prazo de vigência do contrato ou da sua vida útil; dos dois o menor.

O valor depreciável dos ativos arrendados deve ser alocado a cada período contábil durante o período de uso esperado em base sistemática consistente com a política de depreciação que o arrendatário adote para os demais ativos depreciáveis da entidade.

Se houver certeza razoável de que o arrendatário irá adquirir a propriedade bem no fim do prazo do arrendamento mercantil, o período de uso esperado corresponderá à vida útil do bem. Caso contrário, o ativo deve ser depreciado durante o prazo do arrendamento mercantil ou da sua vida útil; dos dois o menor.

Apresentamos a seguir um esquema de contabilização da apropriação dos encargos mensais de depreciação de um veículo objeto de arrendamento mercantil, bem como dos encargos financeiros incidentes sobre o contrato de arrendamento.

Para tanto, consideremos que o valor justo do bem seja de R$ 30.000,00, e que o seu prazo de vida útil seja de 5 anos, ou seja, 60 meses, o que equivale a dizer que ele se deprecia à razão de 1,66666% ao mês (20% ao ano). Portanto, os encargos mensais de depreciação do mencionado bem correspondem a R$ 500,00, e foram calculados mediante a multiplicação do valor do bem (R$ 30.000,00), pela taxa mensal de depreciação (1,66666%).

I – Pelo encargo de depreciação:

CONTAS CONTÁBEIS	DÉBITO – R$	CRÉDITO – R$
Despesa de Depreciação de Veículos (Conta de Resultado)	500,00	
Depreciação Acumulada (Conta Redutora do Ativo Não Circulante – Imobilizado)		500,00

Vamos, agora, demonstrar a contabilização dos encargos financeiros mensais incidentes sobre o contrato de arrendamento mercantil.

Admita-se, para tanto, que os encargos financeiros do contrato totalizem R$ 7.400,00, e que este tenha prazo de vigência de 36 meses. Logo, por medida de simplificação, pode-se considerar que os encargos financeiros incorrem à razão de R$ 205,56 ao mês (R$ 7.400,00 ÷ 36), os quais poderiam ser assim contabilizados:

I – Pelo encargo financeiro:

CONTAS CONTÁBEIS	DÉBITO – R$	CRÉDITO – R$
Encargos Financeiros de Contratos de Arrendamento Mercantil (Conta de Resultado)	205,56	
Encargos Financeiros a Apropriar (Conta Redutora do Passivo Circulante)		205,56

Na Arrendadora

Considerando os dados apresentados na arrendatária, teremos:

I – Pelo contrato de arrendamento mercantil:

CONTAS CONTÁBEIS	DÉBITO – R$	CRÉDITO – R$
Imobilizado de Arrendamento (Ativo Não Circulante – Imobilizado)	30.000,00	
Caixa ou Bancos (Ativo Circulante)		30.000,00

II – Pelo registro do contrato:

CONTAS CONTÁBEIS	DÉBITO – R$	CRÉDITO – R$
Créditos – Arrendamento Financeiro a Receber (Ativo Circulante)	37.400,00	
Receita de Arrendamento Financeiro a Apropriar (Conta Redutora do Ativo Circulante)		37.400,00

III – Pelo recebimento das parcelas do arrendamento:

CONTAS CONTÁBEIS	DÉBITO – R$	CRÉDITO – R$
Caixa ou Bancos (Ativo Circulante)	1.038,89	
Créditos – Arrendamento Financeiro a Receber (Ativo Circulante)		1.038,89

IV – Pelo apropriação da receita no mês:

CONTAS CONTÁBEIS	DÉBITO – R$	CRÉDITO – R$
Receita de Arrendamento Financeira a Apropriar (Conta Redutora do Ativo Circulante)	1.038,89	
Receita de Arrendamento Mercantil Financeiro (Conta de Resultado)		1.038,89

ARRENDAMENTO MERCANTIL OPERACIONAL

1. INTRODUÇÃO

Atualmente, um dos maiores desafios dos profissionais de contabilidade está em distinguir as operações de arrendamento mercantil em financeiro daquelas que se referem a operações de arrendamento mercantil operacional.

Nem sempre os exemplos e indicadores mencionados no título "Arrendamento Mercantil Financeiro" são suficientes para que um arrendamento mercantil seja classificado como arrendamento mercantil financeiro.

Se ficar evidente, com base em outras características, que o arrendamento mercantil não transfere substancialmente todos os riscos e benefícios inerentes à propriedade do ativo arrendado, essa operação deve ser classificada como arrendamento mercantil operacional.

Isso pode acontecer se, por exemplo, a propriedade do ativo se transferir ao final do arrendamento mercantil mediante um pagamento variável igual ao valor justo no momento, ou se há pagamentos contingentes, como resultado dos quais o arrendatário não tem substancialmente todos os riscos e benefícios.

2. IMPOSTO DE RENDA

Embora as prestações sejam contabilizadas como despesa, a sua dedutibilidade, para fins tributários, está condicionada a que o bem arrendado esteja relacionado intrinsecamente com a produção ou comercialização dos bens e serviços (RIR/2018, artigo 366).

Para esse efeito, são considerados como tal (Instrução Normativa SRF nº 11/1996, artigo 25):

    a) os bens móveis e imóveis utilizados no desempenho das atividades de contabilidade;

    b) os bens imóveis utilizados como estabelecimento da administração;

    c) os bens móveis utilizados nas atividades operacionais, instalados em estabelecimento da empresa;

d) os veículos do tipo caminhão, caminhoneta de cabina simples ou utilitário, utilizados no transporte de mercadorias e produtos adquiridos para revenda, de matéria-prima, de produtos intermediários e de embalagem aplicados na produção;
e) os veículos do tipo caminhão, caminhoneta de cabina simples ou utilitário, bicicletas e motocicletas utilizados pelos cobradores, compradores e vendedores nas atividades de cobrança, compra e venda;
f) os veículos do tipo caminhão, caminhoneta de cabina simples ou utilitário, bicicletas e motocicletas utilizados nas entregas de mercadorias e produtos vendidos;
g) os veículos utilizados no transporte coletivo de empregados;
h) os bens móveis e imóveis utilizados em pesquisa e desenvolvimento de produtos ou processos;
i) os bens móveis e imóveis próprios, locados pela pessoa jurídica que tenha a locação como objeto de sua atividade;
j) os veículos utilizados na prestação de serviços de vigilância móvel pela pessoa jurídica que tenha por objeto essa espécie de atividade.

3. REGISTRO CONTÁBIL

A classificação do arrendamento mercantil entre financeiro ou operacional deve ser feita no início arrendamento.

Se, em qualquer momento, o arrendatário e o arrendador concordarem em modificar as disposições do arrendamento mercantil (exceto por renovação do contrato) de tal maneira que resulte numa classificação diferente, caso os termos alterados estivessem em vigor no início do arrendamento mercantil, o acordo revisto é considerado como um novo arrendamento. Contudo, as alterações nas estimativas (por exemplo, alterações nas estimativas relativas à vida econômica ou ao valor residual da propriedade arrendada) ou as alterações nas circunstâncias (por exemplo, descumprimento do contrato por parte do arrendatário) não originam uma nova classificação do um arrendamento mercantil para fins contábeis.

O arrendatário deve contabilizar os pagamentos das prestações de arrendamento mercantil operacional como despesa em base linear durante o prazo do arrendamento mercantil, exceto se outra base sistemática for mais representativa do modelo temporal do benefício do usuário. Portanto, ao contrário do que ocorre no arrendamento mercantil financeiro, que na verdade se configura numa compra financiada, as prestações do arrendamento mercantil operacional correspondem à remuneração paga ao arrendador pela utilização do bem arrendado.

Os demais encargos incidentes sobre o bem arrendado, tais como os gastos com assistência técnica, seguro, manutenções e reparos etc. não devem ser contabilizadas na mesma conta que as prestações do arrendamento. Estes devem ser contabilizados separadamente, como despesa nos respectivos períodos em que ocorrerem.

Arrendamento de terrenos e edifícios

Os arrendamentos mercantis de terrenos e edifícios são classificados em operacionais ou financeiros da mesma forma que os demais ativos. Contudo, uma característica dos terrenos é que estes têm normalmente vida econômica indefinida. Por sua vez, se não for esperado que a propriedade passe para o arrendatário no fim do prazo do arrendamento mercantil, normalmente o arrendatário não recebe substancialmente todos os riscos e benefícios inerentes à propriedade. Portanto, nesse caso, o arrendamento mercantil do terreno deve ser classificado como operacional.

Um pagamento feito na celebração do arrendamento mercantil que seja contabilizado como operacional representa pagamento antecipado que é amortizado durante o prazo do contrato, de acordo com o modelo de benefícios proporcionado.

Para fins de classificação, os elementos terreno e edifícios componentes de um contrato de arrendamento mercantil devem ser considerados separadamente.

Caso se espere que a propriedade de ambos os elementos passe para o arrendatário no final do arrendamento, este deve ser classificado como arrendamento mercantil financeiro, a não ser que seja claro, com base em outras características, que este não transfere substancialmente todos os riscos e benefícios inerentes à propriedade de um ou ambos os elementos.

É possível a um arrendatário classificar uma propriedade detida mediante um arrendamento mercantil operacional como propriedade para investimento, ou seja, destinada a obter rendas ou valorização do capital ou ambas. Nesse caso, a propriedade deve ser contabilizada como se fosse um arrendamento mercantil financeiro, devendo ser utilizado o modelo do valor justo, para fins do reconhecimento do ativo. O arrendatário deve continuar a contabilizar o arrendamento mercantil como financeiro, mesmo que um evento posterior altere a natureza do interesse na propriedade do arrendatário que já não esteja classificada como propriedade para investimento.

4. EXEMPLO PRÁTICO

Na Arrendatária

Admita-se que a entidade "WM" aluga um imóvel de propriedade da entidade "ERG", pelo prazo de 36 meses. O aluguel mensal é de R$ 20.000,00. Logo, o valor do contrato é de R$ 720.000,00 (R$ 20.000,00 x 36 meses).

O respectivo contrato prevê que, ao final do arrendamento a entidade "WM" poderá optar entre desocupar o imóvel ou adquiri-lo, mediante o pagamento do valor justo atribuído a este na época, ou, ainda, renovar o arrendamento.

Considerando que o contrato não transfere os riscos e benefícios inerentes à propriedade do imóvel, que somente ocorrerá caso a entidade "WM" opte por adquirir o imóvel, ao final do arrendamento, tal operação é caracterizada como arrendamento mercantil operacional.

I – Pelo contrato de arrendamento mercantil operacional:

CONTAS CONTÁBEIS	DÉBITO – R$	CRÉDITO – R$
Contratos de Arrendamento Mercantil Operacional (Conta de Compensação)	720.000,00	
Obrigações por Contratos de Arrendamento Mercantil (Contas de Compensação)		720.000,00

II – Pelo pagamento das prestações mensais:

CONTAS CONTÁBEIS	DÉBITO – R$	CRÉDITO – R$
Arrendamento Mercantil Operacional (Conta de Resultado)	20.000,00	
Caixa ou Bancos (Ativo Circulante)		20.000,00

Na Arrendadora

Considerando os mesmos dados da arrendatária, sendo que o bem adquirido foi pelo valor de 650.000,00 e a diferença são os encargos cobrados para fins do arrendamento operacional.

I – Pela aquisição do bem arrendado:

CONTAS CONTÁBEIS	DÉBITO – R$	CRÉDITO – R$
Imobilizado – Arrendamento (Ativo Não Circulante – Imobilizado)	650.000,00	
Caixa ou Bancos (Ativo Circulante)		650.000,00

II – Pela depreciação mensal:

CONTAS CONTÁBEIS	DÉBITO – R$	CRÉDITO – R$
Despesa com Depreciação (Conta de Resultado)	5.416,65	
Depreciação Acumulada (Conta Redutora Ativo Não Circulante)		5.416,65

III – Pelo contrato firmado com o arrendatário:

CONTAS CONTÁBEIS	DÉBITO – R$	CRÉDITO – R$
Direitos sobre Contratos de Arrendamento Mercantil Operacional (Contas de Compensação)	720.000,00	
Contratos de Arrendamento Mercantil Operacional (Contas de Compensação)		720.000,00

IV – Pelo recebimento das prestações mensais:

CONTAS CONTÁBEIS	DÉBITO – R$	CRÉDITO – R$
Caixa ou Bancos (Ativo Circulante)	20.000,00	
Receita de Arrendamento Mercantil Operacional (Conta de Resultado)		20.000,00

ASSINATURAS DE JORNAIS E REVISTAS

1. INTRODUÇÃO

O registro contábil dos gastos com assinaturas de periódicos, jornais e revistas deve ser efetuado de acordo com a utilização destes. Por exemplo, as assinaturas de jornais e revistas para a administração serão apropriadas como despesa administrativa.

Já as assinaturas destinadas ao departamento comercial serão, por sua vez, registradas como despesas de vendas, assim como as assinaturas de edições técnicas para o setor de engenharia industrial serão registradas como custo de produção.

A vigência de uma assinatura de jornal, revista ou outro periódico pode ser mensal, trimestral, semestral, anual etc. Portanto, para fiel observância do regime de competência, torna-se necessário distribuir o gasto efetuado ao longo do período de vigência.

De acordo com a Lei das S.As. em seu artigo 179, I, devem ser classificados no Ativo Circulante as disponibilidades, os direitos realizáveis no curso do ano-calendário subsequente e as aplicações de recursos em despesas do exercício seguinte.

As aplicações de recursos em despesas do exercício seguinte são consideradas despesas pagas antecipadamente, porque ainda não incorridas.

2. IMPOSTO DE RENDA

A pessoa jurídica tributada com base no lucro real está obrigada à apuração de seus resultados (Lei nº 9.430/1996):

   a) trimestralmente, se pagar o Imposto de Renda Pessoa Jurídica (IRPJ) e a Contribuição Social sobre o Lucro Líquido (CSLL) calculados com base no resultado apurado em balanços/balancetes trimestrais; ou

   b) anualmente (balanço anual), se pagar o imposto e a contribuição calculados por estimativa.

No primeiro caso (balanços/balancetes trimestrais), é de fundamental importância a apropriação mensal (ou, ao menos, trimestral) das despesas pagas antecipadamente. Já no segundo (balanço anual), sob a ótica fiscal, a apropriação dessas despesas poderá ser efetuada somente por ocasião do levantamento do balanço (ou do levantamento de balanço/balancete de suspensão ou redução da estimativa, se for o caso).

Entretanto, do ponto de vista contábil, a apropriação mensal, além de mais eficaz, é tecnicamente mais correta, pois atende, na sua totalidade, ao princípio da competência.

3. REGISTRO CONTÁBIL

Os dispêndios com assinaturas de publicações técnicas, jornais, revistas etc. (e, eventualmente, com anuidades a entidades de classe, assistenciais e outras) que abranjam dois ou mais exercícios sociais devem ser apropriados contabilmente ao resultado em parcelas mensais.

A vigência de uma assinatura pode ser mensal, trimestral, semestral, anual etc. Portanto, observado o regime de competência, torna-se necessário distribuir o gasto efetuado ao longo do período de vigência da assinatura, adotando-se os seguintes procedimentos:

a) registra-se o gasto com as assinaturas em conta ou subconta própria do subgrupo de despesas antecipadas, no Ativo Circulante ou no Ativo Não Circulante, subgrupo Realizável a Longo Prazo, dependendo do prazo de vigência da assinatura (até ou após o término do exercício seguinte, respectivamente), cuja contrapartida poderá ser a conta de disponibilidade que sofrer o desembolso, no caso de pagamento à vista, ou a conta do Passivo Circulante que registrar a obrigação assumida pela contratação da assinatura, caso esta tenha sido contratada para pagamento a prazo, e caso este ocorra até o término do exercício seguinte, ou no Passivo Não Circulante, se o pagamento da assinatura ocorrer em prazo superior;

b) para a distribuição do gasto incorrido pelo período de vigência da assinatura, divide-se o valor total do gasto pelo prazo contratado e apropria-se, mensalmente, a fração correspondente ao período transcorrido, creditando-se a conta de despesa antecipada e debitando-se a conta de despesa operacional ou custo de produção a que se referir a assinatura.

4. EXEMPLO PRÁTICO

Admita-se assinatura de um jornal pelo prazo de 12 meses ao custo de R$ 900,00 com pagamento à vista.

I – Pelo pagamento da assinatura do jornal:

CONTAS CONTÁBEIS	DÉBITO – R$	CRÉDITO – R$
Assinaturas e Anuidades (Ativo Circulante)	900,00	
Caixa ou Bancos (Ativo Circulante)		900,00

II – Pela apropriação da despesa mensal:

CONTAS CONTÁBEIS	DÉBITO – R$	CRÉDITO – R$
Despesas com Jornais, Livros e Revistas (Conta de Resultado)	75,00	
Assinaturas e Anuidades (Ativo Circulante)		75,00

Notas
1) Admitindo-se que a empresa tenha optado pelo registro mensal da despesa incorrida.
2) As demais parcelas serão lançadas da mesma forma que o lançamento II.

No caso da assinatura ter sido contrata em 24 meses com início em março de 20X1, no valor de R$ 1.200,00 uma parcela figuraria no Ativo Circulante e o restante (a parte da despesa a incorrer após o término do exercício seguinte), no Ativo Não Circulante, subgrupo Realizável a Longo Prazo, como segue:

a) R$ 1.200,00 ÷ 24 = R$ 50,00;

b) R$ 1.100,00 (R$ 50,00 x 22), correspondentes ao período de março/20X1 a dezembro/20X2: parcela classificável no Ativo Circulante (Despesas do Exercício Seguinte); e

c) R$ 100,00 (R$ 50,00 x 2), correspondentes ao período de janeiro e fevereiro/2003: parcela classificável no Ativo Não Circulante, subgrupo Realizável a Longo Prazo (Despesas Pagas Antecipadamente).

ASSISTÊNCIA MÉDICA

1. INTRODUÇÃO

Os gastos realizados pelas empresas com serviços de assistência médica, odontológica, farmacêutica e social, destinados indistintamente a todos os seus empregados e dirigentes, são considerados despesas operacionais (artigo 372 do RIR/2018).

2. IMPOSTO DE RENDA

As despesas com assistência médica, odontológica, farmacêutica e social são dedutíveis para efeito de apuração do IRPJ e CSL.

O artigo 260 do RIR/2018, em seu parágrafo único, inciso VI, dispõe que veda a dedução de despesas relativas a contribuições não compulsórias, exceto as relativas a contribuições destinadas a custear seguros e planos de saúde e benefícios complementares assemelhados aos da Previdência Social, instituídos em favor dos empregados e dirigentes da pessoa jurídica.

O valor dos serviços médicos, hospitalares e dentários mantidos, ressarcidos ou pagos pelo empregador em benefício de seus empregados não integra o rendimento bruto do beneficiário, o que significa que não é tributado na fonte nem na Declaração de Ajuste Anual do empregado.

3. REGISTRO CONTÁBIL

O artigo 302 do RIR/2018 dispõe que o custo de produção de bens ou serviços vendidos compreende, obrigatoriamente:

a) o custo de aquisição de matérias-primas e quaisquer outros bens ou serviços aplicados ou consumidos na produção;

b) o custo do pessoal aplicado na produção, inclusive de supervisão direta, manutenção e guarda das instalações de produção;

c) os custos de locação, manutenção e reparo e os encargos de depreciação dos bens aplicados na produção;

d) os encargos de amortização diretamente relacionados com a produção;

e) os encargos de exaustão dos recursos naturais utilizados na produção.

O Parecer Normativo CST nº 183/1971 estabelece que a prestação de assistência social a empregados, sob qualquer forma, não deve ser computada na formação dos custos, mas, sim, contabilizada como despesa operacional.

A nosso ver, o conflito imposto pelo parecer normativo, em contabilizar todos os gastos em conta operacional, não é o mais adequado, sendo que a letra "b" determina que todos os gastos ligados à produção deve compor o custo do mesmo, portanto, não seria lógico classificar os gastos com assistência médica dos empregados ligados à produção em conta de despesa operacional.

Entretanto, no exemplo prático que virá logo a seguir, vamos adotar a posição do fisco. Classificando todos os gastos como despesa operacional. Embora esse não seja o procedimento tecnicamente mais adequado, tem a vantagem de viabilizar a dedução imediata dos dispêndios, pois os valores registrados como custo somente são deduzidos por ocasião da venda do produto ao qual estão agregados, via apuração do "Custo dos Produtos Vendidos (CPV)".

4. EXEMPLO PRÁTICO

Admita-se que a empresa WM Ltda. contratou assistência médica com a empresa ERG S.A. no valor de R$ 50.000,00 por mês destinado a beneficiar todos os seus empregados.

I – Pela mensalidade devida mensalmente:

CONTAS CONTÁBEIS	DÉBITO – R$	CRÉDITO – R$
Assistência Médica e Social (Conta de Resultado)	50.000,00	
Contas a Pagar (Passivo Circulante)		50.000,00

II – Pelo pagamento da mensalidade:

CONTAS CONTÁBEIS	DÉBITO – R$	CRÉDITO – R$
Contas a Pagar (Passivo Circulante)	50.000,00	
Caixa ou Bancos (Ativo Circulante)		50.000,00

Agora vamos efetuar o lançamento do desconto efetuado aos empregados pela coparticipação no valor de R$ 15.000,00.

I – Pelo registro da parcela cobrada dos empregados:

CONTAS CONTÁBEIS	DÉBITO – R$	CRÉDITO – R$
Salários e Ordenados a pagar (Passivo Circulante)	15.000,00	
Assistência Médica e Social (Conta de Resultado)		15.000,00

ATIVIDADE IMOBILIÁRIA – DISTRATO

1. INTRODUÇÃO

No setor imobiliário, as entidades que realizam a incorporação ou a construção de imóveis, diretamente ou por meio de subempreiteiras, podem firmar contratos com um ou mais compradores antes do término da construção. Esses contratos de uma forma geral têm cláusula de Distrato por ambas as partes com condições específicas para a devolução do imóvel e dos recursos aplicados na compra.

2. IMPOSTO DE RENDA

O valor retido pela pessoa jurídica para fazer frente aos seus custos de venda quando do distrato da unidade vendida, será considerado como receita operacional tributável pelo IRPJ e CSL.

3. REGISTRO CONTÁBIL

Quando do distrato, a unidade vendida deve voltar para a conta do estoque é a receita e o custo diferido será baixado do passivo não circulante e o valor não devolvido será considerado como receita operacional.

4. EXEMPLO PRÁTICO

Considerando venda a prazo de uma unidade imobiliária concluída com os seguintes dados:

- Valor de venda — R$300.000,00
- Custo Incorrido — R$180.000,00
- Lucro Bruto — R$120.000,00
- Valor da Entrada — R$ 60.000,00
- 12 parcelas de — R$ 20.000,00
- Devolução de 80% do valor pago (80.000,00 x 80%) — R$ 64.000,00

Nota

O lançamento da venda da unidade imobiliária consta no título "Atividade Imobiliária – Venda a prazo de unidade concluída", com os mesmos dados acima.

Pelo cancelamento da venda:

I

CONTAS CONTÁBEIS	DÉBITO – R$	CRÉDITO – R$
Venda Cancelada (Conta de Resultado)	80.000,00	
Receita Diferida (Passivo Não Circulante)		80.000,00

II

CONTAS CONTÁBEIS	DÉBITO – R$	CRÉDITO – R$
Receita Diferida (Passivo Não Circulante)	300.000,00	
Clientes (Passivo Não Circulante)		300.000,00

III

CONTAS CONTÁBEIS	DÉBITO – R$	CRÉDITO – R$
Estoque (Ativo Circulante)	180.000,00	
Custo Diferido (Conta Redutora do Passivo Não Circulante)		154.400,00
Recuperação de Custo (Conta de Resultado)		25.600,00

IV

CONTAS CONTÁBEIS	DÉBITO – R$	CRÉDITO – R$
Bancos (Ativo Circulante)	20.000,00	
Clientes (Passivo Não Circulante)		20.000,00

V

CONTAS CONTÁBEIS	DÉBITO – R$	CRÉDITO – R$
Clientes (Ativo Circulante)	64.000,00	
Bancos (Ativo Circulante)		64.000,00

VI

CONTAS CONTÁBEIS	DÉBITO – R$	CRÉDITO – R$
Clientes (Ativo Circulante)	16.000,00	
Outras Receitas Operacionais (Conta de Resultado)		16.000,00

ATIVIDADE IMOBILIÁRIA – VENDA A PRAZO DE UNIDADE CONCLUÍDA

1. INTRODUÇÃO

No setor imobiliário, as entidades que realizam a incorporação ou a construção de imóveis, diretamente ou por meio de subempreiteiras, podem firmar contratos com um ou mais compradores antes do término da construção. Esses contratos podem assumir diversas formas.

As entidades que incorporam ou constroem imóveis residenciais, por exemplo, podem começar a comercialização de unidades imobiliárias (apartamentos ou casas) "na planta", ou seja, enquanto a construção ainda estiver em andamento, ou até mesmo antes de seu início.

Cada comprador firma um contrato com a entidade para adquirir uma unidade imobiliária quando a mesma estiver pronta para ser ocupada. Normalmente, o comprador efetua um adiantamento que será reembolsado apenas se a entidade deixar de entregar a unidade imobiliária concluída de acordo com os termos contratados. O restante do preço de compra é geralmente pago à entidade apenas ao término do contrato, quando o comprador obtém a posse da unidade.

2. IMPOSTO DE RENDA

Na venda a prazo ou à prestação de unidade concluída, com pagamento total contratado para o curso do período-base da venda, o lucro bruto deve ser apurado e reconhecido, no resultado do período-base, na data em que se efetivar a transação.

Por seu turno, no caso de venda a prazo ou à prestação de unidade concluída, com pagamento restante ou pagamento total contratado para depois do período-base da venda, o lucro bruto apurado pode, para efeito de determinação do lucro real, ser reconhecido nas contas de resultado de cada período-base proporcionalmente à receita da venda recebida, observadas as seguintes regras:

a) o lucro bruto deve ser controlado mediante a utilização de conta de Receita Diferida de Exercícios Futuros (no Passivo Não Circulante), em que serão registrados a receita bruta da venda e o custo do imóvel;

b) por ocasião da venda, deverá ser determinada a relação entre o lucro bruto e a receita exclusiva da venda e, até o final de cada período-base, deverá ser transferida, para o resultado do exercício, parte do lucro bruto proporcional à referida receita nele recebida.

3. REGISTRO CONTÁBIL

A classificação contábil de venda de unidade imobiliária concluída e vendida a prazo é registrada em conta do Passivo Não Circulante pelo diferimento da receita e do custo até a sua realização que será baixa contra as contas normais de venda, ou seja, receita do período e custo dos imóveis vendidos.

4. EXEMPLO PRÁTICO

Considerando venda a prazo de uma unidade imobiliária concluída com os seguintes dados:

- Valor de venda   R$ 300.000,00
- Custo Incorrido   R$ 180.000,00
- Lucro Bruto   R$ 120.000,00
- Valor da Entrada   R$ 60.000,00
- 12 parcelas de   R$ 20.000,00

Cálculo da relação percentual para encontrar o lucro bruto

$$\frac{R\$\ 120.000,00}{R\$\ 300.000,00} \times 100 = 40\%$$

Letra **A** — *Atividade Imobiliária – Venda a Prazo de Unidade Concluída*

I – Pela venda da unidade imobiliária:

CONTAS CONTÁBEIS	DÉBITO – R$	CRÉDITO – R$
Clientes (Ativo Circulante)	300.000,00	
Receita Diferida (Passivo Não Circulante)		300.000,00

II – Pelo recebimento da entrada da unidade imobiliária:

CONTAS CONTÁBEIS	DÉBITO – R$	CRÉDITO – R$
Bancos (Ativo Circulante)	60.000,00	
Clientes (Passivo Não Circulante)		60.000,00

III – Pela baixa do custo da unidade vendida:

CONTAS CONTÁBEIS	DÉBITO – R$	CRÉDITO – R$
Custo Diferido (Conta Redutora do Passivo Não Circulante)	180.000,00	
Estoque (Ativo Circulante)		180.000,00

IV – Pelo recebimento da 1ª parcela:

CONTAS CONTÁBEIS	DÉBITO – R$	CRÉDITO – R$
Bancos (Ativo Circulante)	20.000,00	
Clientes (Passivo Não Circulante)		20.000,00

V – Pela baixa da receita diferida:

CONTAS CONTÁBEIS	DÉBITO – R$	CRÉDITO – R$
Receita Diferida (Passivo Não Circulante)	80.000,00	
Receita Diferida (Conta de Resultado)		80.000,00

> **Nota**
> Entrada de R$ 60.000,00 + 1ª parcela de R$ 20.000,00 = R$ 80.000,00

VI – Pela baixa do custo diferido:

CONTAS CONTÁBEIS	DÉBITO – R$	CRÉDITO – R$
Custo dos Imóveis Vendidos (Conta de Resultado)	32.000,00	
Custo Diferido (Conta Redutora do Passivo Não Circulante)		32.000,00

> **Nota**
> Receita recebida de R$ 80.000,00 x 40% = R$ 32.000,00

ATIVIDADE IMOBILIÁRIA – VENDA COM CUSTO ORÇADO

1. INTRODUÇÃO

Caso a venda seja contratada antes de completado o empreendimento, o contribuinte poderá computar no custo do imóvel vendido, além dos custos pagos, incorridos ou contratados, os custos orçados (valor orçado e orçamento são sinônimos ou expressão equivalente) para a conclusão das obras ou melhoramentos que estiver contratualmente obrigado a realizar.

O custo orçado deve ser baseado nos custos usuais no tipo de empreendimento imobiliário, a preços correntes de mercado na data em que o contribuinte optar por ele, e corresponde à diferença entre o custo total previsto e os custos pagos, incorridos ou contratados até a mencionada data.

A opção para computar o custo orçado deverá ser feita até a data em que se der o reconhecimento do lucro bruto da venda de unidade isolada ou da primeira unidade de empreendimento que compreenda duas ou mais unidades distintas. Esta opção é feita para cada empreendimento, separadamente, e, uma vez adotada, o custo orçado deve ser computado na apuração individual do lucro bruto de todas as unidades do empreendimento.

Os custos orçados referentes a empreendimento que compreenda duas ou mais unidades devem ser apropriados, a cada uma delas, mediante rateio baseado em critério usual no tipo de empreendimento imobiliário.

2. IMPOSTO DE RENDA

O custo orçado apurado em cada unidade imobiliária vendida poderá ser considerado como custo do imóvel vendido para fins de determinação do lucro real e da base de cálculo da contribuição social sobre o lucro.

3. REGISTRO CONTÁBIL

O custo orçado a contabilizar é apenas o que disser respeito ao imóvel vendido, o que significa que a contabilidade não deve registrar custos orçados apropriados a unidades por vender.

Aplica-se a tais valores o seguinte tratamento contábil:

   a) o valor dos custos orçados correspondentes ao imóvel vendido deverá ser creditado à conta específica do Passivo Circulante ou do Passivo Não Circulante, na data da efetivação da venda, em contrapartida a um dos débitos:

   a.1) débito à conta própria de Resultado do Exercício, se referente à unidade não concluída vendida à vista, ou vendida a prazo ou à prestação com pagamento total contratado para o curso do período-base da venda;

   a.2) débito à conta própria de Receita Diferida (no Passivo Não Circulante), se referente à unidade não concluída vendida a prazo ou à prestação com pagamento restante ou pagamento total contratado para depois do período-base da venda, na hipótese de interesse do contribuinte pelo reconhecimento do lucro bruto proporcionalmente à receita da venda recebida;

b) as modificações ocorridas no valor do orçamento da unidade vendida devem ser creditadas à conta do Passivo Circulante ou do Passivo Não Circulante, em contrapartida a débitos à conta específica de Resultado do Exercício ou à conta própria de Receita Diferida (do grupo Passivo Não Circulante).

4. EXEMPLO PRÁTICO

Considerando que a empresa GBTO Ltda. está lançando loteamento composto por 50 lotes e deverá entregar com toda a infraestrutura aos compradores dos lotes.

Dados para o desenvolvimento do exemplo:

Custo de aquisição do terreno	R$ 750.000,00
Custo orçado da infraestrutura	R$ 400.000,00
Venda de um lote	R$ 30.000,00
Crédito presumido do PIS/Cofins	60%

Cálculo do crédito presumido:

R$ 400.000,00 x 60% = R$ 240.000,00 (Base de cálculo)

$$PIS = \frac{R\$\ 240.000,00}{50} \times 1,65\% = 79,20 \text{ por lote}$$

$$Cofins = \frac{R\$\ 240.000,00}{50} \times 7,6\% = 364,80 \text{ por lote}$$

I – Pela venda da unidade imobiliária:

CONTAS CONTÁBEIS	DÉBITO – R$	CRÉDITO – R$
Clientes (Ativo Circulante)	30.000,00	
Receita Bruta (Conta de Resultado)		30.000,00

II – Pela apropriação do custo e das contribuições:

CONTAS CONTÁBEIS	DÉBITO – R$	CRÉDITO – R$
Custo dos Imóveis Vendidos (Conta de Resultado)	22.556,00	
PIS a Recuperar – Custo Orçado (Ativo Circulante)	79,20	
Cofins a Recuperar – Custo Orçado (Ativo Circulante)	364,80	
Estoque – Empreendimento "X" (Ativo Circulante)		15.000,00
Custo Orçado (Passivo Circulante)		8.000,00

III – Pelas obras de infraestrutura executadas:

CONTAS CONTÁBEIS	DÉBITO – R$	CRÉDITO – R$
Estoque – Empreendimento "X" (Ativo Circulante)	377.800,00	
PIS a Recuperar (Ativo Circulante)	3.960,00	
Cofins a Recuperar (Ativo Circulante)	18.240,00	
Fornecedores (Passivo Circulante)		400.000,00

IV – Pela conclusão da obra:

CONTAS CONTÁBEIS	DÉBITO – R$	CRÉDITO – R$
Custo Orçado (Passivo Circulante)	8.000,00	
Estoque – Empreendimento "X" (Ativo Circulante)		7.566,00
PIS a Recuperar (Ativo Circulante)		79,20
Cofins a Recuperar (Ativo Circulante)		364,80

ATIVO BIOLÓGICO

1. INTRODUÇÃO

O Ativo Biológico e tratado no Pronunciamento Técnico do CPC nº 29 e tem como objetivo estabelecer o tratamento contábil e as respectivas divulgações, relacionados aos ativos biológicos e aos produtos agrícolas.

O produto agrícola é definido como o produto colhido ou, de alguma forma, obtido a partir de um ativo biológico de uma entidade. O ativo biológico, por sua vez, refere-se a um animal ou a uma planta, vivos, que produz produto agrícola. A transformação biológica compreende o processo de crescimento, degeneração, produção e procriação que causa mudança qualitativa e quantitativa no ativo biológico.

Há de se notar que a atividade agrícola compreende uma série de atividades, por exemplo, aumento de rebanhos, silvicultura, colheita anual ou constante, cultivo de pomares e de plantações, floricultura e cultura aquática (incluindo criação de peixes).

Certas características comuns existem dentro dessa diversidade de atividades mencionadas. São exemplos:

a) capacidade de mudança – animais e plantas vivos são capazes de transformações biológicas;

b) gerenciamento de mudança – o gerenciamento facilita a transformação biológica, promovendo, ou pelo menos estabilizando, as condições necessárias para que o processo ocorra (por exemplo, nível de nutrientes, umidade, temperatura, fertilidade e luz); tal gerenciamento é que distingue as atividades agrícolas de outras atividades – por exemplo, colher de fontes não gerenciadas, tais como pesca no oceano ou desflorestamento, não é atividade agrícola; e

c) mensuração da mudança – a mudança na qualidade (por exemplo, mérito genético, densidade, amadurecimento, nível de gordura, conteúdo proteico e resistência da fibra) ou quantidade (por exemplo, descendência, peso, metros cúbicos, comprimento e/ou diâmetro da fibra e a quantidade de brotos) causada pela transformação biológica, ou na colheita, é mensurada e monitorada como uma função rotineira de gerenciamento.

Exemplos de Ativos Biológicos:

1. O gado para produção de leite é ativo biológico que produz o produto agrícola "Leite", e está sujeito a nascimento, crescimento, produção, degeneração, procriação. Os bezerros machos que nascem são destinados à venda, eles são considerados produto agrícola, e se as fêmeas se destinam à futura produção de leite, são considerados ativos biológicos.
2. A videira é o ativo biológico que produz o produto agrícola "Uva" que irá resultar no produto para a venda "Vinho".
3. O eucalipto é o ativo biológico que produz o produto agrícola "madeira", a ser utilizada como matéria-prima para a obtenção da celulose.

2. TRIBUTAÇÃO

O ganho decorrente de avaliação de ativo ou passivo com base no valor justo não será computado na determinação do lucro real e do resultado ajustado desde que o respectivo aumento no valor do ativo ou redução no valor do passivo seja evidenciado contabilmente em subconta vinculada ao ativo ou passivo.

O ganho evidenciado por meio da subconta será computado na determinação do lucro real e do resultado ajustado à medida que o ativo for realizado, inclusive mediante depreciação, amortização, exaustão, alienação ou baixa, ou quando o passivo for liquidado ou baixado.

A perda decorrente de avaliação de ativo ou passivo com base no valor justo somente poderá ser computada na determinação do lucro real e do resultado ajustado à medida que o ativo for realizado, inclusive mediante depreciação, amortização, exaustão, alienação ou baixa, ou quando o passivo for liquidado ou baixado, e desde que a respectiva perda por redução no valor do ativo ou aumento no valor do passivo seja evidenciada contabilmente em subconta vinculada ao ativo ou passivo.

A perda não será computada na determinação do lucro real e do resultado ajustado se o valor realizado, inclusive mediante depreciação, amortização, exaustão, alienação ou baixa, for indedutível.

Na hipótese de não ser evidenciada por meio de subconta na forma prevista no *caput*, a perda será considerada indedutível na apuração do lucro real e do resultado ajustado.

3. REGISTRO CONTÁBIL

As normas sobre ativos biológicos devem ser aplicadas para a contabilização dos seguintes itens relacionados com as atividades agrícolas:

a) ativos biológicos;

b) produção agrícola no ponto de colheita;

c) subvenções governamentais relacionadas a um ativo biológico.

As referidas normas devem ser aplicadas para a produção agrícola, assim considerada aquela obtida no momento e no ponto de colheita dos produtos advindos dos ativos biológicos da entidade.

Após esse momento, o Pronunciamento Técnico CPC 16(R1) – Estoques, ou outro mais adequado, deve ser aplicado.

Portanto, o CPC 29 não trata do processamento dos produtos agrícolas após a colheita, como, por exemplo, o processamento de uvas para a transformação em vinho por vinícola, mesmo que se tenha cultivado e colhido a uva.

Tais itens são excluídos, mesmo que seu processamento, após a colheita, possa ser extensão lógica e natural da atividade agrícola, e os eventos possam ter similaridades.

4. CUSTOS VERSUS VALOR JUSTO

O ativo biológico deve ser mensurado ao valor justo, menos a despesa de venda, no momento do reconhecimento inicial e no final de cada período de competência, exceto para os casos, em que o valor justo não pode ser mensurado de forma confiável.

O produto agrícola colhido de ativos biológicos da entidade deve ser mensurado ao valor justo, menos a despesa de venda, no momento da colheita. O valor assim atribuído representa o custo, no momento da aplicação do Pronunciamento Técnico CPC 16(R1) – Estoques, ou de outro pronunciamento.

A mensuração do valor justo para um ativo biológico ou produto agrícola pode ser facilitada pelo agrupamento destes, conforme os atributos significativos reconhecidos no mercado em que os preços são baseados, por exemplo, por idade ou qualidade.

A entidade deve identificar os atributos que correspondem aos usados no mercado como base para a fixação de preço.

As plantas consideradas hospedeiras após a Revisão 08 do CPC devem passar a ser registradas ao seu custo histórico e não mais a valor justo. Exemplo o pé de laranjeira que produz a laranja para ser vendida não mais será avaliada ao valor justo, mas ao seu custo histórico, outro exemplo é o touro reprodutor em que o produto vendido é o sêmen ou com uma vaca leiteira cujo produto vendido é o leite. Dessa forma o touro e a vaca são ativos hospedeiros.

Os custos podem, algumas vezes, se aproximar do valor justo, particularmente, quando:

a) uma pequena transformação biológica ocorrer desde o momento inicial (por exemplo, mudas plantadas no período imediatamente anterior ao de encerramento das demonstrações contábeis ou gado recém-adquirido); ou

b) não for esperado que o impacto da transformação do ativo biológico sobre o preço seja material (por exemplo, para o crescimento inicial da plantação de pinos cujo ciclo de produção é de 30 anos).

Ativos biológicos são, muitas vezes, implantados na terra (por exemplo, árvores de floresta plantada).

Pode não existir um mercado separado para os referidos ativos, mas sim um mercado ativo para a combinação deles, isto é, para os ativos biológicos, terra nua e terras com melhorias, como um conjunto.

A entidade pode usar informações sobre ativos combinados para determinar o valor justo dos ativos biológicos.

Por exemplo, o valor justo da terra nua e da terra com melhorias pode ser deduzido do valor justo dos ativos combinados, visando obter o valor justo do ativo biológico.

5. EXEMPLO PRÁTICO

5.1 Avaliação pelo método de custo

A empresa agrícola WM tem cultura temporária e teve gatos com semente no valor de 15.000,00, adubo no valor de 12.000,00, mão de obra a 8.000,00, colheita em 7.000,00 e efetuou a venda do produto no valor de 60.000,00.

1. Pelos gastos

CONTAS CONTÁBEIS	DÉBITO R$	CRÉDITO R$
Cultura Temporária – Ativo Biológico – Feijão (Ativo Circulante)	42.000,00	
Bancos Conta Movimento (Ativo Circulante)		42.000,00

2. Pela transferência para o estoque

CONTAS CONTÁBEIS	DÉBITO R$	CRÉDITO R$
Estoque Produtos Agrícolas Feijão (Ativo Circulante)	42.000,00	
Cultura Temporária – Ativo Biológico – Feijão (Ativo Circulante)		42.000,00

2. Pela venda

CONTAS CONTÁBEIS	DÉBITO R$	CRÉDITO R$
Bancos Conta Movimento (Ativo Circulante)	60.000,00	
Receita de Venda (Ativo Circulante)		60.000,00

2. Pela baixa dos produtos agrícolas

CONTAS CONTÁBEIS	DÉBITO R$	CRÉDITO R$
Custos dos Produtos Agrícolas (Conta de Resultado)	42.000,00	
Estoque Produtos Agrícolas Feijão (Ativo Circulante)		42.000,00

5.2 Método pelo Valor Justo

A empresa agrícola WM tem cultura temporária e teve gatos com semente no valor de 25.000,00, adubo no valor de 28.000,00 e mão de obra no valor de 40.000,00.

1. Pelos gatos com semente

CONTAS CONTÁBEIS	DÉBITO R$	CRÉDITO R$
Cultura Temporária – Ativo Biológico – Feijão (Ativo Circulante)	25.000,00	
Bancos Conta Movimento (Ativo Circulante)		25.000,00

2. Pelos gastos com adubo

CONTAS CONTÁBEIS	DÉBITO R$	CRÉDITO R$
Cultura Temporária – Ativo Biológico – Feijão (Ativo Circulante)	28.000,00	
Bancos Conta Movimento (Ativo Circulante)		28.000,00

3. Pelos gastos com mão de obra

CONTAS CONTÁBEIS	DÉBITO R$	CRÉDITO R$
Cultura Temporária – Ativo Biológico – Feijão (Ativo Circulante)	40.000,00	
Bancos Conta Movimento (Ativo Circulante)		40.000,00

O produto tem como valor justo 125.000,00 e custo de 93.000,00, resultado em uma avaliação a valor justo de 32.000,00.

4. Pela avaliação a valor justo

CONTAS CONTÁBEIS	DÉBITO R$	CRÉDITO R$
Cultura Temporária – Ativo Biológico – Feijão (Ativo Circulante)	32.000,00	
Avaliação a Valor Justo (Conta de Resultado)		32.000,00

Agora o produto tem novos gastos com herbicida no valor de 22.000,00 e colheita 38.000,00.

5. Pelos gastos com herbicida

CONTAS CONTÁBEIS	DÉBITO R$	CRÉDITO R$
Cultura Temporária – Ativo Biológico – Feijão (Ativo Circulante)	22.000,00	
Bancos Conta Movimento (Ativo Circulante)		22.000,00

6. Pelos gastos com colheita

CONTAS CONTÁBEIS	DÉBITO R$	CRÉDITO R$
Cultura Temporária – Ativo Biológico – Feijão (Ativo Circulante)	38.000,00	
Bancos Conta Movimento (Ativo Circulante)		38.000,00

O valor do produto no mercado esta a 65,00 a saca com produção de 3.500 sacas de feijão.

Valor Justo   227.500 (65 x 3.500)
(-) Custo   185.000 (153.000 + 32.000)
AVJ   42.500

7. Pela avaliação a valor justo

CONTAS CONTÁBEIS	DÉBITO R$	CRÉDITO R$
Cultura Temporária – Ativo Biológico – Feijão (Ativo Circulante)	42.500,00	
Avaliação a Valor Justo (Conta de Resultado)		42.500,00

Transferência dos produtos agrícolas colhidos para o estoque.

8. Pela avaliação a valor justo

CONTAS CONTÁBEIS	DÉBITO R$	CRÉDITO R$
Estoque – Produtos Agrícolas – Feijão (Ativo Circulante)	42.500,00 227.500,00	42.500,00
Cultura Temporária – Ativo Biológico (Ativo Circulante) - Feijão - Feijão AVJ		 153.000,00 74.500,00

Venda de 3.000 sacas de milho ao preço de 65,00 a saca.

9. Pela venda

CONTAS CONTÁBEIS	DÉBITO R$	CRÉDITO R$
Bancos Conta Movimento (Ativo Circulante)	195.000,00	
Receita de Venda (Ativo Circulante)		195.000,00

10. Pela baixa dos produtos agrícolas

CONTAS CONTÁBEIS	DÉBITO R$	CRÉDITO R$
Custos dos Produtos Agrícolas (Conta de Resultado)	195.000,00	
Estoque Produtos Agrícolas Feijão (Ativo Circulante)		195.000,00

ATIVO IMOBILIZADO – AQUISIÇÃO DE BENS

1. INTRODUÇÃO

A Lei nº 6.404/1976, em seu inciso IV, dispõe que no ativo imobilizado devem ser registrados os direitos que tenham por objeto bens corpóreos destinados à manutenção das atividades da companhia ou da empresa ou exercidos com essa finalidade, inclusive os decorrentes de operações que transfiram à companhia os benefícios, riscos e controle desses bens.

Considera-se como custo de aquisição todo o gasto relacionado com aquisição do elemento do Ativo Imobilizado e os necessários para colocá-lo em local e condições de uso no processo operacional da empresa.

O custo de um item do Ativo Imobilizado compreende:

a) seu preço de aquisição, acrescido de impostos de importação e de impostos não recuperáveis sobre a compra, depois de deduzidos os descontos comerciais e abatimentos;

b) quaisquer custos diretamente atribuíveis para colocar o ativo no local e em condição necessária para que seja capaz de funcionar da forma pretendida pela administração;

c) a estimativa inicial dos custos de desmontagem e remoção do item e de restauração do local (sítio) no qual este está localizado. Tais custos representam a obrigação em que a entidade incorre quando o item é adquirido ou como consequência de usá-lo durante determinado período para finalidades diferentes da produção de estoque durante esse período.

São exemplos de custos diretamente atribuíveis:
a) custos de benefícios aos empregados (tal como definidos no Pronunciamento Técnico CPC 33 – Benefícios a Empregados) decorrentes diretamente da construção ou aquisição de item do Ativo Imobilizado;
b) custos de preparação do local;
c) custos de frete e de manuseio (para recebimento e instalação);
d) custos de instalação e montagem;
e) custos com testes para verificar se o ativo está funcionando corretamente, após dedução das receitas líquidas provenientes da venda de qualquer item produzido enquanto se coloca o ativo nesse local e condição (tais como amostras produzidas quando se testa o equipamento); e
f) honorários profissionais.

São exemplos de custos que não compõem o ativo imobilizado:
a) custos de abertura de nova instalação;
b) custos incorridos na introdução de novo produto ou serviço (incluindo propaganda e atividades promocionais);
c) custos da transferência das atividades para novo local ou para nova categoria de clientes (incluindo custos de treinamento); e
d) custos administrativos e outros custos indiretos.

2. IMPOSTO DE RENDA

Em relação ao Ativo Não Circulante – Imobilizado, o artigo 313 do RIR/2018 manda ativar todos os gastos, "quer referentes à aquisição ou melhoria de bens ou direitos, quer à amortização ou ao pagamento de obrigações" a eles relativos, devendo ser ativadas as aquisições ou melhorias cuja vida útil ultrapasse o período de um ano e de valor unitário superior a R$ 326,61 até 31.12.2014.

A partir de 01.01.2015 o valor para imobilizar bens passa a ser superior a R$ 1.200,00, conforme Lei nº 12.973/2014 (conversão da MP nº 627/2013).

A amplitude do conceito legal de custo faz com que nele se incluam os gastos complementares à aquisição ou produção do Ativo Permanente.

Observe-se que entre os gastos complementares à aquisição do ativo devem ser incluídos aqueles incorridos em decorrência da aquisição e necessários a esta, e assim como aqueles indispensáveis para que a empresa receba a posse do bem em condições de sua utilização ou venda.

3. REGISTRO CONTÁBIL

Na aquisição de bens destinados ao ativo imobilizado, os gastos incorridos nesta operação são lançados em conta do Ativo Não Circulante – Imobilizado tendo como contrapartida a conta disponibilidades ou Passivo Circulante quando da operação a prazo ou mesmo mediante financiamento.

4. EXEMPLO PRÁTICO

Admita-se que a empresa ERG comprou uma máquina no valor de R$ 100.000,00 com pagamento à vista e o seu prazo de vida útil estimado é de 10 anos.

I – Pela aquisição do bem:

CONTAS CONTÁBEIS	DÉBITO – R$	CRÉDITO – R$
Máquinas e Equipamentos (Ativo Não Circulante – Imobilizado)	100.000,00	
Caixa ou Bancos (Ativo Circulante)		100.000,00

Agora vamos exemplificar a aquisição de uma máquina a prazo, considerando as normas do CPC nº 27 – Ativo Imobilizado, no valor de R$ 120.000,00 com juros embutidos no valor de R$ 15.000,00, sem valor residual de venda e considerando relevante o investimento, embora aquisição seja de curto prazo (6 meses).

Outros dados para efetuar o ajuste a valor presente:
- Prazo para pagamento – 6 parcelas;
- Taxa de juros – 10% para o período de 6 meses.

I – Pela aquisição do bem:

CONTAS CONTÁBEIS	DÉBITO – R$	CRÉDITO – R$
Máquinas e Equipamentos (Ativo Não Circulante – Imobilizado)	105.000,00	
Encargos Financeiros a Transcorrer (Conta Redutora do Passivo Circulante)	15.000,00	
Fornecedores (Passivo Circulante)		120.000,00

II – Pelo registro dos encargos financeiros:

CONTAS CONTÁBEIS	DÉBITO – R$	CRÉDITO – R$
Despesa Financeira (Conta de Resultado)	1.818,18	
Encargos Financeiros a Transcorrer (Conta Redutora do Passivo Circulante)		1.818,18

Cálculo dos juros embutidos:

Valor presente das parcelas de	R$ 20.000,00	= R$ 18.181,82
	10%	

Juros a transcorrer R$ 1.818,18 (R$ 20.000,00 – R$ 18.181,82)

III – Pelo pagamento das parcelas:

CONTAS CONTÁBEIS	DÉBITO – R$	CRÉDITO – R$
Fornecedores (Conta de Resultado)	20.000,00	
Caixa ou Bancos (Ativo Circulante)		20.000,00

ATIVO IMOBILIZADO – AQUISIÇÃO DE BENS COM FINANCIAMENTO

1. INTRODUÇÃO

O tratamento contábil para itens do Ativo Imobilizado tem como principais características para sua contabilização:

a) a época de reconhecimento dos ativos;
b) a determinação dos seus valores nos registros contábeis; e
c) o reconhecimento das despesas de depreciação e outras circunstâncias que possam influenciar o momento em que esses valores são levados às contas de resultados.

2. IMPOSTO DE RENDA

Como custo de aquisição de bens imobilizados devem ser considerados, quando adquiridos de terceiros, fretes, seguros, impostos, comissões, desembaraço alfandegário, se importado, custos com escritura e outros dispêndios, que incluam até os custos de instalação e montagem.

Para os efeitos fiscais, se o prazo de vida útil do bem adquirido ultrapassar um ano e o bem adquirido tiver valor unitário superior a R$ 1.200,00, esse bem deve ser considerado no Ativo Não Circulante – Ativo Imobilizado.

3. REGISTRO CONTÁBIL

Contabilmente, devem ser efetuados registros que permitam identificar os bens do Ativo Imobilizado e determinar o ano de sua aquisição, o valor original e os posteriores acréscimos ao custo e baixas parciais a eles referentes.

Contabilmente, debita-se à conta própria do Ativo Imobilizado, creditando-se na conta do Disponível, ou se a prazo, Fornecedores ou Duplicatas a Pagar.

4. EXEMPLO PRÁTICO

Admita-se que a empresa WM venha adquirir uma máquina para o seu processo fabril com os seguintes dados:

- Valor de Aquisição R$ 100.000,00
- Valor da Entrada   R$ 20.000,00
- 5 parcelas   R$ 17.000,00
- Juros Fixos   R$ 5.000,00

I – Pela aquisição da máquina:

CONTAS CONTÁBEIS	DÉBITO – R$	CRÉDITO – R$
Máquinas e Equipamentos (Ativo Não Circulante – Imobilizado)	100.000,00	
Caixa ou Bancos (Ativo Circulante)		20.000,00
Financiamento a pagar (Passivo Circulante)		80.000,00

II – Pela apropriação dos juros:

CONTAS CONTÁBEIS	DÉBITO – R$	CRÉDITO – R$
Encargos Financeiros a Transcorrer (Conta Redutora do Passivo Circulante)	5.000,00	
Juros sobre Financiamento a Pagar (Passivo Circulante)		5.000,00

III – Pelos juros incorridos no mês:

CONTAS CONTÁBEIS	DÉBITO – R$	CRÉDITO – R$
Despesa com Juros (Conta de Resultado)	1.000,00	
Encargos Financeiros a Transcorrer (Conta Redutora do Passivo Circulante)		1.000,00

IV – Pelo pagamento da parcela no mês:

CONTAS CONTÁBEIS	DÉBITO – R$	CRÉDITO – R$
Financiamento a Pagar (Passivo Circulante)	16.000,00	
Juros sobre Financiamento a Pagar (Passivo Circulante)	1.000,00	
Caixa ou Bancos (Ativo Circulante)		17.000,00

ATIVO IMOBILIZADO – BAIXA DE BENS

1. INTRODUÇÃO

Vamos abordar instruções gerais para a baixa de bens do Ativo Imobilizado por alienação ou perecimento. Não entraremos no mérito sobre a extinta correção monetária de balanço.

Devem ser baixados na escrituração comercial (se mantida pela empresa):

a) o custo de aquisição do bem e os acréscimos posteriores ao custo, a saber:

a.1) as melhorias ou reparos que tenham resultado em aumento superior a um ano do prazo de vida útil do bem;

a.2) as reavaliações do bem porventura efetuadas com base em laudo elaborado por três peritos ou por empresa especializada, até 31.12.2007 (extinta a partir de 1º.01.2008, conforme alterações da Lei das S.As.);

b) a respectiva depreciação, amortização ou exaustão acumulada;

c) tratando-se de bem adquirido até 31.12.1990 (e caso a pessoa jurídica tenha sido tributada com base no lucro real no período-base de 1990):

c.1) a parcela que corresponda ao bem baixado, referente à correção monetária complementar pela diferença IPC/BTNF de 1990; e c.2) a parcela correspondente à correção especial facultativa, referida a 31.01.1991 e escriturada até 31.12.1991, se o bem baixado houver sido objeto dessa correção.

> 1) Se o bem houver sido adquirido até 31.12.1995, os valores supramencionados deverão ser baixados atualizados até essa data, com base na Ufir de 1º.01.1996 (R$ 0,8287).
>
> 2) Para bens adquiridos (e para acréscimos e reavaliações) após 31.12.1995, não cabe qualquer atualização, em face da extinção da correção monetária das demonstrações financeiras a partir de 1º.01.1996 (Lei nº 9.249/1995, art. 4º).

2. IMPOSTO DE RENDA

A baixa do bem do ativo imobilizado poderá resultar em ganho ou perda de capital, que deverá ser levado ao resultado não operacional da pessoa jurídica para compor o lucro tributável pelo IRPJ e CSL.

Para efetuar o lançamento contábil da baixa do bem do ativo imobilizado, deverão ser levados em conta os seguintes aspectos:

Existência de controle individualizado dos bens

Se a pessoa jurídica adota sistema de ficha de controle individual de bens do Ativo Imobilizado, a própria ficha indicará os valores a serem baixados, desde que nela estejam devidamente registrados o custo de aquisição do bem e os eventuais acréscimos posteriores, corrigidos até 31.12.1995 se for o caso, além da correspondente depreciação, amortização ou exaustão acumulada.

> **Nota**
>
> Se a ficha de controle indicar em quantidade de Ufir os valores relativos a bens adquiridos até 31.12.1995, as importâncias a serem baixadas serão determinadas multiplicando-se as quantidades de Ufir pelo valor desta em 1º.01.1996 (R$ 0,8287).

Inexistência de controle individualizado dos bens

Se a empresa não mantém o sistema de controle individual de bens, devem ser identificados o valor original e a data de aquisição do bem a ser baixado, inclusive dos acréscimos ao custo e das reavaliações.

Se o bem foi adquirido a partir de 1º.01.1996 (ou há acréscimos e reavaliações registrados a partir dessa data), o respectivo valor a ser baixado já estará expresso em reais e não terá atualizar.

Contudo, no caso de bem adquirido (ou de acréscimos) até 31.12.1995, a determinação dos valores a serem baixados deverá ser recomposto com base nas variações ocorridas em cada período, de acordo com o artigo 412 do RIR/1994.

Para encontrar o custo do bem nesta hipótese, determina-se o valor em quantidade de Ufir pela divisão do valor original pelos fatores da tabela abaixo:

PERÍODO	FATOR
1º.01 e 31.12.1995	Ufir
1º.09 e 31.12.1994	Ufir Diária
1º.01.1992 a 31.08.1994	Ufir Diária do dia da aquisição
1º.02 a 31.12.1991	FAP do mês de aquisição
1º.07.1989 a 31.01.1991	BTN Fiscal do dia da aquisição
02 a 06 de 1989	BNF do mês de aquisição
Até 31.01.1989	ORTN/OTN da época da aquisição x 6,92

Nota
A baixa na escrituração será feita pelo valor determinado mediante a multiplicação da quantidade de Ufir pelo valor desta em 1º.01.1996 (R$ 0,8287).

Depreciação, amortização ou exaustão acumulada a ser baixada

O valor da depreciação, amortização ou exaustão acumulada correspondente ao custo do bem baixado será assim apurado:

    a) com base na taxa anual do encargo e na data da aquisição do bem a ser baixado, será determinada a percentagem total da depreciação, amortização e exaustão contabilizada sobre o bem baixado (inclusive a parcela que tenha sido registrada no próprio período de apuração – trimestral ou anual – em que a baixa tenha ocorrido se for o caso);

b) a percentagem encontrada conforme a letra "a" será aplicada sobre o valor do bem expresso em reais, determinando-se, assim, o valor a ser baixado na escrituração.

> **Nota**
>
> Caso a taxa anual de depreciação, amortização ou exaustão não tenha sido aplicada de forma constante, devem ser somadas as taxas efetivamente utilizadas para efeito de determinação da percentagem total referida na letra "a" deste tópico II.

Correção complementar (diferença IPC/BTNF) relativa a 1990

O valor a ser baixado relativo à correção complementar pela diferença IPC/BTNF em 1990 pode ser assim determinado:

PERÍODO	FATOR	CÁLCULO
1) Aquisição até 31.12.1989	Ufir	Custo do bem em quantidade de Ufir x R$ 10,9518 = Valor em cruzeiros
2) 31.12.1990	IPC	Custo corrigido do bem pelo IPC x valor em cruzeiros (encontrado no cálculo anterior) até 31.12.1989 Aquisição em 1990, *vide* tabela abaixo
3) 31.12.1990	BTNF	Valor do bem corrigido pela BTNF, expresso em Ufir x Cr$ 103,5081
Demonstrativo		Valor encontrado no item 2 – valor do item 3 = Quantidade de Ufir Cr$ 103,5081 Quantidade de Ufir x R$ 0,8287 = Valor em reais Valor em reais relativo à correção complementar IPC/BTNF do bem baixado

Para bens adquiridos em 1990

AQUISIÇÃO EM 1990	COEFICIENTE
Janeiro	18,9472
Fevereiro	12,1371
Março	7,0246
Abril	3,8111
Maio	2,6320

AQUISIÇÃO EM 1990	COEFICIENTE
Junho	2,4400
Julho	2,2273
Agosto	1,9725
Setembro	1,7607
Outubro	1,5615
Novembro	1,3673
Dezembro	1,1830

Depreciação, amortização ou exaustão acumulada correspondente à correção complementar (diferença IPC/BTNF)

Tratando-se de bem adquirido até 1990, o valor em reais a ser baixado, correspondente à depreciação acumulada sobre a diferença de correção complementar IPC/BTNF de 1990, será determinado aplicando-se sobre o valor em reais da correção complementar do custo do bem (tópico III) a mesma percentagem do encargo acumulado, obtida conforme explanado no tópico II.

Se a empresa houver efetuado a correção especial facultativa, em 31.01.1991, de bens registrados numa mesma conta e não mantiver controle individualizado, a parcela, em reais, a ser baixada relativamente à correção especial do bem que está sendo desincorporado do patrimônio deverá ser determinada com base no mesmo método adotado quando essa correção foi feita, para que se possa encontrar a quantidade de BTN Fiscal correspondente em 31.01.1991 (o que corresponderá, automaticamente, à quantidade de Ufir). Em seguida, multiplica-se essa quantidade de Ufir pelo valor desta em 1º.01.1996 (R$ 0,8287), obtendo-se, assim, o valor a ser baixado.

Se o bem que está sendo baixado foi objeto de correção especial em 31.01.1991, o valor em reais a ser baixado, correspondente à depreciação acumulada da correção especial, também será determinado aplicando-se sobre o valor em reais da correção especial (tópico V) a mesma percentagem do encargo acumulado, obtida conforme explanado no tópico II.

Ganho ou perda de capital na baixa do bem

O ganho ou a perda de capital na baixa de bem do Ativo Imobilizado representa a diferença entre o preço obtido na venda do bem e o seu valor contábil, assim entendido o custo de aquisição (e acréscimos posteriores) diminuído da respectiva depreciação, amortização ou exaustão acumulada, observada, se for o caso, a correção monetária até 31.12.1995, conforme anteriormente focalizado.

O ganho ou a perda de capital verificado deverá ser computado, como ganho tributável ou perda dedutível, no resultado do período de apuração em que ocorrer a baixa (RIR/2018, artigo 501).

Se a empresa mantém escrita contábil regular, o ganho ou a perda de capital será apurado por meio de conta de resultado, na qual são debitados o preço obtido na venda do bem e a depreciação, amortização ou exaustão acumulada e creditado o custo de aquisição (e acréscimos posteriores).

Importa salientar que a perda de capital é totalmente dedutível do lucro líquido na determinação do lucro real.

> **Nota**
> Por previsão constitucional (Constituição Federal/1988, artigo 184, § 5º), incorporada ao RIR/2018, artigo 505, é isento do Imposto de Renda o ganho obtido nas operações de transferência de imóveis desapropriados para fins de reforma agrária.

3. REGISTRO CONTÁBIL

Os bens registrados em conta do Ativo Não Circulante subgrupo Imobilizado serão baixados da sua respectiva conta contra o resultado do período pelo ganho ou perda de capital tendo como contrapartida a conta do ativo.

4. EXEMPLO PRÁTICO

Baixa de bem adquirido até 31.12.1995

Admita-se que determinada empresa tributada com base no lucro real, que não mantenha controle individualizado de bens, venda um bem de seu Ativo Imobilizado, em 31.05.2002, apresentando os seguintes dados:

Letra **A** *Ativo Imobilizado – Baixa de Bens*

- data de aquisição
  05.04.1988
- custo de aquisição
  Cz$ 2.500.000,00
- percentagem da depreciação relativa ao bem
  100%
- preço de venda
  R$ 1.800,00

Admita-se, ainda, que, para esse bem, não tenham sido registrados acréscimos ao custo ou reavaliações, nem tenha sido efetuada a correção especial facultativa de 31.01.1991, teremos:

Cálculo do custo do bem, em reais, a ser baixado

Cz$ 2.500.000,00	x 6,92 = 18.176,6603 (Ufir)
Cz$ 951,77	

18.176,6603 (Ufir) x R$ 0,8287 = R$ 15.063,00

Determinação do valor da correção complementar (diferença IPC/BTNF de 1990), em reais, a ser baixado

Valor do bem corrigido pelo IPC em 31.12.1990	18.176,6603 x Cr$ 10,9518 x 18,9472 = Cr$ 3.771.765,07 (-) 18.176,6603 x Cr$ 103,5081 = Cr$ 1.881.431,57 (=) Correção complementar IPC/BTNF Cr$ 1.890.333,50
	Cr$ 1.890.333,50 = 18.262,6625 Ufir CR$ 103,5081 18.262,6625 x R$ 0,8187 = R$ 15.134,27
Depreciação Acumulada	100% de R$ 15.063,00 = R$ 15.063,00
Depreciação acumulada (diferença IPC/BTNF)	100% de R$ 15.134,27 = R$ 15.134,27

Apuração do ganho ou perda de capital na venda do bem:

Valor pelo qual o bem foi vendido	R$ 1.800,00
(-) Custo de aquisição corrigido	R$ 15.063,00
(-) Correção complementar IPC/1990	R$ 15.134,27
(+) Depreciação acumulada sobre o custo do bem	R$ 15.063,00
(+) Depreciação acumulada sobre a correção complementar	R$ 15.134,27
(=) Ganho de capital	R$ 1.800,00

I – Pela venda do bem à vista:

CONTAS CONTÁBEIS	DÉBITO – R$	CRÉDITO – R$
Caixa ou Bancos (Ativo imobilizado)	1.800,00	
Ganho ou Perda de Capital (Conta de Resultado)		1.800,00

II – Pela baixa do bem:

CONTAS CONTÁBEIS	DÉBITO – R$	CRÉDITO – R$
Ganho ou Perda de Capital (Conta de Resultado)	30.200,24	
Bem (Ativo Imobilizado)		30.200,24

III – Pela baixa da depreciação:

CONTAS CONTÁBEIS	DÉBITO – R$	CRÉDITO – R$
Depreciação Acumulada (Conta Redutora do Ativo Não Circulante – Imobilizado)	15.063,00	
Depreciação Acumulada da Correção Complementar IPC/1990 (Conta Redutora do Ativo Não Circulante – Imobilizado)	15.134,27	
Ganho ou Perda de Capital (Conta de Resultado)		30.200,24

Letra **A** 　　　　　　　　　　　　　　　　　　　　　　　*Ativo Imobilizado – Baixa de Bens*

Baixa de bem adquirido a partir de 1º.01.1996

Admita-se que determinada empresa tributada com base no lucro real, que não mantenha controle individualizado de bens, venda um bem de seu Ativo Imobilizado, também em 31.05.2002, apresentando os seguintes dados:

- data de aquisição   1º.07.1998
- custo de aquisição   R$ 30.000,00
- percentagem da depreciação contabilizada
  relativa ao bem   35%
- preço de venda   R$ 16.000,00

Admita-se, ainda, que, para esse bem, não tenham sido registrados acréscimos ao custo ou reavaliações e levando-se em conta que para os bens adquiridos após 31.12.1995 não cabe qualquer atualização, em face da extinção da correção monetária das demonstrações financeiras a partir de 1º.01.1996; então, teremos:

Valor da depreciação acumulada a ser baixada	R$ 30.000,00 x 35% = R$ 10.500,00

Apuração do ganho ou perda de capital na venda do bem	
Valor pelo qual o bem foi vendido	R$ 16.000,00
(-) Custo de aquisição	R$ 30.000,00
(+) Depreciação acumulada sobre o custo do bem	R$ 10.500,00
(=) Perda de capital	(R$ 3.500,00)

I – Pela venda do bem à vista:

CONTAS CONTÁBEIS	DÉBITO – R$	CRÉDITO – R$
Caixa ou Bancos (Ativo imobilizado)	16.000,00	
Ganho ou Perda de Capital (Conta de Resultado)		16.000,00

II – Pela baixa do bem:

CONTAS CONTÁBEIS	DÉBITO – R$	CRÉDITO – R$
Ganho ou Perda de Capital (Conta de Resultado)	30.000,00	
Bem (Ativo Imobilizado)		30.000,00

III – Pela baixa da depreciação:

CONTAS CONTÁBEIS	DÉBITO – R$	CRÉDITO – R$
Depreciação Acumulada (Conta Redutora do Ativo Não Circulante – Imobilizado)	10.500,00	
Ganho ou Perda de Capital (Conta de Resultado)		10.500,00

ATIVO IMOBILIZADO – IMPORTAÇÃO DE BENS

1. INTRODUÇÃO

Os bens importados pela pessoa jurídica que sejam duráveis (superior a um ano) e utilizados na produção, prestação de serviços ou mesmo para fins administrativos devem ser imobilizados.

No ativo imobilizado, serão classificados os direitos que tenham por objeto bens destinados à manutenção das atividades da pessoa jurídica, ou os exercícios com essa finalidade, inclusive propriedade industrial ou comercial.

2. IMPOSTO DE RENDA

O custo de aquisição de bens do ativo imobilizado não poderá ser deduzido como despesa operacional, salvo se o bem adquirido tiver valor unitário não superior a R$ 1.200,00, ou o prazo de vida útil que não ultrapasse um ano.

O custo a ser atribuído aos bens do Ativo Imobilizado adquiridos no mercado externo é composto, além do próprio valor desses bens, por todos os gastos incorridos (tais como fretes, seguros, alguns impostos e contribuições incidentes, tarifas aduaneiras etc.) até a entrada no estabelecimento da empresa importadora.

O tratamento dos impostos e contribuições na composição do custo observará que:

   a) o IPI e o Imposto de Importação caracterizam-se como impostos não recuperáveis e compõem o custo de aquisição do bem importado;
   b) o ICMS, por caracterizar-se como um imposto recuperável, cujo crédito será aproveitado em 48 parcelas mensais, calculadas a partir do mês em que ocorrer a entrada do bem no estabelecimento, não integra o custo de aquisição do bem importado (Leis Complementares nos 87/1996 e 102/2000):

> **Nota**
> O valor do tributo a ser aproveitado deve ser lançado na correspondente conta de "Impostos a Recuperar", no Ativo Circulante ou, conforme o caso, no Ativo Não Circulante, subgrupo Realizável a Longo Prazo;

   c) a Cofins e a contribuição para o PIS-Pasep incidentes sobre a importação integram o custo de aquisição do bem. Todavia, as pessoas jurídicas sujeitas à modalidade não cumulativa da Cofins e da contribuição para o PIS/Pasep podem descontar créditos apurados sobre a aquisição de máquinas, equipamentos e outros bens incorporados ao Ativo Imobilizado para fins de determinação dessas contribuições, em relação às importações sujeitas ao pagamento da Cofins Importação e do PIS/Pasep Importação.

Crédito de ICMS

A apropriação de créditos de ICMS relativos a bens do Ativo Imobilizado ingressados na empresa deve ser efetuada à razão de 1/48 ao mês, sem atualização monetária, observando-se que:

   a) a primeira fração deve ser apropriada no mês em que ocorrer a entrada do bem no estabelecimento;
   b) no caso de alienação do bem antes de decorrido o prazo de 4 anos contados da data da aquisição, não é admitido, a partir da alienação, o creditamento em relação à fração que corresponderia ao restante do quadriênio (volta para o custo do bem alienado);
   c) ao final do 48º mês contado da data da entrada do bem no estabelecimento, o eventual saldo remanescente do crédito deve ser cancelado (volta para o custo do bem alienado); e

d) não é admitido o creditamento do ICMS incidente nas aquisições de bens para o Ativo Imobilizado em relação à proporção das operações de saídas ou prestações isentas ou não tributadas sobre o total das operações de saídas ou prestações efetuadas no mesmo período.

Cálculo do crédito do ICMS a ser apropriado mensalmente

O montante do crédito a ser apropriado mensalmente é obtido multiplicando-se o valor total do respectivo crédito pelo fator igual a 1/48 da relação entre o valor das operações de saídas e prestações tributadas e o total das operações de saídas e prestações do período, equiparando-se às tributadas, para esse fim, as saídas e prestações com destino ao exterior.

Fórmula a ser aplicada:

$$\text{Crédito} = \frac{\text{ICMS Apurado}}{48} \times \frac{\text{Saída tributada}}{\text{Total das saídas}}$$

Créditos da Cofins e do PIS/Pasep

A legislação prevê quatro formas para a apuração dos créditos da Cofins e da contribuição para o PIS/Pasep sobre máquinas, equipamentos e outros bens incorporados ao Ativo Imobilizado adquiridos para utilização na produção de bens destinados à venda ou na prestação de serviços.

Em regra, a determinação dos créditos se dá mediante a aplicação das alíquotas das contribuições sobre o valor da depreciação contabilizada a cada mês. Entretanto, existe ainda a possibilidade de o contribuinte optar por descontar os créditos da Cofins e da contribuição para o PIS/Pasep e mediante a aplicação, a cada mês, das alíquotas das contribuições sobre o valor correspondente a:

a) 1/48 do valor de aquisição do bem;
b) 1/24 do custo de aquisição de bens adquiridos desde 1º.10.2004;
c) valor total do custo de aquisição dos bens novos adquiridos ou recebidos desde 1º.07.2012.

3. REGISTRO CONTÁBIL

Os gastos incorridos até a entrada do bem no estabelecimento importador devem ser alocados em conta transitória do subgrupo Imobilizado em Andamento (Ativo Não Circulante – Imobilizado).

Por ocasião da entrada, o saldo final dessa conta será transferido para a conta definitiva do Ativo Imobilizado.

De acordo com a sistemática atualmente em vigor, o ICMS destacado nas notas fiscais de aquisição de bens para o Ativo Imobilizado, segundo entendemos, deve ser registrado em contas específicas do:

> a) Ativo Circulante, em relação às quotas de crédito do imposto a serem apropriadas até o término do exercício seguinte; e
>
> b) Ativo Não Circulante, subgrupo Realizável a Longo Prazo, relativamente às quotas a apropriar após o término do exercício seguinte.

Essas contas (que, a título de sugestão, podem se intitular "ICMS sobre Bens do Ativo Imobilizado a Recuperar") devem ser debitadas, por ocasião da entrada do bem no estabelecimento, pelo valor total do imposto destacado na nota fiscal.

Por ocasião da apropriação das quotas mensais, os respectivos valores serão levados a débito da conta "ICMS a Recuperar" no Ativo Circulante (que é utilizada mensalmente para a apuração do saldo a pagar ou a recuperar do ICMS), em contrapartida à conta mencionada na letra "a" anterior.

4. EXEMPLO PRÁTICO

Admita-se a importação de um bem destinado ao imobilizado da empresa pelo com valor total, incluídos todas as despesas e impostos e contribuições no valor de R$ 45.230,00, sendo:

- Seguro contrato no valor de   R$ 1.500,00
- Valor do bem importado   R$ 24.000,00
- Gastos Aduaneiros e Tributos   R$ 19.130,00
- Frete no valor de   R$ 600,00
- Variação Cambial no valor de   R$ 40,00
- ICMS no valor de   R$ 4.320,00

I – Pelo seguro contratado:

CONTAS CONTÁBEIS	DÉBITO – R$	CRÉDITO – R$
Importação em Andamento (Ativo Não Circulante – Imobilizado)	1.500,00	
Caixa ou Bancos (Ativo Circulante)		1.500,00

II – Pelo registro da fatura de importação:

CONTAS CONTÁBEIS	DÉBITO – R$	CRÉDITO – R$
Importação em Andamento de Bens (Ativo Não Circulante – Imobilizado)	24.000,00	
Fornecedores Estrangeiros (Passivo Circulante)		24.000,00

III – Pelos gastos com impostos e contribuições e demais gastos aduaneiros:

CONTAS CONTÁBEIS	DÉBITO – R$	CRÉDITO – R$
Importação em Andamento de Bens (Ativo Não Circulante – Imobilizado	19.130,00	
Caixa ou Bancos (Passivo Circulante)		19.130,00

IV – Pelo frete na importação:

CONTAS CONTÁBEIS	DÉBITO – R$	CRÉDITO – R$
Importação em Andamento de Bens (Ativo Não Circulante – Imobilizado)	600,00	
Caixa ou Bancos (Passivo Circulante)		600,00

V – Pela baixa da conta Imobilização em Andamento de Bens:

CONTAS CONTÁBEIS	DÉBITO – R$	CRÉDITO – R$
Máquinas e Equipamentos (Ativo Não Circulante – Imobilizado)	45.230,00	
Importação em Andamento de Bens (Ativo Não Circulante – Imobilizado)		45.230,00

> **Nota**
> Soma dos valores lançados a débito da conta Importações em Andamento de Bens do Imobilizado (lançamentos I a IV).

VI – Pela variação cambial:

CONTAS CONTÁBEIS	DÉBITO – R$	CRÉDITO – R$
Fornecedores Estrangeiros (Passivo Circulante)	24.000,00	
Variações Cambiais (Conta de Resultado)	40,00	
Caixa ou Bancos (Ativo Circulante)		24.040,00

Aquisição do bem em dezembro

Assim, considerando-se que o bem houvesse sido adquirido em dezembro/20X1, o lançamento a ser realizado para o registro dos gastos com o ICMS incidente sobre a importação de bens estrangeiros, levando-se em conta que o ICMS apurado correspondesse a R$ 4.320,00, seria:

I – Pela apropriação do ICMS:

CONTAS CONTÁBEIS	DÉBITO – R$	CRÉDITO – R$
ICMS a Recuperar (Ativo Circulante)	1.170,00	
ICMS a Recuperar (Realizável a Longo Prazo)	3.150,00	
Caixa ou Bancos (Ativo Circulante)		4.320,00

> **Notas**
> 1) 13 parcelas a apropriar no período compreendido entre dezembro/20X1 e dezembro/20X2.
>
> 2) 35 parcelas a apropriar no período compreendido entre janeiro/20X3 e novembro/20X5.

Apropriação mensal do crédito do ICMS

Consideraremos que o total das saídas e das prestações tributadas e o total das saídas e das prestações naquele mês (dezembro/20X1) tenham sido de R$ 450.000,00 e R$ 500.000,00, respectivamente, e que não tenha havido outras aquisições do gênero.

$$\text{Crédito} = \frac{R\$ 4.320,00}{48} \times \frac{R\$ 450.000,00}{R\$ 500.000,00}$$

Crédito = (R$ 90,00 x 0,90)
Crédito = R$ 81,00

II – Pela apropriação mensal do ICMS:

CONTAS CONTÁBEIS	DÉBITO – R$	CRÉDITO – R$
ICMS a Recuperar (Ativo Circulante)	81,00	
ICMS a Recuperar (Ativo Circulante)		81,00

Nota

Nos meses seguintes, até novembro/20X5, os lançamentos relativos à apropriação do crédito do ICMS serão idênticos ao exemplificado. O valor correspondente ao crédito mensal será determinado, mensalmente, em função da relação entre o valor das operações de saídas e de prestações tributadas e o total das operações de saídas e prestações relativas a cada mês.

Transferência das quotas a apropriar do Realizável a Longo Prazo para o Ativo Circulante

Anualmente, por ocasião da elaboração do balanço, deve-se transferir, para o Ativo Circulante, as quotas do ICMS a apropriar registradas no Realizável a Longo Prazo que, pela fluência do prazo, passaram a ser realizáveis até o término do exercício seguinte.

Demonstraremos a seguir o registro da transferência, em 31.12.20X2, da parcela do ICMS recuperável no período de 1º.01 a 31.12.20X3.

I – Pela apropriação do ICMS:

CONTAS CONTÁBEIS	DÉBITO – R$	CRÉDITO – R$
ICMS a Recuperar (Ativo Circulante)	1.080,00	
ICMS a Recuperar (Realizável a Longo Prazo)		1.080,00

Cancelamento do saldo remanescente do crédito

Ao final do 48º mês contado da data da entrada do bem no estabelecimento, o saldo remanescente do crédito do ICMS deve ser cancelado. Nesse caso, a nosso ver, o respectivo valor será incorporado ao custo de aquisição do bem.

Assim, considerando-se que em 30.11.20X5 (48º mês da data de aquisição do bem) a hipotética empresa ainda tivesse um crédito remanescente de R$ 1.000,00 não aproveitado, teríamos o seguinte lançamento contábil:

I – Pela apropriação do ICMS:

CONTAS CONTÁBEIS	DÉBITO – R$	CRÉDITO – R$
Máquinas e Equipamentos (Ativo Não Circulante – Imobilizado)	1.000,00	
ICMS a Recuperar (Ativo Circulante)		1.000,00

Nota

Na hipótese de alienação do bem antes de decorridos 4 anos contados da data de aquisição, o lançamento relativo à parcela não recuperável do ICMS, que seria incorporada ao custo de aquisição do bem, seria semelhante ao demonstrado, observando-se apenas que parte do crédito poderia ainda estar no Realizável a Longo Prazo.

Créditos apurados sobre a depreciação

Tratando-se dos créditos da Cofins e da contribuição para o PIS/Pasep apurados sobre a depreciação dos bens adquiridos no mercado exterior destinados ao Ativo Imobilizado, levando-se em consideração o valor de R$ 45.230,00 registrado na conta "Máquinas e Equipamentos", teríamos os seguintes lançamentos:

I – Pela apropriação da depreciação e contribuições:

CONTAS CONTÁBEIS	DÉBITO – R$	CRÉDITO – R$
Depreciação (Ativo Não Circulante – Imobilizado)	342,05	
Cofins a Recuperar (Ativo Circulante)	28,65	
PIS/Pasep a Recuperar (Ativo Circulante)	6,22	
Depreciação Acumulada (Conta Redutora do Ativo Não Circulante – Imobilizado)		376,92

Nota

Conforme o disposto na Lei nº 10.865/2004, art. 31, é vedado, a partir de 31.07.2004, o desconto de créditos apurados sobre a depreciação e a amortização dos bens do Ativo Imobilizado adquiridos até 30.04.2004.

Créditos apurados à razão de 1/48 do custo de aquisição

Para demonstrar a contabilização dos créditos obtidos com base na alternativa permitida pela legislação, temos:

O valor dos créditos seria obtido por meio dos seguintes cálculos:

- Custo de aquisição do bem R$ 45.230,00
- Crédito do PIS/Pasep (1,65%) R$ 746,30
- Crédito do PIS/Pasep mensal (R$ 746,30/48) R$ 15,55
- Crédito da Cofins (7,6%) R$ 3.437,48
- Crédito da Cofins mensal (R$ 3.437,48/48) R$ 71,61

Para fins de segregação dos créditos no Ativo Circulante e no Realizável a Longo Prazo, levando em consideração que a aquisição se efetivou em dezembro/20X1, teríamos o seguinte lançamento:

I – Pela apropriação da depreciação e contribuições;

CONTAS CONTÁBEIS	DÉBITO – R$	CRÉDITO – R$
Máquinas e Equipamentos (Ativo Não Circulante – Imobilizado)	41.046,22	
PIS/Pasep a Recuperar (Ativo Circulante)	202,12	
PIS/Pasep a Recuperar (Realizável a Longo Prazo)	548,18	
Cofins a Recuperar (Ativo Circulante)	930,98	
Cofins a Recuperar (Realizável a Longo Prazo)	2.506,50	
Importações em Andamento de Bens (Ativo Não Circulante – Imobilizado)		45.320,00

Notas
1) 13 parcelas a apropriar no período compreendido entre dezembro/20X1 e dezembro/20X2.
2) 35 parcelas a apropriar no período compreendido entre janeiro/20X3 e novembro/20X5.

II – Pela compensação da Cofins:

CONTAS CONTÁBEIS	DÉBITO – R$	CRÉDITO – R$
Cofins a Recolher (Passivo Circulante)	71,62	
Cofins a Recuperar (Ativo Circulante)		71,62

No momento da compensação dos créditos, os lançamentos seriam os seguintes:

III – Pela compensação da Cofins:

CONTAS CONTÁBEIS	DÉBITO – R$	CRÉDITO – R$
PIS/Pasep a Recolher (Passivo Circulante)	15,55	
PIS/Pasep a Recuperar (Ativo Circulante)		15,55

> **Nota**
>
> Por medida de simplificação, deixamos de demonstrar a contabilização dos créditos da Cofins e da contribuição para o PIS/Pasep e calculados com base em 1/24 do custo de aquisição do bem, porquanto seriam idênticos aos lançamentos demonstrados neste subitem.

ATIVO IMOBILIZADO – SUBSTITUIÇÃO DE PARTES E PEÇAS

1. INTRODUÇÃO

Todas as mercadorias e os bens de acordo com a sua utilização podem quebrar, desgastar, ou necessitar de qualquer tipo de conserto ou manutenção.

Em alguns casos, manutenção, reparos e reformas podem até ser vistos como sinônimos. Todavia, para a análise dos gastos com reparos, conservação e substituição de partes e peças de bens do ativo imobilizado, faz-se necessário as seguintes distinções:

a) **Manutenção** – revisão sistemática e periódica do bem, na qual são feitas limpeza, lubrificação, substituição de peças desgastadas etc. Normalmente esse tipo de manutenção não está vinculado ao aumento de vida útil do bem, mas é necessário ao seu funcionamento normal, dentro de padrões técnicos de qualidade, normas de segurança etc. Em alguns casos, peças para substituição e materiais necessários para a manutenção são mantidos em almoxarifado, porém é necessário distingui-los dos kits de reposição ou manutenção que acompanham alguns equipamentos por ocasião de sua aquisição, que integram o ativo imobilizado.

b) **Pequenos reparos** – conserto ou substituição de parte ou peças em razão de quebra ou avaria do equipamento, por imperícia ou outro problema técnico qualquer, necessários para que o bem retorne à sua condição normal de funcionamento, o que normalmente não envolve acréscimo da vida útil (exemplo: reparo numa bomba de combustível, ou por ter sofrido uma pequena avaria não coberta por seguro, como, por exemplo, troca de um para-choque ou de um para-lama).

c) **Grandes reparos e/ou reformas** – substituição ou recuperação de partes e peças isoladas e/ou em conjunto em bens desgastados pelo tempo (totalmente depreciados ou não), o que contribuirá para o aumento de vida útil do equipamento (exemplo: substituição do motor).

2. IMPOSTO DE RENDA

De acordo com a legislação do imposto de renda, os gastos incorridos com a substituição de partes e peças de bens do ativo imobilizado, de que resulte aumento da vida útil superior a um ano, deverão ser incorporados ao valor do bem, para fins de depreciação do novo valor contábil, no novo prazo de vida útil previsto para o bem recuperado, ou, alternativamente, a pessoa jurídica poderá (§ 2º do art. 354 do RIR/2018):

I – aplicar o percentual de depreciação correspondente à parte não depreciada do bem sobre os custos de substituição das partes ou peças;
II – apurar a diferença entre o total dos custos de substituição e o valor determinado no inciso anterior;
III – escriturar o valor apurado no inciso I a débito das contas de resultado;
IV – escriturar o valor apurado no inciso II a débito da conta do ativo imobilizado que registra o bem, o qual terá seu novo valor contábil depreciado no novo prazo de vida útil previsto.

Somente são dedutíveis como custo ou despesa operacional, na apuração do lucro real ou da base de cálculo da Contribuição Social sobre o Lucro, os gastos com manutenção e conservação de bens que estiverem intrinsecamente relacionados com a produção ou a comercialização (Lei nº 9.249/1995, art. 13, III).

3. REGISTRO CONTÁBIL

O ato de substituição de um bem ou parte de um bem novo por outro envolve a operação de remoção do bem anterior e a operação de instalação do novo. O custo da remoção deve ser debitado numa conta de despesa do período, deduzido do valor dos materiais recuperados.

No ativo imobilizado deverão ser registrados o custo do bem novo e mais o custo incorrido em sua instalação, quando a empresa espera usá-lo por mais de um período.

O Pronunciamento Técnico CPC 27, em seu item 70, prescreve que se a empresa reconhecer no valor contábil de um item do imobilizado o custo de substituição de parte desse item deve baixar o valor contábil da parte substituída, mesmo que a parte substituída esteja sendo depreciada separadamente ou não. Se a apuração desse valor contábil não for praticável para a empresa, esta pode utilizar o custo de substituição como indicador do custo da parcela substituída na época em que foi adquirida ou construída.

4. EXEMPLO PRÁTICO

Vamos admitir que a empresa tivesse que substituir um motor de um caminhão após três anos de uso, o que contribuirá para o aumento de sua vida útil.

Considerando que:
- o custo do novo motor seja de R$ 50.000,00;
- a aquisição tenha sido a vista;
- o valor contábil do caminhão seja de R$ 200.000,00;
- o valor da depreciação acumulada seja de R$ 150.000,00 (corresponde a 75% do custo contábil do bem);
- o custo do motor a ser substituído não seja identificável pela empresa.

Sugerimos os seguintes lançamentos contábeis:

a) Registro da baixa do motor substituído:

CONTAS CONTÁBEIS	DÉBITO – R$	CRÉDITO – R$
Despesas com Substituição de Partes e Peças do Ativo Imobilizado (Conta de Resultado)	50.000,00	
Veículos (Ativo Imobilizado)		50.000,00

Obs.: Se a apuração do valor contábil da parte ou peça a ser substituída não for praticável para a empresa, esta pode utilizar o custo de substituição como indicador do custo da parcela substituída na época em que foi adquirida ou construída (item 70 do CPC 27).

b) Registro do motor novo:

CONTAS CONTÁBEIS	DÉBITO – R$	CRÉDITO – R$
Veículos (Ativo Imobilizado)	50.000,00	
Caixa ou Banco Conta Movimento (Ativo Circulante)		50.000,00

Ressaltando que para fins da legislação do imposto de renda, os gastos incorridos com substituição de partes e peças de bens do ativo imobilizado é determinado pela regra tratada no item 2. Ou seja:

- **1º Passo**: aplicar o percentual de 25% (parte não depreciada) sobre R$ 50.000,00 (valor do custo do novo motor) = R$ 12.500,00.
- **2º Passo**: determinar a diferença entre o custo de aquisição e o valor apurado no 1º Passo. Isto é: R$ 50.000,00 (custo de aquisição do motor novo) – R$ 12.500,00 (resultado do 1º Passo) = R$ 37.500,00.
- **3º Passo**: registrar o valor (R$ 12.500,00), apurado no 1º Passo, em conta de resultado. Ou seja, excluir R$ 12.500,00 diretamente no Lalur e Lacs.
- **4º Passo**: escriturar o valor (R$ 37.500,00), apurado no 2º Passo, a débito de uma subconta contábil vinculada ao ativo imobilizado em contrapartida a conta que representa o ativo (Veículos).

Resumindo, para fins fiscais foram imobilizado R$ 37.500,00 e para fins contábeis R$ 50.000,00.

ATIVO INTANGÍVEL

1. INTRODUÇÃO

A nova estrutura do Balanço Patrimonial, criada pelas Leis nos 11.638/2007 e 11.941/2009, foi muito além da divisão do Ativo e do Passivo e do Circulante e do Não Circulante. Os referidos diplomas legais extinguiram e criaram novos grupos e subgrupos de contas. Como exemplo, temos a extinção do Ativo Diferido e a criação do Ativo Intangível, que, em princípio, veio "substituir" aquele.

Podemos afirmar que o subgrupo Intangível já existia "informalmente", até mesmo antes da edição da Lei nº 11.638/2007.

Essa existência "informal" decorria do fato de muitos contadores dividirem o Ativo Imobilizado em Ativo Tangível e Ativo Intangível em seus planos de contas, o que fazia todo o sentido. Contudo, a sua existência legal, e agora efetivamente disciplinada, após alterações do artigo 178 da Lei das S.As., que dividiu o Ativo Permanente em Investimento, Imobilizado e Intangível.

O novo subgrupo de contas introduzido pela Lei nº 11.638/2007 (Intangível) está relacionado a direitos que tenham por objeto bens incorpóreos destinados à manutenção da entidade ou exercidos com essa finalidade, inclusive o fundo de comércio adquirido.

2. IMPOSTO DE RENDA

A legislação do Imposto de Renda determina que toda mudança feita com base nos Pronunciamentos Técnicos, emitidos pelo Comitê de Pronunciamentos Técnicos (CPC), será anulada mediante ajustes em adições ou exclusões feitos no e-Lalur e e-Lacs para fins de determinação do lucro real e base de cálculo da Contribuição Social sobre o Lucro Líquido. Portanto, essas alterações contábeis não produzirão efeitos fiscais.

3. REGISTRO CONTÁBIL

No Ativo Intangível, serão classificados os direitos que tenham por objeto bens incorpóreos destinados à manutenção da companhia ou exercidos com essa finalidade, inclusive o fundo de comércio adquirido. Comparativamente com o antigo Ativo Diferido, o Intangível é bem mais restritivo no que diz respeito à sua composição.

As entidades frequentemente despendem recursos ou contraem obrigações com aquisição, desenvolvimento, manutenção ou aprimoramento de recursos intangíveis, como conhecimento científico ou técnico, desenho e implantação de novos processos ou sistemas, licenças, propriedade intelectual, conhecimento mercadológico, nome, reputação, imagem e marcas registradas (incluindo nomes comerciais e títulos de publicações).

Exemplos de itens que se enquadram nessas amplas categorias são: *softwares*, patentes, direitos autorais, direitos sobre filmes cinematográficos, listas de clientes, direitos sobre hipotecas, licenças de pesca, quotas de importação, franquias, relacionamentos com clientes ou fornecedores, fidelidade de clientes, participação no mercado e direitos de comercialização. Também podemos incluir: marcas, direitos de concessão e direitos de exploração.

Para serem considerados intangíveis, esses itens deverão atender aos seguintes requisitos básicos de ser identificáveis, de ser passíveis de controle e de ser geradores de benefícios econômicos futuros.

Nem todos os itens descritos atendem a esses requisitos. Caso isso ocorra, os gastos feitos na sua aquisição ou na sua geração interna devem ser reconhecidos como despesa, quando incorridos.

Momento do Reconhecimento do Ativo

Um ativo intangível deve ser reconhecido no Balanço Patrimonial se e apenas se:

a) for provável que os benefícios econômicos futuros esperados atribuíveis ao ativo sejam gerados em favor da entidade;

b) o custo do ativo puder ser mensurado com segurança; e

c) for identificável e separável, ou seja, puder ser separado da entidade e vendido, transferido, licenciado, alugado ou trocado, seja individualmente ou em conjunto com um contrato, ativo ou passivo relacionado.

Vida útil do ativo

A entidade deve avaliar se a vida útil do ativo intangível é definida ou indefinida, e se for definida, deverá determinar a duração ou o volume de produção ou das unidades semelhantes que formam essa vida útil.

A atribuição de vida útil indefinida a um ativo intangível ocorre quando, com base na análise de todos os fatores relevantes, não existe um limite previsível para o período durante o qual o ativo deverá gerar fluxos de caixa líquidos positivos para a entidade.

A contabilização de ativo intangível baseia-se na sua vida útil. Um ativo intangível com vida útil definida deve ser amortizado. Já um ativo intangível com vida útil indefinida não deve ser amortizado.

4. EXEMPLO PRÁTICO

Admita-se que uma pessoa jurídica adquira uma franquia no valor de R$ 10.000.000,00 e o seu prazo de exploração é de 10 anos.

I – Pela aquisição da franquia:

CONTAS CONTÁBEIS	DÉBITO – R$	CRÉDITO – R$
Franquia "X" (Ativo Não Circulante – Intangível)		
Bancos (Ativo Circulante)		

II – Pela apropriação dos encargos de amortização:

CONTAS CONTÁBEIS	DÉBITO – R$	CRÉDITO – R$
Amortização (Conta de Resultado)		
Amortização Acumulada (Conta Redutora do Ativo Não Circulante – Imobilizado)		1.000.000,00

AVALIAÇÃO CONTÁBIL DE INVESTIMENTO PELO CUSTO DE AQUISIÇÃO

1. INTRODUÇÃO

Os investimentos em participações societárias devem ser avaliados:

> a) pelo custo de aquisição, deduzido de provisão para perdas prováveis na realização do seu valor, quando esta estiver comprovada como permanente, e que não será

modificado em razão do recebimento, sem custo para a companhia, de ações ou quotas bonificadas; ou

b) pelo método da equivalência patrimonial, os investimentos em coligadas ou em controladas e em outras sociedades que façam parte de um mesmo grupo ou estejam sob controle comum.

Não é admitida a avaliação pela equivalência patrimonial de investimentos que não se enquadrem nas condições mencionadas na letra "b". Portanto, os demais investimentos em participação no capital social de outras sociedades devem ser avaliados pelo custo de aquisição.

2. IMPOSTO DE RENDA

Para efeitos fiscais, presume-se a intenção de permanência do investimento sempre que este, registrado no Ativo Circulante, não for alienado até a data do balanço do exercício social seguinte àquele em que tiver sido adquirida a participação. Nesse caso, o valor da aplicação deve ser reclassificado para o subgrupo de Investimentos, no Ativo Não Circulante.

Cabe salientar, porém, que essa determinação, constante do Parecer Normativo CST nº 108/1978, tinha por finalidade a correção monetária do balanço, extinta, inclusive para fins societários, desde 1º.01.1996 pela Lei nº 9.249/1995. O citado Parecer exigia que o investimento fosse reclassificado para o subgrupo Investimentos e corrigido monetariamente, considerando como data de aquisição a do balanço do período-base anterior.

O mesmo ato estabelecia que se presumisse a permanência em relação às participações em sociedades por quotas, em razão da ausência de título representativo da respectiva quota e por causa da formalidade exigida para a sua transferência (notadamente a necessidade de contrato escrito registrado no órgão competente).

Ressaltamos, contudo, que a questão da classificação contábil do investimento ainda tem relevância fiscal. A contabilização fora do Ativo Não Circulante poderá dar causa à alegação, pelo Fisco, da indedutibilidade do eventual prejuízo por ocasião da alienação com deságio superior a 10% de seu valor de aquisição, a teor do RIR/2018, artigo 443.

A partir de 1º.01.1996, a provisão para perdas prováveis na realização de investimentos passou a ser indedutível na determinação do lucro real e da base de cálculo da Contribuição Social sobre o Lucro (CSL).

Isso significa que, se a referida provisão for constituída, sua contrapartida (lançada em conta de resultado) deverá ser adicionada ao lucro líquido, para fins de apuração tanto do lucro real quanto da base de cálculo da CSL.

3. REGISTRO CONTÁBIL

Devem ser classificadas no subgrupo Investimentos do Ativo Não Circulante:

    a) as participações permanentes em outras sociedades, ou seja, o investimento feito pela empresa ao tornar-se sócia de outra pessoa jurídica; e

    b) os direitos de qualquer natureza, não classificáveis no Ativo Circulante, e que não se destinem à manutenção da atividade da companhia ou da empresa.

De acordo com o artigo 183, III da Lei nº 6.404/1976, os investimentos em participação no capital social de outras sociedades (não sujeitas ao MEP) devem ser avaliados pelo custo de aquisição, deduzido de provisão para perdas prováveis na realização do seu valor, quando essa perda estiver comprovada como permanente, observando-se que o referido custo não será modificado em razão do recebimento, sem custo, de ações ou quotas bonificadas.

No caso de recebimento de lucros ou dividendos, o lançamento será efetuado a débito de Caixa ou Bancos conta Movimento e a crédito da conta do subgrupo Investimentos (Ativo Não Circulante) que registra a respectiva participação, reduzindo o custo de aquisição desta.

4. EXEMPLO PRÁTICO

Admita-se que a empresa ERG venha adquirir participação societária da empresa WM pelo valor de R$ 100.000,00 avaliados pelo custo de aquisição.

I – Pela aquisição do investimento:

CONTAS CONTÁBEIS	DÉBITO – R$	CRÉDITO – R$
Participação Societária na Empresa WM (Ativo Não Circulante – Investimento)	100.000,00	
Bancos (Ativo Circulante)		100.000,00

Admita-se que a empresa investida WM venha apurar lucro no final do período de 31.12.20X1 e tenha distribuído à empresa investidora ERG no valor de R$ 5.000,00.

II – Pelo recebimento dos lucros ou dividendos:

CONTAS CONTÁBEIS	DÉBITO – R$	CRÉDITO – R$
Caixa ou Bancos (Ativo Circulante)	5.000,00	
Participação Societária na Empresa WM (Ativo Não Circulante – Investimento)		5.000,00

Admita-se que a empresa investidora ERG venha vender a sua participação na investida WM pelo valor de 115.000,00, com saldo na conta investimento de R$ 95.000,00.

I – Pela venda da participação societária:

CONTAS CONTÁBEIS	DÉBITO – R$	CRÉDITO – R$
Bancos (Ativo Circulante)	115.000,00	
Ganho ou Perda de Capital (Ativo Não Circulante – Investimento)		115.000,00

II – Pela baixa do investimento:

CONTAS CONTÁBEIS	DÉBITO – R$	CRÉDITO – R$
Ganho ou Perda de Capital (Ativo Não Circulante – Investimento)	95.000,00	
Participação Societária na Empresa WM (Ativo Não Circulante – Investimento)		95.000,00

AVALIAÇÃO CONTÁBIL DE INVESTIMENTO PELO MEP

1. INTRODUÇÃO

Devem ser avaliados pelo Método da Equivalência Patrimonial (MEP) os investimentos da pessoa jurídica, em sociedades controladas em sociedades coligadas; e em outras sociedades que façam parte de um mesmo grupo ou estejam sob controle comum.

São coligadas as sociedades nas quais a investidora tenha influência significativa e este conceito previsto no artigo 243 da Lei nº 6.404/1976, somente será utilizado para os propósitos previstos na Lei das S.As. Para os propósitos previstos em leis especiais, considera-se coligada a sociedade referida no artigo 1.099 do Código Civil.

Influência significativa e quando a investidora detém ou exerce o poder de participar nas decisões das políticas financeira ou operacional da investida, sem controlá-la, e é presumida quando a investidora for titular de 20% ou mais do capital votante da investida, sem controlá-la.

Exemplo: Se a empresa "WM" detiver 20% do capital da empresa "CMB", as empresas são coligadas, exceto se esta participação for de 5%.

Considera-se controlada a sociedade na qual a controladora, diretamente ou por intermédio de outras controladas, é titular de direitos de sócio que lhe assegurem, de modo permanente, preponderância nas deliberações sociais e poder de eleger a maioria dos administradores. Observa-se, assim, que o controle pode ser direto ou indireto (por meio de outras controladas) e refere-se à participação no capital votante.

Exemplos:

1º – A empresa "RAG" participa com mais de 50% do capital votante da empresa "ERG", configura-se o controle, ou seja, a empresa "RAG" controla a empresa "ERG".

2º – Consideremos os dados do 1º exemplo, temos:

a) a empresa "RAG" detém 15% do capital votante da empresa "WM";

b) a empresa "ERG" (que, como vimos, é controlada por "RAG") participa com 40% do capital votante da empresa "WM".

Nesse caso, a empresa "RAG" é controladora também da empresa "WM", porque a soma das participações (15% própria e 40% de sua controlada "ERG") ultrapassa a 50% do capital votante.

3º – A empresa AMA detém 15% do capital da empresa RPG sem influência, portanto a empresa AMA não é coligada da empresa RPG.

4º – A empresa ABC participa da empresa WYZ com 30% do capital votante (ações ordinárias com direito a vota), portanto são empresas coligadas.

2. IMPOSTO DE RENDA

A avaliação de investimentos pela equivalência patrimonial deve ser efetuada:

a) na aquisição do investimento, momento em que deverá ser desdobrado o custo de aquisição em valor da equivalência patrimonial e em valor do ágio ou deságio na aquisição (diferença entre o custo de aquisição e o valor da equivalência patrimonial);

b) em cada balanço de encerramento do período-base de apuração do lucro real, momento em que o ajuste do valor do investimento ao valor de Patrimônio Líquido da coligada ou controlada deverá ser registrado;

c) por ocasião da alienação do investimento.

Na aquisição da participação societária sujeita à avaliação pelo MEP, a empresa deverá desdobrar o custo de aquisição em valor de Patrimônio Líquido na época de aquisição, com base em balanço patrimonial ou balancete de verificação da coligada ou controlada (levantado até 2 meses, no máximo, antes dessa data), com observância da lei comercial, e ágio ou deságio na aquisição, que corresponde à diferença entre o custo de aquisição do investimento e o valor do patrimônio líquido apurado.

A contrapartida do ajuste, por aumento ou redução no valor de Patrimônio Líquido do investimento (que é registrada em conta de resultado), não será computada na determinação do lucro real.

Isso significa que a conta que registrar a contrapartida do ajuste terá o seguinte tratamento fiscal:

a) se houver ganho, a receita contabilizada será excluída no Lalur para efeito de apuração do lucro real;

b) havendo perda, o respectivo valor contabilizado em conta de despesa será adicionado no Lalur para efeito de apuração do lucro real.

3. REGISTRO CONTÁBIL

O valor do investimento na data do balanço deve ser ajustado ao valor de Patrimônio Líquido da coligada ou controlada, mediante lançamento da diferença a débito (se positiva) ou a crédito (se negativa) na conta de Investimentos.

É importante salientar, ainda, que, nos termos da Lei nº 6.404/1976, artigo 248, III, a diferença entre o valor do investimento, determinado segundo a equivalência patrimonial, e seu valor contábil somente deve ser registrada como resultado do exercício:

a) se decorrer de lucro ou prejuízo apurado na coligada ou controlada;

b) se corresponder, comprovadamente, a ganhos ou perdas efetivos;

c) no caso de companhia aberta, com observância das normas expedidas pela CVM.

Os lucros ou dividendos distribuídos pela coligada ou controlada devem ser registrados, pela investidora, como diminuição do valor de Patrimônio Líquido do investimento (débito de "Caixa" ou "Bancos Conta Movimento" e crédito da conta que registra o Investimento), ou seja, não influenciarão as contas de resultado.

O investimento avaliado pelo valor do patrimônio líquido, por ocasião da aquisição da participação, deverá desdobrar o custo de aquisição em (art. 421 do RIR/2018):

a) valor de patrimônio líquido na época da aquisição;

b) mais ou menos-valia, que corresponde à diferença entre o valor justo dos ativos líquidos da investida, na proporção da porcentagem da participação adquirida, e o valor do patrimônio líquido, ou seja valor contábil; e

c) ágio por rentabilidade futura (goodwill), que corresponde à diferença entre o custo de aquisição do investimento e o somatório dos valores das letras "a" e "b".

Esses valores serão registrados em subcontas que representem a mais ou menos-valia o ágio por rentabilidade futura.

4. EXEMPLO PRÁTICO

A empresa "ERG" investiu na empresa "WM" 25% do capital votante pagando R$ 150.000,00, sendo que o Patrimônio líquido da investida é de R$ 300.000,00.

O valor justo do patrimônio Líquido da empresa "WM" é de 350.000,00, devido aos bens do ativo imobilizado no valor de 35.000 e estoques no valor de 15.000 não realizados.

Cálculo do investimento:
a. Mais valia no valor de 12.500,00 (87.500 – 75.000)
  a. 87.500 (25% do PL a valor justo)
  b. 75.000 (25% do PL a valor contábil)
b. Ágio por rentabilidade futura no valor de 62.500 (150.000 – 75.000 – 12.500)
  a. 150.000 valor pago pelo investimento
  b. 75.000 25% do PL a valor contábil
  c. 13.500,00 valor do mais valia

1. Pela aquisição do Investimento

CONTAS CONTÁBEIS	DÉBITO – R$	CRÉDITO – R$
Participação na empresa WM (Ativo Não Circulante)	75.000,00	
Mais Valia	12.500,00	
Ágio por Rentabilidade Futura (Ativo Não Circulante)	62.500,00	
Bancos Conta Movimento (Ativo Circulante)		150.000,00

Primeira Equivalência

A empresa "WM" apurou no final do exercício social lucro na ordem de 85.000,00 e dessa forma o lucro da investida é de R$ 21.250,00 (25% de 85.000) que deve ser registrado em seu balanço.

2. Pela equivalência patrimonial

CONTAS CONTÁBEIS	DÉBITO – R$	CRÉDITO – R$
Participação na empresa WM (Ativo Não Circulante)	21.250,00	
Receita de Equivalência Patrimonial (Conta de Resultado)		21.250,00

A empresa WM resolveu distribuir a seus sócios conforme assembleia 35% do seu lucro a titulo de dividendos resultando assim, em 29.750,00. Neste caso a empresa ERG receberá 7.437,50

3. Pelo recebimento dos dividendos

CONTAS CONTÁBEIS	DÉBITO – R$	CRÉDITO – R$
Cx ou Bcos (Ativo Circulante)	7.437,50	
Participação na empresa WM (Ativo Não Circulante)		7.437,50

Letra **A**

Composição da situação patrimonial do investimento

Participação na empresa WM	88.812,50
(75.000,00 + 21.250,00 − 7.437,50)	
Mais valia	12.500,00
Ágio por Rentabilidade Futura	<u>62.500,00</u>
Valor Contábil do Investimento	163.812,50

B

BACK TO BACK

1. INTRODUÇÃO

A operação denominada *back to back* é triangular na qual há a comercialização, concomitante por parte de empresa situada no Brasil, de mercadorias adquiridas em um determinado país e vendidas a um terceiro país, sem que elas transitem pelo território nacional.

Ressalta-se que, em virtude de a mercadoria não transitar pelo país, não há emissão dos documentos usuais na importação e exportação. Além disso, este tipo de operação reduz os custos do frete, do seguro e das demais despesas, diminuindo os prazos de entrega e aumentando o ganho cambial da operação.

> **Nota**
> Por se caracterizar como operação de intermediação financeira, a operação de *back to back* depende de autorização prévia do Banco Central do Brasil (Bacen).

2. IMPOSTO DE RENDA

Apesar de as operações *back to back* trazerem soluções inovadoras, apresentam, também, inúmeras dúvidas quanto à sua operacionalidade. Neste caso, as dúvidas geradas são quanto à forma correta de realizar a referida operação e quanto ao cumprimento das obrigações tributárias.

Visto que as mercadorias objeto de comercialização não transitam pelo Brasil, ou seja, não há circulação física de mercadorias dentro do País, não ocorre o fato gerador do:

a) Imposto sobre Circulação de Mercadorias e Serviços (ICMS) (Lei Complementar nº 87/1996, artigo 12; RICMS-SP/2000, art. 2º);
b) Imposto sobre Produtos Industrializados (IPI) (Código Tributário Nacional – CTN, artigo 46, I e II; RIPI/2010, artigo 37);
c) Imposto sobre a Exportação (IE) (CTN, artigo 23);
d) Imposto sobre a Importação (II) (CTN, artigo 19) e de suas respectivas guias de exportação e de importação.

Como nesta operação não temos o fato gerador, o artigo 113 do CTN estabelece que não haja obrigação principal nem obrigação acessória.

Em relação ao PIS/Pasep e à Cofins ao equiparar a operação à receita originada no exterior, o *back to back* está também isento dessas contribuições.

3. REGISTRO CONTÁBIL

Às atividades mercantis de compra e venda deve corresponder seus registros contábeis, mas, por não ser objeto de emissão de documentos fiscais, surge a dúvida agora a respeito da documentação que suporte a Contabilidade.

Os documentos de contrato de câmbio e *commercial invoices* (faturas) atendem às normas brasileiras, pois comprovam os atos, possuem reconhecimento perante as autoridades e são aceitos pelos usos e costumes atrelados às operações de comércio exterior, conforme Resolução CFC nº 1.330/2011.

4. EXEMPLO PRÁTICO

Admita-se que a empresa BETA domiciliada no Brasil realize operação *back to back* de mercadorias procedentes do exterior em 30.10.20X1 entre um fornecedor chinês e um comprador italiano no valor de US$ 50,000.00, com *mark up* de 30%, aprazado para 31.12.20X1 com a taxa de câmbio a R$ 3,90/US$.

I – Pela compra em 30.10.20X1:

CONTAS CONTÁBEIS	DÉBITO – R$	CRÉDITO – R$
Custo das Mercadorias Vendidas (Conta de Resultado)	195.000,00	
Fornecedores no Exterior (Passivo Circulante)		195.000,00

II – Pela revenda:

CONTAS CONTÁBEIS	DÉBITO – R$	CRÉDITO – R$
Clientes no Exterior (Ativo Circulante)	253.500,00	
Receita de Operações do Exterior – *Back to Back* (Conta de Resultado)		253.500,00

Nota
(US$ 50.000,00 x 130%*) x R$ 3,90

III – Pela variação cambial em 31.11.20X1:

CONTAS CONTÁBEIS	DÉBITO – R$	CRÉDITO – R$
Variações Cambiais Passivas (Conta de Resultado)	2.500,00	
Fornecedores no Exterior (Passivo Circulante)		2.500,00

Nota
Em 31.1.20X1, a taxa de câmbio era de R$ 3,95/US$ = (US$ 50.000,00 x R$ 3,95) – R$ 195.000,00

IV – Pela atualização da conta clientes no exterior:

CONTAS CONTÁBEIS	DÉBITO – R$	CRÉDITO – R$
Clientes no Exterior (Ativo Circulante)	3.250,00	
Variações Cambiais Ativas (conta de Resultado)		3.250,00

> **Nota**
> Atualização do saldo de clientes: (US$ 65,000.00 x R$ 3,95) – R$ 253.500,00

V – Pela atualização da conta fornecedores no exterior em 31.12.20X1:

CONTAS CONTÁBEIS	DÉBITO – R$	CRÉDITO – R$
Variações Cambiais Passivas (Conta de Resultado)	5.000,00	
Fornecedores no Exterior (Passivo Circulante)		5.000,00

> **Nota**
> Taxa de câmbio esteja cotada a R$ 4,05/US$ = (US$ 50.000.00 x R$ 4,05) – R$ 195.000,00 – R$ 2.500,00

VI – Pela atualização do saldo da conta clientes no exterior em 31.12.20X1:

CONTAS CONTÁBEIS	DÉBITO – R$	CRÉDITO – R$
Clientes (Ativo Circulante)	6.500,00	
Variações Cambiais Passivas (Conta de Resultado)		6.500,00

> **Nota**
> Atualização do saldo de clientes: (US$ 65.000.00 x R$ 4,05) – R$ 263.500,00 -R$ 3.250,00

VII – Pelo pagamento:

CONTAS CONTÁBEIS	DÉBITO – R$	CRÉDITO – R$
Fornecedores (Passivo Circulante)	202.500,00	
Caixa ou Bancos (Ativo Circulante)		202.500,00

> **Nota**
> US$ 50.000.00 x R$ 4,05

VIII – Pelo recebimento:

CONTAS CONTÁBEIS	DÉBITO – R$	CRÉDITO – R$
Caixa ou Bancos (Ativo Circulante)	263.250,00	
Clientes (Ativo Circulante)		263.250,00

Nota
US$ 65.000,00 x R$ 4,05

BAIXA DOS ESTOQUES

1. INTRODUÇÃO

Estoques são ativos (item 6 do Pronunciamento Técnico CPC 16):

   a) mantidos para venda no curso normal dos negócios;
   b) em processo de produção para venda; ou
   c) na forma de materiais ou suprimentos a serem consumidos ou transformados no processo de produção ou na prestação de serviços.

A baixa dos estoques ocorre quando:

   a) as receitas a que se vinculam são reconhecidas;
   b) são consumidos nas atividades a que estavam destinados, sempre desvinculados de itens para a geração de receita futura; e
   c) há redução ao valor realizável líquido ou quaisquer outras perdas.

2. IMPOSTO DE RENDA

O valor do estoque baixado, reconhecido como despesa durante o período, o qual é denominado frequentemente como custo dos produtos, das mercadorias ou dos serviços vendidos, são dedutíveis para fins de determinação do lucro real e da CSLL.

A perda estimada para redução ao valor realizável líquido reconhecida será dedutível somente quando ocorrer a venda dos estoques.

3. REGISTRO CONTÁBIL

De acordo com o Pronunciamento Técnico CPC 16, quando os estoques são vendidos, o custo escriturado desses itens deve ser reconhecido como despesa do período em que a respectiva receita é reconhecida.

A quantia de qualquer redução dos estoques para o valor realizável líquido e todas as perdas de estoques deve ser reconhecida como despesa do período em que a redução ou a perda ocorrerem.

A quantia de toda reversão de redução de estoques, proveniente de aumento no valor realizável líquido, deve ser registrada como redução do item em que for reconhecida a despesa ou a perda, no período em que a reversão ocorrer.

Alguns itens de estoques podem ser transferidos para outras contas do Ativo, como, por exemplo, estoques usados como componentes de ativos imobilizados de construção própria. Os estoques alocados ao custo de outro ativo devem ser reconhecidos como despesa durante a vida útil e na proporção da baixa desse ativo.

4. EXEMPLO PRÁTICO

Vamos considerar as seguintes informações do balanço patrimonial de uma empresa mercantil.

ATIVO		PASSIVO	
Estoque de Mercadorias para Venda (Ativo Circulante)	82.000	Fornecedores	100.000
ICMS a Recuperar (Ativo Circulante)	1.800		

Considerando que as mercadorias foram totalmente vendidas por R$ 120.000,00.

Considerando que a alíquota do ICMS seja de 18%, a do PIS/Pasep seja de 1,65% e a da Cofins de 7,6%, sugerimos os seguintes lançamentos contábeis:

Registro da venda:

CONTAS CONTÁBEIS	DÉBITO – R$	CRÉDITO – R$
Clientes (Ativo Circulante)	120.000,00	
Receita de Venda de Mercadorias (Conta de Resultado)		120.000,00

Registro dos impostos e contribuições incidente sobre a venda:

I – ICMS:

CONTAS CONTÁBEIS	DÉBITO – R$	CRÉDITO – R$
ICMS sobre Vendas (Conta de Resultado – Dedução da Receita Bruta)	21.600,00	
ICMS a Recolher (Passivo Circulante)		21.600,00

II – PIS/Pasep:

CONTAS CONTÁBEIS	DÉBITO – R$	CRÉDITO – R$
PIS/Pasep sobre Venda (Conta de Resultado – Dedução da Receita Bruta)	1.980,00	
PIS/Pasep a Recolher (Passivo Circulante)		1.980,00

III – Cofins:

CONTAS CONTÁBEIS	DÉBITO – R$	CRÉDITO – R$
Cofins sobre Venda (Conta de Resultado – Dedução da Receita Bruta)	9.120,00	
Cofins a Recolher (Passivo Circulante)		9.120,00

Registro da baixa dos estoques vendidos:

CONTAS CONTÁBEIS	DÉBITO – R$	CRÉDITO – R$
CMV (Conta de Resultado)	82.000,00	
Estoque de Mercadorias para Venda		82.000,00

BANCO DE HORAS

1. INTRODUÇÃO

O artigo 59 da CLT, com redação da Medida Provisória nº 2.164-41/2001, dispõe que poderá ser dispensado o acréscimo de salário se, por força de acordo ou convenção coletiva de trabalho, o excesso de horas em um dia for compensado pela correspondente diminuição em outro dia, de maneira que não exceda, no período máximo de um ano, à soma das jornadas semanais de trabalho previstas, nem seja ultrapassado o limite máximo de 10 horas diárias.

O mencionado dispositivo autorizou a adoção da prática popularmente conhecida como "banco de horas". Por meio desse mecanismo de armazenagem de horas trabalhadas além da jornada normal de trabalho, não será devido o pagamento do adicional de horas extras (no mínimo, 50%), desde que este excesso seja compensado pela sua correspondente diminuição em outros dias de trabalho, de forma que, em um período máximo de 1 ano, o empregado tenha trabalhado exatamente a soma das jornadas de trabalho do correspondente período.

Ressalte-se que a Justiça do Trabalho, por meio da Súmula nº 85 do Tribunal Superior do Trabalho (TST), consubstanciou seu entendimento no sentido de também ser válida, para o banco de horas, a negociação coletiva.

O banco de horas tem validade de um ano, e as horas acumuladas nesse período que não forem compensadas devem ser pagas como horas extras.

2. IMPOSTO DE RENDA

Não serão dedutíveis na determinação do lucro real e da base de cálculo da contribuição social sobre o lucro líquido, provisões realizadas no período, exceto as previstas em lei, tais como para 13º salário, férias etc.

3. REGISTRO CONTÁBIL

Banco de horas que são corriqueiras e concedidas dentro do período previsto na legislação ou por convenção coletiva não cabe registro contábil, tendo em vista que não representa um passivo exigível. Sua liquidação ocorre sempre dentro do exercício social da pessoa jurídica.

Entretanto, se na prática não ocorrer a compensação dentro do período previsto ou houver previsão de demissão do colaborador antes da sua compensação, passa a ser passivo exigível cabendo neste caso registro do fato ocorrido.

O lançamento se dá em conta de despesa operacional ou custo de produção dependendo de onde o colaborador estiver alocado em contrapartida à conta de obrigação no passivo.

4. EXEMPLO PRÁTICO

Admita-se que um colaborador tenha acumulado 30 horas e venha a ser demitido, com salário mensal de R$ 3.000,00 por mês.
Salário mensal R$ 3.000,00/30 dias = R$ 100,00 por dia
R$ 100,00/8 horas = R$ 12,50 por hora.
30 horas x R$ 12,50 = R$ 375,00

I – Pelo adiantamento recebido:

CONTAS CONTÁBEIS	DÉBITO – R$	CRÉDITO – R$
Despesas com Horas Extras (Conta de Resultado)	375,00	
Salário e Ordenados a Pagar (Passivo Circulante)		375,00

II – Pelo pagamento na rescisão:

CONTAS CONTÁBEIS	DÉBITO – R$	CRÉDITO – R$
Salário e Ordenados a Pagar (Passivo Circulante)	375,00	
Caixa ou Bancos (Ativo Circulante)		375,00

Considerando que um banco de horas representa o montante de R$ 35.000,00 e não foi utilizado dentro do prazo previsto pelos colaboradores, constituindo passível exigível da pessoa jurídica, devem ser provisionadas para fins de representar junto a terceiros e aos acionistas as obrigações que a empresa tem que fazer frente no exercício seguinte.

I – Pela provisão das horas extras:

CONTAS CONTÁBEIS	DÉBITO – R$	CRÉDITO – R$
Despesas com Horas Extras (Conta de Resultado)	35.000,00	
Horas Extras a Pagar (Passivo Circulante)		35.000,00

BENFEITORIAS EM PROPRIEDADE DE TERCEIROS

1. INTRODUÇÃO

Podemos entender por benfeitoria a obra útil realizada em propriedade, que aumente o seu valor, ou, ainda, a obra realizada em bens móveis ou imóveis com a finalidade de conservação, melhoramento ou embelezamento.

O Código Civil em seu artigo 98 dispõe que as benfeitorias podem ser:

    a) necessárias, quando têm por finalidade conservar o bem ou evitar que se deteriore;
    b) úteis, quando aumentam ou facilitam o uso do bem; ou
    c) voluptuárias, assim entendidas aquelas de mero deleite ou recreio, que não aumentam o uso habitual do bem, ainda que as tornem mais agradáveis ou sejam de elevado valor.

Cabe salientar que, salvo expressa disposição contratual em contrário, as benfeitorias necessárias introduzidas pelo locatário, ainda que não autorizadas pelo locador, bem como as úteis, desde que autorizadas, são indenizáveis e permitem o exercício do direito de retenção.

As benfeitorias voluptuárias não são indenizáveis e podem ser levantadas pelo locatário, finda a locação, desde que sua retirada não afete a estrutura e a substância do imóvel.

2. IMPOSTO DE RENDA

N apuração do lucro real e da base de cálculo da Contribuição Social sobre o Lucro Líquido (CSLL), a dedutibilidade das despesas de depreciação, amortização, manutenção, reparo, conservação, impostos, taxas, seguros e quaisquer outros gastos com bens móveis e imóveis passou a ser condicionada a que estes sejam intrinsecamente relacionados com a produção ou a comercialização de bens e serviços.

3. REGISTRO CONTÁBIL

Do ponto de vista contábil, são claramente distintos os tratamentos que precisam ser dados às duas hipóteses.

a) Ativo Imobilizado;
b) despesas diretas do exercício em que são realizadas.

Quando uma empresa realiza algum gasto com o intuito de manter ou de conservar qualquer bem, independentemente desse bem ser de sua propriedade ou de terceiros, deve tratá-lo como despesa do exercício (ou então como parte dos custos de produção se forem realizados em bens – equipamentos, imóveis, dispositivos etc. – utilizados no processo de fabricação).

Assim, a pintura de um edifício, quer seja da empresa quer seja alugado quer seja arrendado, deve ser tratada como despesa (ou custo geral de produção, se for o caso de edifício industrial), mesmo que isso embeleze o bem. Da mesma forma, qualquer serviço, substituição de partes ou peças, ou outro gasto que não altere a utilidade econômica do bem deve assim ser tratado.

Uma complicação pode ocorrer quando a empresa realiza certos tipos de despesas, mas não, ordinariamente, todo ano. Isto é, ocorrem certos tipos de manutenção, conservação ou outros gastos, mas apenas de 2 em 2 anos, de 3 em 3... Se esses gastos forem pequenos, nada haverá de anormal, e serão tratados como despesas (ou custos industriais) quando incorridos. Mas, se forem de alto valor, podem "prejudicar" indevidamente o resultado dos exercícios em que são feitos esses serviços ou realizadas essas substituições, apesar de todos os períodos serem parcialmente responsáveis pela sua incidência.

Nesse caso, é necessário optar entre duas alternativas:

a) a primeira, quando existe a possibilidade de serem feitas boas estimativas dos valores relativos a essas manutenções e conservações, que leva à constituição de provisões para esses gastos (observando-se que essa provisão não é dedutível para efeitos tributários); e

b) a segunda, quando inexiste essa chance de determinação segura dos valores a serem gastos.

Vamos nos prender ao caso de benfeitorias que consistem em melhorias das condições originais do bem, obras novas e outros melhoramentos que se agregam à propriedade de terceiros e aumentam o seu valor econômico.

Ativo Imobilizado – Técnica e lei

A realização dessa obra é, na realidade, geradora de um Ativo Imobilizado, já que se trata de um gasto cujo objetivo é a criação de um bem destinado ao uso da empresa, que assim seria classificado se fosse feito em bens de propriedade da empresa. Conforme o inciso IV do artigo 179 da Lei das S.As., são imobilizados "os direitos que tenham por objeto bens corpóreos destinados à manutenção das atividades da companhia ou da empresa ou exercidos com essa finalidade, inclusive os decorrentes de operações que transfiram à companhia os benefícios, riscos e controle desses bens".

Costuma-se usar como argumento contrário a essa classificação o conceito de que a benfeitoria passará a pertencer ao imóvel e este não é de quem a realizou.

Além do mais, na dúvida sobre a predominância de aspectos econômicos ou jurídicos, em contabilidade, deve sempre preponderar a representação econômica (prevalência da essência sobre a forma).

Assim, aquela benfeitoria que poderá deixar de ser utilizada após os 5 anos tem de ser registrada como Imobilizado, pois se trata de um bem destinado ao uso, de vida útil econômica superior a 1 ano e, portanto, deve ser registrado dessa forma.

Depreciação ou amortização

Há uma característica diferente no que diz respeito a essas benfeitorias imobilizadas. Se o prazo contratual de utilização dos bens nos quais foram incorporadas as benfeitorias for superior ao prazo de vida útil econômica delas, a apropriação como despesa do valor despendido leva o nome de depreciação.

Mas, se a vida útil econômica das benfeitorias for superior ao prazo de sua utilização, então sua transformação em despesa é feita mediante amortização, que terá agora de ser feita dentro desse tempo.

Ressarcimentos

Cabe agora uma discussão sobre o caso em que as benfeitorias realizadas em propriedades de terceiros são ressarcíveis.

Imediato

Logicamente, se existe o imediato ressarcimento, pelo proprietário, de parte ou da totalidade do gasto, já, também, de imediato, se contabiliza como Imobilizado apenas a parte não ressarcida e que representa o sacrifício para a empresa que a realizou.

Apenas no futuro

Esse ressarcimento, porém, pode ocorrer apenas no futuro, mediante pagamento no final do contrato pelo proprietário do imóvel, ou então mediante deduções nas prestações ou nas parcelas devidas pelo aluguel ou arrendamento.

Nessa situação, os valores a serem ressarcidos devem, sob o ponto de vista técnico, figurar fora do Ativo Imobilizado, dentro do Realizável a Longo Prazo ou no Ativo Circulante, conforme o prazo previsto para a sua recuperação.

4. EXEMPLO PRÁTICO

Admita-se que em um arrendamento tenha-se a seguinte situação:

a) prazo total do arrendamento: 5 anos;

b) benfeitoria: galpão construído nos primeiros 6 meses do arrendamento, com vida útil superior ao prazo de utilização restante;

c) gasto com benfeitoria: R$ 100.000,00;

d) ressarcimento: apenas R$ 45.000,00, dedutíveis em parcelas iguais nas últimas 36 prestações;

e) valor do arrendamento: 60 prestações de R$ 3.000,00 mensais;

f) primeiras 24 prestações seriam pagas no valor mensal de R$ 3.000,00.

I – Pelos gastos com a benfeitoria durante a construção do galpão:

CONTAS CONTÁBEIS	DÉBITO – R$	CRÉDITO – R$
Benfeitorias em Propriedade de Terceiros (Ativo Não Circulante – Imobilizado)	55.000,00	
Benfeitorias em Propriedade de Terceiros (Realizável a Longo Prazo)	45.000,00	
Imobilizado em Andamento (Conta Redutora do Ativo Não Circulante – Imobilizado)		100.000,00

Nota
À medida que for se aproximando a época do ressarcimento, haverá as transferências do Realizável a Longo Prazo para o Ativo Circulante.

II – Pelo pagamento das últimas 36 parcelas:

CONTAS CONTÁBEIS	DÉBITO – R$	CRÉDITO – R$
Despesa com Arrendamento (Conta de Resultado)	3.000,00	
Benfeitorias em Propriedade de Terceiros (Ativo Circulante)		1.250,00
Caixa ou bancos (Ativo Circulante)		1.750,00

Nota
Os R$ 1.250,00 representam R$ 45.000,00 divididos por 36 meses.

III – Pela amortização, a partir do mês de utilização do galpão:

CONTAS CONTÁBEIS	DÉBITO – R$	CRÉDITO – R$
Despesas com Amortização de Benfeitorias (Conta de Resultado)	1.018,52	
Amortização Acumulada de Benfeitorias em Propriedade de Terceiros (Conta Redutora do Ativo Não Circulante – Imobilizado)		1.018,52

> **Nota**
>
> O valor de R$ 1.018,52 é a parte não ressarcível de R$ 55.000,00 divididos pelos 54 meses de utilização do galpão. Com isso, os pagamentos totais efetuados pela nossa empresa serão:

DISCRIMINAÇÃO	VALOR EM R$
Com a Construção	100.000,00
Com as prestações 24 x 3.000,00 = R$ 72.000,00 36 x 1.750,00 = R$ 63.000,00	135.000,00
Total	235.000,00

As apropriações para o resultado serão:

DISCRIMINAÇÃO	VALOR EM R$
Despesas com Arrendamento 24 x 3.000,00 = R$ 72.000,00 36 x 3.000,00 = R$ 108.000,00	180.000,00
Despesa com Amortização 54 x 1.018,52 = R$ 55.000,00	55.000,00
Total	235.000,00

> **Nota**
>
> Diferenças de centavos foram desprezadas.

Considerações a serem observadas

Quando as benfeitorias realizadas em propriedades de terceiros forem constituídas por bens que, se construídos em propriedade da empresa, seriam imobilizados, devem também figurar nesse subgrupo do Ativo Não Circulante (Ativo Imobilizado).

Sua transformação em despesas dá-se pelo prazo do contrato de utilização ou pelo de vida útil econômica; dos dois o mais curto (salvo no caso de bem arrendado sob o regime de *leasing*, em que deve prevalecer o prazo de vida útil do bem); no primeiro caso, mediante amortização e, no segundo, por depreciação.

Se houver parcelas ressarcíveis, esses valores não devem, então, ficar no Imobilizado, mas sim no Ativo Circulante ou no Realizável a Longo Prazo.

BONIFICAÇÕES DE MERCADORIAS (DÚZIA DE 13 OU QUILO DE 1.200)

1. INTRODUÇÃO

Na prática comercial, surgem situações diferentes continuamente, fruto da imaginação, das técnicas de vendas e das necessidades criadas pelos mais variados motivos.

Uma delas é a promoção de vendas com base em desconto comercial disfarçado na quantidade negociada. Ou seja, em vez de mostrar na documentação da venda o valor comercial normal e o valor do desconto comercial dado, mantém-se o valor comercial normal, mas entrega-se uma quantidade de mercadoria ou produto maior do que o "padrão" para aquele valor, caracterizando bonificação.

Considera-se bonificação de mercadorias o desconto comercial dado dentro do documento fiscal por meio de entrega de quantidade maior de mercadorias ao mesmo preço. A chamada dúzia de 13 ou quilo de 1.200.

2. IMPOSTO DE RENDA

Quando a venda é caracterizada como bonificação de mercadorias originária da venda de mercadorias comprovadamente (chamada dúzia de 13 ou quilo de 1.200), a tributação ocorrerá normalmente sobre a receita de venda das mercadorias, independente da forma de tributação pelo lucro real ou lucro presumido.

Caso não seja caracterizado como bonificação de mercadorias, mas como doação, para quem efetivar a bonificação, será uma despesa indedutível e para quem aceitar a doação, uma receita operacional, passível de tributação pelos IRPJ, CSL, PIS/Cofins.

3. REGISTRO CONTÁBIL

Na vendedora

Venda caracterizada como bonificação será baixada contra a conta custo das mercadorias vendidas pelo total das unidades comercializadas, incluídas as bonificadas e tendo como contrapartida a conta estoque.

Caso não seja caracterizada como bonificação, será baixada como doação em conta de resultado, tendo como contrapartida a conta estoque.

Na Compradora

As mercadorias adquiridas com bonificação de certa quantidade de produtos serão registradas em conta do estoque, tendo como contrapartida a conta do passivo que registra a obrigação.

Caso não seja caracterizada como bonificação, serão registradas em conta do estoque, tendo como contrapartida uma conta de receita operacional.

4. EXEMPLO PRÁTICO

Empresa Vendedora

Admita-se que a empresa ERG venha a vender 100 unidades de sua produção pelo valor de R$ 1.000,00 com bonificação de 10 unidades e que opere com custo médio fixado a R$ 7,00.

I – Pela venda de 110 unidades:

CONTAS CONTÁBEIS	DÉBITO – R$	CRÉDITO – R$
Clientes (Ativo Circulante)	1.000,00	
Receita Bruta de Venda (Conta de Resultado)		1.000,00

II – Pelo ICMS sobre a venda:

CONTAS CONTÁBEIS	DÉBITO – R$	CRÉDITO – R$
Impostos Incidentes sobre Vendas – ICMS (Conta de Resultado)	180,00	
ICMS a Recolher (Passivo Circulante)		180,00

Letra **B** Bonificações de Mercadorias (dúzia de 13 ou quilo de 1.200)

Baixa do estoque dos produtos vendidos utilizando o custo médio de R$ 7,00:

110 unidades / R$ 7,00	= R$ 770,00

III – Pela baixa do estoque:

CONTAS CONTÁBEIS	DÉBITO – R$	CRÉDITO – R$
Custo das Mercadorias Vendidas (Ativo Circulante)	770,00	
Estoque de Mercadorias (Ativo Circulante)		770,00

Neste exemplo, podemos evidenciar a margem bruta da venda do produto:

DESCRITIVO	VALORES
Custo da Mercadoria Vendida (CMV)	R$ 770,00
Receita Líquida de Venda (R$ 1.000,00 – R$ 180,00)	R$ 820,00
Margem Bruta	R$ 50,00

Na empresa compradora

Considerado os mesmos dados da empresa vendedora, temos:

I – Pela compra de 110 unidades:

CONTAS CONTÁBEIS	DÉBITO – R$	CRÉDITO – R$
Estoque de Mercadorias (Ativo Circulante)	820,00	
ICMS a Recuperar (Conta de Resultado)	180,00	
Fornecedores (Passivo Circulante)		1.000,00

No caso de doação: na empresa vendedora

I – Pela doação de 10 unidades:

CONTAS CONTÁBEIS	DÉBITO – R$	CRÉDITO – R$
Contribuições e Doações (Conta de Resultado)	100,00	
Estoque (Ativo Circulante)		100,00

Na empresa compradora

I – Pela bonificação de 10 unidades:

CONTAS CONTÁBEIS	DÉBITO – R$	CRÉDITO – R$
Estoque (Ativo Circulante)	100,00	
Outras Receitas Operacionais (Conta de Resultado)		100,00

BÔNUS DE ADIMPLÊNCIA FISCAL

1. INTRODUÇÃO

Com a publicação da Lei nº 10.637/2002, é admitido às pessoas jurídicas, optantes pelo lucro real ou presumido, beneficiar-se de bônus de adimplência fiscal no percentual de 1% da base de cálculo da Contribuição Social sobre o Lucro Líquido (CSLL).

O aproveitamento do bônus é calculado seguindo as regras de apuração do lucro presumido, independentemente se a pessoa jurídica optou pelo lucro real.

No caso de opção pelo lucro real, com apuração trimestral, o cálculo será efetuado em cada trimestre do ano-calendário.

2. CONTRIBUIÇÃO SOCIAL SOBRE O LUCRO LÍQUIDO

A pessoa jurídica para ter direito ao bônus de adimplência fiscal não deverá enquadrar-se em relação a tributos e contribuições administrados pela Receita Federal nas seguintes hipóteses nos últimos 5 anos-calendário:

a) lançamento de ofício;
b) débitos com exigibilidade suspensa;
c) inscrição em dívida ativa;
d) recolhimentos ou pagamentos em atraso;
e) falta ou atraso no cumprimento de obrigação acessória.

3. REGISTRO CONTÁBIL

O bônus de adimplência fiscal deverá ser registrado contabilmente da seguinte forma:

a) na aquisição do direito, a débito de conta do Ativo Circulante e a crédito de Lucros ou Prejuízos Acumulados;

b) na utilização, a débito da Provisão para Pagamento da CSL e a crédito de conta do Ativo Circulante referida na letra "a".

Ressalte-se que, com a mudança das normas contábeis pela Lei nº 6.404/1976 (Lei das S.A.) e resoluções do CFC, a conta Lucros acumulados não figura mais no Balanço Patrimonial das sociedades anônimas devendo ao final de cada exercício social ser destinada conforme for deliberado pela sociedade.

4. EXEMPLO PRÁTICO

Admita-se que a empresa WM apurou os seguintes valores em 20X1, depois de ficar adimplente nos últimos 5 anos.

1º Trimestre – Base de cálculo da CSL R$ 510.000,00
2º Trimestre – Base de cálculo da CSL R$ 650.000,00
3º Trimestre – Base de cálculo da CSL R$ 430.000,00
4º Trimestre – Base de cálculo da CSL R$ 720.000,00

Cálculo do Bônus de Adimplência:

BASE DE CÁLCULO DA CSL	PERCENTUAL	VALOR
510.000,00	1%	5.100,00
650.000,00	1%	6.500,00
430.000,00	1%	4.300,00
720.000,00	1%	7.200,00
Total		23.100,00

I – Pelo direito ao bônus de adimplência do 1º trimestre:

CONTAS CONTÁBEIS	DÉBITO – R$	CRÉDITO – R$
Bônus de Adimplência Fiscal a Compensar (Ativo Circulante)	5.100,00	
Lucros Acumulados (Patrimônio Líquido)		5.100,00

Para os demais trimestres, o lançamento é o mesmo com alteração apenas do valor do bônus encontrado no quadro cálculo do Bônus de Adimplência

II – Pela utilização do bônus no final do ano-calendário:

CONTAS CONTÁBEIS	DÉBITO – R$	CRÉDITO – R$
Provisão para a CSLL a Pagar (Passivo Circulante)	23.100,00	
Bônus de Adimplência Fiscal a Compensar (Ativo Circulante)		23.100,00

BRINDES

1. INTRODUÇÃO

É costumeiro a pessoa jurídica fornecer brindes como peça de *marketing* para seus clientes e contatos de interesse da empresa. Geralmente, os brindes são de pequeno valor e são distribuídos gratuitamente. Vamos abordar a sua forma de contabilização.

2. IMPOSTO DE RENDA

Desde 1º.01.1996, para efeito do Imposto de Renda e da Contribuição Social sobre o Lucro Líquido (CSL), é vedada a dedução das despesas com brindes (Lei nº 9.249/1995, artigo 13, VII), o que significa que os valores dessa espécie que forem levados a débito de conta de despesa operacional devem ser adicionados ao lucro líquido, para efeito de determinação do lucro real (base de cálculo do IRPJ) e da base de cálculo da CSLL.

ICMS nas saídas de brindes

A legislação da maioria dos Estados determina a cobrança do ICMS sobre as saídas de brindes. Para tanto, nesses Estados, a empresa que adquirir brindes para distribuição gratuita e direta a consumidor ou usuário final deverá adotar, basicamente, os seguintes procedimentos:

a) escriturar a nota fiscal emitida pelo fornecedor no livro Registro de Entradas, com direito ao crédito do ICMS destacado no documento fiscal;

b) emitir, no ato da entrada da mercadoria no estabelecimento, nota fiscal de saída com o lançamento do ICMS, incluindo no valor da mercadoria adquirida o IPI que, eventualmente, conste da nota fiscal emitida pelo fornecedor.

Dessa forma, a pessoa jurídica arcará somente com o ônus relativo à parcela do ICMS incidente sobre o valor do IPI integrante da base de cálculo desse imposto.

Nota
O tratamento fiscal previsto para a distribuição de brindes pode variar. Isso depende da legislação do ICMS de cada Estado.

3. REGISTRO CONTÁBIL

As aquisições de brindes para distribuição direta a consumidor ou usuário final devem ser registradas em conta do subgrupo "Estoques", no Ativo Circulante, na qual permanecerão até a sua efetiva distribuição, quando os valores serão levados a débito da conta de despesa correspondente.

Se a empresa não adotar registro permanente de estoques, poderá contabilizar o valor em conta de resultado (despesa operacional) e, por ocasião do levantamento de seus estoques, apurar o estoque de brindes porventura remanescente, o qual será levado a débito da conta própria do Ativo Circulante e a crédito da conta de despesa operacional.

4. EXEMPLO PRÁTICO

Admita-se que determinada empresa adquira a prazo, em 20.11.20X1, 100 agendas, ao custo total de R$ 2.200,00 (R$ 2.000,00 + 10% de IPI), para serem distribuídas gratuitamente aos seus clientes, e que essa operação estivesse sujeita à incidência do ICMS (incluso no preço) no valor de R$ 360,00 (R$ 2.000,00 x 18%).

Considerando tratar-se de pessoa jurídica que adota registro permanente de estoques e partindo do pressuposto de que todas as agendas foram efetivamente distribuídas até o final do mês de dezembro/20X1, teríamos os seguintes lançamentos:

I – Pelo registro da aquisição dos brindes:

CONTAS CONTÁBEIS	DÉBITO – R$	CRÉDITO – R$
Estoques – Brindes (Ativo Circulante)	1.840,00	
ICMS a Recuperar (Ativo Circulante)	360,00	
Fornecedores (Passivo Circulante)		2.200,00

II – Pelo ICMS:

CONTAS CONTÁBEIS	DÉBITO – R$	CRÉDITO – R$
ICMS sobre Brindes (Conta de Resultado)	396,00	
ICMS a Recolher (Passivo Circulante)		396,00

Nota
É importante salientar que o ICMS incidiu sobre o valor total da nota fiscal (18% de R$ 2.200,00), ou seja, o imposto foi determinado incluindo-se na base de cálculo o valor do IPI.

III – Pela distribuição dos brindes:

CONTAS CONTÁBEIS	DÉBITO – R$	CRÉDITO – R$
Brindes (Conta de Resultado)	1.840,00	
Estoques – Brindes (Ativo Circulante)		1.840,00

Nota

O valor anterior (R$ 1.840,00) foi lançado normalmente em Conta de Resultado, mas, em face da indedutibilidade a que nos referimos na "Nota" do tópico 2, este deve ser adicionado ao lucro líquido do período-base, para efeito de determinação do lucro real, e à base de cálculo da CSL.

C

CARTÃO DE CRÉDITO – COMPRAS

1. INTRODUÇÃO

Cartão de crédito é um serviço de intermediação que permite ao consumidor (pessoa física ou jurídica) adquirir bens e serviços em estabelecimentos comerciais previamente credenciados. O cartão é emitido pelo prestador do serviço de intermediação, chamado genericamente de administradora de cartão de crédito.

O estabelecimento comercial, por sua vez, registra a transação com o uso de máquinas mecânicas ou informatizadas, fornecidas pela administradora do cartão de crédito, gerando um débito do consumidor a favor da administradora e um crédito do fornecedor do bem ou serviço contra a administradora. Periodicamente, a administradora do cartão de crédito emite e apresenta a fatura ao consumidor, com a relação e o valor das compras efetuadas. Ela, ainda, fica responsável, diretamente ou por meio de empresa especializada, pelo pagamento ao fornecedor das aquisições efetuadas pelo usuário do cartão de crédito.

Já a relação entre o consumidor e o fornecedor não se altera pela forma de pagamento, sendo mantida a característica de um contrato, escrito ou não, de compra e venda ou de prestação de serviços.

2. IMPOSTO DE RENDA

A compra com cartão de crédito por parte da pessoa jurídica não tem influência direta no imposto de renda e contribuição social sobre o lucro líquido, por tratar de operação meramente financeira.

3. REGISTRO CONTÁBIL

A compra de material de escritório será lançada em conta de estoque tendo como contrapartida a conta do passivo circulante que registre a obrigação. Quando o material for requisitado para uso, será baixo para despesa operacional.

A conta de registro do débito a pagar, no Passivo Circulante, deve ser aberta em nome da administradora do cartão de crédito, e não em nome do comprador da mercadoria. Isso porque a administradora, por contrato, fica responsável pelo recebimento do comprador, desobrigando a empresa vendedora de qualquer ônus ou perda com a operação caso o comprador não venha a liquidar seu débito.

4. EXEMPLO PRÁTICO

Admita-se que determinada empresa, possuidora de um cartão de crédito da Administradora "X", comprasse, em 02.09.20X1, material de escritório da empresa Comercial WM Ltda., no valor de R$ 1.500,00, e utilizasse para o pagamento deste valor o referido cartão de crédito.

Com base nesses dados, e admitindo que a empresa pague a fatura do cartão de crédito no dia 30 de cada mês, demonstraremos a contabilização relativa a essa compra mediante utilização do cartão de crédito para o seu pagamento.

I – Pela compra em 02.09.20X1:

CONTAS CONTÁBEIS	DÉBITO – R$	CRÉDITO – R$
Estoque – Material de Escritório (Ativo Circulante)	2.000,00	
Contas a Pagar – Administradora de Cartão de Crédito (Passivo Circulante)		2.000,00

II – Pelo pagamento em 30.09.20X1:

CONTAS CONTÁBEIS	DÉBITO – R$	CRÉDITO – R$
Contas a Pagar – Administradora de Cartão de Crédito (Passivo Circulante)	2.000,00	
Caixa ou Bancos (Ativo Circulante)		2.000,00

III – Pela requisição de parte do material de escritório:

CONTAS CONTÁBEIS	DÉBITO – R$	CRÉDITO – R$
Despesa com Material de Escritório (Conta de Resultado)	500,00	
Estoque – Material de Escritório (Ativo Circulante)		500,00

CARTÃO DE CRÉDITO – VENDAS

1. INTRODUÇÃO

As vendas de produtos ou serviços efetuadas por meio de cartões de crédito caracterizam-se como vendas a prazo, pois as empresas administradoras de cartões de crédito somente efetuam o pagamento, em geral, após certo prazo da entrega das autorizações de pagamento do comerciante.

Sobre essa operação, as administradoras de cartões de crédito cobram uma taxa sobre o valor da venda, a título de reembolso de despesas com material e serviços colocados à disposição do comerciante.

2. IMPOSTO DE RENDA

A venda de mercadorias ou produtos com recebimento por meio de cartão crédito não tem influência direta no Imposto de Renda e Contribuição Social sobre o Lucro Líquido, por tratar de operação meramente financeira.

3. REGISTRO CONTÁBIL

No exemplo mostrado no item 4, utilizamos o regime de competência para o registro da comissão paga à administradora de cartões de crédito, embora a maioria das empresas, de maneira inadequada, o faça pelo regime de caixa.

Veja que a conta de registro do crédito a receber, no Ativo Circulante, deve ser aberta em nome da administradora do cartão de crédito, e não em nome do comprador da mercadoria. Isso porque a administradora, por contrato, fica responsável pelo recebimento do comprador (seu correntista), desobrigando a empresa vendedora de qualquer ônus ou perda com a operação caso o comprador não liquide seu débito.

4. EXEMPLO PRÁTICO

Admita-se que uma empresa, no dia 10.09.20X1, efetuou uma venda no valor de R$ 1.000,00, paga pelo cliente por meio do cartão de crédito da Administradora "X", a qual cobra uma taxa de 5%. Em 05.10.20X1, a administradora liquida o crédito com a empresa vendedora, por via bancária, no valor de R$ 950,00.

I – Pela venda em 10.09.20X1:

CONTAS CONTÁBEIS	DÉBITO – R$	CRÉDITO – R$
Contas a Receber – Administradora de Cartão de Crédito (Ativo Circulante)	950,00	
Despesas com Vendas (Conta de Resultado)	50,00	
Receita de Vendas (Conta de Resultado)		1.000,00

II – Pela apropriação do ICMS:

CONTAS CONTÁBEIS	DÉBITO – R$	CRÉDITO – R$
ICMS sobre Vendas (Conta de Resultado)	180,00	
ICMS a Recolher (Passivo Circulante)		180,00

III – Pelo recebimento da administradora do cartão de crédito em 05.10.20X1:

CONTAS CONTÁBEIS	DÉBITO – R$	CRÉDITO – R$
Caixa ou Bancos (Ativo Circulante)	950,00	
Contas a Receber – Administradora de Cartão de Crédito (Ativo Circulante)		950,00

De forma alternativa ao lançamento I, o registro poderá ser feito da seguinte forma:

I – Pela venda em 10.09.20X1:

CONTAS CONTÁBEIS	DÉBITO – R$	CRÉDITO – R$
Contas a Receber – Administradora de Cartão de Crédito (Ativo Circulante)	1.000,00	
Receita de Vendas (Conta de Resultado)		1.000,00

II – Pela apropriação da despesa com:

CONTAS CONTÁBEIS	DÉBITO – R$	CRÉDITO – R$
Despesas com Vendas (Conta de Resultado)	50,00	
Contas a Receber – Administradora de Cartão de Crédito (Ativo Circulante)		50,00

CESTA BÁSICA

1. INTRODUÇÃO

Cesta básica é o conjunto de gêneros alimentícios de primeira necessidade fornecidos pelas empresas, gratuitamente ou a preço simbólico, a seus empregados.

A cesta básica fornecida pela empresa aos seus colaboradores caracteriza-se pela entrega ao empregado de produtos alimentícios *in natura* para serem consumidos em sua residência, vedada a sua distribuição em dinheiro, podendo ser adotado pela empresa vale-alimentação contratado com empresas especializadas.

2. TRIBUTAÇÃO

As despesas com alimentação somente poderão ser dedutíveis quando fornecida pela pessoa jurídica, indistintamente, a todos os seus empregados (IN SRF nº 11/1996, art. 27).

A dedutibilidade independe da existência de Programa de Alimentação do Trabalhador (PAT) e aplica-se, inclusive, às cestas básicas de alimentos fornecidas pela empresa, desde que indistintamente a todos os empregados.

As despesas com alimentação de sócios, acionistas e administradores são indedutíveis na determinação do lucro real e da contribuição Social Sobre o Lucro Líquido, exceto quando integra a remuneração do mesmo.

Quando o Estado permite o crédito do ICMS sobre aquisição das cestas básicas, na sua distribuição aos colaboradores, deve destacar o ICMS na nota fiscal de saída.

Os valores registrados como despesa ou custo de aquisição ou, ainda, destinados ao estoque de cestas básicas, devem estar líquidos do ICMS.

3. REGISTRO CONTÁBIL

O valor pago pelas concessões de cestas básicas é classificado contabilmente nas empresas industriais ou prestadoras de serviços como custo da produção, quando relativo a cestas distribuídas ao pessoal dos setores de produção ou como despesa operacional, relativamente às cestas distribuídas ao pessoal das áreas de administração, vendas e de outros setores da empresa não ligados direta ou indiretamente à produção de bens ou serviços e para as demais empresas, inclusive as comerciais, como despesa operacional.

Os gastos com cestas básicas serão lançados como custo ou despesa operacional e deve ser obedecido o regime de competência quando da distribuição aos colaboradores.

Na maioria dos casos, as cestas básicas adquiridas pelas empresas são distribuídas diretamente para os colaboradores e registradas em conta de custo de produção ou despesa operacional. Entretanto, quando a cesta básica não for distribuída direto aos colaboradores, utilizará conta do estoque que pode se denominar "Cestas Básicas a Distribuir".

Quando o colaborador tiver participação na aquisição das cestas básicas, o valor lançado para custo ou despesa operacional será liquido e o valor reembolsado em conta de "Gastos com Cestas Básicas a Recuperar" em contrapartida folha de pagamento de salários.

4. EXEMPLO PRÁTICO

- Aquisição de 1.200 cestas básicas com distribuição de 1.100 cestas
- Base de cálculo reduzida – R$ 121.531,29 x 7% x 18% = R$ 1.531,29
- Custo unitário das cestas: R$ 120.000,00/1.200 = R$ 100,00
- Participação do colaborador 10%: R$ 100,00 x 10% = R$ 10,00

Valor total das cestas	R$ 121.531,29
ICMS incluso no preço	R$ 1.531,29
Valor líquido	R$ 120.000,00

Distribuição das cestas no mês da seguinte forma:

- Pessoa da administração 300
- Pessoal da produção 800
- Total 1.100

I – Pela aquisição das cestas básicas

CONTAS CONTÁBEIS	DÉBITO R$	CRÉDITO R$
Estoque – Cestas Básicas a Distribuir (Ativo Circulante)	120.000,00	
ICMS a Recuperar (Ativo Circulante)	1.531,29	
Fornecedores (Passivo Circulante)		121.531,29

II – Pelo registro do ICMS na distribuição das cestas básicas

CONTAS CONTÁBEIS	DÉBITO R$	CRÉDITO R$
ICMS sobre Distribuição de Cestas Básicas (Conta de Resultado)	702,13	
ICMS a Recolher (Passivo Circulante)		702,13

Nota:

ICMS Aquisição 1.531,29/1200 = R$ 1,2760
Cestas Distribuídas 1.100 x 1,2760 = R$ 1.403,60

III – Pela distribuição das cestas básicas

CONTAS CONTÁBEIS	DÉBITO R$	CRÉDITO R$
Despesa Administrativa (Conta de Resultado)	27.000,00	
Custo de Produção (Conta de Resultado)	72.000,00	
Gastos com Cestas Básicas a Recuperar (Ativo Circulante)	11.000,00	
Estoque – Cestas Básicas a Distribuir (Ativo Circulante)		110.000,00

Nota:
R$ 90,00 x 300 = 27.000,00
R$ 90,00 x 800 = 72.000,00
R$ 10,00 x 1.100 = 11.00,00

IV – Pelo ressarcimento do custo arcado pelo colaborador

CONTAS CONTÁBEIS	DÉBITO R$	CRÉDITO R$
Salários e Ordenados (Passivo Circulante)	11.000,00	
Gastos com Cestas Básicas a Recuperar (Ativo Circulante)		11.000,00

CESTA DE NATAL DISTRIBUÍDA A COLABORADORES

1. INTRODUÇÃO

É costumeiro ao final de cada ano-calendário a pessoa jurídica fornecer cestas de Natal aos seus colaboradores, a fim de promover a confraternização entre as partes. Vamos abordar aqui a sua forma de contabilização.

2. IMPOSTO DE RENDA

As cestas de Natal distribuídas aos empregados não se confundem com os brindes.

No passado, embora não houvesse previsão legal específica, a 1ª Câmara de Contribuintes decidiu (Acórdão nº 101-84.180/92 – DOU de 05.12.1994) que a compra de cestas de Natal, de razoável valor médio, na época própria – dezembro – pode ser aceita como dedutível.

A dedutibilidade dessa despesa está amparada no RIR/2018, artigo 383 (cuja matriz legal é a Lei nº 9.249/1995, artigo 13, § 1º), que autoriza a dedução das despesas com alimentação fornecida pela pessoa jurídica, indistintamente, a todos os seus empregados, importando observar que, segundo a Instrução Normativa SRF nº 11/1996, artigo 27, § 1º, essa autorização legal se aplica, inclusive, às cestas básicas de alimentos fornecidas pela empresa.

Portanto, conforme entendimento, a despesa efetivamente realizada com a aquisição de cestas de Natal distribuídas aos empregados pode ser considerada dedutível, desde que esse benefício seja concedido indistintamente a todos os empregados.

3. REGISTRO CONTÁBIL

À contabilização das cestas de Natal adquiridas para distribuição aos empregados aplica-se, basicamente, o que expusemos em relação aos brindes.

Deve ser observado, todavia, que:

a) por ocasião da compra das cestas, se o lançamento for feito diretamente em conta de resultado, deve ser observada a classificação como custo (relativo aos empregados do setor de produção) ou despesa operacional (setor administrativo);

b) se a compra for contabilizada em conta de estoques, a entrega das cestas aos empregados dará origem a um lançamento semelhante ao de distribuição de brindes, também, neste caso, levando-se em conta a classificação como custo ou despesa operacional;

c) cabe aqui a observação feita em relação aos brindes, no sentido de que devem ser mantidas em estoque as cestas não distribuídas, ou seja, as "sobras" que permaneçam fisicamente em poder da empresa, pois, caso contrário, será considerado contabilmente um custo ou uma despesa que efetivamente não ocorreu.

4. EXEMPLO PRÁTICO

Admita-se que determinada empresa comercial adquira a prazo 100 cestas de Natal, ao custo total de R$ 6.000,00 (sem incidência de IPI), para serem distribuídas gratuitamente aos seus empregados, e que essa operação estivesse sujeita à incidência do ICMS (incluso no preço) no valor de R$ 1.080,00.

Nesse caso, considerando tratar-se de empresa que adota registro permanente de estoques, teríamos os seguintes lançamentos:

I – Pela aquisição das cestas de Natal:

CONTAS CONTÁBEIS	DÉBITO – R$	CRÉDITO – R$
Estoques – Cestas de Natal (Ativo Circulante)	4.920,00	
ICMS a Recuperar (Ativo Circulante)	1.080,00	
Fornecedores (Passivo Circulante)		6.000,00

II – Pelo ICMS:

CONTAS CONTÁBEIS	DÉBITO – R$	CRÉDITO – R$
ICMS sobre Cestas de Natal (Conta de Resultado)	1.080,00	
ICMS a Recolher (Passivo Circulante)		1.080,00

III – Pela distribuição das cestas de Natal:

CONTAS CONTÁBEIS	DÉBITO – R$	CRÉDITO – R$
Despesa Administrativa (Conta de Resultado)	4.920,00	
Estoques – Cestas de Natal (Ativo Circulante)		4.920,00

CHEQUE ESPECIAL

1. INTRODUÇÃO

Cheque especial é um produto que decorre de uma relação contratual em que é fornecida ao cliente uma linha de crédito para cobrir cheques que ultrapassem o valor existente na conta. O banco cobra juros por esse empréstimo.

2. IMPOSTO DE RENDA

Esse tipo de operação não tem influência no IRPJ e CSL, por se tratar de operação meramente financeira. A influência somente acontecerá quando o banco cobrar juros sobre o empréstimo, o qual a pessoa jurídica poderá considerar como despesa operacional dedutível na determinação do lucro real e da base de cálculo da CSL.

3. REGISTRO CONTÁBIL

Quando a pessoa jurídica ultrapassar o seu saldo disponível em conta bancária e começar a utilizar o chamado cheque especial será lançado à conta empréstimo a pagar em conta do passivo circulante.

4. EXEMPLO PRÁTICO

Admita-se que a empresa WM tem saldo bancário disponível no valor de R$ 5.000,00 e precisa pagar uma duplicata no valor de R$ 6.000,00, onde será utilizado o seu limite de crédito no valor de R$ 1.000,00.

I – Pelo pagamento da duplicata:

CONTAS CONTÁBEIS	DÉBITO – R$	CRÉDITO – R$
Fornecedores (Passivo Circulante)	6.000,00	
Bancos (Passivo Circulante)		5.000,00
Empréstimo a Pagar (Passivo Circulante)		1.000,00

CHEQUES DEVOLVIDOS

1. INTRODUÇÃO

Cheque é uma ordem de pagamento à vista, que deve ser pago no momento de sua apresentação ao banco sacado (definição do Livro *Mercado Financeiro*, de Eduardo Fortuna, Editora Qualitymark, 16ª ed.)

Nos casos em que a empresa recebe em pagamento cheques que venham a ser devolvidos pelo banco sacado, por falta ou insuficiência de fundos ou por qualquer outro motivo, tal fato deve ser registrado contabilmente.

2. IMPOSTO DE RENDA

Esta operação é meramente financeira, tendo em vista que a receita já foi computada para fins tributários. Esta operação somente será tributária quando a pessoa jurídica invocar o tratamento de Crédito de Liquidação Duvidosa.

Sobre a hipótese de perda no recebimento do crédito, observamos que, de acordo com a legislação do Imposto de Renda e da Contribuição Social sobre o Lucro, podem ser deduzidas como despesa as perdas no recebimento de créditos decorrentes das atividades da pessoa jurídica, observadas as regras tratadas em tópico específico da Parte deste Guia destinada ao Lucro Real.

3. REGISTRO CONTÁBIL

Ocorrendo a devolução, pelo banco sacado, de cheque recebido em pagamento (de duplicata, de venda à vista ou de qualquer outra transação), não cabe estorno do lançamento original que registrou o pagamento, uma vez que não houve desfazimento do negócio.

O procedimento adequado é o registro do respectivo valor a débito de conta do Ativo Circulante ("Cheques em Cobrança", por exemplo) e a crédito da conta "Banco Conta Movimento".

Saliente-se que a conta "Cheques em Cobrança" classifica-se no subgrupo "Outros Créditos", não no "Disponível".

Observe-se que o valor registrado em "Cheques em Cobrança" será baixado (mediante crédito), tendo como contrapartida (a débito):

a) "Banco Conta Movimento", se o cheque for novamente depositado (o que, em geral, é feito por orientação do próprio emitente);

b) "Caixa" ou "Bancos Conta Movimento", se o cliente quitar seu débito mediante novo pagamento, ainda que por meio de outro cheque.

4. EXEMPLO PRÁTICO

Admita-se que a empresa ERG tenha recebido em 02.10.20X1, cheque de nº 000.222, no valor de R$ 2.000,00 para pagamento da fatura nº 1234 de sua emissão, e que o cheque foi depositado no dia da venda e devolvido pelo banco em 13.10.20X1.

I – Pelo depósito do cheque recebido em 02.10.20X1:

CONTAS CONTÁBEIS	DÉBITO – R$	CRÉDITO – R$
Bancos (Ativo Circulante) Cheque nº 000.222	2.000,00	
Clientes (Ativo Circulante) Recebimento da Duplicata nº 1234		2.000,00

II – Pela devolução do cheque em 13.10.20X1:

CONTAS CONTÁBEIS	DÉBITO – R$	CRÉDITO – R$
Cheque em cobrança (Ativo Circulante) Cheque nº 000.222	2.000,00	
Bancos (Ativo Circulante) Cheque nº 000.222 devolvido		2.000,00

CHEQUES PRÉ-DATADOS

1. INTRODUÇÃO

O cheque pré-datado não tem previsão legal. Trata-se de ato de liberalidade entre as partes (o emitente e o beneficiário), não oponível a terceiros (por exemplo, ao banco sacado), mas cuja obrigatoriedade de respeito, pelo beneficiário, à data pactuada tem sido confirmada pela jurisprudência.

Por ser emitido para apresentação em data futura, é mais apropriado denominá-lo "cheque pós-datado". Mas, tendo em vista a adoção quase unânime da expressão "cheque pré-datado", esta será a denominação que utilizaremos.

2. IMPOSTO DE RENDA

A legislação do Imposto de Renda e da Contribuição Social não dispõe de tratamento específico para as operações de cheque pré-datado, por se tratar apenas de movimentação financeira de recebimento de venda efetuada pela empresa ou pagamento a fornecedores.

3. REGISTRO CONTÁBIL

Como não são valores dos quais a empresa vá dispor a qualquer tempo (mas, apenas, na data combinada), as importâncias recebidas nessa modalidade de pagamento não devem ser classificadas no subgrupo do "Disponível" e sim em conta distinta do "Ativo Circulante", em que permanecerão até o efetivo recebimento.

Tratando-se de pagamentos feitos pela empresa com cheque pré-datado, o mais adequado é o registro em conta do Passivo Circulante, que melhor caracterizará a obrigação assumida.

As importâncias relativas a cheques pré-datados recebidos que, após depositados, eventualmente venham a ser devolvidos por falta ou insuficiência de fundos (que se encontrem, portanto, em processo normal de cobrança) deverão ser creditadas à conta "Bancos Conta Movimento" (do subgrupo "Disponível") e levadas a débito da conta "Cheques em Cobrança" do subgrupo "Outros Créditos", ambas no Ativo Circulante.

Alternativamente à forma de lançamento exemplificada, pode ser adotado critério mais simples por ocasião do pagamento com cheque pré-datado: creditar o respectivo valor diretamente em "Bancos Conta Movimento", eliminando-se, assim, a passagem pela conta "Cheques a Pagar".

Todavia, essa alternativa não parece ser a mais adequada, pois:

a) não demonstra o Passivo efetivamente assumido em decorrência da emissão do cheque pré-datado; e

b) não pode ser utilizada se não houver saldo suficiente em "Bancos Conta Movimento" (neste caso, ter-se-ia mesmo de recorrer à conta "Cheques a Pagar" ou semelhante).

4. EXEMPLO PRÁTICO

1º Exemplo

Admita-se que em 15.10.20X1, uma empresa efetue venda de mercadorias a determinado cliente mediante recebimento de cheque pré-datado no valor de R$ 1.000,00 que, conforme acordado entre as partes, somente será depositado em 20.11.20X1.

I – Pela venda em 15.10.20X1:

CONTAS CONTÁBEIS	DÉBITO – R$	CRÉDITO – R$
Cheques a Receber (Ativo Circulante)	1.000,00	
Receita de Venda (Conta de Resultado)		1.000,00

II – Pelo depósito do cheque em 20.11.20X1:

CONTAS CONTÁBEIS	DÉBITO – R$	CRÉDITO – R$
Bancos (Ativo Circulante)	1.000,00	
Cheques a Receber (Ativo Circulante)		1.000,00

2º Exemplo

Admita-se, agora, que determinada empresa recebesse, em 20.10.20X1, cheque no valor de R$ 2.200,00, referente à liquidação de duplicata de sua emissão, mas que, conforme acordado com o cliente, referido cheque somente devesse ser depositado em 31.10.20X1.

I – Pelo recebimento da duplicata com cheque pré-datado em 20.10.20X1:

CONTAS CONTÁBEIS	DÉBITO – R$	CRÉDITO – R$
Cheques a Receber (Ativo Circulante)	2.200,00	
Clientes (Ativo Circulante)		2.200,00

II – Pelo depósito do cheque em 31.10.20X1:

CONTAS CONTÁBEIS	DÉBITO – R$	CRÉDITO – R$
Bancos (Ativo Circulante)	2.200,00	
Cheques a Receber (Ativo Circulante)		2.200,00

3º Exemplo

Admita-se que, em 11.10.20X1, determinada empresa efetuasse pagamento no valor de R$ 500,00 relativo à quitação de duplicata por meio de cheque a ser depositado, pelo fornecedor, em 21.10.20X1.

I – Pelo pagamento de duplicata com cheque pré-datado em 11.10.20X1:

CONTAS CONTÁBEIS	DÉBITO – R$	CRÉDITO – R$
Fornecedores (Passivo Circulante)	500,00	
Cheques a Pagar – Banco "X" (Passivo Circulante)		500,00

II – Pela liquidação do cheque pré-datado em 21.10.20X1:

CONTAS CONTÁBEIS	DÉBITO – R$	CRÉDITO – R$
Cheques a Pagar – Banco "X" (Passivo Circulante)	500,00	
Bancos (Ativo Circulante)		500,00

CISÃO DE SOCIEDADES

1. INTRODUÇÃO

O artigo 229 da Lei nº 6.404/1976 define a cisão da seguinte forma:

"A cisão é a operação pela qual a companhia transfere parcelas do seu patrimônio para uma ou mais sociedades constituídas para esse fim ou já existentes, extinguindo-se a companhia cindida se houver versão de todo o seu patrimônio ou dividindo-se o seu capital. Se parcial a versão..."

Em outras palavras, a cisão é a divisão do patrimônio de uma sociedade em duas ou mais partes, para a constituição de nova sociedade ou novas sociedades, ou ainda para integrar patrimônio de sociedade já existente.

Existem 2 modalidades de cisão:

a) cisão total: é a reorganização societária em que se transfere todo o patrimônio para uma ou mais sociedades sucessoras, extinguindo-se a sociedade cindida; e

b) cisão parcial: é a reorganização societária em que se verte parte do patrimônio para uma ou mais sociedades sucessoras, continuando a sociedade cindida a existir, no entanto, com um patrimônio menor.

A sociedade que absorver parcela do patrimônio da companhia cindida sucede a esta nos direitos e obrigações relacionadas no ato da cisão.

2. IMPOSTO DE RENDA

De acordo com o artigo 21 da Lei nº 9.249/1995, o valor do acervo a ser tomado nas operações deverá ser definido pelo valor contábil ou de mercado.

A diferença entre o valor de mercado e o valor contábil dos bens não será computada na apuração do lucro real, desde que baseados nos critérios estabelecidos no artigo 518 do RIR/2018.

A pessoa jurídica sucessora por cisão não poderá compensar prejuízos fiscais da sucedida.

No caso de cisão parcial, a pessoa jurídica cindida poderá compensar os seus próprios prejuízos fiscais, proporcionalmente à parcela remanescente do patrimônio líquido (Decreto-lei nº 2.341/87, artigo 33, parágrafo único).

3. REGISTRO CONTÁBIL

O registro contábil é simples, bastando apenas que se criem contas transitórias nas empresas envolvidas, que se ajustem às participações que uma empresa detém da outra e se registre o aumento/diminuição do capital.

4. EXEMPLO PRÁTICO

Considerando que o patrimônio da empresa A foi cindida totalmente para constituir a empresa B (60%) e a empresa C (40%).

SALDOS DAS CONTAS CONTÁBEIS	CIA. A	CIA. B	CIA. C
Disponibilidades	75.000,00	45.000,00	30.000,00
Duplicatas a Receber	400.000,00	240.000,00	160.000,00
Estoques	300.000,00	180.000,00	120.000,00
Investimentos	70.000,00	42.000,00	28.000,00
Imobilizado	190.000,00	114.000,00	76.000,00
SOMA DO ATIVO	1.035.000,00	621.000,00	414.000,00
Fornecedores	280.000,00	168.000,00	112.000,00
Salários a Pagar	50.000,00	30.000,00	20.000,00
Tributos a Pagar	100.000,00	60.000,00	40.000,00
Capital Social	500.000,00	300.000,00	200.000,00
Reservas de Lucros	105.000,00	63.000,00	42.000,00
SOMA DO PASSIVO	1.035.000,00	621.000,00	414.000,00

I – Registro na Cia. A:

CONTABILIZAÇÃO DA TRANSFERÊNCIA DOS ATIVOS, NA CIA. A		
	DÉBITO	CRÉDITO
Conta Transitória	1.035.000,00	
Disponibilidades		75.000,00
Duplicatas a Receber		400.000,00
Estoques		300.000,00
Investimentos		70.000,00
Imobilizado		190.000,00

CONTABILIZAÇÃO DA TRANSFERÊNCIA DAS CONTAS DO PASSIVO, NA CIA. A		
	DÉBITO	CRÉDITO
Fornecedores	280.000,00	
Salários a Pagar	50.000,00	
Tributos a Pagar	100.000,00	
Capital Social	500.000,00	
Reservas de Lucros	105.000,00	
Conta Transitória		1.035.000,00

II – Registro na Cia. B:

CONTABILIZAÇÃO DO BALANÇO DE ABERTURA, NA CIA. B (SALDOS TRANSFERIDOS DO ATIVO DA CIA. A)		
	DÉBITO	CRÉDITO
Disponibilidades	45.000,00	
Duplicatas a Receber	240.000,00	
Estoques	180.000,00	
Investimentos	42.000,00	
Imobilizado	114.000,00	
Conta Balanço Abertura – Transf. Cia. A		621.000,00

(SALDOS TRANSFERIDOS DO PASSIVO DA CIA. A)

	DÉBITO	CRÉDITO
Conta Balanço Abertura – Transf. Cia. A	621.000,00	
Fornecedores		168.000,00
Salários a Pagar		30.000,00
Tributos a Pagar		60.000,00
Capital Social		300.000,00
Reserva de Lucros		63.000,00

III – Registro na Cia. C:

CONTABILIZAÇÃO DO BALANÇO DE ABERTURA, NA CIA. C
(SALDOS TRANSFERIDOS DO ATIVO DA CIA. A)

	DÉBITO	CRÉDITO
Disponibilidades	30.000,00	
Duplicatas a Receber	160.000,00	
Estoques	120.000,00	
Investimentos	28.000,00	
Imobilizado	76.000,00	
Conta Balanço Abertura – Transf. Cia.A		414.000,00

(SALDOS TRANSFERIDOS DO PASSIVO DA CIA. A)

	DÉBITO	CRÉDITO
Conta Balanço Abertura – Transf. Cia. A	414.000,00	
Fornecedores		112.000,00
Salários a Pagar		20.000,00
Tributos a Pagar		40.000,00
Capital Social		200.000,00
Reserva de Lucros		42.000,00

COMODATO

1. INTRODUÇÃO

De acordo com os artigos 579 a 585 do Código Civil:

a) comodato é o empréstimo gratuito de coisas não fungíveis. Perfaz-se com a tradição do objeto;

b) os tutores, curadores e em geral todos os administradores de bens alheios não poderão dar em comodato, sem autorização especial, os bens confiados à sua guarda;

c) se o comodato não tiver prazo convencional, presumir-se-á o prazo necessário para o uso concedido, não podendo o comodante, salvo necessidade imprevista e urgente, reconhecida pelo juiz, suspender o uso e gozo da coisa emprestada, antes de findo o prazo convencional ou o que se determine pelo uso outorgado;

d) o comodatário é obrigado a conservar, como se sua própria fosse, a coisa emprestada, não podendo usá-la senão de acordo com o contrato ou a natureza dela, sob pena de responder por perdas e danos. O comodatário constituído em mora, além de por ela responder, pagará, até restituí-la, o aluguel da coisa que for arbitrado pelo comodante;

e) se, correndo risco o objeto do comodato juntamente com outros do comodatário, antepuser este a salvação dos seus abandonando o do comodante, responderá pelo dano ocorrido, ainda que se possa atribuir a caso fortuito ou força maior;

f) o comodatário não poderá jamais recobrar do comodante as despesas feitas com uso e gozo da coisa emprestada;

g) se duas ou mais pessoas forem simultaneamente comodatárias de uma coisa, ficarão solidariamente responsáveis para com o comodante.

A prática mercantil tornou muito informal o contrato de comodato, transformando-o em mero ato de emissão de documento fiscal para atendimento da legislação tributária.

Isso, muitas vezes, leva ambos – comodante e comodatário – a não se acercar das garantias que lhes são outorgadas por lei.

Na maioria das vezes, o documento fiscal que regulariza a operação de comodato do ponto de vista da legislação tributária não traz em seu contexto qualquer cláusula ou condição capaz, ao menos, de induzir à existência de um contrato.

Portanto, é de todo recomendável para as partes elaborar documento próprio, consubstanciado no contrato de comodato, independentemente do documento fiscal emitido, a fim de regular as relações entre comodatário e comodante.

2. IMPOSTO DE RENDA

De acordo com o Parecer Normativo CST nº 19/1984, são dedutíveis, na determinação do lucro real do comodante, os encargos de depreciação de bens do Ativo Imobilizado cedidos em comodato a revendedores de produtos da cedente, desde que o empréstimo seja usual e necessário ao tipo de operações, transações ou atividades da comodante e que os referidos bens estejam relacionados com a espécie de atividade por ela exercida.

Pode-se inferir dessa manifestação do Fisco que, se uma empresa emprestar a outra uma máquina a fim de suprir, temporariamente, uma insuficiência de equipamentos, ficará caracterizado ato de liberalidade, o que impedirá a dedução dos respectivos encargos de depreciação.

Registramos, também, que somente pode ser deduzida na apuração do lucro real e na determinação da base de cálculo da Contribuição Social sobre o Lucro a depreciação de bens intrinsecamente relacionados com a produção ou a comercialização de bens e serviços, de acordo com o art. 465 do RIR/2018.

3. REGISTRO CONTÁBIL

As contas de compensação constituem sistema próprio. Nelas são registrados os atos relevantes cujos efeitos possam traduzir-se em modificações no patrimônio da entidade.

A empresa que não adotar sistema de contas de compensação deverá manter, ao menos, controle extra contábil do comodato por meio da Ficha de Controle de Bens do Ativo Imobilizado e da respectiva documentação do empréstimo (nota fiscal de remessa e contrato de comodato, se existente).

4. EXEMPLO PRÁTICO

No Comodante

Admita-se que a empresa WM Ltda. cede em comodato um *freezer* para a lanchonete ERG Ltda., com valor simbólico de R$ 1.000,00.

Outros dados importantes para o exemplo:
- Aluguel de   R$ 80,00
- Depreciação de   R$ 8,33
- Despesa de manutenção   R$ 30,00

I – Pela remessa do bem cedido em comodato:

CONTAS CONTÁBEIS	DÉBITO – R$	CRÉDITO – R$
Bens Cedidos em Comodato (Contas de Compensação)	1.000,00	
Remessa de Bens em Comodato (Contas de Compensação)		1.000,00

II – Pela depreciação do bem:

CONTAS CONTÁBEIS	DÉBITO – R$	CRÉDITO – R$
Encargos de Depreciação (Contas de Resultado)	8,33	
Depreciação Acumulada (Redutora do Ativo Não Circulante – Imobilizado)		8,33

III – Pelo reembolso de despesa com manutenção do bem emprestado:

CONTAS CONTÁBEIS	DÉBITO – R$	CRÉDITO – R$
Caixa ou Bancos (Ativo Circulante)	30,00	
Recuperação de Despesa Operacional – Reembolso de Despesa (Conta de Resultado)		30,00

IV – Pela cobrança de aluguel pelo atraso na restituição do bem:

CONTAS CONTÁBEIS	DÉBITO – R$	CRÉDITO – R$
Caixa ou Bancos (Ativo Circulante)	80,00	
Receita de Aluguel (Conta de Resultado)		80,00

V – Pelo recebimento do bem cedido em comodato:

CONTAS CONTÁBEIS	DÉBITO – R$	CRÉDITO – R$
Remessa de Bens em Comodato (Contas de Compensação)	1.000,00	
Receita de Aluguel (Conta de Resultado)		1.000,00

No Comodatário

Considerando os mesmos dados, vamos agora efetuar os lançamentos no comodatário.

I – Pelo bem recebido em comodato:

CONTAS CONTÁBEIS	DÉBITO – R$	CRÉDITO – R$
Entrada de Bens em Comodato (Contas de Compensação)	1.000,00	
Bens Recebidos em Comodato (Contas de Compensação)		1.000,00

II – Pelo reembolso de despesa com manutenção do bem emprestado:

CONTAS CONTÁBEIS	DÉBITO – R$	CRÉDITO – R$
Despesa com Manutenção de Bem Emprestado (Conta de Resultado)	30,00	
Caixa ou Bancos (Ativo Circulante)		30,00

III – Pelo pagamento de aluguel pelo atraso na restituição do bem:

CONTAS CONTÁBEIS	DÉBITO – R$	CRÉDITO – R$
Aluguéis (Conta de Resultado)	80,00	
Caixa ou Bancos (Ativo Circulante)		80,00

IV – Pela devolução do bem recebido em comodato:

CONTAS CONTÁBEIS	DÉBITO – R$	CRÉDITO – R$
Bens Recebidos em Comodato (Contas de Compensação)	1.000,00	
Entrada de Bens em Comodato (Contas de Compensação)		1.000,00

COMPENSAÇÃO DO PIS/PASEP, DA COFINS E DA CSL RETIDAS NA FONTE

1. INTRODUÇÃO

As contribuições para o PIS/Pasep, para a Cofins e para a CSL retidas na fonte, são passíveis de compensação com as contribuições devidas apuradas mensalmente ou trimestralmente, de acordo com a legislação vigente.

2. CONTRIBUIÇÕES SOCIAIS

Estão sujeitos à retenção na fonte da CSL, da contribuição para PIS/Pasep e da Cofins os pagamentos efetuados, bem como os pagamentos antecipados por conta de prestação de serviços para entrega futura, pelas pessoas jurídicas a outras pessoas jurídicas de direito privado, pela prestação de serviços de limpeza, conservação, manutenção, segurança, vigilância, transporte de valores e locação de mão de obra, pela prestação de serviços de assessoria creditícia, mercadológica, gestão de crédito, seleção e riscos, administração de contas a pagar e a receber, bem como pela remuneração de serviços profissionais.

Os valores retidos na fonte a título da contribuição para o PIS/Pasep e da Cofins, quando não for possível sua dedução dos valores a pagar das respectivas contribuições no mês de apuração, poderão ser restituídos ou compensados com débitos relativos a outros tributos administrados pela Secretaria da Receita Federal do Brasil (RFB).

3. REGISTRO CONTÁBIL

A compensação da Cofins e da contribuição para o PIS/Pasep retidos na fonte deve ser feita baixando-se os valores compensáveis registrados no Ativo Circulante contra as contas "Cofins a Recolher" e "PIS/Pasep a Recolher", no Passivo Circulante, permanecendo nestas últimas o saldo que corresponder aos valores devidos apurados no mês, líquidos da compensação.

Na remota hipótese de os valores devidos no mês serem inferiores aos valores compensáveis, os saldos das contas "PIS/Pasep a Recolher" e "Cofins a Recolher", no Passivo Circulante, serão absorvidos pelas respectivas contas "PIS/Pasep Retido na Fonte a Compensar" e "Cofins Retida na Fonte a Compensar", remanescendo nessas contas os saldos a compensar nos meses seguintes.

A compensação da CSL deve, por sua vez, ser feita da seguinte maneira:

a) caso a pessoa jurídica não provisione as parcelas de estimativa devidas mensalmente, a compensação dar-se-á mediante transferência do saldo da conta "CSL Retida na Fonte a Compensar" para a conta "CSL Paga por Estimativa", ambas no Ativo Circulante; e

b) na hipótese de a pessoa jurídica provisionar as parcelas de estimativa mensalmente, o registro da compensação será efetuado transferindo-se o saldo da conta "CSL Retida na Fonte a Compensar" para a conta "CSL Devida por Estimativa", no Passivo Circulante.

Admita-se que a prestadora dos serviços é optante pela estimativa mensal do IRPJ e da CSL e não tenha sofrido outras retenções no mês e que, nesse mês, tivesse apurado os seguintes valores devidos relativamente à CSL, à Cofins e ao PIS/Pasep:

- CSL devida por estimativa   R$ 1.000,00
- Cofins   R$ 1.500,00
- PIS/Pasep   R$ 800,00

I – Pelo registro da compensação do PIS/Pasep retida na fonte:

CONTAS CONTÁBEIS	DÉBITO – R$	CRÉDITO – R$
PIS/Pasep a Recolher (Passivo Circulante)	65,00	
PIS/Pasep Retido a Compensar (Passivo Circulante)		65,00

II – Pelo registro do pagamento do PIS/Pasep devida no mês:

CONTAS CONTÁBEIS	DÉBITO – R$	CRÉDITO – R$
PIS/Pasep a Recolher (Passivo Circulante)	735,00	
Caixa ou Bancos (Ativo Circulante)		735,00

III – Pelo registro da compensação da Cofins retida na fonte:

CONTAS CONTÁBEIS	DÉBITO – R$	CRÉDITO – R$
Cofins a Recolher (Passivo Circulante)	300,00	
Cofins Retido a Compensar (Passivo Circulante)		300,00

IV – Pelo registro do pagamento da Cofins devida no mês:

CONTAS CONTÁBEIS	DÉBITO – R$	CRÉDITO – R$
Cofins a Recolher (Passivo Circulante)	1.200,00	
Caixa ou Bancos (Ativo Circulante)		1.200,00

V – Pelo registro da compensação da CSL retida:

CONTAS CONTÁBEIS	DÉBITO – R$	CRÉDITO – R$
CSL Paga por Estimativa (Passivo Circulante)	100,00	
CSL Retida a Compensar (Ativo Circulante)		100,00

VI – Pelo registro do pagamento da CSL devida por estimativa no mês:

CONTAS CONTÁBEIS	DÉBITO – R$	CRÉDITO – R$
CSL Paga por Estimativa (Passivo Circulante)	900,00	
Caixa ou Bancos (Ativo Circulante)		900,00

COMPRA DE MATÉRIA-PRIMA

1. INTRODUÇÃO

Os estoques representam um dos itens mais importantes dentro das demonstrações contábeis, sobretudo para as empresas comerciais e industriais.

Dessa forma, as aquisições de matéria-prima são consideradas como insumos aplicados na produção da pessoa jurídica.

2. IMPOSTO DE RENDA

O custo das mercadorias revendidas e das matérias-primas utilizadas será determinado com base em registro permanente de estoque ou no valor dos estoques existentes, de acordo com o livro Registro de Inventário, no final do período de apuração.

O custo de aquisição de matérias-primas e quaisquer outros bens ou serviços aplicados ou consumidos na produção, compreende-se custo de produção dos bens e serviços vendidos.

3. REGISTRO CONTÁBIL

Quando da aquisição de matérias-primas, o lançamento será em conta de Estoque em contrapartida à conta fornecedores e os impostos recuperáveis em conta do ativo circulante.

O lançamento em conta de Estoques pressupõe a manutenção, pela empresa, de registro permanente de estoques. Se inexistir tal controle, será debitada uma conta transitória de "Compras de Matérias-Primas" ou título semelhante.

4. EXEMPLO PRÁTICO

Admita-se a compra de matéria-prima a prazo cujos dados constantes da nota fiscal são:

Valor da matéria-prima (com ICMS incluso)	R$ 100.000,00
Valor do IPI (100.000,00 x 10%)	R$ 10.000,00
Valor Total	R$ 110.000,00

Cálculo do ICMS: R$ 100.000,00 x 18% = R$ 18.000,00:

I – Pelo registro da compra da matéria-prima:

CONTAS CONTÁBEIS	DÉBITO – R$	CRÉDITO – R$
Estoque (Ativo Circulante)	82.000,00	
ICMS a Recuperar (Ativo Circulante)	18.000,00	
IPI a Recuperar (Ativo Circulante)	10.000,00	
Fornecedores (Passivo Circulante)		100.000,00

CONSIGNAÇÃO MERCANTIL

1. INTRODUÇÃO

Abordaremos o tratamento contábil aplicável às operações de consignação mercantil, tanto na empresa consignante quanto na consignatária.

Vamos conceituar consignação em sendo que:
 a) consignação mercantil é a operação na qual o consignante envia ao consignatário mercadorias para que as negocie, normalmente, por conta própria e em seu próprio nome;
 b) consignante é aquele que envia ou confia mercadorias a alguém para que as negocie; e
 c) consignatário é aquele que recebe mercadorias de alguém para que as negocie.

2. IMPOSTO DE RENDA

A legislação do Imposto de Renda e da Contribuição Social não dá tratamento específico para as operações de consignações, o que deve ser observado e o momento da venda da mercadoria ou produto para fins de apropriação como receita bruta de vendas no caso do consignante e da aquisição para o consignatário.

3. REGISTRO CONTÁBIL

Como no momento em que se realiza a consignação mercantil não há a transferência da propriedade, mas apenas da posse das mercadorias, a forma mais adequada de registrá-la (tanto na consignante quanto na consignatária) é por meio de contas de compensação. Entretanto, essas operações não envolvem apenas o valor das mercadorias.

Ocorrendo a saída das mercadorias, haverá, na empresa consignante, a incidência do ICMS e do IPI, este último somente quando se tratar de produtos fabricados pela própria empresa ou, ainda, no caso de esta ser equiparada a estabelecimento industrial pela legislação pertinente, e desde que as mercadorias e/ou produtos objeto de consignação estejam sujeitos a essa tributação.

Na empresa consignatária, haverá o correspondente crédito fiscal dos referidos impostos, se for o caso.

Assim, a operação de consignação mercantil (ou seja, a remessa ou o recebimento da mercadoria) propriamente é registrada em contas de compensação, mas os impostos incidentes são registrados, de imediato, em contas patrimoniais.

4. EXEMPLO PRÁTICO

Para exemplificarmos o registro contábil da operação de consignação mercantil, consideremos a ocorrência dos fatos a seguir.

Assinatura do contrato

Admita-se que, em um contrato de consignação mercantil firmado em 1º.04.20X2, conste que a consignante faturará contra a consignatária na data em que ocorrer a venda e que as mercadorias que porventura não forem vendidas serão devolvidas até o final da quinzena (15.04.20X2).

> **Nota**
> Para efeitos práticos, vamos admitir que as operações que se seguem tenham ocorrido dentro do próprio Estado, e que a alíquota do ICMS seja de 18%, e a do IPI de 10%.

Remessa em consignação

Em 1º.04.20X2, a empresa "WM Industrial Ltda." (consignante) remete à empresa "AMA Comercial Ltda." (consignatária), a título de consignação, 9 unidades do produto "X" (de sua fabricação).

Na nota fiscal de remessa, constam os seguintes dados:

- Valor da remessa   R$ 9.000,00
- ICMS destacado (R$ 9.000,00 x 18%)   R$ 1.620,00
- IPI (R$ 9.000,00 x 10%)   R$ 900,00
- Valor total da nota fiscal de remessa
  (R$ 9.000,00 + R$ 900,00)   R$ 9.900,00

Venda parcial dos produtos

Em 11.04.20X2, por ocasião da venda pela consignatária de 6 unidades do produto "X", a consignante emite nota fiscal de simples faturamento, sem destaque dos impostos, acompanhada da correspondente duplicata, no valor de R$ 6.600,00.

Retorno das mercadorias não vendidas

Em 15.04.20X2, como não ocorreu a venda das 3 unidades restantes, a consignatária emite nota fiscal de retorno devolvendo-as à consignante. Da nota fiscal, constam os seguintes dados:

- Valor de retorno das mercadorias em consignação   R$3.000,00
- ICMS destacado (R$ 3.000,00 x 18%)   R$540,00
- IPI (R$ 3.000,00 x 10%)   R$300,00
- Valor total da nota fiscal de remessa (R$ 3.000,00 + R$ 300,00)   R$3.300,00

Nota
Observe-se que nesta operação ocorre a "saída" física da mercadoria, motivo pelo qual é necessário o destaque dos impostos incidentes (ICMS e IPI).

A) Registros na consignante

Com base nos dados apresentados, o registro contábil das operações de consignação mercantil, na consignante, pode ser feito da seguinte forma, iniciando pela remessa dos produtos em consignação:

I – Pela remessa em consignação de 9 unidades:

CONTAS CONTÁBEIS	DÉBITO – R$	CRÉDITO – R$
Produtos Remetidos em Consignação (Contas de Compensação)	9.900,00	
Remessa de Produtos em Consignação (Contas de Compensação)		9.900,00

> **Nota**
> O registro contábil é feito pelo valor total da nota fiscal de remessa de mercadorias em consignação (inclusive IPI) para que as contas de compensação apresentem o valor total da operação.

II – Pelo ICMS na consignação:

CONTAS CONTÁBEIS	DÉBITO – R$	CRÉDITO – R$
ICMS nas Consignações Mercantis (Ativo Circulante)	1.620,00	
ICMS a Recolher (Passivo Circulante)		1.620,00

> **Nota**
> A conta "ICMS nas Consignações Mercantis", apesar de classificada no Ativo Circulante, tem características de conta transitória, aguardando simplesmente a conclusão da operação (venda ou retorno das mercadorias em consignação) para ser encerrada.

III – Pelo IPI na consignação:

CONTAS CONTÁBEIS	DÉBITO – R$	CRÉDITO – R$
IPI nas Consignações Mercantis (Ativo Circulante)	900,00	
IPI a Recolher (Passivo Circulante)		900,00

> **Nota**
> A conta "IPI nas Consignações Mercantis", apesar de classificada no Ativo Circulante, tem características de conta transitória, aguardando simplesmente a conclusão da operação (venda ou retorno das mercadorias em consignação) para ser encerrada.

IV – Pela baixa nas contas de compensação de 6 unidades:

CONTAS CONTÁBEIS	DÉBITO – R$	CRÉDITO – R$
Remessa de Produtos em Consignação (Contas de Compensação)	6.600,00	
Produtos Remetidos em Consignação (Contas de Compensação)		6.600,00

V – Pelo registro da venda e da compensação do IPI:

CONTAS CONTÁBEIS	DÉBITO – R$	CRÉDITO – R$
Clientes (Ativo Circulante)	6.600,00	
Receita de Vendas (Conta de Resultado)		6.000,00
IPI nas Consignações Mercantis (Ativo Circulante)		600,00

VI – Pela compensação do ICMS:

CONTAS CONTÁBEIS	DÉBITO – R$	CRÉDITO – R$
ICMS (Conta de Resultado)	1.080,00	
ICMS mas Consignações Mercantis (Ativo Circulante)		1.080,00

VII – Pelo registro do retorno dos produtos (3 unidades):

CONTAS CONTÁBEIS	DÉBITO – R$	CRÉDITO – R$
Remessa de Produtos em Consignação (Contas de Compensação)	3.300,00	
Produtos Remetidos em Consignação (Contas de Compensação)		3.300,00

VIII – Pelo ICMS sobre o retorno dos produtos:

CONTAS CONTÁBEIS	DÉBITO – R$	CRÉDITO – R$
ICMS a Recolher (Passivo Circulante)	540,00	
ICMS nas Consignações Mercantis (Ativo Circulante)		540,00

IX – Pelo IPI sobre o retorno dos produtos:

CONTAS CONTÁBEIS	DÉBITO – R$	CRÉDITO – R$
IPI a Recolher (Passivo Circulante)	300,00	
IPI nas Consignações Mercantis (Ativo Circulante)		300,00

B) **Registros na consignatária**

Exemplificaremos agora o registro contábil das operações de consignação de mercadorias na consignatária, também com base nos dados constantes do tópico 3, considerando que a consignatária não é empresa industrial ou equiparada, o que significa que não pode creditar-se do IPI lançado nas notas fiscais. Assim, o IPI será incorporado ao custo das mercadorias se e quando estas forem efetivamente adquiridas.

Iniciamos pelo recebimento das mercadorias em consignação:

I – Pelo recebimento em consignação de 9 unidades:

CONTAS CONTÁBEIS	DÉBITO – R$	CRÉDITO – R$
Entrada de Mercadorias em Consignação (Contas de Compensação)	9.900,00	
Mercadorias Recebidas em Consignação (Contas de Compensação)		9.900,00

II – Pelo ICMS sobre o retorno dos produtos:

CONTAS CONTÁBEIS	DÉBITO – R$	CRÉDITO – R$
ICMS a Recuperar (Ativo Circulante)	1.620,00	
ICMS nas Consignações Mercantis (Passivo Circulante)		1.620,00

Nota
A conta "ICMS nas Consignações Mercantis", apesar de classificada no Passivo Circulante, tem características de "conta transitória", aguardando simplesmente a conclusão da operação (compra ou retorno das mercadorias em consignação) para ser encerrada.

III – Pela aquisição em contas de compensação da aquisição parcial dos produtos consignados:

CONTAS CONTÁBEIS	DÉBITO – R$	CRÉDITO – R$
Mercadorias Recebidas em Consignação (Contas de Compensação)	6.600,00	
Entrada de Mercadorias em Consignação (Contas de Compensação)		6.600,00

IV – Pela aquisição em contas de compensação da aquisição parcial dos produtos consignados:

CONTAS CONTÁBEIS	DÉBITO – R$	CRÉDITO – R$
Estoque (Ativo Circulante)	5.520,00	
ICMS nas Consignações Mercantis (Passivo Circulante)	1.080,00	
Fornecedores (Passivo Circulante)		6.600,00

V – Pelo retorno das mercadorias consignadas:

CONTAS CONTÁBEIS	DÉBITO – R$	CRÉDITO – R$
Mercadorias Recebidas em Consignação (Contas de Compensação)	3.300,00	
Entrada de Mercadorias em Consignação (Contas de Compensação)		3.300,00

VI – Pelo ICMS sobre o retorno dos produtos consignados:

CONTAS CONTÁBEIS	DÉBITO – R$	CRÉDITO – R$
ICMS nas Consignações Mercantis (Passivo Circulante)	540,00	
ICMS a Recuperar (Ativo Circulante)		540,00

CONSÓRCIO DE BENS

1. INTRODUÇÃO

Na prática, quando uma empresa decide participar de um grupo de consórcio, normalmente tem em mente adquirir bens para seu próprio uso, classificáveis, portanto, no Ativo Não Circulante, no subgrupo do Imobilizado.

2. IMPOSTO DE RENDA

O Parecer Normativo CST nº 1/1983, dispõe que:

a) os desembolsos ocorridos antes do recebimento do bem devem ser classificados em conta do Ativo Imobilizado, ou, se for o caso, a critério da pessoa jurídica, no Ativo Circulante ou no Realizável a Longo Prazo;

b) por ocasião do recebimento do bem, procede-se da seguinte forma:

   b.1) em primeiro lugar, registra-se o bem em conta específica e definitiva do Ativo, pelo valor constante da nota fiscal pela qual foi faturado, tendo como contrapartida:

   b.1.1) a conta do Ativo que registrou os pagamentos antecipados, pelo saldo dessa conta; e

   b.1.2) a conta do Passivo que vai registrar o saldo devedor, pela diferença entre o valor da nota fiscal e o saldo da conta do ativo;

   b.2) em seguida, ajusta-se o valor lançado na conta do Passivo, pela diferença verificada no confronto com o valor efetivo das prestações vincendas, tendo como contrapartida a conta de resultado "Variações Monetárias Ativas ou Passivas", conforme o caso;

c) as variações que vierem a ocorrer no saldo devedor no futuro, decorrentes de modificação no valor das prestações, serão refletidas na conta do Passivo que registra a obrigação, em contrapartida à conta de resultado "Variações Monetárias Ativas ou Passivas", conforme o caso.

3. REGISTRO CONTÁBIL

Tecnicamente, os recursos aplicados para obtenção de bens destinados ao Ativo Imobilizado devem ser registrados em conta própria do imobilizado, ainda que esses recursos sejam despendidos antes da incorporação do bem ao patrimônio da empresa, como é o caso, por exemplo, dos pagamentos feitos a consórcio antes da contemplação.

Além de normalmente existirem restrições à negociação de bens adquiridos por intermédio de consórcio (alienação fiduciária, por exemplo), como forma de garantir o pagamento das prestações vincendas, é difícil imaginar uma empresa que compre bens para negociação, contando com a sorte. Entretanto, se, por absoluta exceção, uma empresa estiver adquirindo, por meio de consórcio, bens destinados ao giro de seus negócios e não existindo nenhuma cláusula restritiva à sua alienação, caberá a tal hipótese a classificação fora do Ativo Não Circulante.

Tratando-se de bem destinado ao Ativo Imobilizado, os pagamentos feitos ao consórcio antes do seu recebimento (inclusive lance, quando for o caso) devem ser registrados em conta transitória desse subgrupo, similarmente ao registro de valores despendidos em "Obras em Andamento", "Importação em Andamento" ou "Imobilizado em Construção".

Restituição do fundo de reserva

Ao término das operações de cada grupo de consórcio, o saldo remanescente no fundo de reserva deverá ser restituído aos consorciados.

Se houvesse certeza quanto à restituição das parcelas cobradas para integrar o fundo de reserva, não existiria nenhuma dúvida de que esses valores deveriam ser contabilizados como créditos a receber, em conta do subgrupo Realizável a Longo Prazo, no Ativo Não Circulante.

Entretanto, parte substancial do fundo de reserva acaba sendo consumida para cobertura de saldos de caixa, em decorrência de aumento do preço do bem e/ou de eventual insuficiência de receita para compra de bem a entregar, por inadimplência de consorciados.

Por esse motivo, a nosso ver, é aceitável considerar como integrantes do custo as parcelas destinadas ao fundo de reserva, pagas antes do recebimento do bem, assim como aquelas embutidas nas parcelas vincendas, contabilizadas por ocasião do recebimento do bem, conforme mostrado em nosso exemplo.

Havendo restituição do fundo de reserva no encerramento das operações do grupo, como contabilizar o valor recebido pelo consorciado? Tecnicamente, o mais correto seria tratar o valor recebido como ajuste do custo do bem. Todavia, como normalmente se trata de um valor inexpressivo, é aceitável que o valor recebido seja registrado como crédito em conta de resultado.

4. EXEMPLO PRÁTICO

Admita-se que uma empresa se inscreveu em um consórcio para aquisição de um veículo, considerando as seguintes características:

- Número de consorciados: 50
- Prazo: 50 meses
- Início: outubro/20X1
- Valor inicial da prestação: R$ 639,50
- Data de vencimento das prestações: último dia útil de cada mês

Valores pagos antes do recebimento do bem:

- De outubro/20X1 a julho/20X2, parcelas mensais de   R$ 639,50
- Total pago (R$ 639,50 x 10)   R$ 6.395,00

I – Pelo pagamento das quotas de consórcio mensalmente:

CONTAS CONTÁBEIS	DÉBITO – R$	CRÉDITO – R$
Quota de Consórcio de Bens (Ativo Não Circulante – Imobilizado)	639,50	
Caixa ou Bancos (Ativo Circulante)		639,50

Recebimento do bem

Admita-se que a empresa consorciada seja contemplada por sorteio em 15.07.20X2 e receba o veículo em 31.07.20X2, quando restarão a pagar 40 prestações de R$ 639,50, o valor do bem a ativar, de acordo com o procedimento tecnicamente adequado, será a soma dos seguintes valores:

- Prestações pagas   R$ 6.395,00
- Dívida assumida: 40 prestações de R$ 639,50   R$ 25.580,00
- Soma   R$ 31.975,00

Admita-se que o valor da prestação do consórcio no dia do recebimento do bem, de R$ 639,50, seja assim composto:
- Contribuição ao fundo para aquisição do bem   R$ 570,98
- Taxa de administração: 10% s/R$ 570,98   R$ 57,10
- Fundo de reserva: 2% s/R$ 570,98   R$ 11,42
- Valor total da prestação   R$ 639,50

Faturamento do Bem com Emissão da Nota Fiscal:
- Bem faturado no valor de (50 x R$ 570,98)   R$ 28.549,12
- ICMS (R$ 28.549,00 x 12%)   R$ 3.425,88

I – Pelo recebimento do bem:

CONTAS CONTÁBEIS	DÉBITO – R$	CRÉDITO – R$
Veículos (Ativo Não circulante – Imobilizado)	28.549,12	
ICMS a Recuperar (Ativo Circulante)	3.425,88	
Quota de Consórcio (Ativo Não circulante – Imobilizado)		6.395,00
Consórcio de Bens a Pagar (Passivo Circulante)		10.871,50
Consórcio de Bens a Pagar (Passivo Não Circulante)		14.708,50

Registros após o recebimento do bem

Admita-se que em agosto/20X2 o valor da parcela venha a ser elevado para R$ 700,00, teremos:
- valor atualizado da dívida de curto prazo
  (17 x R$ 700,00)   R$ 11.900,00
- valor contabilizado   R$ 10.871,50
- atualização monetária a contabilizar   R$ 1.028,50
- valor atualizado da dívida de longo prazo
  (23 parcelas)   R$ 16.100,00
- valor contabilizado   R$ 14.708,50
- atualização monetária a contabilizar   R$ 1.391,50

I – Pela atualização das quotas:

CONTAS CONTÁBEIS	DÉBITO – R$	CRÉDITO – R$
Variações Monetárias Passivas (Conta de Resultado)	2.420,00	
Consórcio de Bens a Pagar (Passivo Circulante)		1.028,50
Consórcio de Bens a Pagar (Passivo Não Circulante)		1.391,50

Nota
No balanço de 31.12.20X2, o valor das parcelas a vencer em 20X3 figurará no Passivo Circulante, e as demais, a vencer entre 20X4 e 20X5, no Passivo Não Circulante.

Pagamento das prestações

I – Pelo pagamento das quotas em 08/20X2:

CONTAS CONTÁBEIS	DÉBITO – R$	CRÉDITO – R$
Consórcio de Bens a Pagar (Passivo Circulante)	700,00	
Caixa ou Bancos (Ativo Circulante)		700,00

Registro contábil de acordo com o Parecer Normativo CST nº 1/1983

No recebimento do bem, a classificação alternativa admitida pelo Fisco (fora do Ativo Imobilizado) não provocaria nenhuma divergência de valor e já era assim mesmo na vigência da correção monetária do balanço (até 31.12.1995), porque, mesmo classificado no Ativo Circulante ou no Realizável a Longo Prazo, o valor das parcelas ficaria sujeito à correção monetária.

O valor da nota fiscal, que o PN CST nº 1/1983 elege como base para o registro do custo do bem, corresponde ao preço do veículo na data do faturamento, não incluindo, portanto, a taxa de administração nem a contribuição para o fundo de reserva.

O valor da nota fiscal é de R$ 28.549,00, assim, os lançamentos contábeis, por ocasião do recebimento do bem, de acordo com o PN CST nº 1/1983, seriam:

Pelo registro do bem na conta definitiva:
- valor a ser registrado no Ativo Imobilizado   R$ 25.123,12
- ICMS incidente sobre o veículo   R$ 3.425,88
- valor total da nota fiscal   R$ 28.549,00
- valor registrado no Ativo Imobilizado como pagamento antecipado   R$ 6.395,00
- diferença a ser registrada no Passivo   R$ 22.154,00

I – Pelo recebimento do bem:

CONTAS CONTÁBEIS	DÉBITO – R$	CRÉDITO – R$
Veículos (Ativo Imobilizado)	25.123,12	
ICMS as Recuperar (Ativo Circulante)	3.425,88	
Consórcio de Bens (Ativo Não circulante – Imobilizado)		6.395,00
Consórcio de Bens a Pagar (Passivo Circulante e Não Circulante)		22.154,00

Pelo complemento do Passivo
- valor total da dívida assumida (R$ 639,50 x 40)   R$ 25.580,00
- valor registrado no Passivo   R$ 22.154,00
- complemento a registrar   R$ 3.426,00

I – Pela atualização das quotas:

CONTAS CONTÁBEIS	DÉBITO – R$	CRÉDITO – R$
Variações Monetárias Passivas (Conta de Resultado)	3.426,00	
Consórcio de Bens a Pagar (Passivo Circulante e Não Circulante)		3.426,00

Posição Contábil *versus* PN CST nº 1/1983

A classificação dos pagamentos antecipados no Ativo Circulante ou no Realizável a Longo Prazo (Ativo Não Circulante), admitida pelo Parecer Normativo em questão, não é tecnicamente correta, porque, tratando-se de valores aplicados na aquisição de bens destinados ao Imobilizado, devem, de imediato, ser classificados nesse subgrupo do Ativo Não Circulante.

Mesmo na vigência da correção monetária do balanço (até 31.12.1995) não havia benefício em classificar os pagamentos antecipados fora do Ativo Imobilizado, porque em qualquer caso ficavam sujeitos à correção monetária.

O registro do bem pelo valor da nota fiscal, preconizado pelo Parecer Normativo CST nº 1/1983, também não é tecnicamente correto, porque o bem deve ser ativado pelo seu custo real de aquisição (valor das parcelas pagas + dívida assumida), em atendimento ao Princípio Contábil do Custo como Base de Valor.

São considerados como custo de aquisição todos os gastos relacionados com a aquisição do bem do Ativo Imobilizado e os necessários para colocá-lo em local e condições de uso no processo operacional da empresa (excetuados os juros e demais encargos financeiros de financiamentos e empréstimos levantados para a aquisição, que devem ser lançados como despesa financeira).

O valor da nota fiscal somente deve ser considerado quando representar essa realidade, o que não ocorre no caso, porque não incorpora a taxa de administração do consórcio, que é uma parcela integrante do custo de aquisição do bem. O próprio fundo de reserva, se consumido na recomposição do saldo de caixa do consórcio (o que normalmente ocorre, conforme comentado no item 5), acaba também tendo a natureza de parcela do custo.

Veja o que ocorreu em nosso exemplo: o custo efetivo do bem na data do seu recebimento (31.07.20X2) é de R$ 31.975,00, conforme já demonstrado no subitem 4.3. Todavia, o valor da nota fiscal, que segundo o PN CST nº 1/1983 serve de base para o registro do custo do bem, é de R$ 28.549,00.

A diferença entre os dois valores, de R$ 3.426,00 (R$ 31.975,00 − R$ 28.549,00), que, conforme o PN CST nº 1/1983, é registrada

como Variações Monetárias Passivas (Conta de Resultado), decorre do seguinte:
- falta de incorporação da taxa de administração
(10% x R$ 28.549,00)   R$ 2.854,90
- falta de incorporação do fundo de reserva
(2% x R$ 28.549,00)   R$ 570,98
- total (letra "a" mais a letra "b")   R$ 3.425,88

Valor da nota fiscal maior

Na hipótese exemplificada, a posição do PN CST nº 1/1983, embora tecnicamente inadequada, é mais atrativa às empresas, por permitir apropriar como despesa de variação monetária uma parcela do custo do bem.

Todavia, caso ocorra aumento do preço do bem, antes da sua contemplação, em percentual superior aos correspondentes à taxa de administração e de fundo de reserva, podemos ter situação inversa à demonstrada, na qual o valor da nota fiscal supere os valores registrados no Ativo Imobilizado somados ao montante da dívida assumida, incluídos a taxa de administração e o fundo de reserva.

Considerando a seguinte composição do valor da 50ª parcela seria:
- contribuição ao fundo para aquisição do bem   R$ 834,82
- taxa de administração (10% x R$ 834,82)   R$ 83,48
- fundo de reserva (2% x R$ 834,82)   R$ 16,70
- valor total da prestação   R$ 935,00

Sendo o consórcio de 50 meses, o valor do bem constante da nota fiscal será de:
- R$ 41.741,00 (R$ 834,82 x 50)
- ICMS incidente é de R$ 5.008,92 (12% de R$ 41.741,00)

Como o saldo da conta "Quota de Consórcio de Veículo" no Ativo Imobilizado será de R$ 38.665,00, conforme o total acumulado do quadro, terá o seguinte lançamento segundo o PN CST nº 1/1983:

I – Pela atualização das quotas:

CONTAS CONTÁBEIS	DÉBITO – R$	CRÉDITO – R$
Veículos (Ativo Imobilizado)	36.732,08	
ICMS a Recuperar (Ativo Circulante e Realizável a Longo Prazo)	5.008,92	
Quotas de Consórcio de Bem (Ativo Não circulante – Imobilizado)		38.665,00
Variações Monetárias Ativas (Conta de Resultado)		3.076,00

Nota
Nesse caso, esses R$ 3.076,00 reconhecidos como variação monetária ativa (receita) por ocasião do recebimento do bem não tem qualquer justificativa técnica.

CONSTITUIÇÃO DE EMPRESAS

1. INTRODUÇÃO

Por ocasião da constituição de uma empresa, tem-se como lançamento de abertura da escrita a subscrição do capital e, em seguida, a realização (integralização), total ou parcial, desse capital, pois não se pode admitir que a empresa comece a funcionar sem que ao menos parte do capital subscrito pelos seus participantes seja realizada.

A realização do capital subscrito pode se dar em dinheiro e/ou em bens suscetíveis de avaliação em dinheiro.

2. IMPOSTO DE RENDA

A integralização de capital por partes dos sócios, no ato da constituição da pessoa jurídica, não gera implicação fiscal de forma geral, exceto se houver alguma particularidade que deverá ser analisada de caso para caso.

3. REGISTRO CONTÁBIL

Quando da constituição de pessoa jurídica, o montante do investimento efetuado pelos sócios será lançado em conta de capital social subscrito em conta do patrimônio líquido em contrapartida à conta do ativo.

4. EXEMPLO PRÁTICO

Admita-se que duas pessoas físicas denominadas "E" e "W", resolvam constituir uma sociedade limitada, com o capital social de R$ 1.600.000,00, subscrevendo cada uma 50% do capital e integralizando-o da seguinte forma:

- o sócio "E" integralizou de sua parte R$ 400.000,00, no ato, mediante entrega de cheque de sua emissão contra o "Banco X S.A." (compensado no mesmo dia) e os restantes R$ 200.000,00 comprometeu-se a realizar no prazo de 60 dias;
- o sócio "W" integralizou a sua parte mediante incorporação à sociedade de um imóvel de sua propriedade, avaliado conforme laudo pericial em R$ 800.000,00, com destaque para as seguintes parcelas: R$ 320.000,00 para o terreno e R$ 480.000,00 para as edificações.

Pela subscrição do Capital Social de R$ 1.600.000,00, dividido em 1.600.000 quotas de R$ 1,00 cada uma, conforme contrato social arquivado na Junta Comercial, cabendo 800.000 quotas ao Sócio "E" e 800.000 quotas ao Sócio "W".

I – Pela subscrição do capital a prazo:

CONTAS CONTÁBEIS	DÉBITO – R$	CRÉDITO – R$
Capital Social a Integralizar (Patrimônio Líquido)	1.600.000,00	
Capital Social Subscrito (Patrimônio Líquido)		1.600.000,00

II – Pela subscrição do capital a vista:

CONTAS CONTÁBEIS	DÉBITO – R$	CRÉDITO – R$
Bancos (Ativo Circulante)	400.000,00	
Capital Social a Integralizar (Patrimônio Líquido) Integralização pelo Sócio "E"		400.000,00

III – Pela integralização em bens:

CONTAS CONTÁBEIS	DÉBITO – R$	CRÉDITO – R$
Terrenos (Ativo Não Circulante – Imobilizado)	320.000,00	
Edifícios (Ativo Não Circulante – Imobilizado)	480.000,00	
Capital Social a Integralizar (Patrimônio Líquido) Integralização pelo Sócio "W"		800.000,00

Demonstração da Posição Patrimonial da pessoa jurídica constituída com a integralização de capital

POSIÇÃO PATRIMONIAL DA SOCIEDADE		
ATIVO	EM REAIS – R$	EM REAIS – R$
Circulante		
Bancos		400.000,00
ATIVO NÃO CIRCULANTE		
Imobilizado Terreno Edifício	320.000,00 480.000,00	
Total		1.200.000,00

PASSIVO	EM REAIS – R$	EM REAIS – R$
PATRIMÔNIO LÍQUIDO		
Capital Social		
Capital Social Subscrito		1.600.000,00
(-) Capital Social a Integralizar		400.000,00
Total		1.200.000,00

CONSTRUÇÃO EM ANDAMENTO

1. INTRODUÇÃO

Classificam-se no Ativo Imobilizado as construções em andamento de bens que, quando concluídos, terão sua destinação voltada à manutenção das atividades da empresa.

Concluída a obra, os valores registrados nessa conta (normalmente denominada "Construções em Andamento") serão transferidos para a conta definitiva do Ativo Imobilizado.

Iniciada a utilização do bem, começara a serem reconhecidos os encargos de depreciação.

2. IMPOSTO DE RENDA

Os bens concluídos poderão ser depreciados, a partir do início de sua efetiva utilização, à taxa anual admitida pela legislação do Imposto de Renda.

Mas é importante observar que:

a) deve-se contabilizar o custo final da obra em conta separada daquela que registra o valor do terreno, porquanto este não é depreciável;

b) não cabe a depreciação enquanto a obra não estiver concluída, nem antes do início da utilização efetiva do bem já construído;

c) desde 1º.01.1996, na apuração do lucro real e da base de cálculo da Contribuição Social sobre o Lucro Líquido (CSL), a dedutibilidade da despesa de depreciação de bens (móveis e imóveis) está condicionada a que eles sejam intrinsecamente relacionados com a produção ou a comercialização dos bens e serviços.

No caso de empreendimento que envolva a construção de bens de naturezas diversas, a empresa deverá fazer a distribuição contábil dos acréscimos de maneira que permita, ao término da construção, a correta identificação de cada bem, com vistas a seu agrupamento em contas distintas, visando às taxas anuais de depreciação a eles aplicáveis (Parecer Normativo CST nº 2/1983, item 3.2).

Vale lembrar que as despesas com mão de obra empregada na construção de imóvel da empresa (Ativo Imobilizado) não constituem despesa operacional dedutível.

3. REGISTRO CONTÁBIL

Quando da construção de bens destinados ao ativo não circulante, subgrupo imobilizado, os gastos durante a obra serão lançados em conta que pode ser denominada de Construção em Andamento para após a sua conclusão ser transferida para conta definitiva dentro do imobilizado.

Na conta que registra a imobilização em andamento, serão lançados todos os gastos relativos à obra (materiais, mão de obra e respectivos encargos sociais etc.).

A construção em terreno locado (inclusive de sócios e diretores) configura benfeitoria em propriedade de terceiros, que tem tratamento contábil e fiscal específicos, sobretudo no que se refere à amortização dos gastos.

4. EXEMPLO PRÁTICO

Admita-se que uma empresa resolveu construir um edifício para alocar o seu refeitório no mês de outubro de 20X1.

I – Pelos gastos incorridos durante o mês da construção do edifício no mês 10/20X1:

CONTAS CONTÁBEIS	DÉBITO – R$	CRÉDITO – R$
Construção em Andamento (Ativo Não circulante – Imobilizado)	10.000,00	
Fornecedores (Passivo Circulante)		10.000,00

Nota
Para simplificar a demonstração, fizemos um único lançamento englobando todos os gastos incorridos no mês; mas é claro que, a cada gasto, sobrevirá um lançamento nos moldes deste.

Admita-se agora que no período de 1º a 15.12.20X1 (data de conclusão da obra), os gastos incorridos fossem de R$ 3.000,00, teríamos:

GASTOS	VALORES EM R$
Do período até 30.10.20X1	10.000,00
Do período de 1º a 15.10.20X1	3.000,00
Total	13.000,00

II – Pelos gastos incorridos durante o mês da construção do edifício no mês 11/20X1:

CONTAS CONTÁBEIS	DÉBITO – R$	CRÉDITO – R$
Construção em Andamento (Ativo Não circulante – Imobilizado)	3.000,00	
Fornecedores (Passivo Circulante)		3.000,00

III – Pela conclusão da obra:

CONTAS CONTÁBEIS	DÉBITO – R$	CRÉDITO – R$
Edifícios (Ativo Imobilizado)	13.000,00	
Construção em Andamento (Ativo Não circulante – Imobilizado)		13.000,00

CONTRATO DE CONCESSÃO DE SERVIÇO PÚBLICO

1. INTRODUÇÃO

O contrato de concessão de serviço público tem como objeto a transferência da gestão e execução de um serviço do poder público ao particular.

Neste contrato, o governo ou outro órgão do setor público (o concedente) contrata uma entidade privada (a concessionária) para desenvolver, aperfeiçoar, operar ou manter seus ativos de infraestrutura.

São regidos por meio de documentos formais que estabelecem níveis de desempenho, inclusive mecanismos de ajustes de preços e resolução de conflitos, base inicial de preços, por via arbitral. Tais contratos podem tomar diferentes formas no que diz respeito ao envolvimento das partes e também no tocante às formas iniciais de investimento e financiamento.

Trata-se de uma gestão indireta de um serviço público onde a concessionária, desempenhando uma função pública, deve respeitar as instruções da administração, para que o serviço público concessionado mantenha a sua natureza, embora seja gerido por uma entidade privada.

A exploração do serviço é temporariamente transferida para outra entidade, mas a sua titularidade e dos respectivos direitos continua a pertencer à entidade concedente, enquanto durar a concessão.

Transferida a exploração, a concessionária faz a gestão do serviço por sua conta através dos seus órgãos, sendo que o concedente fiscaliza essa gestão.

No Brasil, as concessões de serviços públicos e de obras públicas e as permissões de serviços públicos são reguladas de acordo com o artigo 175 da Constituição Federal, pela Lei nº 8.987/1995 e pela Interpretação Técnica ICPC 01 (R1) emitida pelo Comitê de Pronunciamentos Contábeis (CPC).

2. IMPOSTO DE RENDA

- Ativos Intangíveis:

No caso em que a concessionária reconhece como receita o direito de exploração recebido do poder concedente, o resultado decorrente desse reconhecimento deverá ser computado no lucro real e no resultado ajustado à medida que ocorrer a realização do respectivo ativo intangível, inclusive mediante amortização, alienação ou baixa (art. 167 da IN RFB nº 1.700/2017).

O resultado corresponderá à receita líquida diminuída dos respectivos custos diretos e indiretos incorridos na construção, recuperação, reforma, ampliação ou melhoramento da infraestrutura.

- Ativos Financeiros:

O lucro decorrente da receita reconhecida na fase de construção cuja contrapartida seja ativo financeiro representativo de direito contratual incondicional de receber caixa ou outro ativo financeiro poderá ser tributado à medida do efetivo recebimento (art. 168 da IN RFB nº 1.700/2017).

Entende-se como fase de execução de um contrato de concessão de serviços públicos em que a concessionária realiza serviços de construção, recuperação, reforma, ampliação ou melhoramento da infraestrutura de prestação dos serviços

Em cada período de apuração, o referido lucro será a receita líquida diminuída dos custos diretos e indiretos incorridos.

Para fins do diferimento, a concessionária deverá realizar os seguintes ajustes no e-Lalur e no e-Lacs:

I. exclusão do lucro, com registro do valor excluído na parte B; e

II. adição do lucro diferido na proporção dos recebimentos, e respectiva baixa na parte B.

O valor a ser adicionado será calculado pela aplicação da seguinte fórmula:

> VALOR A SER ADICIONADO = LD X (R/V), sendo:
>
> LD = total do lucro diferido na fase de construção;
>
> R = valor do(s) pagamento(s) contratado(s), recebido(s) no período de apuração;
>
> V = valor total contratado.

Os valores decorrentes do ajuste a valor presente, de que trata o inciso VIII do caput do art. 183 da Lei n° 6.404, de 1976, referentes aos ativos financeiros a receber decorrentes das receitas de serviços da fase de construção, serão tributados no mesmo período de apuração em que a receita ou resultado da operação deva ser oferecido à tributação (arts. 90 e 169 da IN RFB n° 1.700/2017). Neste caso, a concessionária deverá realizar os seguintes ajustes no e-Lalur e no e-Lacs:

I. exclusão da receita financeira relativa aos valores decorrentes do ajuste a vazlor presente apropriada no período, com registro do valor excluído na parte B;

II. adição de parte do total dos valores decorrentes do ajuste a valor presente, previsto para todo o contrato, na mesma proporção em que o lucro diferido for adicionado, e respectiva baixa na parte B.

A concessionária deverá manter controle específico capaz de demonstrar, em relação a cada contrato e a cada período de apuração, o lucro apurado e o cálculo das adições e exclusões realizadas na apuração do lucro real e do resultado ajustado (art. 170 da IN RFB n° 1.700/2017).

3. REGISTRO CONTÁBIL

A entidade concessionária reconhecerá um ativo intangível, um ativo financeiro ou ambos. O risco da demanda pelos serviços públicos é o fato determinante para a decisão de qual tipo de ativo a entidade concessionária deve reconhecer.

3.1. Ativo intangível

Se a entidade concessionária receber um direito de cobrar diretamente do usuário pelo uso do ativo do setor público que construir ou aperfeiçoar, e posteriormente operar e manter, por um período específico de tempo, o ativo deverá ser registrado no ativo intangível durante a vigência do contrato e será mensurado pelo valor justo.

Neste caso, a entidade concessionária arca com o risco da demanda, visto que seus fluxos de caixa são condicionados à utilização dos serviços prestados.

Como exemplo desse tipo de concessão temos a concessão de rodovias e a distribuição de energia elétrica, haja vista que a remuneração da concessionária é proveniente da utilização dos serviços pelos consumidores.

3.2. Ativo financeiro

Neste tipo de contrato a entidade concessionária obtém um direito contratual incondicional de receber um valor em dinheiro ou outro ativo financeiro do governo em troca da construção ou aperfeiçoamento do ativo no setor público, e posterior operação e manutenção do ativo por um período de tempo.

Neste caso, o concedente concede um direito à entidade concessionária de cobrar pelos serviços, mas também garante os fluxos de caixa da concessionária caso esta incorra em prejuízo na operação. Isto é, os fluxos de caixa da entidade concessionária estão garantidos quando o concedente concorda em pagar um valor especificado ou determinável, independentemente do serviço ser utilizado ou não.

De acordo com a Interpretação Técnica ICPC 01 (R1), o ativo financeiro, proveniente do direito incondicional de receber caixa ou outro ativo financeiro, deve ser reconhecido como:

   a) um empréstimo ou recebível;
   b) um ativo financeiro disponível para venda; ou
   c) ativo financeiro pelo valor justo por meio do resultado, caso sejam atendidas as condições para tal classificação no reconhecimento inicial.

Se o valor devido pelo concedente for contabilizado como empréstimo ou recebível ou ativo financeiro disponível para venda, o Pronunciamento Técnico CPC 48 exige que a parcela referente aos juros calculados com base no método de taxa efetiva de juros seja reconhecida no resultado.

3.3. Ativo intangível e ativo financeiro

Pode ocorrer ainda de ambas as partes, o concedente e a entidade concessionária, dividir o risco de que os fluxos de caixa gerados pela utilização dos serviços públicos pelos usuários não sejam suficientes para garantir o retorno sobre o investimento da entidade concessionária.

Neste caso, o concedente paga parte dos serviços da entidade concessionária (ativo financeiro) e, também concede um direito à concessionária de cobrar por esses serviços (ativo intangível).

Contabilmente, a empresa concessionária classificará parcialmente como ativos financeiros e ativos intangíveis.

4. EXEMPLO PRÁTICO

Vamos supor que o governo do Estado (o concedente) contrata a empresa WM (a concessionária) para construir e operar uma rodovia.

O concedente concede a empresa WM uma licença para cobrar os usuários.

Os termos do contrato de concessão estabelecem que:

a) a rodovia seja construída em quatro anos;

b) a empresa WM conduza as operações e mantenha a rodovia por um período de 20 anos.

Com base nestes termos, a empresa WM estima que os custos a serem incorridos para atender às obrigações serão de:

ATIVIDADES	$ (MILHÕES)
Serviços de construção (do ano 1 ao 4)	10.000 a cada ano
Serviços de operação (do ano 5 ao 20)	40 a cada ano

Com base nestes valores, vamos supor que os valores justos das importâncias recebíveis, pela empresa WM, sejam de:
- Serviços de construção = custo projetado mais 10%.
- Serviços de operação = custo projetado mais 20%.

Os termos do contrato concedem uma licença para a empresa WM cobrar um valor de pedágio dos usuários que utilizarem a rodovia. Dessa forma, a empresa WM arcará com os riscos da demanda pelos serviços, ou seja, se a rodovia não for utilizada, a empresa WM não irá auferir receita.

A empresa WM está projetando uma receita de R$ 48 milhões reais por ano, durante os anos 5 ao 20 (custo projetado de R$ 40 milhões + 20%), tendo em vista o número permanente de veículos que irão utilizar a rodovia ao longo do contrato de concessão.

Ressalta-se que as receitas e os custos são projetados, sendo que os valores reais podem diferir dos valores orçados. Dessa forma, os ajustes serão feitos ao longo do tempo.

No referido exemplo, a empresa WM possui dois tipos de receita: serviços de construção (ano 1 a 4) e os serviços de operação (ano 5 a 20). Seus fluxos de caixa serão provenientes dos pedágios a serem cobrados dos usuários da rodovia, tendo em vista que a empresa não será remunerada pelo órgão concedente por esses serviços.

Os fluxos de caixa de entrada da empresa WM ocorrerão a partir do quinto ano, após a construção da rodovia, sendo que a rodovia precisa estar construída e em operação para que se possa auferir a receita de pedágio.

Nos primeiros quatro anos, a empresa WM aufere uma receita proveniente da construção da rodovia (apesar de não ter entrada de caixa), utilizando como base o estágio de finalização de cada atividade (Pronunciamento Técnico CPC 47)

Com base nessas informações, a receita da construção e o custo da construção serão reconhecidos da seguinte forma, nos anos 1 ao 4:

I – registro da receita da construção (custo projetado + 10% por ano):

CONTAS CONTÁBEIS	DÉBITO – R$	CRÉDITO – R$
Concessões (Ativo Intangível)	11.000 milhões	
Receita de Serviços de Construção (Conta de Resultado)		11.000 milhões

II – registro do custo da construção, por ano:

CONTAS CONTÁBEIS	DÉBITO – R$	CRÉDITO – R$
Custo dos Serviços de Construção (Conta de Resultado)	10.000 milhões	
Caixa ou Bancos (Ativo Circulante)		10.000 milhões

Nota

Nos anos 1 ao 4, a empresa WM reconhece, no resultado do exercício, receitas de construção de R$ 11.000 milhões e os custos com a construção de R$ 10.000 milhões, o que gera um lucro bruto de R$ 1.000 milhão.

Continuando o nosso exemplo, as receitas de exploração dos direitos de concessão, provenientes da cobrança de pedágio dos usuários da rodovia, são reconhecidas na medida em que os valores são recebidos dos usuários.

De acordo com o valor projetado, a empresa WM reconhecerá durante o ano 5 ao 20, a receita de serviços no valor de R$ 48 milhões por ano.

Considerando que o pagamento do pedágio seja à vista, sugerimos o seguinte lançamento contábil:

III – registro da receita proveniente da cobrança de pedágio, por ano (custo projetado + 20%):

CONTAS CONTÁBEIS	DÉBITO – R$	CRÉDITO – R$
Caixa (Ativo Circulante)	48 milhões	
Receita de Serviços de Exploração (Conta de Resultado)		48 milhões

IV – registro do custo do serviço de operação, por ano:

CONTAS CONTÁBEIS	DÉBITO – R$	CRÉDITO – R$
Custo de Serviços de Exploração (Conta de Resultado)	40 milhões	
Caixa ou Banco (Ativo Circulante)		40 milhões

Nota

No ano 5 ao 20, a empresa WM reconhece, no resultado do exercício, receitas de operação de R$ 48 milhões e os custos de operação no valor de R$ 40 milhões, o que gera um lucro bruto de R$ 8 milhões por ano.

Pra finalizar o nosso exemplo, o valor registrado no ativo intangível (R$ 11.000 milhões x 4 anos = R$ 44.000 milhões), deve ser amortizado nos anos 5 ao 20, ou seja, deve ser amortizado durante 16 anos.

Utilizando a taxa linear, o valor da amortização do ativo intangível será de R$ 2.750 milhões reais ao ano.

Segue o lançamento contábil da amortização do ativo intangível:

CONTAS CONTÁBEIS	DÉBITO – R$	CRÉDITO – R$
Despesa de Amortização (Conta de Resultado)	2.750 milhões	
Amortização Acumulada (Ativo Intangível)		2.750 milhões

Nota

A despesa de amortização de R$ 2.750 milhões reais ao ano será confrontada com a receita proveniente da cobrança de pedágio dos usuários da rodovia de R$ 48 milhões reais por ano.

CONTRATOS DE LONGO PRAZO

1. INTRODUÇÃO

Apuração dos contratos de Longo Prazo segundo o CPC 17 – Contratos de Construção.

O Pronunciamento determina a forma de apuração dos custos e receitas a serem reconhecidas no resultado do período.

Esse pronunciamento técnico estipula dois métodos de apuração do custo:

    a) <u>Custo fixo</u> é um contrato de construção em que o contratante concorda com o preço pré-fixado ou com a taxa pré-fixada, por unidade concluída que, em alguns casos, estão sujeitos às cláusulas de custos escalonados.

    b) <u>Custo mais margem de lucro</u> é um contrato de construção em que o contratado é reembolsado por custos projetados e aprovados pelas partes – ou de outra forma definidos – acrescido de percentual sobre tais custos ou por remuneração pré-fixada.

A receita do contrato deve compreender:

    a) a quantia inicial da receita acordada no contrato; e

    b) as variações decorrentes de solicitações adicionais, as reclamações e os pagamentos de incentivos contratuais:

        b.1) na extensão em que for provável que venham a resultar em receita; e

        b.2 estejam em condições de serem confiavelmente mensurados.

Os custos do contrato devem compreender:

    a) os custos que se relacionem diretamente com um contrato específico;

    b) os custos que forem atribuíveis à atividade de contratos em geral e puderem ser alocados ao contrato; e

c) outros custos que forem diretamente debitáveis ao cliente, nos termos do contrato.

Os custos atribuíveis diretamente a um contrato específico incluem:

a) custos de mão de obra no local da execução do contrato, incluindo sua supervisão;

b) os custos de materiais usados na construção;

c) a depreciação de ativos imobilizados utilizados no contrato;

d) os custos para levar ou retirar do local os ativos imobilizados e os materiais necessários à execução da obra;

e) os custos de aluguel de instalações e equipamentos;

f) os custos de concepção e de assistência técnica que estejam diretamente relacionados com o contrato;

g) os custos estimados de retificar e garantir os trabalhos, incluindo os custos esperados de garantia; e

h) reivindicações de terceiros.

2. TRIBUTAÇÃO

Para fins de apuração do IRPJ/CSLL/PIS/Cofins, nos contratos de longo prazo o critério determinado para encontrar a porcentagem é o seguinte:

a) com base na relação entre os custos incorridos no período e o custo total estimado da execução da empreitada ou da produção; ou

b) com base em laudo técnico de profissional habilitado, segundo a natureza da empreitada ou dos bens ou serviços, que certifique a porcentagem executada em função do progresso físico da empreitada ou produção.

Dessa forma qualquer critério diferente que venha a resultar em valor diferente do previsto nas letras "a" e "b" deverá ser adicionado ou excluído, conforme o caso do lucro real.

3. REGISTRO CONTÁBIL

Nos contratos de longo prazo os custos incorridos e a receitas são lançados ao longo dos anos previstos para o contrato na proporção de sua realização de acordo com o método escolhido para apropriação.

4. EXEMPLO

Contrato de R$ 9.000

Custo estimado R$ 8.000

Prazo de execução 3 anos

1º Ano custos revistos em R$ 50

2º Ano revisão do contrato: + R$ 200 de receita e 150 custos

2º Ano + custo de R$ 100 (materiais adquiridos) – utilização será no 3º ano

DISCRIMINAÇÃO	1º ANO	2º ANO	3º ANO
Receita inicialmente projetada	9.000	9.000	9.000
Variação no contrato	200	200	200
Custos Incorridos	2.093	6.068	8.200
Custo a Incorrer	5.957	2.132	0
Custo total Estimado	8.050	8.200	8.200
Resultado Estimado	950	1.000	1.000
% de execução	26%	74%	100%

Nota

O estágio de execução relativo ao 2º ano (74%) é obtido após eliminar os custos incorridos no 1º ano e os $ 100 mil relativos aos materiais estocados que somente serão utilizados no 3º ano.

1. Pelo custo incorrido no 1º ano

CONTAS CONTÁBEIS	DÉBITO – R$	CRÉDITO – R$
Estoque – Custo do contrato "A" (Ativo Circulante)	2.093,00	
Fornecedores (Passivo Circulante)		2.093,00

2. Pela apropriação da receita no 1º ano

CONTAS CONTÁBEIS	DÉBITO – R$	CRÉDITO – R$
Clientes (Ativo Circulante)	2.340,00	
Receita do Contrato "A" (Conta de Resultado)		2.340,00

3. Pela baixa do custo para Resultado do Período no 1º ano

CONTAS CONTÁBEIS	DÉBITO – R$	CRÉDITO – R$
Resultado do Período (Conta de Resultado)	2.093,00	
Estoque – Custo do Contrato "A" (Ativo Circulante)		2.093,00

4. Pela baixa da receita para Resultado do Período no 1º ano

CONTAS CONTÁBEIS	DÉBITO – R$	CRÉDITO – R$
Receita do Contrato "A" (Conta de Resultado)	2.340,00	
Resultado do Período (Conta de Resultado)		2.340,00

5. Pela baixa do Resultado do Período para Lucros Acumulados no 1º ano

CONTAS CONTÁBEIS	DÉBITO – R$	CRÉDITO – R$
Receita do Período (Conta de Resultado)	247,00	
Lucros Acumulados (Conta Transitória do PL)		247,00

Nota

Os lançamentos do 2º e 3º ano segue o mesmo raciocínio dos lançamentos apresentado para o 1º ano.

Demonstrativo do Contrato "A"

ANO	ATÉ A DATA (ACUMULADO)		
1º Ano			
Receita (9.000 x 26%)	2.340,00	0,00	2.340,00
Despesas (8.050 x 26%)	2.093,00	0,00	2.093,00
Lucro	247,00	0,00	247,00
2º Ano			
Receita (9.200 x 74%)	6.808,00	2.340,00	4.468,00
Despesas (8.200 x 74%)	6.068,00	2.093,00	3.975,00

ANO	ATÉ A DATA (ACUMULADO)		
Lucro	740,00	247,00	493,00
3º Ano			
Receita (100%)	9.200,00	6.808,00	2.392,00
Despesas (100%)	8.200,00	6.068,00	2.132,00
Lucro	1.000,00	740,00	260,00

> **Nota**
> Veja que o lucro apropriado em cada ano ficou em:
> 1º Ano – 247,00
> 2º Ano – 493,00
> 3º Ano – 260,00

CONTRATOS DE MÚTUO

1. INTRODUÇÃO

O Código Civil em seu artigo 586 conceitua mútuo como empréstimo de coisas fungíveis. O mutuário é obrigado a restituir ao mutuante o que dele recebeu em coisa do mesmo gênero, qualidade e quantidade.

Este empréstimo transfere o domínio da coisa emprestada ao mutuário, por cuja conta correm todos os riscos dela desde a tradição.

As partes envolvidas são chamadas de mutuante e mutuário. O mutuante é aquele que empresta ou transfere a propriedade do bem fungível. Já o mutuário é aquele que recebe o bem e que tem a obrigação de devolver outro bem de mesma espécie, qualidade e quantidade.

O mútuo pode ser contraído entre um sócio e a própria pessoa jurídica, entre empresas do mesmo grupo ou, ainda, com pessoas jurídicas estranhas à sociedade.

Destinando-se o mútuo a fins econômicos, presumem-se devidos juros, os quais, sob pena de redução, não poderão exceder a taxa permitida por norma legal.

O artigo 406 do Código Civil dispõe que quando os juros moratórios não forem convencionados, ou o forem sem taxa estipulada, ou quando provierem de determinação da lei, serão fixados segundo a taxa que estiver em vigor para a mora do pagamento de impostos devidos à Fazenda Nacional.

Não se tendo convencionado expressamente, o prazo do mútuo será:

> a) até a próxima colheita, se o mútuo for de produtos agrícolas, assim para o consumo, como para semeadura;
> b) de trinta dias, pelo menos, se for de dinheiro;
> c) do espaço de tempo que declarar o mutuante, se for de qualquer outra coisa fungível.

2. TRIBUTAÇÃO

São equiparados a rendimentos de aplicação financeira, para efeitos de incidência do Imposto de Renda na Fonte, os rendimentos decorrentes da entrega de recursos à pessoa jurídica, sob qualquer forma e a qualquer título, independentemente de a fonte pagadora ser instituição financeira ou não.

Nos empréstimos de dinheiro entre pessoas jurídicas ou entre uma pessoa jurídica e uma pessoa física, desde que a mutuária (aquela que toma o dinheiro emprestado) seja pessoa jurídica, a totalidade dos rendimentos auferidos, a qualquer título, está sujeita à tributação na fonte.

Os rendimentos decorrentes de operações de mútuo de recursos financeiros entre pessoas jurídicas ou entre pessoa jurídica e pessoa física são equiparados, para fins de incidência do Imposto de Renda, a rendimentos de aplicações financeiras de renda fixa, independente de a fonte pagadora ser instituição autorizada a funcionar pelo Bacen (art. 790 do RIR/2018).

A retenção será efetuada com as seguintes alíquotas:

a) 22,5%, em operações com prazo de até 180 dias ou com prazo indeterminado;

b) 20%, em operações com prazo de 181 dias até 360 dias;

c) 17,5%, em operações com prazo de 361 até 720 dias;

d) 15%, em operações com prazo acima de 720 dias.

O IRRF incidente nas operações de mútuo deve ser retido por ocasião do pagamento dos rendimentos.

A responsabilidade pela retenção do Imposto de Renda na Fonte é da pessoa jurídica que efetuar o pagamento dos rendimentos e, no caso de o mutuário (o que paga os rendimentos) ser pessoa física, a pessoa jurídica mutuante (que recebe os rendimentos) fica responsável pela retenção.

O IOF incide sobre as operações de crédito realizadas por instituições financeiras, por empresas de *factoring* e entre pessoas jurídicas ou entre pessoa jurídica e pessoa física.

O fato gerador do IOF é a entrega do montante ou do valor que constitua o objeto da obrigação, ou sua colocação à disposição do interessado e é incidente sobre o saldo devedor diário apurado no último dia de cada mês.

3. REGISTRO CONTÁBIL

A empresa que toma o dinheiro emprestado (mutuária) irá creditar, em contrapartida da entrada do numerário em sua conta bancária ou no seu caixa, uma conta específica do passivo circulante ou não circulante dependendo do prazo do empréstimo.

No caso de empréstimos ou adiantamentos de controladas ou de subsidiárias da controladora serão classificados no passivo circulante se inexistir fixação de vencimento em instrumento próprio. Existindo vencimento, a classificação obedecerá ao correspondente prazo.

A empresa que empresta o dinheiro (mutuante) irá registrar o direito em conta do realizável a longo prazo, independentemente de o contrato especificar data de vencimento anterior ao término do exercício seguinte.

4. EXEMPLO PRÁTICO

- Empresa toma empréstimo de sua coligada no valor de 500.000,00
- Empréstimo concedido em 30.06.20X6
- Empréstimo será pago em 30.06.20X7
- Juros acordados de 1% ao mês

CÁLCULO DOS JUROS	
Principal	500.000,00
Taxa dos juros (1% ao mês)	12%
Juros	60.000,00
Alíquota	17,5%
IRRF	10.500,00
Líquido a Pagar	549.500,00

Lançamento na Mutuária
I – Pelo mútuo contraído

CONTAS CONTÁBEIS	DÉBITO R$	CRÉDITO R$
Bancos Conta Movimento (Ativo Circulante)	500.000,00	
Empréstimo com Coligadas (Passivo Circulante)		500.000,00

II – Pela apropriação dos juros mensalmente

CONTAS CONTÁBEIS	DÉBITO R$	CRÉDITO R$
Despesa Financeira – Juros (Conta de Resultado)	6.000,00	
Empréstimo com Coligadas (Passivo Circulante)		6.000,00

Nota:
Esse lançamento se repetirá por todos os meses até a liquidação do mútuo.

III – Pela liquidação do mútuo

CONTAS CONTÁBEIS	DÉBITO R$	CRÉDITO R$
Empréstimo com Coligadas (Passivo Circulante)	560.000,00	
IRRF a Pagar (Passivo Circulante)		10.500,00
Bancos Conta Movimento (Ativo Circulante)		549.500,00

Lançamento na Mutuante

I – Pelo contrato de mútuo

CONTAS CONTÁBEIS	DÉBITO R$	CRÉDITO R$
Mútuo com coligadas (Ativo Não Circulante)	500.000,00	
Bancos Conta Movimento (Ativo Circulante)		500.000,00

II – Pela apropriação dos juros mensalmente

CONTAS CONTÁBEIS	DÉBITO R$	CRÉDITO R$
Mútuo com coligadas (Ativo Não Circulante)	6.000,00	
Receita Financeira – Juros (Conta de Resultado)		6.000,00

III – Pela liquidação do mútuo

CONTAS CONTÁBEIS	DÉBITO R$	CRÉDITO R$
Bancos Conta Movimento (Ativo Circulante)	549.500,00	
Mútuo com coligadas (Ativo Não Circulante)		560.000,00
IRRF a Compensar (Ativo Circulante)	10.500,00	

Nota:
Esse lançamento se repetirá por todos os meses até a liquidação do mútuo.

A contabilização do IOF será sobre o valor apurado na contratação do mutuo e se dará da seguinte forma pelo mutuante:

I – Pelo IOF sobre o mútuo

CONTAS CONTÁBEIS	DÉBITO R$	CRÉDITO R$
Despesa Tributária – IOF (Conta de Resultado)		
IOF a Recolher (Passivo Circulante)		

CRÉDITO DE CARBONO

1. INTRODUÇÃO

O Protocolo de Quioto prevê três modalidades para que os países desenvolvidos consigam cumprir suas metas de reduções, que são:

a) comércio de emissões;

b) implementação conjunta; e

c) mecanismo de desenvolvimento limpo (MDL).

Foi estabelecido que as nações deveriam implementar e estabelecer medidas e programas dentro dos seus territórios para conter a emissão dos gases do efeito estufa (GEE).

O MDL é a única modalidade que envolve os países em desenvolvimento, dentre eles, o Brasil.

Por essa modalidade, as empresas dos países desenvolvidos investem em projetos de redução dos GEE em países não desenvolvidos. O raciocínio é simples: as reduções ocorridas nos países em desenvolvimento geram um crédito para os desenvolvidos, que, por sua vez, podem utilizá-lo para suas metas de redução.

Exemplos de Projetos	**Reflorestamento**: promove o sequestro de carbono, via absorção do dióxido de carbono pelas plantas.
	Aterros sanitários: promovem reduções de emissões pela captura de metano (CH4) proveniente da decomposição de resíduos sólidos.
	Substituição de usinas termoelétricas a diesel: evita emissões de gases, substituindo a queima do diesel por uma alternativa em que se use combustível renovável.
	Biomassa: gera energia por meio da queima de bagaço de cana-de-açúcar.

FONTE: IOB *ONLINE*.

2. IMPOSTO DE RENDA

A Receita Federal não tem se pronunciado sobre os critérios gerais de tributação dessa receita (crédito de carbono). O que temos é o posicionamento da Delegacia da Receita Federal da 9ª Região Fiscal por meio da Solução de Consulta nº 59/2008.

Esta solução dispõe que está isenta da Cofins e da contribuição para o PIS/Pasep a receita relativa à cessão para o exterior de direitos relativos a créditos de carbono (Protocolo de Quioto) cujo pagamento represente ingresso de divisas.

No que diz respeito ao IRPJ, a mesma solução determina que os créditos de carbono se sujeitam ao percentual de 32%, quando da apuração do IRPJ pelo lucro presumido.

3. REGISTRO CONTÁBIL

A NBC T 15, aprovado pela Resolução CFC nº 1.003/2004, dispõe que a entidade deve evidenciar as informações de natureza social e ambiental, estabelecendo:

a) investimentos e gastos com manutenção nos processos operacionais para a melhoria do meio ambiente;
b) investimentos e gastos com a educação ambiental para empregados terceirizados, autônomos e administradores da entidade;
c) investimentos e gastos com educação ambiental da comunidade;

d) investimentos e gastos com outros projetos ambientais;
e) quantidade de processos ambientais, administrativos e judiciais movidos contra a entidade;
f) valores das multas e das indenizações relativas às matérias ambientais, determinadas administrativa e/ou judicialmente; e
g) passivos e contingências ambientais.

A Resolução CFC nº 1.003/2004 estabelece que as informações contábeis contidas nas Demonstrações de Informação de Natureza Social e Ambiental (Dinsa) são de responsabilidade técnica do contabilista registrado, devendo ser indicadas àquelas que tiveram os dados extraídos de fontes não contábeis. Também devem ser evidenciados o critério e o controle para garantir a integridade da informação.

A Dinsa deve ser objeto de revisão por auditor independente, sendo publicada com o relatório deste quando a entidade for submetida a tal procedimento.

A CVM entende que os certificados de redução de emissão dos GEE não podem ser considerados como valores mobiliários.

A maioria dos doutrinadores trata o crédito de carbono como um ativo intangível, que adotaremos.

4. EXEMPLO PRÁTICO

Considerando investimentos em projetos MDL no valor de R$ 100.000,00

I – Pelo registro dos investimentos em projetos MDL:

CONTAS CONTÁBEIS	DÉBITO – R$	CRÉDITO – R$
Investimentos Ambientais – MDL (Ativo Não Circulante – Intangível)	100.000,00	
Caixa ou Bancos (Ativo Circulante)		100.000,00

Finalizado o projeto com todas as exigências cumpridas e etapas vencidas, a empresa tem direito às RCE (emitidas pelo Conselho Executivo do MDL), o que lhe conferirá o direito de negociá-las no mercado internacional junto aos países desenvolvidos que necessitam dos referidos créditos para cumprirem suas metas de redução de gases do efeito estufa.

II – Pelo recebimento das RCE:

CONTAS CONTÁBEIS	DÉBITO – R$	CRÉDITO – R$
Certificados Ambientais – Crédito de Carbono (Ativo Circulante ou Não Circulante)		
Ganhos Não Realizados de Créditos de Carbono (Passivo Circulante ou Não Circulante)		

III – Pelo reconhecimento da receita de crédito de carbono no momento da negociação:

CONTAS CONTÁBEIS	DÉBITO – R$	CRÉDITO – R$
Ganhos Não Realizados de Créditos de Carbono (Passivo Circulante ou Não Circulante)		
Receita de Crédito de Carbono (Conta de Resultado)		

CRÉDITO DE PIS/COFINS

1. INTRODUÇÃO

As empresas enquadradas no regime não cumulativo das contribuições para o PIS/Pasep e para a Cofins têm direito de apropriar créditos sobre determinados bens, insumos, custos e despesas.

2. IMPOSTO DE RENDA

De acordo com o art. 3º da Lei nº 10.637/2002 e Lei nº 10.833/2003 a pessoa jurídica sujeita ao regime não cumulativo do PIS/Cofins poderá descontar créditos calculados com relação a:

    I. Bens adquiridos para revenda, exceto em relação às mercadorias e aos produtos adquiridos com substituição tributária ou submetidos á incidência monofásica da contribuição.

II. Bens e serviços utilizados como insumo na fabricação de produtos destinados à venda ou na prestação de serviços, inclusive combustíveis e lubrificantes.

III. Energia elétrica e energia térmica, inclusive sob a forma de vapor, consumida nos estabelecimentos da pessoa jurídica.

IV. Aluguéis de prédios, máquinas e equipamentos, pagos a pessoa jurídica, utilizados nas atividades da empresa.

V. Valor das contraprestações de operações de arrendamento mercantil de pessoa jurídica, exceto de optante pelo Sistema Integrado de Pagamento de Impostos e Contribuições das Microempresas e das Empresas de Pequeno Porte – Simples Nacional.

VI. Máquinas, equipamentos e outros bens incorporados ao ativo imobilizado adquirido ou fabricado para locação de terceiros, ou para utilização na produção de bens destinados à venda, ou na prestação de serviços.

VII. Edificações e benfeitorias em imóveis próprios ou de terceiros, utilizados nas atividades da empresa.

VIII. Bens recebidos em devolução cuja receita de venda tenha integrado faturamento do mês ou de mês anterior, e tributados conforme o disposto nas Leis nº 10.637/2002 e 10.833/2003.

IX. Armazenagem de mercadoria e frete na operação de venda, nos casos I e II acima, quando o ônus for suportado pelo vendedor.

X. Vale-transporte, vale-refeição ou vale-alimentação, fardamento ou uniforme fornecidos aos empregados por pessoa jurídica que explore as atividades de prestação de serviços de limpeza, conservação e manutenção; e

XI. Bens incorporados ao ativo intangível, adquiridos para utilização na produção de bens destinados a venda ou na prestação de serviços.

De acordo com o art. 15 da Lei nº 10.865/2004, a pessoa jurídica sujeita ao regime não cumulativo do PIS/Cofins poderá des-

contar crédito em relação às importações sujeitas ao pagamento das contribuições, nas seguintes hipóteses:
I. bens adquiridos para revenda;
II. bens e serviços utilizados como insumo na prestação de serviços e na produção ou fabricação de bens ou produtos destinados à venda, inclusive combustível e lubrificantes;
III. energia elétrica consumida nos estabelecimentos da pessoa jurídica;
IV. aluguéis e contraprestações de arrendamento mercantil de prédios, máquinas e equipamentos, embarcações e aeronaves, utilizados na atividade da empresa;
V. máquinas, equipamentos e outros bens incorporados ao ativo imobilizado, adquiridos para locação a terceiros ou para utilização na produção de bens destinados à venda ou na prestação de serviços.

3. REGISTRO CONTÁBIL

Os créditos de PIS/Cofins sobre bens adquiridos ou sobre serviços tomados não compõem o custo desses bens e serviços, devendo ser registrados numa conta específica do ativo circulante (art. 301 do RIR/2018).

Os créditos de PIS/Cofins sobre despesas incorridas também não compõem o valor dessas despesas, devendo ser registrados numa conta específica do ativo circulante em contrapartida a uma conta de recuperação da despesa, no resultado.

4. EXEMPLOS PRÁTICOS

I – Vamos supor que a empresa tenha adquirido para revenda mercadorias no valor de R$ 100.000,00 com direito ao crédito de PIS e de Cofins.

Considerando que a alíquota de PIS seja de 1,65% e da COFINS, 7,6%, teremos os seguintes registros contábeis:

a) Pela aquisição das mercadorias:

CONTAS CONTÁBEIS	DÉBITO – R$	CRÉDITO – R$
Estoque de Mercadorias para Revenda (Ativo Circulante)	100.000,00	
Fornecedores (Passivo Circulante)		100.000,00

b) Pelo registro do crédito de PIS/Pasep:

CONTAS CONTÁBEIS	DÉBITO – R$	CRÉDITO – R$
PIS/Pasep a Recuperar (Ativo Circulante)	1.650,00	
Estoque de Mercadorias para Revenda (Ativo Circulante)		1.650,00

c) Pelo registro do crédito da Cofins:

CONTAS CONTÁBEIS	DÉBITO – R$	CRÉDITO – R$
Cofins a Recuperar (Ativo Circulante)	7.600,00	
Estoque de Mercadorias para Revenda (Ativo Circulante)		7.600,00

II – Consumo de energia elétrica de R$ 3.000,00.

Considerando que a alíquota de PIS seja de 1,65% e da COFINS, 7,6%, teremos os seguintes registros contábeis:

Sugerimos os seguintes registros contábeis:

a) Pelo regime da competência:

CONTAS CONTÁBEIS	DÉBITO – R$	CRÉDITO – R$
Energia Elétrica (Conta de Resultado)	3.000,00	
Energia Elétrica a Pagar (Passivo Circulante)		3.000,00

b) Registro do crédito de PIS/Pasep (R$ 3.000,00 x 1,65% = R$ 49,50):

CONTAS CONTÁBEIS	DÉBITO – R$	CRÉDITO – R$
PIS/Pasep a Recuperar (Ativo Circulante)	49,50	
Recuperação de Despesa de Energia Elétrica (Conta de Resultado)		49,50

c) Registro do crédito da Cofins (R$ 3.000,00 x 7,6% = R$ 228,00):

CONTAS CONTÁBEIS	DÉBITO – R$	CRÉDITO – R$
Cofins a Recuperar (Ativo Circulante)	228,00	
Recuperação de Despesa de Energia Elétrica (Conta de Resultado)		228,00

CRÉDITO EXTEMPORÂNEO

1. INTRODUÇÃO

A legislação estadual ou federal geralmente autoriza as empresas a apropriar-se de créditos passados deixados de serem aproveitados pela pessoa jurídica na sua época de direito, denominando-se de crédito extemporâneo

Assim, o crédito do imposto corretamente destacado em documento fiscal e não aproveitado na época própria, tenha ou não sido escriturado o documento respectivo, poderá ser apropriado pelo contribuinte.

2. IMPOSTO DE RENDA

A apropriação de crédito extemporâneo fica vinculada à previsão na legislação tributária ou não do período em que poderia ter sido aproveitado.

Caso tenha previsão na legislação, a pessoa jurídica deverá recalcular o IRPJ e a CSL dos anos-calendário anteriores afetados, tendo em vista que os valores dos tributos foram registrados como custo ou despesa operacional atentado ao resultado do lucro real e da base de cálculo da contribuição social. Nesta hipótese, apura-se imposto postergado.

Na hipótese de não ter previsão na legislação da época, o crédito apropriado será considerado como receita tributável pelo IRPJ e CSL.

3. REGISTRO CONTÁBIL

Os créditos extemporâneos serão lançados em conta do ativo circulante em contrapartida à conta de resultado ou do patrimônio líquido dependendo da situação apresentada no item 2.

4. EXEMPLO PRÁTICO

Admita-se que uma empresa tenha deixado de aproveitar créditos do ICMS previsto na legislação da época no valor de R$ 5.000,00.

I – Pela apropriação do ICMS extemporâneo:

CONTAS CONTÁBEIS	DÉBITO – R$	CRÉDITO – R$
ICMS a Recuperar (Ativo Circulante)	5.000,00	
Lucros ou Prejuízos Acumulados (Patrimônio Líquido)		5.000,00

Admita-se, agora que uma empresa tenha direito a crédito extemporâneo de períodos anteriores que não tinha previsão legal para sua apuração, no valor de R$ 3.000,00

I – Pela apropriação do ICMS extemporâneo:

CONTAS CONTÁBEIS	DÉBITO – R$	CRÉDITO – R$
ICMS a Recuperar (Ativo Circulante)	3.000,00	
Receita de Créditos Extemporâneos (Conta de Resultado)		3.000,00

CRÉDITO OUTORGADO – SERVIÇO DE TRANSPORTE

1. INTRODUÇÃO

Crédito outorgado ou presumido do ICMS deve ser autorizado por convênio em substituição ao ICMS normal, que poderá ser adotado pelos estados. Esse crédito normalmente é fixado em percentual sobre a operação permitida.

O Convênio nº 106/1996 com alterações posteriores concedeu aos prestadores de serviço de transporte um crédito de 20% do valor do ICMS devido na prestação, que será adotado, opcionalmente, pelo contribuinte, em substituição ao sistema de tributação previsto na legislação estadual.

2. IMPOSTO SOBRE A CIRCULAÇÃO DE MERCADORIAS E SERVIÇOS

O contribuinte que optar pelo crédito outorgado de ICMS não poderá aproveitar quaisquer outros créditos.

A opção pelo crédito presumido deverá alcançar todos os estabelecimentos do contribuinte localizados no território nacional e será consignada no livro Registro de Utilização de Documentos Fiscais e Termos de Ocorrências de cada estabelecimento, exceto para as empresas de transporte aéreo.

O prestador de serviço não obrigado à inscrição cadastral ou à escrituração fiscal apropriar-se-á do crédito previsto nesta cláusula no próprio documento de arrecadação.

3. REGISTRO CONTÁBIL

O crédito outorgado do ICMS será lançado em conta de ICMS a Recuperar em contrapartida imposto incidente sobre vendas, além dos demais registros devidos em contas do ativo e passivo, bem como contas de resultado, conforme será visto no item 4.

4. EXEMPLO PRÁTICO

Admita-se uma empresa de transporte com os seguintes dados:

- Aquisição de combustível   R$ 400,00
- ICMS – R$ 400,00 x 12%   R$ 48,00
- Receita de Frete   R$ 1.000,00
- ICMS – R$ 1.000,00 x 12%   R$ 120,00
- Crédito Outorgado – R$ 120,00 x 20%   R$ 24,00

O valor do ICMS de R$ 48,00 já está embutido no preço do combustível de R$ 400,00, onde não será aproveitado em razão da opção pelo crédito outorgado no valor de R$ 24,00.

I – Pela compra do combustível:

CONTAS CONTÁBEIS	DÉBITO – R$	CRÉDITO – R$
Estoque (Ativo Circulante)	400,00	
Fornecedores (Passivo Circulante)		400,00

II – Pelo serviço prestado de frete:

CONTAS CONTÁBEIS	DÉBITO – R$	CRÉDITO – R$
Clientes (Ativo Circulante)	1.000,00	
Receita de Frete (Conta de Resultado)		1.000,00

III – Pela baixa do combustível consumido:

CONTAS CONTÁBEIS	DÉBITO – R$	CRÉDITO – R$
Custo dos Serviços Prestados (Conta de Resultado)	400,00	
Estoque (Ativo Circulante)		400,00

IV – Pelo ICMS apurado sobre vendas:

CONTAS CONTÁBEIS	DÉBITO – R$	CRÉDITO – R$
Impostos Incidentes sobre Vendas (Conta de Resultado)	120,00	
ICMS a Recolher (Passivo Circulante)		120,00

V – Pelo crédito outorgado:

CONTAS CONTÁBEIS	DÉBITO – R$	CRÉDITO – R$
ICMS a Recuperar (Ativo Circulante)	24,00	
Impostos Incidentes sobre Vendas (Conta de Resultado)		24,00

VI – Pela compensação do ICMS a recuperar:

CONTAS CONTÁBEIS	DÉBITO – R$	CRÉDITO – R$
ICMS a Recolher (Passivo Circulante)	24,00	
ICMS a Recuperar (Ativo Circulante)		24,00

CRÉDITO PRESUMIDO DO IPI

1. INTRODUÇÃO

A Lei nº 9.363/1996, incorporada aos artigos 241 a 250 do RIPI/2010 (Decreto nº 7.212/2010), instituiu o crédito presumido do IPI a ser utilizado na compensação das contribuições para o PIS/Pasep e da Cofins, incidentes sobre aquisição no mercado interno de insumos empregados em produtos exportados.

2. IMPOSTO SOBRE PRODUTOS INDUSTRIALIZADOS

A pessoa jurídica produtora e exportadora de produtos industrializados nacionais, inclusive nos casos de venda para empresa comercial exportadora com o fim específico de exportação para o exterior, fará jus ao crédito presumido do IPI, como ressarcimento do valor do PIS/Pasep e da Cofins incidentes sobre as respectivas aquisições, no mercado interno, para utilização na industrialização de produtos destinados à exportação para o exterior, de:

    a) matérias-primas (MP);

    b) produtos intermediários (PI);

    c) material de embalagem (ME).

O direito ao ressarcimento não se aplica às receitas, da pessoa jurídica, submetidas à apuração dessas contribuições pelo regime não cumulativo.

No caso de a pessoa jurídica submeter-se à apuração do PIS/Pasep e da Cofins pelo regime misto, ou seja, aplica-se o regime cumulativo e o não cumulativo, o crédito presumido do IPI somente é aplicável sobre as receitas sujeitas ao regime cumulativo.

3. REGISTRO CONTÁBIL

O lançamento contábil do crédito presumido do IPI será em conta do ativo a recuperar tendo como contrapartida a conta de recuperação de custo. Quando da sua compensação será baixado contra a conta das contribuições a serem compensadas.

4. EXEMPLO PRÁTICO

Admita-se que apuração de crédito presumido no mês de 09/20X1, não optante pelo regime alternativo, seja a seguinte:

- total dos insumos utilizados na produção de
  07 a 09/20X1   R$ 100.000,00
- receita operacional bruta do período
  (07 a 09/20X1)   R$ 500.000,00
- receita de exportação do período
  (07 a 09/20X1)   R$ 125.000,00

Relação Percentual

Receita de Exportação x 100 = %

Receita Operacional Bruta

R$ 125.000,00 x 100 = 25%

R$ 500.000,00

R$ 100.000,00 x 25% = R$ 25.000,00

R$ 25.000,00 x 5,37% = R$ 1.342,50

O valor encontrado de R$ 1.342,50 é o crédito presumido do IPI que poderá ser aproveitado.

I – Pela apropriação do crédito presumido do IPI:

CONTAS CONTÁBEIS	DÉBITO – R$	CRÉDITO – R$
IPI a Recuperar – Crédito Presumido (Ativo Circulante)	1.342,50	
Crédito Presumido do IPI (Conta de Resultado)		1.342,50

II – Pela compensação com as contribuições do PIS e da Cofins:

CONTAS CONTÁBEIS	DÉBITO – R$	CRÉDITO – R$
PIS ou Cofins a Pagar (Passivo Circulante)	1.342,50	
IPI a Recuperar – Crédito Presumido (Ativo Circulante)		1.342,50

CRÉDITOS DE LIQUIDAÇÃO DUVIDOSA

1. INTRODUÇÃO

A provisão para créditos de liquidação duvidosa deve ser constituída com base em análise dos créditos a receber, executada em conjunto com os responsáveis pelo departamento de cobrança, com vistas a exercer um julgamento adequado sobre a probabilidade de inadimplência por parte dos clientes.

A provisão para créditos de liquidação duvidosa:

a) deve ser baseada na análise individual do saldo devedor de cada cliente, a ser efetuada e em conjunto com os responsáveis pelos setores de vendas e crédito e cobrança, de forma a exercer um julgamento adequado dos saldos incobráveis;

b) deve ser devidamente considerada a experiência anterior da empresa com relação a prejuízos com créditos a receber. Essa análise pode ser feita por meio da comparação dos saldos totais de clientes ou de volumes de faturamento com os prejuízos reais ocorridos em anos anteriores na própria empresa;

c) devem ser também consideradas as condições de venda. A existência de garantias reais, por exemplo, anula ou reduz as perspectivas de perdas;

d) atenção especial deve ser dada às contas atrasadas e a clientes que tenham parte de seus títulos em atraso. Nesses casos, é importante a preparação de uma análise das contas a receber vencidas, preferencialmente comparativa com períodos anteriores.

Mesmo que para fins tributários a provisão seja considerada indedutível, tecnicamente, a constituição da provisão encontra respaldo, principalmente, quando se analisa o princípio contábil da prudência, o qual determina a adoção do menor valor para os componentes do Ativo e do maior para os do Passivo, sempre que se apresentem alternativas igualmente válidas para a quantificação das mutações patrimoniais que alterem o Patrimônio Líquido.

2. IMPOSTO DE RENDA

Até 31.12.1996, o artigo 43 da Lei nº 8.981/1995 admitia que fossem registradas como custo ou despesa operacional as importâncias necessárias à formação de provisão para créditos de liquidação duvidosa.

Contudo, o artigo 14 da Lei nº 9.430/1996 revogou, a partir de 1º.01.1997, o mencionado dispositivo legal, e, desde então, os valores registrados a esse título passaram a ser indedutíveis para fins da apuração do lucro real e da base de cálculo da Contribuição Social sobre o Lucro (CSL), o que fez com que a maioria das empresas deixasse de constituir a referida provisão.

A despeito da vedação da constituição da provisão para fins fiscais, a legislação societária (artigo 183, I, "b" da Lei nº 6.404/1976) estabelece que, no balanço patrimonial, os direitos e títulos de crédito devem ser ajustados ao valor de realização, ou seja, para fins societários, a constituição da provisão permanece válida.

Para ser dedutível para fins fiscais, o registro contábil das perdas no recebimento de créditos deve ser efetuado a débito da conta de resultado, tendo como contrapartida (RIR/2018, artigo 347):

a) Sem garantia
   a. até R$ 15.000,00, por operação, vencidos há mais de seis meses, independentemente de iniciados os procedimentos judiciais para o seu recebimento;

b. acima de R$ 15.000,00 até R$ 100.000,00, por operação, vencidos há mais de um ano, independentemente de iniciados os procedimentos judiciais para o seu recebimento, mantida a cobrança administrativa; e

c. superior a R$ 100.000,00, vencidos há mais de um ano, desde que iniciados e mantidos os procedimentos judiciais para o seu recebimento.

b) Com garantia

a. até R$ 50.000,00, independentemente de iniciados os procedimentos judiciais para o seu recebimento ou o arresto das garantias;

b. superior a R$ 50.000,00, desde que iniciados e mantidos os procedimentos judiciais para o seu recebimento ou o arresto das garantias.

c) contra devedor declarado falido ou pessoa jurídica em concordata ou recuperação judicial, relativamente à parcela que exceder o valor que esta tenha se comprometido a pagar.

Nota

Observação a letra "c" – A parcela do crédito cujo compromisso de pagar não houver sido honrado pela pessoa jurídica em concordata ou recuperação judicial poderá, também, ser deduzida como perda.

Para os contratos inadimplidos anteriormente a 8 de outubro de 2014 poderão ser registrados como perda os créditos:

a) a conta que registrou o crédito, no caso de créditos, sem garantia, de valor até R$ 5.000,00 por operação, vencidos há mais de seis meses;

b) a conta redutora do crédito, nas demais hipóteses previstas na lei fiscal, quais sejam:

b.1) créditos sem garantia, de valor acima de R$ 5.000,00 até R$ 30.000,00, por operação, vencidos há mais de um ano, que estejam em cobrança administrativa;

b.2) créditos sem garantia, de valor superior a R$ 30.000,00, vencidos há mais de um ano, desde que iniciados e mantidos os procedimentos judiciais para o seu recebimento;

b.3) créditos com garantia (reserva de domínio do bem vendido, alienação fiduciária ou outra garantia real), vencidos há mais de dois anos, desde que iniciados e mantidos os procedimentos judiciais para seu recebimento ou arresto das garantias;

b.4) créditos contra devedor declarado falido, pessoa jurídica declarada concordatária ou recuperação judicial, relativamente à parcela que exceder o valor que esta tenha se comprometido a pagar, observando-se o seguinte:

b.4.1) a dedução da perda será admitida a partir da data da decretação da falência, da concessão da concordata ou em recuperação judicial, desde que a credora tenha adotado os procedimentos judiciais necessários para o recebimento do crédito;

b.4.2) a parcela do crédito cujo compromisso de pagar não houver sido honrado pela empresa concordatária ou em recuperação judicial poderá também ser deduzida como perda.

3. REGISTRO CONTÁBIL

Com vistas a compatibilizar os critérios fiscais e contábeis de contabilização das perdas no recebimento de créditos, recomenda-se a criação de subcontas distintas para o registro em separado das parcelas dedutíveis e não dedutíveis das mencionadas perdas, conforme demonstrado a seguir:

a) como contas redutoras do Ativo Circulante:

- Provisão para Créditos de Liquidação Duvidosa – Não Dedutível

- Créditos Vencidos e não Liquidados – Dedutível

b) Como contas de resultado:

- Provisão para Perdas no Recebimento de Créditos – Não Dedutível

- Perdas no Recebimento de Créditos – Dedutível

4. EXEMPLO PRÁTICO

Admita-se que a empresa WM, após efetuar a análise, chegasse à conclusão de que o montante estimado dos créditos que não seriam recebidos no ano-calendário de 20X1 seria de R$ 100.000,00.

Nesse caso, em 31.12.20X1, a provisão para os créditos de liquidação duvidosa seria assim registrada:

I – Pela baixa do valor da duplicata, considerada incobrável:

CONTAS CONTÁBEIS	DÉBITO – R$	CRÉDITO – R$
Provisão para Créditos de Liquidação Duvidosa (Conta de Resultado)	100.000,00	
Provisão para Créditos de Liquidação Duvidosa (Conta Redutora do Ativo Circulante)		100.000,00

Admita-se que, em março de 20X1, a empresa efetuasse a baixa de um crédito sem garantia no valor de R$ 20.000,00, vencido há mais de um ano.

II – Pela reversão da provisão indedutível par ao IRPJ/CSL:

CONTAS CONTÁBEIS	DÉBITO – R$	CRÉDITO – R$
Provisão para Créditos de Liquidação Duvidosa (Conta Redutora do Ativo Circulante)	20.000,00	
Provisão para Créditos de Liquidação Duvidosa (Conta de Resultado)		20.000,00

III – Pelo registro da perda dedutível do IRPJ/CSL:

CONTAS CONTÁBEIS	DÉBITO – R$	CRÉDITO – R$
Perdas no Recebimento de Créditos (Conta de Resultado)	20.000,00	
Créditos Vencidos e Não Liquidados (Conta Redutora do Ativo Circulante)		20.000,00

A boa técnica contábil recomenda o registro da reversão do saldo não utilizado da provisão, antes de ser constituída nova provisão para créditos de liquidação duvidosa, não sendo recomendável a prática de complementar o saldo da provisão, constituída no balanço anterior.

Admita-se que a empresa WM cuja provisão para créditos de liquidação duvidosa, constituída em 31.12.X0, apresente, em 31.12.X1, saldo não utilizado de R$ 15.000,00.

IV – Pela reversão do saldo não aproveitado da provisão constituída em 31.12.20X1:

CONTAS CONTÁBEIS	DÉBITO – R$	CRÉDITO – R$
Provisão para Créditos de Liquidação Duvidosa (Conta Redutora do Ativo Circulante)	15.000,00	
Provisão para Créditos de Liquidação Duvidosa (Conta de Resultado)		15.000,00

O valor de crédito deduzido como perda, que vier a ser recuperado em qualquer época e a qualquer título, inclusive nos casos de novação da dívida ou do arresto dos bens recebidos em garantia real, deverá ser revertido a crédito de conta de resultado.

Se aquele crédito de R$ 20.000,00, baixado como perda, vier a ser recuperado, deverão ser feitos os seguintes lançamentos contábeis:

V – Pelo recebimento da duplicata:

CONTAS CONTÁBEIS	DÉBITO – R$	CRÉDITO – R$
Caixa ou Bancos (Ativo Circulante)	20.000,00	
Clientes (Ativo Circulante)		20.000,00

VI – Pelo recebimento da duplicata:

CONTAS CONTÁBEIS	DÉBITO – R$	CRÉDITO – R$
Créditos Vencidos e não Liquidados (Redutora do Ativo Circulante)	20.000,00	
Recuperação de Créditos (Conta de Resultado)		20.000,00

CSRF (CONTRIBUIÇÕES SOCIAIS RETIDAS NA FONTE)

1. INTRODUÇÃO

As contribuições sociais retidas na fonte, representadas pela CSL, PIS/Pasep e pela Cofins, têm características de antecipação dessas contribuições devidas apuradas no período. O PIS/Pasep e a Cofins são apurados mensalmente e a CSL é apurada trimestralmente ou anualmente, com possibilidade também de opção por estimativas mensais.

2. RETENÇÃO NA FONTE

A Lei nº 10.833/2003, artigo 30, determina a retenção na fonte da Contribuição Social sobre o Lucro Líquido (CSL), da Cofins e da contribuição para o PIS/Pasep sobre os pagamentos efetuados por pessoas jurídicas a outras pessoas jurídicas de direito privado, pela prestação de serviços de limpeza, conservação, manutenção, segurança, vigilância, transporte de valores, locação de mão de obra, assessoria creditícia, mercadológica, gestão de crédito, seleção e riscos, administração de contas a pagar e a receber (*factoring*), bem como pela remuneração de serviços profissionais.

3. REGISTRO CONTÁBIL

A empresa tomadora do serviço deve, para fins de contabilização da nota fiscal de prestação de serviços, proceder da seguinte maneira:

a) tratando-se de serviço contratado à vista, debitar o valor total da nota fiscal de prestação de serviços à conta de despesa correspondente; credita-se, de forma individualizada, às contas do Passivo Circulante, os valores correspondentes às contribuições retidas na fonte (CSL, Cofins, PIS/Pasep) e credita-se à conta "Caixa" ou "Bancos Conta Movimento", no Ativo Circulante, pelo valor líquido pago à prestadora do serviço;

b) no caso de o serviço ter sido contratado a prazo, debitar o valor total da nota fiscal de prestação de serviços à conta de despesa correspondente, creditar a conta "Fornecedores", no Passivo Circulante, pelo valor da nota fiscal líquido dos impostos retidos, se houver;

c) por ocasião do pagamento da fatura de prestação de serviços, debitar a conta "Fornecedores", no Passivo Circulante, creditar a conta "CSL, Cofins e PIS/Pasep Retidos na Fonte a Recolher", no Passivo Circulante, pelo valor total das contribuições retidas e creditar à conta "Caixa" ou "Bancos Conta Movimento", no Ativo Circulante, pelo valor líquido pago à prestadora do serviço.

Na empresa prestadora do serviço, os valores retidos na fonte, como regra, constituem créditos compensáveis com o imposto e as contribuições da mesma espécie relativamente a fatos geradores ocorridos a partir do mês da retenção. Por essa característica (de crédito compensável), esses valores devem figurar no grupo de "Impostos e Contribuições a Recuperar/Compensar" no Ativo Circulante.

Por ocasião da emissão da nota fiscal, a pessoa jurídica prestadora dos serviços deve proceder da seguinte maneira:

a) caso o serviço tenha sido contratado à vista, debitar o valor do serviço, líquido dos impostos e contribuições retidos, à conta "Caixa" ou "Bancos Conta Movimento", no Ativo Circulante, debitar no grupo de "Impostos e Contribuições a Recuperar/Compensar", também no Ativo Circulante, os valores dos impostos e contribuições retidos, de forma individualizada e creditar à conta "Receita de Prestação de Serviços" o valor total da nota fiscal;

b) na hipótese de o serviço ter sido contratado a prazo, debitar à conta "Clientes", no Ativo Circulante, o valor do serviço líquido dos impostos e contribuições sujeitos à retenção pelo regime de competência, debitar, no grupo de "Impostos e Contribuições a Recuperar/Compensar" e creditar à conta "Receita de Prestação de Serviços" o valor total da nota fiscal;

c) por ocasião do recebimento da fatura de prestação de serviços, debitar à conta "Caixa", ou "Bancos Conta Movimento", no Ativo Circulante, o valor da fatura líquido dos impostos e contribuições retidos, debitar às contas "CSLL Retida na Fonte a Compensar", "Cofins Retida na Fonte a Compensar" e "PIS/Pasep Retido na Fonte a Compensar", também no Ativo Circulante, os respectivos valores retidos pela tomadora do serviço.

4. EXEMPLO PRÁTICO

Admita-se que a "Empresa ERG Ltda." contrate a "Empresa WM Ltda." para a execução de serviços de manutenção, com emissão de nota fiscal emitida em 15.11.20X1, com os seguintes dados:

- Valor dos serviços prestados — R$ 10.000,00
- CSL retida na fonte (R$ 10.000,00 x 1%) — R$ 100,00
- Cofins retida na fonte (R$ 10.000,00 x 3%) — R$ 300,00
- PIS/Pasep retido na fonte (R$ 10.000,00 x 0,65%) — R$ 65,00
- Data de vencimento da nota fiscal 30.11.20X1

Registro no tomador dos serviços

I – Pelo registro da nota fiscal de serviços, em 15.11.20X1:

CONTAS CONTÁBEIS	DÉBITO – R$	CRÉDITO – R$
Serviços Prestados por Terceiros (Conta de Resultado)	10.000,00	
Fornecedores (Passivo Não Circulante)		10.000,00

II – Pelo pagamento dos serviços e apropriação das contribuições sociais retidas, em 30.11.20X1:

CONTAS CONTÁBEIS	DÉBITO – R$	CRÉDITO – R$
Fornecedores (Passivo Circulante)	10.000,00	
Contribuições Sociais a Recolher (Passivo Circulante)		465,00
Caixa ou Bancos (Ativo Circulante)		9.535,00

III – Pelo pagamento das contribuições sociais retidas:

CONTAS CONTÁBEIS	DÉBITO – R$	CRÉDITO – R$
Contribuições Sociais a Recolher (Passivo Circulante)	465,00	
Caixa ou Bancos (Ativo Circulante)		465,00

Registro no prestador dos serviços

I – Pela apropriação dos serviços prestados no mês:

CONTAS CONTÁBEIS	DÉBITO – R$	CRÉDITO – R$
Clientes (Ativo Circulante)	10.000,00	
Receita de Serviços (Conta de Resultado)		10.000,00

II – Pelo recebimento dos serviços prestados:

CONTAS CONTÁBEIS	DÉBITO – R$	CRÉDITO – R$
Caixa ou Bancos (Ativo Circulante)	9.535,00	
CSL a Compensar (Ativo Circulante)	100,00	
PIS/Pasep a Compensar (Ativo Circulante)	65,00	
Cofins a Compensar (Ativo Circulante)	300,00	
Clientes (Ativo Circulante)		10.000,00

CUSTO ATRIBUÍDO

1. INTRODUÇÃO

Quando da adoção inicial dos Pronunciamentos Técnicos CPC 27 (Ativo Imobilizado), 37-R1 (adoção Inicial) e 43-R1 (Adoção Inicial CPC 15 a 41) a pessoa jurídica deverá efetuar os ajuste ao custo atribuído (chamado de *deemed cost*) pelo valor justo para fins de comparação com os registrados contabilmente antes dessa adoção.

Esse procedimento somente não será realizado se for evidenciado que o valor justo dos ativos na abertura do exercício social a partir de 01/01/2009 menos o valor contábil (custo de aquisição menos depreciação) seja significativamente diferente do valor justo apurado na abertura do exercício social a partir de 01.01.2010 e que os efeitos dessa diferença sejam relevantes e possam induzir o usuário a erro, poderá ser admitido esse valor como valor justo na abertura do exercício social dessa demonstração comparativa.

A Interpretação Técnica ICPC 10 permite a sua atualização somente na adoção inicial, sendo vedada revisão posterior.

A utilização dessa interpretação tem profundas semelhanças com a antiga reserva de reavaliação (não mais permitida), mesmo porque será necessário laudo técnico para chegar ao valor justo dos bens do Ativo Imobilizado.

2. TRIBUTAÇÃO

O ajuste a valor justo sobre bens do ativo imobilizado, não será computado na determinação do lucro real e da base de cálculo da CSLL, desde que seja lançado em subconta vinculada ao bem que recebeu o novo valor, de acordo com o art. 13 da Lei nº 12.973/2014.

Quando o ativo ou passivo for realizado, mesmo por depreciação, amortização, exaustão, alienação ou baixa, o valor diferido deverá ser computado na determinação do lucro real e base de cálculo da CSLL, exceto quando o valor realizado seja indedutível na apuração do IRPJ e CSLL.

3. REGISTRO CONTÁBIL

O novo valor do custo atribuído será registrado a débito de conta do ativo imobilizado e a crédito da conta Ajuste de Avaliação Patrimonial (AAP) dentro do Patrimônio Líquido e a sua realização se dará por depreciação, amortização, baixa ou venda.

4. EXEMPLO

Bem do Ativo imobilizado usado na produção

CUSTO ATRIBUÍDO	
Custo de Aquisição	20.000,00
(-) Depreciação Acumulada	6.000,00
Valor Contábil	14.000,00
Custo Atribuído = Valor Justo	34.000,00
Ajuste de Avaliação Patrimonial	20.000,00
Valor Residual	8.000,00

Depreciação

DEPRECIAÇÃO	
Custo de Aquisição	20.000,00
(-) Valor Residual	6.000,00
Valor Depreciável	14.000,00
Vida útil estimada	3,5 anos
Depreciação Anual	28,57%
Valor da depreciação anual	4.000,00

POSIÇÃO APÓS APLICAÇÃO DO CUSTO ATRIBUÍDO			
DADOS	CUSTO	AAP	CUSTO ATRIBUÍDO = VJ
Valor do Bem	20.000,00		
Depreciação acumulada	6.000,00		
Valor Contábil	14.000,00	20.000,00	34.000,00
% do valor do bem	41,17%	58,83%	100%
Valor Residual	3.294,00	4.706,00	8.000,00

Valor Depreciável	10.706,00	15.294,00	26.000,00
Vida útil estimada			3,5 anos
Depreciação Anual 28,57%	3.058,00	4.370,00	7.428,00
(14.000/34.000 = 41,17%) (20.000/34.000 = 58,83%)			

1. Pelo ajuste no imobilizado

CONTAS CONTÁBEIS	DÉBITO – R$	CRÉDITO – R$
Máquinas e Equipamentos (Ativo Não Circulante – Imobilizado) Ajuste de Avaliação Patrimonial	20.000,00	
Ajuste de Avaliação Patrimonial (Patrimônio Líquido)		20.000,00

2. Pelo registro dos tributos

CONTAS CONTÁBEIS	DÉBITO – R$	CRÉDITO – R$
Ajuste de Avaliação Patrimonial (Patrimônio Líquido) Obrigação Tributária	4.800,00	
Tributos diferidos sobre APP – IRPJ/CSLL (Passivo Não Circulante)		4.800,00
20.000,00 x 24% (valo estimado dos tributos 15% + 9%)		

Reconhecimento do custo atribuído no primeiro ano

3. Pela depreciação do custo do bem

CONTAS CONTÁBEIS	DÉBITO – R$	CRÉDITO – R$
Despesa de Depreciação (Conta de Resultado)	3.058,00	
Depreciação Acumulada (Ativo Não Circulante – Imobilizado)		3.058,00

4. Pela depreciação do AAP

CONTAS CONTÁBEIS	DÉBITO – R$	CRÉDITO – R$
Despesa de Depreciação – AAP (Conta de Resultado)	4.370,00	
Depreciação Acumulada – APP (Ativo Não Circulante – Imobilizado)		4.370,00

5. Pela realização da depreciação do AAP

CONTAS CONTÁBEIS	DÉBITO – R$	CRÉDITO – R$
Ajuste de Avaliação Patrimonial (Patrimônio Líquido)	4.370,00	
Lucros Acumulados (Patrimônio Líquido – Conta Transitória)		4.370,00

6. Pela realização da depreciação do AAP

CONTAS CONTÁBEIS	DÉBITO – R$	CRÉDITO – R$
Tributos diferidos sobre APP – IRPJ/CSLL (Passivo Não Circulante)	1.048,00	
IRPJ/CSLL a Pagar (Passivo Circulante)		1.048,00
Realização do Tributo – 4.370,00 x 24%		

7. Pela baixa da obrigação tributária no PL

CONTAS CONTÁBEIS	DÉBITO – R$	CRÉDITO – R$
Lucros Acumulados (Patrimônio Líquido – Conta Transitória)	1.048,00	
Ajuste de Avaliação Patrimonial (Patrimônio Líquido) Obrigação Tributária		1.048,00

CUSTO DE DESMONTAGEM

1. INTRODUÇÃO

O custo de um item do ativo imobilizado compreende:

a) seu preço de compra, acrescido de impostos de importação e impostos não recuperáveis sobre a compra, depois de deduzidos os descontos comerciais e abatimentos;

b) quaisquer custos diretamente atribuíveis para colocar o ativo no local e condição necessárias para o mesmo ser capaz de funcionar da forma pretendida pela administração;

c) custos de desmontagem e remoção do item e de restauração do local no qual este está localizado. Tais custos representam a obrigação em que uma entidade incorre quando o item é adquirido ou como consequência de usá-lo durante um determinado período para finalidades diferentes da produção de estoques durante esse período.

2. IMPOSTO DE RENDA

Os gastos com desmontagem e remoção de item do ativo imobilizado ou restauração do local no qual este está localizado serão dedutíveis quando efetivamente incorridos, ou seja, quando forem retirados/removidos (art. 45 da Lei nº 12.973/2014).

Caso constitua provisão para gastos de desmontagem e retirada de item de ativo imobilizado ou restauração do local em que está situado, a pessoa jurídica deverá proceder ao ajuste no lucro líquido para fins de apuração do lucro real, no período de apuração em que o imobilizado for realizado, inclusive por depreciação, amortização, exaustão, alienação ou baixa.

Eventuais efeitos contabilizados no resultado, provenientes de ajustes na provisão ou de atualização de seu valor, não serão computados na determinação do lucro real.

3. REGISTRO CONTÁBIL

Os gastos de desmontagem e remoção de um ativo imobilizado ou restauração do local em que está situado deve compor seu custo. Este custo surge como consequência da aquisição ou uso do ativo durante um período de tempo.

4. EXEMPLO PRÁTICO

Uma petrolífera constrói uma plataforma offshore, segundo a legislação do país após o prazo da concessão de 10 anos, o fundo do mar deve ser restaurado. A plataforma entra em operação em 1º de janeiro de 20X0, tendo um custo de R$ 500.000,00 mais o custo de desmontagem e remoção. O custo de desmontagem e remoção é estimado em R$ 100.000,00 no final do 10º ano. Considerando uma taxa de desconto de 10% a.a., teremos:

a) pelo reconhecimento inicial:

CONTAS CONTÁBEIS	DÉBITO – R$	CRÉDITO – R$
Imobilizado (Ativo Não Circulante)	538.554,30	
Disponibilidades (Ativo Circulante)		538.554,30

b) constituição da provisão:

CONTAS CONTÁBEIS	DÉBITO – R$	CRÉDITO – R$
Provisão (Resultado)	38.554,30	
Imobilizado (Ativo Não Circulante)		38.554,30

Considerando que a taxa de depreciação é de 10% a.a., a provisão será revertida na mesma proporção, ou seja:

c) pela reversão da provisão (10% de R$ 38.554,30):

CONTAS CONTÁBEIS	DÉBITO – R$	CRÉDITO – R$
Imobilizado (Ativo Não Circulante)	3.855,43	
Reversão da Provisão (Resultado)		3.855,43

CUSTO DE EMPRÉSTIMO SOBRE IMOBILIZADO

1. INTRODUÇÃO

Os custos de empréstimos são aqueles diretamente atribuídos à aquisição, à construção ou à produção de ativos qualificáveis para a sua capitalização. Exemplo: juros, amortizações de descontos, prêmios e encargos financeiros. Esses custos também incluem encargos financeiros relacionados a arrendamentos registrados no imobilizado, assim como diferenças de câmbio decorrentes de empréstimos em moeda estrangeira relacionada (Pronunciamento Técnico CPC 20 e IAS 23).

O reconhecimento ocorre na medida em que a empresa toma emprestados recursos especificamente com o propósito de obter um ativo qualificável, a empresa deve utilizar uma taxa de capitalização com base na média ponderada dos custos de empréstimos aplicáveis aos empréstimos da empresa que estiveram vigentes durante o período.

Ativos qualificáveis são ativos que, necessariamente, demandam um período de tempo substancial para ficarem prontos para seu uso ou venda.

A capitalização (ativação) dos custos dos empréstimos inicia na data dos gastos com a obtenção do ativo e os custos dos empréstimos são incorridos e iniciadas as atividades necessárias ao preparo do ativo para seu uso ou venda pretendido. Suspende-se a capitalização se existirem interrupções durante extensos períodos das atividades de desenvolvimento do ativo qualificável com algumas exceções.

A empresa cessa a capitalização (ativação) quando todas as atividades necessárias para preparar o ativo qualificável estão completas. A evidenciação demonstra o montante capitalizado no período e a taxa utilizada.

2. IMPOSTO DE RENDA

Os encargos financeiros não qualificáveis contabilizados como despesas financeiras serão dedutíveis para fins de determinação do lucro real e da base de cálculo da contribuição social (art. 311 do RIR/2018).

De acordo com os arts. 7º e 8º da Lei nº 12.973, de 13 de maio de 2014, para fins de determinação do ganho de capital previsto no inciso II do *caput* do art. 25 da Lei nº 9.430, de 1996 (refere-se ao IRPJ do Lucro Presumido), é vedado o cômputo de qualquer parcela a título de encargos associados a empréstimos, registrados como custo na forma da alínea "b" do § 1º do art. 17 do Decreto-Lei nº 1.598, de 1977. Este dispositivo aplica-se também ao ganho de capital previsto no inciso II do *caput* do art. 27 (refere-se ao IRPJ do Lucro Arbitrado) e no inciso II do *caput* do art. 29 da Lei nº 9.430, de 1996 (refere-se à CSLL do Lucro Presumido e Arbitrado).

No caso de pessoa jurídica tributada com base no lucro presumido ou arbitrado, as receitas financeiras relativas às variações monetárias dos direitos de crédito e das obrigações do contribuinte, em função da taxa de câmbio, originadas dos saldos de valores a apropriar decorrentes de ajuste a valor presente não integrarão a base de cálculo do imposto sobre a renda.

3. REGISTRO CONTÁBIL

A contabilização dos custos de empréstimos deve ser feita em conta específica do ativo para garantir o controle e o histórico da transação.

4. EXEMPLO PRÁTICO

Vamos considerar que em 1º de janeiro de 20X0 a empresa X contratou a empresa Z para fabricar um equipamento (ativo qualificável) para utilização em seu processo produtivo, no montante de R$ 1.100.000,00.

A empresa X efetuou cinco pagamentos (custo e fabricação), previstos no contrato com a empresa Z, no decorrer de 20X0, sendo o último na disponibilização do equipamento na fábrica, pronto para uso, conforme indicado a seguir:

DATA	R$
01.01.20X0	300.000,00
31.03.20X0	170.000,00
30.06.20X0	230.000,00
30.09.20X0	210.000,00
31.12.20X0	190.000,00
Total	1.100.000,00

A empresa X apresentava os seguintes financiamentos de terceiros vinculados ao projeto (fabricação do equipamento) em 31.12.20X0, com vencimento em 20X3:

CAPTAÇÃO		JUROS NO PERÍODO
DATA	R$	R$
01.01.20X0	500.000,00	97.809,09
31.03.20X0	350.000,00	43.145,27
30.09.20X0	250.000,00	10.647,69
Total	1.100.000,00	151.602,05

Em 31.12.20X0, os financiamentos de terceiros não vinculados ao projeto eram os seguintes:

CAPTAÇÃO		JUROS NO PERÍODO
DATA	R$	R$
01.01.20X0	100.000,00	20.983,04

Reconhecimento dos custos de empréstimos:

EMPRÉSTIMOS	VALOR PRINCIPAL	VALOR DOS JUROS
Encargos financeiros qualificáveis	1.100.000,00	151.602,05
Encargos financeiros não qualificáveis	100.000,00	20.983,04
Encargos financeiros totais do período	1.200.000,00	172.585,09

Lançamentos contábeis:

CONTAS CONTÁBEIS	DÉBITO – R$	CRÉDITO – R$
Imobilizado em Andamento (Ativo Não Circulante)		
Imobilizado em Andamento – custos de empréstimos (Ativo Não Circulante)	151.602,05[1]	
Despesa Financeira (Resultado)	20.983,04[2]	
Disponibilidades (Ativo Circulante)		1.272.585,09

([1]) Os custos de empréstimos devem ser feitos em conta específica do ativo para garantir o controle e o histórico da transação, facilitando a auditoria e a divulgação de informações sobre a capitalização de tais custos.
([2]) Os encargos financeiros não qualificáveis (não vinculado ao projeto) de R$ 20.983,04 serão contabilizados como despesas financeiras.

CUSTOS INDIRETOS DE FABRICAÇÃO

1. INTRODUÇÃO

Os custos indiretos de fabricação estão divididos em materiais indiretos, mão de obra indireta e todos os outros custos indiretos de fabricação (Fonte IOB *Online*).

1.1. Materiais Indiretos

Os materiais indiretos são comumente identificados com os produtos específicos com base no formulário requisição de material ou em lista de composição geralmente desenvolvida pelo pessoal de engenharia ou produção.

Como materiais indiretos, incluímos também todos aqueles materiais auxiliares de manutenção, ou seja, aqueles que não são possíveis determinar o seu consumo específico para um produto.

1.2. Mão de Obra Indireta

Em uma fábrica, existem os operários que trabalham diretamente na transformação das matérias-primas em produtos acabados e os que não têm nenhuma interferência física nesse processo, conquanto o seu trabalho seja de vital importância para industrialização dos produtos. Esses últimos representam a mão de obra indireta, a seguir exemplificada:

a) empregados no nível de supervisão dos departamentos diretos ou indiretos de produção;
b) empregados normais dos departamentos indiretos que prestam serviços aos departamentos produtivos (Manutenção Geral, Logística e Movimentação, Manutenção e Colocação de Ferramentas, Controle de Qualidade entre outros).

1.3. Outros Custos Indiretos de Fabricação

Outros custos indiretos de fabricação que representam custos incorridos na industrialização dos produtos são exemplificados a seguir:

a) materiais de consumo em geral;
b) água, energia elétrica (luz e força) e telefone;
c) alimentação;

d) transporte;
e) aluguéis;
f) seguros;
g) imposto predial;
h) depreciação; e
i) treinamento.

2. TRIBUTAÇÃO

Para efeitos da legislação do Imposto de Renda, ao final de cada período de apuração do imposto, a pessoa jurídica deverá promover o levantamento e avaliação dos seus estoques das mercadorias, das matérias-primas e dos bens em almoxarifado, os quais serão avaliados pelo custo de aquisição, e, em relação aos produtos em fabricação e acabados, serão avaliados pelo custo de produção.

A avaliação do estoque terá por base o valor dos bens existentes no encerramento do período de apuração, podendo ser o custo médio ou o dos bens adquiridos ou produzidos mais recentemente (Fifo ou Peps), admitida, ainda, a avaliação com base no preço de venda, subtraída a margem de lucro. Caso a escrituração do contribuinte não mantiver um sistema de contabilidade de custo integrado e coordenado com o restante da escrituração, os estoques deverão ser avaliados por arbitramento nos moldes do art. 304 do RIR/2018.

3. REGISTRO CONTÁBIL

Os gastos indiretos serão registrados de acordo com cada departamento que envolve o produto a ser fabricado, registrando os valores despendidos contra os custos indiretos dentro do estoque.

Quando o produto estiver em fabricação, esses custos serão transferidos para a conta de Produtos em Elaboração e na finalização do processo produtivo para Produtos Acabados.

4. EXEMPLO PRÁTICO

O departamento de montagem apresenta os seguintes dados:

DEPARTAMENTO DE MONTAGEM	
CUSTOS INDIRETOS DO SETOR DE MONTAGEM	**VALOR**
Salários Indiretos	10.000,00
Encargos Indiretos	7.200,00
Material de Manutenção	2.800,00
Material de Segurança	2.400,00
Força	2.800,00
Seguros	1.200,00
Depreciação	1.600,00
Outros	400,00
Total do Departamento	**30.000,00**
CUSTOS INDIRETOS RECEBIDOS PELO SETOR DE FABRICAÇÃO	**VALOR**
Manutenção Geral	2.000,00
Controle de Qualidade	1.200,00
Logística	2.000,00
Relações Industriais	800,00
Total da fabricação	6.000,00
Total dos Produtos	**36.000,00**

Os custos recebidos por rateio inicialmente são acumulados nos setores de apoio e, depois, durante o processo de absorção, transferidos para os diversos setores produtivos por critérios racionais, como horas de serviço prestadas (no caso de Manutenção Geral), quantidade de funcionários alocados (no caso do Controle de Qualidade), custo do material, volume, itens movimentados (no caso da Logística) ou quantidade de funcionários que fizeram uso dos serviços (no caso de Relações Industriais).

Alertamos para a importância dessa etapa: ela deve ser efetivada por meio de negociações com os setores que deverão receber esses rateios. Os critérios podem variar de empresa para empresa e, se não forem lógicos, poderão afetar os custos dos produtos de cada setor.

Deve-se notar, ainda, que os custos alocados ao Setor de Montagem representam especificamente a parcela relativa a esse setor. No caso dos serviços de manutenção geral (caso esse serviço de manutenção também seja utilizado pelos setores administrativos e comerciais), estes também deverão receber uma parte desse rateio.

I – Pelo gastos indiretos

CONTAS CONTÁBEIS	DÉBITO – R$	CRÉDITO – R$
Custo de Fábrica – Departamento de Montagem	36.000,00	
Salários e Encargos a Pagar		17.200,00
Estoque de Materiais Indiretos		5.200,00
Fornecedores		2.800,00
Rateio dos Centros indiretos		6.000,00
Seguros		1.200,00
Depreciação		3.200,00
Outros		400,00

II – Pela transferência para produtos em elaboração

CONTAS CONTÁBEIS	DÉBITO – R$	CRÉDITO – R$
Estoque de Produtos em Elaboração	36.000,00	
Custo de Fábrica – Departamento de Montagem		36.000,00

III – Pela transferência para produtos acabados

CONTAS CONTÁBEIS	DÉBITO – R$	CRÉDITO – R$
Estoque de Produtos Acabados	36.000,00	
Estoque de Produtos em Elaboração		36.000,00

D

DAÇÃO EM PAGAMENTO

1. INTRODUÇÃO

Dação em pagamento ocorre quando o credor aceita que o devedor dê fim à relação de obrigação existente entre eles pela substituição do objeto da prestação, ou seja, o devedor realiza o pagamento na forma de algo que não estava originalmente na obrigação estabelecida, mas que a extingue da mesma forma.

A dação é, portanto, uma forma de extinção obrigacional, e sua principal característica é a natureza diversa da nova prestação perante a anterior, podendo ocorrer, por exemplo, substituindo-se dinheiro por coisa, uma coisa por outra ou mesmo uma coisa por uma obrigação de fazer.

Para que a dação seja eficaz, é necessário que:
- a) exista uma dívida vencida, consequentemente uma obrigação criada previamente;
- b) seja firmado um acordo posterior, em que o credor concorda em receber pagamento diverso;
- c) o pagamento diverso seja entregue (coisa) ou feito (obrigação de fazer) ao credor, extinguindo-se a obrigação;
- d) haja o ânimo, a vontade de solver a obrigação principal.

2. IMPOSTO DE RENDA

A dação em pagamento, por se caracterizar como uma forma de alienação, está sujeita à apuração do ganho de capital, que deverá ser acrescido para fins de determinação do IRPJ e da CSLL independente da forma de tributação adotada.

3. REGISTRO CONTÁBIL

Quando o devedor quitar sua dívida, debitará uma conta de obrigação no passivo circulante e a contrapartida será um bem ou direito do ativo.

4. EXEMPLO PRÁTICO

Vamos supor que o comprador tinha uma dívida de R$ 300.000,00, com o fornecedor. Esta dívida foi paga com estoque de imóveis para revenda.

Dessa forma, teremos os seguintes lançamentos contábeis:

CONTAS CONTÁBEIS	DÉBITO – R$	CRÉDITO – R$
Fornecedores (Passivo Circulante)	300.000,00	
Estoque de Mercadorias para Revenda (Ativo Circulante)		300.000,00

DEBÊNTURES

1. INTRODUÇÃO

As debêntures são títulos normalmente a longo prazo emitidos pela companhia com garantia de certas propriedades, bens ou aval do emitente.

São negociáveis e conferem a seus titulares direito de crédito contra a companhia emitente, nas condições constantes da escritura de emissão e do certificado.

As debêntures fornecem para a companhia recursos a longo prazo para financiar suas atividades. Elas devem ser liquidadas quando do seu vencimento, podendo a companhia emitente reservar-se o direito de resgate antecipado.

As debêntures são formas de captação de recursos para as sociedades anônimas (S.A.) e sua emissão está disciplinada pela Lei nº 6.404/1976, artigos 52 a 74, com as modificações introduzidas pelas Leis nºs 9.457/1997 e 10.303/2001.

2. IMPOSTO DE RENDA

O prêmio na emissão de debêntures, reconhecido no resultado com observância das normas contábeis, não será computado na determinação do lucro real, desde que (artigo 113 da IN RFB nº 1.700/2017):

I – a titularidade da debênture não seja de sócio ou titular da pessoa jurídica emitente; e

II – seja registrado em reserva de lucros específica, observado o disposto no artigo 193 da Lei nº 6.404, de 1976, que somente poderá ser utilizada para:

> a) absorção de prejuízos, desde que anteriormente já tenham sido totalmente absorvidas as demais Reservas de Lucros, com exceção da Reserva Legal; ou
>
> b) aumento do capital social.

3. REGISTRO CONTÁBIL

As debêntures constituem-se numa obrigação da pessoa jurídica para com terceiros e, como tal, devem ser classificadas, conforme o prazo previsto para o seu vencimento, no Passivo Circulante ou no Passivo Não Circulante (Lei nº 6.404/1976, artigo 179).

3.1. Juros e Participações

A debênture pode assegurar ao seu titular juros, fixos ou variáveis, participação no lucro da companhia e prêmio de reembolso (Lei nº 6.404/1976, artigo 56).

Esses encargos devem ser apropriados, à medida que sejam incorridos, segundo o regime de competência, e alocados, conforme o caso, em conta específica do Passivo Circulante ou Passivo Não Circulante, separadamente da conta que registra as debêntures emitidas, tendo como contrapartida uma conta de resultado.

3.2. Gastos com a colocação das debêntures no mercado

As debêntures colocadas no mercado devem ser intermediadas por instituição financeira que, entre outras atribuições, será responsável pelo serviço de liquidação das operações, de confirmação do depósito e retirada dos títulos e de confirmação de permuta ou conversão das debêntures em ações.

Tais valores devem ser registrados no Ativo Circulante ou, conforme o caso, no Ativo Não Circulante, no subgrupo das "Despesas Pagas Antecipadamente", e deverão ser apropriados durante o prazo de vigência das debêntures.

4. EXEMPLO PRÁTICO

Vamos supor que no dia 15.05.X0 determinada companhia tenha negociado debêntures, conversíveis em ações, no valor nominal de R$ 700.000,00 vencíveis há 60 meses.

Admitamos, ainda, que a instituição financeira contratada para colocar os títulos no mercado tenha cobrado por esse serviço a importância de R$ 10.500,00.

Teremos os seguintes lançamentos contábeis:

a) Registro da colocação das debêntures no mercado:

CONTAS CONTÁBEIS	DÉBITO – R$	CRÉDITO – R$
Despesa com Emissão de Debêntures a Apropriar (Ativo Circulante)	3.500,00[1]	
Despesa com Emissão de Debêntures a Apropriar (Ativo Não Circulante)	7.000,00[2]	
Caixa/Banco Conta Movimento (Ativo Circulante)		10.500,00

[1] Juros a apropriar no período de maio/X0 a dezembro/X1

$$\frac{(R\$\ 10.500,00 \times 20)}{60}$$

[2] Juros a apropriar no período de janeiro/X2 a abril/X5

$$\frac{(R\$\ 10.500,00 \times 40)}{60}$$

b) Registro da negociação das debêntures emitidas:

CONTAS CONTÁBEIS	DÉBITO – R$	CRÉDITO – R$
Caixa/Banco Conta Movimento (Ativo Circulante)	700.000,00	
Debêntures Conversíveis em Ações (Passivo Não Circulante)		700.000,00

c) Registro da apropriação das despesas incorridas no mês:

CONTAS CONTÁBEIS	DÉBITO – R$	CRÉDITO – R$
Despesas com Emissão de Debêntures (Conta de Resultado)	175,00	
Despesa com Emissão de Debêntures a Apropriar (Ativo Circulante)		175,00

Considerando que as referidas debêntures fossem remuneradas com base em juros fixos de 12% ao ano, pagos semestralmente, e que os encargos transcorridos em determinado mês tenham totalizado R$ 8.000,00.

Nesse caso, a apropriação dos juros seria efetuada da seguinte maneira:

d) Registro da apropriação dos juros, mensalmente:

CONTAS CONTÁBEIS	DÉBITO – R$	CRÉDITO – R$
Juros Passivos (Conta de Resultado)	8.000,00	
Debêntures Conversíveis em Ações – Juros e Participações (Passivo Circulante)		8.000,00

Vamos admitir que, por ocasião do pagamento dos juros semestrais, estes totalizassem a importância de R$ 48.000,00, teríamos:

e) Registro da apropriação dos juros:

CONTAS CONTÁBEIS	DÉBITO – R$	CRÉDITO R$
Debêntures Conversíveis em Ações – Juros e Participações (Passivo Circulante)	48.000,00	
Caixa/Banco Conta Movimento (Ativo Circulante)		48.000,00

Dando sequência ao desenvolvimento do exemplo, admitamos que, por ocasião do seu vencimento, R$ 300.000,00 das debêntures emitidas fossem convertidas em ações da companhia, enquanto os R$ 400.000,00 restantes fossem resgatados.

Nesse caso, teríamos:

f) Registro da reclassificação das debêntures registrada no Passivo Exigível a Longo Prazo para o Passivo Circulante, em decorrência do prazo:

CONTAS CONTÁBEIS	DÉBITO – R$	CRÉDITO – R$
Debêntures Conversíveis em Ações (Passivo Não Circulante)	700.000,00	
Debêntures Conversíveis em Ações (Passivo Circulante)		700.000,00

g) Registro da conversão das debêntures em ações:

CONTAS CONTÁBEIS	DÉBITO – R$	CRÉDITO – R$
Debêntures Conversíveis em Ações (Passivo Circulante)	300.000,00	
Capital Social (Patrimônio Líquido)		300.000,00

h) Registro do resgate das debêntures não convertidas em ações:

CONTAS CONTÁBEIS	DÉBITO – R$	CRÉDITO R$
Debêntures Conversíveis em Ações (Passivo Circulante)	400.000,00	
Caixa/Banco Conta Movimento (Ativo Circulante)		400.000,00

DEMOLIÇÃO DE BENS DO ATIVO IMOBILIZADO

1. INTRODUÇÃO

Às vezes, há necessidade de a empresa demolir uma edificação e construir outra no local para se adequar a sua nova fase de produção ou mesmo comprar uma edificação e precisar demolir para construir o seu parque fabril para que possa ser mais competitivo no mercado.

2. TRIBUTÁRIO

Na demolição de edificação adquirida com essa finalidade para construção de nova edificação, o valor da receita eventualmente originada com a venda do material resultante da demolição poderá opcionalmente ser considerado como receita não operacional, tributável pelo IRPJ e CSLL, ser compensado com o custo da demolição ou ser deduzido do valor do terreno (PN CST nº 72/1977).

No caso de edificação já existente com demolição para construção de nova edificação, o valor residual do prédio a ser demolido terá o tratamento de perda de capital (prejuízo da empresa), dedutível do lucro real. A receita eventualmente obtida com a venda do material demolido poderá ser apropriada como receita ou, opcionalmente, compensada com o custo da demolição.

3. REGISTRO CONTÁBIL

Na aquisição de terreno com edificação já existente com a finalidade de demolição e nova edificação, deve proceder da seguinte forma:

a) o valor total da operação (valor pago pelo imóvel, não importando se na escritura constam valores destacados, tanto para o terreno, quanto para a edificação) deve ser contabilizado em conta do imobilizado representativa do terreno;

b) os gastos (custos) com a demolição devem ser ativados como parcela integrante do custo da construção nova, pois estão vinculados à construção do novo prédio.

Quando a edificação já existir no ativo imobilizado, deverá observar o seguinte procedimento:

a) o valor residual do prédio a ser demolido terá o tratamento de perda de capital (prejuízo da empresa);

b) se não houver, na contabilidade, a separação destacada do valor da construção e do terreno, a empresa deverá providenciar uma avaliação pericial, que determinará a parcela do valor contabilizado do imóvel, correspondente à construção a ser demolida, podendo, assim, levar o *quantum* respectivo a débito da conta de resultados;

c) o custo da demolição para a construção de outro prédio deverá ser ativado como parcela integrante do custo da construção nova.

3.1. CPC 27 – Imobilizado

Segundo o Pronunciamento Técnico CPC 27, o custo de um item do ativo imobilizado compreende:

a) seu preço de aquisição, acrescido de impostos de importação e impostos não recuperáveis sobre a compra, depois de deduzidos os descontos comerciais e abatimentos;

b) quaisquer custos diretamente atribuíveis para colocar o ativo no local e condição necessários para o mesmo ser capaz de funcionar da forma pretendida pela administração;

c) a estimativa inicial dos custos de desmontagem e remoção do item e de restauração do local (sítio) no qual este está localizado. Tais custos representam a obrigação em que a entidade incorre quando o item é adquirido ou como consequência de usá-lo durante determinado período para finalidades diferentes da produção de estoque durante esse período.

3.2. Definição

Pode-se definir que todos os custos essenciais à colocação do ativo nas condições operacionais pretendidas pela administração deverão ser ativados, sendo classificados em conta representativa do ativo denominada "Construções em andamento" até o início das operações, quando serão reclassificados para as contas correspondentes de "Bens em Operação".

4. EXEMPLO PRÁTICO

4.1. Aquisição de Edificação Nova com Demolição Prevista

- Aquisição do imóvel por   R$ 500.000,00
- Gastos com a demolição   R$ 30.000,00
- Venda dos materiais de demolição R$ 15.000,00
- **Desdobramento do custo do imóvel:**
  - Terreno   R$ 350.000,00
  - Edifício   R$ 150.000,00

- Gastos com a nova edificação:
  - Materiais   R$ 105.000,00
  - Mão de Obra   R$ 95.000,00

Neste caso, o valor da edificação será tratado como parte integrante do terreno para fins contábil e fiscal.

I – Pela aquisição do imóvel

CONTAS CONTÁBEIS	DÉBITO R$	CRÉDITO R$
Terreno (Ativo Não Circulante)	500.000,00	
Contas a Pagar (Passivo Circulante)		500.000,00

II – Pelos gastos com a demolição

CONTAS CONTÁBEIS	DÉBITO R$	CRÉDITO R$
Construção em Andamento (Ativo Não Circulante)	30.000,00	
Fornecedores (Passivo Circulante)		30.000,00

O valor da venda dos materiais com a demolição teve como opção de registro reduzir o valor do terreno, para que não seja tributado a receita neste momento, postergando esse valor para uma eventual venda da edificação no futuro.

III – Pelos gastos com a demolição

CONTAS CONTÁBEIS	DÉBITO R$	CRÉDITO R$
Bancos Conta Movimento (Ativo Circulante)	15.000,00	
Terreno (Ativo Não Circulante)		15.000,00

IV – Pelos gastos com a nova edificação

CONTAS CONTÁBEIS	DÉBITO R$	CRÉDITO R$
Construção em Andamento (Ativo Não Circulante)	200.000,00	
Fornecedores (Passivo Circulante)		200.000,00

V – Pela conclusão da obra

CONTAS CONTÁBEIS	DÉBITO R$	CRÉDITO R$
Edificação (Ativo Não Circulante)	200.000,00	
Construção em Andamento (Ativo Não Circulante)		200.000,00

4.2. Demolição de Edificação existe com Nova Edificação

- Terreno   R$ 100.000,00
- Edificação   R$ 200.000,00
- Depreciação   R$ 80.000,00
- Gastos com demolição   R$ 40.000,00
- Venda do material de demolição   R$ 25.000,00
- Gastos com a construção   R$ 100.000,00

O valor contábil da edificação será baixada como perda de capital: 200.000 – 80.000 = 120.000.

I – Pela baixa da edificação

CONTAS CONTÁBEIS	DÉBITO R$	CRÉDITO R$
Perda de Capital (Conta de Resultado)	200.000,00	
Edificação (Ativo Não Circulante)		200.000,00

II – Pela baixa da depreciação acumulada

CONTAS CONTÁBEIS	DÉBITO R$	CRÉDITO R$
Depreciação Acumulada – Edifício (Conta Redutora do Ativo Não Circulante)	80.000,00	
Perda de Capital (Conta de Resultado)		80.000,00

III – Pelos gastos com a demolição

CONTAS CONTÁBEIS	DÉBITO R$	CRÉDITO R$
Construção em Andamento (Ativo Não Circulante)	40.000,00	
Fornecedores (Passivo Circulante)		40.000,00

O valor da venda dos materiais com a demolição teve como opção de registro compensar com o valor dos gastos com a demolição.

IV – Pelos gastos com a demolição

CONTAS CONTÁBEIS	DÉBITO R$	CRÉDITO R$
Bancos Conta Movimento (Ativo Circulante)	25.000,00	
Construção em Andamento (Ativo Não Circulante)		25.000,00

V – Pelos gastos com a nova edificação

CONTAS CONTÁBEIS	DÉBITO R$	CRÉDITO R$
Construção em Andamento (Ativo Não Circulante)	100.000,00	
Fornecedores (Passivo Circulante)		100.000,00

VI – Pela conclusão da obra

CONTAS CONTÁBEIS	DÉBITO R$	CRÉDITO R$
Edificação (Ativo Não Circulante)	115.000,00	
Construção em Andamento (Ativo Não Circulante)		115.000,00

DEPÓSITO RECURSAL NA JUSTIÇA DO TRABALHO

1. INTRODUÇÃO

O depósito recursal ou judicial trabalhista é uma obrigação que o empregador tem quando deseja recorrer de uma decisão judicial definitiva dos respectivos órgãos jurisdicionais, quando das reclamatórias trabalhistas. Ele está previsto no art. 899 da CLT.

O depósito recursal somente é exigível nas obrigações em pecúnia, ou seja, quando há a condenação da empresa para pagamento de valores. Tem por finalidade garantir a execução da sentença e o pagamento da condenação, se houver.

2. REGISTRO CONTÁBIL

O depósito recursal será registrado numa conta específica do ativo circulante ou do ativo não circulante, dependendo do prazo da decisão judicial.

3. EXEMPLO PRÁTICO

Se uma empresa é condenada em 15.08.20X1 ao pagamento de R$ 15.000,00 em uma reclamatória trabalhista em 1ª instância e deseja recorrer da decisão através de Recurso Ordinário, o valor do depósito recursal para recorrer ao Tribunal Regional do Trabalho – TRT é de R$ 9.513,16 (valor vigente a partir de 01.08.2018).

Considerando que este valor seja recuperado a longo prazo (realização superior a um ano da data do balanço patrimonial), sugerimos o seguinte lançamento contábil:

CONTAS CONTÁBEIS	DÉBITO – R$	CRÉDITO – R$
Depósito Recursal (Ativo Não Circulante)	9.513,16	
Caixa/Banco Conta Movimento (Ativo Circulante)		9.513,16

Considerando que a condenação de R$ 15.000,00 fosse mantida pelo respectivo TRT e a empresa desejasse revertê-la por meio da interposição de Recurso de Revista junto ao TST, a mesma deveria complementar o depósito recursal pela diferença entre a condenação e o valor já recolhido quando da interposição de Recurso Ordinário, ou seja, R$ 5.486,84. Neste caso, sugerimos o mesmo lançamento contábil anterior:

CONTAS CONTÁBEIS	DÉBITO – R$	CRÉDITO – R$
Depósito Recursal (Ativo Não Circulante)	5.486,84	
Caixa/Banco Conta Movimento (Ativo Circulante)		5.486,84

O valor do depósito será efetuado na conta vinculada do empregado (reclamante) a que se refere o art. 15 da Lei nº 8.036/1990.

Dando continuidade ao nosso exemplo, se a parte vencedora for a parte contrária, o depósito registrado no ativo será considerado uma despesa. Ou seja:

CONTAS CONTÁBEIS	DÉBITO – R$	CRÉDITO – R$
Sentenças Judiciais Trabalhistas (Conta de Resultado)	15.000,00	
Depósito Recursal (Ativo Não Circulante)		15.000,00

Caso o levantamento se der a favor da empresa, transfere os recursos levantados para a conta que receber os recursos, contabilizando-se também eventuais juros acrescidos ao depósito. Vamos supor que o valor dos juros seja de R$ 1.000,00.

CONTAS CONTÁBEIS	DÉBITO – R$	CRÉDITO – R$
Caixa/Banco Conta Movimento (Ativo Circulante)	16.000,00	
Depósito Recursal (Ativo Não Circulante)		15.000,00
Juros Ativos (Conta de Resultado)		1.000,00

DEPRECIAÇÃO

1. INTRODUÇÃO

A depreciação é o modo pelo qual se registra, contabilmente, a diminuição do valor de bens do Ativo Imobilizado resultante do desgaste pelo uso, pela ação da natureza ou pela obsolescência normal.

2. IMPOSTO DE RENDA

Podem ser objeto de depreciação todos os bens físicos sujeitos a desgaste pelo uso ou por causas naturais ou obsolescência normal, inclusive (artigo 318 do RIR/2018):

- a) edificações e construções;
- b) construções ou benfeitorias em imóvel alugado de outrem, se o respectivo custo não puder ser amortizado durante o prazo da locação, o que ocorre quando:
  - b.1) o contrato de locação não tiver prazo determinado ou não vedar à empresa locatária o direito à indenização pelas benfeitorias realizadas;
  - b.2) o imóvel for locado de sócios, acionistas, dirigentes, participantes nos lucros ou respectivos parentes ou dependentes;
- c) bens cedidos em comodato, desde que o empréstimo de tais bens seja usual nos tipos de operações, transações ou atividades da comodante e não mera liberalidade desta, como, por exemplo, os bens cedidos em comodato por fabricantes de bebidas ou sorvetes ou distribuidores de derivados de petróleo aos comerciantes revendedores de seus produtos;
- d) projetos florestais destinados à exploração dos respectivos frutos.

Não são passíveis de depreciação:
- a) terrenos, salvo em relação a melhoramentos ou construções;
- b) prédios e construções não alugados nem utilizados na produção dos rendimentos da empresa ou destinados à revenda;
- c) bens que normalmente aumentam de valor com o tempo, como obras de arte e antiguidades;
- d) bens para os quais sejam registradas quotas de exaustão (florestas destinadas ao corte e jazidas minerais).

A quota de depreciação a ser registrado na escrituração da pessoa jurídica como custo ou despesa operacional será determinada com base nos prazos de vida útil dos bens e nas taxas de depreciação constantes dos anexos da Instrução Normativa RFB nº 1.700/2017, anexo III.

Principais Taxas de Depreciação

BEM	TAXA ANUAL DE DEPRECIAÇÃO	PRAZO DE VIDA ÚTIL
Imóveis	4%	25 anos
Instalações	10%	10 anos
Máquinas e Equipamentos	10%	10 anos
Móveis e Utensílios	10%	10 anos
Veículos	20%	5 anos
Equipamentos de Informática	20%	5 anos

3. REGISTRO CONTÁBIL

A depreciação realizada em bens pertencentes ao ativo imobilizado é lançada em conta redutora do Ativo Não Circulante, no subgrupo Imobilizado em contrapartida ao custo ou despesa operacional.

Nas empresas industriais, a manutenção do sistema de contabilidade de custos integrado e coordenado com o restante da escrituração exige que os encargos de depreciação dos bens empregados na produção sejam contabilizados mensalmente.

4. EXEMPLO PRÁTICO

Admita-se que a Empresa RAG Ltda. tenha um veículo que foi adquirido em janeiro/20X1 pelo preço de R$ 48.000,00.

Cálculo da depreciação

Passado um mês da aquisição, a Empresa RAG Ltda. calcula o valor da depreciação relativa a esse bem, para proceder com a devida contabilização, considerando uma taxa de depreciação de 20% ao ano.

- Quota anual: R$ 48.000,00 x 20%   R$ 9.600,00
- Duodécimo: R$ 9.600,00 ÷ 12   R$ 800,00

I – Pela apropriação dos encargos de depreciação:

CONTAS CONTÁBEIS	DÉBITO – R$	CRÉDITO – R$
Depreciação (Conta de Resultado)	800,00	
Depreciação Acumulada (Conta Redutora do Ativo Não Circulante – Imobilizado)		800,00

DESCONTO DE DUPLICATAS

1. INTRODUÇÃO

O desconto de duplicatas é uma operação financeira de curto prazo (empréstimo), na qual a empresa obtém recursos financeiros perante bancos ou entidades assemelhadas a serem utilizados em suas atividades operacionais. Para sua efetivação, é preciso realizar vendas a prazo, obtendo, assim, as duplicatas de venda mercantil.

Nessa operação, a instituição financeira compra à vista as duplicatas, "descontando" no ato as despesas bancárias/financeiras, o IOF e os juros a que tem direito pelo período a transcorrer entre a data do desconto e a data do vencimento dos títulos, e repassa à empresa tomadora os recursos pelo valor líquido (valor nominal dos títulos menos os encargos financeiros).

No vencimento das duplicatas, quando esta for liquidada em dia, a instituição financeira, ou cessionária[1], fica com o valor pago pelo sacado[2]. Não ocorrendo o pagamento no prazo acordado, a instituição debita as duplicatas na conta da empresa que fez o desconto, cobra novos encargos financeiros da empresa cedente[3] dos títulos pela mora da liquidação e devolve as duplicatas também para o cedente.

---

1. Cessionária é a instituição financeira que vai adquirir a duplicata.
2. Sacado é a pessoa que vai pagar a duplicata, ou seja, é a pessoa que vai ter o nome impresso no título (o devedor).
3. Cedente é a empresa para quem vai se pagar o título, ou seja, a empresa que emitiu a duplicata (o credor).

2. REGISTRO CONTÁBIL

De acordo com o Pronunciamento Técnico CPC 38, quando uma entidade transferir um ativo financeiro, deverá avaliar até que ponto ela retém os riscos e benefícios da propriedade do ativo financeiro. Nesse caso, se a entidade:

a) transferir substancialmente todos os riscos e benefícios da propriedade do ativo financeiro, a entidade deverá desreconhecer o ativo financeiro e reconhecer separadamente como ativos ou passivos quaisquer direitos e obrigações criados ou retidos com a transferência; ou

b) retiver substancialmente todos os riscos e benefícios da propriedade do ativo financeiro, a entidade deverá continuar a reconhecer o ativo financeiro.

Portanto, nessa nova ótica, quando a empresa transfere a terceiros um ativo financeiro, desconto de duplicatas, por exemplo, esta somente poderá baixá-lo de sua contabilidade quando (e se) transferir substancialmente todos os riscos e benefícios da propriedade do ativo financeiro. Caso contrário, a entidade deverá manter os instrumentos financeiros no Ativo e tratar o valor recebido como empréstimo.

O que se busca agora é a essência da operação. Desta forma, as parcelas recebidas nas operações de desconto de duplicatas, quando não houver a transferência dos riscos e benefícios da propriedade, deverão ser registradas no Passivo, sob a rubrica "Duplicata Descontada". Já a duplicata ficará no Ativo até que ela seja baixada por recebimento ou perda no recebimento de créditos.

3. EXEMPLO PRÁTICO

Vamos considerar que determinada empresa mercantil tenha, no dia 01.04.20X0, negociado junto a uma instituição financeira duplicatas a receber no valor de R$ 255.000,00 com vencimento em 31.08.20X0.

Consideremos também que forem descontados da empresa R$ 25.500,00 referentes aos juros da operação, R$ 1.000,00 de despesas bancárias e R$ 1.600,00 de IOF, teremos os seguintes lançamentos contábeis:

a) Registro do desconto das duplicatas junto ao banco:

CONTAS CONTÁBEIS	DÉBITO – R$	CRÉDITO R$
Banco Conta Movimento (Ativo Circulante)	255.000,00	
Duplicatas Descontadas (Passivo Circulante)		255.000,00

No que se refere aos encargos cobrados pelo banco, nada mudou com a publicação do Pronunciamento Técnicos CPC 38; portanto, os juros cobrados pelo banco serão lançados numa conta redutora do passivo circulante sob a rubrica "Encargos Financeiros a Transcorrer", sendo apropriadas em contas de resultado à medida que forem sendo incorridos e as despesas bancárias e o IOF serão lançados diretamente para o resultado.

Dando continuidade em nosso exemplo, demonstramos agora os lançamentos contábeis referentes aos encargos financeiros cobrados pelo banco:

b) Registro dos juros cobrados pelo banco:

CONTAS CONTÁBEIS	DÉBITO – R$	CRÉDITO R$
Encargos Financeiros a Transcorrer (Conta Redutora do Passivo Circulante)	25.500,00	
Banco Conta Movimento (Ativo Circulante)		25.500,00

c) Registro do IOF cobrado pelo banco:

CONTAS CONTÁBEIS	DÉBITO – R$	CRÉDITO R$
IOF (Conta de Resultado)	1.600,00	
Banco Conta Movimento (Ativo Circulante)		1.600,00

d) Registro das despesas bancárias cobradas pelo banco:

CONTAS CONTÁBEIS	DÉBITO – R$	CRÉDITO R$
Despesa Bancária (Conta de Resultado)	1.000,00	
Banco Conta Movimento (Ativo Circulante)		1.000,00

De acordo com o regime de competência, a empresa comercial deverá apropriar os juros incorridos no período de apuração correspondente.

e) Registro dos juros cobrados pelo banco:

CONTAS CONTÁBEIS	DÉBITO – R$	CRÉDITO R$
Juros Passivos (Conta de Resultado)	5.100,00*	
Encargos Financeiros a Transcorrer (Conta Redutora do Passivo Circulante)		5.100,00*

(*) Memória de Cálculo: R$ 25.500,00/5 meses = R$ 5.100,00, sendo os 5 (cinco) meses correspondente ao período de 01.04.20X0 à 31.08.20X0.

Quando da liquidação da duplicata pelo sacado (cliente da empresa comercial) e do aviso de recebimento emitido pelo banco, a empresa deverá proceder à baixa da duplicata de sua escrita contábil. Considerando nosso exemplo, teremos o seguinte lançamento:

f) Registro da baixa das duplicatas quitadas:

CONTAS CONTÁBEIS	DÉBITO – R$	CRÉDITO R$
Duplicatas Descontadas (Passivo Circulante)	255.000,00	
Clientes (Ativo Circulante)		255.000,00

Ocorrendo de o sacado não liquidar no prazo a duplicata transferida, o banco procederá à devolução do título à empresa comercial que os cedeu. Na prática, o contrato de desconto já prevê que o valor não recebido seja debitado da conta corrente do cedente.

Supondo que a duplicata emitida pela empresa comercial no valor de R$ 255.000,00 não tenha sido paga no prazo estabelecido, teríamos o seguinte lançamento contábil:

g) Registro da baixa das duplicatas não quitadas:

CONTAS CONTÁBEIS	DÉBITO – R$	CRÉDITO R$
Duplicatas Descontadas (Passivo Circulante)	255.000,00	
Banco Conta Movimento (Ativo Circulante)		255.000,00

3.1. Quando há a transferência dos riscos e benefícios

Como já dissemos, a empresa comercial (Cedente) pode descontar duplicatas com transferência de todos os riscos e benefícios para a instituição financeira (Cessionário). Nesta situação, não existe a figura do empréstimo, pois o cedente vende o título sem que haja a possibilidade do direito de regresso do mesmo, até, por isso, diga-se de passagem, os juros praticados pela instituição financeira acabam sendo mais elevados (por conta do risco de inadimplemento do sacado).

Vamos admitir que a Empresa Comercial tenha, em 01.04.20X1, descontado no Banco S.A. uma duplicata de sua emissão no valor total de R$ 100.000,00 e vencimento para 30.05.20X1, cujos riscos do não adimplemento do sacado, seu cliente, sejam transferidos para o banco. Consideremos também que foram descontados da empresa R$ 20.000,00 referentes aos juros da operação, R$ 400,00 de despesas bancárias e R$ 700,00 de IOF.

Considerando esses valores, teremos os seguintes lançamentos contábeis:

a) Registro da venda da duplicata:

CONTAS CONTÁBEIS	DÉBITO – R$	CRÉDITO R$
Banco Conta Movimento (Ativo Circulante)	100.000,00	
Clientes (Ativo Circulante)		100.000,00

b) Registro dos encargos financeiros:

CONTAS CONTÁBEIS	DÉBITO – R$	CRÉDITO R$
IOF (Conta de Resultado)	700,00	
Despesas Bancárias (Conta de Resultado)	700,00	
Juros Antecipados (Ativo Circulante)	20.000,00[1]	
Banco Conta Movimento (Ativo Circulante)		21.100,00

[1] Neste caso, os juros serão registrados numa conta de despesas antecipadas no ativo circulante e reconhecidos, no resultado do exercício, pelo regime de competência.

DESCONTO OBTIDO E CONCEDIDO

1. INTRODUÇÃO

Descontos financeiros ocorrem quando o devedor quita o débito com antecedência.

É uma prática muito utilizada, tendo em vista que beneficiam os dois lados (empresa devedora e credora). A devedora por pagar uma dívida pelo valor menor ao acordado e a credora por receber antecipadamente suas duplicatas ou outros títulos, melhorando sua liquidez.

2. IMPOSTO DE RENDA

Os descontos obtidos serão incluídos no lucro operacional para fins de determinação do lucro real e da base de cálculo do lucro presumido (art. 397 do RIR/2018). Quando derivados de operações ou títulos com vencimento posterior ao encerramento do período de apuração, poderão ser rateados pelos períodos a que competirem.

Os descontos concedidos visando incrementar as operações comerciais são dedutíveis para fins de determinação do lucro real (art. 311 do RIR/2018).

3. REGISTRO CONTÁBIL

3.1. Na empresa que concede o desconto (credora)

A empresa que concede o desconto a clientes por pagamentos antecipados de duplicatas ou outro títulos efetuará o registro desse desconto numa conta intitulada "Descontos Concedidos", no resultado do exercício (artigo 187 da Lei nº 6.404/1976).

Este registro é efetuado no momento do recebimento das duplicatas ou outros títulos de créditos.

3.2. Na empresa que paga a duplicata ou outro título com desconto (devedora)

A empresa que paga a duplicata ou outro título de crédito com desconto efetuará o registro desse desconto numa conta intitulada "Descontos Obtidos", no resultado do exercício (artigo 187 da Lei nº 6.404/1976).

Este registro é efetuado quando ocorrer o pagamento das duplicatas ou outros títulos de créditos.

4. EXEMPLO PRÁTICO

Vamos supor que determinada empresa concede a seus clientes os seguintes descontos:

PAGAMENTO ANTECIPADO	PERCENTUAL DE DESCONTO
de 7 dias	3%
de 8 a 15 dias	6%
de 16 a 22 dias	8%
superior a 23 dias	10%

Considerando que a duplicata no valor de R$ 15.000,00 com vencimento para o dia 04.08.X1 tenha sido quitada em 15.07.X1, a empresa credora concedeu um desconto de 8% sobre o valor da duplicata recebida. Neste caso, sugerimos os seguintes lançamentos contábeis tanto para a empresa credora como para a devedora:

a) Registro na empresa que concedeu o desconto (credora):

CONTAS CONTÁBEIS	DÉBITO – R$	CRÉDITO R$
Caixa/Banco Conta Movimento (Ativo Circulante)	13.800,00	
Descontos Concedidos – Despesa Financeira (Conta de Resultado)	1.200,00	
Clientes (Ativo Circulante)		15.000,00

b) Registro na empresa que obteve o desconto (devedora):

CONTAS CONTÁBEIS	DÉBITO – R$	CRÉDITO R$
Fornecedores (Passivo Circulante)	15.000,00	
Descontos Obtidos – Receita Financeira (Conta de Resultado)		1.200,00
Caixa/Banco Conta Movimento (Ativo Circulante)		13.800,00

DESONERAÇÃO DA FOLHA DE PAGAMENTO – FÉRIAS

1. INTRODUÇÃO

Com a publicação da Lei nº 12.546/2011 e alterações posteriores, alguns setores da economia foram desonerados de pagar a contribuição previdenciária patronal sobre a folha de pagamento passando a recolher a contribuição previdenciária com base na receita bruta.

Ente os setores beneficiados pela desoneração, podemos citar os de: autopeças, têxtil, tecnologia da informação, fármacos e demais.

Dessa forma, o cálculo passa a ser feito com base na receita bruta em substituição ao recolhimento feito sobre a folha de pagamento com alíquota de 20%.

2. ASPECTOS DA DESONERAÇÃO DA FOLHA

Quando a empresa tem outras atividades, além das abrangidas pela desoneração da folha de pagamento, o cálculo da contribuição obedecerá:

a) à aplicação de 2% até 4,5%, conforme o caso, quanto à parcela da receita bruta correspondente às atividades abrangidas pela contribuição previdenciária sobre a receita bruta; e

b) 20%, sobre a remuneração de empregados, trabalhadores avulsos e contribuintes individuais, reduzindo-se o valor da contribuição a recolher ao percentual resultante da razão entre a receita bruta de atividades não relacionadas aos serviços ou à fabricação dos produtos abrangidos pela substituição e a receita bruta total, apuradas no mês.

O mencionado nas letras "a" e "b" aplica-se às empresas que se dediquem a outras atividades, além das que gozam do benefício da substituição e somente se a receita bruta decorrente de outras atividades for superior a 5% da receita bruta total.

Caso não seja ultrapassado o mencionado limite, a contribuição será calculada sobre a receita bruta total auferida no mês.

Nota

As empresas desoneradas da folha de pagamento deverão continuar a calcular o GIIL-RAT (1%, 2% ou 3%) e terceiros (salário-educação, Incra, Sebrae, Sesi, Sesc) sobre a folha de pagamento dos empregados a seu serviço, tendo em vista que a substituição da contribuição previdenciária patronal desonerada foi apenas em relação à alíquota de 20% sobre a folha de pagamento não substituindo o recolhimento em questão, bem como os 15% incidentes sobre os serviços prestados por cooperativas de trabalho.

2.1 Determinação dos valores devidos

O limite do saldo apropriado a título de férias, no encerramento do período-base, é determinado com base na remuneração mensal do empregado e no número de dias de férias a que este já tiver direito na época do balanço.

Devem ser observadas sempre:

a) a inclusão do adicional constitucional de 1/3; e

b) a apropriação também dos encargos sociais por conta da empresa.

Para a determinação do montante a ser apropriado, é necessário estabelecer o critério de contagem de dias de férias com base na Consolidação das Leis do Trabalho (CLT), art. 130:

a) por períodos completos;

b) por períodos incompletos.

2.2 Períodos completos

Após cada período de 12 meses de vigência do contrato de trabalho, o empregado tem direito a férias na seguinte proporção:

a) até 5 faltas, 30 dias corridos;

b) de 6 a 14 faltas, 24 dias corridos;

c) de 15 a 23 faltas, 18 dias corridos; e

d) de 24 a 32 faltas, 12 dias corridos.

Sempre que, nos termos da CLT, as férias forem devidas em dobro, os dias de férias a que o empregado fizer jus serão contados observando-se essa circunstância.

2.3 Períodos incompletos

Relativamente aos períodos inferiores a 12 meses de serviço, na data do balanço, as férias devem ser calculadas com base na proporção de 1/12 (um doze avos) de 30 por mês de serviço ou fração superior a 14 dias à data do balanço (ou seja, 2,5 dias por mês ou fração superior a 14 dias).

No caso de apropriação efetuada mensalmente, será levado a débito das respectivas contas de resultado e a crédito da conta "Férias a Pagar", em cada mês, o equivalente a 2,5 dias de salário, acrescido do adicional constitucional de 1/3 e dos respectivos encargos sociais.

A constituição da apropriação para férias deve basear-se em informações precisas fornecidas normalmente pelo setor de pessoal da empresa.

3. REGISTRO CONTÁBIL

Sob a ótica estritamente fiscal, se a empresa apura seus resultados trimestralmente (balanços/balancetes trimestrais), é de fundamental importância a apropriação mensal (ou, ao menos, trimestral) das despesas com férias e respectivos encargos sociais.

No caso de empresa optante pela estimativa mensal (balanço anual), é aceitável o registro da apropriação somente no final do ano-calendário ou por ocasião do levantamento de balanços/balancetes de suspensão/redução.

Também as empresas que se utilizam da contabilidade para fins gerenciais devem apropriar mensalmente as despesas com férias e os respectivos encargos sociais.

Sob o aspecto contábil, todavia, em qualquer caso é recomendável a apropriação mensal dos valores.

De acordo com o regime contábil da competência, as despesas com férias e respectivos encargos sociais devem ser apropriados mensalmente, durante o período aquisitivo do direito pelos empregados, porque é nesse período que é gerada a consequente obrigação da empresa.

O valor correspondente às férias adquiridas, ao abono constitucional e aos encargos sociais incidentes deve ser reconhecido contabilmente como custo (quando referente ao pessoal do setor de produção) ou como despesa operacional (quando referente ao pessoal dos setores comercial e administrativo), tendo como contrapartida as contas de "Férias a Pagar" e "Encargos Sociais sobre Férias a Pagar" ou, alternativamente, uma única conta de "Férias e Encargos Sociais a Pagar", classificáveis no Passivo Circulante.

Observa-se, porém, que, ocorrendo reajustes salariais, deverá ser efetuado o ajuste do montante da despesa apropriada, lançando-se, em seguida, o duodécimo do mês já calculado sobre o valor reajustado.

4. EXEMPLOS PRÁTICOS

4.1 Atividades 100% desoneradas

As empresas cujas receitas são 100% desoneradas, onde o cálculo da contribuição previdenciária patronal será efetuada com base na receita bruta mensal com utilização das alíquotas que variam entre 1% e 2,0%, não terão provisão para os encargos sociais relativos à alíquota de 20%, devendo assim efetuar a reversão dessa provisão.

Admita-se que uma empresa desonerada em 100% tenha provisionado o valor de 100.000,00 de encargos sociais sobre a remuneração de férias e a contribuição patronal represente o valor de R$ 80.000,00 do montante provisionado (20% patronal). Esse valor, portanto, deve ser revertido, haja vista que não haverá o recolhimento deste encargo em decorrência da desoneração.

I – Pela reversão dos encargos sociais de férias:

CONTAS CONTÁBEIS	DÉBITO – R$	CRÉDITO – R$
Encargos Sociais sobre Férias a Pagar (Passivo Circulante)	80.000,00	
Reversão de Encargos Sociais sobre Férias (Conta de Resultado)		80.000,00

4.2 Demonstrativos para apuração das férias

4.2.1 Período aquisitivo e dias de férias

Para fins de melhor compreensão, vamos exemplificar considerando apenas um empregado com admissão em 17.01.20X1, e admitindo a seguinte situação no ano de 20X1:

Quadro 1

EMPREGADO	PERÍODO AQUISITIVO	MÊS	FALTAS	DIAS DE FÉRIAS
João José	17.01.20X1 a 17.12.20X1	01	0	2,5
		02	0	5,0
		03	0	7,5
		04	2	10,0
		05	0	12,5
		06	0	15,0
		07	0	17,5
		08	1	20,0
		09	0	22,5
		10	0	25,0
		11	0	27,5
		12	1	30,0

4.2.2 Demonstrativo dos valores a serem utilizados para provisionar

Com os dados do quadro 1 e admitindo remuneração mensal de R$ 1.500,00, demonstraremos como fica o provisionamento para todo o ano-calendário de 20X1.

Quadro 2

MÊS	REMUNERAÇÃO + 1/3 CONSTITUCIONAL	SOMA DA PROVISÃO	1/12 AVOS DA REMUNERAÇÃO	INSS	COMPLEMENTO DO INSS
01	R$ 1.500,00	2,5/30	166,67	33,33	-0-
02	R$ 2.000,00	5,0/30	333,33	66,67	33,33
03		7,5/30	500,00	100,00	33,33
04		10,0/30	666,67	133,33	33,33
05		12,5/30	833,33	166,67	33,34
06		15,0/30	1.000,00	200,00	33,33
07		17,5/30	1.166,67	233,33	33,33
08		20,0/30	1.333,33	266,67	33,34
09		22,5/30	1.500,00	300,00	33,33
10		25,0/30	1.666,67	333,33	33,33
11		27,5/30	1.833,33	366,67	33,34
12		30,0/30	2.000,00	400,00	33,33

4.3 Provisão com base na folha de pagamento

Considerado empresa com início da desoneração da folha de pagamento no mês de abril, e dos dados apresentados no Quadro 2, sugerimos os seguintes lançamentos do provisionamento das férias e encargos sócias relativos aos meses de janeiro a março de 20X1.

I – Pela provisão da remuneração de férias do mês de janeiro:

CONTAS CONTÁBEIS	DÉBITO – R$	CRÉDITO – R$
Provisão de Férias (Conta de Resultado)	166,67	
Férias a Pagar (Passivo Circulante)		166,67

II – Pela provisão dos encargos sociais do mês de janeiro:

CONTAS CONTÁBEIS	DÉBITO – R$	CRÉDITO – R$
Encargos Sociais sobre Férias (Conta de Resultado)	33,33	
Encargos Sociais sobre Férias a Pagar (Passivo Circulante)		33,33

Nota

1. Os lançamentos da provisão dos meses de janeiro e fevereiro seguem o mesmo lançamento do mês de janeiro exposto acima.

2. O saldo da provisão dos encargos sociais dos meses de janeiro a março é de R$ 100,00 (encargos sociais de janeiro a março) e o da remuneração de férias é de R$ 500,00 (remuneração acrescida de 1/3 constitucional de janeiro a março), conforme demonstrado no quadro 2.

4.4. Reversão da provisão

Com as novas regras de cálculo da contribuição previdenciária patronal, deverá ser efetuada a reversão da provisão contabilizada até o mês anterior ao início da desoneração da folha de pagamento, ou seja:

a) até março/20X1 para quem passou a ser desonerado em abril/20X1; e

b) até julho/20X1 para quem passou a ser desonerado em agosto/20X1.

Considerando uma empresa de TI/TIC com início da desoneração da folha no mês de abril/20X1, a provisão dos encargos sobre férias dos meses de janeiro a março de 20X1, deve reverter a provisão, tendo em vista que o recolhimento da contribuição previdenciária patronal será baseado na receita bruta mensal.

Conforme demonstrado no Quadro 2, a provisão de janeiro a março foi de R$ 100,00, portanto, vamos revertê-la em razão do novo método de cálculo da contribuição previdenciária patronal.

I – Pela reversão dos encargos sociais de férias:

CONTAS CONTÁBEIS	DÉBITO – R$	CRÉDITO – R$
Encargos Sociais sobre Férias a Pagar (Passivo Circulante)	100,00	
Reversão de Encargos Sociais sobre Férias (Conta de Resultado)		100,00

4.5. Provisão com base na desoneração da folha

A contribuição previdenciária patrimonial será calculada tomando-se como base a alíquota de 20%, sobre a remuneração de empregados, trabalhadores avulsos e contribuintes individuais, reduzindo-se o valor da contribuição a recolher ao percentual resultante da razão entre a receita bruta de atividades não relacionadas aos serviços ou à fabricação dos produtos abrangidos pela substituição e a receita bruta total, apuradas no mês.

Fórmula: Receita Bruta da Atividade não relacionada à desoneração

Receita Bruta Total

Admita-se que a empresa tenha as seguintes receitas brutas mensal no ano de 20X1:

Quadro 3

MÊS DE 20X1	RECEITA BRUTA TOTAL	RECEITA BRUTA DAS ATIVIDADES NÃO DESONERADAS
04	R$ 150.000,00	R$ 45.000,00
05	R$ 160.000,00	R$ 55.000,00
06	R$ 170.000,00	R$ 65.000,00
07	R$ 210.000,00	R$ 90.000,00
08	R$ 195.000,00	R$ 85.000,00
09	R$ 205.000,00	R$ 75.000,00
10	R$ 235.000,00	R$ 98.000,00
11	R$ 185.000,00	R$ 69.000,00
12	R$ 195.000,00	R$ 78.000,00

Cálculo da provisão no mês de abril/20X1

Utilizando os valores de receita bruta do Quadro 3 e o valor da contribuição previdenciária patronal do mês de abril do Quadro 2, teremos o seguinte cálculo:

$\frac{45.000,00}{150.000,00} \times 100 = 0,30$

133,33* x 0,30 = 40,00

Nota
* Corresponde a 20% de encargos de janeiro a abril.

Alternativamente, o cálculo poderá ser efetuado utilizando o valor da remuneração do respectivo mês da provisão, conforme Quadro 2.

20% (alíquota previdenciária) x 0,30 = 6%

666,67** x 6% = 40,00

Nota
** Corresponde à remuneração de férias, acrescido de 1/3 constitucional de janeiro a abril.

Lançamento da provisão

I – Pela provisão da remuneração de férias:

CONTAS CONTÁBEIS	DÉBITO – R$	CRÉDITO – R$
Provisão de Férias (Conta de Resultado)	166,67	
Férias a Pagar (Passivo Circulante)		166,67

II – Pela provisão dos encargos sociais

CONTAS CONTÁBEIS	DÉBITO – R$	CRÉDITO – R$
Encargos Sociais sobre Férias (Conta de Resultado)	40,00	
Encargos Sociais sobre Férias a Pagar (Passivo Circulante)		40,00

Cálculo da provisão no mês de maio/20X1

Utilizando os valores de receita bruta do Quadro 3 e o valor da contribuição previdenciária patronal do mês de maio do Quadro 2, teremos o seguinte cálculo:

$$\frac{55.000,00}{160.000,00} = 0,34$$

166,67* x 0,34 = 56,67

Nota
* Corresponde a 20% de encargos de janeiro a maio.

Alternativamente, o cálculo poderá ser feito utilizando o valor da remuneração do respectivo mês da provisão, conforme Quadro 2.

20% (alíquota previdenciária) x 0,34 = 6,8%

833,33** x 6,8% = 56,67

Nota
** Corresponde à remuneração de férias, acrescido de 1/3 constitucional de janeiro a maio.

Lançamento da provisão

I – Pela provisão da remuneração de férias:

CONTAS CONTÁBEIS	DÉBITO – R$	CRÉDITO – R$
Provisão de Férias (Conta de Resultado)	166,67	
Férias a Pagar (Passivo Circulante)		166,67

II – Pelo complemento da provisão dos encargos sociais:

CONTAS CONTÁBEIS	DÉBITO – R$	CRÉDITO – R$
Encargos Sociais sobre Férias (Conta de Resultado)	16,67	
Encargos Sociais sobre Férias a Pagar (Passivo Circulante)		16,67

Nota

O valor de R$ 16,67 corresponde à diferença entre o valor anteriormente provisionado (R$ 40,00) e o valor calculado no mês (R$ 56,67).

Cálculo da provisão no mês de junho/20X1

Utilizando os valores de receita bruta do Quadro 3 e o valor da contribuição previdenciária patronal do mês de junho do Quadro 2, teremos o seguinte cálculo:

$$\frac{40.000,00}{170.000,00} = 0,24$$

200,00* x 0,24 = 50,00

Nota

* Corresponde a 20% de encargos de janeiro a junho.

Alternativamente, o cálculo poderá ser feito utilizando o valor da remuneração do respectivo mês da provisão, conforme Quadro 2.

20% (alíquota previdenciária) x 0,24 = 5%

1.000,00** x 5% = 50,00

> **Nota**
> ** Corresponde à remuneração de férias, acrescido de 1/3 constitucional de janeiro a junho.

Lançamento da provisão

I – Pela provisão da remuneração de férias:

CONTAS CONTÁBEIS	DÉBITO – R$	CRÉDITO – R$
Provisão de Férias (Conta de Resultado)	166,67	
Férias a Pagar (Passivo Circulante)		166,67

II – Pela reversão dos encargos sociais:

CONTAS CONTÁBEIS	DÉBITO – R$	CRÉDITO – R$
Encargos Sociais sobre Férias a Pagar (Passivo Circulante)	6,67	
Reversão de Encargos Sociais sobre Férias (Conta de Resultado)		6,67

> **Notas**
> 1. O valor de R$ 6,67 corresponde à diferença entre o valor anteriormente provisionado (R$ 56,67) e o valor do novo cálculo (R$ 50,00), motivo pelo qual há a reversão da provisão anteriormente efetuada.
>
> 2. Demais meses: para os demais meses do Quadro 3, a provisão segue o mesmo raciocínio e lançamentos dos meses de abril, maio e junho de 20X1 dos subtópicos anteriores, observando-se que poderá haver o complemento da provisão ou a reversão desta, conforme os valores forem sendo apurados com base na receita bruta.

DESPESA COM PROPAGANDA E PUBLICIDADE

1. INTRODUÇÃO

De acordo com a enciclopédia Wikipédia, propaganda é um modo específico sistemático de persuadir visando influenciar com fins ideológicos, políticos as emoções, atitudes, opiniões ou ações do público alvo.

Publicidade significa, genericamente, divulgar, tornar público um fato ou uma ideia. É uma técnica de comunicação em massa, cuja finalidade é fornecer informações sobre produtos ou serviços com fins comerciais. É um meio de tornar conhecido um produto, um serviço ou uma entidade.

Em suma, a publicidade é, sobretudo, um grande meio de comunicação com a massa. É paga com a finalidade de fornecer informações, desenvolver atitudes e provocar ações benéficas para o anunciante, geralmente para vender seus produtos e serviços. A propaganda é um instrumento de persuasão de ideias, de uma doutrina ou ideologia e ainda para bens e serviços. A propaganda visa difundir informações (geralmente pagas), o objetivo é induzir a atitudes de aquisição do que se anuncia, é um direcionamento do comportamento humano para um sentido, configurando-se assim na comunicação de massa propriamente dita.

2. IMPOSTO DE RENDA

De acordo com a legislação do Imposto de Renda, somente serão admitidas a dedutibilidade das despesas de propaganda que estejam diretamente relacionados com a atividade explorada pela empresa, registradas segundo regime de competência, e que sejam relacionadas a gastos com (art. 380 do RIR/2018):

I. os rendimentos específicos de trabalho assalariado, autônomo ou profissional, pagos ou creditados a terceiros, e a aquisição de direitos autorais de obra artística;

II. as importâncias pagas ou creditadas a empresas jornalísticas, correspondentes a anúncios ou publicações;

III. as importâncias pagas ou creditadas a empresas de radiodifusão ou televisão, correspondentes a anúncios, horas locadas ou programas;

IV. as despesas pagas ou creditadas a quaisquer empresas, inclusive de propaganda;

V. o valor das amostras, tributáveis ou não pelo Imposto sobre Produtos Industrializados (IPI), distribuídas gratuitamente por laboratórios químicos ou farmacêuticos e por outras empresas que utilizem esse sistema de promoção de venda de seus produtos, sendo indispensável:

a. que a distribuição das amostras seja contabilizada, nos livros de escrituração da empresa, pelo preço de custo real;
b. que a saída das amostras esteja documentada com a emissão das correspondentes notas fiscais;
c. que o valor das amostras distribuídas em cada ano-calendário não ultrapasse os limites estabelecidos pela Receita Federal do Brasil (RFB), tendo em vista a natureza do negócio, até o máximo de 5% (cinco por cento) da receita obtida na venda dos produtos.

Poderá ser admitido, a critério da Receita Federal, que as despesas de que trata o item "V" ultrapassem, excepcionalmente, os limites previstos na letra "c", nos casos de planos especiais de divulgação destinados a produzir efeito além de um ano-calendário, devendo a importância excedente, daqueles limites, ser amortizada no prazo mínimo de três anos, a partir do ano-calendário seguinte ao da realização das despesas.

Lembrando que as importâncias pagas ou creditadas por pessoas jurídicas a pessoas jurídicas, por serviços de propaganda e publicidade, estão sujeitas a retenção de imposto de renda na fonte a alíquota de 1,5% (art. 718, II do RIR/2018).

3. REGISTRO CONTÁBIL

A empresa anunciante deve registrar a despesa de propaganda e publicidade como despesa operacional pelo regime de competência.

A anunciante é a empresa que contrata o anúncio junto aos veículos de comunicação (televisão, rádio, internet, jornais, revistas, outdoors, etc.), através de uma agência de propaganda.

A agência de propaganda contabiliza o valor faturado ou recebido do anunciante em contas distintas (ativos e passivos), pois parte do valor será repassado às empresas de comunicação.

A agência de publicidade é a empresa que presta o serviço ao anunciante. Ela é quem faz a propaganda dos anúncios aos meios de comunicação. Ela contabiliza o valor do anunciante em contas diferentes (ativos e passivos), pois parte do valor é repassado ao veículo de divulgação (televisão, rádio, jornais, revistas, etc.). E outra parte, normalmente 20%, é considerada como receita da agência.

4. EXEMPLO PRÁTICO

Suponha que determinado anunciante pague a uma agência de propaganda a importância total de R$ 100.000,00, relativa a uma campanha publicitária, tendo a agência, repassado aos veículos de divulgação (emissoras de rádio e televisão, jornais, revistas etc.) a importância de R$ 80.000,00.

Importância total paga pelo anunciante	100.000,00
Repasse aos veículos de divulgação	80.000,00
Base de cálculo do IRRF	20.000,00
Valor do IRRF (1,5% de $ 20.000,00)	300,00

Neste caso, tem-se:

Com base nestes dados, sugerimos os seguintes lançamentos contábeis:

I – Na empresa anunciante:

CONTAS CONTÁBEIS	DÉBITO – R$	CRÉDITO – R$
Despesa com Propaganda de Publicidade (Conta de Resultado)	100.000,00	
Contas a Pagar (Passivo Circulante)		100.000,00

II – Na agência de propaganda:

Agência de propaganda emite fatura contra a anunciante com os seguintes dados:

- Valor total da fatura – R$ 100.000,00

- Comissão da agência – R$ 20.000,00

- Repasse ao veículo de comunicação – R$ 80.000,00

- IRRF a ser recolhido pela agência de propaganda (1,5% de R$ 20.000,00) – R$ 300,00

a) Registro do faturamento do serviço:

CONTAS CONTÁBEIS	DÉBITO – R$	CRÉDITO – R$
Clientes (Ativo Circulante)	100.000,00	
Fornecedores – Veículos de Divulgação (Passivo Circulante)		80.000,00
Receita da Prestação de Serviços (Conta de Resultado)		20.000,00

b) Registro do Imposto de Renda na Fonte:

De acordo com a legislação do Imposto de Renda, o recolhimento do IRRF é de responsabilidade da agência, e não do anunciante.

CONTAS CONTÁBEIS	DÉBITO – R$	CRÉDITO – R$
IRRF a Recuperar (Ativo Circulante)	300,00	
IRRF a Recolher (Passivo Circulante)		300,00

c) Registro do Recebimento da fatura:

CONTAS CONTÁBEIS	DÉBITO – R$	CRÉDITO – R$
Caixa ou Bancos (Ativo Circulante)	100.000,00	
Clientes (Ativo Circulante)		100.000,00

d) Registro do repasse ao veículo de divulgação:

CONTAS CONTÁBEIS	DÉBITO – R$	CRÉDITO – R$
Fornecedores – Veículos de Divulgação (Passivo Circulante)	80.000,00	
Caixa ou Bancos (Ativo Circulante)		80.000,00

e) Registro do recolhimento do IRRF:

CONTAS CONTÁBEIS	DÉBITO – R$	CRÉDITO – R$
IRRF a Recolher (Passivo Circulante)	300,00	
Caixa ou Bancos (Ativo Circulante)		300,00

f) Registro da dedução do IRRF a recuperar:

A agência faz a compensação do IRRF no momento da apuração do Imposto de Renda.

CONTAS CONTÁBEIS	DÉBITO – R$	CRÉDITO – R$
Provisão do IRPJ (Passivo Circulante)	300,00	
IRRF a Recuperar (Ativo Circulante)		300,00

DESPESA PRÉ-OPERACIONAL

1. INTRODUÇÃO

São "pré-operacionais" as despesas necessárias à organização e implantação da empresa ou "pré-industriais" as despesas necessárias à ampliação de empreendimentos industriais da empresa, inclusive as de cunho administrativo, pagas ou incorridas até o início de suas operações ou plena utilização de suas instalações (Parecer Normativo CST nº 72/1975).

As despesas pré-operacionais ou pré-industriais não devem ser confundidas com as "despesas pagas antecipadamente", que são classificáveis no Ativo Circulante e representam a aplicação de recursos em despesas ainda não incorridas, que serão computadas na apuração de resultados de exercícios futuros.

A despesa pré-operacional pode ocorrer em duas fases da atividade empresarial: antes do início das atividades da empresa e, posteriormente, pela implantação de novos projetos, representada a despesa pré-operacional pelo custo antecipado de cada etapa que for sendo implantada (Pareceres Normativos CST n°s 72/1975 e 110/1975).

Considera-se despesa pré-operacional todas as despesas necessárias à organização e implantação ou ampliação da empresa, inclusive aquelas de cunho administrativo, tais como (artigo 338 do RIR/2018):

    a) as despesas com pesquisas científicas ou tecnológicas, inclusive com experimentação para a criação ou aperfeiçoamento de produtos, processos, fórmulas e técnicas de produção, administração ou venda;

    b) juros eventualmente pagos ou creditados a acionistas durante o período que anteceder o início das operações sociais ou de implantação do empreendimento inicial;

c) despesas com prospecção e cubagem de jazidas ou depósitos, realizadas por concessionárias de pesquisa ou lavra de minérios, sob a orientação técnica de engenheiro de minas;

d) os custos e as despesas de desenvolvimento de jazidas e minas ou de expansão de atividades industriais até o término da construção ou da preparação para exploração;

e) despesas, custos e outros encargos com a constituição, instalação e de organização da empresa;

f) encargos financeiros;

g) despesas administrativas: ordenados, salários, honorários, encargos trabalhistas, viagens;

h) parte dos custos, encargos e despesas operacionais durante o período em que a empresa, na fase inicial da operação, utilizou apenas parcialmente o seu equipamento ou as suas instalações;

i) gastos com estudos de viabilidade econômica, elaboração de projetos técnicos;

j) juros durante o período de construção e pré-operação;

k) custos, despesas e outros encargos com a reestruturação, reorganização ou modernização da empresa.

2. IMPOSTO DE RENDA

As despesas pré-operacionais não são dedutíveis, quando registradas contabilmente (artigo 128 da IN RFB nº 1.700/2017).

As referidas despesas poderão ser excluídas para fins de determinação do lucro real, em quotas fixas mensais e no prazo mínimo de 5 (cinco) anos, a partir:

I. do início das operações ou da plena utilização das instalações; e

II. do início das atividades das novas instalações.

3. REGISTRO CONTÁBIL

As despesas pré-operacionais devem, a partir de 05.12.2008, ser registradas em conta de resultado (Resolução CFC nº 1.159/2009, item 12).

4. EXEMPLO PRÁTICO

Vamos considerar que a empresa tenha os seguintes gastos pré-operacionais (antes de entrar em atividade):

✓ Despesas de energia elétrica	R$	1.000,00
✓ Despesa de aluguel do imóvel	R$	3.000,00
✓ Despesa de IPTU	R$	500,00
✓ Despesas com condomínio do imóvel	R$	1.500,00
✓ Despesas com folha de salário	R$	50.000,00
✓ Despesa de execução do projeto	R$	70.000,00
Total das despesas	R$	126.000,00

Com base nesses dados, teremos os seguintes lançamentos contábeis:

CONTAS CONTÁBEIS	DÉBITO – R$	CRÉDITO R$
Energia Elétrica (Conta de Resultado)	1.000,00	
Aluguel (Conta de Resultado)	3.000,00	
IPTU (Conta de Resultado)	500,00	
Condomínio (Conta de Resultado)	1.500,00	
Salários e Ordenados (Conta de Resultado)	50.000,00	
Serviço Prestado por Pessoa Jurídica (Conta de Resultado)	70.000,00	
Caixa/Banco Conta Movimento (Ativo Circulante)		126.000,00

DESPESAS COM EMISSÕES DE AÇÕES

1. INTRODUÇÃO

As despesas com emissões de ações são gastos que as empresas têm com emissão de ações e outros títulos mobiliários para abrirem seu capital ou se capitalizarem via ações. Exemplos:

a) gastos com elaboração de prospectos e relatórios;
b) remuneração de serviços profissionais de terceiros;
c) gastos com publicidade;
d) taxas de comissões;
e) custos de transferências;
f) custos de registros;
g) etc.

2. IMPOSTO DE RENDA

Os custos associados às transações destinadas à obtenção de recursos próprios, mediante a distribuição primária de ações ou bônus de subscrição contabilizados no patrimônio líquido, poderão ser excluídos, na determinação do lucro real, quando incorridos (art. 38-A do Decreto-lei nº 1.598/1977).

3. REGISTRO CONTÁBIL

De acordo com o Pronunciamento Técnico CPC nº 8, os custos incrementais com a emissão de novas ações, a partir do exercício encerrado em 2008, são registrados em conta retificadora do Capital Social ou, quando aplicável, na Reserva de Capital que registrar o prêmio recebido na emissão das novas ações.

4. EXEMPLO PRÁTICO

Vamos supor que sejam emitidas 10 milhões de ações novas. Nesse caso, a empresa paga todos os gastos com emissão das ações, no total de R$ 850.000,00.

O patrimônio líquido da empresa está assim representado, cujo capital social é representado por 100 milhões de ações, todas ordinárias:

PATRIMÔNIO LÍQUIDO	R$ MIL
Capital Social	150.000
Reserva de Lucros	20.000

Informações relevantes da emissão de ações:

INFORMAÇÕES DA EMISSÃO	QUANTIDADE	$/AÇÃO	CAPTAÇÃO BRUTA	CUSTOS DA EMISSÃO	CAPTAÇÃO LÍQUIDA
Emissão primária	10.000.000	1,70	17.000.000	850.000	16.150.000

Registro Contábil:

CONTAS CONTÁBEIS	DÉBITO – R$	CRÉDITO – R$
Disponibilidades (Ativo Circulante)	16.150.000	
Gastos com emissão de ações (Patrimônio Líquido)	850.000 [1]	
Capital Social (Patrimônio Líquido)		17.000.000

[1] *Os custos proporcionais da emissão primária são debitadas em conta redutora do Capital Social.*

Após o lançamento contábil, o patrimônio líquido será apresentado da seguinte maneira:

PATRIMÔNIO LÍQUIDO	R$ MIL
Capital Social	167.000
(-) Gastos com emissão de ações	850
Reserva de Lucros	20.000

DESPESAS COM FESTAS DE FINAL DE ANO

1. INTRODUÇÃO

Despesas com festas de fim de ano referem-se à distribuição de cestas de Natal e gastos com festas de confraternização que normalmente as empresas promovem próximo ao final do ano a todos os seus empregados indistintamente.

2. REGISTRO CONTÁBIL

2.1. Cesta de Natal

Os gastos incorridos serão classificados, observado o regime de competência:

    a) nas empresas industriais ou prestadoras de serviços:
- ✓ como custo de produção, quando as cestas de Natal forem distribuídas aos funcionários das áreas de produção de bens ou serviços;
- ✓ como despesa operacional, quando as cestas forem distribuídas aos funcionários das áreas de administração, de vendas e de outros setores não ligados diretamente ou indiretamente à produção de bens ou serviços;

    b) nas demais empresas, inclusive nas empresas mercantis: como despesa operacional.

O registro contábil na aquisição de cestas de Natal a serem distribuídas aos empregados será efetuado como Estoque em Almoxarifado, no ativo circulante.

2.2. Festas de Confraternização

As despesas com festas de fim de ano são contabilizadas como despesa administrativa, no resultado do exercício.

3. EXEMPLOS PRÁTICOS

3.1. Cesta de Natal

Empresa mercantil adquiriu 1.000 (mil) cestas de Natal de um determinado fornecedor. Na nota fiscal, constam os seguintes dados:

- valor total da nota fiscal R$ 30.000,00
- valor do ICMS R$ 5.400,00

Considerando que a empresa tenha direito ao crédito fiscal do ICMS na aquisição das referidas cestas, teremos:

a) Registro da compra das cestas de Natal:

CONTAS CONTÁBEIS	DÉBITO – R$	CRÉDITO R$
Estoque em Almoxarifado (Ativo Circulante)	24.600,00[1]	
ICMS a Recuperar (Ativo Circulante)	5.400,00	
Fornecedores (Passivo Circulante)		30.000,00

[1] Os impostos recuperáveis não compõem o custo da mercadoria (§ 3º do artigo 301 do RIR/2018).

b) Registro da distribuição das cestas de Natal aos empregados:

CONTAS CONTÁBEIS	DÉBITO – R$	CRÉDITO R$
Despesas com Cestas de Natal (Conta de Resultado)	30.000,00	
ICMS a Recolher (Passivo Circulante)		5.400,00
Estoque em Almoxarifado (Ativo Circulante)		24.600,00

3.2. Festas de Confraternização

Empresa resolveu promover um jantar de confraternização para os seus empregados num determinado restaurante cujo valor do gasto tenha sido de R$ 7.000,00.

Neste caso, teríamos o seguinte lançamento contábil:

CONTAS CONTÁBEIS	DÉBITO – R$	CRÉDITO R$
Despesas com Festas de Final de Ano (Conta de Resultado)	7.000,00	
Caixa/Banco Conta Movimento (Ativo Circulante)		7.000,00

DESPESAS COM FESTAS E GORJETAS DE FIM DE ANO

1. INTRODUÇÃO

É costumeiro as empresas, para produzir a integração entre seus departamentos, realizar festas de final de ano, bem como distribuir gorjetas a pessoas que todo o ano prestam serviços à empresa de forma indireta, tais como, carteiro. Vamos abordar a sua forma de contabilização.

2. IMPOSTO DE RENDA

Festa de Fim de Ano

Segundo entendemos, embora não exista previsão legal expressa para sua dedutibilidade, as despesas com festas de fim de ano promovidas para colaboradores, por estarem diretamente relacionadas com as atividades da empresa (considerada em sentido amplo), são dedutíveis, desde que os gastos se limitem a valor razoável e sejam comprovados por documentos idôneos.

Contudo, é importante frisar que o Fisco, em diversas oportunidades, tem se mostrado rigoroso quanto à aceitação da dedutibilidade dessas despesas, por julgar que tais gastos (principalmente de valores elevados) não se enquadrem propriamente no conceito de despesas necessárias, de que trata o RIR/2018, artigo 311).

Gorjetas

Recomenda-se que, quando a empresa pagar essas pequenas gratificações a coletores da limpeza pública, carteiros, entregadores de jornais e revistas e outros, emita um recibo simplificado, o qual deve ser assinado pelo beneficiário da gorjeta e do qual devem constar seu nome e o número de um documento (CPF ou RG), como forma de proporcionar a identificação do beneficiário e a quantificação do valor pago.

3. REGISTRO CONTÁBIL

As despesas com festas de fim de ano e gorjetas serão registradas em conta de despesa operacional em contrapartida a disponibilidades.

4. EXEMPLO PRÁTICO

Festa de Fim de Ano

Admita-se que determinada empresa comercial resolvesse promover um jantar de confraternização para seus 50 colaboradores, no Restaurante "WM" Ltda., e que o custo desse evento fosse de R$ 2.300,00.

I – Pelo registro das despesas:

CONTAS CONTÁBEIS	DÉBITO – R$	CRÉDITO – R$
Festas de Fim de Ano (Conta de Resultado)	2.300,00	
Caixa ou Bancos (Ativo Circulante)		2.300,00

Gorjetas

Admita-se que determinada empresa dê uma gratificação de R$ 65,00 ao carteiro, Sr. José da Silva, e que tenha adotado a sugestão de fazer um recibo simples, o qual estará devidamente assinado pelo beneficiário.

I – Pelo registro das despesas:

CONTAS CONTÁBEIS	DÉBITO – R$	CRÉDITO – R$
Gorjetas e Gratificações de Fim de Ano (Conta de Resultado)	65,00	
Caixa ou Bancos (Ativo Circulante)		65,00

DESPESAS DE VIAGENS

1. INTRODUÇÃO

Despesas de viagens são gastos que as empresas adiantam aos funcionários que viajem a serviço da empresa.

Estas operações devem ser devidamente documentadas e contabilizadas, para controle.

2. IMPOSTO DE RENDA

As despesas de viagem que comprovadamente estejam vinculadas às atividades da empresa, efetuadas por empregados e diretores, poderão ser dedutíveis, para efeito do Imposto de Renda. Para tanto, é necessário que elas estejam devidamente evidenciadas mediante comprovantes e relatórios de viagem corretamente elaborados.

3. REGISTRO CONTÁBIL

Os valores correspondentes aos adiantamentos concedidos a empregados para suprir gastos com viagens, devem ser lançados em conta específica no Ativo Circulante. À opção da empresa, podem ser criadas, ainda, subcontas distintas, que segreguem os adiantamentos concedidos a empregados, daqueles concedidos a dirigentes.

No retorno do empregado ou dirigente, quando este prestar contas à empresa, os valores efetivamente gastos durante a viagem serão, então, registrados na(s) conta(s) de despesa(s) correspondente(s), tendo como contrapartida a conta do Ativo Circulante supramencionada.

4. EXEMPLO PRÁTICO

Vamos supor que determinada empresa comercial tenha concedido, em 1º.10.20X1, um adiantamento no valor de R$ 2.000,00 para suprir os gastos com viagem a ser realizada por um de seus vendedores e que este houvesse retornado em 05.10.20X1, tendo gasto R$ 1.800,00 na viagem.

Neste caso, teríamos os seguintes lançamentos:

a) Registro do adiantamento concedido:

CONTAS CONTÁBEIS	DÉBITO – R$	CRÉDITO R$
Adiantamento para Despesas de Viagens (Ativo Circulante)	2.000,00	
Caixa/Banco Conta Movimento (Ativo Circulante)		2.000,00

b) Registro da apropriação das despesas realizadas durante a viagem:

CONTAS CONTÁBEIS	DÉBITO – R$	CRÉDITO R$
Despesas com Viagens (Conta de Resultado)	1.800,00	
Caixa/Banco Conta Movimento (Ativo Circulante)	200,00	
Adiantamento para Despesas de Viagens (Ativo Circulante)		2.000,00

DEVOLUÇÃO DE COMPRAS

1. INTRODUÇÃO

No âmbito da legislação estadual, devolução de compras é a operação que tem por objeto anular todos os efeitos de uma operação anterior.

Portanto, o adquirente da mercadoria poderá desfazer o negócio, mediante devolução, quando as mercadorias adquiridas estiverem em desacordo com o seu pedido, ou fora das especificações encomendadas; ou ainda com problemas de qualidade ou deterioradas.

2. IMPOSTO DE RENDA

Na devolução de compras, os créditos do PIS/Pasep e para a Cofins no regime não cumulativo, apurados na aquisição das mercadorias, terão que ser estornados. O mesmo tratamento se aplica para o ICMS e IPI.

3. REGISTRO CONTÁBIL

Contabilmente, a empresa compradora que está cancelando a compra deverá baixar a conta de obrigações, no passivo exigível, e a conta de estoque, no ativo circulante. Deverá também estornar os impostos e contribuições registrados por ocasião da compra.

4. EXEMPLO PRÁTICO

No dia 13.11.20X2, a empresa efetuou uma compra de 100 unidades de determinada mercadoria pelo valor total de R$ 50.000,00, incluindo 18% de ICMS sobre esse preço.

Considerando que a empresa adquirente tenha se creditado do ICMS, PIS e Cofins, teremos:

I – Registro da entrada da mercadoria no estoque da empresa:

CONTAS CONTÁBEIS	DÉBITO – R$	CRÉDITO – R$
Estoque de Mercadorias para Revenda (Ativo Circulante)	36.375,00	
ICMS a Recuperar (Ativo Circulante)	9.000,00	
PIS/Pasep a Recuperar (Ativo Circulante)	825,00	
Cofins a Recuperar (Ativo Circulante)	3.800,00	
Fornecedores (Passivo Circulante)		50.000,00

O valor registrado na contabilidade em 13.11.20X2, referente à entrada das 100 unidades, engloba o valor do preço da mercadoria constante da Nota Fiscal de Entrada líquido do ICMS, PIS/Pasep e Cofins.

No dia 05.12.20X2 foram devolvidas 40 unidades destas mercadorias.

II – Registro da devolução das mercadorias adquiridas:

CONTAS CONTÁBEIS	DÉBITO – R$	CRÉDITO – R$
Fornecedores (Passivo Circulante)	20.000,00	
ICMS a Recuperar (Ativo Circulante)		3.600,00
PIS/Pasep a Recuperar (Ativo Circulante)		330,00
COFINS a Recuperar (Ativo Circulante)		1.520,00
Estoque de Mercadorias para Revenda (Ativo Circulante)		14.550,00

DEVOLUÇÃO DE VENDAS

1. INTRODUÇÃO

Devolução de vendas corresponde à anulação de valores registrados como receita bruta no próprio período de apuração.

As empresas recebem mercadorias em devolução vendidas anteriormente, em geral, por problemas de qualidade, especificação técnica, demora na entrega etc.

A receita bruta compreende (artigo 26 da IN RFB nº 1.700/2017):

I – o produto da venda de bens nas operações de conta própria;

II – o preço da prestação de serviços em geral;

III – o resultado auferido nas operações de conta alheia; e

IV – as receitas da atividade ou objeto principal da pessoa jurídica não compreendidas nos incisos I a III.

2. REGISTRO CONTÁBIL

As vendas devolvidas por clientes são registradas em uma única conta retificadora da receita bruta intitulada como "Devolução de Vendas".

Quando se tratar de devolução de vendas realizadas em exercício anterior, tecnicamente não cabe o registro em conta retificadora da receita bruta e sim numa outra conta de resultado, que poderá intitular-se "Prejuízo/Déficit na Devolução de Vendas de Exercício Anterior".

3. EXEMPLO PRÁTICO

Observe os dados abaixo:

DADOS DAS NOTAS FISCAIS		
DISCRIMINAÇÃO	VENDAS	DEVOLUÇÃO DE VENDAS
Receita Bruta	660.000,00	66.000,00
(-) Desconto Incondicional	60.000,00	6.000,00
(=) Valor Total da NF	600.000,00	60.000,00
(-) ICMS de 18%	108.000,00	10.800,00
(-) Custo das Mercadorias Vendidas	240.000,00	24.000,00
(-) Cofins a Recolher/Recuperar	45.600,00	4.560,00
PIS a Recolher/Recuperar	9.900,00	990,00

As contribuições para a Cofins e PIS foram calculadas pela sistemática da não cumulatividade mediante a aplicação das alíquotas de 7,6% e 1,65%, respectivamente, sobre o valor total das notas fiscais de Vendas e de Devolução de Vendas.

Com base nesses dados, seguem os lançamentos contábeis:

a) Registro das vendas devolvidas:

CONTAS CONTÁBEIS	DÉBITO – R$	CRÉDITO R$
Devolução de Vendas (Conta de Resultado)	66.000,00	
Clientes (Ativo Circulante)		60.000,00
Desconto Concedido Incondicionalmente (Conta de Resultado)		6.000,00

b) Registro do ICMS sobre a devolução de venda:

CONTAS CONTÁBEIS	DÉBITO – R$	CRÉDITO R$
ICMS a Recuperar (Ativo Circulante)	10.800,00	
ICMS sobre Vendas (Conta de Resultado)		10.800,00

c) Registro do PIS/Pasep sobre a devolução de venda:

CONTAS CONTÁBEIS	DÉBITO – R$	CRÉDITO R$
PIS a Recuperar (Ativo Circulante)	990,00	
PIS sobre Vendas (Conta de Resultado)		990,00

d) Registro da Cofins sobre a devolução de venda:

CONTAS CONTÁBEIS	DÉBITO – R$	CRÉDITO R$
Cofins a Recuperar (Ativo Circulante)	4.560,00	
Cofins sobre Vendas (Conta de Resultado)		4.560,00

DOAÇÃO

1. INTRODUÇÃO

Doação é o ato de dar um bem próprio a outra pessoa, geralmente alguém necessitado, ou a uma instituição.

Na doação, é necessário que seja firmado um contrato em que uma pessoa, por liberalidade, transfere do seu patrimônio bens ou vantagens para o de outra, que os aceita. Para que seja válida, além dos requisitos gerais reclamados por qualquer negócio jurídico, será imprescindível o preenchimento de outros, especiais, que lhe são peculiares; requisito subjetivo, isto é, a capacidade ativa e passiva dos contraentes; requisito objetivo, pois para ter validade a doação precisará ter por objeto coisa que esteja *in commercio*; além do mais, serão imprescindíveis a liceidade e a determinabilidade; requisito formal, visto ser a doação um contrato solene, pois lhe é imposta uma forma que deverá ser observada, sob pena de não valer o contrato.

2. IMPOSTO DE RENDA

Regra geral as doações feitas pela pessoa jurídica são tratadas como despesa indedutível na determinação do lucro real e da base de cálculo da CSL, exceto (art. 377 do RIR/2018):

a) as efetuadas às instituições de ensino e pesquisa cuja criação tenha sido autorizada por lei federal e que preencham os requisitos a que se referem os incisos I e II do *caput* do art. 213 da Constituição, até o limite de um e meio por cento do lucro operacional, antes de computada a sua dedução e a da letra "b"; e

b) as doações, até o limite de dois por cento do lucro operacional da pessoa jurídica, antes de computada a sua dedução, efetuadas a entidades civis, legalmente constituídas no País, sem fins lucrativos, que prestem serviços gratuitos em benefício de empregados da pessoa jurídica doadora e de seus dependentes, ou em benefício da comunidade onde atuem, observadas as seguintes regras:

b.1) as doações, quando em dinheiro, serão feitas por meio de crédito em conta corrente bancária diretamente em nome da entidade beneficiária;

b.2) a pessoa jurídica doadora manterá em arquivo, à disposição da fiscalização, declaração, de acordo com modelo aprovado pela Secretaria da Receita Federal do Brasil do Ministério da Fazenda, fornecida pela entidade beneficiária, em que esta se comprometa a aplicar integralmente os recursos recebidos na realização de seus objetivos sociais, com identificação da pessoa física responsável pelo seu cumprimento, e a não distribuir lucros, bonificações ou vantagens a dirigentes, mantenedores ou associados, sob nenhuma forma ou pretexto; e

b.3) a entidade beneficiária deverá ser organização da sociedade civil, conforme disposto na Lei nº 13.019/2014, desde que cumpridos os requisitos previstos nos art. 3º e art. 16 da Lei nº 9.790/1999, independentemente de certificação.

3. REGISTRO CONTÁBIL

A doadora contabilizará o valor e/ou bem doado como despesa. Enquanto que a empresa que tiver recebendo a doação registrará como uma receita operacional.

4. EXEMPLO PRÁTICO

Considerando que uma determinada empresa decida doar 10 computadores de sua propriedade para uma entidade assistencial, os quais apresentassem os seguintes dados, meramente ilustrativos:

ATIVO IMOBILIZADO	R$
Custo de aquisição	20.000,00
(-) Depreciação Acumulada	15.000,00
(=) Valor Contábil	5.000,00

I – Contabilização na empresa doadora:

a) Registro da baixa dos bens doados:

CONTAS CONTÁBEIS	DÉBITO – R$	CRÉDITO R$
Doações de Bens do Ativo Imobilizado (Conta de Resultado)	20.000,00	
Computadores e Periféricos – Imobilizado (Ativo Não Circulante)		20.000,00

b) Registro da baixa da depreciação dos bens doados:

CONTAS CONTÁBEIS	DÉBITO – R$	CRÉDITO R$
Depreciação Acumulada de Computadores e Periféricos – Imobilizado (Ativo Não Circulante)	15.000,00	
Doações de Bens do Ativo Imobilizado (Conta de Resultado)		15.000,00

II – Contabilização na empresa que receber a doação:

Registro dos bens doados:

CONTAS CONTÁBEIS	DÉBITO – R$	CRÉDITO R$
Computadores e Periféricos – Imobilizado (Ativo Não Circulante)	5.000,00	
Doação Recebida de Bens do Ativo Imobilizado (Conta de Resultado)		5.000,00

DUPLICATAS CAUCIONADAS

1. INTRODUÇÃO

São aquelas duplicatas que a empresa entregou ao banco em garantia de um empréstimo bancário.

A caução de títulos pode ocorrer da seguinte forma:

a) ou é pura e simples, na qual a obrigação principal resulta da entrega imediata da importância da garantia que ela representa;

b) ou representa a abertura de um crédito garantido (conta de caução), movimentado, rotativamente, durante a sua vigência, e geralmente garantida por títulos comerciais, que se vão sucessivamente vencendo e sendo renovados por outros valores da mesma espécie.

Os efeitos da caução se iniciam com a entrega dos títulos ao credor, mediante comprovação por escrito.

Os contratos de caução estão sujeitos ao registro no Cartório de Títulos e Documentos para que possam valer contra terceiros.

2. REGISTRO CONTÁBIL

A empresa registrará o empréstimo junto ao banco na sua conta bancária em contrapartida a uma conta de obrigação. Estas duplicatas serão amortizadas à medida que o banco for recebendo as duplicatas.

3. EXEMPLO PRÁTICO

Considerando-se que determinada empresa faça uma operação de caução de duplicatas por intermédio de instituição financeira.

Neste caso, a instituição financeira empresta à empresa apenas uma determinada porcentagem do valor total das duplicatas que lhes foram entregues, já debitando na conta do cliente os encargos e despesas pertinentes.

Borderô enviado ao banco:

DUPLICATA	EMPRESA	VALOR – R$	VENCIMENTO
100	A	5.000,00	05.12.20X1
120	B	15.000,00	09.12.20X1
130	C	10.000,00	12.12.20X1
Total: 30.000,00			

Vamos supor que a porcentagem contratada sobre o borderô seja de 85%.

Tendo em vista o borderô enviado ao banco, os lançamentos contábeis podem ser efetuados da seguinte forma:

a) Registro da remessa das duplicatas ao banco:

CONTAS CONTÁBEIS	DÉBITO – R$	CRÉDITO R$
Duplicatas Caucionadas (Conta de Compensação Ativa)	30.000,00	
Endossos para Caução (Conta de Compensação Passiva)		30.000,00

b) Recebido o borderô, o banco credita na conta corrente da pessoa jurídica a percentagem preestabelecida de 85% do valor total do borderô: R$ 30.000,00 x 85% = R$ 25.500,00:

CONTAS CONTÁBEIS	DÉBITO – R$	CRÉDITO R$
Banco Conta Movimento (Ativo Circulante)	25.500,00	
Empréstimo Caucionado (Passivo Circulante)		25.500,00

Considerando-se que o Banco receba a duplicata nº 100 da Empresa "A", no valor de R$ 5.000,00, com vencimento em 05.12.20X1, temos:

c) Registro da baixa da conta de compensação:

CONTAS CONTÁBEIS	DÉBITO – R$	CRÉDITO R$
Endossos para Caução (Conta de Compensação Passiva)	5.000,00	
Duplicatas Caucionadas (Conta de Compensação Ativa)		5.000,00

d) Registro da amortização do empréstimo junto ao banco:

CONTAS CONTÁBEIS	DÉBITO – R$	CRÉDITO R$
Empréstimo Caucionado (Passivo Circulante)	5.000,00	
Clientes (Ativo Circulante)		5.000,00

e) Registro das despesas bancárias:

CONTAS CONTÁBEIS	DÉBITO – R$	CRÉDITO R$
Despesas Bancárias (Conta de Resultado)	350,00	
Banco Conta Movimento (Ativo Circulante)		350,00

> **Nota**
> Por ocasião do recebimento das demais duplicatas, serão efetuados os mesmos lançamentos.

Após o recebimento da duplicata no valor de R$ 5.000,00 da Empresa "A", a situação do empréstimo caucionado ficou sendo a seguinte:

i. Saldo devedor na conta de empréstimo caucionado:
R$ 25.500,00 – R$ 5.000,00 = R$ 20.500,00

ii. Montante das duplicatas em poder do banco:
R$ 30.000,00 – R$ 5.000,00 = R$ 25.000,00

iii. Valor do novo empréstimo:
R$ 25.000,00 X 85% = R$ 21.250,00

No caso, a empresa está devendo R$ 20.500,00, e as duplicatas em poder do Banco dão cobertura para um empréstimo no valor de R$ 21.250,00; portanto, a empresa pode solicitar ao banco que credite essa quantia na sua conta movimento.

A empresa poderá também optar pelo restabelecimento do valor inicial, enviando ao banco um novo borderô de R$ 5.000,00, passando a ter assim a possibilidade de um novo empréstimo no valor de R$ 25.500,00, uma vez que o valor das duplicatas em poder do banco com a nova remessa passa a ser de R$ 30.000,00 (30.000,00 x 85% = 25.500,00).

DUPLICATAS – COBRANÇA SIMPLES

1. INTRODUÇÃO

No ato da emissão da fatura, dela poderá ser extraída uma duplicata para circulação como efeito comercial, não sendo admitida qualquer outra espécie de título de crédito para documentar o saque do vendedor pela importância faturada ao comprador.

Cobrança simples de duplicatas é um serviço colocado a disposição dos clientes pelas instituições financeiras com o intuito de efetuar apenas a cobrança do título e creditar o valor recebido na conta do cliente.

Nesse tipo de serviço a responsabilidade do título é inteira do cliente, tais como, prazo, multa e protesto.

2. TRIBUTAÇÃO

Neste tipo de operação na há tributação sobre o valor de face da duplicata, tendo em vista que na venda dos produtos, mercadorias ou prestação de serviços já foram pago os tributos federais.

A tributação recairá somente quando houver cobranças de atualização monetária e juros.

3. REGISTRO CONTÁBIL

A cobrança de duplicatas não muda a situação patrimonial da pessoa jurídica, pois não há transferência de propriedade do título, sendo enviado apenas um borderô para controle dos títulos a serem cobrados. O que pode ser feito e registrar o envio do borderô em contas de compensação para fins de controle gerencial.

4. EXEMPLO PRÁTICO

A empresa ERG envia para cobrança simples várias duplicatas discriminadas no borderô no valor de R$ 50.000,00 para a instituição WM. A instituição WM cobrar pela cobrança das duplicatas uma taxa de serviços no valor de R$ 1.000,00.

Pagamento de três duplicatas no valor de R$ 15.000,00, devolução de duas duplicatas não pagas no valor de 10.000,00 e recebimento de duas duplicatas no valor de 5.000,00 com pagamento de juros de 10%.

1. Pela remessa das duplicatas

Contas Contábeis	Débito R$	Crédito R$
Remessa de Duplicatas (Contas de Compensação)	50.000,00	
Duplicatas Remetidas (Contas de Compensação)		50.000,00

2. Pelo serviço de cobrança

Contas Contábeis	Débito R$	Crédito R$
Despesa Bancária (Conta de Resultado)	1.000,00	
Bancos Conta Movimento (Ativo Circulante)		1.000,00

3. Pelo recebimento de três duplicatas no valor de 15.000,00

Contas Contábeis	Débito R$	Crédito R$
Bancos Conta Movimento (Ativo Circulante)	15.000,00	
Duplicatas a Receber (Ativo Circulante)		15.000,00

4. Pela baixa das duplicatas recebidas nas contas de compensação

Contas Contábeis	Débito R$	Crédito R$
Duplicatas Remetidas (Contas de Compensação)	15.000,00	
Remessa de Duplicatas (Contas de Compensação)		15.000,00

5. Pela baixa das duplicatas devolvidas nas contas de compensação

Contas Contábeis	Débito R$	Crédito R$
Duplicatas Remetidas (Contas de Compensação)	10.000,00	
Remessa de Duplicatas (Contas de Compensação)		10.000,00

6. Pelo recebimento de duas duplicatas com juros

Contas Contábeis	Débito R$	Crédito R$
Bancos Conta Movimento (Ativo Circulante)	5.500,00	
Duplicatas a Receber (Ativo Circulante)		5.000,00
Juros Ativos (Conta de Resultado)		500,00

E

EMBALAGENS

1. INTRODUÇÃO

As embalagens de uma forma geral são consideradas como custo de produção, tais como latas de alumínio, garrafas, embalagens plásticas e demais, compondo dessa forma o preço do produto e onerando o seu preço final.

Pode ocorrer dúvida na hora de classificar as embalagens se, em certas situações, são custo ou despesa? A resposta é simples: se o produto for acondicionado no final do seu processo produtivo, esta embalagem será tratada como custo e, se acondicionada depois, como despesa.

Para ser considerada como despesa, a embalagem não pode fazer parte do produto, ou seja, o produto é geralmente entregue sem a embalagem, mas, se para determinada venda houver a necessidade da embalagem no ato da entrega, esta será tratada como despesa.

Outro fato que será considerado como despesa é na necessidade de transportar um produto e este precisar de embalagem para esse transporte.

2. TRIBUTAÇÃO

Para fins de apuração do IRPJ e da CSLL, o fato de ser considerado como custo ou despesa o resultado do exercício não irá alterar o valor final do tributo, tendo e vista que os dois são dedutíveis na apuração do lucro real e da base de cálculo da CSLL. A diferença será a sua apresentação dentro do Demonstrativo do Resultado do Exercício (DRE).

3. REGISTRO CONTÁBIL

A embalagem considerada como custo será lançada a débito do custo de produção ou de produtos em elaboração e a sua contrapartida como estoque de embalagens. Já a embalagem considerada como despesa, a débito e despesa com vendas tendo como contrapartida estoque de embalagens.

4. EXEMPLO PRÁTICO

Considerando que a empresa ERG tenha adquirido 1.000 embalagens no valor de R$ 50.000,00 para o seu produto "A" e utilizado 400 nos produtos acabados.

I – Pela aquisição das embalagens

CONTA CONTÁBIL	DÉBITO R$	CRÉDITO R$
Estoque de Embalagens (Ativo Circulante)	50.000,00	
Fornecedores (Passivo Circulante)		50.000,00

II – Pela requisição das embalagens

CONTA CONTÁBIL	DÉBITO R$	CRÉDITO R$
Custo dos Produtos em Elaboração (Ativo Circulante)	20.000,00	
Estoque de Embalagens (Ativo Circulante)		20.000,00

No caso do produto "B" da mesma empresa não precisa de embalagem para a sua venda, mas será necessário acondicionar embalagem para o transporte na venda especial para um determinado cliente pela quantidade de 150 embalagens.

I – Pela requisição das embalagens

CONTA CONTÁBIL	DÉBITO R$	CRÉDITO R$
Despesas com Vendas (Conta de Resultado)	7.500,00	
Estoque de Embalagens (Ativo Circulante)		7.500,00

5. CUSTO

As embalagens, na teoria contábil, fazem parte do custo de produção, por isso, devem integrar o custo dos estoques e o custo dos produtos vendidos no momento da transação de venda, nas situações em que são utilizadas antes de o produto estar em condições de venda.

Isso significa que, ao sair da área de produção e se destinar à comercialização, o produto já vai embalado.

Essa embalagem é parte integrante do custo de produção e precisa ser contabilizada no mês de sua utilização, como se segue:

D – Custo de Produção ou Produtos em Elaboração – Embalagens (Conta de Resultado)

C – Estoque de Embalagens (Ativo Circulante)

Pode ocorrer, também, de a embalagem ser adicionada fisicamente ao produto, não na área de produção propriamente dita, mas em um setor próprio. O produto pode sair sem embalagem da fábrica e ser embalado no setor de armazenagem. Todavia, se esse acondicionamento for necessário para que o produto esteja em condições de ser vendido e entregue, esse setor de armazenagem será considerado uma continuação da própria fábrica, pelo menos até o momento em que o produto é acondicionado.

Dessa forma, mesmo que a embalagem seja aplicada fora do recinto da fábrica propriamente dita, deverá ser contabilizada como custo do produto e integrar o custo de produção, o estoque de produto acabado e, consequentemente, o custo do produto vendido posteriormente.

Em uma indústria de chocolates, por exemplo, o produto pode sair embalado da própria fábrica, o que nos levará a supor que o setor de embalagem está inserido no processo de fabricação. Assim, o custo da embalagem deve estar agregado contabilmente ao do produto, não mais integrando o estoque de embalagens, mas sim o estoque de produtos (normalmente, acabados nessa etapa).

Em uma indústria de calçados, pode ocorrer de os sapatos saírem do prédio da fábrica sem suas caixas e assim se dirigirem ao armazém de produtos acabados, onde serão acondicionados em caixas, para finalmente estar em condições de ser entregues.

Ora, mesmo que no armazém o produto não seja mais transformado fisicamente, mas apenas colocado em caixas, esse processo de acondicionamento deve figurar como parte da linha de produção. Aliás, nesses casos, a mão de obra, o desgaste dos equipamentos (se houver) e os demais gastos eventualmente incorridos no processo de acondicionamento também devem figurar como custo do produto em processo ao lado do valor das embalagens.

Em resumo, se houver necessidade de aplicação da embalagem para que se possa ter o produto pronto para a venda, esse gasto deverá ser considerado como parte dos custos de produção.

6. DESPESA

Se o produto já é considerado pronto para a venda sem a embalagem, que acaba sendo uma opção na hora da entrega, o procedimento indicado é considerar esse gasto como parte da despesa de venda, e sua apropriação contábil dar-se-á no momento da sua utilização pelo do seguinte lançamento:

D – Despesas com Vendas (Conta de Resultado)

C – Estoque de Embalagens (Ativo Circulante)

Em uma indústria de lingerie, pode ocorrer a seguinte situação: às vezes, o cliente quer cada peça embalada individualmente; outras, sem embalagem alguma.

Normalmente, nessa situação, o produto estocado está sem embalagem, que é adicionada apenas no ato da entrega, depois do pedido do cliente.

Contabilmente, nesses casos, é comum deixar as embalagens em conta própria de estoques ("Estoque de Embalagens") até o momento de sua utilização.

A baixa pela utilização será diretamente contra uma conta de despesa de venda. Nesses casos, o custo dos produtos acabados é constituído pelo custo de produção da roupa e nele não se inclui essa eventual embalagem.

7. ACONDICIONAMENTO PARA O TRANSPORTE

Falamos até aqui das embalagens que acompanharão o produto até o consumidor final. Todavia, há gastos com a embalagem do produto apenas para o transporte até o cliente que têm outra característica: são gastos incorridos apenas no momento em que se vai efetivamente efetuar o transporte.

Esses gastos consistem em enfardamentos, caixas de madeira ou de papelão, tiras de metal, papel, cordas, fitas e outros itens utilizados no acondicionamento dos produtos ou mercadorias para o transporte rodoviário, ferroviário ou outro.

Nessas situações, o produto está provavelmente estocado sem essa embalagem, que lhe será adicionada imediatamente antes da viagem. Comumente, esses gastos são tratados também como despesas de vendas, pois o produto já estava em condições de negociação sem as embalagens; além disso, o gasto dependerá da forma de acondicionamento, tamanho da encomenda, tipo de transporte, tamanho do veículo transportador, especificação solicitada pelo cliente, região a ser atingida, distância a ser percorrida etc.

Em uma indústria de bolachas, pode ocorrer, por exemplo, a seguinte situação: a bolacha é embalada em sacos plásticos na própria fábrica e lá mesmo esses sacos são embalados em caixas de papelão, que irão ao estoque de produtos acabados. Se a entrega for dentro da própria cidade, essas caixas simplesmente serão colocadas nos veículos para transporte e será feita sem nenhum gasto adicional com acondicionamento. Contudo, se houver mau tempo ou se a viagem for para outras localidades, poderão ser necessárias aplicações de papel à prova d'água ou de umidade.

Nesse caso, as embalagens saco plástico e caixa de papelão integram o custo de produção, pois são necessárias à colocação do produto em condições de venda.

Já o papel especial à prova d'água, no momento de sua utilização, será considerado como despesa de venda (de entrega especificamente). Todavia, pode acontecer de esse acondicionamento para o transporte ocorrer de forma obrigatória. Por exemplo, as caixas são reunidas e colocadas em uma caixa maior, na qual se aplica uma tira de aço para que o produto possa ser transportado.

Ora, se esse processo é parte integrante do produto em condições de venda e se de certa forma integra a linha de produção, ou mesmo que isso não ocorra, trata-se, pelo menos, de um processo aplicado sempre a todos os produtos; dessa forma, esse gasto acaba por integrar o custo de produção.

8. DA RELEVÂNCIA DA QUESTÃO

Antes de discutir outras situações, é preciso que nos coloquemos em posição crítica quanto às consequências de uma classificação ou outra, pois, às vezes, nos surpreendemos ao concluir que, afinal de contas, essa distinção não produz, do ponto de vista prático, consequências tão significativas em muitas situações.

Quando se trata de embalagens como custo de produção, acaba-se tirando essa embalagem do estoque no seu consumo e incorporando seu valor no custo do produto, que irá para o resultado do exercício no momento da venda e será incluído no custo do produto vendido. Agora, se for tratada como despesa, só deverá ser baixada do estoque de embalagem quando for utilizada, o que ocorrerá no momento da entrega. Só que, em vez de compor o custo do produto vendido, comporá as despesas com vendas.

Logo, se a embalagem sofrer o tratamento adequado no regime de competência, tanto uma como outra hipótese, não provocará alteração no lucro do exercício, mas sim nas linhas da Demonstração do Resultado do Exercício (DRE). Por essa razão, o próprio Imposto de Renda pouco se preocupa com essa classificação na maioria das vezes.

Todavia, se a Contabilidade for utilizada como fonte de informações gerenciais, o fato de alocar um gasto como custo de produção ou como despesa de um setor específico torna-se relevante, pois uma apropriação inadequada pode comprometer a análise de desempenho setorial com base no resultado.

9. O QUE NÃO PODE SER FEITO

O problema grave reside no fato de, às vezes, a empresa tratar as embalagens como despesa e efetuar essa contabilização no momento em que elas são aplicadas ao produto, mesmo que o produto continue embalado no estoque.

Isso é realmente inconcebível e, dessa forma, temos não só uma deturpação técnica do resultado e do balanço como também uma séria consequência fiscal.

Se um produto foi embalado, mas continua no estoque por não ter sido vendido, contabilmente, não foi baixado do estoque de produtos acabados e, assim, não houve ainda a apropriação da receita derivada da sua venda. Portanto, não é possível que a embalagem nele utilizada seja considerada como despesa do exercício.

O problema de caracterização da embalagem como despesa de venda reside exatamente aí: na eventualidade de se efetuar o acondicionamento do produto antes de sua entrega e de se ter uma apropriação de despesa antes do registro da receita à qual ela se contrapõe.

Em verdade, esse é o maior e mais importante ponto a ser perseguido: o da confrontação da receita da venda com todos os custos e todas as despesas necessárias à sua obtenção, quer de forma direta, quer de forma indireta (e a embalagem, na maioria dos casos, é de forma direta).

Quando ocorrem essas situações de embalagens aplicadas para posterior baixa do produto, mesmo que sejam embalagens apenas para transporte, é comum considerá-las como custo de produção exatamente para que não sejam baixadas para o resultado antes da hora, ou, pelo menos, deverão ser controladas contabilmente para que não se transformem em despesa em momento inadequado.

10. RESUMO

Quando se tem o acondicionamento de um produto como parte da necessidade de colocá-lo em condições de venda, não há dúvida quanto à sua classificação como custo de produção.

No caso de gasto posterior, não obrigatório, dependente das condições do cliente, de entrega e outras, ou seja, se a embalagem não fizer parte, realmente, da necessidade de colocar o produto em condições de venda e for aplicada apenas no ato da entrega, ela deverá ser considerada como despesa de venda, sendo baixada do estoque diretamente para o resultado, sem passar pelas contas relativas à fabricação.

O importante é que, tanto na forma de custo quanto na de despesa, a embalagem só integrará o resultado quando o produto for efetivamente baixado e em seu lugar surgir a receita decorrente da venda. Não se pode considerar a embalagem como despesa e baixá-la para o resultado se o produto estiver acabado ou mesmo em processamento no Ativo. A contraposição entre a receita e a despesa é vital para a validação das demonstrações contábeis e da própria profissão de contabilista.

EMPRÉSTIMOS BANCÁRIOS COM JUROS ANTECIPADOS

1. INTRODUÇÃO

Neste tipo de empréstimo, os juros são pagos no início de cada período. Em verdade, o dinheiro inicial que o mutuário recebe será o montante do empréstimo menos os juros do primeiro período.

Por exemplo: um empréstimo de R$ 1.000.000, há 5 anos, com taxa de juros de 10% e pagamento de juros antecipados. O mutuário recebe no momento inicial R$ 900.000 (R$ 1.000.000 do empréstimo menos os juros de R$ 100.000 do primeiro ano).

Este tipo de empréstimo é muito comum em financiamento de longo prazo.

2. IMPOSTO DE RENDA

Os juros incorridos no empréstimo bancário são dedutíveis para Imposto de Renda e Contribuição Social sobre o Lucro, para as empresas tributadas pelo lucro real (art. 399 do RIR/2018).

3. REGISTRO CONTÁBIL

Na liberação do empréstimo, a empresa mutuária debita a conta "Banco Conta Movimento", no ativo circulante e a crédito da conta de "Empréstimos e Financiamentos Bancários a Pagar", no passivo exigível.

O encargo pago na liberação do empréstimo será registrado como uma despesa antecipada no ativo circulante e a contrapartida na conta "Banco Conta Movimento", também no ativo circulante.

À medida que os encargos forem sendo incorridos, uma parte da despesa antecipada é transferida para uma conta de despesa financeira, no resultado do exercício.

Na liquidação do empréstimo, a empresa deve debitar a conta de obrigação do passivo e creditar a conta bancária do ativo.

4. EXEMPLO PRÁTICO

Considerando que a empresa tenha, em 15.05.20X2, contraído um empréstimo no valor de R$ 100.000,00, com o Banco Alfa S.A., a ser liquidado em 15.06.20X2;

Considerando ainda que na data da liberação do empréstimo foram debitados R$ 10.100,00 na conta corrente da empresa (sendo R$ 10.000,00 relativos a juros e R$ 100,00 para pagamento de comissões e outros encargos), tal operação poderia ser assim contabilizada:

I – Pela liberação do empréstimo:

CONTAS CONTÁBEIS	DÉBITO – R$	CRÉDITO – R$
Banco Conta Movimento (Ativo Circulante)	100.000,00	
Empréstimos e Financiamentos Bancários a Pagar (Passivo Circulante)		100.000,00

II – Pelos encargos pagos na liberação do empréstimo:

CONTAS CONTÁBEIS	DÉBITO – R$	CRÉDITO – R$
Despesa Financeira a Apropriar (Ativo Circulante)	10.100,00	
Banco Conta Movimento (Ativo Circulante)		10.100,00

Dando continuidade ao exercício, vamos considerar que:

a) no período compreendido entre a data da liberação do empréstimo (15.05.20X2) e o encerramento do mês

(31.05.20X2), os encargos incorridos foram de R$ 8.600,00 (R$ 8.510,00 relativos a juros e R$ 90,00 a comissões e demais encargos);

b) no mês de junho/20X2 (até 15.06.2002 – data de vencimento do empréstimo), os encargos totalizaram R$ 1.500,00 (R$ 1.490,00 correspondentes a juros e R$ 10,00 a comissões e demais encargos).

III – Pelos encargos incorridos no mês de maio:

CONTAS CONTÁBEIS	DÉBITO – R$	CRÉDITO – R$
Juros e Comissões Bancárias (Conta de Resultado)	8.600,00	
Despesa Financeira a Apropriar (Ativo Circulante)		8.600,00

IV – Pelos encargos incorridos no mês de junho:

CONTAS CONTÁBEIS	DÉBITO – R$	CRÉDITO – R$
Juros e Comissões Bancárias (Conta de Resultado)	1.500,00	
Despesa Financeira a Apropriar (Ativo Circulante)		1.500,00

V – Pela liquidação do empréstimo:

CONTAS CONTÁBEIS	DÉBITO – R$	CRÉDITO – R$
Empréstimos e Financiamentos Bancários a Pagar (Passivo Circulante)	100.000,00	
Banco Conta Movimento (Ativo Circulante)		100.000,00

EMPRÉSTIMO COMPULSÓRIO SOBRE COMBUSTÍVEIS E VEÍCULOS – ATUALIZAÇÃO MONETÁRIA E JUROS

1. INTRODUÇÃO

Empréstimo compulsório é considerado um tributo na doutrina brasileira, que consiste na tomada compulsória de uma determinada quantia de dinheiro de quem é contribuinte a título de empréstimo. O valor desse empréstimo é resgatado em um prazo determinado e estabelecido pela lei. O empréstimo compulsório serve para atender situações excepcionais.

O Decreto-lei nº 2.288, de 23 de julho de 1986, instituiu o empréstimo compulsório incidente sobre a aquisição de automóveis e combustíveis para absorver temporariamente o que se dizia ser um excesso de poder aquisitivo, e os recursos arrecadados deveriam ficar indisponíveis no Banco Central do Brasil.

Na época, o grande objetivo do governo era criar o Fundo Nacional de Desenvolvimento (FND), a fim de fornecer recursos para a realização de investimentos necessários à dinamização do desenvolvimento nacional e dar apoio à iniciativa privada na organização e ampliação de suas atividades econômicas.

As empresas, que possuem saldo de empréstimo compulsório a restituir, devem registrar mensalmente a atualização monetária e os juros incidentes sobre o saldo registrado na contabilidade.

2. ATUALIZAÇÃO MONETÁRIA E JUROS

A atualização monetária mensal dos valores referentes ao empréstimo compulsório sobre combustíveis e veículos será calculada com base nos critérios de apuração dos rendimentos da caderneta de poupança com data de aniversário no primeiro dia de cada mês (art. 16, § 1º, do Decreto-lei nº 2.288/1986 e Ato Declaratório Normativo COSIT nº 15/1992).

3. IMPOSTO DE RENDA

A atualização monetária e os juros referentes ao empréstimo compulsório sobre combustíveis e veículos são tributados para o Imposto de Renda e para a Contribuição Social sobre o Lucro.

4. REGISTRO CONTÁBIL

Os valores da variação monetária e dos juros serão ambos registrados a débito da conta que registra o empréstimo compulsório e a crédito de variação monetária ativa e de receitas financeiras, respectivamente (os juros são calculados sobre o saldo do empréstimo compulsório atualizado).

5. EXEMPLO PRÁTICO

Vamos admitir que determinada empresa tivesse apresentado, em 31.01.2013, saldo mensal de R$ 30.000,00 na conta "Empréstimo Compulsório sobre Combustíveis e Veículos", no Realizável a Longo Prazo.

Com base nestas informações, a empresa calculará os juros e a atualização monetária do referido saldo da seguinte forma:

SALDO CONTÁBIL (1)	COEFICIENTE DE FEVEREIRO/2013 [1] (2)	ATUALIZAÇÃO MONETÁRIA (1 X 2) (3)	VALOR ATUALIZADO (1 + 3) (4)	TAXA DE JUROS [2] (5)	VALOR DOS JUROS (4 X 5) (6)	SALDO CONTÁBIL EM 28/02/2013 (4 + 6)
20.000,00	0,004583	91,66	20.091,66	0,5%	100,46	20.192,12

Notas
[1] Aplicando o coeficiente acima, obtém-se apenas o valor da atualização monetária a contabilizar.
[2] Do valor atualizado do empréstimo, calcula-se o valor dos juros mensais, mediante aplicação do coeficiente 0,005 (equivalente à taxa de 0,5%).

Lançamentos contábeis:

I – Da atualização monetária:

CONTAS CONTÁBEIS	DÉBITO – R$	CRÉDITO – R$
Empréstimo Compulsório sobre Combustíveis e Veículos (Ativo Não Circulante – Realizável a Longo Prazo)	91,66	
Variação Monetária Ativa (Conta de Resultado)		91,66

II – Dos juros:

CONTAS CONTÁBEIS	DÉBITO – R$	CRÉDITO – R$
Empréstimo Compulsório sobre Combustíveis e Veículos (Ativo Não Circulante – Realizável a Longo Prazo)	100,46	
Juros Ativos (Conta de Resultado)		100,46

EMPRÉSTIMOS DE DINHEIRO

1. INTRODUÇÃO

Mútuo é o empréstimo de dinheiro que é efetuado entre pessoas jurídicas ou entre pessoa jurídica e pessoa física.

Essas operações também são muito comuns entre empresas coligadas e entre as controladoras e suas controladas.

2. ENCARGOS FINANCEIROS

Os encargos financeiros praticados nos contratos de mútuo devem ser reconhecidos, segundo o regime de competência, como despesa financeira na mutuaria e como receita financeira na mutuante.

Desde 1º.01.1996, em função da revogação da correção monetária das demonstrações financeiras, deixou de ser exigido o reconhecimento, por parte da mutuante, das receitas financeiras decorrentes dos contratos de mútuo entre empresas controladoras e controladas e coligadas ou interligadas.

3. REGISTRO CONTÁBIL

3.1. Na empresa mutuante (que empresta o dinheiro)

A pessoa jurídica que estiver emprestando dinheiro deve efetuar o registro no (artigo 179 da Lei nº 6.404/1976):

- a) Ativo Circulante, se se tratar de empréstimos efetuados a terceiros e o direito forem realizáveis até o exercício subsequente;
- b) Ativo Não Circulante, se se tratar de empréstimos efetuados a terceiros e o direito for realizável após o término do exercício social subsequente e, se se tratar de empréstimos efetuados à empresa ligada, independentemente de o contrato especificar data de vencimento anterior ao término do exercício seguinte.

3.2. Na empresa mutuária (que toma o dinheiro emprestado)

A entidade que toma o dinheiro emprestado deve creditar, em contrapartida da entrada do numerário em sua conta bancária ou em seu caixa, uma conta específica:

- a) do Passivo Circulante, no caso de não haver data prevista para a liquidação do mútuo, ou se esta estiver prevista para antes do término do exercício social seguinte; ou
- b) do Passivo Não Circulante, se a data prevista para a liquidação do mútuo recair após o término do exercício social seguinte.

4. EXEMPLO PRÁTICO

Determinada empresa tomou, em 1º.11.20X1, um empréstimo de R$ 100.000,00 da empresa coligada, a serem pagos em 31.05.20X2, acrescidos de juros de 1% ao mês, não capitalizáveis, a serem pagos juntamente com o principal, no vencimento.

Neste caso, o cálculo do valor a ser pago pela empresa mutuária seria determinado da seguinte maneira:

Principal	R$	100.000,00
(+) Juros (R$ 100.000,00 x 7%) [1]	R$	7.000,00
(-) IR Fonte (R$ 7.000,00 x 20%) [2]	R$	1.400,00
Líquido a pagar	R$	105.600,00

[1] 1% ao mês x 7 meses.
[2] Alíquota aplicável aos contratos com prazo entre 181 e 360 dias (Lei nº 11.033/2004, artigo 1º).

I – Contabilização na empresa mutuante:
  a) Registro no contrato em 1º.11.20X1:

CONTAS CONTÁBEIS	DÉBITO – R$	CRÉDITO R$
Empréstimos a Receber (Ativo Não Circulante)	100.000,00	
Caixa/Banco Conta Movimento (Ativo Circulante)		100.000,00

  b) Registro da apropriação dos juros incorrido no mês:

CONTAS CONTÁBEIS	DÉBITO R$	CRÉDITO R$
Empréstimos a Receber (Ativo Não Circulante) ✓ novembro/20X1 .... R$ 1.000,00 ✓ dezembro/20X1 .... R$ 1.000,00 ✓ janeiro/20X2 .... R$ 1.000,00 ✓ fevereiro/20X2 .... R$ 1.000,00 ✓ março/20X2 .... R$ 1.000,00 ✓ abril/20X2 .... R$ 1.000,00 ✓ maio/20X2 .... R$ 1.000,00	7.000,0	

CONTAS CONTÁBEIS	DÉBITO R$	CRÉDITO R$
Juros Ativos (Conta de Resultado) ✓ novembro/20X1 .... R$ 1.000,00 ✓ dezembro/20X1 .... R$ 1.000,00 ✓ janeiro/20X2 .... R$ 1.000,00 ✓ fevereiro/20X2 .... R$ 1.000,00 ✓ março/20X2 .... R$ 1.000,00 ✓ abril/20X2 .... R$ 1.000,00 ✓ maio/20X2 .... R$ 1.000,00		7.000,00

c) Registro da liquidação do contrato em 31/05/20X2:

CONTAS CONTÁBEIS	DÉBITO – R$	CRÉDITO R$
Caixa/Banco Conta Movimento (Ativo Circulante)	105.600,00	
IRRF a Recuperar (Ativo Circulante)	1.400,00	
Empréstimos a Receber (Ativo Não Circulante)		107.000,00

II – Contabilização na empresa mutuária:

a) Registro do contrato em 1º.11.20X1:

CONTAS CONTÁBEIS	DÉBITO – R$	CRÉDITO R$
Caixa/Banco Conta Movimento (Ativo Circulante)	100.000,00	
Empréstimos a Pagar (Passivo Circulante)		100.000,00

b) Registro da apropriação dos juros incorridos no mês:

CONTAS CONTÁBEIS	DÉBITO – R$	CRÉDITO R$
Juros Passivos (Conta de Resultado) ✓ novembro/20X1 .... R$ 1.000,00 ✓ dezembro/20X1 .... R$ 1.000,00 ✓ janeiro/20X2 .... R$ 1.000,00 ✓ fevereiro/20X2 .... R$ 1.000,00 ✓ março/20X2 .... R$ 1.000,00 ✓ abril/20X2 .... R$ 1.000,00 ✓ maio/20X2 .... R$ 1.000,00	7.000,00	

CONTAS CONTÁBEIS	DÉBITO – R$	CRÉDITO R$
Empréstimos a Pagar (Passivo Circulante) ✓ novembro/20X1 .... R$ 1.000,00 ✓ dezembro/20X1 .... R$ 1.000,00 ✓ janeiro/20X2 .... R$ 1.000,00 ✓ fevereiro/20X2 .... R$ 1.000,00		7.000,00
✓ março/20X2 .... R$ 1.000,00 ✓ abril/20X2 .... R$ 1.000,00 ✓ maio/20X2 .... R$ 1.000,00		7.000,00

c) Registro da liquidação do contrato em 31.05.20X2:

CONTAS CONTÁBEIS	DÉBITO – R$	CRÉDITO R$
Empréstimos a Pagar (Passivo Circulante)	107.000,00	
IRRF a Recolher (Passivo Circulante)		1.400,00
Caixa/Banco Conta Movimento (Ativo Circulante)		105.600,00

EMPRÉSTIMO PRÉ-FIXADO

1. INTRODUÇÃO

Empréstimos são operações realizadas entre pessoas jurídicas e as instituições financeiras autorizadas a funcionar pelo Banco Central do Brasil, com cobrança de juros, tarifas e comissões.

2. TRIBUTAÇÃO

Os juros, tarifas e comissões pagas em função do empréstimo obtido junto à instituição financeira são considerados pela pessoa jurídica como despesas financeiras dedutíveis na apuração do lucro real e da base de cálculo da Contribuição Social sobre o Lucro.

3. REGISTRO CONTÁBIL

Os empréstimos realizados são registrados em conta do passivo circulante ou não circulante dependendo do prazo estipulado para a sua liquidação.

Os juros, tarifas e comissões são registradas segundo o regime de competência e lançados em conta de despesa financeira, alocadas de acordo com o plano de contas da empresa.

4. EXEMPLO PRÁTICO

Admita-se um empréstimo realizado junto ao banco WM no valor de R$ 100.000,00 a ser pago em 10 parcelas, com juros de 2% ao mês (para facilitar, os cálculos os juros serão calculados na forma simples), com tarifa de R$ 100,00 e IOF no valor de R$ 1.000,00

I – Pelo valor do empréstimo depositado em conta corrente:

CONTAS CONTÁBEIS	DÉBITO – R$	CRÉDITO – R$
Bancos Conta Movimento (Ativo Circulante)	100.000,00	
Empréstimo a Pagar – Banco WM (Passivo Circulante)		100.000,00

II – Pelo valor dos encargos cobrados para realização do empréstimo:

CONTAS CONTÁBEIS	DÉBITO – R$	CRÉDITO – R$
Tarifas e Comissões Bancárias (Conta de Resultado)	100,00	
IOF (Conta de Resultado)	1.000,00	
Bancos Conta Movimento (Ativo Circulante)		1.100,00

III – Pelo registro dos juros a transcorrer:

CONTAS CONTÁBEIS	DÉBITO – R$	CRÉDITO – R$
Juros a Transcorrer (Conta Redutora do Passivo Circulante)	20.000,00	
Juros a Pagar (Passivo Circulante)		20.000,00

IV – Pela apropriação dos juros incorridos sobre a 1ª parcela:

CONTAS CONTÁBEIS	DÉBITO – R$	CRÉDITO – R$
Juros Incorridos (Conta de Resultado)	2.000,00	
Juros a Transcorrer (Conta Redutora do Passivo Circulante)	2.000,00	

V – Pelo pagamento da 1ª parcela:

CONTAS CONTÁBEIS	DÉBITO – R$	CRÉDITO – R$
Empréstimo a Pagar – Banco WM (Passivo Circulante) (Ativo Circulante)	10.000,00	
Juros a Pagar (Passivo Circulante)	2.000,00	
Bancos Conta Movimento (Ativo Circulante)		12.000,00

Nota

O lançamento das demais parcelas segue o mesmo raciocínio da 1ª parcela.

ENCERRAMENTO DE ATIVIDADES

1. INTRODUÇÃO

A empresa ao ser liquidada a primeira coisa a ser feita é o inventário da empresa, ou seja, apurar todos os seus direitos e obrigações mediante levantamento de balanço inicial de liquidação, desde janeiro até o mês em que se pretende liquidar a empresa.

O balanço patrimonial levantado para a liquidação da empresa não tem efeito fiscal, mas serve para verificar qual será o retorno do capital investido pelos sócios.

No caso de sociedade anônima, é dever do liquidante fazer levantar de imediato, em prazo não superior ao fixado pela Assembleia Geral, o Balanço Patrimonial da companhia.

2. IMPOSTO DE RENDA

Após a elaboração do balanço inicial, a empresa passará efetivamente ao processo de liquidação. Nessa fase, serão realizados todos os ativos e liquidados todos os passivos.

Quando findada a liquidação e procedida a extinção da pessoa jurídica, deverá antes efetuar o pagamento de todos os tributos devidos apurados no balanço de liquidação da empresa.

3. REGISTRO CONTÁBIL

As contas do Patrimônio Líquido serão encerradas mediante transferência para uma conta transitória no Passivo Circulante, que poderá denominar-se "Conta Corrente dos Sócios" e o saldo remanescente do Ativo (se houver) será restituído aos sócios.

Após a realização do Ativo e o pagamento do Passivo, deve ser aberta uma conta no Passivo Circulante ("Conta Corrente dos Sócios" ou título semelhante) que receberá, por transferência, os saldos das contas do Patrimônio Líquido, proporcionalmente à participação de cada sócio.

Por ocasião do pagamento dos haveres dos sócios, debita-se a "Conta Corrente dos Sócios" e creditam-se as contas do Ativo Circulante remanescentes, o que concluirá a liquidação do Ativo e do Passivo da pessoa jurídica.

4. EXEMPLO PRÁTICO

Para liquidação da sociedade, admita-se o seguinte:

Balanço de enceramento do período anterior

ATIVO		PASSIVO	
GRUPOS	VALOR	GRUPO	VALOR
Ativo Circulante		Passivo Circulante	
Disponível	**6.000,00**	Fornecedores	**18.000,00**

ATIVO		PASSIVO	
GRUPOS	**VALOR**	**GRUPO**	**VALOR**
Caixa	1.000,00	Fornecedores Nacionais	18.000,00
Bancos	5.000,00	Obrigações Trabalhistas e Previdenciárias	**5.300,00**
Clientes	**25.000,00**	Salário e Ordenados a Pagar	4.200,00
Duplicatas a Receber	30.000,00	INSS a Recolher	800,00
(-) Duplicatas Descontadas	5.000,00	FGTS a Recolher	300,00
Estoques	**12.500,00**	Obrigações Tributárias	**1.500,00**
Mercadorias	12.000,00	Impostos e Contribuições a Recolher	1.500,00
Materiais de Consumo	500,00		
Total do Ativo Circulante	**43.500,00**	**Total do Passivo Circulante**	**24.800,00**
Ativo Não Circulante		**Patrimônio Líquido**	
Imobilizado	**15.000,00**	Capital Social	**25.000,00**
Móveis e Utensílios	3.800,00	Capital Integralizado	25.000,00
(-) Depreciação Acumulada	950,00	Reserva de Capital	**6.400,00**
Máquinas e Equipamentos	16.200,00	Reservas de Correção Monetária	6.400,00
(-) Depreciação Acumulada	4.050,00	Reservas de Lucros	**2.300,00**
Total do Ativo Não Circulante	**15.000,00**	**Total do Patrimônio Líquido**	**33.700,00**
TOTAL DO ATIVO	**58.500,00**	**TOTAL DO PASSIVO**	**58.500,00**

Letra **E** Encerramento de Atividades

No decorrer do processo de liquidação, ocorreram os seguintes fatos:

- venda à vista dos estoques de mercadorias R$ 15.500,00
- venda à vista dos estoques de materiais de consumo R$ 300,00
- impostos incidentes sobre as vendas dos estoques R$ 3.000,00
- recebimento de duplicatas, com desconto R$ 500,00
- venda à vista de móveis e utensílios R$ 2.500,00
- venda à vista de máquinas e equipamentos R$ 10.000,00
- pagamento de fornecedores, com desconto R$ 300,00
- pagamento de salários e obrigações correlatas R$ 4.200,00
- pagamento da contribuição previdenciária R$ 800,00
- pagamento do FGTS R$ 300,00
- pagamento de impostos R$ 4.500,00

Na liquidação, foi apurado o seguinte resultado do período abrangido:

DEMONSTRAÇÃO DO RESULTADO DA LIQUIDAÇÃO	
Receita Bruta de Vendas	15.800,00
(-) Impostos Incidentes sobre Vendas	3.000,00
Vendas Líquidas	**12.800,00**
(-) custos das Mercadorias Vendidas	12.500,00
Lucro Bruto	**300,00**
(-) Despesas Financeiras	500,00
Receitas Financeiras	300,00
Resultado da Liquidação	**(2.400,00)**

Balanço patrimonial antes da conclusão da liquidação

ATIVO		PASSIVO	
GRUPOS	**VALOR**	**GRUPO**	**VALOR**
Ativo Circulante			
Disponível	31.300,00		
Caixa	26.300,00		
Bancos	5.000,00		
Total do Ativo Circulante	31.300,00	Patrimônio Líquido	
		Capital Social	**25.000,00**
		Capital Integralizado	25.000,00
		Reserva de Capital	**6.400,00**
		Reservas de Correção Monetária	6.400,00
		Reservas de Lucros	**2.300,00**
		Resultado da Liquidação	(2.400,00)
		Total do Patrimônio Líquido	31.300,00
TOTAL DO ATIVO	**31.300,00**	**TOTAL DO PASSIVO**	**31.300,00**

Agora com os dados apresentados, vamos efetuar os lançamentos contábeis de encerramento das contas.

I – Pelo encerramento das contas do Patrimônio Líquido:

CONTAS CONTÁBEIS	DÉBITO – R$	CRÉDITO – R$
Capital Social (Patrimônio Líquido)	25.000,00	
Reservas de Capital (Patrimônio Líquido)	6.400,00	
Reservas de Lucros (Patrimônio Líquido)	2.300,00	
Conta Corrente dos Sócios (Passivo Circulante)		33.7000,00

II – Pelo encerramento das contas transitórias:

CONTAS CONTÁBEIS	DÉBITO – R$	CRÉDITO – R$
Conta Corrente dos Sócios (Passivo Circulante)	2.400,00	
Apuração do Resultado da Liquidação (Conta Transitória)		2.400,00

III – Pelo pagamento dos haveres aos sócios:

CONTAS CONTÁBEIS	DÉBITO – R$	CRÉDITO – R$
Conta Corrente dos Sócios (Passivo Circulante)	31.300,00	
Caixa (Ativo Circulante)		26.300,00
Bancos (Ativo Circulante)		5.000,00

ENERGIA ELÉTRICA

1. INTRODUÇÃO

Energia elétrica é uma forma de energia baseada na geração de diferenças de potencial elétrico entre dois pontos, que permitem estabelecer uma corrente elétrica entre ambos. Mediante a transformação adequada é possível obter que tal energia mostre-se em outras formas finais de uso direto, em forma de luz, movimento ou calor, segundo os elementos da conservação da energia.

A energia elétrica é obtida principalmente por meio de termoelétricas, usinas hidroelétricas, usinas eólicas e usinas termonucleares.

2. REGISTRO CONTÁBIL

A energia elétrica consumida será classificada, observado o regime de competência:

    a) como despesa operacional, se for consumida nas áreas administrativas e de vendas;

b) como custo de produção, se for consumida na área de produção de bens ou serviços.

O crédito do imposto e das contribuições incidentes sobre a energia elétrica consumida será classificado numa conta específica do ativo circulante e não comporá o valor do custo de produção e o serviço nem o valor da despesa operacional (artigo 301 do RIR/2018).

3. EXEMPLO PRÁTICO

Vamos supor que uma indústria tenha num determinado mês, consumido em seu estabelecimento energia elétrica no valor total a pagar de R$ 8.000,00, com ICMS incluso de R$ 1.440,00, conforme fatura.

Considerando que do total da energia elétrica, R$ 5.000,00 tenha sido consumida no setor de produção.

Considerando que a empresa terá direito ao crédito: do ICMS no valor de R$ 900,00 (18% sobre R$ 5.000,00); direito ao crédito do PIS de R$ 132,00 (1,65% sobre o total da fatura); e Cofins de R$ 608,00 (7,6% sobre o total da fatura).

O registro contábil da fatura de energia elétrica será efetuado da seguinte maneira:

CONTAS CONTÁBEIS	DÉBITO – R$	CRÉDITO – R$
Energia Elétrica – Custo de Produção (Conta de Resultado)	3.637,50[1]	
Energia Elétrica – Despesa Operacional (Conta de Resultado)	2.722,50[2]	
ICMS a Recuperar (Ativo Circulante)	900,00	
PIS a Recuperar (Ativo Circulante)	132,00	
Cofins a Recuperar (Ativo Circulante)	608,00	
Energia Elétrica a Pagar (Passivo Circulante)		8.000,00

[1] *Energia consumida no setor de produção.*
[2] *Energia consumida no setor administrativo e comercial.*

ESTIMATIVA – IRPJ/CSLL

1. INTRODUÇÃO

As pessoas jurídicas tributadas com base no lucro real podem efetuar o pagamento do IRPJ e da CSLL apurados no ano-calendário da seguinte forma:

a) trimestralmente por meio de balanço ou balancetes;

b) anual com base:

b.1) na receita bruta mensal; ou

b.2) balanços ou balancetes de redução ou suspensão.

Estimativa mensal do IRPJ e da CSLL é um meio de recolhimento antecipado dos tributos pelas empresas obrigadas ao lucro real ou por opção.

Esse método consiste em apurar os tributos com base na receita bruta mensal auferida e, por opção, levantar balanço de suspensão ou redução em qualquer mês do ano e ao final do ano-calendário proceder ao ajuste para verificar se o saldo foi positivo ou negativo.

2. TRIBUTAÇÃO

Como já mencionado no item 1, as pessoas jurídicas podem optar pelo lucro real anual e recolher mensalmente o IRPJ e a CSLL por estimativa. Essa apuração consiste em pagar os tributos com base na receita bruta e ainda pode suspender ou reduzir os pagamentos por meio de levantamento de balanço ou balancete, com observância da IN RFB nº 1.700//2017.

3. REGISTRO CONTÁBIL

As parcelas de estimativa devidas devem ser registradas em contas do Ativo Circulante, que poderão denominar-se "Imposto de Renda Devido por Estimativa" e "Contribuição Social sobre o Lucro Devida por Estimativa".

Na estrutura do Plano de Contas da empresa, elas integrarão um grupo específico que registrará tributos recuperáveis ou compensáveis ("Outros Créditos", "Tributos a Recuperar/Compensar").

As estimativas devidas devem ser registradas no mês de sua apuração dentro do passivo circulante, ou seja, deve seguir o regime de competência.

4. EXEMPLO PRÁTICO

Estimativas apuradas:
- IRPJ   R$ 10.000,00
- CSLL   R$ 8.000,00

I – Pela apropriação do IRPJ estimativa

CONTA CONTÁBIL	DÉBITO R$	CRÉDITO R$
IRPJ Estimativa a Compensar (Ativo Circulante)	20.000,00	
IRPJ Estimativa a Recolher (Passivo Circulante)		20.000,00

II – Pela apropriação da CSLL estimativa

CONTA CONTÁBIL	DÉBITO R$	CRÉDITO R$
CSLL Estimativa a Compensar (Ativo Circulante)	16.000,00	
CSLL Estimativa a Recolher (Passivo Circulante)		16.000,00

III – Pelo pagamento do IRPJ/CSLL estimativa

CONTA CONTÁBIL	DÉBITO R$	CRÉDITO R$
IRPJ Estimativa a Recolher (Passivo Circulante)	20.000,00	
CSLL Estimativa a Recolher (Passivo Circulante)	16.000,00	
Bancos Conta Movimento (Ativo Circulante)		36.000,00

Considerando agora que no final do ano-calendário a empresa tenha apurado e provisionado o IRPJ devido no valor de R$ 206.000,00 e da CSLL R$ 164.000,00, e que os pagamentos mensais remontaram em R$ 200.000,00 e R$ 160.000,00, respectivamente, teremos os seguintes registros:

I – Pela apropriação do IRPJ estimativa

CONTA CONTÁBIL	DÉBITO R$	CRÉDITO R$
Provisão para o IRPJ (Passivo Circulante)	200.000,00	
IRPJ Estimativa a Compensar (Ativo Circulante)		200.000,00

II – Pela apropriação da CSLL estimativa

CONTA CONTÁBIL	DÉBITO R$	CRÉDITO R$
Provisão para a CSLL (Passivo Circulante)	160.000,00	
CSLL Estimativa a Compensar (Ativo Circulante)		160.000,00

Neste caso, ficará um saldo a ser recolhido do IRPJ de R$ 6.000,00 e da CSLL de 4.000,00, totalizando R$ 10.000,00 a recolher.

ESTOQUE – AJUSTE ENTRE O FÍSICO E O CONTÁBIL

1. INTRODUÇÃO

No encerramento do exercício social, os estoques físicos são confrontados com os registrados na contabilidade.

Nesse confronto, podem ocorrer divergências entre as quantidades registradas na escrituração contábil e aquelas apuradas mediante inventário físico.

2. REGISTRO CONTÁBIL

Contabilmente, a regularização das divergências entre o estoque físico e o contábil é efetuada pelo débito ou crédito da conta "Estoque" e como contrapartida:

    a) a conta de "Custo das Mercadorias Vendidas ou Custo dos Produtos Vendidos", se se tratar de divergências pouco significativas ou decorrentes de erros da movimentação dos estoques;

b) a conta de despesa operacional, se se tratar de divergências significativas, ou seja, evento não relacionado com as operações normais da empresa (furto, roubo etc.).

3. EXEMPLO PRÁTICO

Vamos supor que determinada empresa mercantil que possua estoques integrados e coordenados com a contabilidade, após contagem física, tenha apurado as seguintes divergências entre o estoque físico e o contábil:

MERCA-DORIAS	QUANTIDADE		DIVERGÊNCIAS APURADAS	CUSTO UNITÁRIO	TOTAIS	
	FÍSICA	CONTÁBIL			SOBRAS	FALTAS
"A"	1.500	1.506	(6)	R$ 10,00		R$ 60,00
"B"	400	392	8	R$ 12,00	R$ 96,00	
Totais					R$ 96,00	R$ 60,00

Teremos os seguintes lançamentos contábeis:

a) Registro da regularização das sobras:

CONTAS CONTÁBEIS	DÉBITO – R$	CRÉDITO – R$
Estoque de Mercadorias para Revenda (Ativo Circulante)	96,00	
Custo das Mercadorias Vendidas (Conta de Resultado)		96,00

b) Registro da regularização das faltas:

CONTAS CONTÁBEIS	DÉBITO	CRÉDITO
Custo das Mercadorias Vendidas (Conta de Resultado)	60,00	
Estoque de Mercadorias para Revenda (Ativo Circulante)		60,00

ESTOQUE – AVALIAÇÃO DE ESTOQUES PELO MÉTODO DE CUSTO (CPC 16)

1. INTRODUÇÃO

No balanço, os direitos que tiverem por objeto mercadorias e produtos do comércio da companhia, assim como matérias-primas, produtos em fabricação e bens em almoxarifado, serão avaliados "pelo custo de aquisição ou produção, deduzido de provisão para ajustá-lo ao valor de mercado, quando este for inferior".

Desta forma, trataremos da avaliação de estoques segundo o método de custo, tendo como base o Pronunciamento Técnico CPC 16 (R1) – Estoques.

O valor de custo do estoque deve incluir todos os custos de aquisição e de transformação, bem como outros custos incorridos para trazer os estoques à sua condição e localização atuais.

O CPC 16 admite como custo somente os gastos tidos para trazer os estoques até a empresa. Desse modo, gastos adicionais de remanejamento ou realocação dos mesmos deverão ser tratados como despesas. Isso se aplica, por exemplo, na hipótese de a empresa, estando com seu espaço de armazenamento saturado, recorrer a espaço de terceiros para alocar seus estoques.

Por sua vez, os gastos com o transporte normal e necessário de matéria-prima entre os diversos setores produtivos da empresa compõem o custo. Exemplo são os gastos de transporte do setor de montagem para o setor de pintura.

1.1. Custo de Aquisição

O custo de aquisição dos estoques compreende o preço de compra, os impostos de importação e outros tributos, bem como os custos de transporte, seguro, manuseio e outros diretamente atribuíveis à aquisição de produtos acabados, materiais e serviços. Descontos comerciais, abatimentos e outros itens semelhantes devem ser deduzidos na determinação do custo de aquisição.

1.2. Custos de Transformação

Os custos de transformação de estoques incluem os custos diretamente relacionados às unidades produzidas ou às linhas de produção, como pode ser o caso da mão de obra direta.

Também incluem a alocação sistemática de custos indiretos de produção, fixos e variáveis, que sejam incorridos para transformar os materiais em produtos acabados.

Os custos indiretos de produção fixos são aqueles que permanecem relativamente constantes, independentemente do volume de produção, tais como os relativos à depreciação e à manutenção de edifícios e instalações fabris, bem como das máquinas e equipamentos e os custos de administração da fábrica.

2. TRIBUTAÇÃO

2.1. Lucro Real

As pessoas jurídicas submetidas à tributação com base no lucro real devem, ao final de cada período de apuração, proceder ao levantamento e à avaliação dos estoques existentes, devendo essa providência abranger os estoques de (RIR/2018, arts. 276 e 304):

a) mercadorias para revenda, nas empresas comerciais;

b) matérias-primas, materiais auxiliares (e outros materiais empregados na produção) e produtos (acabados e em elaboração), nas empresas industriais;

c) outros bens existentes em almoxarifado, em qualquer empresa.

TRIMESTRAL	Períodos de apuração encerrados em 31 de março, 30 de junho, 30 de setembro e 31 de dezembro, ressalvados (RIR/1999, art. 220)
ANUAL	Opção pelo pagamento mensal do imposto por estimativa, com base na receita bruta hipótese em que a empresa fica obrigada à apuração do lucro real somente em 31 de dezembro.
BALANÇOS OU BALANCETES DE REDUÇÃO OU SUSPENSÃO	A empresa que optar pelo pagamento mensal do imposto por estimativa pode, se quiser, levantar balanços ou balancetes periódicos e apurar o lucro real gerado no ano-calendário em curso (até o mês do levantamento do balanço ou balancete), para fins de suspensão ou redução do pagamento do imposto mensal. Na data desses balanços ou balancetes, para fins de apuração do resultado do período, será necessário levantar e avaliar os estoques existentes, embora seja dispensada a escrituração do livro Registro de Inventário. Todavia, se a empresa possuir registro permanente de estoques, integrado e coordenado com a contabilidade, somente estará obrigada a ajustar os saldos contábeis, pelo confronto com a contagem física, ao final de cada ano-calendário ou no encerramento do período de apuração, nos casos de incorporação, fusão, cisão ou encerramento de atividades.
SITUAÇÃO ESPECIAL	Os casos de incorporação, fusão, cisão e encerramento de atividades, nos quais a apuração do lucro real (se a empresa estiver submetida à tributação com base nesse lucro), deve ocorrer na data do evento.

2.2. Lucro presumido ou optante pelo Simples Nacional

As pessoas jurídicas optantes pela tributação do Imposto de Renda com base no lucro presumido, bem como as microempresas e as empresas de pequeno porte que se submeterem ao regime tributário do Simples Nacional, também ficam obrigadas a proceder, em 31 de dezembro de cada ano-calendário, ao levantamento e à avaliação dos estoques, tendo em vista que a lei lhes impõe o dever de escriturar, nessa data, o livro Registro de Inventário.

2.3. Mercadorias para revenda e matérias-primas industriais

As mercadorias adquiridas para revenda, as matérias-primas adquiridas para emprego na produção industrial e os bens em almoxarifado deverão ser avaliados pelo custo de aquisições.

Por essa razão, importa inicialmente ressaltar quais componentes financeiros devem integrar o custo de aquisição desses bens.

PARCELAS INTEGRANTES DO CUSTO DE AQUISIÇÃO	Preço pago ao fornecedor, as despesas de transporte e de seguro até a entrega dos bens no estabelecimento do adquirente, os impostos não recuperáveis pagos na aquisição ou na importação e os gastos com desembaraço aduaneiro, como: • IPI pago na aquisição de mercadorias, por comerciante varejista ou atacadista não equiparado a industrial; • ICMS pago na aquisição de mercadorias cuja saída do estabelecimento adquirente não gera débito desse imposto e para as quais não haja permissão legal para manutenção do crédito pela entrada. Integra o custo valor da contribuição previdenciária do produtor rural, quando o adquirente de produtos rurais assume o ônus de seu pagamento, bem como o ICMS pago pelo adquirente (contribuinte substituto) de produtos rurais destinados a uso ou consumo próprio (não destinados à comercialização ou à industrialização).
PARCELAS NÃO INTEGRANTES DO CUSTO DE AQUISIÇÃO	Não integram o custo de aquisição o IPI, o ICMS, o PIS/Pasep e a Cofins não cumulativos, recuperáveis mediante crédito na escrita fiscal do adquirente.

3. REGRAS CONTÁBEIS E EXEMPLOS PRÁTICOS

3.1. O Questionamento da Depreciação Como Custo Fixo ou Variável

Nota-se que as despesas com depreciação não se caracterizam necessariamente como despesas fixas.

Segundo o Pronunciamento CPC 27 – Ativo imobilizado (item 60), o método de depreciação utilizado reflete o padrão de consumo, pela entidade, dos benefícios econômicos futuros.

O método a ser utilizado é de "livre" escolha para a empresa.

Portanto, se esta utilizar o método linear para reconhecer sua depreciação, o referido valor será considerado custo fixo, e, se a empresa produzir 100 ou 150 unidades no mês, o custo da depreciação será o mesmo, pois esta não se atrela à quantidade produzida.

No entanto, se o método utilizado for de unidades produzidas, o referido valor será variável, pois quanto maior a produção, maior a depreciação. Dessa forma, o reconhecimento da depreciação está atrelado ao volume produzido.

3.1.2. Conceito de Custo Indireto

Os custos indiretos de produção variáveis são aqueles que variam diretamente, ou quase diretamente, com o volume de produção, envolvendo, por exemplo, materiais indiretos e certos tipos de mão de obra indireta.

3.1.3. Análise dos critérios de alocação de custos fixos indiretos

A alocação de custos fixos indiretos de fabricação às unidades produzidas deve ser baseada na capacidade normal de produção.

A capacidade normal é a produção média que se espera atingir ao longo de vários períodos em circunstâncias normais. Com isso, leva-se em consideração, para a determinação dessa capacidade normal, a parcela da capacidade total não utilizada por causa de manutenção preventiva, de férias coletivas e de outros eventos semelhantes considerados normais para a entidade.

3.1.3.1. Exemplos

Para exemplificar o exposto no subitem anterior (custos fixos indiretos), consideremos os seguintes dados do mês de dezembro/20X1:

1	Custos fixos indiretos de fabricação	R$ 2.800.000,00
2	Nível real de produção	15.000 unidades
3	Capacidade normal de produção	14.000 unidades
4	Peças efetivamente produzidas	10.500 unidades

Diante desses dados, teríamos:

5	Diferença por ociosidade (3 – 4)	3.500 unidades
6	Custo fixo unitário (1/3)	R$ 200,00
7	Parcela a ser alocada aos estoques (4 x 6)	R$ 2.100.000,00
8	Parcela não alocada aos estoques (5 x 6)	R$ 700.000,00
* Justificativa: baixo volume de produção tendo em vista a retração do mercado consumidor.		

Portanto, ante essas informações, teríamos o seguinte registro contábil em dezembro/20X1:

I – Pelos custos fixos

CONTAS CONTÁBEIS	DÉBITO – R$	CRÉDITO – R$
Estoques (Ativo Circulante)	2.100.000,00	
Despesas por ociosidade (Conta de Resultado)	700.000,00	
Custos fixos indiretos de fabricação (Conta de Resultado)		

3.2. Forma de Tratamento do Custo Indireto

Os custos indiretos de produção variáveis devem ser alocados a cada unidade produzida com base no uso real dos insumos variáveis de produção, ou seja, na capacidade real utilizada.

Para exemplificar, consideremos como produção efetiva 10.550 peças, conforme consta no exemplo anterior. Quanto ao custo variável, consideremos que este seja da ordem de R$3.000.000,00.

CUSTOS INDIRETOS VARIÁVEIS	
Gastos gerais de fabricação variáveis	R$ 3.307.500,00
Peças efetivamente produzidas	10.500 unidades
Custo variável indireto de fabricação	R$ 315,00

I – Pelo custo indireto

CONTAS CONTÁBEIS	DÉBITO – R$	CRÉDITO – R$
Estoques (Ativo Circulante)	3.307.500,00	
Custo variável indireto de fabricação (Conta de Resultado)		3.307.500,00

Veja que, em se tratando de custos indiretos, não há que se falar em parcela a ser alocada como despesa.

3.2.1. Produção Simultânea de mais um Produto

Um processo de produção pode resultar em mais de um produto fabricado simultaneamente.

Isto ocorre, por exemplo, quando se fabricam produtos em conjunto ou quando há um produto principal e um ou mais subprodutos.

Quando os custos de transformação de cada produto não são separadamente identificáveis, eles devem ser atribuídos aos produtos em base racional e consistente.

Essa alocação pode se basear, por exemplo, no valor relativo da receita de venda de cada produto, seja na fase do processo de produção em que os produtos se tornam separadamente identificáveis, seja no final da produção, conforme o caso.

Exemplificando: no desenvolvimento do exemplo, consideremos 3 produtos (A, B e C), conforme quadro a seguir, a um custo total de produção de R$ 5.407.500,00. Utilizando o parâmetro constante do CPC 16 (valor relativo da receita de venda de cada produto), teremos:

APROPRIAÇÃO DE CUSTOS					
PRO-DUTOS	PREÇO DE VENDA	QUANTIDADE PRODUZIDA	TOTAL	PARTICIPAÇÃO	APROPRIAÇÃO DOS CUSTOS
A	R$ 2.300,00	300	R$ 690.000,00	33,01%	R$ 1.785.251,20
B	R$ 2.400,00	400	R$ 960.000,00	45,93%	R$ 2.483.827,75
C	R$ 2.200,00	200	R$ 440.000,00	21,05%	R$ 1.138.421,05
Totais		900	R$ 2.090.000,00	100%	R$ 5.407.500,00

A apropriação dos custos anteriormente expostos foi obtida mediante a aplicação da seguinte fórmula:

$$\frac{\text{Preço de venda total de cada produto}}{\text{Preço de venda total}} = \text{Participação percentual} \times \text{Custo total} = \text{Custo atribuído}$$

3.3. Demais Custos

Os custos que não sejam de aquisição nem de transformação devem ser incluídos nos custos dos estoques somente na medida em que sejam incorridos para colocar os estoques no seu local e na sua condição atual.

Exemplo:

- a) os gastos gerais que não sejam de produção e os custos de desenho de produtos para clientes específicos;
- b) uma mercadoria com valor de venda maior na prateleira do supermercado do que no depósito de distribuição dessa entidade; assim, o custo do transporte do centro de distribuição à loja de venda deve ser considerado como parte integrante do custo de colocar o estoque em condições de venda, o que, consequentemente, deve afetar o custo da mercadoria.

3.4. Itens não Incluídos no custo

Os itens que não devem ser incluídos no custo dos estoques, mas sim reconhecidos como despesa do período em que são incorridos, são, por exemplo:

a) valor anormal de desperdício de materiais, mão de obra ou outros insumos de produção;
b) gastos com armazenamento, a menos que sejam necessários ao processo produtivo entre uma e outra fase de produção;
c) despesas administrativas que não contribuem para trazer o estoque ao seu local e condição atuais; e
d) despesas de comercialização, incluindo a venda e a entrega de bens e serviços aos clientes.

3.5. Componentes Financeiros nas Compras a Prazo

A entidade, geralmente, compra estoques com condição para pagamento a prazo. A negociação pode, efetivamente, conter um elemento de financiamento, como uma diferença entre o preço de aquisição em condição normal de pagamento e o valor pago. Essa diferença deve ser reconhecida como despesa de juros durante o período do financiamento.

Exemplo:

Valor da mercadoria	R$ 750.000,00
IPI	R$ 52.500,00
ICMS	R$ 135.000,00
PIS	R$ 12.375,00
Cofins	R$ 57.000,00
Total da NF	R$ 802.500,00*
Outras informações:	
*Juros financeiros cobrados	R$ 21.825,00

Diante dessas informações, teríamos o seguinte lançamento, considerando-se o método tradicional de registro de compra, no qual os encargos financeiros compunham o estoque:

I – Pelo método tradicional de registro

CONTAS CONTÁBEIS	DÉBITO – R$	CRÉDITO – R$
Estoques (Ativo Circulante)	545.625,00	
IPI a Recuperar (Ativo Circulante)	52.500,00	
ICMS a Recuperar (Ativo Circulante)	135.000,00	
PIS/Pasep a Recuperar (Ativo Circulante)	12.375,00	
Cofins a Recuperar (Ativo Circulante)	57.000,00	
Fornecedores (Passivo Circulante)		802.500,00

II – Pelo método adotado pelo CPC 16, item 18

CONTAS CONTÁBEIS	DÉBITO – R$	CRÉDITO – R$
Estoques (Ativo Circulante)	523.800,00	
IPI a Recuperar (Ativo Circulante)	52.500,00	
ICMS a Recuperar (Ativo Circulante)	135.000,00	
PIS/Pasep a Recuperar (Ativo Circulante)	12.375,00	
Cofins a Recuperar (Ativo Circulante)	57.000,00	
Juros Financeiros (Redutora do Passivo Circulante)	21.825,00	
Fornecedores (Passivo Circulante)		802.500,00

Veja que a informação nova, aqui, relaciona-se à conta Juros a Apropriar. Essa conta compõe o passivo como redutora de fornecedores. À medida que forem sendo feitos os pagamentos ao fornecedor, efetuar-se-á a transferência do encargo financeiro correspondente para o resultado.

3.6. *Demais Maneiras de Avaliação e Valorização dos Custos de Estoque*

Outras formas para mensuração do custo de estoque, tais como o custo-padrão ou o método de varejo, podem ser usadas, por conveniência, se os resultados aproximarem-se do custo.

O custo-padrão leva em consideração os níveis normais de utilização dos materiais e bens de consumo, da mão de obra e da eficiência na utilização da capacidade produtiva. Ele deve ser regularmente revisto à luz das condições correntes.

As variações relevantes do custo-padrão em relação ao custo devem ser alocadas nas contas e nos períodos adequados, de forma a se ter os estoques de volta a seu custo.

O método de varejo é, muitas vezes, usado no setor de varejo para mensurar estoques de grande quantidade de itens que mudam rapidamente, itens que têm margens semelhantes e para os quais não é praticável usar outros métodos de custeio.

O custo do estoque deve ser determinado pela redução do seu preço de venda na percentagem apropriada da margem bruta. A percentagem usada deve levar em consideração o estoque que tenha seu preço de venda reduzido abaixo do preço de venda original. Muitas vezes, é usada uma percentagem média para cada departamento de varejo.

3.7. Avaliação do Estoque pelo Valor de Mercado

No balanço, os direitos que tiverem por objeto mercadorias e produtos do comércio da companhia, assim como matérias-primas, produtos em fabricação e bens em almoxarifado, serão avaliados pelo custo de aquisição ou produção, deduzido de provisão para ajustá-lo ao valor de mercado, quando este for inferior.

Considera-se valor justo:

a) das matérias-primas e dos bens em almoxarifado, o preço pelo qual possam ser repostos, mediante compra no mercado;

b) dos bens ou direitos destinados à venda, o preço líquido de realização mediante venda no mercado, deduzidos os impostos e demais despesas necessárias para a venda, e a margem de lucro.

3.8. Valor de Mercado, Valor Realizável Líquido e Valor Justo

Ao tratar do assunto, o Pronunciamento Técnico CPC 16 estabeleceu que os estoques devem ser mensurados pelo valor de custo ou pelo valor realizável líquido, dos dois o menor.

Como se observa, ao determinar a adoção do menor valor para o estoque, o CPC observou em sua plenitude o princípio da prudência.

Grosso modo, pode-se dizer que o termo "valor realizável líquido" veio substituir o termo "valor de mercado", em se tratando de mensuração dos estoques de produtos acabados e de mercadorias para revenda.

Contudo, o conceito de "valor realizável líquido" é muito mais abrangente do que a tradicional acepção de "valor de mercado", até então utilizada.

De uma forma simplista, tínhamos que valor de mercado, até as alterações promovidas na Lei nº 6.404/1976 pela Lei nº 11.638/2009, era o preço praticado pelo mercado relativamente a determinado produto/mercadoria.

Portanto, se tínhamos uma quantidade de produto X em nossos estoques avaliado por R$ 100.000 e, na data do balanço, esse produto atingiu um preço de venda de R$ 95.000 (líquido dos impostos), teríamos que constituir uma provisão de R$ 5.000,00, pois o preço de mercado seria inferior ao de custo, e reconheceríamos a perda.

Agora, de acordo com a nova sistemática, temos que adotar o valor de custo ou o valor realizável líquido/valor justo, dos dois o menor.

O Pronunciamento Técnico CPC 16 define "valor realizável líquido" como:

> "o preço de venda estimado no curso normal dos negócios deduzido dos custos estimados para sua conclusão e dos gastos estimados necessários para se concretizar a venda."

Esse conceito (valor realizável líquido), conforme se depreende da leitura do inciso II e do § 1º, alínea "b", do art. 183, da Lei nº 6.404/1976, será utilizado para determinarmos o valor de mercado, relativamente aos estoques, aos produtos acabados e às mercadorias para revenda.

O mesmo CPC também traz definição para "valor justo". De acordo com o referido pronunciamento, valor justo é:

"aquele pelo qual um ativo pode ser trocado ou um passivo liquidado entre partes interessadas, conhecedoras do negócio e independentes entre si, com ausência de fatores que pressionem para a liquidação da transação ou que caracterizem uma transação compulsória."

Esse conceito (valor justo) será utilizado para determinarmos o valor de mercado, relativamente aos estoques, às matérias-primas e aos bens em geral constantes do almoxarifado, não avaliado pelo valor realizável líquido.

3.9. Aplicação do Valor Realizável Líquido

O custo dos estoques pode não ser recuperável se os referidos estoques estiverem danificados, tornarem-se total ou parcialmente obsoletos ou se os seus preços de venda tiverem diminuído.

O custo dos estoques pode também não ser recuperável se os custos estimados de acabamento ou os custos estimados a serem incorridos para realizar a venda tiverem aumentado.

A prática de reduzir o valor de custo dos estoques (write down) para o valor realizável líquido é consistente com o ponto de vista de que os ativos não devem ser escriturados por quantias superiores àquelas que, se espera, sejam realizadas com a sua venda ou uso.

3.9.1. Redução dos estoques ao valor realizável líquido

Os estoques devem ser geralmente reduzidos para o seu valor realizável líquido item a item.

Em algumas circunstâncias, porém, pode ser apropriado agrupar unidades semelhantes ou relacionadas. Pode ocorrer de os itens de estoque se relacionarem com a mesma linha de produtos, com finalidades ou usos finais semelhantes, que sejam produzidos e comercializados na mesma área geográfica e não possam ser avaliados separadamente de outros itens da mesma linha de produtos.

Não é apropriado reduzir o valor do estoque com base em uma classificação de estoque, como em bens acabados ou em todo estoque de determinado setor ou segmento operacional.

Os prestadores de serviços normalmente acumulam custos relacionados a cada serviço para o qual será cobrado um preço de venda específico. Portanto, cada um dos serviços deve ser tratado como um item em separado.

3.9.1.1. Estimativas do valor realizável líquido

As estimativas do valor realizável líquido devem se basear nas evidências mais confiáveis disponíveis no momento em que são feitas as estimativas do valor dos estoques que se espera realizar.

Essas estimativas devem levar em consideração variações nos preços e nos custos diretamente relacionados com eventos que ocorram depois de terminado o período, à medida que tais eventos confirmem as condições existentes no fim do período.

As estimativas do valor realizável líquido também devem levar em consideração a finalidade para a qual o estoque é mantido. Por exemplo, o valor realizável líquido da quantidade de estoque conservado para atender contratos de venda ou de prestação de serviços deve se basear no preço do contrato. Se os contratos de venda dizem respeito a quantidades inferiores àquelas de estoque mantidas, o valor realizável líquido do excesso deve se basear em preços gerais de venda.

3.9.1.2. Provisões

Podem surgir provisões resultantes de contratos firmes de venda superiores às quantidades de estoque existentes ou resultantes de contratos firmes de compra em andamento, se as aquisições adicionais a serem feitas para atender tais contratos de venda forem previstas com base em valores estimados que levem à situação de prejuízo no atendimento desses contratos de venda. Tais provisões devem ser tratadas de acordo com o Pronunciamento Técnico CPC 25 – Provisão e Passivo e Ativo Contingentes.

3.9.1.3. Materiais e outros bens de consumo

Os materiais e outros bens de consumo mantidos para uso na produção de estoques ou na prestação de serviços não sofrerão redução abaixo do custo, se for previsível que os produtos acabados em que eles devem se incorporar ou que os serviços nos quais serão empregados sejam vendidos pelo custo ou acima do custo.

No entanto, quando a diminuição no preço dos produtos acabados ou no preço dos serviços prestados indicar que o custo de elaboração destes excederá seu valor realizável líquido, os materiais e os outros bens de consumo deverão ser reduzidos ao valor realizável líquido. Em tais circunstâncias, o custo de reposição dos materiais pode ser a melhor medida disponível do seu valor realizável líquido.

3.10. Exemplo

Conforme vimos anteriormente, o Pronunciamento Técnico CPC 16 define valor realizável líquido como o preço de venda estimado no curso normal dos negócios deduzido dos custos estimados para sua conclusão e dos gastos estimados necessários para se concretizar a venda.

Desse modo, consideremos determinada empresa comercial com os seguintes dados:

CUSTO DE AQUISIÇÃO					CUSTO PARA VENDER/RECEBER					
MERCA-DORIAS EM ESTOQUE	QUANTIDADE	CUSTO UNITÁRIO	TOTAL	PREÇO DE VENDA ESTIMADO	EMBALAGEM	FRETE	COMISSÃO	COBRANÇA	TOTAL	CUSTO UNITÁRIO PARA VENDER
A	80	43,00	3.440,00	50,00	300,00	350,00	600,00	500,00	1.750,00	21,88
B	120	105,00	12.600,00	120,00	250,00	450,00	200,00	300,00	1.200,00	10,00
C	140	100,00	14.000,00	190,00	750,00	1.300,00	1.500,00	1.400,00	4.950,00	35,36

Diante dessas informações, o valor líquido realizável seria calculado da seguinte forma:

ITEM		PRODUTO		
		A	B	C
1	Preço de venda estimado	50,00	120,00	190,00
2	Custo unitário para vender	21,88	10,00	35,36
3	Valor líquido realizável (1 – 2)	28,13	110,00	154,64
4	Custo de aquisição	43,00	105,00	100,00
5	Custo de aquisição abaixo do mercado (3 – 4)	(14,88)	5,00	54,64

Portanto, como se observa, a provisão deve ser efetuada somente para a mercadoria "A" e corresponde a R$ 1.190,00 (80 unidades x R$ 14,88).

I – Pela perda nos estoques

CONTAS CONTÁBEIS	DÉBITO – R$	CRÉDITO – R$
Perdas em Estoques (Conta de Resultado)	1.190,00	
Provisão para Perdas em Estoques (Conta Redutora do Ativo Circulante)		1.190,00

3.11. Repetição da Avaliação nos Períodos Subsequentes

Em cada período subsequente, deve ser feita uma nova avaliação do valor realizável líquido.

Quando as circunstâncias que anteriormente provocaram a redução dos estoques abaixo do custo deixarem de existir ou quando houver uma clara evidência de aumento no valor realizável líquido em razão da alteração nas circunstâncias econômicas, a quantia da redução deverá ser revertida (considerando-se que a reversão é limitada à quantia da redução original) de modo que o novo montante registrado do estoque corresponda ao menor valor entre o custo e o valor realizável líquido revisto. Isso ocorre, por exemplo, com um item de estoque registrado pelo valor realizável líquido quando o seu preço de venda tiver sido reduzido e, enquanto mantido em período posterior, tiver o seu preço de venda aumentado.

3.12. Diferenças entre o estoque físico e o contábil

Na contabilidade, a regularização das divergências entre o estoque físico e o contábil é efetuada mediante registro a débito ou a crédito da conta "Estoques", conforme sejam apuradas faltas ou sobras, respectivamente.

Na maioria das vezes, essas divergências, além de serem pouco significativas, são decorrentes de erros no registro da movimentação dos estoques e, desse modo, o lançamento relativo ao ajuste terá como contrapartida a conta de Custo das Mercadorias Vendidas (CMV).

Pode ocorrer, todavia, que as faltas detectadas no confronto entre os saldos apurados no inventário físico e aqueles registrados nas fichas de estoque (e, consequentemente, na escrituração contábil) sejam de grande importância, o que levará à suposição de que as divergências sejam decorrentes de eventos não relacionados com as operações normais da empresa, ou seja, que provenham de furto, roubo, desvio etc.

Se confirmada essa suspeita, a contrapartida do ajuste dos saldos dos estoques deverá ser registrada como despesa não operacional (em uma conta intitulada "Perdas por Faltas no Inventário", por exemplo).

3.12.1. Ajuste decorrente de erro na escrituração

Suponhamos que uma empresa do ramo comercial possua controle permanente de estoques e que, em 31.12.20X1, depois da contagem física, tenha apurado as seguintes divergências entre o estoque físico e o contábil, em decorrência de engano no registro da movimentação dos estoques:

Quadro I

DIVERGÊNCIAS APURADAS NO ESTOQUE NA DATA DO BALANÇO							
PRO- DUTO	QUANTIDADE		DIVERGÊN- CIAS APU- RADAS	CUSTO UNITÁRIO – R$	TOTAIS – R$	
	FÍSICA	CONTÁBIL			SOBRAS	FALTAS
"A"	1.132	1.130	02	12,00	24,00	-
"B"	632	635	(03)	14,00	-	42,00
"C"	570	575	(05)	16,00	-	80,00
Totais					24,00	122,00

Nesse caso, os lançamentos relativos à regularização dos estoques poderiam ser efetuados da seguinte forma:

I – Pela regularização das sobras apuradas no estoque do Produto "A".

CONTAS CONTÁBEIS	DÉBITO – R$	CRÉDITO – R$
Mercadorias para revenda (Ativo Circulante)	24,00	
Custo das Mercadorias Vendidas (Conta de Resultado)		24,00

II – Pela regularização das faltas apuradas no estoque de mercadorias para revenda, conforme inventário efetuado.

CONTAS CONTÁBEIS	DÉBITO – R$	CRÉDITO – R$
Custo das Mercadorias Vendidas (Conta de Resultado)	122,00	
Mercadorias para Revenda (Ativo Circulante)		122,00

3.12.2. *Ajuste decorrente de furto, roubo, desvio etc.*

Vamos considerar, agora, que uma empresa também do ramo comercial, em 31.12.20X1, ao efetuar o inventário físico de seus estoques, tenha apurado os seguintes dados:

Quadro II

DIVERGÊNCIAS APURADAS NO ESTOQUE NA DATA DO BALANÇO					
PRODUTO	QUANTIDADE		DIVERGÊNCIAS APURADAS	CUSTO UNITÁRIO – R$	TOTAIS – R$	
	FÍSICA	CONTÁBIL			SOBRAS	FALTAS
"Y"	430	520	(90)	42,00		3.780,00
"Z"	595	780	(185)	26,00		4.810,00
Totais						8.590,00

O lançamento relativo à regularização dos estoques poderia ser efetuado da seguinte maneira:

I – Pelo registro das perdas por faltas no inventário – regularização das faltas apuradas no estoque de mercadorias para revenda, conforme inventário efetuado.

CONTAS CONTÁBEIS	DÉBITO – R$	CRÉDITO – R$
Perdas por Faltas no Inventário (Conta de Resultado)	8.590,00	
Mercadorias para Revenda (Ativo Circulante)		8.590,00

ESTOQUE – CUSTO DAS MERCADORIAS VENDIDAS

1. INTRODUÇÃO

Os estoques estão intimamente ligados às principais áreas de operações das empresas e envolvem problemas de administração, controle, contabilização e, principalmente, de avaliação.

A expressão estoque designa quantidade ou valores monetários dos itens materiais de propriedade de uma empresa que:

a) são mantidos para venda futura;

b) encontram-se em processo de fabricação;

c) são consumidos no processo de fabricação dos produtos a serem vendidos; ou

d) são consumidos no atendimento das funções de apoio, de vendas e administrativas da empresa.

2. TRIBUTAÇÃO

As mercadorias adquiridas para revenda, as matérias-primas adquiridas para emprego na produção industrial e os bens em almoxarifado deverão ser avaliados pelo custo de aquisição, conforme estabelece o RIR/2018, art. 305, Lei nº 6.404/1976, art. 183, II.

3. REGISTRO CONTÁBIL

Para apuração dos Custos das Mercadorias Vendidas (CMV) em forma contábil, é necessário transferir o respectivo CMV para uma conta específica, ou seja, os três valores que compõem este custo a saber:

Estoque Inicial + Compras − Estoque Final = CMV

O registro contábil será a débito de Estoque Inicial e Compras e Crédito de Estoque Final.

4. EXEMPLO PRÁTICO

Dados:
- O estoque inicial de R$ 200.000,00
- A compra feita pelo valor de R$ 446.000,00
- O estoque final de R$ 410.000,00

Estoque Inicial	200.000,00
(+) Compras	446.000,00
Soma	646.000,00
(-) Estoque Final	410.000,00
(=) CMV	236.000,00

1º Lançamento

CONTAS CONTÁBEIS	DÉBITO R$	CRÉDITO R$
Custo das Mercadorias Vendidas (Conta de Resultado)	646.000,00	
Mercadorias (Ativo Circulante)		200.000,00
Compras (Ativo Circulante)		446.000,00

2º Lançamento

CONTAS CONTÁBEIS	DÉBITO R$	CRÉDITO R$
Mercadorias (Ativo Circulante)	410.000,00	
Custo das Mercadorias Vendidas (Conta de Resultado)		410.000,00

Demonstrativo do CMV

DÉBITO	CRÉDITO	SALDO
646.000,00	410.000,00	236.000,00

Demonstrativo das Mercadorias (Estoque)

DÉBITO	CRÉDITO	SALDO
200.000,00	200.000,00	
410.000,00		410.000,00

ESTOQUE – PEÇAS DE REPOSIÇÃO PARA MANUTENÇÃO DE MÁQUINAS E EQUIPAMENTOS

1. INTRODUÇÃO

Estoques de peças de reposição atendem necessidades de manutenção e reparo de produtos de consumo, veículos, máquinas e equipamentos industriais.

Eles possuem características distintas de outros estoques na empresa.

Serviço de manutenção é uma revisão sistemática e periódica do bem, na qual são feitas limpeza, lubrificação, substituição de peças desgastadas etc. Normalmente esse tipo de manutenção não está vinculado ao aumento de vida útil do bem, mas é necessário ao seu funcionamento normal, dentro de padrões técnicos de qualidade, normas de segurança etc. Em alguns casos, peças para substituição e materiais necessários para a manutenção são mantidos em almoxarifado, porém é necessário distingui-los dos kits de reposição ou manutenção que acompanham alguns equipamentos por ocasião de sua aquisição, que integram o ativo imobilizado.

2. REGISTRO CONTÁBIL

As peças de reposição de máquinas e equipamentos serão classificadas numa conta específica de estoque.

Estas peças, quando utilizadas na manutenção de máquinas e equipamentos, serão transferidas para o resultado do exercício a medida de sua utilização.

3. EXEMPLO PRÁTICO

Vamos supor que uma indústria tenha adquirido 100 peças para reposição de suas máquinas e equipamentos, no valor total de R$ 100.000,00 a prazo.

Sugerimos os seguintes lançamentos contábeis:

I – Pela compra:

CONTAS CONTÁBEIS	DÉBITO – R$	CRÉDITO – R$
Estoque de Materiais de Uso e Consumo (Ativo Circulante)	100.000,00	
Fornecedores (Passivo Circulante)		100.000,00

II – Pelo pagamento da duplicata:

CONTAS CONTÁBEIS	DÉBITO – R$	CRÉDITO – R$
Fornecedores (Passivo Circulante)	100.000,00	
Caixa ou Bancos (Ativo Circulante)		100.000,00

Considerando que a indústria tenha consumido 1 peça, no valor de R$ 1.000,00, na manutenção de uma máquina que está sendo utilizada na sua linha de produção, sugerimos o seguinte lançamento contábil:

CONTAS CONTÁBEIS	DÉBITO – R$	CRÉDITO – R$
Materiais de Consumo (Conta de Resultado)	1.000,00	
Estoque de Materiais de Uso e Consumo (Ativo Circulante)		1.000,00

ESTOQUE DE MERCADORIAS E DE INSUMOS

1. INTRODUÇÃO

Estoque são ativos:

a) mantidos para venda no curso normal dos negócios;
b) no processo de produção para venda; ou
c) na forma de materiais ou suprimentos a serem consumidos no processo de produção ou na prestação de serviços.

Segundo o Pronunciamento 16 do Comitê de Pronunciamentos Contábeis (CPC), o custo de aquisição dos estoques compreende o preço de compra, os impostos de importação e outros tributos (exceto os recuperáveis), bem como os custos de transporte, seguro, manuseio e outros diretamente atribuíveis à aquisição de produtos acabados, materiais e serviços. Descontos comerciais, abatimentos e outros itens semelhantes devem ser deduzidos na determinação do custo de aquisição (nova redação dada pela Revisão CPC nº 1, de 08.01.2010).

O custo dos estoques inclui todos os custos de compra, custos de transformação e outros custos incorridos, além de imposto sobre importação e outros tributos, com exceção daqueles posteriormente recuperáveis.

2. REGISTRO CONTÁBIL

Na aquisição de mercadoria para venda e de insumos a serem utilizados na produção ou na prestação de serviços, a empresa compradora reconhecerá o custo das mercadorias ou insumos no ativo circulante.

Ao ocorrerem as vendas, a empresa reconhecerá o custo das mercadorias vendidas (CMV) ou o custo dos produtos vendidos (CPV) no resultado do exercício. Essas despesas estarão diretamente relacionadas à respectiva receita apurada.

3. EXEMPLOS PRÁTICOS

3.1. Compra de mercadorias para revenda

Vamos considerar que uma empresa mercantil adquiriu mercadorias para venda no valor de R$ 100.000,00, a prazo.

Considerando que, na aquisição, a empresa tenha direito a crédito de ICMS a alíquota de 18%.

Teremos os seguintes lançamentos contábeis:

Registro da compra das mercadorias:

CONTAS CONTÁBEIS	DÉBITO – R$	CRÉDITO – R$
Estoque de Mercadorias para Revenda (Ativo Circulante)[1]	82.000,00	
ICMS a Recuperar (Ativo Circulante)	1.800,00	
Fornecedores (Passivo Circulante)		100.000,00

[1] Os impostos e contribuições recuperáveis não compõem o custo das mercadorias.

3.2. Compra de insumos

Vamos considerar que uma indústria adquiriu insumos para fabricação de produtos no valor de R$ 250.000,00, a prazo.

Considerando que, na aquisição, a empresa tenha direito a crédito de ICMS à alíquota de 18% e de IPI, a alíquota de 10%.

Teremos os seguintes lançamentos contábeis:

Registro da compra das mercadorias:

CONTAS CONTÁBEIS	DÉBITO – R$	CRÉDITO – R$
Estoque de Matérias-Primas (Ativo Circulante)[1]	180.000,00	
ICMS a Recuperar (Ativo Circulante)	45.000,00	
IPI a Recuperar (Ativo Circulante)	25.000,00	
Fornecedores (Passivo Circulante)		250.000,00

[1] Os impostos e contribuições recuperáveis não compõem o custo das mercadorias. Ou seja: R$ 250.000,00 – R$ 45.000,00 – R$ 25.000,00.

ESTOQUES – VALOR REALIZÁVEL LÍQUIDO X VALOR DE CUSTO

1. INTRODUÇÃO

Os estoques estão ligados às principais áreas de operação da empresa.

Representam um dos ativos mais importantes do capital circulante e da posição financeira, de forma que sua correta determinação no início e no fim do período contábil é essencial para uma apuração adequada do lucro líquido do exercício.

Segundo o Pronunciamento Técnico CPC 16, os estoques são ativos:

   a) mantidos para venda no curso normal dos negócios;
   b) no processo de produção para venda; ou
   c) na forma de materiais ou suprimentos a serem consumidos no processo de produção ou na prestação de serviços.

2. IMPOSTO DE RENDA

A perda estimada para redução ao valo realizável líquido reconhecida será dedutível somente quando ocorrer a venda dos estoques. Ela deve ser destacada em subconta contábil para fins de ajustes no Lacs e Lalur.

3. REGISTRO CONTÁBIL

Segundo o Pronunciamento Técnico CPC 16, o custo dos estoques, de uma forma geral, deve ser atribuído pelo uso do critério Primeiro a Entrar, Primeiro a Sair (PEPS) ou pelo critério do custo médio ponderado.

Custo do estoque inclui todos os custos de aquisição e de transformação, bem como outros custos incorridos para trazer os estoques à sua condição e localização atuais.

De acordo com o item 16 do CPC 16, os estoques devem ser mensurados pelo valor de custo ou pelo valor realizável líquido, dos dois o menor.

Valor realizável líquido seria o preço de venda estimado no curso normal dos negócios deduzido dos custos estimados para sua conclusão e dos gastos estimados necessários para se concretizar a venda. Ou seja, esse valor representa o montante líquido que a empresa espera realizar no decurso normal de suas operações, isto é, este montante representa o valor líquido que a empresa irá receber na venda.

Se o valor realizável líquido for menor que o custo do estoque (valor contábil), a empresa deverá reconhecer uma perda no resultado do exercício em contrapartida a uma subconta do estoque, no ativo circulante.

Em cada período subsequente, deve ser feita uma nova avaliação do valor realizável líquido. Se as causas que deram origem à contabilização da perda do valor recuperável desaparecerem, a empresa deve reverter a perda, até o limite do valor reconhecido.

4. EXEMPLOS PRÁTICOS

Vamos considerar que uma loja de eletrodoméstico possui em estoque alguns aparelhos de TV em preto e branco adquiridos ao custo unitário de R$ 500,00.

Hoje, alguns comerciantes vendem a R$ 300,00 estas TVs.

Sabendo que a empresa paga 18% de ICMS, 0,65% de PIS/Pasep, 3% de Cofins e 10% comissão para os vendedores, qual o valor a ser reconhecido a título de estimativa de perda do valor realizável líquido?

01	Valor de venda à vista	300,00
02	(-) ICMS de 18%	54,00
03	(-) PIS/Pasep	1,95
04	(-) Cofins	9,00
05	(-) Comissão do vendedor	30,00
06	(=) Valor realizável líquido	205,05
07	(-) Custo contábil	500,00
08	(=) Perda na realização do estoque (item 07 - item 06)	294,95

Registro da perda na realização do estoque:

CONTAS CONTÁBEIS	DÉBITO – R$	CRÉDITO – R$
Perda na realização do estoque (Conta de Resultado)	294,95	
Subconta – Perda por Redução ao Valor Realizável Líquido (Conta Redutora do Ativo)		294,95

EXAUSTÃO

1. INTRODUÇÃO

A exaustão é o modo pelo qual se registra, contabilmente, a diminuição do valor dos elementos dos Ativos Imobilizado e Intangível quando corresponder à perda do valor de direitos, decorrente de sua exploração, cujo objeto sejam recursos minerais ou florestais, ou bens aplicados nessa exploração.

Nota
Não é admitida depreciação ou amortização dos bens para os quais seja registrada quota de exaustão.

2. IMPOSTO DE RENDA

A importância correspondente à diminuição do valor de recursos minerais, resultante da sua exploração, poderá ser computada, como custo ou encargo, em cada período de apuração do Imposto de Renda.

Todavia, não são dedutíveis os encargos de exaustão de jazidas minerais inesgotáveis ou de exaurimento indeterminável, como as de água mineral.

Assim como ocorre com os recursos minerais, a importância correspondente à diminuição do valor de recursos florestais, resultante da sua exploração, poderá ser computada, como custo ou encargo, em cada período de apuração.

Porém, a quota de exaustão dos recursos florestais destinados ao corte terá como base de cálculo o valor das florestas.

Para o cálculo do valor da quota de exaustão deve ser observado o seguinte critério:

> a) a princípio, deve-se apurar o percentual que o volume dos recursos florestais utilizados ou a quantidade de árvores extraídas, durante o período de apuração, representa em relação ao volume ou à quantidade de árvores que no início do período de apuração compunham a floresta;
>
> b) o percentual encontrado deverá ser aplicado sobre o valor contábil da floresta, registrado no Ativo, e o resultado será considerado como custo dos recursos florestais extraídos.

3. REGISTRO CONTÁBIL

A exaustão realizada em bens pertencentes ao ativo imobilizado é lançada em conta redutora do Ativo Não Circulante, no subgrupo imobilizado em contrapartida à conta de resultado.

A quota de exaustão será determinada com base no custo de aquisição ou prospecção, dos recursos minerais explorados.

O montante da quota de exaustão dos recursos minerais será determinado tendo em vista o volume da produção no período e sua relação com o potencial conhecido da mina, ou em função do prazo de concessão.

Nas empresas industriais, a manutenção de sistema de contabilidade de custos integrado e coordenado com o restante da escrituração exige que os encargos de exaustão dos bens empregados na produção sejam contabilizados mensalmente.

As pessoas jurídicas não enquadradas nessa hipótese:

a) caso submetidas à apuração trimestral do lucro real, poderão contabilizar o encargo mensalmente ou no encerramento de cada trimestre de apuração do lucro real;

b) caso tenham optado pelo pagamento mensal do Imposto de Renda por estimativa, poderão contabilizar o encargo:

b.1) mensalmente;
b.2) no encerramento do período de apuração do lucro real, em 31 de dezembro ou por ocasião de incorporação, fusão, cisão ou encerramento de atividades; ou
b.3) por ocasião do levantamento de balanços ou balancetes de suspensão ou redução do pagamento do imposto mensal.

4. EXEMPLO PRÁTICO

Admita-se que a empresa CMB Ltda. plantou 25.000 árvores, ao custo de R$ 4.000,00, para vendê-las após a extração e extração após a sua formação de 5.000 árvores.

I – Pelo custo dos plantios das árvores:

CONTAS CONTÁBEIS	DÉBITO – R$	CRÉDITO – R$
Recursos Florestais (Ativo Não Circulante – Imobilizado)	4.000,00	
Caixa ou Bancos (Ativo Circulante)		4.000,00

Cálculo dos encargos de exaustão

$$\frac{5.000 \text{ árvores}}{25.000} = 20\%$$

R$ 4.000,00 (custo das árvores) x 20% = R$ 800,00 (valor do encargo de exaustão)

II – Pela apropriação da exaustão:

CONTAS CONTÁBEIS	DÉBITO – R$	CRÉDITO – R$
Exaustão de Recursos Florestais (Conta de Resultado)	800,00	
Exaustão Acumulada (Conta Redutora do Ativo Não Circulante – Imobilizado)		800,00

EXAUSTÃO DE RECURSOS MINERAIS

1. INTRODUÇÃO

Os direitos de lavra são representados por duas formas:

a) mina manifestada: a jazida em lavra (ainda que transitoriamente suspensa a 16 de julho de 1934) e que tenha sido manifestada na conformidade do art. 10 do Decreto nº 24.642/1934 e da Lei nº 94/1935;

b) mina concedida: quando o direito de lavra é outorgado pelo Ministro de Estado de Minas e Energia.

Ressalte-se que o exercício da lavra tem como objeto a mina concedida ou manifestada, cujos componentes físicos são propriedades distintas das do solo.

As empresas de mineração, relativamente às jazidas ou minas manifestadas ou concedidas, poderão, em cada período de apuração, deduzir, como custo ou encargo, quota de exaustão normal ou real, e/ou excluir do lucro líquido, na determinação do lucro real, quota de exaustão incentivada, nos termos do art. 336 do RIR/2018.

A dedução da quota de exaustão incentivada não será aplicada em relação às jazidas cuja exploração tenha tido início a partir de 22.12.1987. O benefício é assegurado às empresas que, em 24.03.1970, eram detentoras, a qualquer título, de direitos de decreto de lavra e àquelas cujas jazidas tenham tido início de exploração a partir de 1º.01.1980, em relação à receita bruta auferida nos dez primeiros anos de exploração de cada jazida.

A exclusão poderá ser realizada em períodos de apuração subsequentes ao encerrado em 31.12.1988, desde que observado o mesmo limite global de 20% da receita bruta auferida até o período de apuração encerrado em 31.12.1988.

É facultado à empresa de mineração excluir, em cada período de apuração, quota de exaustão superior ou inferior a 20% da receita bruta do período, desde que a soma das deduções realizadas, até o período de apuração em causa, não ultrapasse 20% da receita bruta auferida desde o início da exploração, a partir do período de apuração relativo ao exercício financeiro de 1971.

A exclusão poderá ser realizada em períodos de apuração subsequentes ao período inicial de dez anos, desde que observado o mesmo limite global de 20% da receita bruta auferida nos dez primeiros anos de exploração.

> **Nota**
> Não poderá ser objeto de exaustão a exploração de jazidas minerais inesgotáveis ou de exaurimento indeterminável, como as de água mineral.

2. IMPOSTO DE RENDA

A exaustão corresponde à perda de valor dos bens e direitos do ativo decorrentes de sua exploração e podem ser computados encargos de exaustão sobre a exploração de recursos minerais.

As quotas de exaustão serão calculadas com base:

a) na quota normal: volume de produção no período e sua relação com a possança conhecida da mina ou em função do prazo de concessão (este critério é conhecido como exaustão real ou normal);

b) na quota incentivada: pela diferença entre o valor resultante da aplicação do percentual de 20% sobre a receita bruta da exploração e o valor da quota normal de exaustão encontrada na forma da letra "a" (este critério é chamado de exaustão incentivada).

A receita bruta que será utilizada para cálculo da exaustão incentivada será aquela que serviu de base de faturamento dos minerais.

3. REGISTRO CONTÁBIL

A exaustão normal realizada em bens pertencentes ao ativo imobilizado é lançada em conta redutora do Ativo Não Circulante, no subgrupo imobilizado em contrapartida à conta de resultado.

Já a exaustão incentivada é lançada em conta de resultado tendo como contrapartida a conta de reserva especial de lucros que somente poderá ser utilizada para absorver prejuízo ou aumentar o capital social.

4. EXEMPLO PRÁTICO

Admita-se que o custo da jazida em 31.12.20X1 corresponda a R$ 3.500,00, a possança conhecida em 3.000 toneladas, produção do ano 150 toneladas e prazo de concessão de 10 anos.

4.1. Quota normal

4.1.1. Com base no volume de produção em relação à possança

Determinação da produção em percentual

150 x 100 = 5%
  3.000

R$ 3.500,00 x 5% = R$ 175,00

Caso utilize este método como exaustão normal, o lançamento será o seguinte:

Pela exaustão incentivada:

CONTAS CONTÁBEIS	DÉBITO – R$	CRÉDITO – R$
Exaustão dos Recursos Minerais (Conta de Resultado)	175,00	
Exaustão Acumulada (Conta Redutora do Ativo Não Circulante – Imobilizado)		175,00

4.1.2. Com base no prazo de concessão

Admitam-se os mesmos dados do subitem 4.1.1; teremos como prazo de concessão 10 anos e percentual de exaustão correspondente a 10% ao ano, que será aplicado sobre o custo da mina.

R$ 3.500,00 x 10% = R$ 350,00

Caso utilize este método como exaustão normal, o lançamento será o seguinte (recomendado):

Pela exaustão incentivada:

CONTAS CONTÁBEIS	DÉBITO – R$	CRÉDITO – R$
Exaustão dos Recursos Minerais (Conta de Resultado)	350,00	
Exaustão Acumulada (Conta Redutora do Ativo Não Circulante – Imobilizado)		350,00

4.2 Quota incentivada

Admita-se receita que serviu de base do faturamento dos minerais no valor de R$ 5.000,00 e que a exaustão real utilizada seja a do 4.1.2.

20% de R$ 5.000,00 = R$ 1.000,00

Diferença da exaustão normal com a incentivada

R$ 1.000,00 – R$ 350,00 = R$ 650,00

Pela exaustão incentivada:

CONTAS CONTÁBEIS	DÉBITO – R$	CRÉDITO – R$
Resultado do Exercício (Conta de Resultado)	650,00	
Reserva Especial de Lucros (Patrimônio Líquido)		650,00

EXPORTAÇÃO DE MERCADORIAS

1. INTRODUÇÃO

A exportação pode ser caracterizada como "direta" e "indireta".

A exportação direta ocorre quando a própria empresa faz a exportação, sem a utilização de intermediários no processo de introdução do produto no mercado-alvo.

Exportação indireta trata-se de uma alternativa disponível para empresas que desejam iniciar seu processo de internacionalização, porém, não possuem experiência suficiente para fazê-lo de forma independente.

Esta forma de provimento do mercado internacional é adotada normalmente por companhias de pequeno ou médio porte, e pode ocorrer por intermédio de:

- ✓ uma comercial exportadora;
- ✓ uma *trading company*;
- ✓ uma cooperativa (setor rural);
- ✓ um consórcio de exportação: espécie de cooperativa que pressupõe a criação de uma marca sob a qual o produto será comercializado no(s) mercado(s)-alvo, não sendo necessária a criação de uma nova personalidade jurídica. As condições são oficializadas em uma reunião, cuja ata deve ser registrada em cartório. Os custos são rateados entre as empresas participantes.

A exportação direta consiste na operação em que o produto exportado é faturado diretamente pelo próprio produtor ao importador. Este tipo de exportação exige que a empresa possua conhecimento relativo ao imenso processo de exportação, em toda a sua linha de expansão.

2. IMPOSTOS E CONTRIBUIÇÕES

2.1 IPI

Não incidirá o IPI sobre produtos industrializados destinados ao exterior, conforme determina o art. 153, § 3º, inciso III da Constituição Federal de1988.

Além de não incidir o IPI a exportadora pessoa jurídica ainda terá direito a crédito presumido desse imposto pago nas aquisições de insumos sobre os produtos que foram industrializados e exportados.

2.2 PIS/Cofins

Não incidirá o PIS e a Cofins sobre as receitas decorrentes das operações de:
 a) exportação de mercadorias para o exterior;
 b) prestação de serviços para pessoa física ou jurídica residente ou domiciliada no exterior, cujo pagamento represente ingresso de divisas;
 c) vendas a empresa comercial exportadora com o fim específico de exportação.

A pessoa jurídica vendedora poderá utilizar o crédito dessas contribuições apurados na forma do art. 3º da Lei 10.637/2002 e 10.833/2003, para fins de:
 a) dedução do valor da contribuição a recolher, decorrente das demais operações no mercado interno;
 b) compensação com débitos próprios, vencidos ou vincendos, relativos a tributos e contribuições administrados pela Secretaria da Receita Federal, observada a legislação específica aplicável à matéria.

2.3 DRAWBACK

O regime aduaneiro especial de drawback consiste na suspensão ou eliminação de tributos incidentes sobre insumos importados para utilização em produto exportado. Trata-se de um incentivo às exportações (instituído pelo Decreto Lei nº 37/1966)

3. REGISTRO CONTÁBIL

Sob o aspecto contábil, o momento do reconhecimento da receita, no caso das exportações de mercadorias, a exemplo do que ocorre com as vendas no mercado interno, é quando se configura a transferência da propriedade.

Esse entendimento praticado em nosso país é corroborado pelas normas internacionais de contabilidade ou práticas existentes em outros países.

Normalmente, a transferência da propriedade de mercadorias exportadas ocorre por ocasião do embarque, cabendo nesse momento o registro contábil da respectiva receita.

As negociações de vendas ao exterior são realizadas em moeda estrangeira, devendo ser procedida a conversão em moeda nacional pela taxa cambial, para compra, vigente na data do embarque da mercadoria.

A variação cambial ocorrida entre a data da emissão da nota fiscal e a do efetivo embarque constitui receita (se positiva) ou custo (se negativa) de vendas. A partir da data do efetivo embarque até a de recebimento do cliente, a variação constituirá receita ou despesa financeira.

4. EXEMPLO PRÁTICO

Consideremos que a Companhia ABC assinou, em 02.01.20X1, um contrato de venda com a companhia americana KWY no valor de US$ 10,000.00, devendo entregar a mercadoria para embarque no porto de Santos (FOB) em 16.01.20X1. O vencimento da cambial decorrente da venda dar-se-á 40 dias após a data do embarque.

Admite-se que a taxa cambial vigente na data da assinatura do contrato seja de R$ 2,1157/dólar; esta operação está vinculada ao pagamento de 10% de comissão do agente de vendas no exterior.

3.1. O exportador aguarda o vencimento da cambial

Vejamos a situação em que o vendedor resolve aguardar a data do vencimento de sua cambial para obter os recursos, considerando, também, que a comissão do agente no exterior será liberada por ocasião da liquidação da cambial pelo cliente, adotando-se a modalidade de conta "gráfica" para o referido pagamento, devendo o banco reter, do valor pago pelo cliente, o valor devido ao agente de vendas.

A Companhia entrega a mercadoria e sua respectiva nota fiscal fatura no porto de Santos, em 16.01.20X1, e nessa data a taxa cambial vigente era de R$ 2,1197/dólar para compra e R$ 2,1205/dólar para venda.

Em razão de problemas internos do porto de Santos, a mercadoria foi embarcada em 28.01.20X1, quando a taxa cambial tinha aumentado para R$ 2,1219/dólar, para compra e R$ 2,1227/dólar para venda.

I – Registro na data da entrega das mercadorias no porto de embarque:

a) Registro da venda:

CONTAS CONTÁBEIS	DÉBITO – R$	CRÉDITO – R$
Clientes no Exterior (Ativo Circulante)	21.197,00*	
Receita de Exportação (Conta de Resultado)		21.197,00*

* US$ 10,000.00 x R$ 2,1197.

b) Registro da comissão devida ao agente de venda no exterior:

CONTAS CONTÁBEIS	DÉBITO – R$	CRÉDITO – R$
Comissões sobre Vendas (Conta de Resultado)	2.120,50*	
Comissões a Pagar (Passivo Circulante)		2.120,50*

* US$ 10,000.00 x R$ 2,1205 x 10%.

II – Lançamentos complementares na data do efetivo embarque:

Em 28.01.20X1, a Companhia recebeu do porto de Santos o aviso de embarque da mercadoria, procedendo ao seguinte lançamento complementar:

c) Pelo complemento do valor da venda realizada em 16.01.20X1, referente à variação cambial verificada até a data do embarque:

CONTAS CONTÁBEIS	DÉBITO – R$	CRÉDITO – R$
Clientes no Exterior (Ativo Circulante)	22,00(*)	
Receita de Exportação (Conta de Resultado)		22,00(*)

* R$ 2,1219 – R$ 2,1197 x US$ 10,000.00.

d) Registro do complemento da comissão devida ao agente de venda no exterior:

CONTAS CONTÁBEIS	DÉBITO – R$	CRÉDITO – R$
Comissões sobre Vendas (Conta de Resultado)	2,20*	
Comissões a Pagar (Passivo Circulante)		2,20*

* (US$ 10,000.00 x R$ 2,1227) – (US$ 10,000.00 x R$ 2,1205) x 10%.

III – Atualização cambial, na data do balanço/balancete mensal, do crédito a receber e da comissão a pagar:

Em 31.01.20X1, por ocasião de seu balancete, a Companhia ABC verificou que a taxa cambial vigente era de R$ 2,1229/dólar para compra e R$ 2,1237/dólar para venda, procedendo à atualização do seu crédito e da comissão a pagar:

e) Pelo reconhecimento da variação cambial ocorrida no período de 28 a 31.01.20X1:

CONTAS CONTÁBEIS	DÉBITO – R$	CRÉDITO – R$
Clientes no Exterior (Ativo Circulante)	10,00*	
Variação Cambial Ativa (Conta de Resultado)		10,00*

* R$ 2,1229 – R$ 2,1219 x US$ 10,000.00.

f) Registro da atualização cambial:

CONTAS CONTÁBEIS	DÉBITO – R$	CRÉDITO – R$
Variação Cambial Passiva (Conta de Resultado)	1,00*	
Comissões a Pagar (Passivo Circulante)		1,00*

* (US$ 10,000.00 x R$ 2,1237) – (US$ 10,000.00 x R$ 2,1227) x 10%.

IV – Recebimento do crédito:

Em 09.03.20X1, data do vencimento da cambial, o dólar estava cotado em R$ 2,1315 para compra e R$ 2,1323 para venda.

Nessa mesma data, a companhia recebe um aviso do banco com o qual assinou o contrato de câmbio, informando o pagamento realizado por seu cliente. Esta procede, então, aos seguintes lançamentos contábeis:

g) Pela atualização do seu crédito, graças à variação cambial ocorrida no período de 01.02 a 09.03.20X1:

CONTAS CONTÁBEIS	DÉBITO – R$	CRÉDITO – R$
Clientes no Exterior (Ativo Circulante)	86,00*	
Variação Cambial Ativa (Conta de Resultado)		86,00*

* R$ 2,1315 – R$ 2,1229 x US$ 10,000.00.

h) Registro da atualização cambial da comissão a pagar:

CONTAS CONTÁBEIS	DÉBITO – R$	CRÉDITO – R$
Variação Cambial Passiva (Conta de Resultado)	8,60*	
Comissões a Pagar (Passivo Circulante)		8,60*

* (US$ 10,000.00 x R$ 2,1323) – (US$ 10,000.00 x R$ 2,1237) x 10%.

i) Registro do recebimento do crédito:

CONTAS CONTÁBEIS	DÉBITO – R$	CRÉDITO – R$
Comissões a Pagar (Passivo Circulante)	2.132,30	
Caixa/Banco Conta Movimento (Ativo Circulante)	19.182,70	
Clientes no Exterior (Ativo Circulante)		21.315,00*

* Recebimento da cambial (R$ 21.197,00 + R$ 22,00 + R$ 10,00 + R$ 86,00), líquido das despesas de comissões (US$ 10,000.00 x R$ 2,1323 x 10%).

3.2. O exportador obtém um adiantamento sobre o contrato de câmbio

I – Contabilização do adiantamento liberado e dos juros cobrados pelo banco:

Ainda utilizando os dados fornecidos, vejamos uma situação em que o exportador pleiteia, junto ao banco, adiantamento sobre o contrato de câmbio antes do embarque das mercadorias.

A assinatura do contrato de câmbio, como no exemplo anterior, deu-se no próprio dia 02.01.20X1, data em que o dólar estava cotado em R$ 2,1157 para compra e R$ 2,1165 para venda.

Por ainda não ter sido realizada a exportação, não se deve constituir conta redutora de Ativo, mas, sim, reconhecer a exigibilidade no próprio Passivo. Vejamos os lançamentos a seguir:

a) Pelo valor do adiantamento sobre o contrato de câmbio referente à exportação a se realizar:

CONTAS CONTÁBEIS	DÉBITO – R$	CRÉDITO – R$
Caixa/Banco Conta Movimento (Ativo Circulante)	21.157,00*	
Adiantamento sobre Contrato de Câmbio (Passivo Circulante)		21.157,00*

* US$ 10,000.00 x R$ 2,1157.

A taxa de juros e a forma de pagamento, nessas operações, são negociadas entre o exportador e o banco. Em nosso exemplo, vamos admitir que o banco cobrou juros de 0,08% ao dia, descontados antecipadamente e calculados, considerando o prazo previsto para a liquidação da exportação (40 dias após o embarque que está previsto para o dia 16.01.20X1). Portanto, os juros pagos antecipadamente devem ser registrados em conta redutora do Passivo Circulante, conforme segue:

b) Pelo pagamento antecipado de juros sobre o adiantamento do contrato de câmbio:

CONTAS CONTÁBEIS	DÉBITO – R$	CRÉDITO – R$
Juros a Transcorrer (Passivo Circulante)	880,13*	
Caixa/Banco Conta Movimento (Ativo Circulante)		880,13*

* US$ 10,000.00 x R$ 2,1157 x 0,08% x 52 dias (16.01 a 09.03.20X1).

II – Registros contábeis na data da entrega das mercadorias no porto e na data do efetivo embarque:

Os lançamentos referentes ao reconhecimento da venda em 16.01.20X1 e a respectiva despesa de comissão de venda, bem como as suas respectivas complementações em 28.01.20X1, são idênticos aos que vimos no exemplo anterior, por isso deixamos de reproduzi-los.

No dia 28.01.20X1, mediante os comprovantes de embarque, tendo o exportador e o importador como responsáveis pelo pagamento da dívida, o banco transforma o ACC e ACE, pelo valor atualizado, e cobra o acréscimo dos juros relativos aos 12 dias de aumento do prazo da liquidação da cambial, em razão do atraso no embarque.

A empresa exportadora efetua, então, os seguintes registros contábeis:

c) Pela atualização do valor da obrigação pelo adiantamento concedido pelo banco, referente à variação cambial do período de 02 a 28.01.20X1:

CONTAS CONTÁBEIS	DÉBITO – R$	CRÉDITO – R$
Variação Cambial Passiva (Conta de Resultado)	62,00*	
Adiantamento sobre Contrato de Câmbio (Passivo Circulante)		62,00*

* R$ 2,1219 – R$ 2,1157 x US$ 10,000.00.

d) Pela transferência do valor do adiantamento da conta do Passivo Circulante para a conta redutora do Ativo Circulante (na condição de conta redutora):

CONTAS CONTÁBEIS	DÉBITO – R$	CRÉDITO – R$
Adiantamento sobre Contrato de Câmbio (Passivo Circulante)	21.219,00*	
Adiantamento sobre Cambial Entregue (Ativo Circulante)		21.219,00*

* R$ 21.157,00 + R$ 62,00.

e) Pela transferência dos juros antecipados da conta redutora do Passivo Circulante para a conta de Despesas Antecipadas do Ativo Circulante:

CONTAS CONTÁBEIS	DÉBITO – R$	CRÉDITO – R$
Despesas Antecipadas – Juros sobre Adiantamento sobre Cambial Entregue (Ativo Circulante)	880,13	
Juros a Transcorrer (Passivo Circulante)		880,13

f) Pela cobrança da complementação dos juros relativos aos 12 dias do aumento do prazo da liquidação da cambial:

CONTAS CONTÁBEIS	DÉBITO – R$	CRÉDITO – R$
Despesas Antecipadas – Juros sobre Adiantamento sobre Cambial Entregue (Ativo Circulante)	203,70*	
Caixa/Banco Conta Movimento (Ativo Circulante)		203,70*

* R$ 21.219,00 x 0,08% x 12 dias (16 a 28.01.20X1).

III – Apropriação contábil de juros e variação cambial incorrida antes do vencimento da cambial:

Dando continuidade ao exemplo, em 31.01.20X1 a empresa deverá apropriar a despesa de juros incorridos no mês conforme segue.

g) Pela apropriação dos juros relativos ao mês de janeiro:

CONTAS CONTÁBEIS	DÉBITO – R$	CRÉDITO – R$
Juros Passivos (Conta de Resultado)	492,65*	
Despesas Antecipadas – Juros sobre Adiantamento sobre Cambial Entregue (Ativo Circulante)		492,65*

* R$ 880,13 + R$ 203,70 ÷ 66 x 30 dias (02 a 31.01.20X1).

Nesta mesma data, além da variação cambial sobre o montante a receber de seu cliente e da comissão a pagar, conforme lançamentos mostrados no exemplo anterior, a empresa deve reconhecer também a variação cambial sobre a obrigação contraída no banco.

h) Pela variação cambial ocorrida no período de 28 a 31.01.20X1:

CONTAS CONTÁBEIS	DÉBITO – R$	CRÉDITO – R$
Variação Cambial Passiva (Conta de Resultado)	10,00*	
Adiantamento sobre Cambial Entregue (Ativo Circulante)		10,00*

* R$ 2,1229 – R$ 2,1219 x US$ 10,000.00.

i) Registro da atualização cambial:

CONTAS CONTÁBEIS	DÉBITO – R$	CRÉDITO – R$
Variação Cambial Passiva (Conta de Resultado)	1,00*	
Comissões a Pagar (Passivo Circulante)		1,00*

* (US$ 10,000.00 x R$ 2,1237) – (US$ 10,000.00 x R$ 2,1227) x 10%.

IV – Registros contábeis na data da liquidação da cambial pelo cliente:

Considerando que o cliente liquidou a cambial em 09.03.20X1, temos os seguintes lançamentos:

j) Pela apropriação do saldo dos juros sobre o adiantamento:

CONTAS CONTÁBEIS	DÉBITO – R$	CRÉDITO – R$
Juros Passivos (Conta de Resultado)	591,18*	
Despesas Antecipadas – Juros sobre Adiantamento sobre Cambial Entregue (Ativo Circulante)		591,18*

* R$ 880,13 + R$ 203,70 ÷ 66 x 36 dias (01.02 a 09.03.20X1).

Em seguida, efetua-se o registro da Variação Cambial Ativa de Clientes no Exterior e da Comissão a Pagar, como já vimos no exemplo anterior, e da Variação Passiva do ACE, conforme segue:

k) Pela variação cambial ocorrida no período de 01.02 a 09.03.20X1

CONTAS CONTÁBEIS	DÉBITO – R$	CRÉDITO – R$
Variação Cambial Passiva (Conta de Resultado)	86,00*	
Adiantamento sobre Cambial Entregue (Ativo Circulante)		86,00*

* R$ 2,1315 – R$ 2,1229 x US$ 10,000.00.

l) Pela variação cambial ocorrida no período de 01.02 a 09.03.20X1:

CONTAS CONTÁBEIS	DÉBITO – R$	CRÉDITO – R$
Variação Cambial Passiva (Conta de Resultado)	8,60*	
Comissões a Pagar (Passivo Circulante)		8,60*

* (US$ 10,000.00 x R$ 2,1323) – (US$ 10,000.00 x R$ 2,1237) x 10%.

m) Pela liquidação do título com a baixa do crédito em aberto, conforme aviso bancário de recebimento:

CONTAS CONTÁBEIS	DÉBITO – R$	CRÉDITO – R$
Adiantamento sobre Cambial Entregue (Ativo Circulante)	21.315,00*	
Clientes no Exterior (Ativo Circulante)		21.315,00*

* R$ 21.157,00 + R$ 62,00 + R$ 10,00 + R$ 86,00.

Admitimos que, para a liquidação da comissão do agente no exterior, o seu pagamento se dê pela utilização da modalidade "conta a remeter" (o exportador providenciará, após o recebimento do cliente, a compra de moeda estrangeira para realizar o pagamento), sendo feito o seguinte lançamento:

n) Pelo pagamento da comissão devida ao agente de vendas no exterior:

CONTAS CONTÁBEIS	DÉBITO – R$	CRÉDITO – R$
Comissões a Pagar (Passivo Circulante)	2.132,30*	
Caixa/Banco Conta Movimento (Ativo Circulante)		2.132,30*

* R$ 2.120,50 + R$ 2,20 + R$ 1,00 + R$ 8,60.

F

FACTORING

1. INTRODUÇÃO

Factoring é a prestação cumulativa e contínua de serviços de assessoria creditícia, mercadológica, gestão de crédito, seleção de riscos, administração de contas a pagar e a receber, compras de direitos creditórios resultantes de vendas mercantis a prazo ou de prestação de serviços (Lei nº 9.718/1998, artigo 14, VI).

As empresas de fomento mercantil (*factoring*) são uma fonte alternativa de recursos para as empresas que não têm acesso às linhas de crédito convencionais ou, simplesmente, não estão dispostas a enfrentar as burocracias comuns nas instituições financeiras.

As empresas de *factoring* ao adquirirem os direitos que as empresas industriais, comerciais ou prestadoras de serviços têm de receber de seus clientes arcam com todos os gastos necessários à cobrança, bem como com todo o risco por eventuais inadimplências dos clientes.

2. CARACTERIZAÇÃO

A "faturização" consiste na venda de carteira ou parte dela, derivada de faturamento a prazo de uma empresa. Essa venda é efetuada com a condição de o comprador arcar com todos os gastos necessários à cobrança, bem como com todo o risco por eventuais inadimplências dos clientes.

No caso de não haver a transferência do risco, caracteriza-se o desconto de duplicata, uma vez que *factoring* é uma atividade cujo objetivo é proporcionar a empresas comerciais, industriais e de serviços a condição de não precisar manter departamento de cobrança nem estrutura voltada para essa atividade, além de propiciar a essas empresas, com maior rapidez, o capital de giro necessário.

3. REGISTRO CONTÁBIL

Na alienação das duplicatas, a empresa de *factoring* deverá observar o seguinte:

a) a diferença entre o valor de face (valor expresso no título de crédito) e o valor de venda do título de crédito à empresa de *factoring* será computada como despesa operacional na data da transação;

b) a receita obtida pelas empresas de *factoring*, representada pela diferença entre a quantia expressa no título de crédito adquirido e o valor pago, deverá ser reconhecida, para efeito de apuração do lucro líquido do período-base, na data da operação.

4. EXEMPLO PRÁTICO

Vamos supor que determinada empresa vendeu para a empresa *de factoring* uma carteira de duplicatas no valor de R$ 90.000,00 e recebeu por essa venda a quantia de R$ 81.000,00.

A empresa vendedora efetuará os seguintes lançamentos contábeis:

CONTAS CONTÁBEIS	DÉBITO – R$	CRÉDITO – R$
Caixa/Banco Conta Movimento (Ativo Circulante)	81.000,00	
Despesa de Faturização (Conta de Resultado)	9.000,00	
Clientes (Ativo Circulante)		90.000,00

A empresa de *factoring* efetuará os seguintes lançamentos contábeis:

CONTAS CONTÁBEIS	DÉBITO – R$	CRÉDITO – R$
Clientes (Ativo Circulante)	90.000,00	
Receita de Faturização (Conta de Resultado)		9.000,00
Caixa/Banco Conta Movimento (Ativo Circulante)		81.000,00

FATURAMENTO ANTECIPADO

1. INTRODUÇÃO

Faturamento antecipado ocorre quando a empresa vendedora emite nota fiscal de venda de mercadorias ou produtos que não possui em seus estoques, ou seja, que ainda não produziu ou não adquiriu de fornecedores para revenda.

A receita decorrente do contrato de compra e venda somente deverá ser considerada auferida quando for juridicamente efetivada a transferência da propriedade do bem.

Assim sendo, no caso do faturamento antecipado, apesar da emissão de documento fiscal de venda, a receita somente será reconhecida quando da efetiva entrega da mercadoria.

2. REGISTRO CONTÁBIL

Caso o vendedor receba adiantamento sobre o faturamento antecipado, esse será registrado em conta de "Adiantamento de Clientes", no passivo circulante ou no exigível a longo prazo, pois se trata de uma obrigação para com o cliente.

Após a entrega do produto, estorna o respectivo valor para conta de resultado de exercício (Parecer Normativo CST nº 73/1973).

3. EXEMPLO PRÁTICO

Determinada indústria faturou antecipadamente produtos, que ainda serão produzidos (fabricados), no valor de R$ 10.000,00, sendo que recebeu adiantadamente da empresa adquirente 40% do valor dos referidos produtos. Nesse caso, teremos os seguintes lançamentos contábeis:

a) Registro do faturamento antecipado:

CONTAS CONTÁBEIS	DÉBITO – R$	CRÉDITO – R$
Clientes – Faturamento Antecipado (Ativo Circulante)	10.000,00	
Faturamento para Entrega Futura (Conta Retificadora do Ativo Circulante)		10.000,00

b) Registro do adiantamento:

CONTAS CONTÁBEIS	DÉBITO – R$	CRÉDITO – R$
Caixa/Banco Conta Movimento (Ativo Circulante)	4.000,00	
Adiantamento de Clientes (Passivo Circulante)		4.000,00

c) Registro da entrega dos produtos fabricados com incidência do ICMS de 18% e do IPI de 10%:

CONTAS CONTÁBEIS	DÉBITO – R$	CRÉDITO – R$
Clientes (Ativo Circulante)	10.000,00	
Faturamento Bruto (Conta de Resultado)		10.000,00

c1) IPI:

CONTAS CONTÁBEIS	DÉBITO – R$	CRÉDITO – R$
IPI s/Faturamento Bruto (Conta de Resultado)	1.000,00	
IPI a Recolher (Passivo Circulante)		1.000,00

c2) ICMS (18% do faturamento bruto – IPI):

CONTAS CONTÁBEIS	DÉBITO – R$	CRÉDITO – R$
ICMS s/Vendas (Conta de Resultado)	1.620,00*	
ICMS a Recolher (Passivo Circulante)		1.620,00*

* Receita Bruta de Vendas de R$ 9.000,00 (R$ 10.000,00 - R$ 1.000,00) x 18%.

Considerando que o valor do custo dos produtos vendidos tenha sido de R$ 1.200,00, a baixa desses produtos do estoque será efetuada da seguinte maneira:

d) Registro da baixa do estoque:

CONTAS CONTÁBEIS	DÉBITO – R$	CRÉDITO – R$
Custo dos Produtos Vendidos (Conta de Resultado)	1.200,00	
Estoque de Produtos Acabados (Ativo Circulante)		1.200,00

e) Registro da baixa do adiantamento:

CONTAS CONTÁBEIS	DÉBITO – R$	CRÉDITO – R$
Adiantamento de Clientes (Passivo Circulante)	4.000,00	
Clientes (Ativo Circulante)		4.000,00

f) Reversão do faturamento antecipado:

CONTAS CONTÁBEIS	DÉBITO – R$	CRÉDITO – R$
Faturamento para Entrega Futura (Conta Retificadora do Ativo Circulante)	10.000,00	
Clientes – Faturamento Antecipado (Ativo Circulante)		10.000,00

g) Registro do recebimento do saldo:

CONTAS CONTÁBEIS	DÉBITO – R$	CRÉDITO – R$
Caixa/Banco Conta Movimento (Ativo Circulante)	6.000,00	
Clientes (Ativo Circulante)		6.000,00

FÉRIAS

1. INTRODUÇÃO

As empresas ao apropriarem mensalmente as férias devidas estão atendendo ao princípio contábil da competência e ao mesmo tempo reduzindo a tributação sobre o lucro contábil, por ser dedutível do IPRJ e da CSLL, tendo em vista que esta apropriação é considerada como despesa operacional.

O termo provisão de férias utilizado pelos contabilistas não é o apropriado tecnicamente, pois as férias mesmo que proporcionais são devidas aos trabalhadores à razão de 1/12 avos ao mês.

Veja o que dispõe o item 11 do Pronunciamento Técnico CPC 25 e a NBC TG 25- Provisões, Passivos Contingentes e Ativos Contingentes:

> 11. As provisões podem ser distintas de outros passivos tais como contas a pagar e passivos derivados de apropriações por competência (*accruals*) porque há incerteza sobre o prazo ou o valor do desembolso futuro necessário para a sua liquidação. Por contraste:

a) as contas a pagar são passivos a pagar por conta de bens ou serviços fornecidos ou recebidos e que tenham sido faturados ou formalmente acordados com o fornecedor; e

b) os passivos derivados de apropriações por competência (*accruals*) são passivos a pagar por bens ou serviços fornecidos ou recebidos, mas que não tenham sido pagos, faturados ou formalmente acordados com o fornecedor, incluindo valores devidos a empregados (por exemplo, valores relacionados com pagamento de férias). Embora algumas vezes seja necessário estimar o valor ou prazo desses passivos, a incerteza é geralmente muito menor do que nas provisões.

Os passivos derivados de apropriação por competência (*accruals*) são frequentemente divulgados como parte das contas a pagar, enquanto as provisões são divulgadas separadamente.

Dessa forma, a exemplo do que ocorre com o 13º salário, os valores devidos a título de férias e respectivos encargos sociais se enquadram no conceito de passivos derivados de apropriação por competência (*accruals*) e, como tal, devem ser registrados, não havendo que se falar em "provisionar" tais valores.

2. IMPOSTO DE RENDA

Para fins fiscais, a apropriação das férias e seus encargos sociais integrais ou proporcionais, ou mesmo que a empresa venha a caracterizá-la como provisão, são dedutíveis na determinação do lucro real e da base de cálculo da CSLL.

No caso de a empresa apurar seus resultados trimestralmente, é de fundamental importância a apropriação mensal ou no encerramento de cada trimestre das despesas com férias e respectivos encargos sociais.

Para empresas optantes pela estimativa mensal (balanço anual), é aceitável o registro da apropriação somente no final do ano-calendário ou por ocasião do levantamento de balanços ou balancetes de suspensão ou redução.

Também as empresas que se utilizam da contabilidade para fins gerenciais devem apropriar mensalmente as despesas com férias e os respectivos encargos sociais.

3. REGISTRO CONTÁBIL

Contabilmente, a empresa poderá apropriar mensalmente as férias devidas e as proporcionais, sendo recomendável a sua apropriação por reduzir o lucro contábil com influência tributária.

Seguindo o regime contábil da competência, as despesas com férias e respectivos encargos sociais devem ser apropriadas mensalmente, durante o período aquisitivo do direito pelos empregados, porque é nesse período que é gerada a consequente obrigação da empresa.

O valor correspondente às férias adquiridas, ao abono constitucional e aos encargos sociais incidentes deve ser reconhecido contabilmente como custo (quando referente ao pessoal do setor de produção) ou como despesa operacional (quando referente ao pessoal dos setores comercial e administrativo), tendo como contrapartida as contas de "Férias a Pagar" e "Encargos Sociais sobre Férias a Pagar" ou, alternativamente, uma única conta de "Férias e Encargos Sociais a Pagar", classificáveis no Passivo Circulante.

Ocorrendo reajustes salariais, deverá ser efetuado o ajuste do montante da despesa apropriada, lançando-se, em seguida, o duodécimo do mês já calculado sobre o valor reajustado.

4. EXEMPLO PRÁTICO

- Empresa tributada pelo lucro real anual
- Apropriação mensal das férias
- Razão de 1/12 avos por mês sobre a folha salarial

Quadro do Período Aquisitivo

EM-PRE-GA-DO	FÉRIAS NORMAIS			FÉRIAS PROPORCIONAIS			TOTAL DE DIAS DE FÉRIAS
	PERÍODO AQUISITIVO	FALTAS	DIAS DE FÉRIAS	PERÍODO AQUISITIVO	FALTAS	DIAS DE FÉRIAS	
A	1º.09.20X0 a 31.08.20X1	5	30	1º.09.20X1 a 31.12.20X1	-	4/12 de 30 dias = 10 dias	40
B	03.04.20X0 a 02.04.20X1	4	30	03.04.20X1 a 31.12.20X1	6	9/12 de 24 dias = 18 dias	48
C	10.05.20X0 a 09.05.20X1	-	30	10.05.20X1 a 31.12.20X1	5	8/12 de 30 dias = 20 dias	50

Quadro dos Valores das Férias Devidos

EMPREGADO	SALÁRIO-BASE	DIAS DE FÉRIAS	VALOR DAS FÉRIAS	1/3 CONSTITUCIONAL	TOTAL DA REMUNERAÇÃO DE FÉRIAS
A	1.500,00	40	2.000,00	666,67	2.666,67
B	1.200,00	48	1.920,00	640,00	2.560,00
C	1.000,00	50	1.666,67	555,56	2.222,23
Total	3.700,00		5.586,67	1.862,23	7.448,90

Quadro dos valores dos Encargos Sociais sobre Férias

EMPREGADO	REMUNERAÇÃO + 1/3	FGTS	INSS	TOTAL
A	2.666,67	213,33	693,33	906,66
B	2.560,00	204,80	665,60	870,40
C	2.222,23	177,78	577,78	755,56
Total	7.448,90	595,91	1.936,71	2.532,62

I – Pela apropriação das férias

CONTAS CONTÁBEIS	DÉBITO R$	CRÉDITO R$
Férias de Empregado (Conta de Resultado)	7.448,90	
Férias a Pagar (Passivo Circulante)		7.448,90

II – Pela apropriação dos encargos sociais

CONTAS CONTÁBEIS	DÉBITO R$	CRÉDITO R$
Encargos Sociais sobre Férias (Conta de Resultado)	2.532,62	
Encargos Sociais sobre Férias a Pagar (Passivo Circulante)		2.532,62

> **Nota:**
> Toda vez que houver alteração nos dias de férias do empregado, haverá ajuste a ser feito que possa ser para mais ou para menos dependendo dos dias de férias que poderão ser aumentados ou diminuídos (por faltas). Os lançamentos são os mesmos acima com valores diferentes e no caso de diminuição da apropriação de férias inverte-se o débito e o crédito das contas.

Admita-se agora a baixa das férias do empregado "A":

- Remuneração Básica   1.500,00
- 1/3 Constitucional   500,00
- Adiantamento de Férias   2.000,00
- INSS (9%)   180,00
- Total Líquido   1.820,00

III – Pelo pagamento das férias

CONTAS CONTÁBEIS	DÉBITO R$	CRÉDITO R$
Adiantamento Férias (Ativo Circulante)	2.000,00	
INSS a Recolher (Passivo Circulante)		180,00
Bancos Conta Movimento (Ativo Circulante)		1.820,00

IV – Pela baixa da remuneração de férias

CONTAS CONTÁBEIS	DÉBITO R$	CRÉDITO R$
Férias a Pagar (Passivo Circulante)	2.000,00	
Salários e Ordenados a Pagar (Passivo Circulante)		2.000,00

V – Pela baixa da conta adiantamento de férias

CONTAS CONTÁBEIS	DÉBITO R$	CRÉDITO R$
Salários e Ordenados a Pagar (Passivo Circulante)	2.000,00	
Adiantamento Férias (Ativo Circulante)		2.000,00

VI – Pela baixa dos encargos sociais

CONTAS CONTÁBEIS	DÉBITO R$	CRÉDITO R$
Encargos Sociais sobre Férias a Pagar (Passivo Circulante)	680,00	
INSS a Recolher (Passivo Circulante)		520,00
FGTS a Recolher (Passivo Circulante)		160,00
Nota:		
Fonte: IOB Online.		

FINAME – BENS DO ATIVO IMOBILIZADO

1. INTRODUÇÃO

O Finame constitui-se numa linha de crédito destinada ao financiamento de máquinas e/ou equipamentos, novos, de fabricação nacional, credenciados pelo Banco Nacional de Desenvolvimento Econômico e Social (BNDES).

2. ENCARGOS FINANCEIROS

Todos os encargos que recaem sobre o financiamento, quando destacados no contrato, do preço do custo do bem adquirido são considerados despesas operacionais, sendo irrelevante para descaracterizar tal conceituação e vinculação da aquisição do bem ao contrato, independentemente de tratar-se de financiamento direto ou não.

Ressalta-se, porém, que, quando tais despesas não constarem separadamente do contrato de financiamento vinculado à aquisição do bem, deverá ser escriturada em conta do Ativo Imobilizado a importância total da operação, uma vez que é inadmissível ao adquirente estimar o valor do custo do bem, atribuir as parcelas excedentes a despesas de financiamento e contabilizá-las como operacionais. Observa-se, ainda, que apenas quando efetivamente incorridas estas despesas deverão ser computadas para os efeitos de determinação do resultado do período.

Assim, desde que destacados no contrato de financiamento para aquisição de bem do Ativo Imobilizado, os juros poderão ser considerados como despesas financeiras (Parecer Normativo CST nº 127/1973, itens 6 e 7).

3. REGISTRO CONTÁBIL

O bem adquirido mediante financiamento Finame será imobilizado pelo valor justo e em contrapartida será reconhecida o total da dívida no passivo circulante + passivo não circulante.

Os encargos financeiros serão demonstrados numa conta redutora da obrigação.

4. EXEMPLO PRÁTICO

Vamos supor que determinada empresa, em 10.12.20X1, adquiriu, por R$ 100.000,00, uma máquina, sendo R$ 10.000,00 pagos à vista, com recursos próprios, e os restantes R$ 90.000,00, com recursos obtidos junto ao Banco Alfa S.A., por meio de financiamento na modalidade Finame celebrado naquela data.

Considerando que o financiamento será liquidado em 24 parcelas mensais e sucessivas no valor de R$ 4.087,50, vencíveis no período de 09.03.20X2 a 09.02.20X4, teremos os seguintes lançamentos contábeis:

Registro da aquisição do bem:

CONTAS CONTÁBEIS	DÉBITO – R$	CRÉDITO – R$
Máquinas e Equipamentos (Ativo Imobilizado)	100.000,00	
Encargos Financeiros a Transcorrer (Conta Redutora do Passivo Circulante)	3.375,00	
Encargos Financeiros a Transcorrer (Conta Redutora do Passivo Não Circulante)	4.725,00	
Finame a Pagar (Passivo Circulante)		40.875,00
Finame a Pagar (Passivo Não Circulante)		57.225,00
Caixa/Banco Conta Movimento		10.000,00

Observações:

1) As obrigações da companhia, inclusive os financiamentos para aquisição de direitos do Ativo Não Circulante, serão classificadas no Passivo Circulante, quando vencerem no exercício seguinte, e no Passivo Não Circulante, se tiverem vencimento em prazo maior (Lei nº 6.404/1976, artigo 180).

2) Cálculo do valor das parcelas: valor total financiado + (taxa de juros fixa ao ano x 2) ÷ prazo de liquidação em meses (R$ 90.000,00 + R$ 8.100,00 ÷ 24) = R$ 4.087,50.

3) Divisão das parcelas entre Circulante e Não Circulante:
   i. Passivo Circulante: 10 parcelas a vencer no período de 09.03.20X2 a 09.12.20X2;
   ii. Passivo Não Circulante: 14 parcelas a vencer no período de 09.01.20X3 a 09.02.20X4.

FOLHA DE PAGAMENTO

1. INTRODUÇÃO

Folha de pagamento refere-se ao montante pago aos empregados para serviços prestados durante um determinado período de tempo.

A folha de pagamento, por sua vez, tem função operacional, contábil e fiscal, devendo ser constituída com base em todas as ocorrências mensais do empregado. É a descrição dos fatos que envolveram a relação de trabalho, de maneira simples e transparente, transformado em valores numéricos, mediante códigos, quantidade, referências, percentagens e valores, em resultados que formarão a folha de pagamento.

2. REGISTRO CONTÁBIL

A folha de pagamento deverá ser apropriada no resultado do exercício no último dia do mês que a compete.

2.1. Adiantamento salarial

O adiantamento salarial será contabilizado no ativo circulante.

2.2. Salário-família

O valor do salário-família não deve ser lançado como despesa, mas sim a débito de "INSS a Recolher", pois o valor que a empresa pagará aos empregados a título de salário-família será deduzido do que ela terá de recolher à Previdência Social.

3. EXEMPLO PRÁTICO

EMPRESA COMERCIAL FT LTDA. REF. AO PERÍODO DE 1º A 30.11.X1 FOLHA Nº 01/01											
EMPREGADOS		RENDIMENTOS		CONTRIBUIÇÃO PREVIDENCIÁRIA			IR	CONTRIB. SINDICAL	ADTO. SALARIAL	VT	VR	SALÁRIO-FAMÍLIA		LÍQUIDO A PAGAR
NOME	UNIDADE	VALOR	BC	%	VALOR	R$	R$	R$	R$	R$	QUOTAS	R$	R$
Benedito da Silva	1 mês	3.500,00	3.500,00	11	385,00	173,67		1.400,00		11,00			1.530,33
Ana Rosa	1 mês	1.500,00	1.500,00	11	165,00	0,00		600,00		11,00			724,00
Maria dos Santos	1 mês	510,00	510,00	8	40,80	0,00		204,00	30,60	11,00	3	82,92	306,52
Jorge Tadeu	1 mês	700,00	700,00	8	56,00	0,00	23,33	280,00	42,00	11,00			287,67
TOTAIS		6.210,00			646,80	173,67	23,33	2.484,00	72,60	44,00		82,92	2.848,52

Demonstrativo dos encargos previdenciários incidentes sobre a folha de pagamento, cujo ônus cabe ao empregador:

DESCRIÇÃO	BASE DE CÁLCULO – R$	%	VALOR – R$
Contribuição Previdenciária e Terceiros	6.210,00	20,00	1.242,00
Contribuição de Terceiros	6.210,00	5,80	360,18
GILL – RAT	6.210,00	2,00	124,20
Total			1.726,38

Apuração do valor devido ao INSS:
- Valor retido dos empregados (veja folha)   R$ 646,80
- (+) encargos previdenciários a cargo da empresa   R$ 1.726,38
- Subtotal   R$ 2.373,18
- (-) salário-família   R$ 82,92
- Total devido ao INSS   R$ 2.290,26

Cálculo do FGTS:
R$ 6.210,00 x 8% = R$ 496,80

Com base nesses dados, seguem os lançamentos contábeis:

a) Registro do adiantamento concedido aos empregados:

CONTAS CONTÁBEIS	DÉBITO – R$	CRÉDITO – R$
Adiantamentos a Empregados (Ativo Circulante)	2.484,00	
Caixa/Banco Conta Movimento (Ativo Circulante)		2.484,00

Obs.: Neste caso, não teve retenção do IR por estarem no limite de isenção da tabela.

b) Registro da apropriação da folha de pagamento:

CONTAS CONTÁBEIS	DÉBITO – R$	CRÉDITO – R$
Salários e Ordenados (Conta de Resultado)	6.210,00	
Salários e Ordenados a Pagar (Passivo Circulante)		6.210,00

c) Registro da apropriação dos encargos previdenciários, do IR Fonte e da contribuição sindical retidos dos empregados:

CONTAS CONTÁBEIS	DÉBITO – R$	CRÉDITO – R$
Salários e Ordenados a Pagar (Passivo Circulante)	843,80	
INSS a Recolher (Passivo Circulante)		646,80
IRRF a Recolher (Passivo Circulante)		173,67
Contribuição Sindical de Empregados a Recolher (Passivo Circulante)		23,33

d) Registro da apropriação do salário-família:

CONTAS CONTÁBEIS	DÉBITO – R$	CRÉDITO – R$
INSS a Recolher (Passivo Circulante)	82,92	
Salários e Ordenados a Pagar (Passivo Circulante)		82,92

e) Registro do desconto do adiantamento salarial, do vale--transporte e do vale-refeição:

CONTAS CONTÁBEIS	DÉBITO – R$	CRÉDITO – R$
Salários e Ordenados a Pagar (Passivo Circulante)	2.600,60	
Adiantamentos a Empregados (Ativo Circulante)		2.484,00
Vale-Transporte (Conta de Resultado)		72,60
Vale-Refeição (Conta de Resultado)		44,00

f) Registro dos encargos previdenciários a cargo da empresa:

CONTAS CONTÁBEIS	DÉBITO – R$	CRÉDITO – R$
INSS (Conta de Resultado)	1.726,38	
INSS a Recolher (Passivo Circulante)		1.726,38

g) Registro da apropriação do FGTS:

CONTAS CONTÁBEIS	DÉBITO – R$	CRÉDITO – R$
FGTS (Conta de Resultado)	496,80	
FGTS a Recolher (Passivo Circulante)		496,80

h) Registro do pagamento do salário:

CONTAS CONTÁBEIS	DÉBITO – R$	CRÉDITO – R$
Salários e Ordenados a Pagar (Passivo Circulante)	2.848,52	
Caixa/Banco Conta Movimento (Ativo Circulante)		2.848,52

i) Registro do recolhimento da contribuição previdenciária:

CONTAS CONTÁBEIS	DÉBITO – R$	CRÉDITO – R$
INSS a Recolher (Passivo Circulante)	2.290,26	
Caixa/Banco Conta Movimento (Ativo Circulante)		2.290,26

j) Registro do pagamento do FGTS:

CONTAS CONTÁBEIS	DÉBITO – R$	CRÉDITO – R$
FGTS a Recolher (Passivo Circulante)	496,80	
Caixa/Banco Conta Movimento (Ativo Circulante)		496,80

k) Registro do recolhimento do Imposto de Renda na fonte:

CONTAS CONTÁBEIS	DÉBITO – R$	CRÉDITO – R$
IRRF a Recolher (Passivo Circulante)	173,67	
Caixa/Banco Conta Movimento (Ativo Circulante)		173,67

l) Registro do recolhimento da contribuição sindical retida na folha de pagamento:

CONTAS CONTÁBEIS	DÉBITO – R$	CRÉDITO – R$
IRRF a Recolher (Passivo Circulante)	23,33	
Caixa/Banco Conta Movimento (Ativo Circulante)		23,33

FUNDO DE COMÉRCIO (GOODWILL)

1. INTRODUÇÃO

Fundo de Comércio tem sido utilizado para significar, de forma resumida, dois conceitos diversos.

O primeiro encontra-se no conjunto de ativos de um comerciante, incluindo seus estoques, imóveis, marcas, nome, clientela, localização etc., independentemente de serem ou não ativos no conceito contábil. Esse está no contexto de que o comerciante tem um conjunto de fatores a sua disposição para exercer a sua atividade.

O segundo está na própria expressão Fundo de Comércio representado por parte de seus ativos, composta pelos fatores intangíveis que têm por finalidade ajudar a obter lucros, tais como, capital intelectual, localização, fidelidade de clientes, contratos exclusivos, tecnologia, venda, marca etc.

2. IMPOSTO DE RENDA

O fundo de comércio somente tem sua materialização, quando ocorre transferência entre sociedades, pois na sua formação não há registro a ser feito e muito menos amortização a ser realizada, no caso de vida útil estimada.

3. REGISTRO CONTÁBIL

O fundo de comércio quando adquirido tem o seu lançamento contábil em conta do Ativo Intangível possuindo como contrapartida a conta Ativo Circulante e quanto negociado com pagamento a longo prazo no Ativo Não circulante.

A formação de fundo de comércio em princípio não tem registro a ser feito, exceto quanto aos gastos primários de uma marca que são lançados em conta do Ativo Intangível.

A Contabilidade reconhece duas formas de uma empresa adquirir o *goodwill* de outra:

a) pela aquisição da própria empresa;

b) por meio de uma fusão.

Os ativos intangíveis são tratados pelo artigo 179 da Lei nº 6.404/1976 e pelo Pronunciamento Técnico CPC 04.

4. EXEMPLO PRÁTICO

Admita-se que a empresa "GBTO" adquiriu o ponto comercial da empresa "WM" por R$ 500.000,00 com pagamento em 5 parcelas de R$ 100.000,00.

Registro na Empresa "WM"

I – Pela venda do ponto comercial:

CONTAS CONTÁBEIS	DÉBITO – R$	CRÉDITO – R$
Contas a Receber (Ativo Circulante)	500.000,00	
Receita Operacional (Conta de Resultado)		500.000,00

II – Pelo recebimento da 1ª parcela do ponto comercial:

CONTAS CONTÁBEIS	DÉBITO – R$	CRÉDITO – R$
Caixa ou Bancos (Ativo Circulante)	100.000,00	
Contas a Receber (Ativo Circulante)		100.000,00

Nota
O recebimento das demais parcelas segue o mesmo lançamento contábil.

Registro na empresa "GBTO"

I – Pela aquisição do ponto comercial:

CONTAS CONTÁBEIS	DÉBITO – R$	CRÉDITO – R$
Fundo de Comércio (Ativo Não Circulante – Intangível)	500.000,00	
Contas a Pagar (Passivo Circulante)		500.000,00

II – Pelo pagamento da 1ª parcela do ponto comercial:

CONTAS CONTÁBEIS	DÉBITO – R$	CRÉDITO – R$
Contas a Pagar (Passivo Circulante)	100.000,00	
Caixa ou Bancos (Ativo Circulante)		100.000,00

Admita-se registro de uma marca "GBTO" com gastos para tal no valor de R$ 13.500,00.

I – Pela apropriação dos gastos com a marca:

CONTAS CONTÁBEIS	DÉBITO – R$	CRÉDITO – R$
Marcas e Patentes (Ativo Não Circulante – Intangível)	13.500,00	
Caixa ou Bancos (Passivo Circulante)		13.500,00

> **Nota**
> A amortização do valor da marca é viável somente se houver um prazo estipulado para a sua utilização, o que significa que, se sua vigência for por tempo indeterminado, não se cogitará de sua amortização.

Considerando que a amortização ocorrerá no prazo de 10 anos, os encargos de amortização serão de R$ 1.350,00 por ano e de R$ 112,50 por mês.

I – Pela apropriação da amortização da marca no mês:

CONTAS CONTÁBEIS	DÉBITO – R$	CRÉDITO – R$
Despesas com Amortização (Conta de Resultado)	112,50	
Amortização Acumulada (Conta Redutora do Ativo Não Circulante – Intangível)		112,50

FUNDO FIXO DE CAIXA

1. INTRODUÇÃO

Fundo fixo de caixa é um sistema de controle de caixa que tem como objetivo facilitar o atendimento das necessidades de pagamento de pequenas despesas da empresa, tais como: despesas com condução, lanche, fotocópia etc.

Neste sistema, define-se uma quantia fixa que é fornecida ao responsável pelo fundo fixo, suficiente para pagamento de diversos dias e, periodicamente, efetua-se a prestação de contas do valor total desembolsado, repondo-se o valor do fundo fixo, por meio de cheque nominal, a seu responsável.

Se for adotado este sistema, todos os pagamentos não efetuados pelo fundo fixo serão feitos por cheques creditados diretamente em Bancos Conta Movimento e, todos os recebimentos (em dinheiro ou cheques) serão depositados diretamente nas contas bancárias.

Os pagamentos efetuados com recursos do fundo fixo não são contabilizados de imediato, mas apenas registrados no Relatório de Caixa.

Por ocasião da recomposição do fundo fixo, tais valores serão contabilizados de uma só vez.

2. REGISTRO CONTÁBIL

2.1. Constituição do Fundo Fixo

A constituição do fundo fixo é contabilizada a débito da conta "Caixa" e a crédito da conta "Banco Conta Movimento", no ativo circulante.

2.2. Recomposição do Fundo Fixo

Na recomposição do fundo fixo, será emitido um cheque nominal ao responsável pelo fundo fixo de caixa, no valor desembolsado.

A contabilização de tal desembolso é feita a débito das despesas operacionais (no resultado do exercício) e a crédito da conta "Banco Conta Movimento" (no ativo circulante).

3. EXEMPLO PRÁTICO

Considerando que:

a) o valor do fundo fixo de caixa seja de R$ 400,00; e

b) no relatório de caixa constam os registros das seguintes despesas efetuadas com recurso do fundo fixo:

b.1) Lanches .... R$ 75,00
b.2) Fotocópias .... R$ 15,00
b.3) Correios .... R$ 25,00
b.4) Autenticações.................... R$ 50,00
b.5) Condução.......................... R$ 7,00
b.6) Total do desembolso .... R$ 172,00

Teremos os seguintes lançamentos contábeis:

a) Constituição do Fundo Fixo de Caixa:

CONTAS CONTÁBEIS	DÉBITO – R$	CRÉDITO – R$
Caixa (Ativo Circulante)	400,00	
Banco Conta Movimento (Ativo Circulante)		400,00

b) Recomposição do Fundo Fixo:

CONTAS CONTÁBEIS	DÉBITO – R$	CRÉDITO – R$
Despesas Operacionais (Conta de Resultado) ✓ Lanches R$ 75,00 ✓ Fotocópias R$ 15,00 ✓ Correios R$ 25,00 ✓ Autenticações R$ 50,00 ✓ Condução R$ 7,00	172,00	
Banco Conta Movimento (Ativo Circulante)		172,00

Observação:

No sistema de fundo fixo, os desembolsos somente serão contabilizados quando o fundo fixo for recomposto. Neste caso, a recomposição é efetuada por meio de cheque nominal ao responsável pelo caixa.

Por ocasião do efetivo pagamento das despesas, somente efetua-se o registro no relatório de caixa.

FURTO E APROPRIAÇÃO INDÉBITA PRATICADA POR FUNCIONÁRIOS

1. INTRODUÇÃO

Alguns funcionários administram ou controlam o caixa, a conta corrente bancária, os estoques de produtos e de bens da empresa e, nesse caso, pode ocorrer apropriação indébita dos referidos bens por parte desses funcionários ou furto por outros funcionários da empresa.

Nesse caso, a empresa deverá baixar esses bens do seu patrimônio, tendo em vista a sua desincorporação.

2. REGISTRO CONTÁBIL

A empresa com base no Boletim de Ocorrência, fornecido pela Delegacia de Polícia, deverá reconhecer como perda, no resultado do exercício, a parcela não coberta pelo funcionário.

Caso haja existência de seguro que garanta à empresa o ressarcimento de prejuízos decorrentes de apropriação indébita, furto ou roubo, não caberá apropriação de perdas no resultado do exercício.

3. EXEMPLO PRÁTICO

Vamos supor que tenha ocorrido um furto de uma quantia de R$ 1.000,00, decorrente do caixa da empresa, por parte de um de seus funcionários.

Considerando que:
    a) o funcionário identificado tenha sido demitido por justa causa; e

b) ao preparar a rescisão contratual do funcionário, constatou-se que ele tinha um saldo líquido a receber de R$ 738,80, a saber:

DISCRIMINAÇÃO	R$
Salário Bruto	800,00
Contribuição ao INSS (7,65% s/R$ 800,00)	61,20
Crédito Líquido	738,80

Teremos os seguintes lançamentos contábeis:

a) Registro da apropriação do salário do funcionário:

CONTAS CONTÁBEIS	DÉBITO – R$	CRÉDITO – R$
Salários e Ordenados (Conta de Resultado)	800,00	
INSS a Recolher (Passivo Circulante)		61,20
Salários e Ordenados a Pagar (Passivo Circulante)		738,80

b) Registro do ressarcimento do valor furtado, até o saldo de crédito do funcionário:

CONTAS CONTÁBEIS	DÉBITO – R$	CRÉDITO – R$
Salários e Ordenados a Pagar (Passivo Circulante)	738,80	
Caixa/Banco Conta Movimento (Ativo Circulante)		738,80

c) Registro do reconhecimento da perda, em relação à parcela não coberta pelo funcionário:

CONTAS CONTÁBEIS	DÉBITO – R$	CRÉDITO – R$
Perdas por Apropriação Indébita e Furtos (Conta de Resultado)	261,20	
Caixa/Banco Conta Movimento (Ativo Circulante)		261,20

FUSÃO DE SOCIEDADES

1. INTRODUÇÃO

Fusão é a operação societária por meio da qual duas ou mais sociedades comerciais juntam seus patrimônios a fim de formarem uma nova sociedade comercial, consequentemente, deixando de existir individualmente (art. 228 da Lei nº 6.404/1976).

Exemplo:

Empresa A + Empresa B = Empresa C

2. IMPOSTO DE RENDA

A Lei nº 9.249/1995 define que os bens e direitos serão avaliados pelo valor contábil ou de mercado. O dispositivo legal está redigido nos seguintes termos:

Art. 21. A pessoa jurídica que tiver parte ou todo o seu patrimônio absorvido em virtude de incorporação, fusão ou cisão deverá levantar balanço específico para esse fim, no qual os bens e direitos serão avaliados pelo valor contábil ou de mercado.

§ 1º O balanço que se refere este artigo deverá ser levantado até 30 dias antes do evento.

§ 2º No caso de pessoa jurídica tributada com base no lucro presumido ou arbitrado que, optar pela avaliação a valor de mercado, a diferença entre este e o custo de aquisição, diminuído dos encargos de depreciação, amortização ou exaustão, será considerada ganho de capital, que deverá ser adicionada à base de cálculo do imposto de renda devido e da contribuição social sobre o lucro líquido.

§ 3º *Para efeito do disposto no parágrafo anterior, os encargos serão considerados decorridos, ainda que não tenham sido registrados contabilmente.*

§ 4º *A pessoa jurídica incorporada, fusionada ou cindida deverá apresentar a declaração de rendimentos correspondente ao período transcorrido durante o ano-calendário, em seu próprio nome, até o último dia útil do mês subsequente ao do evento.*

Se na fusão não ocorrer extinção de investimento que uma possui na outra, não haverá prejuízo fiscal para a União ao avaliar os bens ou direitos pelo valor contábil ou de mercado.

3. REGISTRO CONTÁBIL

O registro contábil é simples, bastando apenas que se criem contas transitórias nas empresas envolvidas, que se ajustem às participações que uma empresa detém da outra e se registre o aumento/diminuição do capital.

4. EXEMPLO PRÁTICO

A Cia. A e a Cia. B decidem fundir-se, formando uma nova Cia. C, conforme a seguir demonstrado:

SALDOS DAS CONTAS CONTÁBEIS	CIA. A	CIA. B	CIA. C
Disponibilidades	75.000,00	80.000,00	155.000,00
Duplicatas a Receber	400.000,00	250.000,00	650.000,00
Estoques	300.000,00	120.000,00	420.000,00
Investimentos	70.000,00	80.000,00	150.000,00
Imobilizado	190.000,00	110.000,00	300.000,00
SOMA DO ATIVO	1.035.000,00	640.000,00	1.675.000,00
Fornecedores	280.000,00	50.000,00	330.000,00
Salários a Pagar	50.000,00	75.000,00	125.000,00
Tributos a Pagar	100.000,00	80.000,00	180.000,00
Capital Social	500.000,00	200.000,00	700.000,00
Reservas de Lucros	105.000,00	235.000,00	340.000,00
SOMA DO PASSIVO	1.035.000,00	640.000,00	1.675.000,00

I – Registro na Cia. A:

CONTABILIZAÇÃO DA TRANSFERÊNCIA DOS ATIVOS, NA CIA. A		
	DÉBITO	CRÉDITO
Conta Transitória	1.035.000,00	
Disponibilidades		75.000,00
Duplicatas a Receber		400.000,00
Estoques		300.000,00
Investimentos		70.000,00
Imobilizado		190.000,00

CONTABILIZAÇÃO DA TRANSFERÊNCIA DAS CONTAS DO PASSIVO, NA CIA. A		
	DÉBITO	CRÉDITO
Fornecedores	280.000,00	
Salários a Pagar	50.000,00	
Tributos a Pagar	100.000,00	
Capital Social	500.000,00	
Reservas de Lucros	105.000,00	
Conta Transitória		1.035.000,00

II – Registro na Cia. B:

CONTABILIZAÇÃO DA TRANSFERÊNCIA DOS ATIVOS, NA CIA. B		
	DÉBITO	CRÉDITO
Conta Transitória	640.000,00	
Disponibilidades		80.000,00
Duplicatas a Receber		250.000,00
Estoques		120.000,00
Investimentos		80.000,00
Imobilizado		110.000,00

CONTABILIZAÇÃO DA TRANSFERÊNCIA DAS CONTAS DO PASSIVO, NA CIA. B		
	DÉBITO	CRÉDITO
Fornecedores	50.000,00	
Salários a Pagar	75.000,00	
CONTABILIZAÇÃO DA TRANSFERÊNCIA DAS CONTAS DO PASSIVO, NA CIA. B		
	DÉBITO	CRÉDITO
Tributos a Pagar	80.000,00	
Capital Social	200.000,00	
Reservas de Lucros	235.000,00	
Conta Transitória		640.000,00

III – Registro na Cia. C:

CONTABILIZAÇÃO DO BALANÇO DE ABERTURA, NA CIA. C (SALDOS TRANSFERIDOS DO ATIVO DA CIA. A)		
	DÉBITO	CRÉDITO
Disponibilidades	75.000,00	
Duplicatas a Receber	400.000,00	
Estoques	300.000,00	
Investimentos	70.000,00	
Imobilizado	190.000,00	
Conta Balanço Abertura – Transf. Cia. A		1.035.000,00
(SALDOS TRANSFERIDOS DO PASSIVO DA CIA. A)		
	DÉBITO	CRÉDITO
Conta Balanço Abertura – Transf. Cia. A	1.035.000,00	
Fornecedores		280.000,00
Salários a Pagar		50.000,00
Tributos a Pagar		100.000,00
Capital Social		500.000,00
Reserva de Lucros		105.000,00

CONTABILIZAÇÃO DO BALANÇO DE ABERTURA, NA CIA. C (SALDOS TRANSFERIDOS DO ATIVO DA CIA. B)		
	DÉBITO	CRÉDITO
Disponibilidades	80.000,00	
Duplicatas a Receber	250.000,00	
Estoques	120.000,00	
Investimentos	80.000,00	
Imobilizado	110.000,00	
Conta Balanço Abertura – Transf. Cia. B		640.000,00
(SALDOS TRANSFERIDOS DO PASSIVO DA CIA. B)		
	DÉBITO	CRÉDITO
Conta Balanço Abertura – Transf. Cia. B	640.000,00	
Fornecedores		50.000,00
Salários a Pagar		75.000,00
Tributos a Pagar		80.000,00
Capital Social		200.000,00
Reserva de Lucros		235.000,00

G

GANHOS E PERDAS DE AJUSTE A VALOR JUSTO

1. INTRODUÇÃO

Considera-se valor justo o preço que seria recebido pela venda de um ativo ou que seria pago pela transferência de um passivo em uma transação não forçada entre participantes do mercado na data de mensuração.

O objetivo da mensuração do valor justo é estimar o preço pelo qual uma transação não forçada para a venda do ativo ou para a transferência do passivo ocorreria entre participantes do mercado na data de mensuração sob condições atuais de mercado. A mensuração do valor justo requer que a entidade determine todos os itens a seguir:

 a) o ativo ou passivo específico objeto da mensuração (de forma consistente com a sua unidade de contabilização);

 b) para um ativo não financeiro, a premissa de avaliação apropriada para a mensuração (de forma consistente com o seu melhor uso possível);

 c) o mercado principal (ou mais vantajoso) para o ativo ou passivo;

 d) as técnicas de avaliação apropriadas para a mensuração, considerando-se a disponibilidade de dados com os quais se possam desenvolver informações que representem as premissas que seriam utilizadas por participantes do mercado ao precificar o ativo ou o passivo e o nível da hierarquia de valor justo no qual se classificam os dados.

2. TRIBUTAÇÃO

Os ganhos decorrentes de avaliação com base no valor justo não integram a base de cálculo do Imposto de Renda da Pessoa Jurídica (IRPJ) e, no caso de ativos posteriormente alienados, a receita ou os ganhos relativos à alienação devem ser normalmente oferecidos à tributação. Por fim, justificou que os ganhos e perdas decorrentes de avaliação com base em valor justo não seriam considerados como parte integrante do valor contábil, exceto no caso de ganhos que já tivessem sido anteriormente tributados.

A perda decorrente de avaliação de ativo ou passivo com base no valor justo somente poderá ser computada na determinação do lucro real e do resultado ajustado à medida que o ativo for realizado, inclusive mediante depreciação, amortização, exaustão, alienação ou baixa, ou quando o passivo for liquidado ou baixado, e desde que a respectiva perda por redução no valor do ativo ou aumento no valor do passivo seja evidenciada contabilmente em subconta vinculada ao ativo ou passivo.

A perda da avaliação a valor justo não será computada na determinação do lucro real e do resultado ajustado se o valor realizado, inclusive mediante depreciação, amortização, exaustão, alienação ou baixa, for indedutível.

Caso o AVJ não seja evidenciada por meio de subconta a perda será considerada indedutível na apuração do lucro real e do resultado ajustado.

Vale ressaltar que o controle do valor justo por meio de subcontas dispensa o controle dos mesmos valores na Parte B do Livro de Apuração do Lucro Real, e-Lalur e e-Lacs.

3. REGISTRO CONTÁBIL

As subcontas relativas à avaliação a valor justo serão analíticas e registrarão os lançamentos contábeis em último nível, observando-se que:

    a) a soma do saldo da subconta com o saldo da conta do ativo ou passivo a que a subconta está vinculada resultará no valor do ativo ou passivo mensurado de acordo com as disposições da Lei nº 6.404/1976;

b) no caso de ativos ou passivos representados por mais de uma conta, tais como bens depreciáveis, o controle deverá ser feito com a utilização de uma subconta para cada conta;

c) no caso de conta que se refira a grupo de ativos ou passivos, de acordo com a natureza desses, a subconta poderá se referir ao mesmo grupo de ativos ou passivos, desde que haja livro razão auxiliar que demonstre o detalhamento individualizado por ativo ou passivo;

d) nos casos de subcontas vinculadas a participação societária ou a valor mobiliário, que devam discriminar ativos ou passivos da investida ou da emitente do valor mobiliário, poderá ser utilizada uma única subconta para cada participação societária ou valor mobiliário, desde que haja livro razão auxiliar que demonstre o detalhamento individualizado por ativo ou passivo da investida ou da emitente do valor mobiliário;

e) cada subconta deve se referir a apenas uma única conta de ativo ou passivo e cada conta de ativo ou passivo poderá se referir a mais de uma subconta, caso haja fundamentos distintos para sua utilização.

4. EXEMPLO PRÁTICO

4.1 Ganho

A empresa WM possui um terreno registrado em conta de Imóveis Propriedades para Investimento dentro do Ativo Não Circulante, não fazendo parte de suas operações normais, mas a intenção é para valorização do capital.

O valor de aquisição do terreno foi de R$ 100.000,00 e o seu valor justo é de R$ 300.000,00 resultando assim em um ganho de R$ 200.000,00.

1. Pela avaliação a valor justo com ganho

CONTAS CONTÁBEIS	DÉBITO R$	CRÉDITO R$
Terrenos – AVJ (Ativo Não Circulante)	200.000,00	
Ganhos de AVJ – Terrenos (Conta de Resultado)		200.000,00

Demonstrativo da conta terreno no balanço:
Ativo
Ativo Não Circulante
Investimento   300.000,00
Terrenos   100.000,00
Terrenos – AVJ   200.000,00

4.2 Perda

A empresa WM tem um imóvel para renda, registrado como propriedade para investimento pelo valor contábil de 500.000,00 e foi avaliado por 400.000,00, acarretando em uma perda de 100.000,00.

1. Pela avaliação a valor justo com perda

CONTAS CONTÁBEIS	DÉBITO R$	CRÉDITO R$
Perdas Prováveis (Conta de Resultado)	100.000,00	
Perdas Estimadas em Imóveis (Ativo Não Circulante – Investimento)		100.000,00

Demonstrativo da conta terreno no balanço:
Ativo
Ativo Não Circulante
Investimento   400.000,00
Imóveis   500.000,00
Perdas Estimadas em Imóveis   (100.000,00)

GRATIFICAÇÕES A EMPREGADOS E DIRETORES

1. INTRODUÇÃO

Gratificação a empregados ou a diretores, via de regra, constitui valores pagos por liberalidade do empregador como recompensa por um trabalho realizado a contento ou que superou as expectativas; portanto, nada mais é do que um reconhecimento do esforço realizado pelo empregado.

2. IMPOSTO DE RENDA

As gratificações pagas a empregados, seja qual for a designação que tiverem, incluem-se no conceito de despesa necessária e, como tal, são dedutíveis como custo ou despesa operacional para fins de apuração do lucro real e da base de cálculo da CSL.

Todavia, não são dedutíveis as importâncias declaradas como pagas ou creditadas a título de gratificações ou semelhantes, quando não for indicada a operação ou a causa que deu origem ao rendimento e quando o comprovante do pagamento não individualizar o beneficiário do rendimento.

As gratificações pagas a empregados são tributadas como rendimentos do trabalho assalariado.

Portanto, os valores pagos a esse título pelo empregador ao empregado devem ser adicionados à remuneração do empregado no mesmo mês, estando sujeitos à incidência do Imposto de Renda na Fonte e na Declaração de Ajuste Anual do beneficiário.

Nos termos do RIR/2018, artigos 315 e 527, as gratificações e as participações no resultado ou nos lucros atribuídas a dirigentes ou administradores não são dedutíveis como custo ou despesa operacional.

Isso significa que tais valores devem ser adicionados ao lucro líquido do período-base para fins de determinação do lucro real e da base de cálculo da CSL, como forma de recompor os resultados, anulando, assim, a dedução anteriormente feita.

3. REGISTRO CONTÁBIL

As despesas com gratificações são lançadas em conta de resultado e incorpora o salário do empregado ou do dirigente para fins de folha de pagamento e todas as incidências previstas na legislação vigente quando efetuadas com habitualidade.

4. EXEMPLO PRÁTICO

Admita-se que uma empresa paga habitualmente a um colaborador remuneração a título de gratificação e que no mês de 11/20X1 remunerou no valor de R$ 1.500,00 e que este também receba salário no valor de R$ 3.000,00 por mês.

Dados complementares:
Gratificação paga em 10.11.20X1
Salário pago em 30.11.20X1
INSS   R$ 405,86
IRRF   R$ 401,93

I – Pelo pagamento da gratificação em 10.11.20X1:

CONTAS CONTÁBEIS	DÉBITO – R$	CRÉDITO – R$
Despesa com Gratificação (Conta de Resultado)	1.500,00	
Caixa ou Bancos (Passivo Circulante)		1.500,00

II – Pelo pagamento do salário em 30.11.20X1:

CONTAS CONTÁBEIS	DÉBITO – R$	CRÉDITO – R$
Despesa com Salários (Conta de Resultado)	3.000,00	
Salários ou Ordenados a Pagar (Passivo Circulante)		3.000,00

III – Pela apropriação do IRRF em 30.11.20X1:

CONTAS CONTÁBEIS	DÉBITO – R$	CRÉDITO – R$
Salário ou Ordenados a Pagar (Passivo Circulante)	401,93	
IRRF a Recolher (Passivo Circulante)		401,93

IV – Pela apropriação do INSS em 30.11.20X1:

CONTAS CONTÁBEIS	DÉBITO – R$	CRÉDITO – R$
Encargos Sociais – INSS (Ativo Circulante)	405,86	
Salário ou Ordenados a Pagar (Passivo Circulante)		405,86

GRATUIDADE

1. INTRODUÇÃO

A gratuidade tem por finalidade a qualidade de gratuito, que é feito ou dado de graça. Com essa definição podemos classificar a gratuidade em duas: a primeira com serviços especializados e voluntários e a segunda com incentivos tributários.

A gratuidade esta ligada a entidades sem finalidade lucrativas, o chamado terceiro setor que é formado por organizações privadas que desempenham ações de caráter público. A sua natureza jurídica esta disposta no art. 44 do Código Civil.

2. TRIBUTAÇÃO

A renúncia fiscal concedida pelo ente governante dever ser evidenciada contabilmente, bem como nas notas explicativas das demonstrações financeiras, onde deve ser citado o dispositivo legal que a concedeu.

3. REGISTRO CONTÁBIL

A gratuidade feita com serviços especializados deve ser contabilizada pelo seu valor de mercado ou valor justo para refletir o montante em que a entidade recebeu de gratuidade e que também deve constar das notas explicativas das demonstrações contábeis.

A renúncia fiscal concedida elo ente governante deve ser evidenciada contabilmente, onde deve ser citado o dispositivo legal que a concedeu.

4. EXEMPLO PRÁTICO

Renúncia com parceiros prestadores de serviços no valor de 290.000,00

1. Receita com gratuidade de prestadores de serviços

CONTAS CONTÁBEIS	DÉBITO R$	CRÉDITO R$
Serviços Prestados por Terceiros (Contas de Resultado)	290.000,00	
Receita com Gratuidade (Contas de Resultado)		290.000,00

Gratuidade prestada pela própria entidade no valor de R$ 82.000,00.

1. Despesas com gastos gerais

CONTAS CONTÁBEIS	DÉBITO R$	CRÉDITO R$
Gastos Gerais (Contas de Resultado)	82.000,00	
Fornecedores (Passivo Circulante)		82.000,00

2. Prestação de serviços gratuitos

CONTAS CONTÁBEIS	DÉBITO R$	CRÉDITO R$
Renúncia de Receita (Ativo Circulante)	82.000,00	
Receita com Gratuidade (Conta de Resultado)		82.000,00

3. Pelo serviço disponibilizados ao beneficiário da gratuidade

CONTAS CONTÁBEIS	DÉBITO R$	CRÉDITO R$
Despesas com Gratuidade (Conta de Resultado)	82.000,00	
Renúncia de Receita (Ativo Circulante)		82.000,00

No caso de despesa com material aplicado, distribuição de alimentos e roupas.

1. Pela aquisição de material e cestas básicas

CONTAS CONTÁBEIS	DÉBITO R$	CRÉDITO R$
Estoque (Ativo Circulante)	15.000,00	
Fornecedores (Passivo Circulante)		15.000,00

2. Pela despesa com material e distribuição de cestas básicas

CONTAS CONTÁBEIS	DÉBITO R$	CRÉDITO R$
Despesas com Gratuidade (Conta de Resultado)	15.000,00	
Estoque (Ativo Circulante)		15.000,00

Renúncia fiscal referente à contribuição patronal do INSS no valor de 17.000,00.

1. Pela despesa com o encargo patronal INSS

CONTAS CONTÁBEIS	DÉBITO R$	CRÉDITO R$
Despesa Tributária (Conta de Resultado)	17.000,00	
Contribuição para o INSS (Passivo Circulante)		17.000,00

2. Pelo benefício fiscal concedido

CONTAS CONTÁBEIS	DÉBITO R$	CRÉDITO R$
Contribuição para o INSS (Passivo Circulante)	17.000,00	
Receita com Gratuidade Tributária (Conta de Resultado)		17.000,00

ICMS – CONSUMO DE ENERGIA ELÉTRICA

1. INTRODUÇÃO

A Lei Complementar nº 87/1996, que disciplina a incidência do ICMS em nível nacional, admite o crédito do ICMS incidente sobre a entrada de energia elétrica no estabelecimento quando consumida no processo de industrialização.

Importa observar, desde logo, que, nos termos da Lei Complementar nº 87/1996, artigo 23, o direito ao crédito está condicionado, ainda, à idoneidade da documentação e à escrituração nos prazos e condições estabelecidos na legislação de cada Unidade da Federação (UF).

2. IMPOSTO DE RENDA

Nas empresas que possuem sistema de contabilidade de custo integrado e coordenado com o restante da escrituração, a energia elétrica consumida pelo setor fabril é um dos itens que deve ser registrado como custo. A parcela restante, cujo ICMS não gera direito a crédito deve ser contabilizada diretamente como despesa operacional.

Se a empresa não possuir aparelhos exclusivos para medição do consumo relativo aos setores de produção, o valor da conta deverá ser "rateado" entre os setores, de acordo com critérios razoáveis de mensuração. Para tanto, é imprescindível a elaboração de demonstrativos de consumo de energia elétrica do setor produtivo, de preferência com base em laudo técnico, os quais devem ser mantidos em boa guarda para eventual exibição ao Fisco.

Cabe lembrar que, de acordo com a legislação do Imposto de Renda, as empresas industriais que não possuam sistema de contabilidade de custos, ou que tenham sistema que não atenda aos requisitos para serem considerados como integrado e coordenado com os demais assentos contábeis, deverão submeter o estoque final dos produtos acabados e em elaboração, existente no final do período de apuração, à avaliação por arbitramento.

3. REGISTRO CONTÁBIL

A conta de energia elétrica é lançada em conta de resultado como despesa de custo da produção, tendo como contrapartida a conta do passivo vinculante e os impostos e contribuições a recuperar em conta do ativo.

4. EXEMPLO PRÁTICO

Admita-se que determinada indústria, cuja fatura de energia elétrica relativa ao mês de 11/20X1 atingiu um total a pagar de R$ 10.000,00, com ICMS incluso de R$ 1.800,00, relativamente ao consumo de energia, no setor produtivo.

I – Pelo registro da fatura de energia elétrica:

CONTAS CONTÁBEIS	DÉBITO – R$	CRÉDITO – R$
Energia Elétrica – Custo de Produção (Conta de Resultado)	8.200,00	
ICMS a Recuperar (Ativo Circulante)	1.800,00	
Contas a Pagar (Passivo Circulante)		10.000,00

O valor correspondente à energia elétrica consumida nos estabelecimentos da pessoa jurídica faz jus ao crédito da Cofins e da contribuição para o PIS/Pasep, não cumulativos.

Cálculo para fins do crédito:

PIS/Pasep – R$ 10.000,00 x 1,65% = R$ 165,00

Cofins – R$ 10.000,00 x 7,6% = R$ 76,00

I – Pelo registro do crédito das contribuições:

CONTAS CONTÁBEIS	DÉBITO – R$	CRÉDITO – R$
PIS/Pasep a Compensar (Ativo Circulante)	165,00	
Cofins a Compensar (Ativo Circulante)	760,00	
Energia Elétrica – Custo de Produção (Conta de Resultado)		925,00

ICMS – DIFERENÇA DE ALÍQUOTA

1. INTRODUÇÃO

Todos os contribuintes do ICMS são obrigados a recolher o ICMS relativo à diferença existente entre a alíquota interna (praticada no Estado destinatário) e a alíquota interestadual nas seguintes operações e prestações:

a) na entrada, de mercadorias de outra Unidade da Federação destinadas para uso e consumo;

b) na entrada, de mercadorias de outra Unidade da Federação destinadas para o ativo imobilizado;

c) na entrada, de prestação de serviço de transporte interestadual cuja prestação tenha iniciado em outra Unidade da Federação referente à aquisição de materiais para uso e consumo;

d) na entrada, de prestação de serviço de transporte interestadual cuja prestação tenha iniciado em outra Unidade da Federação referente à aquisição de materiais para o ativo imobilizado.

Somente existirá diferencial de alíquotas a ser recolhido caso o percentual da alíquota interna for superior ao da alíquota interestadual.

2. ICMS

É admissível o crédito do valor do ICMS destacado na nota fiscal e no conhecimento de transporte de carga, inclusive o diferencial de alíquota do ICMS devido na entrada do bem e do serviço de transporte destinados ao ativo imobilizado e que estiver vinculada à atividade fim da empresa, à razão de 1/48 por mês, conforme rege a Lei Complementar nº 87/1996.

3. REGISTRO CONTÁBIL

O diferencial de alíquotas do ICMS deve ser registrado numa conta específica do ativo circulante e não comporá o custo da mercadoria ou do bem, caso a empresa tenha direito ao crédito deste imposto. Caso contrário, o diferencial de alíquotas do ICMS comporá o custo da mercadoria ou do bem (art. 301 do RIR/2018).

4. EXEMPLO PRÁTICO

Vamos considerar que uma empresa estabelecida em São Paulo comprou de Minas Gerais uma máquina, por R$ 100.000,00, para seu imobilizado.

Considerando que a alíquota do ICMS desta operação seja de 12% entre os Estados.

Considerando que a alíquota do ICMS dentro de São Paulo seja de 18%.

Considerando que a alíquota do IPI seja de 10%.

Neste caso, a empresa deverá recolher 6% de ICMS referente à diferença de alíquotas desta compra. Ou seja, deverá recolher R$ 6.000,00 (R$ 100.000,00 x 6%).

O ICMS incide apenas sobre a máquina adquirida, sendo que para o cálculo da diferença de alíquota o valor de IPI constante da nota fiscal não deverá ser considerado.

Com base nestes dados, sugerimos os seguintes lançamentos contábeis:

I – Considerando que a empresa adquirente do bem tenha direito ao crédito do imposto, levando em conta a diferença de alíquota na compra do bem de outro Estado.

a) pela aquisição:

CONTAS CONTÁBEIS	DÉBITO – R$	CRÉDITO – R$
Máquinas e Equipamentos (Ativo Imobilizado)	88.000,00	
ICMS a Recuperar (Ativo Circulante)	12.000,00[1]	
Fornecedores (Passivo Circulante)		100.000,00

[1] Alíquota de 12% destacada na nota fiscal (R$ 100.000,00 x 12% = R$ 12.000,00).

b) pela diferença do imposto de 6% sobre R$ 100.000,00:

CONTAS CONTÁBEIS	DÉBITO – R$	CRÉDITO – R$
ICMS a Recuperar (Ativo Circulante)	6.000,00	
ICMS a Recolher (Passivo Circulante)		6.000,00

II – Considerando que a empresa adquirente do bem não tenha direito ao crédito do imposto, levando em conta a diferença de alíquota na compra do bem de outro Estado.

a) pela aquisição:

CONTAS CONTÁBEIS	DÉBITO – R$	CRÉDITO – R$
Máquinas e Equipamentos (Ativo Imobilizado)	100.000,00	
Fornecedores (Passivo Circulante)		100.000,00

b) pela diferença do imposto de 6% sobre R$ 100.000,00:

CONTAS CONTÁBEIS	DÉBITO – R$	CRÉDITO – R$
Máquinas e Equipamentos (Ativo Imobilizado)	6.000,00	
ICMS a Recolher (Passivo Circulante)		6.000,00

Obs.: O IPI foi lançado como custo de aquisição do bem, considerando que a empresa não tem direito ao crédito por ser bem do ativo imobilizado.

ICMS – PAGAMENTO DE DUPLICATAS COM CRÉDITO DO ICMS

1. INTRODUÇÃO

O contribuinte do ICMS sob determinadas condições pode transferir crédito acumulado de que seja detentor para pagamento de fornecedores de mercadorias, matéria-prima, material secundário, material de embalagem, material de consumo e máquinas, aparelhos e equipamentos industriais destinados a integrar o Ativo Imobilizado, desde que observada a legislação da respectiva Unidade da Federação (UF).

2. ICMS

O artigo 25, §§ 1º e 2º, da Lei Complementar nº 87/1996 dispõe que:

a) saldos credores de ICMS, acumulados a partir de 16.09.1996 por estabelecimentos que realizem operações e prestações que destinem ao exterior mercadorias, inclusive produtos primários e produtos industrializados semielaborados, ou serviços, podem ser, na proporção que essas saídas representem do total das saídas realizadas pelo estabelecimento:

   a.1) imputados pelo sujeito passivo a qualquer estabelecimento seu no Estado;

   a.2) se houver saldo remanescente, transferidos pelo sujeito passivo a outros contribuintes do mesmo Estado, mediante a emissão, pela autoridade competente, de documento que reconheça o crédito;

b) nos demais casos de saldos credores de ICMS acumulados (a partir de 1º.11.1996), lei estadual pode permitir que:

b.1) sejam imputados pelo sujeito passivo a qualquer estabelecimento seu no Estado;

b.2) sejam transferidos, nas condições que definir, a outros contribuintes do mesmo Estado.

É importante salientar que a transferência de crédito de ICMS para outro estabelecimento fica subordinada a determinadas regras (algumas apenas procedimentais) fixadas pela legislação de cada UF.

3. REGISTRO CONTÁBIL

O lançamento contábil se dá em conta do ICMS a recuperar no ativo circulante em contrapartida à conta fornecedora na empresa devedora e clientes na empresa credora.

4. EXEMPLO PRÁTICO

Admita-se que, em determinada data, a Empresa WM liquidasse, mediante transferência de crédito do ICMS, uma duplicata no valor de R$ 2.500,00 da Empresa ERG.

O registro contábil da transferência do crédito do ICMS (em ambas as empresas) poderia ser assim efetuado:

I – Na empresa "WM" – devedora:

CONTAS CONTÁBEIS	DÉBITO – R$	CRÉDITO – R$
Fornecedores (Passivo Circulante)	2.500,00	
ICMS a Recuperar (Ativo Circulante)		2.500,00

II – Na empresa "ERG" – credora:

CONTAS CONTÁBEIS	DÉBITO – R$	CRÉDITO – R$
ICMS a Recuperar (Ativo Circulante)	2.500,00	
Clientes (Ativo Circulante)		2.500,00

ICMS – SUBSTITUIÇÃO TRIBUTÁRIA

1. INTRODUÇÃO

A cobrança antecipada do ICMS, mediante sujeição passiva por substituição (ST), é adotada para diversos tipos de produtos.

Nesse regime, o fabricante ou importador das mercadorias (contribuinte substituto) fica responsável, também, pelo recolhimento do ICMS que será devido nas etapas seguintes da comercialização, até o consumidor final, pelos revendedores (contribuintes substituídos).

Desse modo, ao realizar a venda das mercadorias para o revendedor, o fabricante ou importador se torna devedor do ICMS incidente sobre o seu preço de venda e também do ICMS calculado sobre a diferença entre esse preço e o preço máximo ou único a ser praticado na revenda das mercadorias ao consumidor final, quando fixado pelo fabricante, importador ou autoridade competente.

2. IMPOSTO DE RENDA

A operação de substituição tributária para o ICMS não terá reflexo direto na apuração do lucro real e da base de cálculo da Contribuição Social sobre o Lucro Líquido, desde que lançado corretamente nas respectivas contas contábeis.

O fabricante ou importador cobra do adquirente das mercadorias, mediante adição ao preço da operação, na sua nota fiscal, o valor do ICMS devido na condição de contribuinte substituto.

O atacadista ou distribuidor, assim como o varejista de mercadorias submetidas a esse regime de cobrança do ICMS, ficam dispensados do recolhimento do imposto por ocasião da revenda das mercadorias.

3. REGISTRO CONTÁBIL

O registro contábil na substituição tributária do ICMS, pode ser feito de várias formas, que será visualizado no item 4. Exemplo

Prático, com todas as alternativas que achamos viáveis para este tipo de lançamento contábil.

4. EXEMPLO PRÁTICO

Admita-se que um determinado fabricante venda produtos sujeitos ao regime de cobrança do ICMS por substituição tributária, com os seguintes dados:

- Preço de venda   R$ 40.000,00
- Alíquota do ICMS de   18%
- Alíquota do IPI de   60%
- Base de cálculo da ST R$ 100.000,00

Essa venda da fábrica é feita para uma empresa intermediária (atacadista ou distribuidora).

Dados da Nota Fiscal

Preço da Mercadoria	R$ 40.000,00
IPI de 60% (R$ 40.000,00 x 60%)	R$ 24.000,00
ICMS ST (R$ 100.000,00 – R$ 40.000,00 x 18%)	R$ 10.800,00
Valor total da Nota	R$ 74.800,00
ICMS normal (R$ 40.000,00 x 18%)	R$ 7.200,00

Registro no Fabricante

Vamos demonstrar três formas de lançamento contábil dessa operação.

1ª Alternativa

I – Pela venda:

CONTAS CONTÁBEIS	DÉBITO – R$	CRÉDITO – R$
Caixa ou Bancos (Ativo Circulante)	74.800,00	
Faturamento Bruto (Conta de Resultado)		74.800,00

II – Pelo IPI faturado:

CONTAS CONTÁBEIS	DÉBITO – R$	CRÉDITO – R$
IPI Faturado (Conta de Resultado)	24.000,00	
IPI a Recolher (Passivo Circulante)		24.000,00

III – Pelo ICMS normal e a ST:

CONTAS CONTÁBEIS	DÉBITO – R$	CRÉDITO – R$
ICMS sobre Vendas (Conta de Resultado)	18.000,00	
ICMS a Recolher (Passivo Circulante)		18.000,00

DEMONSTRAÇÃO DO RESULTADO DO EXERCÍCIO	
Faturamento Bruto	R$ 74.800,00
(-) IPI Faturado	R$ 24.000,00
Receita Bruta de Vendas	R$ 50.800,00
(-) ICMS sobre Vendas	R$ 18.000,00
Receita Líquida	R$ 32.800,00

Observe que a receita líquida de vendas é justamente o valor de venda menos o ICMS normal (R$ 40.000,00 – R$ 7.200,00).

2ª Alternativa

I – Pela venda:

CONTAS CONTÁBEIS	DÉBITO – R$	CRÉDITO – R$
Caixa ou Bancos (Ativo Circulante)	74.800,00	
Faturamento Bruto (Conta de Resultado)		74.800,00

II – Pelo IPI faturado:

CONTAS CONTÁBEIS	DÉBITO – R$	CRÉDITO – R$
IPI Faturado (Conta de Resultado)	24.000,00	
IPI a Recolher (Passivo Circulante)		24.000,00

III – Pelo ICMS ST:

CONTAS CONTÁBEIS	DÉBITO – R$	CRÉDITO – R$
ICMS sobre Vendas (Conta de Resultado)	10.800,00	
ICMS a Recolher (Passivo Circulante)		10.800,00

IV – Pelo ICMS normal:

CONTAS CONTÁBEIS	DÉBITO – R$	CRÉDITO – R$
ICMS sobre Vendas (Conta de Resultado)	7.200,00	
ICMS a Recolher (Passivo Circulante)		7.200,00

DEMONSTRAÇÃO DO RESULTADO DO EXERCÍCIO	
Faturamento Bruto	R$ 74.800,00
(-) IPI Faturado	R$ 24.000,00
(-) ICMS ST	R$ 10.800,00
Receita Bruta de Vendas	R$ 40.000,00
ICMS sobre Vendas	R$ 7.200,00
Receita Líquida de Vendas	R$ 32.800,00

> Nota
> Entendemos que essa alternativa tecnicamente é a melhor a ser utilizada para registrar o fato contábil.

3ª Alternativa
I – Pela venda;

CONTAS CONTÁBEIS	DÉBITO – R$	CRÉDITO – R$
Caixa ou Bancos (Ativo Circulante)	74.800,00	
Receita de Vendas (Conta de Resultado)		40.000,00
IPI a Recolher (Passivo Circulante)		24.000,00
ICMS a Recolher (Passivo Circulante)		10.800,00

II – Pelo ICMS normal:

CONTAS CONTÁBEIS	DÉBITO – R$	CRÉDITO – R$
ICMS sobre Vendas (Conta de Resultado)	7.200,00	
ICMS a Recolher (Passivo Circulante)		7.200,00

DEMONSTRAÇÃO DO RESULTADO DO EXERCÍCIO	
Receita Bruta de Vendas	R$ 40.000,00
(-) ICMS sobre Vendas	R$ 7.200,00
Receita Líquida de Vendas	R$ 32.800,00

Nota
Levando em conta a fiscalização, essa alternativa também é adequada para a operação em questão.

Registro no atacadista ou distribuidor

Considerando os mesmos dados da venda por parte do fabricante, exposto acima e com o valor de venda por parte do atacadista ou distribuidor por R$ 80.000,00, vamos exemplificar as formas de contabilização.

I – Pela compra:

CONTAS CONTÁBEIS	DÉBITO – R$	CRÉDITO – R$
Estoque (Ativo Circulante)	74.800,00	
Fornecedores (Passivo Circulante)		74.800,00

> **Nota**
> Veja que neste lançamento não há nenhum destaque do ICMS pago, quer "normal" quer "antecipado".

Na Venda
1ª Alternativa
I – Pela venda:

CONTAS CONTÁBEIS	DÉBITO – R$	CRÉDITO – R$
Caixa ou Bancos (Ativo Circulante)	80.000,00	
Receita Bruta de Vendas (Conta de Resultado)		80.000,00

> **Nota**
> Veja que neste lançamento novamente não há destaque algum com relação ao ICMS, uma vez que ele foi pago e considerado como estoque já na aquisição.

DEMONSTRAÇÃO DO RESULTADO DO EXERCÍCIO	
Receita Bruta de Venda	R$ 80.000,00
ICMS sobre Vendas	R$ 0,00
Receita Líquida de Vendas	R$ 80.000,00
Custo das Mercadorias Vendidas	R$ 74.800,00
Lucro Bruto	R$ 5.200,00

2ª Alternativa

I – Pela compra:

CONTAS CONTÁBEIS	DÉBITO – R$	CRÉDITO – R$
Estoque (Ativo Circulante)	56.800,00	
ICMS a Recuperar (Ativo Circulante)	18.000,00	
Fornecedores (Passivo Circulante)		74.800,00

II – Pela venda:

CONTAS CONTÁBEIS	DÉBITO – R$	CRÉDITO – R$
Caixa ou Bancos (Ativo Circulante)	80.000,00	
Receita Bruta de Vendas (Conta de Resultado)		80.000,00

III – Pelo ICMS ST:

CONTAS CONTÁBEIS	DÉBITO – R$	CRÉDITO – R$
ICMS Antecipado (Ativo Circulante)	3.600,00	
ICMS a Recolher (Passivo Circulante)		3.600,00

Nota

O cálculo da ST é realizado da seguinte operação: Base de cálculo da ST menos o valor de venda vezes a alíquota do ICMS.
(R$ 100.000,00 – R$ 80.000,00) x 18% = R$ 20.000,00 x 18% = R$ 3.600,00

IV – Pelo ICMS normal:

CONTAS CONTÁBEIS	DÉBITO – R$	CRÉDITO – R$
ICMS sobre Vendas (Conta de Resultado)	14.400,00	
ICMS a Recolher (Passivo Circulante)		14.400,00

> **Nota**
> Esse valor de R$ 14.400,00 é o ICMS "normal" sobre a venda de R$ 80.000,00 x 18%.

DEMONSTRAÇÃO DO RESULTADO DO EXERCÍCIO	
Faturamento Bruto	R$ 80.000,00
(-) ICMS Antecipado	R$ 3.600,00
Receita Bruta de Vendas	R$ 76.400,00
ICMS sobre Vendas	R$ 14.400,00
Receita Líquida de Vendas	R$ 62.000,00
Custo das Mercadorias Vendidas	R$ 56.800,00
Lucro Bruto	R$ 5.200,00

> **Nota**
> Esta alternativa, tecnicamente, é a mais correta, por ser explicativa. Do ponto de vista fiscal, esta versão está mais coerente com o conceito de Receita Bruta e de Receita Líquida de Vendas, bem como de Estoques, também sem a inclusão do ICMS.

Com os lançamentos acima, será feita, agora, a compensação entre os impostos a recuperar e os impostos a recolher:

I – Pela compensação do ICMS:

CONTAS CONTÁBEIS	DÉBITO – R$	CRÉDITO – R$
ICMS a Recolher (Passivo Circulante)	14.400,00	
ICMS a Recuperar (Ativo Circulante)		14.400,00

Registro no varejista

Admita-se que o varejista adquiriu o produto por R$ 80.000,00 e irá efetuar a venda por R$ 100.000,00.

1ª Alternativa

I – Pela compra:

CONTAS CONTÁBEIS	DÉBITO – R$	CRÉDITO – R$
Estoque (Ativo Circulante)	80.000,00	
Fornecedores (Passivo Circulante)		80.000,00

Nota
Neste lançamento, não caberá registro relativo ao ICMS total já pago dentro desse valor, quer a título de "normal" quer de "antecipado".

II – Pela venda:

CONTAS CONTÁBEIS	DÉBITO – R$	CRÉDITO – R$
Caixa ou Bancos (Ativo Circulante)	100.000,00	
Receita Bruta de Vendas (Conta de Resultado)		100.000,00

DEMONSTRAÇÃO DO RESULTADO DO EXERCÍCIO	
Receita Bruta de Vendas	R$ 100.000,00
ICMS sobre Vendas	R$ 0,00
Receita Líquida de Vendas	R$ 100.000,00
Custo das Mercadorias Vendidas	R$ 80.000,00
Lucro Bruto	R$ 20.000,00

2ª Alternativa

I – Pela compra:

CONTAS CONTÁBEIS	DÉBITO – R$	CRÉDITO – R$
Estoque (Ativo Circulante)	62.000,00	
ICMS a Recuperar (Ativo Circulante)	18.000,00	
Fornecedores (Passivo Circulante)		80.000,00

> **Nota**
> Percebe-se que o valor agregado à conta de ICMS a recuperar é o global, tanto "normal" quanto "antecipado".

II – Pela venda:

CONTAS CONTÁBEIS	DÉBITO – R$	CRÉDITO – R$
Caixa ou Bancos (Ativo Circulante)	100.000,00	
Receita Bruta de Vendas (Conta de Resultado)		100.000,00

III – Pelo ICMS:

CONTAS CONTÁBEIS	DÉBITO – R$	CRÉDITO – R$
ICMS sobre Vendas (Conta de Resultado)	18.000,00	
ICMS a Recolher (Passivo Circulante)		18.000,00

IV – Pela compensação do ICMS:

CONTAS CONTÁBEIS	DÉBITO – R$	CRÉDITO – R$
ICMS a Recolher (Conta de Resultado)	18.000,00	
ICMS a Recuperar (Passivo Circulante)		18.000,00

DEMONSTRAÇÃO DO RESULTADO DO EXERCÍCIO	
Receita Bruta de Vendas	R$ 100.000,00
ICMS sobre Vendas	R$ 18.000,00
Receita Líquida de Vendas	R$ 82.000,00
Custo das Mercadorias Vendidas	R$ 62.000,00
Lucro Bruto	R$ 20.000,00

ICMS E IPI – COMPRA E VENDA

1. INTRODUÇÃO

A legislação do ICMS e do IPI determina que quando da aquisição de mercadorias haverá a incidência do ICMS e do IPI, sendo que o primeiro é embutido no preço de venda e o segundo é destacado no documento fiscal. Também há incidência do ICMS em alguns tipos de serviços, como por exemplo, transporte.

2. ICMS E IPI

De acordo com a legislação consolidada no art. 208 do RIR/2018, e com a Instrução Normativa SRF nº 51/1978:

a) a receita bruta de vendas e serviços compreende o produto da venda de bens nas operações de conta própria, o preço dos serviços prestados e o resultado auferido nas operações de conta alheia (por exemplo: comissões referentes a vendas de bens ou serviços por conta de terceiros);

b) na receita bruta não se incluem os impostos não cumulativos cobrados destacadamente do comprador ou contratante, dos quais o vendedor dos bens ou o prestador dos serviços seja mero depositário (atualmente, o imposto que se enquadra nesta definição é o IPI cobrado do comprador pelas empresas contribuintes desse imposto), observando-se que:

b.1) imposto não cumulativo é aquele em que se abate, em cada operação, o montante de imposto cobrado nas anteriores;

b.2) atualmente, o imposto que se enquadra na definição da letra "b" é o IPI, porque atende aos dois requisitos: é não cumulativo e cobrado destacadamente do comprador pelas empresas contribuintes desse imposto;

b.3) apesar de não cumulativo, o ICMS compõe o preço do produto ou da mercadoria vendida, razão pela qual não pode ser excluído da receita bruta;

c) a receita líquida consiste na receita bruta diminuída das vendas canceladas, dos descontos concedidos incondicionalmente e dos impostos incidentes sobre vendas;

d) não são computados no custo de aquisição das mercadorias para revenda e das matérias-primas os impostos não cumulativos, que devam ser recuperados.

Importa observar que, quando a aquisição não for de matéria-prima, mas sim de mercadoria para revenda, cujo IPI constante da nota fiscal não seja objeto de crédito na escrita fiscal da empresa adquirente, o valor do imposto não recuperável será incorporado ao custo da mercadoria.

3. REGISTRO CONTÁBIL

As entradas de mercadorias (compras) devem ser contabilizadas pelo valor líquido dos impostos, ou seja, excluindo-se do valor da nota os valores, porventura incidentes, do ICMS e do IPI recuperáveis, os quais serão contabilizados em contas apropriadas (ICMS a Recuperar e IPI a Recuperar, ou em contas transitórias de apuração, como "ICMS Contas Correntes" e "IPI Contas Correntes").

As saídas (vendas) são registradas pelo valor total faturado (incluindo-se o IPI) ou, o que é mais comum, pelo valor da receita bruta (excluindo-se o IPI), conforme veremos a seguir.

Contabilmente, o IPI deveria ter o tratamento de dedução da receita bruta, a exemplo do ICMS. Entretanto, para efeito do Imposto de Renda, a empresa industrial ou a ela equiparada funciona apenas como "arrecadadora" do IPI, o que significa que esse imposto não integra o preço de venda do produto – consequentemente, nem a receita bruta de vendas.

Para sanar tal divergência, as empresas que, para fins de controle e análise gerencial, optem pela inclusão do IPI na Demonstração de Resultado do Exercício (DRE) podem adotar a seguinte estrutura no plano de contas:

Faturamento Bruto

(-) IPI Faturado

(=) Receita Bruta

...

No "Faturamento Bruto", será lançado o valor total da Nota Fiscal de Venda (inclusive o IPI) e, na conta "IPI Faturado", o valor do IPI cobrado do cliente, que, ao ser deduzido do "Faturamento Bruto", resultará na "Receita Bruta". Dessa forma, a Receita Bruta estará "livre" do IPI, cumprindo-se, assim, a determinação da legislação fiscal; ao mesmo tempo, os registros contábeis estarão atendendo às necessidades gerenciais e de controle da empresa.

De outro lado, se a empresa adotar o sistema de contabilização do IPI nas vendas na forma preconizada pelo Fisco (ou seja, sem utilizar-se do critério explanado anteriormente), tal imposto não transitará pelo resultado do exercício. Esta é, sem dúvida, a forma mais usual de contabilização e será exemplificada no tópico 4 deste procedimento.

4. EXEMPLO PRÁTICO

Compra

Admita-se compra de matéria-prima a prazo com os seguintes dados extraídos da nota fiscal:

Valor da matéria-prima	R$ 100.000,00
(+) Valor do IPI	R$ 10.000,00
(=) Valor total da nota fiscal	R$ 110.000,00

Nota
ICMS com alíquota de 18% e IPI de 10%

I – Pela compra de matéria-prima:

CONTAS CONTÁBEIS	DÉBITO – R$	CRÉDITO – R$
Estoque (Ativo Circulante)	82.000,00	
ICMS a Recuperar (Ativo Circulante)	18.000,00	
IPI a Recuperar (Ativo Circulante)	10.000,00	
Fornecedores (Passivo Circulante)		110.000,00

Venda

Admita-se venda a prazo de produtos com os seguintes dados extraídos da nota fiscal:

Valor dos produtos	R$ 150.000,00
(-) Valor do IPI	R$ 15.000,00
(=) Valor total da nota fiscal	R$ 165.000,00

Nota
A alíquota do ICMS é de 18% e do IPI, 10%.

I – Pela venda:

CONTAS CONTÁBEIS	DÉBITO – R$	CRÉDITO – R$
Clientes (Ativo Circulante)	165.000,00	
Receita Bruta de Venda (Conta de Resultado)		150.000,00
IPI a Recolher (Ativo Circulante)		15.000,00

II – Pelo registro do ICMS:

CONTAS CONTÁBEIS	DÉBITO – R$	CRÉDITO – R$
Impostos Incidentes sobre Venda (Conta de Resultado)	27.000,00	
ICMS a Recolher (Passivo Circulante)		27.000,00

Transferências do Saldo do ICMS e IPI

I – Pela transferência do IPI:

CONTAS CONTÁBEIS	DÉBITO – R$	CRÉDITO – R$
IPI a Recolher (Passivo Circulante)	10.000,00	
IPI a Recuperar (Ativo Circulante)		10.000,00

II – Pela transferência do ICMS:

CONTAS CONTÁBEIS	DÉBITO – R$	CRÉDITO – R$
ICMS a Recolher (Passivo Circulante)	18.000,00	
ICMS a Recuperar (Ativo Circulante)		18.000,00

Demonstração dos valores a recolher do ICMS e do IPI

TRIBUTO	VENDAS	COMPRAS	RECOLHER
IPI	R$ 15.000,00	R$ 10.000,00	R$ 5.000,00
ICMS	R$ 27.000,00	R$ 18.000,00	R$ 9.000,00
Total	R$ 42.000,00	R$ 28.000,00	R$ 14.000,00

ICMS PAGO POR ESTIMATIVA

1. INTRODUÇÃO

A legislação do ICMS admite que, em substituição ao regime de apuração mensal do imposto, lei estadual estabeleça, em função do porte ou da atividade do estabelecimento, que o imposto seja pago em parcelas periódicas e calculado por estimativa, para um determinado período (Lei Complementar nº 87/1996).

2. IMPOSTO SOBRE CIRCULAÇÃO DE MERCADORIAS (ICMS)

Embora enquadrada no regime de estimativa, a empresa continua a escriturar os livros fiscais do ICMS nos termos estabelecidos pela legislação da respectiva Unidade da Federação.

Também deve ser mantida normalmente a contabilização do ICMS nas compras e nas vendas, de acordo com os critérios gerais aplicáveis ao registro de tais transações.

Periodicamente e sempre de acordo com o que dispõe a legislação local, é feito um confronto entre o valor total das parcelas pagas por estimativa e o valor total do imposto apurado na escrituração fiscal. Feito isso:

a) se o total das parcelas de estimativa pagas no decorrer do período for inferior ao imposto efetivo apurado, a pessoa jurídica deverá recolher a diferença no prazo estabelecido pela legislação;

b) se a diferença entre o montante do ICMS pago por estimativa e o imposto efetivo apurado revelar-se favorável ao contribuinte, o respectivo valor poderá ser compensado em recolhimentos futuros ("ICMS a Recuperar").

3. REGISTRO CONTÁBIL

Os valores pagos por estimativa devem ser alocados em conta do Ativo Circulante que, a título de sugestão, poderá denominar-se "ICMS Pago por Estimativa a Compensar". Essa conta poderá figurar no mesmo grupo em que constam as que registram, por exemplo, os valores pagos por estimativa a título de Imposto de Renda Pessoa Jurídica e Contribuição Social sobre o Lucro Líquido (CSL). No exemplo a seguir, utilizaremos o grupo "Impostos e Contribuições Pagos por Estimativa".

4. EXEMPLO PRÁTICO

Admita-se que a empresa WM pague mensalmente R$ 1.000,00 a título de ICMS por estimativa, com vencimento no dia 15 de cada mês seguinte ao de referência. Nesse caso, a parcela relativa ao mês de janeiro/20X1 e o pagamento da estimativa seriam apropriados como segue:

I – Pela apropriação do ICMS por estimativa:

CONTAS CONTÁBEIS	DÉBITO – R$	CRÉDITO – R$
ICMS Pago por Estimativa a Compensar (Ativo Circulante)	1.000,00	
ICMS por Estimativa a Recolher (Passivo Circulante)		1.000,00

II – Pelo pagamento do ICMS por estimativa:

CONTAS CONTÁBEIS	DÉBITO – R$	CRÉDITO – R$
ICMS por Estimativa a Recolher (Passivo Circulante)	1.000,00	
Caixa ou Bancos (Ativo Circulante)		1.000,00

Considerando que, no final do semestre em 30.06.20X1, a empresa deve confrontar o ICMS por estimativa como o efetivamente devido, temos os seguintes dados para dar sequência ao exemplo:

Valor apurado na escrituração fiscal   R$ 9.000,00

(-) Valor devido por estimativa   R$ 6.000,00

(=) Saldo a pagar   R$ 3.000,00

III – Pelo ICMS devido no semestre;

CONTAS CONTÁBEIS	DÉBITO – R$	CRÉDITO – R$
ICMS sobre vendas (Conta de Resultado)	9.000,00	
ICMS a Recolher (Passivo Circulante)		9.000,00

IV – Pela compensação do ICMS estimado:

CONTAS CONTÁBEIS	DÉBITO – R$	CRÉDITO – R$
ICMS Recolher (Passivo Circulante)	6.000,00	
ICMS por Estimativa a Compensar (Ativo Circulante)		6.000,00

> **Nota**
> ICMS estimado de R$ 1.000,00 x 6 meses = R$ 6.000,00

V – Pelo pagamento do ICMS:

CONTAS CONTÁBEIS	DÉBITO – R$	CRÉDITO – R$
ICMS a Recolher (Passivo Circulante)	3.000,00	
Caixa ou Bancos (Ativo Circulante)		3.000,00

ICMS SOBRE FRETE

1. INTRODUÇÃO

É fato que as mercadorias adquiridas para revenda e as matérias-primas utilizadas no processo industrial devem ser registradas na conta Estoques, no Ativo Circulante.

Contudo, a conta Estoques não é composta somente pelo valor pago na aquisição das mercadorias e/ou matérias-primas, que consta da nota fiscal de compra.

Esses gastos adicionais costumam ser:

a) transporte das mercadorias (frete), quando o gasto não for de responsabilidade do vendedor;

b) prêmio de seguro;

c) outros gastos, entre eles, os alfandegários, em se tratando de mercadoria importada.

Portanto, em linhas gerais, temos que o correto custo das mercadorias compradas é composto por todos os custos de responsabilidade do comprador que envolvam a referida aquisição propiciando que as mercadorias cheguem em perfeito estado ao estabelecimento do comprador.

2. IMPOSTO SOBRE A CIRCULAÇÃO DE MERCADORIAS E SERVIÇOS (ICMS)

Por força da Lei Complementar nº 87/1996, fica sujeita à incidência do ICMS a prestação de serviços de transporte interestadual e intermunicipal, por qualquer via, de pessoas, bens, mercadorias ou valores. O ICMS incidente nessa operação é passível de recuperação pelo adquirente do serviço.

Todavia, se o transporte for executado dentro do município, o tributo incidente é o Imposto Sobre Serviços de Qualquer Natureza (ISSQN). Nesse caso, não há o que se falar em recuperação do tributo, e o total do conhecimento de transporte deve ser tratado como custo das mercadorias compradas.

Por se tratar de um tributo estadual, o ICMS fica sujeito às regras impostas pelo Estado em que estiver estabelecido o contribuinte. Portanto, base de cálculo, prazos e formas de recolhimento, aspectos relacionados à substituição tributária podem ter tratamentos diferentes quando comparados com outras unidades de Federação.

No estado de São Paulo, o ICMS é um imposto cuja responsabilidade pelo recolhimento, via de regra, cabe ao vendedor. Contudo, em se tratando de ICMS incidente sobre transportes interestaduais e intermunicipais, o Estado de São Paulo atribui a responsabilidade pelo recolhimento ao tomador do serviço de transporte.

Segundo o artigo 317 do RICMS/SP, na prestação de serviço de transporte rodoviário de bem, mercadoria ou valor, realizado por empresa transportadora estabelecida em território paulista, exceto se o contribuinte estiver sujeito às normas do "Simples Nacional", fica atribuída a responsabilidade pelo pagamento do imposto ao tomador do serviço, desde que seja remetente ou destinatário e contribuinte do imposto no estado de São Paulo.

3. REGISTRO CONTÁBIL

O ICMS sobre o frete em sendo tratado como substituição tributária será lançando em conta do ativo circulante em contrapartida ao passivo circulante como obrigações a recolher.

4. EXEMPLO PRÁTICO

Admita-se que a empresa GBTO, situada no estado de São Paulo, adquiriu mercadorias e contratou uma transportadora para entregar as mesmas, com os seguintes dados:

- Valor da Mercadoria   R$ 300.000,00
- ICMS sobre as mercadorias
  (300.000,00 x 18%)   R$ 54.000,00
- Valor do frete   R$ 20.000,00
- ICMS sobre frete (R$ 20.000,00 x 7,6%)   R$ 2.400,00

I – Pela aquisição das mercadorias:

CONTAS CONTÁBEIS	DÉBITO – R$	CRÉDITO – R$
Estoques (Ativo Circulante)	246.000,00	
ICMS a Recuperar (Ativo Circulante)	54.000,00	
Fornecedores (Passivo Circulante)		300.000,00

II – Pela aquisição do frete:

CONTAS CONTÁBEIS	DÉBITO – R$	CRÉDITO – R$
Estoques (Ativo Circulante)	17.600,00	
Fornecedores (Passivo Circulante)		17.600,00

III – Pelo ICMS ST:

CONTAS CONTÁBEIS	DÉBITO – R$	CRÉDITO – R$
ICMS a Recuperar (Ativo Circulante)	2.400,00	
ICMS ST a Recolher (Passivo Circulante)		2.400,00

ICMS SOBRE O ATIVO IMOBILIZADO

1. INTRODUÇÃO

O aproveitamento do ICMS incidente sobre bens adquiridos para o Ativo Imobilizado como crédito na apuração desse imposto está previsto no artigo 20 da Lei Complementar nº 87/1996.

Atualmente, a apropriação de créditos de ICMS relativos a bens do Ativo Imobilizado, no grupo Ativo Não Circulante, ingressados na empresa deve ser efetuada à razão de 1/48 ao mês, sem atualização monetária, observando-se que:

a) a primeira fração deve ser apropriada no mês em que ocorrer a entrada do bem no estabelecimento;

b) no caso de alienação do bem antes de decorrido o prazo de 4 anos contados da data da aquisição, não é admitido, a partir da alienação, o creditamento em relação à fração que corresponderia ao restante do quadriênio (neste caso, irá compor o custo do bem); e

c) ao final do 48º mês contado da data da entrada do bem no estabelecimento, o eventual saldo remanescente do crédito deve ser cancelado (também nesta hipótese, entendemos que o valor correspondente ao saldo remanescente do crédito do ICMS deve ser incorporado ao custo de aquisição do bem).

2. ICMS, PIS-PASEP E COFINS

De acordo com a Lei Complementar nº 87/1996, artigo 20, § 5º, II, não é admitido o creditamento do ICMS incidente nas aquisições de bens para o Imobilizado, no grupo Ativo Não Circulante, em relação à proporção das operações de saídas ou prestações isentas ou não tributadas sobre o total das operações de saídas ou prestações efetuadas no mesmo período.

O montante do crédito a ser apropriado mensalmente será obtido multiplicando-se o valor total do respectivo crédito pelo fator igual a 1/48 da relação entre o valor das operações de saídas e prestações tributadas e o total das operações de saídas e prestações do período, equiparando-se às tributadas, para esse fim, as saídas e prestações com destino ao exterior.

Fórmula

Crédito a ser apropriado =	ICMS destacado na nota fiscal de aquisição do bem	x 1 -	Saídas e prestações isentas ou não tributadas
	48		Total da saídas e prestações do período

Fonte: IOB Online

Estorno do crédito da Cofins e da contribuição para o PIS/Pasep

Desde 1º.05.2004, é facultado às pessoas jurídicas sujeitas ao regime não cumulativo da Cofins e da contribuição para o PIS/Pasep calcular os créditos das referidas contribuições, relativamente à aquisição de máquinas e equipamentos destinados ao Ativo Imobilizado, no prazo de 4 anos, mediante a aplicação, a cada mês, das respectivas alíquotas das contribuições sobre o valor correspondente a 1/48 do valor de aquisição do bem.

A pessoa jurídica que fizer uso dessa faculdade deve registrar os valores correspondentes aos créditos da Cofins e da contribuição para o PIS/Pasep em contas do:

a) Ativo Circulante, relativamente às parcelas utilizáveis até o término do exercício seguinte; e

b) Realizável a Longo Prazo, relativamente às parcelas utilizáveis após o término do exercício seguinte.

Assim, a exemplo do que ocorre com o crédito não utilizável do ICMS, entendemos que, caso o bem seja alienado, os saldos remanescentes dos créditos da Cofins e da contribuição para o PIS/Pasep devem compor o custo de aquisição do bem para fins de apuração do ganho ou perda na alienação.

3. REGISTRO CONTÁBIL

De acordo com a sistemática atualmente em vigor, o ICMS destacado nas notas fiscais de aquisição de bens para o Ativo Imobilizado, segundo entendemos, deve ser registrado em contas específicas do:

a) Ativo Circulante, em relação às quotas de crédito do imposto a serem apropriadas até o término do exercício seguinte; e

b) Ativo Realizável a Longo Prazo, relativamente às quotas a apropriar após o término do exercício seguinte.

Essas contas (que, a título de sugestão, poderão intitular-se "ICMS sobre Bens do Ativo Imobilizado a Recuperar") serão debitadas, por ocasião da entrada do bem no estabelecimento, pelo valor total do imposto destacado na nota fiscal.

Por ocasião da apropriação das quotas mensais, os respectivos valores serão levados a débito da conta "ICMS a Recuperar" no Ativo Circulante (que é utilizada mensalmente para a apuração do saldo a pagar ou a recuperar do ICMS), em contrapartida à conta mencionada na letra "a" anterior.

4. EXEMPLO PRÁTICO

Cálculo do crédito na aquisição do bem

Admita-se que determinada pessoa jurídica, em 30.04.20X1, adquirisse, uma máquina de solda para integrar o seu Ativo Imobilizado.

Dados da aquisição:
- Não é contribuinte do IPI
- Valor de aquisição do bem   R$ 50.000,00
- ICMS sobre a aquisição (18%)   R$ 9.000,00

DEMONSTRATIVO DO ICMS A RECUPERAR	
Ativo Circulante	Valor do ICMS
R$ 9.000,00 x 21 / 48	R$ 3.937,50
Realizável a Longo Prazo	Valor do ICMS
R$ 9.000,00 x 27 / 48	R$ 5.062,50

I – Pela aquisição do bem:

CONTAS CONTÁBEIS	DÉBITO – R$	CRÉDITO – R$
Máquinas e Equipamentos (Ativo Imobilizado)	41.000,00	
ICMS sobre Bens a Recuperar (Ativo Circulante)	3.937,50	
ICMS sobre Bens a Recuperar (Realizável a Longo Prazo)	5.062,50	
Caixa ou Bancos (Ativo Circulante)		50.000,00

Apropriação mensal do crédito do ICMS

Admita-se, agora, que o total das saídas e das prestações isentas ou não tributadas e o total das saídas e das prestações naquele mês (abril/20X1) tenham sido de R$ 90.000,00 e R$ 730.000,00, respectivamente, e que não tenha havido outras aquisições do gênero. Assim, aplicando-se a fórmula do item 2, temos:

CÁLCULO DO CRÉDITO A SER APROPRIADO
Crédito = R$ 9.000,00   x (1 –   R$ 90.000,00)
48   R$ 730.000,00
Crédito = R$ 187,50 x (1 – 0,12)
Crédito = R$ 187,50 x 0,88 = R$ 165,00

II – Pela apropriação da quota do mês:

CONTAS CONTÁBEIS	DÉBITO – R$	CRÉDITO – R$
ICMS a Recuperar (Ativo Imobilizado)	165,00	
ICMS sobre Bens (Passivo Circulante)		165,00

Nota

Nos meses seguintes, até março/20X5, os lançamentos relativos à apropriação do crédito do ICMS serão idênticos ao exemplificado.

Transferência das quotas a apropriar do Realizável a Longo Prazo para o Ativo Circulante

Anualmente, por ocasião do início do exercício social, será necessário transferir, para o Ativo Circulante, as quotas do ICMS a apropriar registradas no Realizável a Longo Prazo que, pela fluência do prazo, passaram a ser realizáveis até o término do exercício seguinte.

III – Pela Transferência em janeiro/20X2:

CONTAS CONTÁBEIS	DÉBITO – R$	CRÉDITO – R$
ICMS sobre Bens a Recuperar (Ativo Circulante)	1.980,00	
ICMS sobre Bens a Recuperar (Realizável a Longo Prazo)		1.980,00

Cancelamento do saldo remanescente do crédito

Ao final do 48º mês, contado da data da entrada do bem no estabelecimento, o saldo remanescente do crédito do ICMS deve ser cancelado. Nesse caso, a nosso ver, o respectivo valor será incorporado ao custo de aquisição do bem.

Assim, considerando-se que, em 31.03.20X5 (48º mês da data de aquisição do bem), a hipotética empresa ainda tivesse um crédito remanescente de R$ 1.530,00 não aproveitado, teríamos o seguinte lançamento contábil:

IV – Pelo cancelamento do crédito do ICMS:

CONTAS CONTÁBEIS	DÉBITO – R$	CRÉDITO – R$
Máquinas e Equipamentos (Ativo Imobilizado)	1.530,00	
ICMS sobre Bens a Recuperar (Passivo Circulante)		1.530,00

> Nota
>
> Na hipótese de alienação do bem antes de decorridos 4 anos contados da data de aquisição, o lançamento relativo à parcela não recuperável do ICMS, a qual seria incorporada ao custo de aquisição do bem, seria semelhante ao demonstrado, observando-se apenas que parte do crédito poderia ainda estar no Realizável a Longo Prazo, no grupo Ativo Não Circulante.

IMÓVEIS PARA INVESTIMENTOS

1. INTRODUÇÃO

Propriedade para investimento é a propriedade de terreno ou edifício, ou parte de edifício ou ambos mantida pelo proprietário ou pelo arrendatário em arrendamento financeiro para auferir aluguel ou para valorização do capital ou para ambas, e não para (Pronunciamento Técnico do CPC nº 28):

    a) uso na produção ou fornecimento de bens ou serviços ou para finalidades administrativas; ou

    b) venda no curso ordinário do negócio.

As propriedades para investimento são mantidas para obter rendas ou para valorização do capital ou para ambas. Por isso, uma propriedade para investimento gera fluxos de caixa altamente independentes dos outros ativos mantidos pela entidade. Isso distingue as propriedades para investimento de outras terras e edifícios controlados por entidades do setor público, incluindo propriedades ocupadas pelos proprietários.

A produção ou fornecimento de bens ou serviços, ou o uso de propriedades para finalidades administrativas também pode gerar fluxos de caixa. Por exemplo, entidades do setor público podem usar um edifício para proporcionar bens e serviços para terceiros em troca de recuperação total ou parcial de custo. Entretanto, o edifício é mantido para facilitar a produção de bens e serviços e os fluxos de caixa são atribuíveis não apenas ao edifício, mas também a outros ativos usados no processo de produção ou de fornecimento.

A propriedade para investimento deve ser reconhecida como ativo quando, e apenas quando:

    a) for provável que os benefícios econômicos futuros ou potencial de serviços associados à propriedade para investimento fluirão para a entidade; e

b) o custo ou valor justo da propriedade para investimento possa ser mensurado confiavelmente.

Exemplos claros de propriedades para investimento:

a) Os terrenos mantidos para valorização de capital a longo prazo e não para venda a curto prazo no curso dos negócios;

b) Os terrenos mantidos para futuro uso por prazo indeterminado e não será usado como propriedade ocupada pelo proprietário ou para venda a curto prazo no curso do negócio, o terreno é considerado como mantido para valorização do capital;

c) O edifício que é de propriedade da entidade ou mantido pela entidade em arrendamento financeiro e que seja arrendado sob um ou mais arrendamentos operacionais;

d) O edifício que esteja desocupado, mas mantido para ser arrendado sob um ou mais arrendamentos operacionais;

e) A propriedade que esteja sendo construída ou desenvolvida para futura utilização como propriedade para investimento.

2. TRIBUTAÇÃO

Os ativos mantidos para investimentos somente serão tributados quando de sua venda e sendo apurado ganho de capital que será incluído no lucro líquido contábil para fins de apuração do lucro real e da base de calculo da CSLL. No caso da opção pelo lucro presumido será acrescida a base de cálculo do IRPJ e CSLL.

A avaliação do imóvel para investimento pelo valor justo não será tributada pelo IRPJ e CSLL sendo excluído do lucro real quando resultar em ganho e adicionada no caso de perda.

3. REGISTRO CONTÁBIL

A propriedade para investimento deve ser reconhecida como ativo quando:

a) for provável que os benefícios econômicos futuros associados à propriedade para investimento fluirão para a entidade; e

b) o custo da propriedade para investimento possa ser mensurado confiavelmente.

A entidade avalia todos os custos da propriedade para investimento no momento em que eles são incorridos. Esses custos incluem custos inicialmente incorridos para adquirir uma propriedade para investimento e custos incorridos subsequentemente para adicionar a, substituir partes de, ou prestar manutenção à propriedade.

A entidade deve optar e divulgar qual o método que ira adotar para avaliar a propriedade para investimento, se o de valor justo ou o de custo.

Quando a classificação for difícil, divulgar qual o critério que usa para distinguir propriedades para investimento de propriedades ocupadas pelo proprietário e de propriedades mantidas para venda no curso dos negócios.

3.1 Método do custo

Após o reconhecimento inicial da propriedade para investimento, a entidade que escolher o método do custo deve mensurar todas as suas propriedades para investimento de acordo com os requisitos do Pronunciamento Técnico CPC 27.

3.2 Método do valor justo

A entidade que aplique o método do valor justo deve divulgar a conciliação entre os valores contábeis da propriedade para investimento no início e no fim do período, que mostre o seguinte:

a) adições, divulgando separadamente as adições resultantes de aquisições e as resultantes de dispêndio subsequente reconhecido no valor contábil do ativo;

b) adições que resultem de aquisições por intermédio de combinação de negócios;

c) ativos classificados como detidos para venda ou incluídos em grupo para alienação classificado como detido para venda de acordo com o Pronunciamento Técnico CPC 31 – Ativo Não Circulante Mantido para Venda e Operação Descontinuada e outras alienações;

d) ganhos ou perdas líquidos provenientes de ajustes de valor justo;

e) diferenças cambiais líquidas resultantes da conversão das demonstrações contábeis para outra moeda de apresentação, e da conversão de unidade operacional estrangeira para a moeda de apresentação da entidade que relata;

f) transferências para e de estoque e propriedade ocupada pelo proprietário; e

g) outras alterações.

4. EXEMPLO CONTÁBIL

A empresa WM adquiriu em 15.08.20X1 imóvel residencial no valor de R$ 350.000,00 a vista com custas de transferência no valor de R$ 20.000,00. A intenção da empresa é por este imóvel para alugar classificando como propriedade para investimento dentro do seu ativo.

1.Pelo aquisição do imóvel

CONTAS CONTÁBEIS	DÉBITO R$	CRÉDITO R$
Imóvel para Investimento (Ativo Não Circulante – Investimento)	370.000,00	
Bancos Conta Movimento (Ativo Circulante)		370.000,00

No ano 20X2 o imóvel para investimento foi avaliado a preço de mercado que resultou em R$ 400.000,00 gerando uma valorização de R$ 30.000,00.

1.Pela avaliação a valor justo – AVJ

CONTAS CONTÁBEIS	DÉBITO R$	CRÉDITO R$
Avaliação a Valor Justo – Imóvel para Investimento (Ativo Não Circulante – Investimento – Subconta)	30.000,00	
Receita de AVJ (Conta de Resultado)		30.000,00

IMPORTAÇÃO DE MERCADORIAS E INSUMOS

1. INTRODUÇÃO

A importação de mercadorias e insumos, geralmente, envolve contratação de serviços de terceiros, câmbio e suas variações, financiamentos, fretes, impostos e outros itens cujos procedimentos para contabilização, no caso de pessoa jurídica sujeita ao regime não cumulativo da Cofins e da contribuição para o PIS/Pasep, serão mostrados neste procedimento.

2. IMPOSTO DE RENDA

Os gastos necessários à importação, além do valor pago ao fornecedor, tais como frete, seguro, taxas portuárias, impostos não recuperáveis etc., até a colocação da mercadoria ou do insumo no estabelecimento, integram o custo de aquisição.

Normalmente, incidem sobre o valor da mercadoria ou do insumo importado o Imposto de Importação (II), o Imposto sobre Produtos Industrializados (IPI), o Imposto sobre a Circulação de Mercadorias e Serviços (ICMS), a Cofins e a contribuição para o PIS/Pasep. O Imposto de Importação não é recuperável e integrará o custo da mercadoria ou dos insumos. Os demais (IPI, ICMS, Cofins-Importação e PIS/Pasep-Importação) serão contabilizados em suas respectivas contas do subgrupo de Impostos a Recuperar, no Ativo Circulante.

3. REGISTRO CONTÁBIL

Os dispêndios incorridos até a entrada de mercadoria ou insumo no estabelecimento da empresa importadora são registrados em uma conta transitória que pode intitular-se "Importação em Andamento". Essa conta deve ser classificada no subgrupo "Estoques", no Ativo Circulante.

Após a entrada das mercadorias no estabelecimento, o saldo da conta "Importação em Andamento" será transferido para conta "Estoque de Mercadorias".

A contratação de despachante aduaneiro para efetuar o desembaraço é prática comum aos importadores de mercadorias e insumos.

Os honorários pagos por esse serviço também devem compor o custo de aquisição e, portanto, devem ser debitados à conta "Importação em Andamento", no grupo de Estoques.

Os impostos incidentes na importação (IPI, ICMS, Cofins-Importação e PIS/Pasep-Importação) serão contabilizados em suas respectivas contas do subgrupo de Impostos a Recuperar, no Ativo Circulante.

O valor adiantado ao despachante costuma ser registrado em uma conta própria do subgrupo de "Adiantamentos a Terceiros", no Ativo Circulante, só ocorrendo o registro na conta "Importação em Andamento", no Estoque, por ocasião da prestação de contas pelo despachante; nesse momento, do total de gastos com o desembaraço, a parcela relativa aos impostos recuperáveis (IPI, ICMS, Cofins-Importação e PIS/Pasep-Importação) é registrada em conta própria do grupo de Impostos a Recuperar, e o saldo vai para a conta "Importação em Andamento".

Esse procedimento é utilizado em função do controle financeiro dos valores adiantados. Alternativamente, pode-se registrar o valor adiantado diretamente na conta "Importação em Andamento" no Estoque e, por ocasião da prestação de contas, de posse dos documentos comprobatórios do recolhimento dos impostos, transfere-se o valor do IPI, do ICMS, da Cofins-Importação e do PIS/Pasep-Importação recuperáveis para as contas próprias do grupo Impostos a Recuperar.

4. EXEMPLO PRÁTICO

A empresa "ERG" importa dos Estados Unidos da América mercadoria para revenda, utilizando-se de serviços de despachante aduaneiro, o qual se responsabilizou, inclusive, pelo pagamento dos impostos federais, nas seguintes condições:

Importação

IMPORTAÇÃO	VALOR	TAXA DO US$	
		31.05.20X1	30.06.20X1
Mercadoria para revenda	US$ 10.000,00	1,78	1,80
Seguro em 15.05.20x1	R$ 800,00		

Fatura do Despachante

DESPESA	VALOR		DATA DO DESEMBARAÇO	DATA DO VENCIMENTO
Despesas acessórias, taxas portuárias e alfandegárias	R$	1.000,00	31.05.20x1	30.06.20x1
Imposto de Importação	R$	3.720,00		
IPI	R$	2.232,00		
Cofins – Importação	R$	2.009,04		
PIS/Pasep – Importação	R$	436,17		
ICMS	R$	5.926,22		
Frete rodoviário	R$	100,00		
Honorários	R$	900,00		
Subtotal	R$	16.323,43		
Adiantamento	R$	16.000,00		
Saldo a Pagar	R$	323,43		

Memória de cálculo:

- Mercadorias + frete: US$ 10.000,00 x 1,78 = 17.800,00 + 800,00 = R$ 18.600,00

- Imposto de Importação: 18.600,00 x 20% = 3.720,00
- IPI: Valor aduaneiro + II (22.320,00 + 3.720) x 10% = 2.232,00
- Cofins: Alíquota de 7,6% (Planilha Coana, *site* da Receita Federal)
- PIS/Pasep: Alíquota de 1,65% (Planilha da Coana, *site* da Receita Federal)
- ICMS: Valor aduaneiro + II + IPI + PIS + Cofins (18.600,00 + 3.720,00 + 2.232,00 + 2.009,04 + 436,17): 0,82 x 18% = 5.926,22

I – Pelo pagamento do seguro marítimo:

CONTAS CONTÁBEIS	DÉBITO – R$	CRÉDITO – R$
Estoque – Importação em Andamento (Ativo Circulante)	800,00	
Caixa ou Bancos (Ativo Circulante)		800,00

II – Pelo adiantamento ao despachante aduaneiro:

CONTAS CONTÁBEIS	DÉBITO – R$	CRÉDITO – R$
Conta Corrente Comissária (Ativo Circulante)	16.000,00	
Bancos (Ativo Circulante)		16.000,00

III – Pelo registro da fatura do fornecedor estrangeiro, em 31.05.20X1:

CONTAS CONTÁBEIS	DÉBITO – R$	CRÉDITO – R$
Estoque – Importação em Andamento (Ativo Circulante)	17.800,00	
Fornecedores Estrangeiros (Passivo Circulante)		17.800,00

IV – Pelo registro da fatura do despachante aduaneiro:

CONTAS CONTÁBEIS	DÉBITO – R$	CRÉDITO – R$
Estoque – Importação em Andamento (Ativo Circulante)	5.708,00	
IPI a Recuperar (Ativo Circulante)	2.232,00	
ICMS a Recuperar (Ativo Circulante)	5.938,22	
Cofins a Recuperar (Ativo Circulante)	2.009,04	
PIS/Pasep a Recuperar (Ativo Circulante)	436,17	
Conta Corrente Comissária (Ativo Circulante)		16.000,00
Caixa ou Bancos (Ativo Circulante)		323,43

Memória de cálculo:

Estoque = II + despesas + frete – ICMS do frete + honorários

Estoque = 3.720,00 + 1.000,00 + 88,00 + 900,00

ICMS = ICMS sobre mercadorias importadas + ICMS sobre frete

ICMS = 5.926,22 + 12,00

V – Pela transferência da mercadoria para o estoque:

CONTAS CONTÁBEIS	DÉBITO – R$	CRÉDITO – R$
Estoque (Ativo Circulante)	24.308,00	
Estoque – Importação em Andamento (Ativo Circulante)		24.308,00

Memória de Cálculo:

US$ 10.000,00 x R$ 1,78	R$ 17.800,00
Seguro marítimo	R$ 800,00
Imposto de Importação	R$ 3.720,00
Despesas acessórias e taxas	R$ 1.000,00
Frete rodoviário	R$ 88,00
Honorários	R$ 900,00
Total	R$ 24.308,00

VI – Pelo pagamento da fatura do fornecedor estrangeiro, em 30.06.20X1:

CONTAS CONTÁBEIS	DÉBITO – R$	CRÉDITO – R$
Fornecedores Estrangeiros (Ativo Circulante)	17.800,00	
Variação Cambial Passiva (Conta de Resultado)	200,00	
Bancos (Ativo Circulante)		18.000,00

INCORPORAÇÃO

1. INTRODUÇÃO

A incorporação é a operação pela qual uma ou mais sociedades são absorvidas por outra, que lhes sucede em todos os direitos e obrigações (art. 227 da Lei 6.404/1976).

Neste tipo de operação, a sociedade incorporada desaparece, passando todo o seu patrimônio para a incorporadora.

Para realizar a incorporação, é preciso cumprir as formalidades exigidas pelo art. 227 da Lei nº 6.404/1976 para aprovação da operação pela incorporada e pela incorporadora, por meio de reunião dos sócios ou em assembleia geral dos acionistas, nomeação de peritos pela incorporada, aprovação dos laudos pela incorporada, cujos direitos deverão promover o arquivamento e publicação de avaliação e declararem extinta a pessoa incorporada.

2. IMPOSTO DE RENDA

Para fins tributários, considera-se ocorrido o evento na data da deliberação que aprovar a incorporação. A deliberação deverá ser feita na forma prevista para a alteração dos respectivos estatutos ou contratos sociais.

A norma em vigor prevê as seguintes obrigações no processo de incorporação a serem cumpridas pelas pessoas jurídicas envolvidas no evento:

a) levantar, até 30 dias antes do evento, balanço específico, no qual os bens e direitos poderão ser avaliados pelo valor contábil ou de mercado;

b) efetuar a apuração da base de cálculo e do Imposto de Renda na data do evento, assim considerada a data da deliberação que aprovar a incorporação, devendo ser computados os resultados apurados até essa data;

c) apresentar a ECF correspondente ao período transcorrido durante o ano-calendário, em seu próprio nome, até o último dia útil do 3º mês subsequente ao da data do evento;

d) dar baixa na inscrição da empresa extinta por incorporação.

Caso ainda não haja decorrido o prazo para apresentação da ECF relativa ao ano-calendário anterior, haverá, nesta hipótese, uma antecipação do prazo para apresentação da respectiva declaração, devendo esta ser entregue juntamente com a declaração correspondente à incorporação. O pagamento do Imposto de Renda porventura nela apurado poderá ser feito nos mesmos prazos originalmente previstos.

A pessoa jurídica incorporadora também deverá apresentar a ECF, salvo nos casos em que as pessoas jurídicas incorporadora e incorporada estiverem sob o mesmo controle societárias desde o ano-calendário anterior ao do evento.

A pessoa jurídica sucessora por incorporação não poderá compensar prejuízos fiscais da sucedida.

3. REGISTRO CONTÁBIL

A empresa incorporada será extinta encerrando todas as suas contas contra uma conta transitória que poderá ser denominada de Contas de Incorporação.

A empresa incorporadora receberá todas as contas da incorporada utilizando uma conta transitória denominada Contas de Incorporação.

4. EXEMPLO PRÁTICO

Admita-se que a empresa ERG venha a incorporar a empresa WM, onde possui 40% das ações, e que todos os demais acionistas concordam com a incorporação em 30.03.20X3.

Dados do balanço levantado em 30.03.20X3:

DEMONSTRATIVO		
BALANÇO LEVANTADO EM 31.06.20X2		
	EMPRESA ERG R$	EMPRESA WM R$
Ativo		
Ativo Circulante		
Disponibilidades	452.000,00	146.000,00
Clientes	(175.000,00)	(16.500,00)
Duplicatas Descontadas	410.000,00	89.000,00
Estoques	16.000,00	9.000,00
Despesas Antecipadas	718.000,00	251.500,00
Ativo Não Circulante		
Investimentos	45.000,00	54.000,00
Participação Societária em "B"	5.000,00	54.000,00
Outras Participações Permanentes	50.000,00	35.000,00
Imobilizado	190.000,00	8.500,00
Imóveis	54.000,00	5.000,00
Máquinas	18.000,00	38.500,00
(-) Depreciação Acumulada	226.000,00	

DEMONSTRATIVO		
BALANÇO LEVANTADO EM 31.06.20X2		
	EMPRESA ERG R$	EMPRESA WM R$
Total do Ativo	994.000,00	344.000,00
Passivo		
Passivo Circulante		
Fornecedores	340.000,00	65.000,00
Empréstimos	172.000,00	50.000,00
Provisão para o IRPJ	54.000,00	11.000,00
Provisão para a CSLL	35.000,00	8.000,00
Contas a Pagar	60.000,00	20.000,00
	661.000,00	154.000,00
Patrimônio Líquido		
Capital	250.000,00	90.000,00
Reservas de Capital	40.000,00	100.000,00
Reserva de Lucros	43.000,00	190.000,00
	333.000,00	
Total do Passivo	994.000,00	344.000,00

Nesta incorporação, foram contratados peritos para avaliar o patrimônio líquido das duas empresas. Após a avaliação, chegou-se à seguinte conclusão:

Empresa ERG

ATIVO	VALORES
Valor da participação em WM	R$ 75.000,00
Valor excedente dos imóveis ao de mercado	R$ 100.000,00
Valor excedente dos estoques ao de mercado	R$ 17.000,00
Total	R$ 192.000,00
Patrimônio	Valores
Patrimônio Líquido	R$ 333.000,00
Patrimônio Líquido, após laudo	R$ 525.000,00

Empresa WM

ATIVO	VALORES
Valor excedente da participação em outras empresas	R$ 30.000,00
	R$ 50.000,00
Valor excedente dos imóveis ao de mercado	R$ 80.000,00
Total	
Patrimônio	Valores
Patrimônio Líquido	R$ 190.000,00
Patrimônio Líquido da empresa WM, após laudo	R$ 270.000,00

Relatório após o laudo:

a) Patrimônio líquido da empresa ERG é avaliado em R$ 508.000,00, em razão da não atualização dos estoques:

R$ 525.000,00 – Valor do Patrimônio Líquido

R$ 17.000,00 – Valor excedente do Estoque

R$ 508.000,00

Preço das ações após o laudo

R$ 508.000,00 = R$ 2,032 por ação da empresa ERG

250.000 ações

b) Patrimônio líquido da empresa WM é avaliado em R$ 300.000,00, por causa dos R$ 30.000,00 destinar-se ao fundo de comércio.

Preço das ações após o laudo

R$ 300.000,00 = R$ 2,00 por ação da empresa WM

150.000 ações

c) Graças à avaliação da empresa WM em R$ 300.000,00 é que se deu o ajuste do valor de investimento da empresa ERG para R$ 75.000,00, representado:

R$ 120.000,00 (40% de R$ 300.000,00)

(-) R$ 45.000,00 (valor contábil do investimento)

R$ 75.000,00

Após apresentação de todos os dados necessários para a conclusão da incorporação, conclui-se que a empresa ERG comporta aumento de capital na ordem de 60%, tendo em vista a necessidade de emissão de novas ações que serão distribuídas entre os atuais detentores da empresa WM, para substituir as ações que possuem na empresa WM.

Dessa forma, as ações que a empresa ERG detém na empresa WM serão anuladas, bem como a sua participação societária na empresa WM.

Com essas ações, surge o primeiro lançamento contábil que é a capitalização na empresa ERG de suas reservas de capital e de lucros.

Pelo aumento de capital com as contas: Reserva de Capital e Reserva de Lucros:

CONTAS CONTÁBEIS	DÉBITO – R$	CRÉDITO – R$
Reserva de Capital (Patrimônio Líquido)	40.000,00	
Reservas de Lucros (Patrimônio Líquido)	43.000,00	
Capital Social (Patrimônio Líquido)		83.0000,00

A capitalização é importante para assegurar a participação dos acionistas da empresa ERG, pois caso não venha a capitalizar, os acionistas poderão vir a perder parte das reservas não capitalizadas.

Quadro das Ações

AÇÕES	VALOR NOMINAL
250.000 – Atuais 83.000 – Novas 333.000	R$ 1,00

Cálculo das ações novas emitidas

Para efetuar o cálculo de quantas ações novas serão emitidas, dependerá da definição quanto à capitalização das reservas mencionadas:

    a) se com emissão de novas ações, simples alteração do seu valor nominal; ou

    b) sem absolutamente nada se não possuírem valor nominal.

Admitam-se para este caso 250.000 ações da empresa ERG com valor nominal unitário de R$ 1,00, que é mantido, o que a obriga então a emitir mais 83.000 novas ações aos atuais acionistas. Com isso, passa seu Patrimônio Líquido contábil a ser representado por Capital Social de R$ 333.000,00, composto de 333.000 ações ordinárias ao valor nominal de R$ 1,00 cada.

No entanto, o valor do Patrimônio Líquido, fixado negocialmente em R$ 508.000,00, passa, com o aumento da quantidade de ações, para: R$ 508.000,00/333.000 ações = R$ 1,5255 por ação.

Ao valor contábil do Patrimônio Líquido da Empresa ERG de R$ 333.000,00 será adicionado o novo Patrimônio Líquido da empresa WM. Neste caso, supondo-se que se concorde em que, apesar dos laudos de avaliação e dos preços negociados, na contabilidade da incorporadora, serão mantidos os valores contábeis da empresa WM (além dos da Empresa ERG, naturalmente) e com isso, os R$ 333.000,00 de patrimônio atual da empresa ERG serão adicionados R$ 190.000,00 do patrimônio da empresa WM, mas terão de ser eliminados os valores relativos à participação que ERG possui hoje em WM. Como a participação é de 40%, os R$ 45.000,00 dessa participação (valor contabilizado nos ativos de ERG) serão substituídos por R$ 76.000,00 (40% de R$ 190.000,00 do patrimônio de WM). Haverá, dessa maneira, a geração de um ganho de capital em ERG de R$ 31.000,00 a ser tratado mais adiante.

Logo, o aumento de capital em virtude da incorporação será de 60% de R$ 190.000,00, ou seja, de R$ 114.000,00. Afinal, teremos:

R$ 45.000,00	serão extintos contra a própria participação societária
R$ 31.000,00	serão adicionados ao lucro líquido da incorporadora, como ganho de capital
R$ 114.000,00	será o efetivo aumento de capital
R$ 190.000,00	Patrimônio Líquido total

Com esse aumento de R$ 114.000,00, deverão então ser emitidas 114.000 ações novas ao valor nominal de R$ 1,00 cada.

Agora, irão todas essas ações para os novos sócios da Empresa ERG. Estará assim feita a negociação:

Após haver essa incorporação, o novo capital será de R$ 447.000,00 e haverá 447.000 ações no total. Contudo, como está o valor de Patrimônio Líquido dessa incorporadora, considerando as avaliações feitas a preços de mercado:

a) o patrimônio de ERG, a preços de negociação, montava a R$ 508.000,00 e o de WM, a R$ 300.000,00; somando-se as duas parcelas e descontando-se os 40% desses R$ 300.000,00, a serem eliminados na incorporação, chega-se ao patrimônio de R$ 688.000,00; ou

b) o Patrimônio Líquido, após a incorporação, será composto de R$ 478.000,00 (R$ 447.000,00 de capital e de R$ 31.000,00 de ganho de capital). Lembrando-se dos valores extracontábeis negociados, mencionados, tem-se:

Valor dos imóveis de ERG, superior ao valor contabilizado	R$ 100.000,00
Idem com imóveis de WM	R$ 50.000,00
Idem com participações societárias em terceiros existentes no balanço de WM	R$ 30.000,00
Fundo de comércio de WM	R$ 30.000,00
Total	R$ 210.000,00
Patrimônio Líquido contábil	R$ 478.000,00
Patrimônio Líquido negociado	R$ 688.000,00

Lembra-se de que a mais-valia dos estoques não foi considerada na negociação, apesar de apontada pelos peritos.

Tem-se, então, por duas vias, que o novo valor patrimonial, à base do valor negociado, para cada ação, será, após a incorporação: R$ 688.000,00/447.000 ações = R$ 1,5391 por ação.

Os acionistas de WM (aqueles detentores dos 60%) possuíam 90.000 ações dessa companhia, que, avaliadas patrimonialmente a R$ 2,00 cada, totalizam o valor patrimonial de R$ 180.000,00.

Entretanto, se receberem as novas 114.000 ações, todas com esse valor novo de R$ 1,5391, terão um patrimônio a preços negociados de R$ 175.457,00. Logo, além de receberem todas as novas 114.000 ações, deverão receber dos atuais acionistas de WM mais 2.952 para que possam chegar aos anteriores R$ 180.000,00.

Após esses cálculos, o novo capital e sua distribuição ficarão:

a) novo capital social de ERG, após a incorporação – R$ 447.000,00;
b) ações totais, ao valor nominal unitário de R$ 1,00 e R$ 447.000,00;
c) distribuição, a saber:

Atuais acionistas de ERG	330.048 – 73,8362%
Novos acionistas, representados pelos que detinham 60% de WM	116.952 – 26,1638%
	447.000 – 100,0000%

Observa-se mais uma vez que as transações foram feitas com base num valor patrimonial de negociação, mas que se decidiu manter a contabilidade pelos valores escriturados nas empresas incorporadora e incorporada.

Encerramento de todas as contas da empresa WM

I – Pelo encerramento das contas do Ativo:

CONTAS CONTÁBEIS	DÉBITO – R$	CRÉDITO – R$
Conta de Incorporação (Conta Transitória)	365.500,00	
Bancos (Ativo Circulante)		24.000,00
Cliente (Ativo Circulante)		146.000,00
Estoque (Ativo Circulante)		89.000,00
Despesas Antecipadas (Ativo Circulante)		9.000,00

CONTAS CONTÁBEIS	DÉBITO – R$	CRÉDITO – R$
Outras Participações Permanentes (Ativo Não Circulante – Investimento)		54.000,00
Imóveis (Ativo Não Circulante – Imobilizado)		35.000,00
Máquinas (Ativo Não Circulante – Imobilizado)		8.500,00

II – Encerramento das contas do Passivo e Redutora do Ativo:

CONTAS CONTÁBEIS	DÉBITO – R$	CRÉDITO – R$
Duplicatas Descontadas (Passivo Circulante)	16.500,00	
Depreciação Acumulada (Ativo Não Circulante)	5.000,00	
Fornecedores (Passivo Circulante)	65.000,00	
Empréstimo (Passivo Circulante)	50.000,00	
Provisão IRPJ (Passivo Circulante)	11.000,00	
Provisão CSL (Passivo Circulante)	8.000,00	
Contas a Pagar (Passivo Circulante)	20.000,00	
Capital Social (Patrimônio Líquido)	90.000,00	
Reserva de Lucros (Patrimônio Líquido)	100.000,00	
Conta de Incorporação (Conta Transitória)		365.000,00

B – Recebimento pela empresa ERG de todas as contas de WM

III – Pelo recebimento das contas do Ativo:

CONTAS CONTÁBEIS	DÉBITO – R$	CRÉDITO – R$
Bancos (Ativo Circulante)	24.000,00	
Cliente (Ativo Circulante)	146.000,00	

Letra I   *Incorporação*

CONTAS CONTÁBEIS	DÉBITO – R$	CRÉDITO – R$
Estoque (Ativo Circulante)	89.000,00	
Despesas Antecipadas (Ativo Circulante)	9.000,00	
Outras Participações Permanentes (Ativo Não Circulante – Investimento)	54.000,00	
Imóveis (Ativo Não Circulante – Imobilizado)	35.000,00	
Máquinas (Ativo Não Circulante – Imobilizado)	8.500,00	
Conta de Incorporação (Conta Transitória)		365.000,00

IV – Pelo recebimento das contas do Passivo/Investimento/Conta de Resultado:

CONTAS CONTÁBEIS	DÉBITO – R$	CRÉDITO – R$
Duplicatas Descontadas (Passivo Circulante)		16.500,00
Depreciação Acumulada (Ativo Não Circulante)		5.000,00
Fornecedores (Passivo Circulante)		65.000,00
Empréstimo (Passivo Circulante)		50.000,00
Provisão IRPJ (Passivo Circulante)		11.000,00
Provisão CSL (Passivo Circulante)		8.000,00
Contas a Pagar (Passivo Circulante)		20.000,00
Capital Social (Patrimônio Líquido)		114.000,00
Participação Societária em WM (Ativo Não Circulante)		45.000,00
Ganho de Capital na Alienação (Conta de Resultado)		31.000,00

> **Nota**
> Os três últimos créditos do lançamento acima aponta o seguinte:
> creditou-se a conta de resultado da incorporadora pelo ganho de capital havido, por se haver trocado um Ativo de R$ 45.000,00 por um Patrimônio Líquido contábil de R$ 76.000,00 (40% do Patrimônio Líquido contábil de WM no valor de R$ 190.000,00);
> creditou-se o aumento de capital em R$ 114.000,00, conforme já demonstrado anteriormente, com a emissão das 114.000 novas ações, que passarão aos que eram detentores dos 60% de WM (além da entrega, pelos atuais acionistas, de mais de 2.952 ações que ficarão para os novos acionistas de ERG);
> creditou-se a conta que ERG detinha em seu Ativo como custo corrigido da participação societária em WM, agora extinta.

C) Demonstrativo da empresa ERG após a incorporação

BALANÇO DE ERG	
ATIVO	
CIRCULANTE	969.500,00
Banco	39.000,00
Clientes	598.000,00
Duplicatas Descontadas	191.500,00
Estoques	499.000,00
Despesas Antecipadas	25.000,00
ATIVO NÃO CIRCULANTE	
Investimentos	59.000,00
Participação Societária	59.000,00
Imobilizado	264.500,00
Imóveis	225.000,00
Máquinas	62.500,00
Depreciação Acumulada	23.000,00
TOTAL DO ATIVO	1.293.000,00
PASSIVO	
Circulante	815.000,00

BALANÇO DE ERG	
Fornecedores	405.000,00
Empréstimo	222.000,00
IRPJ a Recolher	65.000,00
CSL a Recolher	43.000,00
Contas a Pagar	80.000,00
PATRIMÔNIO LÍQUIDO	478.000,00
Capital Social	447.000,00
Reserva de Lucros	31.000,00
TOTAL DO PASSIVO	1.293.000,00

INDUSTRIALIZAÇÃO POR ENCOMENDA

1. INTRODUÇÃO

É prática comum, entre as empresas industriais, o envio de matérias-primas e produtos semiacabados para serem industrializados por terceiros.

2. IMPOSTO DE RENDA

A industrialização por encomenda não tem tratamento especial, mas quando for auferida a receita da industrialização será tributado pelo IRPJ e CSL, bem como pelo PIS/Pasep e Cofins, verificado a legislação vigente.

3. REGISTRO CONTÁBIL

Ao realizar uma operação de remessa de matérias-primas ou de produtos semiacabados para industrialização em outro estabelecimento, não é necessário que a empresa autora da encomenda registre a baixa dos referidos materiais dos seus estoques.

Do mesmo modo, não é necessário que a empresa executora da industrialização registre, em seus estoques, a entrada dos materiais recebidos para industrialização.

Todavia, é recomendável que tanto a empresa autora da encomenda, quanto a executora da industrialização registrem a operação em contas de compensação.

4. EXEMPLO PRÁTICO

Admita-se que a Empresa "WM" remetesse 10.000 unidades de determinado produto, avaliadas em R$ 100.000,00, para serem acondicionadas em embalagens promocionais, pela a Empresa "ERG", que cobrará para a execução desse trabalho a importância de R$ 10.000,00.

Empresa encomendante

I – Pelo registro, em contas de compensação, da remessa dos produtos para industrialização:

CONTAS CONTÁBEIS	DÉBITO – R$	CRÉDITO – R$
Materiais Remetidos para Industrialização (Conta de Compensação)	100.000,00	
Remessas para Industrialização (Conta de Compensação)		100.000,00

II – Pelo registro, em contas de compensação, do retorno dos produtos remetidos para industrialização:

CONTAS CONTÁBEIS	DÉBITO – R$	CRÉDITO – R$
Remessas para Industrialização (Conta de Compensação)	100.000,00	
Materiais Remetidos para Industrialização (Conta de Compensação)		100.000,00

III – Pelo registro do valor cobrado pela empresa executora da industrialização:

CONTAS CONTÁBEIS	DÉBITO – R$	CRÉDITO – R$
Custos de Produção – Industrialização por Encomenda (Conta de Resultado)	10.000,00	
Fornecedores (Passivo Circulante)		10.000,00

Empresa executora da encomenda

I – Pelo registro, em contas de compensação, da remessa dos produtos para industrialização:

CONTAS CONTÁBEIS	DÉBITO – R$	CRÉDITO – R$
Entradas para Industrialização (Conta de Compensação)	100.000,00	
Materiais Recebidos para Industrialização (Conta de Compensação)		100.000,00

II – Pelo registro, em contas de compensação, do retorno dos produtos remetidos para industrialização:

CONTAS CONTÁBEIS	DÉBITO – R$	CRÉDITO – R$
Materiais Recebidos para Industrialização (Conta de Compensação)	100.000,00	
Entradas para Industrialização (Conta de Compensação)		100.000,00

III – Pelo registro do valor cobrado pela empresa executora da industrialização:

CONTAS CONTÁBEIS	DÉBITO – R$	CRÉDITO – R$
Clientes (Ativo Circulante)	10.000,00	
Receita de Vendas (Conta de Resultado)		10.000,00

INSS RETIDO NA FONTE

1. INTRODUÇÃO

As empresas tomadoras de serviços executados mediante cessão de mão de obra, inclusive em regime de trabalho temporário, devem reter 11% do valor bruto da nota fiscal de prestação de serviços e recolher, em nome da empresa cedente da mão de obra, a importância retida até o dia 20 (vinte) do mês subsequente ao da emissão da respectiva nota fiscal ou fatura, ou até o dia útil imediatamente anterior se não houver expediente bancário naquele dia (Lei nº 8.212/1991, artigo 31).

O valor retido do INSS será compensado pela empresa prestadora de serviços de mão de obra, por ocasião do recolhimento das contribuições destinadas à Seguridade Social devida sobre a folha de pagamento dos segurados a seu serviço (Lei nº 8.212/1991, artigo 31).

2. REGISTRO CONTÁBIL

A empresa tomadora de serviços irá efetuar o registro contábil da retenção do INSS a débito de despesas operacionais e em contrapartida à conta de "INSS Retido na Fonte a Recolher", no passivo circulante.

Por outro lado, a empresa prestadora de serviços irá reconhecer um direito no ativo circulante "INSS Retido na Fonte a Recuperar" em contrapartida numa conta a receber, também do ativo circulante.

Por ocasião da folha de pagamento, o INSS retido será compensado com a Guia da Previdência Social (GPS), debitando a conta "INSS a Recolher", no passivo circulante em contrapartida à conta "INSS Retido na Fonte a Recuperar", no ativo circulante.

3. EXEMPLO PRÁTICO

Vamos considerar que empresa "A" contratou a empresa "B" para prestar serviço de locação de mão de obra de limpeza. Na Nota Fiscal, constam os seguintes dados:

- Valor dos serviços prestados................... R$ 10.000,00
- Retenção INSS ($ 10.000,00 x 11%) ...... R$ 1.100,00

Vamos considerar também que a empresa prestadora de serviços deva a título de INSS sobre a folha de pagamento a importância de R$ 2.000,00 (parcela descontada dos empregados e parte da empresa), ou seja:

- Contribuição ao INSS............................ R$ 2.000,00
- (-) INSS Retido na fonte .... R$ 1.100,00
- (=) Valor da GPS..................................... R$ 900,00

Com base nesses dados, teremos os seguintes registros contábeis:

3.1. Na empresa prestadora de serviços

a) Registro da Nota Fiscal:

CONTAS CONTÁBEIS	DÉBITO – R$	CRÉDITO – R$
Clientes (Ativo Circulante)	8.900,00	
INSS Retido na Fonte a Recuperar (Ativo Circulante)	1.100,00	
Receita de Prestação de Serviços (Conta de Resultado)		10.000,00

b) Registro da compensação do valor retido:

CONTAS CONTÁBEIS	DÉBITO – R$	CRÉDITO – R$
INSS a Recolher (Passivo Circulante)	1.100,00	
INSS Retido na Fonte a Recuperar (Ativo Circulante)		1.100,00

c) Registro do recolhimento da GPS:

CONTAS CONTÁBEIS	DÉBITO – R$	CRÉDITO – R$
INSS a Recolher (Passivo Circulante)	900,00	
Caixa/Banco Conta Movimento (Ativo Circulante)		900,00

3.2. Na empresa tomadora de serviços

a) Registro da Nota Fiscal:

CONTAS CONTÁBEIS	DÉBITO – R$	CRÉDITO – R$
Serviços Prestados por Pessoa Jurídica (Conta de Resultado)	10.000,00	
INSS Retido na Fonte a Recolher (Passivo Circulante)		1.100,00
Contas a Pagar (Passivo Circulante)		8.900,00

b) Registro do recolhimento do INSS Retido:

CONTAS CONTÁBEIS	DÉBITO – R$	CRÉDITO – R$
INSS Retido na Fonte a Recolher (Passivo Circulante)	1.100,00	
Caixa/Banco Conta Movimento (Ativo Circulante)		1.100,00

INVESTIMENTOS EM CONTROLADAS E COLIGADAS

1. INTRODUÇÃO

Com a conversão da MP nº 627/2013 na Lei nº 12.973/2014, a partir de 2015 a avaliação dos investimentos segue o disposto no CPC nº 18.

Pelo método da equivalência patrimonial, o investimento em coligada, em empreendimento controlado em conjunto e em controlada (neste caso, no balanço individual) deve ser inicialmente reconhecido pelo custo e o seu valor contábil será aumentado ou diminuído pelo reconhecimento da participação do investidor nos lucros ou prejuízos do período, gerados pela investida após a aquisição.

Se o investidor mantém direta ou indiretamente (por meio de controladas, por exemplo), 20% ou mais do poder de voto da investida, presume-se que ele tenha influência significativa, a menos que possa ser claramente demonstrado o contrário.

A entidade com o controle individual ou conjunto (compartilhado), ou com influência significativa sobre uma investida, deve contabilizar esse investimento utilizando o método da equivalência patrimonial, a menos que o investimento se enquadre nas exceções previstas no Pronunciamento Técnico do CPC nº 18.

2. IMPOSTO DE RENDA

Os investimentos realizados em controladas e coligadas calculados pelo Método da Equivalência Patrimonial tiveram alterações para adequar às novas regras contábeis, principalmente para separar a avaliação ao valor justo dos ativos líquidos da investida, chamado de mais-valia e a diferença decorrentes da rentabilidade futura (*goodwill*), bem como obrigatoriedade de laudo prescrito por perito independente quando for o caso e deverá ser registrado na Receita Federal ou Cartório de Registro de Títulos e Documentos (Lei nº 12.973/2014).

A receita ou perda da equivalência patrimonial ajustada com base no patrimônio líquido da investida realizada na data do balanço, não será computada na determinação do lucro real, ou seja, se positiva excluída, se negativa adicionada.

Os lucros ou dividendos provenientes da investida recebidos pela investidora serão registrados diretamente da conta investimento, não podendo transitar por conta de resultado.

3. REGISTRO CONTÁBIL

O investimento adquirido avaliado pelo método de equivalência patrimonial exige o reconhecimento e a mensuração, da seguinte forma:

- a) primeiramente, dos ativos identificáveis adquiridos e dos passivos assumidos a valor justo; e
- b) posteriormente, do ágio por rentabilidade futura (*goodwill*) ou do ganho proveniente de compra vantajosa.

Dessa forma, o investimento, a mais valia e o ágio, será registrado em subcontas distintas.

O desdobrando do custo de aquisição do investimento será o seguinte:

- a) valor de patrimônio líquido na época da aquisição, determinado de acordo com o disposto no artigo 21 do Decreto-lei nº 1.598/1997;
- b) mais ou menos valia que corresponde à diferença entre o valor justo dos ativos líquidos da investida, na proporção da porcentagem da participação adquirida, e o valor de que trata a letra "a"; e
- c) ágio por rentabilidade futura (*goodwill*), que corresponde à diferença entre o custo de aquisição do investimento e o somatório dos valores de que tratam as letras "a" e "b".

4. EXEMPLO

- Aquisição de Investimento na empresa "A"   R$ 500.000,00
- Patrimônio Líquido da empresa "A" .... R$ 1.200.000,00
- Percentual de participação..................................... 30%

- Valor justo do imobilizado maior que o contabilizado .... R$ 100.000,00
- Valor da empresa maior que o PL ajuste pelo valor justo

Cálculo:

Valor contábil da participação – R$ 1.200.000,00 x 30% = R$ 360.000,00

Valor contábil mais valor justo do imobilizado – R$ 1.200.000,00 + R$ 100.000,00 = R$ 1.300.000,00

Mais valia – R$ 1.300.000,00 x 30% = R$ 390.000,00 – R$ 360.000,00 = R$ 30.000,00

Rentabilidade Futura – R$ 500.000,00 – R$ 390.000,00 = R$ 110.000,00

1. Registro do investimento na empresa "A"

CONTAS CONTÁBEIS	DÉBITO – R$	CRÉDITO – R$
Participação na Empresa "A" (Ativo Não Circulante – Investimento)	360.000,00	
Mais-Valia na empresa "A" (Ativo Não Circulante – Investimento)	30.000,00	
Ágio por Rentabilidade Futura na Empresa "A" (Ativo Não Circulante – Investimento)	110.000,00	
Bancos Conta Movimento (Ativo Circulante)		500.000,00

IOF A PAGAR

1. INTRODUÇÃO

O Imposto sobre Operações Financeiras – IOF é considerado um tributo regulatório e por isso pode ser alterado a qualquer tempo por meio de decreto e sem autorização do Congresso Nacional e sua função e de controle econômico do país em cima do crédito oferecido no mercado para as pessoas físicas ou jurídicas.

2. TRIBUTAÇÃO

O IOF incide sobre as operações de câmbio, operações de seguro realizadas por seguradoras, operações relativas a títulos e valores mobiliários e operações com ouro ativo financeiro ou instrumento cambial.

Incide também sobre as operações de créditos realizadas por instituições financeiras, por empresas que exercem as atividades de prestação cumulativa e contínua de serviços de assessoria creditícia, mercadológica, gestão de crédito, seleção de riscos, administração de contas a pagar e a receber, compra de direitos creditórios resultantes de vendas mercantis a prazo ou de prestação de serviços "factoring" e entre pessoas jurídicas ou entre pessoa jurídica e pessoa física.

As alíquotas praticadas atualmente são variadas que pode ser de 0,00137% a 0,0082% ao dia com adicional de 0,38% (IN RFB nº 907/2009).

3. REGISTRO CONTÁBIL

O Imposto sobre Operações Financeiras – IOF tendo o seu lançamento contábil a débito de IOF sobre empréstimo classificado em conta de resultado tendo como contrapartida a crédito IOF a recolher.

4. EXEMPLO PRÁTICO

O sócio ERG da empresa WM solicita empréstimo no valor de R$ 100.000,00 a serem pagos em 12 meses com juros acordado a razão de 12% ao ano.

Valor Principal	CÁLCULO DO IOF E JUROS					
	Juros		IOF Adicional		IOF Mensal	
	%	Valor	%	Valor	%	Valor
100.000,00	12	12.000,00	0,38	380,00	0,0082x30	246,00

1. Pelo empréstimo

CONTAS CONTÁBEIS	DÉBITO R$	CRÉDITO R$
Empréstimo a Receber – Sócio "A" (Ativo Circulante)	100.000,00	
Conta Corrente Bancária (Ativo Circulante)		100.000,00

2. Pela apropriação do IOF mensal

CONTAS CONTÁBEIS	DÉBITO – R$	CRÉDITO – R$
IOF sobre Empréstimo (Conta de Resultado)	246,00	
IOF a Recolher (Passivo Circulante)		246,00

3. Pela apropriação do IOF Adicional

CONTAS CONTÁBEIS	DÉBITO – R$	CRÉDITO – R$
IOF sobre Empréstimo (Conta de Resultado)	380,00	
IOF a Recolher (Passivo Circulante)		380,00

IPTU

1. INTRODUÇÃO

O Imposto Predial e Territorial Urbano (IPTU) é um imposto não recuperável devido aos Municípios pelos proprietários de imóveis.

2. IMPOSTO DE RENDA

A despesa de IPTU é dedutível para fins de determinação do lucro real e da base de cálculo da CSLL, desde que o imóvel esteja intrinsecamente relacionado com a produção ou comercialização dos bens e serviços (artigo 311 do RIR/2018 e artigo 25 da IN SRF nº 11/1996).

3. REGISTRO CONTÁBIL

O imposto será classificado, observado o regime de competência (Resolução CFC nº 750/1993, artigo 9º):

   a) como despesa operacional, se o imóvel for utilizado nas áreas administrativas e de vendas;

   b) como custo de produção, se o imóvel for utilizado na produção de bens ou serviços, isto é, o IPTU de uma fábrica;

   c) como custo dos serviços prestados, se o imóvel for utilizado para a prestação de serviços.

Se o imóvel está sendo utilizado para a prestação de serviços, para a fabricação de um produto e para outras atividades operacionais, é necessário que o valor do IPTU seja registrado proporcionalmente em relação à área do imóvel ocupada por setor da empresa.

O IPTU é caracterizado como uma despesa antecipada, registrado no Ativo Circulante, para, mensalmente, ser apropriado como despesa operacional ou como custo de produção e de prestação de serviços (artigo 179, I, da Lei nº 6.404/1976).

4. EXEMPLO PRÁTICO

Vamos admitir que determinada empresa utilize seu imóvel nas seguintes áreas:

- Produção = 10%
- Vendas = 20%
- Administrativa = 70%

Considerando que o imposto seja pago em cota única no valor de R$ 12.000,00, teremos:

Letra I

a) Registro do imposto:

CONTAS CONTÁBEIS	DÉBITO – R$	CRÉDITO – R$
IPTU a Apropriar (Ativo Circulante)	12.000,00	
IPTU a Recolher (Passivo Circulante)		12.000,00

b) Registro do pagamento:

CONTAS CONTÁBEIS	DÉBITO – R$	CRÉDITO – R$
IPTU a Recolher (Passivo Circulante)	12.000,00	
Caixa/Banco Conta Movimento (Ativo Circulante)		12.000,00

c) Registro da apropriação mensal, de acordo com a utilização de cada setor:

c1) Setor de Produção:

CONTAS CONTÁBEIS	DÉBITO – R$	CRÉDITO – R$
Impostos, Taxas e Contribuições (Custo de Produção = 10% da utilização do imóvel) • Janeiro R$ 100,00 • Fevereiro R$ 100,00 • Março R$ 100,00 • Abril R$ 100,00 • Maio R$ 100,00 • Junho R$ 100,00 • Julho R$ 100,00 • Agosto R$ 100,00 • Setembro R$ 100,00 • Outubro R$ 100,00 • Novembro R$ 100,00 • Dezembro R$ 100,00	1.200,00	

CONTAS CONTÁBEIS	DÉBITO – R$	CRÉDITO – R$
IPTU a Apropriar (Ativo Circulante) • Janeiro R$ 100,00 • Fevereiro R$ 100,00 • Março R$ 100,00 • Abril R$ 100,00 • Maio R$ 100,00 • Junho R$ 100,00 • Julho R$ 100,00 • Agosto R$ 100,00 • Setembro R$ 100,00 • Outubro R$ 100,00 • Novembro R$ 100,00 • Dezembro R$ 100,00		1.200,00

c2) Setor Comercial:

CONTAS CONTÁBEIS	DÉBITO – R$	CRÉDITO – R$
Impostos, Taxas e Contribuições (Despesa comercial = 20% da utilização do imóvel) • Janeiro R$ 200,00 • Fevereiro R$ 200,00 • Março R$ 200,00 • Abril R$ 200,00 • Maio R$ 200,00 • Junho R$ 200,00 • Julho R$ 200,00 • Agosto R$ 200,00 • Setembro R$ 200,00 • Outubro R$ 200,00 • Novembro R$ 200,00 • Dezembro R$ 200,00	2.400,00	

CONTAS CONTÁBEIS	DÉBITO – R$	CRÉDITO – R$
IPTU a Apropriar (Ativo Circulante) • Janeiro R$ 200,00 • Fevereiro R$ 200,00 • Março R$ 200,00 • Abril R$ 200,00 • Maio R$ 200,00 • Junho R$ 200,00 • Julho R$ 200,00 • Agosto R$ 200,00 • Setembro R$ 200,00 • Outubro R$ 200,00 • Novembro R$ 200,00 • Dezembro R$ 200,00		2.400,00

c3) Setor Administrativo:

CONTAS CONTÁBEIS	DÉBITO – R$	CRÉDITO – R$
Impostos, Taxas e Contribuições (Despesa Administrativa = 70% da utilização do imóvel) • Janeiro R$ 700,00 • Fevereiro R$ 700,00 • Março R$ 700,00 • Abril R$ 700,00 • Maio R$ 700,00 • Junho R$ 700,00 • Julho R$ 700,00 • Agosto R$ 700,00 • Setembro R$ 700,00 • Outubro R$ 700,00 • Novembro R$ 700,00 • Dezembro R$ 700,00	8.400,00	

CONTAS CONTÁBEIS		DÉBITO – R$	CRÉDITO – R$
IPTU a Apropriar (Ativo Circulante)			8.400,00
• Janeiro	R$ 700,00		
• Fevereiro	R$ 700,00		
• Março	R$ 700,00		
• Abril	R$ 700,00		
• Maio	R$ 700,00		
• Junho	R$ 700,00		
• Julho	R$ 700,00		
• Agosto	R$ 700,00		
• Setembro	R$ 700,00		
• Outubro	R$ 700,00		
• Novembro	R$ 700,00		
• Dezembro	R$ 700,00		

Como o imposto tem duração de 1 ano, mensalmente será apropriado R$ 1.000,00 (Custo de Produção de R$ 100,00 + Despesa Comercial de R$ 200,00 + Despesa Administrativa de R$ 700,00), que corresponde a 1/12 de R$ 12.000,00 (R$ 12.000,00/12 meses).

IPVA

1. INTRODUÇÃO

O Imposto sobre a Propriedade de Veículos Automotores (IPVA) é um imposto não recuperável que dá ao veículo condições legais de uso por um período de um ano.

2. IMPOSTO DE RENDA

A despesa de IPVA é dedutível para fins de determinação do lucro real e da base de cálculo da CSLL, desde que o veículo esteja intrinsecamente relacionado com a produção ou comercialização dos bens e serviços (artigo 301 do RIR/2018 e artigo 25 da IN SRF nº 11/1996).

3. REGISTRO CONTÁBIL

O imposto será classificado, observado o regime de competência (Resolução CFC nº 750/1993, artigo 9º):

a) como despesa operacional, se o veículo for utilizado nas áreas administrativas e de vendas;

b) como custo de produção, se o veículo for utilizado na produção de bens ou serviços.

O IPVA é caracterizado como uma despesa antecipada, registrado no Ativo Circulante, para, mensalmente, ser apropriado como despesa operacional ou como custo de produção (artigo 179, I, da Lei nº 6.404/1976).

4. EXEMPLO PRÁTICO

Vamos admitir que determinada transportadora possua uma frota de 15 caminhões, utilizados para a prestação de serviços de transporte de cargas, cujo IPVA corresponda a R$ 22.500,00 de toda a frota e será pago em 3 parcelas.

Considerando que a vigência do contrato será de 12 meses de janeiro a dezembro, teremos os seguintes lançamentos contábeis:

a) Registro do imposto:

CONTAS CONTÁBEIS	DÉBITO – R$	CRÉDITO – R$
IPVA a Apropriar (Ativo Circulante)	22.500,00	
IPVA a Recolher (Passivo Circulante)		22.500,00

b) Registro do pagamento:

CONTAS CONTÁBEIS	DÉBITO – R$	CRÉDITO – R$
IPVA a Recolher (Passivo Circulante) • 1ª parcela R$ 7.500,00 • 2ª parcela R$ 7.500,00 • 3ª parcela R$ 7.500,00	22.500,00	
Caixa/Banco Conta Movimento (Ativo Circulante) • 1ª parcela R$ 7.500,00 • 2ª parcela R$ 7.500,00 • 3ª parcela R$ 7.500,00		22.500,00

c) Registro da apropriação mensal:

CONTAS CONTÁBEIS	DÉBITO – R$	CRÉDITO – R$
Impostos, Taxas e Contribuições (Custo de Produção) • Janeiro R$ 1.875,00 • Fevereiro R$ 1.875,00 • Março R$ 1.875,00 • Abril R$ 1.875,00 • Maio R$ 1.875,00 • Junho R$ 1.875,00 • Julho R$ 1.875,00 • Agosto R$ 1.875,00 • Setembro R$ 1.875,00 • Outubro R$ 1.875,00 • Novembro R$ 1.875,00 • Dezembro R$ 1.875,00	22.500,00	
IPVA a Apropriar (Ativo Circulante) • Janeiro R$ 1.875,00 • Fevereiro R$ 1.875,00 • Março R$ 1.875,00 • Abril R$ 1.875,00 • Maio R$ 1.875,00 • Junho R$ 1.875,00 • Julho R$ 1.875,00 • Agosto R$ 1.875,00 • Setembro R$ 1.875,00 • Outubro R$ 1.875,00 • Novembro R$ 1.875,00 • Dezembro R$ 1.875,00		22.500,00

Como o imposto tem duração de 1 ano, mensalmente serão apropriados R$ 1.875,00, que correspondem a 1/12 de R$ 22.500,00.

IR FONTE – SERVIÇOS PRESTADOS ENTRE PESSOAS JURÍDICAS

1. INTRODUÇÃO

O Imposto de Retido na Renda na Fonte (IRRF) é uma modalidade de antecipação do IRPJ devido pela pessoa jurídica trimestralmente ou anualmente conforme for a sua opção de tributação do IRPJ/CSL.

2. IMPOSTO DE RENDA RETIDO NA FONTE

Estão sujeitas ao desconto do Imposto de Renda na Fonte, à alíquota de 1,5%, as importâncias pagas ou creditadas por pessoas jurídicas a outras pessoas jurídicas, civis ou mercantis, pela prestação de serviços caracterizadamente de natureza profissional, previstas nos artigos 714, 716 e 718 do RIR/2018.

A incidência do imposto na fonte ocorre, independentemente:

a) da qualificação profissional dos sócios da sociedade beneficiária e do fato de esta auferir receitas de quaisquer outras atividades, seja qual for o valor dos serviços em relação à receita total;

b) de os serviços serem prestados pessoalmente por sócios de sociedade simples ou explorados empresarialmente por intermédio de sociedade empresarial mediante o concurso de profissionais contratados; e

c) de os serviços se referirem ao exercício de profissão legalmente regulamentada ou não.

3. REGISTRO CONTÁBIL

Essa modalidade de retenção é, por ser uma obrigação do tomador do serviço, uma antecipação para o prestador; o lançamento contábil se dá em conta do ativo para o prestador e do passivo para o tomador.

4. EXEMPLO PRÁTICO

Admita-se que a empresa "WM" presta serviços de consultoria para a empresa "ERG" no valor de R$ 5.000,00, aplicando alíquota de 1,5% sobre este montante, que representa R$ 75,00.

Registro no tomador do serviço

I – Pela apropriação do serviço prestado no mês:

CONTAS CONTÁBEIS	DÉBITO – R$	CRÉDITO – R$
Serviços prestados por Terceiros (Conta de Resultado)	5.000,00	
IR Fonte a Recolher (Passivo Circulante)		75,00
Fornecedores (Passivo Circulante)		4.925,00

II – Pelo pagamento dos serviços:

CONTAS CONTÁBEIS	DÉBITO – R$	CRÉDITO – R$
Fornecedores (Passivo Circulante)	4.925,00	
Caixa ou Bancos (Passivo Circulante)		4.925,00

III – Pelo pagamento do IR Fonte:

CONTAS CONTÁBEIS	DÉBITO – R$	CRÉDITO – R$
IR Fonte a Recolher (Passivo Circulante)	75,00	
Caixa ou Bancos (Passivo Circulante)		75,00

Registro no prestador do serviço

I – Pela apropriação dos serviços prestados no mês:

CONTAS CONTÁBEIS	DÉBITO – R$	CRÉDITO – R$
Clientes (Ativo Circulante)	5.000,00	
Receita de Serviços (Conta de Resultado)		5.000,00

II – Pelo recebimento dos serviços prestados:

CONTAS CONTÁBEIS	DÉBITO – R$	CRÉDITO – R$
Caixa ou Bancos (Ativo Circulante)	4.925,00	
Clientes (Ativo Circulante)		4.925,00

III – Pela apropriação do IR Fonte:

CONTAS CONTÁBEIS	DÉBITO – R$	CRÉDITO – R$
IR Fonte a Recuperar (Ativo Circulante)	75,00	
Clientes (Ativo Circulante)		75,00

ISS (IMPOSTO SOBRE SERVIÇOS DE QUALQUER NATUREZA)

1. INTRODUÇÃO

O Imposto sobre Serviços de Qualquer Natureza (ISS) é um tributo cuja competência, para a sua instituição, foi assegurada pela Constituição Federal de 1988 aos municípios e ao Distrito Federal.

De acordo com o art. 146, III, da Constituição Federal de 1988, cabe à lei complementar estabelecer normas gerais em matéria de legislação tributária, especialmente sobre a definição de tributos e suas espécies, bem como dos respectivos fatos geradores, bases de cálculo e contribuintes, em relação aos impostos nela discriminados.

Os contribuintes deverão ainda observar a respectiva legislação municipal, especialmente no que se referem a alíquotas, benefícios fiscais e substituição tributária.

2. ISS

O fato gerador do ISS é a prestação de quaisquer dos serviços relacionados na lista de serviços anexa à Lei Complementar nº 116/2003, ainda que não constituam atividade preponderante do prestador.

A incidência do imposto independe da denominação que a este seja dada pelo prestador.

3. REGISTRO CONTÁBIL

O ISS, quando incidente sobre a receita de prestação de serviços, mediante a aplicação de alíquota prevista na legislação do município de ocorrência do fato gerador, será registrado a débito de conta retificadora da receita bruta de prestação de serviços, no resultado, e a crédito de título próprio da conta ou do subgrupo "Impostos a Recolher", no Passivo Circulante, de forma similar à do ICMS.

4. EXEMPLO PRÁTICO

Admitindo-se que uma empresa tenha auferido, em determinado mês, receitas de prestação de serviços no valor de R$ 10.000,00, cujo ISS incidente seja de R$ 500,00 (alíquota de 5%), o registro do imposto seria assim efetuado:

I – Pela prestação de serviços:

CONTAS CONTÁBEIS	DÉBITO – R$	CRÉDITO – R$
Clientes (Ativo Circulante)	10.000,00	
Receita de Serviço (Conta de Resultado)		10.000,00

II – Pelo registro do ISS:

CONTAS CONTÁBEIS	DÉBITO – R$	CRÉDITO – R$
Impostos Incidentes sobre Serviços (Conta de Resultado)	500,00	
ISS a Recolher (Passivo Circulante)		500,00

ISS – ESTIMATIVA

1. INTRODUÇÃO

O Imposto sobre Serviços de Qualquer Natureza (ISSQN) tem sua base na Lei Complementar nº 116/2003 que estabeleceu a base de cálculo, alíquota, contribuinte, lista de serviços, entre outras normas, ou seja, possui o conjunto de normas para que os Municípios possam cobrar o referido imposto.

Na cobrança do serviço, podem-se citar três critérios: o preço do serviço, o preço do serviço com deduções e o preço parâmetro.

O art. 148 do CTN (Lei nº 5.172/1966) dispõe que quando o cálculo do tributo tenha por base, ou tome em consideração, o valor ou o preço de bens, direitos, serviços ou atos jurídicos, a autoridade lançadora, mediante processo regular, arbitrará aquele valor ou preço, sempre que sejam omissos ou não mereçam fé as declarações ou os esclarecimentos prestados, ou os documentos expedidos pelo sujeito passivo ou pelo terceiro legalmente obrigado, ressalvada, em caso de contestação, avaliação contraditória, administrativa ou judicial.

Com base neste artigo e pela dificuldade de precisar no momento da prestação do serviço o seu valor exato, é que a maioria dos Municípios institui para certo casos o ISSQN por estimativa com o ajuste no final do período, por encontrar dificuldade em definir o real valor do imposto.

2. ISS

O ISSQN poderá ser calculado por estimativa com base em dados declarados pelo contribuinte ou em outros elementos informativos apurados pela administração tributária e, a seu critério, quando o volume ou a modalidade da prestação de serviços aconselhar tratamento fiscal mais simples e adequado.

No Estado de São Paulo, essa modalidade de recolhimento está prevista no Decreto nº 53.151/2012, e será esta que iremos seguir como parâmetro, sendo que para os demais municípios a sistemática é semelhante.

Para determinação da receita estimada e consequente cálculo do imposto, serão consideradas as informações obtidas, especialmente:

a) do valor das despesas realizadas pelo contribuinte;

b) do valor das receitas por ele auferidas;

c) dos indicadores da potencialidade econômica do contribuinte e do seu ramo de atividade.

Essas informações serão observadas pela administração tributária, isolada ou conjuntamente, a fim de ser obtida receita estimada compatível com o desempenho econômico do contribuinte.

No encerramento do exercício civil ou período para o qual se fez a estimativa, cabe apurar o preço dos serviços e o montante do imposto efetivamente devido.

A diferença positiva apurada em favor do Fisco será recolhida e, caso seja negativa, será restituída ao prestador dos serviços que deverá requerer junto ao órgão da administração municipal.

3. REGISTRO CONTÁBIL

Os valores do ISSQN estimado serão lançados a débito do ativo circulante para futura compensação em contrapartida a disponibilidades.

O ISSQN apurado no final do período será lançado a débito de impostos incidentes sobre serviços em contrapartida ao ISSQN a recolher.

A diferença positiva encontrada no final do período será lançada á débito de ISSQN a recolher tendo como contrapartida o ISSQN a Compensar.

4. EXEMPLO PRÁTICO

Considerado que um prestador de serviço está enquadrado no recolhimento do ISSQN por estimativa e a autoridade arbitrou o valor em R$ 350,00 por mês e que no final do ano-calendário auferiu receita de serviço na ordem de R$ 120.000,00 (R$ 10.000,00 por mês).

I – Pela apropriação da receita de serviço mensal

CONTAS CONTÁBEIS	DÉBITO R$	CRÉDITO R$
Clientes (Ativo Circulante)	10.000,00	
Receita de Serviços (Conta de Resultado)		10.000,00

Esse lançamento se repetirá até o final do ano-calendário para registrar todas as receitas do ano.

II – Pela apropriação do ISSQN Estimado

CONTAS CONTÁBEIS	DÉBITO R$	CRÉDITO R$
ISSQN a Compensar (Ativo Circulante)	350,00	
ISSQN Estimado a Recolher (Passivo Circulante)		350,00

Esse lançamento se repetirá até o final do ano-calendário para registrar todas as estimativas do ano.

Cálculo da diferença do ISSQN no final do período:

- Apuração da diferença no final do ano-calendário
- Receita de Serviços Mensal: 10.000,00 x 12 = 120.000,00
- ISSQN devido no período: 120.000,00 x 5% = 6.000,00
- ISSQN recolhido por estimativa = 4.200,00
- Diferença a ser recolhida = 6.000,00 – 4.200,00 = 1.800,00

III – Pela apropriação do ISSQN do período

CONTAS CONTÁBEIS	DÉBITO R$	CRÉDITO R$
Impostos Incidentes sobre Serviços (Contra de Resultado)	6.000,00	
ISSQN a Recolher (Passivo Circulante)		6.000,00

IV – Pela compensação do ISSQN Estimado

CONTAS CONTÁBEIS	DÉBITO R$	CRÉDITO R$
ISSQN a Recolher (Passivo Circulante)	4.200,00	
ISSQN a Compensar (Ativo Circulante)		4.200,00

V – Pelo pagamento da diferença do ISSQN

CONTAS CONTÁBEIS	DÉBITO R$	CRÉDITO R$
ISSQN a Recolher (Passivo Circulante)	1.800,00	
Banco Conta Movimento (Ativo Circulante)		1.800,00

Caso a diferença fosse negativa, como R$ 800,00 esse valor ficaria em conta de ISSQN a Compensar para futura baixa quando do seu recebimento.

VI – Pelo recebimento da diferença do ISSQN

CONTAS CONTÁBEIS	DÉBITO R$	CRÉDITO R$
Banco Conta Movimento (Ativo Circulante)	800,00	
ISSQN a Compensar (Ativo Circulante)		800,00

J

JUROS SOBRE O CAPITAL PRÓPRIO

1. INTRODUÇÃO

Juros sobre o capital próprio é uma das formas de uma empresa distribuir o lucro entre os seus acionistas, titulares ou sócios. A outra é sob a forma de dividendos.

A escolha de distribuição dos lucros entre dividendos e/ou juros sobre capital próprio compete à assembleia geral, ao conselho de administração ou à diretoria da empresa.

2. IMPOSTO DE RENDA

Para efeitos de apuração do lucro real, a pessoa jurídica poderá deduzir os juros sobre o capital próprio pagos ou creditados individualizadamente a titular, sócios ou acionistas, limitados à variação, pro rata, da Taxa de Juros de Longo Prazo (TJLP) e calculados, exclusivamente, sobre as seguintes contas do patrimônio líquido (art. 75 da IN RFB nº 1.700/2017):

I – capital social;

II – reservas de capital;

III – reservas de lucros;

IV – (-) ações em tesouraria; e

V – (-) prejuízos acumulados.

A conta capital social inclui todas as espécies de ações previstas no art. 15 da Lei nº 6.404, de 15 de dezembro de 1976, ainda que classificadas em contas de passivo na escrituração comercial.

Considera-se creditado individualizadamente o valor dos juros sobre o capital próprio, quando a destinação, na escrituração contábil da pessoa jurídica, for registrada em contrapartida a conta de passivo exigível, representativa de direito de crédito do sócio ou acionista da sociedade ou do titular da empresa individual, no ano-calendário da sua apuração.

Os juros ficarão sujeitos à incidência do imposto sobre a renda na fonte à alíquota de 15% (quinze por cento), na data do pagamento ou crédito ao beneficiário (art. 75, § 7º, da IN RFB nº 1.700/2017).

O imposto retido na fonte:

I. no caso de beneficiário pessoa jurídica submetida ao regime de tributação com base no lucro real, será considerado antecipação do imposto devido no período de apuração ou poderá ser compensado com o que houver retido por ocasião do pagamento ou crédito de juros, a título de remuneração do capital próprio, a seu titular, sócios ou acionistas;

II. no caso de beneficiário pessoa jurídica submetida ao regime de tributação com base no lucro presumido ou com base no lucro arbitrado, será considerado antecipação do imposto devido no período de apuração;

III. no caso de beneficiário pessoa física ou pessoa jurídica não tributada com base no lucro real, presumido ou arbitrado, inclusive isenta, será considerado definitivo.

O montante dos juros remuneratórios passível de dedução não poderá exceder o maior entre os seguintes valores (art. 75, § 2º, da IN RFB nº 1.700/2017):

a) 50% (cinquenta por cento) do lucro líquido do exercício antes da dedução dos juros, caso estes sejam contabilizados como despesa; ou

> **Nota**
> O lucro será aquele apurado após a dedução da contribuição social sobre o lucro líquido e antes da dedução do imposto sobre a renda.

b) 50% (cinquenta por cento) do somatório dos lucros acumulados e reservas de lucros.

O valor dos juros pagos ou creditados pela pessoa jurídica, a título de remuneração do capital próprio, poderá ser imputado ao valor dos dividendos de que trata o art. 202 da Lei nº 6.404/1976, sem prejuízo da incidência do imposto na fonte de 15%.

3. REGISTRO CONTÁBIL

O registro contábil dos juros sobre o capital próprio será efetuado da seguinte maneira:

3.1. Pessoa jurídica que estiver pagando ou creditando o rendimento

A pessoa jurídica que estiver pagando ou creditando juros sobre o capital próprio deverá registrar, no resultado do exercício, uma despesa financeira em contrapartida à conta ou subconta do seu passivo exigível (artigo 30, parágrafo único, da IN SRF nº 11/1996).

3.2. Pessoa Jurídica Beneficiária do Rendimento

A pessoa jurídica beneficiária do rendimento deve registrar como receita financeira o valor dos juros que lhe couber (artigo 29, § 11, da IN SRF nº 11/1996).

3.3. S/A de Capital Aberto

Os juros devem ser contabilizados (Deliberação CVM nº 207/1996):

a) quando pagos ou creditados, diretamente à conta de lucros acumulados (sem transitar pelo resultado). Nesse caso, sob a ótica fiscal, o valor poderá ser excluído na apuração do Lucro Real e da CSLL;

b) em conta de investimento (quando sujeita ao MEP); e

c) como receita, nos demais casos.

4. EXEMPLO PRÁTICO

Considerando que a empresa tenha dois sócios "A" e "B", com participações iguais cujo valor dos juros sobre o capital próprio seja de R$ 50.400,00 e tenha efetuado a retenção do imposto de renda na fonte no valor de R$ 7.560,00 (15% sobre o valor dos juros de R$ 50.400,00), sugerimos os seguintes lançamentos contábeis:

I – Pela empresa pagadora:

CONTAS CONTÁBEIS	DÉBITO – R$	CRÉDITO – R$
Juros sobre o Capital Próprio (Conta de Resultado)	50.400,00	
IRRF a Recolher (Passivo Circulante)		7.560,00
Juros sobre o Capital Próprio a Pagar (Passivo Circulante) • Sócio "A" = R$ 21.420,00 • Sócio "B" = R$ 21.420,00		42.840,00

II – Pelas empresas beneficiárias:

Empresa "A":

CONTAS CONTÁBEIS	DÉBITO – R$	CRÉDITO – R$
Juros sobre o Capital Próprio a Receber (Ativo Circulante)	21.420,00	
IRRF a Recuperar (Ativo Circulante)	3.780,00	
Receita de Juros sobre o Capital Próprio (Conta de Resultado)		25.200,00

Empresa "B":

CONTAS CONTÁBEIS	DÉBITO – R$	CRÉDITO – R$
Juros sobre o Capital Próprio a Receber (Ativo Circulante)	21.420,00	
IRRF a Recuperar (Ativo Circulante)	3.780,00	
Receita de Juros sobre o Capital Próprio (Conta de Resultado)		25.200,00

LIBERAÇÃO DAS COMISSÕES DEPOIS DO RECEBIMENTO DAS VENDAS

1. INTRODUÇÃO

O reconhecimento de qualquer despesa de vendas é feito de acordo com o Princípio da Competência.

Segundo a boa técnica contábil, a despesa não está vinculada à restrição do seu pagamento eventualmente prevista em contrato, mas sim ao reconhecimento da receita que lhe deu origem.

2. Imposto de Renda

A dedutibilidade das despesas com comissões está condicionada à identificação do beneficiário e da operação ou da causa que deu origem ao rendimento pago ou creditado, bem como a que o credor tenha direito líquido e certo a esse valor.

Portanto, no encerramento do período de apuração do Imposto de Renda, o valor das comissões cujo pagamento fique vinculado ao recebimento das duplicatas pela empresa não será dedutível para fins de apuração do lucro real, visto que não se caracterizou como despesa incorrida sob o ponto de vista fiscal.

Deve ser observado que essa provisão não é dedutível para fins de apuração do lucro real e da base de cálculo da Contribuição Social sobre o Lucro Líquido (CSLL).

3. REGISTRO CONTÁBIL

Comissões a pagar é uma subconta do passivo circulante que registra as obrigações da empresa em razão das comissões sobre vendas a pagar.

Quando se tratar de comissões cuja liberação fique condicionada ao recebimento da venda, o débito em conta de resultado terá como contrapartida uma conta de provisão classificável no Passivo Circulante.

4. EXEMPLO PRÁTICO

Dados para o exemplo:
Venda efetuada em 01.03.20X1
Valor da venda R$ 200.000,00
Recebimento em duas parcelas
1ª em 15.03.20X1
2ª em 15.05.20X1
Representante comercial ERG
Comissão de 10% no valor de R$ 20.000,00
Liberação da comissão após o recebimento das parcelas

I – Pela apropriação da comissão sobre vendas:

CONTAS CONTÁBEIS	DÉBITO – R$	CRÉDITO – R$
Despesa Administrativa – Comissão sobre Vendas (Conta de Resultado)	20.000,00	
Provisão da Comissão sobre Vendas (Passivo Circulante)		20.000,00

II – Pela liberação da comissão referente à 1ª parcela paga pelo cliente:

CONTAS CONTÁBEIS	DÉBITO – R$	CRÉDITO – R$
Provisão da Comissão sobre Vendas (Passivo Circulante)	10.000,00	
Imposto de Renda Retido na Fonte a Recolher (Passivo Circulante)		150,00
Contas a Pagar – Comissão sobre Vendas (Passivo Circulante)		9.850,00

III – Pelo pagamento da comissão sobre vendas:

CONTAS CONTÁBEIS	DÉBITO – R$	CRÉDITO – R$
Contas a Pagar – Comissão sobre Vendas (Passivo Circulante)	9.850,00	
Banco Conta Movimento (Ativo Circulante)		9.850,00

IV – Pela reversão da provisão sobre vendas:

CONTAS CONTÁBEIS	DÉBITO – R$	CRÉDITO – R$
Provisão da Comissão sobre Vendas (Passivo Circulante)	10.000,00	
Reversão da Provisão não Utilizada (Conta de Resultado)		10.000,00

Nota
O lançamento da comissão após o pagamento da 2ª parcela segue o mesmo raciocínio acima.

LUCROS DISTRIBUÍDOS POR CONTA DE EXERCÍCIO NÃO ENCERRADO

1. INTRODUÇÃO

Os lucros a serem distribuídos são o retorno do capital investido nas empresas pelos seus sócios, acionistas ou investidores, onde na sociedade anônima são chamados de dividendos e, nas sociedades limitadas, apenas distribuição de lucros.

A distribuição de lucros de modo geral é convencionada no contrato social ou no estatuto da empresa, sendo que para as sociedades anônimas é obrigatória a distribuição no mínimo dos dividendos obrigatórios de que trata o art. 202 da Lei nº 6.404/1976. No caso das sociedades limitadas, quando o contrato social for omisso, será distribuído na proporção do capital de cada sócio.

Os acionistas têm direito de receber como dividendo obrigatório, em cada exercício, a parcela dos lucros estabelecida no estatuto ou, se este for omisso, a importância determinada de acordo com as seguintes normas:
- a) metade do lucro líquido do exercício diminuído ou acrescido dos seguintes valores:
  - a.1) importância destinada à constituição da reserva legal;
  - a.2) importância destinada à formação da reserva para contingências e reversão da mesma reserva formada em exercícios anteriores;
- b) o pagamento do dividendo determinado nos termos da letra "a" poderá ser limitado ao montante do lucro líquido do exercício que tiver sido realizado, desde que a diferença seja registrada como reserva de lucros a realizar;
- c) os lucros registrados na reserva de lucros a realizar, quando realizados e se não tiverem sido absorvidos por prejuízos em exercícios subsequentes, deverão ser acrescidos ao primeiro dividendo declarado depois da realização.

Cabe observar o disposto nos arts. 1.009 e 1.053 do Código Civil que têm as seguintes determinações:

Art. 1.009. A distribuição de lucros ilícitos ou fictícios acarreta responsabilidade solidária dos administradores que a realizarem e dos sócios que os receberem, conhecendo ou devendo conhecer-lhes a ilegitimidade.

Art. 1.053. A sociedade limitada rege-se, nas omissões deste Capítulo, pelas normas da sociedade simples.

2. IMPOSTO DE RENDA

Os lucros ou dividendos calculados com base nos resultados apurados a partir do mês de janeiro de 1996, pagos ou creditados pelas pessoas jurídicas tributadas com base no lucro real, presumido ou arbitrado, não ficarão sujeitos à incidência do Imposto de Renda na Fonte, nem integrarão a base de cálculo do Imposto de Renda do beneficiário, pessoa física ou jurídica, domiciliado no País ou no exterior.

No caso de quotas ou ações distribuídas em decorrência de aumento de capital por incorporação de lucros apurados, a partir do mês de janeiro de 1996, ou de reservas constituídas com esses lucros, o custo de aquisição será igual à parcela do lucro ou reserva capitalizado, que corresponder ao sócio ou acionista.

A não incidência do Imposto de Renda inclui os lucros ou dividendos pagos ou creditados a beneficiários de todas as espécies de ações previstas no art. 15 da Lei nº 6.404/1976, ainda que a ação seja classificada em conta de passivo ou que a remuneração seja classificada como despesa financeira na escrituração comercial.

Não são dedutíveis na apuração do lucro real e da base de cálculo da CSLL os lucros ou dividendos pagos ou creditados a beneficiários de qualquer espécie de ação prevista no art. 15 da Lei nº 6.404/1976, ainda que classificados como despesa financeira na escrituração comercial.

A distribuição de rendimentos, a título de lucros ou dividendos que não tenham sido apurados em balanço, se sujeita à incidência do IRRF, com base na tabela progressiva mensal.

Vale destacar que desde janeiro de 2008 a conta Lucros Acumulados passou a ter natureza absolutamente transitória, em virtude das alterações introduzidas na Lei nº 6.404/1976 (Lei das S.A.).

A obrigatoriedade da transferência dos lucros apurado no exercício aplica-se apenas às sociedades por ações e não para as demais sociedades, conforme Comunicado Técnico CTG 02, item 115, aprovado pela Resolução CFC nº 1.157/2009.

Para que não haja tributação, é fundamental, no encerramento do período-base, que o lucro apurado seja suficiente para absorver a retirada ou que haja lucros acumulados ou reservas de lucros para tanto.

Inexistindo lucros acumulados ou reservas de lucros em montante suficiente, a parcela excedente:

a) deverá ser computada na base de cálculo do Imposto de Renda Pessoa Jurídica (IRPJ) e da Contribuição Social sobre o Lucro Líquido (CSLL), para as pessoas jurídicas domiciliadas no País;

b) estará sujeita à incidência do Imposto de Renda Retido na Fonte (IRRF) calculado à alíquota de 15%, no caso de pessoa jurídica domiciliada no exterior;

c) estará sujeita à incidência do IRRF calculado à alíquota de 25%, no caso de pessoa jurídica domiciliada em país ou dependência com tributação favorecida a que se refere o art. 24 da Lei nº 9.430/1996.

Do mesmo modo, a empresa que fizer a distribuição dos lucros não poderá considerar essa despesa como dedutível para fins de apuração do lucro real, porquanto se configura como mera liberalidade e não atende ao conceito de despesas necessárias.

3. REGISTRO CONTÁBIL

Os lucros distribuídos antecipadamente serão registrados em conta redutora do patrimônio líquido tendo como contrapartida conta caixa ou bancos.

No encerramento do exercício social, a conta lucros distribuídos antecipadamente será baixada contra a conta de lucros acumulados, se houver saldo suficiente ou no caso de falta contra reserva de lucros.

4. EXEMPLO PRÁTICO

Admitamos os seguintes dados de uma empresa limitada:
- Capital Social   1.500.000,00
- Reserva de Lucros até 31.12.1995   7.500,00
- Reserva de Lucros depois de 01.01.1996   120.000,00
- Lucros apurados em 31.05.2015   225.000,00
- Lucros apurados em 31.12.2015   75.000,00

I – Pela distribuição de lucros antecipados

CONTAS CONTÁBEIS	DÉBITO R$	CRÉDITO R$
Lucros Distribuídos Antecipadamente (Redutora do Patrimônio Líquido)	225.000,00	
Banco Conta Movimento (Ativo Circulante)		225.000,00

Posição dos lucros em 31.12.2015
- Lucros Distribuídos em 31.05.2015:   225.000,00
- Lucros Apurados em 31.12.2015:   75.000,00
- Excesso de lucros distribuídos antecipados: 150.000,00

Imputação do excesso aos lucros acumulados e às reservas de lucros
- Excesso de lucros distribuídos antecipados: 150.000,00
- Reserva de lucros até 31.12.1995:   7.500,00
- Reserva de lucros depois de 01.01.1996:   120.000,00
- Excesso: 22.500,00

O excesso de lucros no valor de 22.500,00 não poderá ser considerado como lucro, devendo assim ser tributado pelo IRRF mediante aplicação da tabela progressiva vigente na época da distribuição na proporção de cada sócio.

No encerramento do exercício social, o lucro apurado terá o seguinte lançamento:

II – Pelo registro do lucro

CONTAS CONTÁBEIS	DÉBITO R$	CRÉDITO R$
Apuração do Resultado (Conta de Resultado)	75.000,00	
Lucros Acumulados (Patrimônio Líquido)		75.000,00

III – Pela baixa dos lucros distribuídos antecipadamente

CONTAS CONTÁBEIS	DÉBITO R$	CRÉDITO R$
Reserva de Lucros até 31.12.1995 (Patrimônio Líquido)	7.500,00	
Reserva de Lucros depois de 01.01.1996 (Patrimônio Líquido)	120.000,00	
Lucros Acumulados	75.000,00	
Lucros ou Prejuízos Acumulados	22.500,00	
Lucros Distribuídos Antecipadamente (Redutora do Patrimônio Líquido)		225.000,00

LUCROS E DIVIDENDOS RECEBIDOS

1. INTRODUÇÃO

Os lucros ou dividendos recebidos pela pessoa jurídica decorrem de participação societária em empresas residentes e domiciliadas no Brasil e no exterior.

Com base nos artigos 183, 248 a 250 da Lei nº 6.404/1976, a participação societária será avaliada pelo Método de Custo de Aquisição (MCA) ou Método de Equivalência Patrimonial (MEP).

Dependendo do critério de avaliação dos investimentos em outras empresas os lucros ou dividendos recebidos, terão tratamento contábil específico, no qual veremos a seguir.

2. REGISTRO CONTÁBIL

➤ Participação societária avaliada pelo Método de Custo de Aquisição (MCA):

Os lucros ou dividendos recebidos de participações societárias avaliadas pelo método de custo de aquisição são registrados como receita operacional, no resultado do exercício, que poderá ser intitulada como "Lucros ou Dividendos Recebidos".

Se os lucros ou dividendos estiverem contabilizados na empresa investida como dividendos propostos a pagar ou lucros a pagar, no passivo circulante, a empresa com investimentos em outras empresas (investidora) deve verificar os dividendos propostos ou os lucros a pagar, contabilizados nos balanços das empresas investidas e registrar a receita dos lucros ou dividendos proporcionais naquele mesmo período, debitando uma conta a receber que poderá ser intitulada "Lucros ou Dividendos a Receber", no Ativo Circulante e creditando a receita operacional correspondente.

A conta "Lucros ou Dividendos a Receber" será baixada por ocasião do seu recebimento.

> Participação societária avaliada pelo Método de Equivalência Patrimonial (MEP):

Os lucros ou dividendos recebidos de participações societárias avaliadas pelo Método de Equivalência Patrimonial são registrados a débito da conta de "Disponibilidades", no Ativo Circulante e a crédito da conta de "Investimentos", no Ativo Não Circulante.

Na empresa investida (coligada ou controlada), os lucros ou dividendos distribuídos representam uma redução do patrimônio líquido que deve refletir por uma redução proporcional do investimento na empresa investidora.

3. EXEMPLO PRÁTICO

Empresa investidora "A" tem uma participação societária de 30% do capital da empresa investida "B", no qual constam os seguintes dados em seus balanços patrimoniais:

EMPRESA "A"		EMPRESA "B"	
Ativo Não Circulante Investimentos Participação Societária na Empresa "B"	$ 42.000	Patrimônio Líquido Capital Social Reservas Lucros do Período	$ 80.000 $ 20.000 $ 40.000
Total	$ 42.000	Total	$ 140.000

3.1. Participação societária avaliada pelo Método de Equivalência Patrimonial (MEP)

Este método será usado se a empresa "B" for coligada ou controlada da empresa "A".

Veja que o investimento registrado na empresa "A" representa 30% do patrimônio líquido da empresa "B" ($ 140.000).

Quando a empresa "B" distribuir os lucros apurados no período aos seus sócios ou acionistas, a empresa "A" irá reduzir seu investimento em $ 12.000 (30% dos lucros apurados na empresa "B" – $ 40.000) e o valor do patrimônio líquido também será reduzido, ou seja:

a) Registro na empresa "A":

Pela destinação:

CONTAS CONTÁBEIS	DÉBITO – R$	CRÉDITO – R$
Lucros ou Dividendos a Receber (Ativo Circulante)	12.000,00	
Investimento (Ativo Não Circulante)		12.000,00

Pelo recebimento:

CONTAS CONTÁBEIS	DÉBITO – R$	CRÉDITO – R$
Caixa/Banco Conta Movimento (Ativo Circulante)	12.000,00	
Lucros ou Dividendos a Receber (Ativo Circulante)		12.000,00

b) Registro na empresa "B":

Pela destinação dos lucros:

CONTAS CONTÁBEIS	DÉBITO – R$	CRÉDITO – R$
Lucros ou Prejuízos Acumulados (Patrimônio Líquido)	40.000,00	
Lucros ou Dividendos a Pagar (Passivo Circulante)		40.000,00

Pelo pagamento:

CONTAS CONTÁBEIS	DÉBITO – R$	CRÉDITO – R$
Lucros ou Dividendos a Pagar (Passivo Circulante)	40.000,00	
Caixa/Banco Conta Movimento (Ativo Circulante)		40.000,00

Após esses lançamentos contábeis, o valor do investimento continuará representando 30% do patrimônio líquido da empresa "B", ou seja:

EMPRESA "A"		EMPRESA "B"	
Ativo Circulante Banco Conta Movimento	$ 12.000	Patrimônio Líquido Capital Social Reservas	$ 80.000 $ 20.000
Ativo Não Circulante Investimentos Participação Societária na Empresa "B"	$ 30.000		
Total	$ 42.000	Total	$ 100.000

3.2. Participação societária avaliada pelo Método de Custo de Aquisição (MCA)

Este método será usado se a empresa "B" não for coligada ou controlada da empresa "A".

Neste caso, os investimentos devem permanecer registrados pelo custo de aquisição deduzido pela provisão para perdas prováveis na realização do seu valor, quando essa perda estiver comprovada como permanente (artigo 183, III, da Lei nº 6.404/1976).

a) Registro na empresa "A":

Pela destinação:

CONTAS CONTÁBEIS	DÉBITO – R$	CRÉDITO – R$
Lucros ou Dividendos a Receber (Ativo Circulante)	12.000,00	
Lucros ou Dividendos Recebidos (Conta de Resultado)		12.000,00

Pelo recebimento:

CONTAS CONTÁBEIS	DÉBITO – R$	CRÉDITO – R$
Caixa/Banco Conta Movimento (Ativo Circulante)	12.000,00	
Lucros ou Dividendos a Receber (Ativo Circulante)		12.000,00

b) Registro na empresa "B":

Pela destinação:

CONTAS CONTÁBEIS	DÉBITO – R$	CRÉDITO – R$
Lucros ou Prejuízos Acumulados (Patrimônio Líquido)	40.000,00	
Lucros ou Dividendos a Pagar (Passivo Circulante)		40.000,00

Pelo pagamento:

CONTAS CONTÁBEIS	DÉBITO – R$	CRÉDITO – R$
Lucros ou Dividendos a Pagar (Passivo Circulante)	40.000,00	
Caixa/Banco Conta Movimento (Ativo Circulante)		40.000,00

Após esses lançamentos contábeis, o balanço patrimonial das empresas será demonstrado da seguinte forma:

EMPRESA "A"		EMPRESA "B"	
Ativo Circulante Banco Conta Movimento	$ 12.000	Patrimônio Líquido Capital Social Reservas	$ 80.000 $ 20.000
Ativo Não Circulante Investimentos Participação Societária na Empresa "B"	$ 42.000		
Total	$ 42.000	Total	$ 100.000

M

MARCAS E PATENTES

1. INTRODUÇÃO

Marcas são gastos com o registro da marca, nome do produto a ser fabricado.

A marca poderá também ser adquirida de terceiros, definitivamente ou referir-se ao direito de exploração de um determinado período.

Patentes é o dispêndio com o registro de invenções próprias que garanta a propriedade e o uso exclusivo da invenção. As patentes poderão também ser adquiridas de terceiros.

2. REGISTRO CONTÁBIL

As marcas e as patentes de invenção são classificadas no ativo intangível em conta própria.

De acordo com a nova lei das sociedades anônimas, no Ativo Intangível, que é um subgrupo do Ativo Não Circulante, são registrados os direitos que tenham por objeto bens incorpóreos destinados à manutenção da companhia ou exercidos com essa finalidade (Lei nº 6.404/76, artigo 179, inciso VI, redação dada pela Lei nº 11.638/2007, artigo 1º).

2.1. Marcas

A empresa poderá ter gastos com o registro da marca do produto a ser fabricado.

Pode ocorrer também de a empresa adquirir de terceiro determinada marca, podendo essa aquisição ser definitiva ou referir-se ao direito de exploração da marca por determinado período.

Se o direito ao uso ou a exploração da marca tiver duração limitada será objeto de amortização, nesse prazo.

As marcas não são amortizadas se a sua vigência for por tempo indeterminado.

2.2. Patentes de invenção

O valor a ser contabilizado é o que foi gasto por ocasião do patenteamento ou o que foi pago pela aquisição de terceiros.

As patentes têm prazo limitado de duração, findo o qual as invenções caem no domínio público, encerrando o privilégio da exploração.

Nesse caso, os gastos com patentes são amortizados dentro desse prazo (artigo 331 do RIR/2018).

3. EXEMPLOS PRÁTICOS

1º Caso:

Vamos supor que determinada empresa para registrar sua marca pagou a importância de R$ 7.000,00, sendo que R$ 6.000,00 referem-se à remuneração paga pelos serviços prestados e R$ 1.000,00 referem-se à taxa de registro ao órgão competente.

Teremos o seguinte lançamento contábil:

CONTAS CONTÁBEIS	DÉBITO – R$	CRÉDITO – R$
Marcas (Ativo Intangível)	7.000,00	
Disponibilidades (Ativo Circulante)		7.000,00

2º Caso:

Vamos supor que a empresa para patentear determinado produto desembolsou a importância de R$ 3.000,00.

Teremos o seguinte lançamento contábil:

CONTAS CONTÁBEIS	DÉBITO – R$	CRÉDITO – R$
Patente de Invenção (Ativo Intangível)	3.000,00	
Disponibilidades (Ativo Circulante)		3.000,00

MERCADORIAS RECEBIDAS EM DEVOLUÇÃO DE VENDAS REALIZADAS EM EXERCÍCIOS ANTERIORES

1. INTRODUÇÃO

Quando existe devolução de mercadoria vendida no exercício social anterior, há a necessidade de tratamento diferenciado.

2. REGISTRO CONTÁBIL

A receita pela venda já foi contabilizada no exercício anterior, e sua conta, definitivamente, encerrada na apuração do resultado. Logo, não se pode mais falar em cancelamento da receita como fizemos no lançamento de "Mercadorias Recebidas em Devolução no Próprio Exercício" na situação de devolução normal (devolução e venda dentro do mesmo exercício social).

O registro será feito na forma de cancelamento nesse exercício, de um lucro bruto apurado no exercício anterior, que ora será tratado como uma despesa operacional.

Dessa forma, podemos abrir uma conta especial para o registro da receita perdida do exercício anterior e outra para o registro do custo recuperado, totalizando-as em um único grupo de "Prejuízo na Devolução de Vendas de Exercício Anterior", ou então utilizar uma única conta para esse mesmo fim.

3. EXEMPLO PRÁTICO

Vamos considerar os mesmos dados feitos no lançamento "Mercadorias Recebidas em Devolução no Próprio Exercício":

I – Pela devolução das unidades vendidas:

CONTAS CONTÁBEIS	DÉBITO – R$	CRÉDITO – R$
Perda na Devolução de Venda de Exercício Anterior (Conta de Resultado)	125.000,00	
Cliente (Ativo Circulante)		125.000,00

Nota	
125 unidades x R$ 500,00 = R$ 62.500,00	

II – Pelo ICMS sobre a devolução:

CONTAS CONTÁBEIS	DÉBITO – R$	CRÉDITO – R$
ICMS a Recuperar (Ativo Circulante)	22.500,00	
Perda na Devolução de Venda de Exercício Anterior (Conta de Resultado)		22.500,00

Nota	
R$ 62.500,00 x 18% = 11.250,00	

III – Pelo crédito de PIS/Cofins sobre a devolução:

CONTAS CONTÁBEIS	DÉBITO – R$	CRÉDITO – R$
PIS a Recuperar (Ativo Circulante)	2.062,50	
Cofins a Recuperar (Ativo Circulante)	9.500,00	
Perda na Devolução de Venda de Exercício Anterior (Conta de Resultado)		11.562,50

Letra **M** *Mercadorias Recebidas em Devolução de Vendas Realizadas em Exercícios Anteriores*

IV – Pela nova entrada no estoque:

CONTAS CONTÁBEIS	DÉBITO – R$	CRÉDITO – R$
Estoque (Ativo Circulante)	50.000,00	
Perda na Devolução de Venda de Exercício Anterior (Conta de Resultado)		50.000,00

DEMONSTRATIVO DA PERDA NA DEVOLUÇÃO DE VENDA DE EXERCÍCIO ANTERIOR	
DÉBITO	CRÉDITO
125.000,00	22.500,00
125.000,00	2.062,50
	9.500,00
	50.000,00
	84.062,50
40.937,50	

> **Nota**
> A conta "Perda na Devolução de Vendas de Exercício Anterior" não comporá o lucro bruto do exercício social em que ocorreu a devolução. Sua melhor classificação é como Despesa Operacional do ano em que ocorreu a devolução.

Essa classificação se justifica:
a) por esse prejuízo não estar caracterizado como ajuste de exercícios anteriores, já que não houve erro algum no exercício anterior, e a devolução no exercício subsequente ser um fato novo não previsível;
b) porque a devolução de mercadorias faz parte das atividades normais da empresa, não justificando então considerar o prejuízo como não operacional.

Ressalta-se que, dessa forma, se acertou o estoque e, na ficha de controle, fica exatamente como visto para o caso de devolução de venda feita no mesmo exercício. Nesse caso, cabe a observação especial de se tratar de devolução de venda do exercício anterior.

MERCADORIAS RECEBIDAS EM DEVOLUÇÃO NO PRÓPRIO EXERCÍCIO

1. INTRODUÇÃO

As devoluções de compras são provenientes de produtos ou matérias recebidos fora da especificação do pedido.

É comum as empresas receberem devolução de suas vendas, em virtude de não atender ao pedido de acordo entre as partes, bem como por defeito e também por não atender às especificações contratadas entre as partes.

2. AVALIAÇÃO DO ESTOQUE E CVM

Na avaliação de estoque e apuração dos Custos das Mercadorias Vendidas (CVM) a maioria das empresas utiliza o custo médio ponderado mensalmente.

Quando a empresa é de médio porte e microempresa utiliza o método "Primeiro que Entra, Primeiro que Sai" (Peps) ou avalia com base na margem de lucro que é o preço de venda menos o percentual de lucro estipulado para os produtos.

Dessa forma, quando do recebimento da devolução de mercadorias, deve atentar para qual método foi utilizado na avaliação dos estoques para apuração da CVM.

3. REGISTRO CONTÁBIL

Nesta situação, os registros contábeis são de reentrada das mercadorias recebidas em devolução em conta do estoque com a volta do custo baixo mediante apuração do CMV e recuperação do ICMS sobre a devolução, bem como de créditos das contribuições para o PIS e a Cofins.

4. EXEMPLO PRÁTICO

Vamos considerar os seguintes dados:
Avaliação de estoque pelo custo médio
Venda de 770 unidades da mercadoria ERG
Custo da produção R$ 400,00
Preço unitário de R$ 1.00,00
Total da Venda R$ 770.000,00
ICMS, alíquota de 18%
PIS, alíquota de 1,65%
Cofins, alíquota de 7,6%

Registro contábil da venda:
I – Pela venda realizada no mês:

CONTAS CONTÁBEIS	DÉBITO – R$	CRÉDITO – R$
Clientes (Ativo Circulante)	770.000,00	
Receita de Venda (Conta de Resultado)		770.000,00

II – Pela apropriação dos impostos e contribuições sobre a venda:

CONTAS CONTÁBEIS	DÉBITO – R$	CRÉDITO – R$
Impostos Incidentes sobre Vendas (Conta de Resultado) ICMS PIS Cofins	 138.600,00 12.705,00 58.520,00	
Tributos e Contribuições a Pagar (Passivo Circulante) ICMS PIS Cofins		 138.600,00 12.705,00 58.520,00

Demonstrativo de cálculo dos tributos e contribuições:

TRIBUTOS	RECEITA DE VENDA	ALÍQUOTA	VALOR	
ICMS	770.000,00	18%	138.600,00	12.705,00
PIS	58.520,00	1,65%	138.600,00	12.705,00
Cofins	58.520,00	7,6%	138.600,00	12.705,00

III – Pela baixa do estoque:

CONTAS CONTÁBEIS	DÉBITO – R$	CRÉDITO – R$
Custo das Mercadorias Vendidas (Conta de Resultado)	308.000,00	
Estoque (Ativo Circulante)		308.000,00

Admita-se que das 770 unidades vendidas foram devolvidas 125 unidades que ao preço de venda de R$ 1.000,00 por unidade representam R$ 125.000,00.

IV – Pelo recebimento das unidades vendidas em devolução:

CONTAS CONTÁBEIS	DÉBITO – R$	CRÉDITO – R$
Devolução de Venda (Conta de Resultado)	125.000,00	
Clientes (Ativo Circulante)		125.000,00

VI – Pelo ICMS sobre a devolução:

CONTAS CONTÁBEIS	DÉBITO – R$	CRÉDITO – R$
ICMS a Recuperar (Ativo Circulante)	22.500,00	
ICMS (Conta de Resultado)		22.500,00

Nota

R$ 125.00,00 x 18% = 22.500,00

VII – Pelo crédito de PIS/Cofins sobre a devolução:

CONTAS CONTÁBEIS	DÉBITO – R$	CRÉDITO – R$
PIS a Recuperar (Ativo Circulante)	2.062,50	
Cofins a Recuperar (Ativo Circulante)	9.500,00	
PIS (Conta de Resultado)		2.062,50
Cofins (Conta de Resultado)		9.500,00

Nota
125.000,00 x 1,65% = R$ 2.062,50
125.000,00 x 7,6% = R$ 9.500,00

Agora vamos efetuar a baixa parcial do custo das mercadorias vendidas, utilizando o custo médio, que representa: R$ 400,00 x 125 = R$ 50.000,00

VIII – Pela entrada da mercadoria devolvida:

CONTAS CONTÁBEIS	DÉBITO – R$	CRÉDITO – R$
Estoque (Ativo Circulante)	50.000,00	
Custo das Mercadorias Vendidas (Conta de Resultado)		50.000,00

Nota
Nesta situação, você deverá efetuar o registro na Ficha Controle Permanente de Estoques, para recompor o custo médio das mercadorias em estoque no período.

MULTA DE MORA

1. INTRODUÇÃO

A multa moratória não tem caráter punitivo, a sua finalidade primordial é desestimular o cumprimento da obrigação fora de prazo. Ela é devida quando o contribuinte estiver recolhendo espontaneamente um débito vencido. Essa multa nunca incide sobre as multas de lançamento de ofício e nem sobre as multas por atraso na entrega de declarações.

O percentual a ser aplicado é 0,33% por dia de atraso, a partir do primeiro dia útil subsequente ao do vencimento do prazo previsto para o pagamento da contribuição ou do tributo até o dia em que ocorrer o seu pagamento. O percentual de multa a ser aplicado fica limitado a 20%.

2. IMPOSTO DE RENDA

A multa de mora é dedutível para fins de determinação do lucro real e da base de cálculo da Contribuição Social sobre o Lucro Líquido, pelo regime de competência (art. 361 do RIR/2018).

Segue o posicionamento da Receita Federal do Brasil, por meio de Solução de divergência, a respeito do assunto.

> SOLUÇÃO DE DIVERGÊNCIA Nº 6 de 30 de Abril de 2012
>
> ASSUNTO: Imposto sobre a Renda de Pessoa Jurídica - IRPJ
>
> EMENTA: DEDUTIBILIDADE. MULTA MORATÓRIA. REGIME DE COMPETÊNCIA. As multas moratórias por recolhimento espontâneo de tributo fora do prazo são dedutíveis como despesa operacional, na determinação do lucro real e da base de cálculo da CSLL, no período em que forem incorridas, de acordo com o regime de competência, todavia o disposto não se aplica aos tributos cuja exigibilidade esteja suspensa, à exceção do parcelamento e da moratória.

3. REGISTRO CONTÁBIL

A multa de mora deve ser reconhecida contabilmente no resultado quando for incorrida, observado o regime de competência.

4. EXEMPLO PRÁTICO

Vamos supor que a empresa recolheu, em atraso, o IRPJ do 1º trimestre de 20X0.

Considerando que, hipoteticamente, conforme descrito a seguir:

- o valor principal do imposto: R$ 1.000,00.
- o valor da multa de mora: R$ 200,00

- o vencimento do imposto: 30.04.20X0.
- o recolhimento do imposto: 15.07.20X0.

Com base nestes dados, sugerimos os seguintes lançamentos contábeis:

a) Registro do IRPJ:

CONTAS CONTÁBEIS	DÉBITO – R$	CRÉDITO – R$
IRPJ (Conta de Resultado)	1.000,00	
Provisão do IRPJ (Passivo Circulante)		1.000,00

b) Registro da multa de mora:

CONTAS CONTÁBEIS	DÉBITO – R$	CRÉDITO – R$
Multa (Conta de Resultado)	200,00	
Provisão do IRPJ (Passivo Circulante)		200,00

c) Registro do recolhimento do imposto em atraso:

CONTAS CONTÁBEIS	DÉBITO – R$	CRÉDITO – R$
Provisão do IRPJ (Passivo Circulante)	1.200,00	
Caixa/Banco Conta Movimento (Ativo Circulante)		1.200,00

MULTA DE TRÂNSITO

1. INTRODUÇÃO

Segundo a enciclopédia Wikipédia, multa de trânsito é uma penalidade de natureza pecuniária imposta pelos órgãos de trânsito aos proprietários, condutores, embarcadores e transportadores que descumprirem as regras estabelecidas na norma de trânsito.

2. IMPOSTO DE RENDA

O artigo 311 do RIR/2018 condiciona a dedutibilidade das despesas operacionais a que elas sejam necessárias à atividade da própria empresa e à manutenção da respectiva fonte produtora.

As multas impostas por transgressões de normas de natureza não tributária tais como as decorrentes de leis administrativas (trânsito, por exemplo), são indedutíveis para fins de determinação do lucro real e da base de cálculo da Contribuição Social sobre o Lucro Líquido (§ 5º do art. 352 do RIR/2018).

3. REGISTRO CONTÁBIL

A multa de trânsito deve ser reconhecida contabilmente no resultado em contrapartida a uma conta de obrigação no passivo, quando for incorrida, observado o regime de competência.

4. EXEMPLO PRÁTICO

Considerando que a empresa de transporte de carga tenha sido notificada por infração a legislação de trânsito no valor de R$ 200,00, sugerimos os seguintes lançamentos contábeis.

a) Reconhecimento da multa, pelo regime de competência:

CONTAS CONTÁBEIS	DÉBITO – R$	CRÉDITO – R$
Multa de Trânsito (Conta de Resultado)	200,00	
Multa de Trânsito a Pagar (Passivo Circulante)		200,00

a) Pelo pagamento da multa:

CONTAS CONTÁBEIS	DÉBITO – R$	CRÉDITO – R$
Multa de Trânsito a Pagar (Passivo Circulante)	200,00	
Caixa/Banco Conta Movimento (Ativo Circulante)		200,00

O

ÔNUS DO IRRF ASSUMIDO PELA FONTE PAGADORA

1. INTRODUÇÃO

Quando a fonte pagadora (tomadora de serviço) deixa de reter o Imposto de Renda na fonte ela assumi o ônus do imposto (artigo 782 do RIR/2018).

A fonte pagadora do rendimento poderá assumir o ônus do Imposto de Renda na fonte por um dos seguintes motivos:

a) por acordos entre as partes;

b) por erro ou engano na hora de pagar o rendimento;

c) por imposição legal.

Quando a fonte pagadora assumir o ônus do Imposto de Renda devido pelo beneficiário, a importância paga, creditada, empregada, remetida ou entregue é considerada líquida, cabendo o reajustamento do respectivo rendimento bruto, sobre o qual incidirá o imposto (artigo 786 do RIR/2018).

2. REAJUSTAMENTO DO RENDIMENTO PAGO

Quando se tratar de rendimentos cuja tributação na fonte se processe por meio de alíquota fixa, poderá ser utilizada a seguinte fórmula:

$$RR = \frac{RP}{1-T/100}$$

onde:

RR = rendimento reajustado;

RP = rendimento pago;

T = alíquota aplicável.

3. REGISTRO CONTÁBIL

O imposto assumido pela fonte pagadora (tomadora de serviço) será registrado no resultado do exercício como uma despesa operacional e a contrapartida será efetuada no passivo exigível numa conta intitulada "IRRF a Recolher". A prestadora registrará este valor como um faturamento, no resultado do exercício e a contrapartida será efetuada no ativo circulante, numa conta intitulada "IRRF a Recuperar".

4. EXEMPLO PRÁTICO

Vamos supor que a empresa tenha efetuado pagamento a outra empresa, a título de prestação de serviços de contabilidade, no valor de R$ 10.000,00, tendo a fonte pagadora assumido o ônus do imposto.

Considerando que o serviço prestado está sujeito à incidência do Imposto de Renda na fonte à alíquota de 1,5% sobre o total da nota fiscal, o rendimento reajustado e o imposto assumido pela fonte pagadora serão apurados da seguinte maneira:

RR = $ 10.000,00/1-0,015

RR = $ 10.000,00/0,985

RR = $ 10.152,28

Então:

Rendimento bruto reajustado	10.152,28
(-) IRRF Assumido	152,28
(=) Rendimento Líquido	10.000,00

Lançamento contábil:

a) Na Tomadora de Serviços:

CONTAS CONTÁBEIS	DÉBITO – R$	CRÉDITO – R$
Serviços Prestados por Terceiros (Conta de Resultado)	10.152,28	
IRRF a Recolher (Passivo Circulante)		152,28
Caixa/Banco Conta Movimento (Ativo Circulante)		10.000,00

b) Na Prestadora de Serviços:

CONTAS CONTÁBEIS	DÉBITO – R$	CRÉDITO – R$
Caixa/Banco Conta Movimento (Ativo Circulante)	10.000,00	
IRRF a Recuperar (Ativo Circulante)	152,28	
Receita de Prestação de Serviços (Conta de Resultado)		10.152,28

P

PAGAMENTO BASEADO EM AÇÕES

1. INTRODUÇÃO

Algumas empresas optam por remunerar seus empregados (executivos, administradores etc.) por meio de pacotes que incluem ações e opções de ações.

A ideia é fazer com que os funcionários sejam incentivados a atingir determinadas metas e, assim, se tornem donos da empresa ou tenham oportunidade de ganhar pela diferença entre o valor de mercado das ações que subscrevem e o valor da subscrição.

Esse tipo de remuneração tem por objetivo incentivar os empregados ao comprometimento com a maximização do valor da empresa, alinhando seus interesses aos dos acionistas.

Sobre o assunto o Comitê de Pronunciamentos Contábeis (CPC), publicou o Pronunciamento Técnico CPC 10/R1.

2. IMPOSTO DE RENDA

De acordo com os arts. 33 e 34 da Lei nº 12.973, de 13 de maio de 2014, o valor da remuneração dos serviços prestados por empregados ou similares, efetuada por meio de acordo com pagamento baseado em ações, deve ser adicionado ao lucro líquido para fins de determinação do lucro real no período de apuração em que o custo ou a despesa forem apropriados.

Essa remuneração será dedutível somente depois do pagamento, quando liquidados em caixa ou outro ativo, ou depois da transferência da propriedade definitiva das ações ou opções, quando liquidados com instrumentos patrimoniais.

3. REGISTRO CONTÁBIL

A empresa deve reconhecer os produtos ou os serviços recebidos ou adquiridos em transação com pagamento baseado em ações quando ela obtiver os produtos ou à medida que receber os serviços. Em contrapartida, a empresa deve reconhecer o correspondente aumento do patrimônio líquido se os produtos ou serviços forem recebidos em transação com pagamento baseado em ações liquidadas em instrumentos patrimoniais, ou deve reconhecer um passivo, se os produtos ou serviços forem adquiridos em transação com pagamento baseado em ações liquidadas em caixa (ou com outros ativos).

Os produtos ou serviços recebidos ou adquiridos em transação com pagamento baseado em ações que não se qualifiquem para fins de reconhecimento como ativos devem ser reconhecidos como despesa do período.

Normalmente, uma despesa surge do consumo de produtos ou serviços. Por exemplo, serviços são normalmente consumidos imediatamente e, nesse caso, a despesa deve ser reconhecida à medida que a contraparte presta os serviços. Produtos podem ser consumidos ao longo de um período de tempo ou, no caso de estoques, vendidos em data futura e, nesse caso, a despesa deve ser reconhecida quando os produtos forem consumidos ou vendidos. Por outro lado, pode ser necessário reconhecer a despesa antes de os produtos ou serviços serem consumidos ou vendidos, em função de eles não se qualificarem como ativo para fins de reconhecimento. Por exemplo, a empresa pode adquirir produtos como parte da fase de pesquisa de projeto de desenvolvimento de novo produto. Apesar de referidos produtos não terem sido consumidos, eles podem não se qualificar como ativo para fins de reconhecimento, de acordo com Pronunciamentos Técnicos do CPC ou outras normas contábeis aplicáveis ao caso.

4. EXEMPLO PRÁTICO

Vamos considerar que, no início do ano 1, a empresa X concedeu 1.000 ações no valor de R$ 100,00 cada uma ao seu presidente com a condição de que ele permaneça na empresa até o final do ano 4.

Estas opções de ações não podem ser exercidas pelo presidente a não ser que o preço das ações da empresa aumente de R$ 100,00, no início do ano 1, para R$ 180,00, ao final do ano 4. Caso o valor das ações supere os R$ 180,00 ao final do ano 4, as opções podem ser exercidas em qualquer momento até o final do ano 10.

Considerando que o valor justo de cada opção é de R$ 25,00.

Assim, caso a empresa X, espere que o executivo permaneça na empresa ao longo dos quatro anos, ela deverá reconhecer os seguintes valores nesse período e realizar o respectivo lançamento contábil:

ANO	OPÇÕES	EMPREGADOS	VALOR JUSTO	PARCELA DO PERÍODO	DESPESA DO PERÍODO	DESPESA ACUMULADA
1	1.000	1	25	1/4	6.250	6.250
2	1.000	1	25	2/4	6.250	12.500
3	1.000	1	25	3/4	6.250	18.750
4	1.000	1	25	4/4	6.250	25.000

Lançamento contábil:

CONTAS CONTÁBEIS	DÉBITO – R$	CRÉDITO – R$
Salários e Ordenados (Resultado)	6.250	
Instrumentos Patrimoniais Outorgados (Patrimônio Líquido)		6.250

Dado continuidade ao nosso exemplo, ao final do ano 4 o preço das ações chegou a R$ 190,00. Consequentemente a condição de mercado foi atendida.

Neste caso, o presidente tem opção de exercer seus direitos em qualquer momento no prazo de seis anos, por exemplo, (até o final do ano 10).

No início do ano 6, o presidente optou por exercer seus direitos. Nesse momento, a empresa X deverá realizar o seguinte lançamento contábil:

CONTAS CONTÁBEIS	DÉBITO – R$	CRÉDITO – R$
Caixa/Banco Conta Movimento (Ativo Circulante)	100.000*	
Capital Integralizado (Patrimônio Líquido)		100.000*

(*) Preço de exercício (R$ 100,00) x n° de opções exercidas pelo presidente (1.000 ações).

Se a condição de mercado não fosse atendida, a empresa não deve fazer nenhuma reversão dos valores contabilizados anteriormente (item 23 do Pronunciamento Técnico CPC 10).

PAGAMENTO DE DÍVIDA COM CHEQUE DE TERCEIROS

1. INTRODUÇÃO

Comercialmente, existem pagamentos de dívidas mediante endosso de cheques de terceiros. Apesar de essa prática comercial não ser tão comum, contabilmente, representa um fato permutativo. Esse tipo de operação, contudo, apresenta alguns inconvenientes, tais como:

a) o valor do cheque pode ser diferente do valor da dívida; e

b) os cheques podem não apresentar fundos.

Dessa forma, essa operação requer cautela das partes envolvidas na operação.

2. REGISTRO CONTÁBIL

A empresa devedora, quando efetuar a quitação da dívida com cheques de terceiros, deverá debitar a conta de obrigação, no passivo exigível, e creditar a conta de Cheques a Receber (se o pagamento for com cheques pré-datados) ou a conta Caixa (se o pagamento for com cheques à vista, disponíveis para ser depositados), ambas no ativo circulante.

A empresa credora debitará a conta de Caixa ou Banco Conta Movimento e creditará a Conta a Receber, no ativo circulante.

3. EXEMPLO PRÁTICO

Vamos supor que a empresa A pagou uma importância de R$ 4.000,00, referente a um serviço de advocacia prestado, mediante endosso de dois cheques de terceiro (empresa B), um no valor de R$ 3.250,00 (pré-datado) e outro de R$ 750,00 (que se encontra na tesouraria para ser depositado). Nesse caso, teremos os seguintes lançamentos contábeis:

I – Na empresa A:

a) Registro do pagamento:

CONTAS CONTÁBEIS	DÉBITO – R$	CRÉDITO – R$
Honorários Advocatícios a Pagar (Passivo Circulante)	4.000,00	
Caixa (Ativo Circulante)		750,00
Cheques a Receber (Ativo Circulante)		3.250,00

Nota
A conta Cheques a Receber deve ser utilizada nos casos em que os cheques endossados sejam pré-datados. Já a conta Caixa deve ser utilizada no endosso de cheques pagáveis à vista, que se encontrem na tesouraria para ser depositados.

II – Na empresa B, que recebeu os cheques de terceiro:

b) Registro do recebimento:

CONTAS CONTÁBEIS	DÉBITO – R$	CRÉDITO – R$
Caixa/Banco Conta Movimento (Ativo Circulante)	4.000,00	
Clientes (Ativo Circulante)		4.000,00

PARCELAMENTO DE DÉBITOS

1. INTRODUÇÃO

Os débitos da pessoa jurídica junto à RFB, à PGFN e ao INSS (administrados pela Fazenda Nacional) podem ser parcelados desde que sejam observadas as regras vigentes na legislação tributária.

De acordo com as regras estabelecidas na legislação tributária, a consolidação dos débitos resulta da soma:

   a) do valor principal;

   b) da multa de mora ou de ofício;

   c) dos juros de mora.

O valor de cada prestação será acrescido de juros, que poderão ser TJLP ou Taxa Selic, dependendo do parcelamento formulado pelo contribuinte, a partir do mês subsequente ao da consolidação.

2. REGISTRO CONTÁBIL

O total consolidado (valor do principal + multa de mora + juros de mora), dos débitos parcelados pela pessoa jurídica, na forma da legislação vigente, deve ser registrado em conta específica do passivo exigível, da seguinte maneira (Lei nº 6.404/1976, artigo 180):

   a) no Passivo Circulante, quando o parcelamento for exigível até o término do exercício seguinte; ou

b) no Passivo Exigível a Longo Prazo, subgrupo do passivo não circulante, quando o parcelamento for exigível após o término do exercício seguinte.

3. EXEMPLO PRÁTICO

Vamos admitir o pedido de parcelamento de 130 prestações de débitos junto à RFB.

Considerando que em 30.09.20X0 o contribuinte tenha pago a importância mínima de R$ 2.000,00.

Considerando que a RFB tenha disponibilizado em outubro/20X0, os seguintes débitos consolidados objeto de pedido de parcelamento:

DISCRIMINAÇÃO	R$
Valor principal dos débitos	200.000,00
Multa de mora (20% de R$ 200.000,00 com redução de 50%)	20.000,00
Juros de Mora (supondo que seja de 73% de R$ 200.000,00)	146.000,00
Valor total dos débitos	366.000,00
(-) Parcela mínima paga em setembro	2.000,00
Valor restante dos débitos consolidados	364.000,00
Valor de cada prestação (R$ 364.000,00/129 prestações restantes)	2.821,71

Considerando que a taxa de juros esteja fixada em 0,6% ao mês a ser aplicada sobre o valor de cada prestação.

Sugerimos os seguintes lançamentos contábeis:

a) Registro do pagamento da 1ª parcela (mínima) em 30.09.20X0:

CONTAS CONTÁBEIS	DÉBITO – R$	CRÉDITO – R$
Parcelamento de Débitos a Recuperar (Ativo Circulante)	2.000,00	
Caixa/Banco Conta Movimento (Ativo Circulante)		2.000,00

b) Registro dos débitos consolidados, disponibilizados pela RFB em outubro/20X0:

CONTAS CONTÁBEIS	DÉBITO – R$	CRÉDITO – R$
Impostos e Contribuições a Recolher (Passivo Circulante)	200.000,00	
Juros Passivos – Despesa Financeira (Conta de Resultado)	146.000,00*	
Multa – Despesa Operacional (Conta de Resultado)	20.000,00	
Parcelamento de Débitos a Recuperar (Ativo Circulante)		2.000,00
Parcelamento de Impostos e Contribuições a Pagar (Passivo Circulante)		42.325,65**
Parcelamento de Impostos e Contribuições a Pagar (Passivo Exigível a Longo Prazo)		321.674,35***

* Os juros de R$ 146.000,00 devem ser reconhecidos pelo regime de competência.
** Parcela proporcional de outubro/20X0 a dezembro/20X1.
*** Parcela proporcional de janeiro/20X2 até a última prestação.

c) Registro da apropriação dos juros incorridos em cada prestação mensal:

CONTAS CONTÁBEIS	DÉBITO – R$	CRÉDITO – R$
Juros Passivos – Despesa Financeira (Conta de Resultado)	16,93*	
Parcelamento de Impostos e Contribuições a Pagar (Passivo Circulante)		16,93*

* Valor da prestação R$ 2.821,71 x taxa de juros 0,6%. Esse valor deve ser registrado observando a competência.

d) Registro do pagamento da parcela nº 2 (outubro/20X0):

CONTAS CONTÁBEIS	DÉBITO – R$	CRÉDITO – R$
Parcelamento de Impostos e Contribuições a Pagar (Passivo Circulante)	2.838,64*	
Caixa/Banco Conta Movimento (Ativo Circulante)		2.838,64*

* Valor da prestação R$ 2.821,71 (+) taxa de juros de 0,6%.

PERDÃO DE DÍVIDA

1. INTRODUÇÃO

Perdão de dívida no direito é tratado como "Remissão" que é a forma de extinção da obrigação do devedor para com o credor.

O código civil trata a remissão nos artigos 385 e 386, onde a remissão da divida, aceita pelo devedor, extingue a obrigação, mas sem prejuízo de terceiro e a remissão concedida a um dos codevedores extingue a dívida na parte a ele correspondente; de modo que, ainda reservando o credor a solidariedade contra os outros, já lhes não pode cobrar o débito sem dedução da parte remitida.

2. TRIBUTAÇÃO

O perdão de divida trás para o devedor um acréscimo patrimonial, em virtude do não pagamento da obrigação acarretado assim um aumento em seu patrimônio, pois o seu passivo será menor a partir do perdão concedido pelo credor. Já para o credor o perdão acarreta uma perda em seu patrimônio ao abrir mão de receber o direito diminuindo o seu ativo.

Dessa forma para o devedor o perdão ira gerar uma receita tributável e para o devedor uma despesa operacional.

3. REGISTRO CONTÁBIL

O lançamento contábil para o devedor será a baixa da conta fornecedores ou contas a pagar em contrapartida outras receitas operacionais.

Para o credor o lançamento contábil será a baixa da conta clientes ou duplicatas a receber tendo como contrapartida conta de despesa operacional.

4. EXEMPLO PRÁTICO

Considerando uma operação de compra e venda de uma mercadoria no valor de R$ 500,00 com posterior perdão da divida por parte do credor e aceita pelo devedor. Não será levado em conta os tributos incidentes sobre a operação, tendo em vista que o objetivo aqui é o perdão da divida.

4.1 Operação realizada no devedor

1. Pela compra da mercadoria

CONTAS CONTÁBEIS	DÉBITO R$	CRÉDITO R$
Estoque (Ativo Circulante)	500,00	
Fornecedores (Passivo Circulante)		500,00

2. Pelo perdão da dívida obtido

CONTAS CONTÁBEIS	DÉBITO R$	CRÉDITO R$
Fornecedores (Passivo Circulante)	500,00	
Outras Receitas (Conta de Resultado)		500,00

4.2 *Operação realizada no credor*

1. Pela venda da mercadoria

CONTAS CONTÁBEIS	DÉBITO R$	CRÉDITO R$
Clientes (Ativo Circulante)	500,00	
Receita de Venda (Conta de Resultado)		500,00

2. Pela baixa do estoque

CONTAS CONTÁBEIS	DÉBITO R$	CRÉDITO R$
Custos das Mercadorias Vendidas (Conta de Resultado)	200,00	
Estoque (Ativo Circulante)		200,00

3. Pelo perdão da dívida concedido

CONTAS CONTÁBEIS	DÉBITO R$	CRÉDITO R$
Despesa Operacional (Conta de Resultado)	500,00	
Clientes (Ativo Circulante)		500,00

PERMUTA

1. INTRODUÇÃO

Permuta é o contrato pelo qual as partes se obrigam a dar uma coisa por outra que não seja dinheiro. É contrato bilateral, oneroso, comutativo, translativo de propriedade no sentido de servir como títulos adquirindo, gerando, para cada contratante, a obrigação de transferir para o outro o domínio da coisa objeto de sua prestação. São suscetíveis de troca todas as coisas que puderem ser vendidas, não sendo necessário que os bens sejam da mesma espécie ou tenham igual valor.

Por exemplo: numa publicidade, permuta designa negociação de espaço ou de tempo de um veículo, em troca de produtos ou serviços do anunciante, mediante acordo prévio entre as duas partes, sendo seu valor calculado com base no preço líquido da mídia e nos preços do produto ou serviço sem as margens de lucro do comércio (artigo 533 do Código Civil).

2. REGISTRO CONTÁBIL

Quando os bens ou serviços forem objeto de troca ou de permuta por bens ou serviços que sejam de natureza e valor semelhantes, a troca não é vista como transação que gera receita.

Por outro lado, quando os bens são vendidos ou os serviços são prestados em troca de bens ou serviços não semelhantes, tais trocas são vistas como transações que geram receita. Nesses casos, a receita é mensurada pelo valor justo dos bens ou serviços recebidos, ajustados pela quantia transferida em caixa ou equivalente.

Quando o valor justo dos bens ou serviços recebidos não puder ser satisfatoriamente mensurado, a receita é determinada utilizando-se como parâmetro o valor justo dos bens ou serviços entregues, ajustado pelo valor transferido em caixa ou seu equivalente.

3. EXEMPLO PRÁTICO

✓ 1º Caso:

Contabilização de permuta de imóveis realizadas por instrumento particular, sem envolver pagamento por qualquer das partes.

Dois apartamentos entregues com registro no ativo imobilizado por R$ 104.000,00, em permuta com um apartamento recebido pelo valor de R$ 147.000,00.

Lançamento Contábil:

CONTAS CONTÁBEIS	DÉBITO – R$	CRÉDITO – R$
Imóveis – apartamento recebido (Ativo Imobilizado)	104.000,00	
Imóveis – apartamentos entregues (Ativo Imobilizado)		104.000,00

✓ 2º Caso:

Contabilização de permuta de imóveis com recebimento de torna, entre pessoas jurídicas que explorem a atividade imobiliária.

Torna é o valor pago por uma das partes para igualar o valor negociado.

Demonstraremos a seguir o registro contábil de uma operação de permuta de imóvel, com base nas disposições constantes da IN SRF nº 107/1988, e utilizando-nos, para tanto, dos seguintes dados meramente ilustrativos:

✓ Valor pelo qual o imóvel foi permutado: R$ 100.000,00

✓ Custo atualizado do imóvel permutado: R$ 55.000,00

✓ Valor da torna recebida à vista: R$ 50.000,00

Nesses casos, a permutante que se beneficiar da torna deverá computá-la como receita, no ano-calendário da operação, podendo deduzir dessa receita a parcela do custo da unidade dada em permuta que corresponder à torna recebida ou a receber. Para esse efeito, a parcela a deduzir será determinada mediante a aplicação sobre o custo atualizado ou o valor contábil da unidade, na data da operação, do percentual obtido pela divisão do valor da torna pelo somatório desta com o valor do custo da unidade dada em permuta.

Teríamos, então:

I – Cálculo do percentual a ser utilizado na determinação da receita líquida da torna recebida:

R$ 50.000,00/(R$ 55.000,00 + R$ 50.000,00) x 100 = 47,62%

II – Apuração da receita líquida da torna:

R$ 50.000,00 x 47,62% = R$ 23.810,00

III – Cálculo do custo da torna recebida:

R$ 50.000,00 – R$ 23.810,00 = R$ 26.190,00

IV – Apuração do custo do imóvel recebido:
R$ 55.000,00 – R$ 26.190,00 = R$ 28.810,00
Lançamentos contábeis da operação:
1) Pela torna recebida:

CONTAS CONTÁBEIS	DÉBITO – R$	CRÉDITO – R$
Caixa/Banco Conta Movimento (Ativo Circulante)	50.000,00	
Receita de Torna (Conta de Resultado)		50.000,00

2) Pelo reconhecimento do custo da torna recebida:

CONTAS CONTÁBEIS	DÉBITO – R$	CRÉDITO – R$
Custo de Torna (Conta de Resultado)	26.190,00	
Estoque de Unidade Imobiliária (Ativo Circulante)		26.190,00

3) Pela transferência da unidade concluída pela unidade a concluir:

CONTAS CONTÁBEIS	DÉBITO – R$	CRÉDITO – R$
Estoque de Unidades Imobiliárias (Ativo Circulante)	28.810,00	
Estoque de Unidade Imobiliária (Ativo Circulante)		28.810,00

PIS/PASEP E COFINS

1. INTRODUÇÃO

As Contribuições Sociais estão previstas na Constituição Federal de 1988, nos artigos 149, 195, além do artigo 34, § 1º do Ato das Disposições Constitucionais Transitórias.

De acordo com o artigo 195 da CF/1988, as contribuições sociais destinam-se ao financiamento da seguridade social. Segundo o artigo 194 da Carta Magna, a seguridade social compreende um conjunto integrado de ações de iniciativa dos Poderes Públicos e da sociedade, destinadas a assegurar os direitos relativos à saúde, à previdência, e à assistência social. Esses são, portanto, via de regra, os objetivos da contribuição para o PIS/Pasep, e da Cofins, ou seja, a destinação do produto de sua arrecadação deve ser garantir os direitos relativos à saúde, à previdência e à assistência social.

2. IMPOSTO DE RENDA

As Contribuições Sociais são dedutíveis para fins de determinação do lucro real e da base de cálculo da CSLL.

3. REGISTRO CONTÁBIL

As contribuições para o PIS/Pasep e para a Cofins devem ser contabilizadas da seguinte forma:

   a) Regime Cumulativo: as referidas contribuições serão deduzidas da receita bruta, tendo em vista que as contribuições incidem sobre a receita bruta (artigo 2º da Lei nº 9.718/1998). As empresas que estão no regime cumulativo das contribuições não têm direito a créditos sobre aquisições de mercadorias e produtos e também sobre as despesas e encargos incorridos no mês;

   b) Regime Não Cumulativo: as contribuições que incidirem sobre a receita bruta serão deduzidas da receita bruta e as contribuições que incidirem sobre as receitas operacionais serão contabilizadas como despesas operacionais tributárias, no resultado do exercício (artigo 1º da Lei nº 10.637/2002 e artigo 1º da Lei nº 10.833/2003). Vale lembrar que as empresas que estão na sistemática de não cumulatividade têm direito a créditos sobre os itens citados no artigo 3º da Lei nº 10.637/2002 e artigo 3º da Lei nº 10.833/2003. Esses créditos serão contabilizados em conta específica do ativo circulante.

4. EXEMPLOS PRÁTICOS

4.1. Vamos supor que empresa mercantil, sujeita ao regime cumulativo das contribuições, tenha auferido as seguintes receitas no mês:

Revenda de Mercadorias	18.000,00
Venda de bens do ativo Imobilizado	6.000,00
Desconto obtido	5.000,00
Rendimento de aplicação financeira	700,00
Juros ativos	500,00
Reversão de provisão	1.000,00
Juros sobre capital próprio	25.000,00
Total das receitas auferidas	56.200,00

Cálculo do valor devido:

PIS/Pasep

$ 18.000,00 x 0,65% = $ 117,00

Cofins

$ 18.000,00 x 3% = $ 540,00

Lançamentos Contábeis:

a) PIS/Pasep:

CONTAS CONTÁBEIS	DÉBITO – R$	CRÉDITO – R$
PIS/Pasep sobre Faturamento – Dedução da Receita Bruta (Conta de Resultado)	117,00	
PIS/Pasep a Recolher (Passivo Circulante)		117,00

b) Cofins:

CONTAS CONTÁBEIS	DÉBITO – R$	CRÉDITO – R$
Cofins sobre Faturamento – Dedução da Receita Bruta (Conta de Resultado)	540,00	
Cofins a Recolher (Passivo Circulante)		540,00

4.2. Vamos supor que se a mesma empresa mercantil estivesse no regime não cumulativo, a apuração da base de cálculo e a contabilização das contribuições serão efetuadas da seguinte forma:

A base de cálculo é o total das receitas auferidas pela pessoa jurídica, (artigo 1º das Leis nºs 10.637/2002 e 10.833/2003).

Não integram a base de cálculo, as receitas:

a) isentas ou não alcançadas pela incidência da contribuição ou sujeitas à alíquota 0 (zero);
b) decorrentes da venda de bens do ativo não circulante, classificado como investimento, imobilizado ou intangível;
c) auferidas pela pessoa jurídica revendedora, na revenda de mercadorias em relação às quais a contribuição seja exigida da empresa vendedora, na condição de substituta tributária;
d) referentes a:
    i. vendas canceladas e aos descontos incondicionais concedidos;
    ii. reversões de provisões e recuperações de créditos baixados como perda que não representem ingresso de novas receitas, o resultado positivo da avaliação de investimentos pelo valor do patrimônio líquido e os lucros e dividendos derivados de participações societárias, que tenham sido computados como receita;
e) decorrentes de transferência onerosa a outros contribuintes do Imposto sobre Operações relativas à Circulação de Mercadorias e sobre Prestações de Serviços de Transporte Interestadual e Intermunicipal e de Comunicação – ICMS de créditos de ICMS originados de operações de exportação, conforme o disposto no inciso II do § 1º do art. 25 da Lei Complementar nº 87, de 13 de setembro de 1996;
f) financeiras decorrentes do ajuste a valor presente de que trata o inciso VIII do caput do art. 183 da Lei nº 6.404, de 15 de dezembro de 1976, referentes a receitas excluídas da base de cálculo da Cofins;

g) relativas aos ganhos decorrentes de avaliação do ativo e passivo com base no valor justo;
h) de subvenções para investimento, inclusive mediante isenção ou redução de impostos, concedidas como estímulo à implantação ou expansão de empreendimentos econômicos e de doações feitas pelo poder público;
i) reconhecidas pela construção, recuperação, reforma, ampliação ou melhoramento da infraestrutura, cuja contrapartida seja ativo intangível representativo de direito de exploração, no caso de contratos de concessão de serviços públicos;
j) relativas ao valor do imposto que deixar de ser pago em virtude das isenções e reduções de que tratam as alíneas "a", "b", "c" e "e" do § 1º do art. 19 do Decreto-Lei nº 1.598, de 26 de dezembro de 1977; e
k) relativas ao prêmio na emissão de debêntures.

O Decreto nº 8.426/2015 restabeleceu para 0,65% e 4%, respectivamente, as alíquotas do PIS/PASEP e da COFINS incidentes sobre receitas financeiras, inclusive decorrentes de operações realizadas para fins de hedge, auferidas pelas pessoas jurídicas sujeitas ao regime de apuração não cumulativa das referidas contribuições. Com base no § 2º do art. 1º do Decreto nº 8.426/2015, ficam mantidas em 1,65% e 7,6%, as alíquotas do PIS/PASEP e da COFINS aplicáveis aos juros sobre o capital próprio.

Com base nas receitas apresentadas no subitem 4.1, a base de cálculo das contribuições será de:

Base de Cálculo das contribuições com as alíquotas de 1,65% para a PIS/Pasep e de 7,6% para a Cofins:

Discriminação	PIS/Pasep	COFINS
Revenda de mercadorias	18.000,00	18.000,00
Juros sobre o capital próprio	25.000,00	25.000,00
(=) Base de Cálculo	43.000,00	43.000,00
(x) Alíquotas	1,65%	7,6%
(=) Valor da Contribuição I	709,50	3.268,00

Base de Cálculo das receitas financeiras:

Discriminação	PIS/Pasep	COFINS
Desconto obtido	3.000,00	3.000,00
Rendimento de Aplicação Financeira	700,00	700,00
Juros Ativos	500,00	500,00
(=) Base de Cálculo	4.200,00	4.200,00
(x) Alíquotas	0,65%	4%
(=) Valor da Contribuição II	27,30	168,00

Valor total apurado das contribuições:

Discriminação	PIS/Pasep	COFINS
Valor da Contribuição I	709,50	3.268,00
Valor da Contribuição II	27,30	168,00
(=) Total das Contribuições	736,80	3.436,00

Lançamentos Contábeis:

a) PIS/Pasep – Regime Não Cumulativo:

CONTAS CONTÁBEIS	DÉBITO – R$	CRÉDITO – R$
PIS/Pasep sobre Faturamento – Dedução da Receita Bruta (Conta de Resultado)	297,00	
PIS/Pasep – Despesa Tributária (Conta de Resultado)	439,80	
PIS/Pasep a Recolher (Passivo Circulante)		736,80

b) Cofins – Regime Não Cumulativo:

CONTAS CONTÁBEIS	DÉBITO – R$	CRÉDITO – R$
Cofins sobre Faturamento – Dedução da Receita Bruta (Conta de Resultado)	1.368,00	
Cofins – Despesa Tributária (Conta de Resultado)	2.068,00	
Cofins a Recolher (Passivo Circulante)		3.436,00

Dando continuidade, vamos considerar que a empresa tenha direito aos seguintes créditos:

a) PIS/Pasep:

ITENS	BC DO CRÉDITO PIS/PASEP – R$	ALÍQUOTA	VALOR DO CRÉDITO DE PIS/PASEP – R$
Bens Adquiridos p/revenda	20.000,00	1,65%	330,00
Aluguel	7.000,00	1,65%	115,50
Energia Elétrica	3.100,00	1,65%	51,15
Total	30.100,00		496,65

Lançamentos Contábeis:

CONTAS CONTÁBEIS	DÉBITO – R$	CRÉDITO – R$
PIS/Pasep a Recuperar (Ativo Circulante)	496,65	
Estoque de Mercadorias para Revenda (Ativo Circulante)	19.670,00*	
Aluguel (Conta de Resultado)	6.884,50*	
Energia Elétrica (Conta de Resultado)	3.048,85*	
Contas a Pagar (Passivo Circulante)		30.100,00

* Valor do custo e das despesas menos o valor do crédito das contribuições (artigo 301 do RIR/2018).

b) Cofins:

ITENS	BC DO CRÉDITO COFINS – R$	ALÍQUOTA	VALOR DO CRÉDITO DA COFINS – R$
Bens Adquiridos p/revenda	20.000,00	7,60%	1.520,00
Aluguel	7.000,00	7,60%	425,60
Energia Elétrica	3.100,00	7,60%	188,48
Total	30.100,00		2.134,08

Lançamentos Contábeis:

CONTAS CONTÁBEIS	DÉBITO – R$	CRÉDITO – R$
Cofins a Recuperar (Ativo Circulante)	2.134,08	
Estoque de Mercadorias para Revenda (Ativo Circulante)	18.480,00*	
Aluguel (Conta de Resultado)	6.574,40*	
Energia Elétrica (Conta de Resultado)	2.911,52*	
Contas a Pagar (Passivo Circulante)		30.100,00

Valor do custo e das despesas menos o valor do crédito das contribuições (artigo 301 do RIR/2018).

PIS/PASEP E COFINS – ESTORNO DE CRÉDITO

1. INTRODUÇÃO

O crédito relativo a bens adquiridos para revenda ou utilizados como insumos na prestação de serviços e na produção ou fabricação de bens ou produtos destinados à venda, que tenham sido furtados ou roubados, inutilizados ou deteriorados, destruídos em sinistro ou, ainda, empregados em outros produtos que tenham tido a mesma destinação, deverá ser estornado (Lei nº 10.833/2003, art. 3º, § 13, com redação dada pela Lei nº 11.865/2004, art. 21).

2. PIS/PASEP E COFINS

O valor de indenização recebida em razão de furto, roubo, inutilização, deterioração ou destruição em sinistro de bens não compõe a base de cálculo da Contribuição para o PIS/Pasep e da Cofins (Solução de Consulta 213/2011).

3. REGISTRO CONTÁBIL

Contabilmente, o estorno do crédito de PIS/COFINS deverá ser debitado:

a) na conta de Estoque, caso a mercadoria ou produto não tenha sido vendido;

b) na conta de Custo das Mercadorias ou Produtos Vendidos, caso a mercadoria ou produto já tenha sido vendido;

c) na conta de resultado, se a origem do crédito envolver conta de despesas (exemplo: energia elétrica, armazenagem etc.);

d) na conta de resultado, caso a mercadoria ou produto tenha sido destinado para uso e consumo.

4. EXEMPLO PRÁTICO

Vamos supor que a concessionária de veículos tenha adquirido peças para revender, por valor total de R$ 100.000,00 a prazo.

Considerando que tenha apurado crédito de 1,65% para PIS/Pasep e de 7,6% para Cofins, sugerimos o seguinte lançamento contábil na aquisição:

CONTAS CONTÁBEIS	DÉBITO – R$	CRÉDITO – R$
Estoque de Mercadorias para Revenda (Ativo Circulante)	90.750,00	
PIS/Pasep a Recuperar (Ativo Circulante)	1.650,00	
Cofins a Recuperar (Ativo Circulante)	7.600,00	
Fornecedores (Passivo Circulante)		100.000,00

Dando continuidade ao nosso exemplo, considerando que todas as peças que seriam revendidas foram utilizadas para uso e consumo.

Sugerimos o seguinte lançamento contábil:

CONTAS CONTÁBEIS	DÉBITO – R$	CRÉDITO – R$
Materiais de Consumo (Conta de Resultado)	100.000,00	
PIS/Pasep a Recuperar (Ativo Circulante)		1.650,00
Cofins a Recuperar (Ativo Circulante)		7.600,00

Finalizando, registro do pagamento efetuado ao fornecedor:

CONTAS CONTÁBEIS	DÉBITO – R$	CRÉDITO – R$
Fornecedores (Passivo Circulante)	100.000,00	
Caixa/Banco Conta Movimento (Ativo Circulante)		100.000,00

PIS/PASEP E COFINS – SUBSTITUIÇÃO TRIBUTÁRIA

1. INTRODUÇÃO

A substituição tributária (ST) é o instituto pelo qual a legislação transfere a responsabilidade de recolhimento do imposto para uma terceira pessoa prevista em Lei que não tem vinculação direta com o fato gerador.

No regime de ST, a obrigação de pagar cabe ao contribuinte responsável ou substituto (fabricantes e importadores) e não ao contribuinte substituído (distribuidor, comerciante ou consumidor).

As receitas sujeitas à substituição tributária estão sujeitas ao regime cumulativo das contribuições para o PIS/Pasep e para a Cofins (artigo 8º da Lei nº 10.637/2002 e artigo 10 da Lei nº 10.833/2003). Isso significa, que o fabricante ou importador não terá direito a crédito de PIS/Cofins, bem como o distribuidor e comerciante destes produtos.

Os produtos sujeitos à substituição tributária são:

a) NCM 24.02 – cigarros (art. 5º da Lei nº 9.715/1998).

b) NCM 24.02.10.00 – cigarrilhas (art. 6º da Lei nº 12.402/2011).

c) NCM 87.11 – motocicletas (art. 43 da MP nº 2.158-35/2001).

d) Vendas de produtos monofásicos à Zona Franca de Manaus.

2. REGISTRO CONTÁBIL

O fabricante e o importador de produtos sujeitos à substituição tributária das contribuições para o PIS/Pasep e para a Cofins registrarão as contribuições como redução do faturamento bruto, enquanto que o comerciante e distribuidor reconhecerão como custo das mercadorias vendidas.

3. EXEMPLO PRÁTICO

Vamos supor que o preço de venda do cigarro no varejo seja de R$ 20,00 o pacote, e que o fabricante/importador tenha vendido 10.000 pacotes no mês. Nesse caso, teremos os seguintes valores devidos:

PIS/Pasep:

Venda de cigarros no varejo ($ 20,00 x 10.000 pacotes)	$ 200.000,00
Base de Cálculo ($ 200.000,00 x 3,42)*	$ 684.000,00
PIS/Pasep Devido na Substituição Tributária ($ 684.000,00 x 0,65%)	$ 4.446,00

Cofins:

Venda de cigarros no varejo ($ 20,00 x 10.000 pacotes)	$ 200.000,00
Base de Cálculo ($ 200.000,00 x 291,69%)*	$ 583.380,00
Cofins Devida na Substituição Tributária ($ 583.380,00 x 3%)	$ 17.501,40

A base de cálculo da contribuição para o PIS/Pasep e da Cofins é obtida multiplicando-se o número de unidades vendidas, deduzida das vendas canceladas e devolvidas, pelo preço fixado para venda do cigarro no varejo por "3,42" e "291,69%" respectivamente (artigo 62 da Lei nº 11.196/2005 redação dada pelo artigo 5º da Lei nº 12.024/2009).

Lançamentos Contábeis:

a) PIS/Pasep:

CONTAS CONTÁBEIS	DÉBITO – R$	CRÉDITO – R$
PIS/Pasep – Substituição Tributária – Dedução do Faturamento Bruto (Conta de Resultado)	4.446,00	
PIS/Pasep a Recolher (Passivo Circulante)		4.446,00

b) Cofins:

CONTAS CONTÁBEIS	DÉBITO – R$	CRÉDITO – R$
Cofins – Substituição Tributária – Dedução do Faturamento Bruto (Conta de Resultado)	17.501,40	
Cofins a Recolher (Passivo Circulante)		17.501,40

PRECATÓRIOS – ADQUIRIDOS COM DESÁGIO

1. INTRODUÇÃO

A Lei nº 12.431/2011 autorizou a compensação de débitos perante a Fazenda Pública Federal com créditos provenientes de precatórios, na forma estabelecida pela Constituição Federal de 1988.

Para efeitos da compensação de débitos com precatórios, serão considerados os débitos líquidos e certos, inscritos ou não em Dívida Ativa da União incluídos os débitos parcelados.

2. IMPOSTO DE RENDA

O ganho decorrente do deságio será tratado como receita operacional, no momento de sua realização, estando sujeito, portanto, à incidência do IRPJ, CSL, PIS/Pasep e Cofins (artigo 222 do RIR/2018, IN RFB nº 1.700/2017, art. 1º da Lei nº 10.833/2003 e art. 1º da Lei nº 10.637/2002).

Dessa forma, a incidência dos impostos se dará no momento de sua realização, visto que deverá ser neste momento o reconhecimento do ganho operacional auferido.

3. REGISTRO CONTÁBIL

O deságio alusivo ao precatório deve ser classificado como resultado operacional da empresa.

O registro contábil do precatório com deságio será efetuado pelo seu valor de custo de aquisição de acordo com o artigo 183, inciso I, da Lei nº 6.404/1976.

Reafirmando ainda este procedimento, o artigo 177 da Lei nº 6.404/1976 combinado com o artigo 265 do RIR/2018 dispõe que a escrituração da pessoa jurídica deverá ser mantida em registros permanentes, com obediência aos preceitos da legislação comercial, da própria Lei das S/A., artigo 183, I e aos princípios de contabilidade geralmente aceitos.

4. EXEMPLO PRÁTICO

Aquisição em junho/2011 de um direito em forma de precatório com valor de face em R$ 100.000,00 com deságio de 20% e atualização do precatório em 0,95% no mês de julho/20X1.

I – Pela aquisição do precatório em junho de 20X1:

CONTAS CONTÁBEIS	DÉBITO – R$	CRÉDITO – R$
Precatório a Receber (Ativo Circulante)	80.000,00	
Caixa ou Bancos (Passivo Circulante)		80.000,00

II – Pela provisão do IRPJ diferido em junho/20X1:

CONTAS CONTÁBEIS	DÉBITO – R$	CRÉDITO – R$
Despesa com Provisão (Conta de Resultado)	5.000,00	
IRPJ Diferido a Recolher (Passivo Circulante)		5.000,00

III – Pela apropriação da atualização do precatório em junho de 20X1:

CONTAS CONTÁBEIS	DÉBITO – R$	CRÉDITO – R$
Precatório a Receber (Ativo Circulante)	950,00	
Receita Operacional (Passivo Circulante)		950,00

IV – Pela compensação parcial com o IRPJ em agosto de 20X1:

CONTAS CONTÁBEIS	DÉBITO – R$	CRÉDITO – R$
IRPJ a Recolher (Passivo Circulante)	50.475,00	
Precatórios a Receber (Ativo Circulante)		40.475,00
Receita Operacional (Conta de Resultado)		10.000,00

V – Pelo recebimento do restante do precatório em agosto/20X1:

CONTAS CONTÁBEIS	DÉBITO – R$	CRÉDITO – R$
Caixa ou Bancos (Ativo Circulante)	50.475,00	
Precatórios a Receber (Ativo Circulante)		40.475,00
Receita Operacional (Conta de Resultado)		10.000,00

PREJUÍZO CONTÁBIL

1. INTRODUÇÃO

Prejuízo contábil é o valor negativo apurado no confronto entre as receitas auferidas e os custos, despesas e encargos incorridos no resultado do exercício no encerramento do exercício social da empresa.

2. REGISTRO CONTÁBIL

O prejuízo contábil do exercício será transferido para a conta de "Prejuízos Acumulados", no patrimônio líquido.

O prejuízo do exercício será obrigatoriamente absorvido pelos lucros acumulados, pelas reservas de lucros e pela reserva legal, nessa ordem (Lei nº 6.404/1976, artigo 189).

A reserva legal somente poderá ser utilizada em último caso, isto é, se não houver saldo suficiente em outras contas de reservas de lucros.

3. EXEMPLO PRÁTICO

Vamos admitir que, na apuração do resultado de exercício de determinada empresa, tenha se verificado um prejuízo de R$ 82.000,00.

Considerando que no patrimônio líquido constam os seguintes valores:

CONTAS	R$
Capital Social	100.000,00
Reserva de Capital	20.000,00
Reserva Legal	3.500,00
Reserva de Lucros a Realizar	80.000,00
Total do Patrimônio Líquido	203.500,00

Supondo que a empresa resolveu reverter para a conta de prejuízos acumulados, o saldo da conta de Reserva de Lucros a Realizar de R$ 80.000,00 e o valor de R$ 2.000,00 de Reserva Legal.

Teremos os seguintes lançamentos contábeis:

a) Registro da transferência do valor do prejuízo apurado no resultado do exercício para a conta de "Prejuízos Acumulados", no patrimônio líquido:

CONTAS CONTÁBEIS	DÉBITO – R$	CRÉDITO – R$
Prejuízos Acumulados (Patrimônio Líquido)	82.000,00	
Apuração do Resultado do Exercício (Conta de Resultado)		82.000,00

b) Registro do valor absorvido pelas reservas de lucros:

CONTAS CONTÁBEIS	DÉBITO	CRÉDITO
Reserva de Lucros a Realizar (Patrimônio Líquido)	R$ 80.000,00	
Prejuízos Acumulados (Patrimônio Líquido)		R$ 80.000,00

c) Registro do valor absorvido pela reserva legal:

CONTAS CONTÁBEIS	DÉBITO	CRÉDITO
Reserva Legal (Patrimônio Líquido)	R$ 2.000,00	
Prejuízos Acumulados (Patrimônio Líquido)		R$ 2.000,00

PRÊMIOS DE BENS COMO INCENTIVO À PRODUTIVIDADE

1. INTRODUÇÃO

Prêmios de bens são prêmios distribuídos, mediante concursos e sorteios de qualquer espécie.

Com o objetivo de incrementar suas vendas, as empresas costumam promover campanhas de incentivo a funcionários e representantes comerciais autônomos, mediante oferecimento de prêmios aos que realizarem maior volume de vendas.

Normalmente, esses prêmios são pagos mediante distribuição gratuita de bens.

A distribuição gratuita de prêmios a funcionários e representantes comerciais da pessoa jurídica, a título de incentivo à produtividade, independe de autorização prévia da Caixa Econômica Federal, quando realizada sem sorteio, vale-brinde, concurso ou operação assemelhada.

Ressalte-se, porém, que, se para a distribuição dos prêmios a empresa recorrer a sorteio ou vale-brinde, impõe-se a prévia autorização do órgão competente.

2. IMPOSTO DE RENDA

Prêmios de bens concedidos a funcionários e representantes comerciais autônomos por produtividade são tributados na fonte mediante aplicação da tabela progressiva do mês da distribuição (art. 122 do RIR/2018).

3. REGISTRO CONTÁBIL

Prêmios de bens concedidos a funcionários e representantes comerciais autônomos por produtividade são contabilizados como despesas de venda, no resultado do exercício.

4. EXEMPLO PRÁTICO

Vamos considerar que a empresa, cujo objeto social seja distribuidor de computador, concedeu a um determinado funcionário um computador pelo valor de custo de aquisição de R$ 3.000,00, por ter realizado maior volume de vendas no ano.

Lançamento Contábil:

CONTAS CONTÁBEIS	DÉBITO – R$	CRÉDITO – R$
Despesa de Venda (Conta de Resultado)	3.000,00	
Estoque de Mercadorias para Revenda (Ativo Circulante)		3.000,00

PRÊMIOS DE SEGUROS

1. INTRODUÇÃO

Prêmio de seguro é a prestação paga pelo segurado, para a contratação do seguro, que se efetiva com a emissão da apólice por parte da empresa seguradora.

As despesas com prêmios de seguros são despesas pagas antecipadamente, pois em geral o prêmio pode ser pago à vista ou em algumas parcelas, porém, o período de cobertura sempre será superior ao espaço de tempo destinado ao parcelamento.

2. IMPOSTO DE RENDA

A despesa de seguros é dedutível para fins de determinação do lucro real e da base de cálculo da CSLL, desde que o bem esteja intrinsecamente relacionado com a produção ou comercialização dos bens e serviços (artigo 311 do RIR/2018 e artigo 25 da IN SRF nº 11/1996).

3. REGISTRO CONTÁBIL

As despesas com prêmios de seguros devem ser contabilizadas como despesas antecipadas no Ativo Circulante em contrapartida da conta de:

a) disponibilidade, se o prêmio for pago à vista;

b) obrigações, se o prêmio for pago em parcelas.

À medida que as despesas forem sendo incorridas, serão transferidas para o resultado do exercício, observando o regime de competência.

4. EXEMPLO PRÁTICO

Vamos supor que a empresa segurou um veículo por R$ 1.200,00 a ser pago em 4 (quatro) parcelas.

Considerando que a vigência do contrato seja de 12 meses, teremos os seguintes lançamentos contábeis:

a) registro do prêmio de seguro, na contratação:

CONTAS CONTÁBEIS	DÉBITO – R$	CRÉDITO – R$
Despesa Antecipada (Ativo Circulante)	1.200,00	
Prêmio de Seguros a Pagar (Passivo Circulante)		1.200,00

b) registro do pagamento da 1ª parcela:

CONTAS CONTÁBEIS	DÉBITO – R$	CRÉDITO – R$
Prêmio de Seguros a Pagar (Passivo Circulante)	400,00	
Caixa/Banco Conta Movimento (Ativo Circulante)		400,00

Obs.: Este lançamento contábil ocorrerá no pagamento de cada parcela, ou seja, R$ 400,00 por mês.

c) apropriação da despesa no resultado do exercício pelo prazo do contrato (1ª parcela):

CONTAS CONTÁBEIS	DÉBITO – R$	CRÉDITO – R$
Prêmio de Seguros (Conta de Resultado)	100,00	
Despesa Antecipada (Ativo Circulante)		100,00

Obs.: *Este lançamento contábil ocorrerá no final de cada mês, durante o prazo do contrato (12 meses, ou seja, R$ 100,00 por mês).*

PROGRAMA DE ALIMENTAÇÃO AOS TRABALHADORES (PAT)

1. INTRODUÇÃO

Programa de Alimentação aos Trabalhadores (PAT) é um incentivo fiscal, instituído pela Lei nº 6.321/1976, que objetiva estimular o fornecimento de alimentação aos trabalhadores, a baixo custo, prioritariamente àqueles de baixa renda.

A Lei utiliza a legislação do Imposto de Renda para, por meio dela, propiciar a utilização do incentivo, que se faz computando as despesas de custeio do serviço de alimentação como operacionais e, além disso, proporcionalmente em dedução direta do Imposto de Renda.

2. IMPOSTO DE RENDA

Os gastos com fornecimento de alimentação aos funcionários da empresa são dedutíveis para fins de determinação do lucro real e da base de cálculo da CSLL.

A dedução do incentivo ao PAT está limitada a 4% do imposto devido, mas o eventual excesso pode ser utilizado para dedução nos dois anos-calendário subsequentes com observância dos limites admitidos.

3. REGISTRO CONTÁBIL

Os gastos realizados com o fornecimento de alimentação aos funcionários do setor de produção representam custo e como tal devem ser contabilizados. Por outro lado, os gastos relativos aos demais setores da empresa devem ser contabilizados como despesa operacional.

4. EXEMPLO PRÁTICO

Demonstraremos o registro contábil das despesas com a execução do PAT, de acordo com o sistema adotado pela empresa para o fornecimento de refeições.

Observamos que, nos lançamentos que se seguem, estamos admitindo tratar-se de empresa comercial, razão pela qual os valores serão classificados como despesa operacional.

4.1. Empresas que adotam o sistema de refeições-convênio

Nesse caso, o registro das operações relativas ao PAT poderá ser efetuado da seguinte forma:

a) Pela aquisição do vale-refeição:

CONTAS CONTÁBEIS	DÉBITO – R$	CRÉDITO – R$
Despesas Antecipadas – Vale-Refeição (Ativo Circulante)	10.000,00	
Fornecedores (Passivo Circulante)		10.000,00

b) Pelo registro do fornecimento do vale-refeição aos funcionários:

CONTAS CONTÁBEIS	DÉBITO – R$	CRÉDITO – R$
Despesas Operacionais – PAT (Conta de Resultado)	10.000,00	
Despesas Antecipadas – Vale-Refeição (Ativo Circulante)		10.000,00

c) Pelo registro da participação dos empregados no custo das refeições

CONTAS CONTÁBEIS	DÉBITO – R$	CRÉDITO – R$
Salários e Ordenados a Pagar (Passivo Circulante)	2.000,00	
Despesas Operacionais – PAT (Conta de Resultado)		2.000,00

4.2. Empresas que fornecem refeições adquiridas de terceiros

No caso das empresas que fornecem refeições a seus empregados mediante a contratação de serviços de terceiros, o registro contábil dessas operações poderá ser realizado conforme segue:

a) Pelo fornecimento das refeições:

CONTAS CONTÁBEIS	DÉBITO – R$	CRÉDITO – R$
Despesas Operacionais – PAT (Conta de Resultado)	1.000,00	
Fornecedores (Passivo Circulante)		1.000,00

b) Pelo registro da participação dos empregados no custo das refeições fornecidas:

CONTAS CONTÁBEIS	DÉBITO – R$	CRÉDITO – R$
Salários e Ordenados a Pagar (Passivo Circulante)	200,00	
Despesas Operacionais – PAT (Conta de Resultado)		200,00

4.3. Empresas que possuem restaurante próprio

Nas empresas que possuem restaurante próprio, é necessária a apuração do custo das refeições, com base nos dispêndios relativos à matéria-prima utilizada no preparo das refeições, à mão de obra (abrangendo os salários do pessoal do restaurante mais os encargos sociais), a gastos com asseio e energia elétrica diretamente relacionados com o preparo e distribuição das refeições etc.

Para tanto, a pessoa jurídica deverá segregar contabilmente as contas representativas dos gastos relacionados com o PAT.

Seguem os lançamentos contábeis:

a) Pelo registro da aquisição de insumos para o restaurante:

CONTAS CONTÁBEIS	DÉBITO – R$	CRÉDITO – R$
Estoque (Ativo Circulante)	8.500,00	
Fornecedores (Passivo Circulante)		8.500,00

b) Pelo registro dos insumos consumidos no restaurante:

CONTAS CONTÁBEIS	DÉBITO – R$	CRÉDITO – R$
Fornecimento Próprio de Refeições – Alimentos e Ingredientes (Conta Transitória)	8.000,00	
Estoque (Ativo Circulante)		8.000,00

c) Pelo registro da apropriação dos salários do pessoal do restaurante:

CONTAS CONTÁBEIS	DÉBITO – R$	CRÉDITO – R$
Fornecimento Próprio de Refeições – Salários e Ordenados (Conta Transitória)	3.100,00	
Salários e Ordenados a Pagar (Passivo Circulante)		3.100,00

d) Pelo registro dos encargos previdenciários sobre os salários do pessoal do restaurante:

CONTAS CONTÁBEIS	DÉBITO – R$	CRÉDITO – R$
Fornecimento Próprio de Refeições – Encargos Sociais (Conta Transitória)	799,80	
Fornecimento Próprio de Refeições – Seguro de Acidente do Trabalho (Conta Transitória)	62,00	
INSS a Recolher (Passivo Circulante)		861,80

e) Pelo registro do FGTS incidente sobre os salários do pessoal do restaurante:

CONTAS CONTÁBEIS	DÉBITO – R$	CRÉDITO – R$
Fornecimento Próprio de Refeições – Encargos com FGTS (Conta Transitória)	263,50	
FGTS a Recolher (Passivo Circulante)		263,50

f) Pelo registro do consumo de energia elétrica do restaurante (calculado mediante rateio, com base em laudo técnico):

CONTAS CONTÁBEIS	DÉBITO – R$	CRÉDITO – R$
Fornecimento Próprio de Refeições – Energia Elétrica (Conta Transitória)	300,00	
Energia Elétrica a Pagar (Passivo Circulante)		300,00

Dando sequência ao exemplo, demonstraremos, a seguir, o registro contábil da transferência do custo das refeições para a conta de resultado definitiva (Despesa Operacional, nesse caso) que, a título de sugestão, poderá denominar-se "Fornecimento de Refeições em Refeitório Próprio" (subconta de "PAT").

Assim, considerando-se, apenas para simplificação, que naquele mês as despesas da empresa com o fornecimento de refeições tenham sido somente as anteriormente registradas neste subtópico, teríamos o seguinte lançamento:

g) Pela transferência para a conta "Fornecimento de Refeições em Refeitório Próprio" do saldo das contas transitórias:

CONTAS CONTÁBEIS	DÉBITO – R$	CRÉDITO – R$
Fornecimento de Refeições em Refeitório Próprio – PAT (Conta de Resultado)	12.525,30	
Fornecimento Próprio de Refeições – Alimentos e Ingredientes (Conta Transitória)		8.000,00
Fornecimento Próprio de Refeições – Salários e Ordenados (Conta Transitória)		3.100,00
Fornecimento Próprio de Refeições – Encargos da Previdência Social (Conta Transitória)		799,80
Fornecimento Próprio de Refeições – Seguro de Acidente do Trabalho (Conta Transitória)		62,00
Fornecimento Próprio de Refeições – Encargos com o FGTS (Conta Transitória)		263,50
Fornecimento Próprio de Refeições – Energia Elétrica (Conta Transitória)		300,00

Após a transferência, a empresa registrará a crédito da conta "Fornecimento de Refeições em Refeitório Próprio" (conta definitiva), o valor suportado pelos empregados no custo do fornecimento das refeições.

Considerando-se que a participação dos empregados seja de 20%, teremos: R$ 12.525,30 x 20% = R$ 2.505,06.

Então, teríamos:

h) Pelo registro do valor descontado dos salários, relativo ao fornecimento de refeições:

CONTAS CONTÁBEIS	DÉBITO – R$	CRÉDITO – R$
Salários e Ordenados a Pagar (Passivo Circulante)	2.505,06	
Fornecimento de Refeições em Refeitório Próprio – PAT (Conta de Resultado)		2.506,06

PRO LABORE

1. INTRODUÇÃO

Pro labore é a remuneração dos sócios ou dirigentes da pessoa jurídica pela efetiva prestação de serviços à empresa.

2. IMPOSTO DE RENDA

A remuneração de *pro labore* é dedutível para fins de determinação do lucro real e da base de cálculo da CSLL (artigo 368 do RIR/2018).

3. REGISTRO CONTÁBIL

O *pro labore* será classificado, pelo regime de competência (Resolução CFC nº 750/1993 e artigo 177 da Lei nº 6.404/1976):

a) nas empresas industriais ou prestadoras de serviços:
- ✓ como custo de produção, no caso de dirigentes ligados diretamente à produção;
- ✓ como despesa operacional, no caso de dirigentes ligados às áreas de administração, de vendas e de outros

setores não ligados diretamente ou indiretamente à produção de bens ou serviços;

b) nas demais empresas, inclusive nas empresas mercantis: como despesa operacional.

4. EXEMPLO PRÁTICO

Considerando que empresa comercial tem dois dirigentes (A e B), cujas remunerações mensais brutas (*pro labore*) sejam de R$ 15.000,00 para cada um.

Considerando os seguintes dados hipotéticos:

➤ Dados dos Dirigentes A:
- Valor do *pro labore*   R$ 15.000,00
- Valor do IRRF   (R$ 4.020,11)
- Valor do INSS   (R$ 405,86)
- (=) Valor líquido   R$ 10.574,03

➤ Dados do Dirigente B:
- Valor do *pro labore*   R$ 15.000,00
- Valor do IRRF   (R$ 4.020,11)
- Valor do INSS   (R$ 405,86)
- (=) Valor líquido   R$ 10.574,03

➤ Contribuição Previdenciária da empresa sobre o *pro labore*:
- Valor total do *pro labore*   R$ 30.000,00
- (x) Alíquota   20%
- (=) INSS da empresa   R$ 6.000,00

Lançamentos Contábeis:

a) Registro da apropriação da despesa:

CONTAS CONTÁBEIS	DÉBITO – R$	CRÉDITO – R$
Pro Labore (Conta de Resultado)	30.000,00*	
Pro Labore a Pagar (Passivo Circulante)		30.000,00*

* *Remuneração bruta dos 2 dirigentes*

b) Registro da contribuição previdenciária da empresa:

CONTAS CONTÁBEIS	DÉBITO – R$	CRÉDITO – R$
INSS (Conta de Resultado)	6.000,00	
INSS a Recolher (Passivo Circulante)		6.000,00

c) Registro do desconto do IRRF:

CONTAS CONTÁBEIS	DÉBITO – R$	CRÉDITO – R$
Pro Labore a Pagar (Passivo Circulante)	8.040,22**	
IRRF a Recolher (Passivo Circulante)		8.040,22**

** *Retenção do IR Fonte dos dirigentes A e B.*

d) Registro do desconto do INSS:

CONTAS CONTÁBEIS	DÉBITO – R$	CRÉDITO – R$
Pro Labore a Pagar (Passivo Circulante)	811,72***	
INSS a Recolher (Passivo Circulante)		811,72***

*** *Contribuição previdenciária retida dos dois dirigentes.*

e) Registro do pagamento do *pro labore*:

CONTAS CONTÁBEIS	DÉBITO – R$	CRÉDITO – R$
Pro Labore a Pagar (Passivo Circulante)	21.148,06	
Caixa/Banco Conta Movimento (Ativo Circulante) ☞ Dirigente A = R$ 10.574,03 ☞ Dirigente B = R$ 10.574,03		21.148,06

f) Registro do recolhimento do IRRF:

CONTAS CONTÁBEIS	DÉBITO – R$	CRÉDITO – R$
IRRF a Recolher (Passivo Circulante)	8.040,22	
Caixa/Banco Conta Movimento (Ativo Circulante)		8.040,22

g) Registro do recolhimento do INSS:

CONTAS CONTÁBEIS	DÉBITO – R$	CRÉDITO – R$
INSS a Recolher (Passivo Circulante)	6.811,72****	
Caixa/Banco Conta Movimento (Ativo Circulante)		6.811,72****

**** *Refere-se ao encargo social da empresa e à retenção efetuada dos sócios.*

PROUNI (PROGRAMA UNIVERSIDADE PARA TODOS)

1. INTRODUÇÃO

A adesão da instituição de ensino superior ao Prouni dar-se-á por intermédio de sua mantenedora, e a isenção de tributos será aplicada pelo prazo de vigência do termo de adesão, devendo a mantenedora comprovar, ao final de cada ano-calendário, a quitação de tributos e contribuições federais administrados pela Secretaria da Receita Federal do Brasil (RFB), sob pena de desvinculação do programa, sem prejuízo para os estudantes beneficiados e sem ônus para o Poder Público.

2. IMPOSTO DE RENDA

As instituições consideradas entidades beneficentes de assistência social deverão aplicar anualmente, em gratuidade, pelo menos 20% da receita bruta proveniente da venda de serviços, acrescida da receita decorrente de aplicações financeiras, de locação de bens, de vendas de bens não integrantes do Ativo Imobilizado e de doações particulares, respeitadas (quando couber) as normas que disciplinam a atuação das entidades beneficentes de assistência social na área da saúde.

Para o cumprimento do disposto serão contabilizadas, além das bolsas integrais, as bolsas parciais de 50% ou de 25%, para estudantes brasileiros não portadores de diploma de curso superior, cuja renda familiar mensal *per capita* não exceda o valor de até 3 salários mínimos, mediante critérios definidos pelo Ministério da Educação.

A instituição privada de ensino superior que aderir ao Programa Universidade para Todos (Prouni) ficará isenta, no período de vigência do termo de adesão:

   a) do IRPJ;
   b) da CSL;
   c) da Cofins;
   d) do PIS/Pasep

3. REGISTRO CONTÁBIL

O lançamento das bolsas de estudos Prouni e efetuado em conta que pode ser denominada "Bolsas de Estudo Prouni" em conta de resultado tendo como contrapartida conta que pode ser denominada "Mensalidades Escolares a Receber".

4. EXEMPLO PRÁTICO

Admita-se que determinada instituição beneficente de assistência social, tenha aderido ao Prouni e apresente os seguintes dados:

Receita de Serviços	R$	6.500.000,00
Receitas Financeiras	R$	400.00,00
Receita de Aluguel	R$	250.000,00
Venda de Bens do Imobilizado	R$	650.000,00
Doações recebidas	R$	450.000,00

Cálculo da gratuidade

RECEITAS		BASE DE CÁLCULO	PERCENTUAL	GRATUIDADE
R$	6.500.000,00			
R$	400.00,00			
R$	250.000,00	R$ 8.250.000,00	20%	R$ 1.650.000,00
R$	650.000,00			
R$	450.000,00			

Agora admitindo que a instituição tenha concedido bolsas de estudo no valor total anual de R$ 1.800.000,00, que representa valor maior que calculado no quadro acima (R$ 1.650.000,00), esta teria atendido ao limite mínimo exigido pelo Prouni.

Portanto, no decorrer do ano-calendário, a contabilização das mensalidades devidas pelos alunos e das bolsas de estudo concedidas poderia ser efetuada como segue:

I – Pelo registro das mensalidades a receber do todos os alunos:

CONTAS CONTÁBEIS	DÉBITO – R$	CRÉDITO – R$
Mensalidades Escolares a Receber (Ativo Circulante)	500.000,00	
Receita de Serviços (Conta de Resultado)		500.000,00

II – Pelo registro das bolsas de estudo concedidas:

CONTAS CONTÁBEIS	DÉBITO – R$	CRÉDITO – R$
Bolsas de Estudo Prouni (Conta de Resultado)	150.000,00	
Mensalidades Escolares a Receber (Ativo Circulante)		150.000,00

PROVISÃO DE FÉRIAS

1. INTRODUÇÃO

As férias transcorridas e ainda não gozadas devem ser provisionadas contabilmente pelo regime de competência, permitindo melhor apuração do resultado.

2. IMPOSTO DE RENDA

A importância destinada a constituir provisão para pagamento de remuneração correspondente a férias de seus empregados é dedutível para fins de determinação do lucro real e da base de cálculo da CSLL (art. 342 do RIR/2018 e artigo 70 da IN RFB nº 1.700/2017).

3. REGISTRO CONTÁBIL

Contabilmente, a provisão para férias e seus respectivos encargos sociais deve ser constituída mensalmente, durante o período aquisitivo do direito pelos empregados.

O cálculo da provisão será efetuado por percentuais predeterminados sobre o valor bruto da folha, isto é, 1/12 da remuneração mensal do empregado mais um terço de seu valor, adicionando outros encargos sociais.

O valor correspondente às férias adquiridas, ao abono constitucional e aos encargos sociais incidentes deve ser contabilizado da seguinte maneira:

  a) como custo de produção, quando se tratar de pessoal do setor de produção; ou

  b) como despesa operacional, quando se tratar de pessoal dos setores comercial e administrativo.

A contrapartida será à conta de "Provisão para Férias e Encargos Sociais", classificados no passivo circulante.

3.1. Baixa da provisão

Quando forem concedidas as férias ou as indenizações por desligamento do empregado do quadro da empresa, o valor pago a título de remuneração de férias e abonos ou indenizações deve ser baixado da conta de provisão até o limite do que foi provisionado.

4. EXEMPLO PRÁTICO

Empresa tributada com base no lucro real, optante pelo pagamento mensal por estimativa, está provisionando mensalmente as férias com base em valor estimado de 1/12 sobre a folha de pagamento mensal.

Considerando que o valor total da folha no mês seja de R$ 5.650,00 e que os encargos previdenciários representem 27,8% e o FGTS 8% da folha de pagamento, teremos os seguintes lançamentos contábeis:

Demonstrativo de Cálculo:

DISCRIMINAÇÃO	BASE DE CÁLCULO
Férias	R$ 5.650,00/12 meses = R$ 470,83
1/3 Constitucional	R$ 470,83/3 = R$ 156,94
Encargos Previdenciários	R$ 627,77 ($ 470,83 + $ 156,94) x 27,8% = R$ 174,52
FGTS	R$ 627,77 x 8% = R$ 50,22
Total da provisão mensal	R$ 852,51

a) Registro da provisão mensal:

CONTAS CONTÁBEIS	DÉBITO – R$	CRÉDITO – R$
Férias (Custo de Produção e/ou Despesa Operacional)	852,51	
Provisão para Férias e Encargos Sociais (Passivo Circulante)		852,51

b) Registro da baixa da provisão:

Vamos admitir que, após um ano, a empresa conceda férias para um determinado funcionário no período de 1º de maio a 31 de maio, a saber:

DISCRIMINAÇÃO	R$
Remuneração de férias	1.500,00
1/3 Constitucional	500,00
Valor total das férias	2.000,00
INSS	157,30
IRRF	127,91
Valor líquido a Pagar	1.714,79

c) Registro do pagamento das férias:

CONTAS CONTÁBEIS	DÉBITO – R$	CRÉDITO – R$
Adiantamento de Férias (Ativo Circulante)	2.000,00	
INSS a Recolher (Passivo Circulante)		157,30*
IRRF a Recolher (Passivo Circulante)		127,91**
Caixa/Banco Conta Movimento (Ativo Circulante)		1,714,79

* INSS descontado na folha de pagamento.
** IRRF descontado na folha de pagamento.

d) Registro da folha de pagamento em 31 de maio:

CONTAS CONTÁBEIS	DÉBITO – R$	CRÉDITO – R$
Provisão para Férias e Encargos Sociais (Passivo Circulante)	2.716,00	
Salários e Ordenados a Pagar (Passivo Circulante)		2.000,00
INSS a Recolher (Passivo Circulante)		556,00*
FGTS a Recolher (Passivo Circulante)		160,00**

* Encargo Previdenciário da Empresa: R$ 2.000,00 x 27,8%.
** FGTS: R$ 2.000,00 x 8%.

PROVISÃO IRPJ/CSLL – DIFERIDAS

1. INTRODUÇÃO

De acordo com o Princípio Contábil da Competência, se a contabilidade já reconheceu uma receita ou lucro, a despesa de IRPJ e da CSLL deve ser reconhecida nesse mesmo período, ainda que tais receitas e lucros tenham a sua tributação diferida para efeitos fiscais, ou seja, o IRPJ e a CSLL incidente sobre elas serão pagos em períodos futuros.

2. IMPOSTO DE RENDA

O diferimento do IRPJ e da CSLL é feito somente para fins fiscais no e-Lalur e no e-LACS, respectivamente, não alterando o lucro líquido na contabilidade, pois em função do regime de competência, na contabilidade não há postergação do reconhecimento do resultado.

3. REGISTRO CONTÁBIL

A receita ou o lucro já foram registrados contabilmente pelo regime de competência e a despesa de IRPJ e da CSLL também deve ser reconhecida no mesmo período, mediante crédito na conta de Provisão para Imposto de Renda Diferido e Provisão para CSLL Diferida, classificada no passivo circulante ou no passivo não circulante e débito na conta de despesa do IRPJ e da CSLL no resultado.

Quando a receita ou o lucro se tornarem tributáveis, o valor constante da conta de "Provisão para Imposto de Renda Diferido" e da "Provisão para CSLL Diferida", será transferido para a conta de "Provisão para IRPJ e CSLL" no Passivo Circulante, não alterando o resultado desse período.

Esses registros de Imposto de Renda e da CSLL Diferida também podem ocorrer em conta de ativo, denominada Ativo Fiscal Diferido.

4. EXEMPLO PRÁTICO

A empresa comprou um ativo cujo valor foi R$ 100.000,00. Com o passar do tempo, considerando o registro da depreciação, o valor contábil deste ativo hoje é de R$ 40.000,00, ou seja, fora depreciado no montante de R$ 60.000,00.

Todavia, para o fisco, essa depreciação deve ser considerada no valor de R$ 70.000,00, com uma alíquota de tributo sobre o lucro de 25%.

Hoje, o ativo possui base fiscal de R$ 30.000,00 (R$ 100.000,00 – R$ 70.000,00).

Para recuperar o valor contábil de R$ 40.000,00, a empresa deve obter renda no mínimo neste valor. Todavia a depreciação para fins fiscais será considerada apenas partindo-se do montante de R$ 30.000,00, pois este é o valor que existe para o Fisco.

Podemos dizer que os outros R$ 10.000,00 (R$ 40.000,00 – R$ 30.000,00), os quais não foram considerados pela Receita Federal, deverão ser tributados (R$ 10.000,00 x 25%) = R$ 2.500,00. Esses R$ 2.500,00 são considerados como passivo fiscal diferido, que será pago quando da recuperação do valor contábil do ativo.

Lançamento contábil:

CONTAS CONTÁBEIS	DÉBITO – R$	CRÉDITO – R$
IRPJ (Resultado)	2.500	
IRPJ diferido (Passivo Circulante ou Passivo Não Circulante)		2.500

PROVISÃO PARA A CSLL

1. INTRODUÇÃO

De acordo com a legislação tributária, em cada período de apuração (trimestral ou anual), deve ser constituída provisão para a Contribuição Social sobre o Lucro Líquido (CSLL), relativa à contribuição devida sobre o lucro real ou presumido.

2. IMPOSTO DE RENDA

O valor da Contribuição Social sobre o Lucro Líquido não poderá ser deduzido para efeito de determinação do lucro real, nem de sua própria base de cálculo (art. 352, § 6º, do RIR/2018).

3. REGISTRO CONTÁBIL

No final de cada período de apuração, a CSLL deverá ser provisionada a débito da conta "Apuração do Resultado do Exercício (ARE)" e a crédito do Passivo Circulante.

4. EXEMPLO PRÁTICO

Vamos considerar que, no final do período de apuração, uma empresa tributada com base no lucro real tenha apurado uma CSLL no valor de R$ 40.000,00. Neste caso, a provisão será registrada da seguinte maneira:

CONTAS CONTÁBEIS	DÉBITO – R$	CRÉDITO – R$
Apuração do Resultado do Exercício – ARE (Conta de Resultado)	40.000,00	
Provisão para a CSLL (Passivo Circulante)		40.000,00

PROVISÃO PARA O 13º SALÁRIO

1. INTRODUÇÃO

A provisão mensal para o pagamento do 13º salário é uma prática pela qual são distribuídos, de maneira uniforme, por todos os meses do ano, os gastos incorridos com essa gratificação, para atender fielmente ao regime de competência, o que é indispensável nas empresas que levantam balanços ou balancetes durante o ano, em atendimento às finalidades fiscais (apuração do lucro real), à exigência de legislação específica (da Comissão de Valores Mobiliários – CVM, para as companhias abertas, do Banco Central do Brasil – Bacen, para as instituições financeiras, da Superintendência de Seguros Privados – Susep, para as empresas de seguros e outras) ou, simplesmente, para fins gerenciais.

O valor a ser provisionado é calculado na base de 1/12 da remuneração mensal dos empregados que tiverem trabalhado, no mínimo, 15 dias no mês, cabendo ajuste do valor provisionado nos meses anteriores na ocorrência de reajustes salariais.

Cabe observar que, se a empresa não for tributada pelo Imposto de Renda com base no lucro real ou, mesmo estando sujeita a essa forma de tributação, optou pelo pagamento mensal do imposto por estimativa e somente venha a apurar resultados em 31 de dezembro, na data do levantamento do balanço anual, normalmente, já deverá ter quitado integralmente a gratificação natalina devida aos seus empregados no ano.

Portanto, em tal hipótese, o provisionamento mensal do 13º salário não tem efeitos fiscais, exceto no caso de empresas industriais que tenham sistema de custos integrado e coordenado com a Contabilidade Geral, hipótese em que a não constituição mensal da provisão provoca distorções no custo da produção mensal.

Normalmente, as empresas efetuam o pagamento do 13º salário da seguinte forma:
- a) metade por ocasião do pagamento de férias concedidas a partir do mês de fevereiro, quando solicitada pelo funcionário, ou até 30 de novembro; e
- b) o saldo até 20 de dezembro ou por ocasião da rescisão do contrato de trabalho.

2. IMPOSTO DE RENDA

A provisão para o 13º salário de seus funcionários é dedutível para fins de determinação do lucro real e da base de cálculo da CSLL (art. 343 do RIR/2018 e artigo 70 da IN RFB nº 1.700/2017).

3. REGISTRO CONTÁBIL

A provisão para o 13º salário e para os respectivos encargos incidentes deve ser registrada como custo de produção, quando referente ao pessoal de setores produtivos, ou como despesa operacional, quando relativa ao pessoal de setores de vendas ou administrativo, tendo como contrapartida contas de "Provisão para 13º Salário" e "Provisão para Encargos Sociais sobre o 13º Salário", ou, alternativamente, uma única conta de "Provisão para 13º Salário e Encargos Sociais", classificáveis no Passivo Circulante.

Se a empresa não provisionou mensalmente o 13º salário, por ocasião do seu pagamento, contabilizará o valor da gratificação paga diretamente em conta de custo ou despesa, conforme o caso. Os pagamentos que caracterizam adiantamento usualmente são registrados em conta própria do Ativo Circulante e baixados por ocasião da quitação da gratificação (em dezembro ou no mês da rescisão do contrato de trabalho).

4. EXEMPLO PRÁTICO

Vamos admitir que, durante o ano-calendário de 20X1, uma empresa comercial tenha efetuado a provisão mensal do 13º salário e dos respectivos encargos sociais e, em 30.11.20X1, apresente a seguinte situação:

DADOS				PROVISÃO				ADIANTAMENTO1	
EMPRE-GADOS	DATA DE ADMISSÃO	SALÁ-RIOS R$	Nº DE DOZE AVOS	13º PRO-VISIONA-DO R$	INSS2 R$	FGTS3 R$	TOTAL R$	VALOR PAGO R$	FGTS3 INCIDENTE R$
"A"	23.05.20X2	1.200,00	6/12	600,00	156,00	48,00	804,00	350,004	28,00
"B"	14.01.20X1	1.800,00	11/12	1.650,00	429,00	132,00	2.211,00	900,00	72,00
"C"	02.01.20X0	2.400,00	11/12	2.200,00	572,00	176,00	2.948,00	1.200,00	96,00
Total				4.450,00	1.157,00	356,00	5.963,00	2.450,00	196,00

Lançamentos Contábeis:

a) Registro do adiantamento:

CONTAS CONTÁBEIS	DÉBITO – R$	CRÉDITO – R$
Adiantamento do 13º salário (Ativo Circulante)	2.450,00	
Caixa/Banco Conta Movimento (Ativo Circulante)		2.450,00

b) Registro da transferência do FGTS (8%), incidente sobre o adiantamento do 13º salário:

CONTAS CONTÁBEIS	DÉBITO – R$	CRÉDITO – R$
Provisão do encargo social do 13º salário (Passivo Circulante)	196,00	
FGTS a Recolher (Passivo Circulante)		196,00

Admitindo-se que a empresa contabilizou mensalmente a provisão para o 13º salário e encargos, na forma acima, em 30.11.20X1, teremos os seguintes saldos nas contas patrimoniais:

ATIVO CIRCULANTE		PASSIVO CIRCULANTE	
Adiantamento de 13º salário	2.450,00[1]	Provisão para 13º salário	4.450,00[2]
		Provisão para Encargos Sociais sobre o 13º salário	1.317,00[3]

Obs.:

[1] *Valor total do adiantamento pago em 30.11.20X1.*

[2] *Valor da provisão do 13º salário.*

[3] *Provisão para o INSS (R$ 1.157,00) + provisão para o FGTS (R$ 356,00) – FGTS sobre o adiantamento (R$ 196,00).*

Considerando que a folha de pagamento do 13º salário em 31.12.20X1, seja de:

13º salário			4.900,00[1]
Descontos:			
INSS	(300,00)[2]		
IRRF	(300,00)[2]		
Adiantamentos	(2.450,00)		(3.050,00)
Valor líquido a pagar			1.850,00
INSS do empregador (R$ 4.900,00 x 26%)			1.274,00
FGTS s/2ª parcela (R$ 4.900,00 – R$ 2.450,00) x 8%			196,00

Obs.:

[1] *Soma de todos os 13ºs salários (R$ 700,00 + R$ 1.800,00 + R$ 2.400,00).*

[2] *Valores hipotéticos.*

A contabilização da folha será efetuada da seguinte forma:

a) Registro da baixa da provisão para 13º salário até o limite do saldo:

CONTAS CONTÁBEIS	DÉBITO – R$	CRÉDITO – R$
Provisão para 13º salário (Passivo Circulante)	4.450,00	
Salários e Ordenados a Pagar (Passivo Circulante)		4.450,00

b) Registro da diferença entre o valor provisionado e o total do 13º salário constante na folha de pagamento:

CONTAS CONTÁBEIS	DÉBITO – R$	CRÉDITO – R$
13º Salário (Conta de Resultado)	450,00[1]	
Salários e Ordenados a Pagar (Passivo Circulante)		450,00 [1]

[1] R$ 4.900,00 – R$ 4.450,00.

c) Registro do INSS do empregado:

CONTAS CONTÁBEIS	DÉBITO – R$	CRÉDITO – R$
Salários e Ordenados a Pagar (Passivo Circulante)	300,00	
INSS a Recolher (Passivo Circulante)		300,00

d) Registro do Imposto de Renda:

CONTAS CONTÁBEIS	DÉBITO – R$	CRÉDITO – R$
Salários e Ordenados a Pagar (Passivo Circulante)	300,00	
IRRF a Recolher (Passivo Circulante)		300,00

e) Registro da baixa do adiantamento:

CONTAS CONTÁBEIS	DÉBITO – R$	CRÉDITO – R$
Salários e Ordenados a Pagar (Passivo Circulante)	2.450,00	
Adiantamento do 13º salário (Ativo Circulante)		2.450,00

f) Transferência dos valores provisionados na conta "Provisão sobre Encargos Sociais sobre o 13º Salário" para as contas de registro das contribuições a pagar:

f1) INSS:

CONTAS CONTÁBEIS	DÉBITO – R$	CRÉDITO – R$
Provisão sobre Encargos Sociais sobre o 13º Salário (Passivo Circulante)	1.157,00[1]	
INSS a Recolher (Passivo Circulante)		1.157,00[1]

[1] 26% x R$ 4.450,00.

f2) FGTS:

CONTAS CONTÁBEIS	DÉBITO – R$	CRÉDITO – R$
Provisão sobre Encargos Sociais sobre o 13º Salário (Passivo Circulante)	160,00[1]	
FGTS a Recolher (Passivo Circulante)		160,00[1]

[1] 8% de (R$ 4.450,00 – R$ 2.450,00).

g) Registro da diferença entre o valor provisionado e o total dos encargos constantes na folha de pagamento:

FGTS:

CONTAS CONTÁBEIS	DÉBITO – R$	CRÉDITO – R$
Encargos Sociais sobre o 13º Salário – FGTS (Conta de Resultado)	36,00[1]	
FGTS a Recolher (Passivo Circulante)		36,00[1]

[1] R$ 196,00 – R$ 160,00.

INSS:

CONTAS CONTÁBEIS	DÉBITO – R$	CRÉDITO – R$
Encargos Sociais sobre o 13º Salário – INSS (Conta de Resultado)	117,00[1]	
INSS a Recolher (Passivo Circulante)		117,00[1]

[1] R$ 1.274,00 – R$ 1.157,00.

h) Registro do pagamento líquido da folha de pagamento:

CONTAS CONTÁBEIS	DÉBITO – R$	CRÉDITO – R$
Salários e Ordenados a Pagar (Passivo Circulante)	1.850,00	
Caixa/Banco Conta Movimento (Ativo Circulante)		1.850,00

PROVISÃO PARA O IRPJ

1. INTRODUÇÃO

O artigo 344 do RIR/2018 determina que, em cada período de apuração (trimestral ou anual), deve ser constituída provisão para o Imposto de Renda relativa ao imposto devido sobre o lucro real ou presumido.

2. IMPOSTO DE RENDA

A provisão para Imposto de Renda não é dedutível para fins de apuração do lucro real (parágrafo único do art. 344 do RIR/2018).

3. REGISTRO CONTÁBIL

No final de cada período de apuração, o Imposto de Renda deverá ser provisionado a débito da conta "Apuração do Resultado do Exercício (ARE)" e a crédito do Passivo Circulante.

4. EXEMPLO PRÁTICO

Vamos considerar que, no final do período de apuração, uma empresa tributada com base no lucro real tenha apurado um Imposto de Renda no valor de R$ 100.000,00. Neste caso, a provisão será registrada da seguinte maneira:

CONTAS CONTÁBEIS	DÉBITO – R$	CRÉDITO – R$
Apuração do Resultado do Exercício – ARE (Conta de Resultado)	100.000,00	
Provisão para o Imposto de Renda (Passivo Circulante)		100.000,00

PROVISÃO PARA PASSIVO CONTINGENTE

1. INTRODUÇÃO

Segundo o Pronunciamento Técnico CPC nº 26, passivo contingente é:

a) uma obrigação possível que resulta de eventos passados e cuja existência será confirmada apenas pela ocorrência ou não de um ou mais eventos futuros incertos não totalmente sob controle da entidade; ou

b) uma obrigação presente que resulta de eventos passados, mas que não é reconhecida porque:

   b.1) não é provável que uma saída de recursos que incorporam benefícios econômicos seja exigida para liquidar a obrigação; ou

   b.2) o valor da obrigação não pode ser mensurado com suficiente confiabilidade.

Relação entre provisão e passivo contingente

Em sentido geral, todas as provisões são contingentes porque são incertas quanto ao seu prazo ou valor. Porém, neste Pronunciamento Técnico o termo "contingente" é usado para passivos e ativos que não sejam reconhecidos porque a sua existência somente será confirmada pela ocorrência ou não de um ou mais eventos futuros incertos não totalmente sob o controle da entidade.

Adicionalmente, o termo passivo contingente é usado para passivos que não satisfaçam os critérios de reconhecimento.

Distinção entre provisões e passivos contingentes

Provisões – que são reconhecidas como passivo (presumindo-se que possa ser feita uma estimativa confiável) porque são obrigações presentes e é provável que uma saída de recursos que incorporam benefícios econômicos seja necessária para liquidar a obrigação; e

Passivos contingentes – que não são reconhecidos como passivo porque são:

a) obrigações possíveis, visto que ainda há de ser confirmado se a entidade tem ou não uma obrigação presente que possa conduzir a uma saída de recursos que incorporam benefícios econômicos, ou

b) obrigações presentes que não satisfazem os critérios de reconhecimento deste Pronunciamento Técnico (porque não é provável que seja necessária uma saída de recursos que incorporem benefícios econômicos para liquidar a obrigação, ou não pode ser feita uma estimativa suficientemente confiável do valor da obrigação).

2. IMPOSTO DE RENDA

A provisão para contingência é uma despesa indedutível na determinação do lucro real e da base de cálculo da CSLL, devendo ser adicionada na Parte "A" do e-Lalur quando for constituída e controlada na Parte "B" do livro, para exclusão futura quando a despesa se tornar incorrida e for considerada dedutível pela legislação do imposto de renda.

3. REGISTRO CONTÁBIL

Uma provisão deve ser reconhecida quando:

a) a entidade tem uma obrigação presente (legal ou não formalizada) como resultado de evento passado;

b) seja provável que será necessária uma saída de recursos que incorporam benefícios econômicos para liquidar a obrigação; e

c) possa ser feita uma estimativa confiável do valor da obrigação.

Se essas condições não forem satisfeitas, nenhuma provisão deve ser reconhecida.

O valor reconhecido como provisão deve ser a melhor estimativa do desembolso exigido para liquidar a obrigação presente na data do balanço.

A melhor estimativa do desembolso exigido para liquidar a obrigação presente é o valor que a entidade racionalmente pagaria para liquidar a obrigação na data do balanço ou para transferi-la para terceiros nesse momento.

Quando o efeito do valor do dinheiro no tempo é material, o valor da provisão deve ser o valor presente dos desembolsos que se espera que sejam exigidos para liquidar a obrigação.

4. EXEMPLO

Garantia de produtos vendidos de três anos

Produtos vendidos em 20x1 no valor total de R$ 100.000,00

90% dos produtos não serão reparados no prazo da garantia

6% requerem reparos pequenos ao custo de 30% do valor de venda

4% requerem reparos maiores ao custo de 70% do valor de venda

100.000,00 x 90% x 0	=	0
100.000,00 x 6% x 30%	=	1.800,00
100.000,00 x 4% x 70%	=	2.800,00
Total		4.600,00

Ajuste a Valor Presente

A taxa a ser utilizada para calcular o AVP deve ser livre de risco, como por exemplo, taxas do governo.

Taxa a ser utilizada:

a) 6% para o primeiro ano;

b) 7% para os demais anos.

Reparos nos produtos vendidos a serem feitos por ano:

a) 60% no primeiro ano;

b) 30% no segundo ano;

c) 10% no terceiro ano.

ANO	PAGAMENTO ESPERADO	TAXA DE DESCONTO	FATOR DE DESCONTO	AVP
1º – 60% x 4.600	2.760,00	6%	0,09434	2.603,80
2º – 30% x 4.600	1.380,00	7%	0,8734	1.205,30
2º – 10% x 4.600	460,00	7%	0,8163	375,50
Total				4.184,60

1. Pela Provisão

CONTAS CONTÁBEIS	DÉBITO – R$	CRÉDITO – R$
Despesas com Provisão – Garantias (Conta de Resultado)	4.184,50	
Provisão Para Contingencia – Garantias (Passivo Circulante)		1.394,87
Provisão Para Contingencia – Garantias (Passivo Não Circulante)		2.789,63

2. Pela garantia utilizada pelos clientes no 1º ano

CONTAS CONTÁBEIS	DÉBITO – R$	CRÉDITO – R$
Provisão Para Contingencia – Garantias (Passivo Circulante)	1.394,87	
Bancos Conta Movimento (Ativo Circulante)		1.394,87

3. Pela transferência do não circulante para o circulante

CONTAS CONTÁBEIS	DÉBITO – R$	CRÉDITO – R$
Provisão Para Contingencia – Garantias (Passivo Não Circulante)	2.789,63	
Provisão Para Contingencia – Garantias (Passivo Circulante)		2.789,63

PROVISÕES PARA PERDAS DE LIVROS

1. INTRODUÇÃO

As pessoas jurídicas e as que lhes são equiparadas pela legislação do Imposto de Renda que exerçam as atividades de editor, distribuidor e livreiro poderão constituir provisão para a perda de estoques, calculada no último dia de cada período de apuração do Imposto de Renda e da Contribuição Social sobre o Lucro Líquido (CSLL), correspondente a 1/3 (um terço) do valor do estoque existente naquela data (IN SRF nº 412, de 23 de março de 2004).

São considerados:
  I. editor: a pessoa jurídica que adquire o direito de reprodução de livros, dando a eles tratamento adequado à leitura;
  II. distribuidor: a pessoa jurídica que opera no ramo de compra e venda de livros por atacado; e
  III. livreiro: a pessoa jurídica que se dedica à venda de livros.

2. IMPOSTO DE RENDA

A provisão para a perda de estoque será dedutível para fins de determinação do lucro real e da base de cálculo da Contribuição Social sobre o Lucro Líquido.

3. REGISTRO CONTÁBIL

Os registros contábeis relativos à constituição da provisão para perda de estoques, à reversão dessa provisão, à perda efetiva do estoque e a sua recuperação serão efetuados da seguinte maneira:
  I. a constituição da provisão será efetuada a débito da conta de resultado e a crédito da conta redutora do estoque;
  II. a reversão da provisão será efetuada a débito da conta redutora do estoque, a que se refere o item I, e a crédito da conta de resultado;
  III. a perda efetiva será efetuada a débito da conta redutora do estoque, até o seu valor, e o excesso, a débito da conta de resultado – custos ou despesas – e a crédito da conta de estoque;
  IV. a recuperação das perdas que tenham impactado o resultado tributável, a débito da conta patrimonial e a crédito da conta de resultado.

4. EXEMPLO PRÁTICO

Considerando que no final do período-base o distribuidor tenha em seu estoque 10.000 livros ao preço total de 300.000,00:

I – Pela constituição da provisão (1/3 do valor do estoque):

CONTAS CONTÁBEIS	DÉBITO – R$	CRÉDITO – R$
Perdas de Estoque de Livros (Conta de Resultado)	100.000,00	
Perdas de Estoque de Livros (Conta Redutora do Ativo Circulante)		100.000,00

Considerando que houve perda efetiva de 500 livros pelo valor de R$ 15.000,00, termos:

II – Pelo reconhecimento da perda no estoque de livros:

CONTAS CONTÁBEIS	DÉBITO – R$	CRÉDITO – R$
Perdas de Estoque de Livros (Conta Redutora do Ativo Circulante)	15.000,00	
Estoque de Livros (Ativo Circulante)		15.000,00

III – Pela reversão da provisão:

CONTAS CONTÁBEIS	DÉBITO – R$	CRÉDITO – R$
Perdas de Estoque de Livros (Conta Redutora do Ativo Circulante)	85.000,00	
Perdas de Estoque de Livros (Conta de Resultado)		85.000,00

IV – Pela recuperação da perda:

CONTAS CONTÁBEIS	DÉBITO – R$	CRÉDITO – R$
Caixa/Banco Conta Movimento (Ativo Circulante)	15.000,00	
Perdas de Estoque de Livros (Conta de Resultado)		15.000,00

Q

QUEBRA E PERDA DE ESTOQUES

1. INTRODUÇÃO

Consideram-se como integrantes do custo as perdas e quebras razoáveis, de acordo com a natureza do bem e da atividade, ocorridas na fabricação, no transporte e no manuseio, bem assim as quebras e perdas de estoque por deterioração, obsolescência ou pela ocorrência de riscos não cobertos por seguros, desde que comprovadas por laudos ou certificados emitidos por autoridade competente (autoridade sanitária, corpo de bombeiros, autoridade fiscal etc.) que identifiquem as quantidades destruídas ou inutilizadas e as razões da providência (artigo 303 do RIR/2018).

A lei não estabelece a forma de comprovação das perdas normais, mas a fiscalização tem exigido que essas perdas sejam comprovadas de alguma forma e o Conselho de Contribuintes tem endossado essa exigência.

2. IMPOSTO DE RENDA

As perdas e quebras razoáveis de estoques são dedutíveis para fins de determinação do lucro real e da base de cálculo da CSLL (artigo 303 do RIR/2018 e IN RFB nº 1.700/2017).

3. REGISTRO CONTÁBIL

Se a pessoa jurídica possuir laudo de autoridade fiscal atestando a deterioração do produto, a baixa do estoque se dará em contrapartida à conta de "Custos com Perdas de Estoque" no Resultado do Exercício.

Entretanto, se a pessoa jurídica não possuir o laudo, a baixa do estoque se dará em contrapartida à conta de "Despesas Operacionais", no resultado do exercício. Neste caso, a despesa será indedutível para IRPJ e para a CSLL.

4. EXEMPLO PRÁTICO

Vamos supor que sua empresa tenha adquirido mercadorias para revenda no valor de R$ 10.000,00 com o ICMS de 18% (R$ 1.800,00). Vamos supor ainda que esta mercadoria não tenha seguro e que tenha se perdido por deterioração, não havendo a venda de sucatas ou de resíduos decorrentes de sua imprestabilidade. Neste caso, os lançamentos contábeis poderiam ser efetuados da seguinte forma:

a) Pela aquisição da mercadoria:

CONTAS CONTÁBEIS	DÉBITO – R$	CRÉDITO – R$
Estoque de Mercadorias para Revenda (Ativo Circulante)	8.200,00	
ICMS a Recuperar (Ativo Circulante)	1.800,00	
Fornecedores (Passivo Circulante)		10.000,00

b) Pela perda da mercadoria com laudo:

CONTAS CONTÁBEIS	DÉBITO – R$	CRÉDITO – R$
Custo com Perdas de Estoques (Conta de Resultado)	8.200,00	
Estoque de Mercadorias para Revenda (Ativo Circulante)		8.200,00

b1) Estorno do crédito do ICMS:

CONTAS CONTÁBEIS	DÉBITO – R$	CRÉDITO – R$
Custo com Perdas de Estoques (Conta de Resultado)	1.800,00	
ICMS a Recuperar (Ativo Circulante)		1.800,00

c) Pela perda da mercadoria sem laudo:

CONTAS CONTÁBEIS	DÉBITO – R$	CRÉDITO – R$
Despesa Operacional (Conta de Resultado)	8.200,00	
Estoque de Mercadorias para Revenda (Ativo Circulante)		8.200,00

c1) Estorno do crédito do ICMS:

CONTAS CONTÁBEIS	DÉBITO – R$	CRÉDITO – R$
Despesa Operacional (Conta de Resultado)	1.800,00	
ICMS a Recuperar (Ativo Circulante)		1.800,00

QUOTAS LIBERADAS

1. INTRODUÇÃO

No balanço, as quotas liberadas adquiridas pela sociedade devem ser destacadas como dedução da conta do Patrimônio Líquido que registrar a origem dos recursos aplicados em sua aquisição. Essa conta, em geral, será uma reserva de lucro ou de capital.

2. REGISTRO DO COMÉRCIO

De acordo com subitem 3.2.10.1 do Manual de Atos de Registro de Sociedade Limitada, aprovado pela IN DNRC nº 98/2003, a aquisição de quotas pela própria sociedade não está autorizada pelo Código Civil. Entendemos que as empresas que optaram pela regência supletiva prevista no artigo 1.053 do Código Civil, com respectiva cláusula no contrato social, poderão adotar o disposto no artigo 30 da Lei nº 6.404/1976, que trata de ações em tesouraria.

Dessa forma, a sociedade limitada deve observar se no seu contrato social há previsão ou não da regência supletiva, para poder aplicar o disposto neste procedimento.

3. IMPOSTO DE RENDA

A legislação do Imposto de Renda estabelece que não são computadas na determinação do lucro real as importâncias creditadas às Reservas de Capital que a pessoa jurídica em forma de companhia (sociedade por ações) receber dos subscritores de valores mobiliários de sua emissão a título de lucro na venda de ações em tesouraria.

Todavia, para as sociedades limitadas, não cabe esta isenção, devendo ser adicionado ao lucro líquido para efeito de apuração do lucro real. Neste sentido, temos a Decisão nº 195/1999 da 8ª RF (São Paulo).

No caso de apurar prejuízo, este poderá ser considerado como dedutível na apuração do lucro real, mas deve constar de conta de resultado, pois não poderá ser feito extracontabilmente por meio do Lalur, de acordo com o PN CST nº 96/1978.

4. REGISTRO CONTÁBIL

O lançamento contábil relativo à aquisição das quotas liberadas deverá ser feito a débito de conta própria, uma vez que os saldos relativos às contas que serviram de lastro para essa operação não serão alterados.

As quotas "em tesouraria" devem ser destacadas, no balanço, como dedução da conta do Patrimônio Líquido que registrar a origem dos recursos aplicados em sua aquisição.

No caso das quotas serem revendidas por valor superior ao seu custo de aquisição, o lucro apurado deve ser levado a crédito de conta do Patrimônio Líquido, no subgrupo das Reservas de Capital. Essa conta poderá denominar-se "Lucro na Alienação de Quotas Liberadas".

5. EXEMPLO PRÁTICO

Admita-se que uma Ltda. Apresente os seguintes dados em seu Patrimônio Líquido:

PATRIMÔNIO LÍQUIDO	
Capital Social Integralizado	100.000,00
Lucros Acumulados	35.000,00
Total do Patrimônio Líquido	135.000,00

> **Nota**
> Com a nova disposição da Lei das S.As. no encerramento do exercício social, a conta de "Lucros ou Prejuízos Acumulados" não deve apresentar saldo positivo. Eventual saldo positivo remanescente nesta conta deve ser destinado para "Reserva de Lucros", ou distribuído como dividendo.

Após apresentado o patrimônio líquido, a empresa somente pode adquirir suas próprias quotas até o limite de R$ 35.000,00.

Para ilustrar o exemplo, admita-se que o sócio retirante participe do capital da sociedade com 10.000 quotas ao valor nominal de R$ 1,00 cada, perfazendo um total de R$ 10.000,00 e que por ocasião de sua retirada os demais sócios não tenham condições financeiras de arcar com o valor.

É bom lembrar que o registro da aquisição das quotas liberadas deve ser efetuado com base no valor efetivamente pago pela empresa, seja ele maior ou menor que o valor nominal das quotas.

1) Pela aquisição de 10.000 quotas do capital social, pertencentes ao sócio retirante:

CONTAS CONTÁBEIS	DÉBITO – R$	CRÉDITO – R$
Quotas Liberadas (Conta Redutora do Patrimônio Líquido)	10.000,00	
Caixa ou Bancos (Ativo Circulante)		10.000,00

Demonstrativo do Patrimônio Líquido após o registro das quotas liberadas:

PATRIMÔNIO LÍQUIDO	
Capital Social integralizado	100.000,00
Lucros Acumulados	35.000,00
(-) Quotas Liberadas ou em Tesouraria	10.000,00
Total do Patrimônio Líquido	125.000,00

Revenda das quotas

Considerando que a empresa resolveu vender as quotas liberadas por valor superior ao adquirido, que resultou em um lucro de R$ 2.000,00, o registro contábil será procedido da seguinte forma:

- Valor recebido pela alienação das quotas   R$ 12.000,00
- (-) Valor pago na data da aquisição   R$ 10.000,00
- Lucro apurado na operação   R$ 2.000,00

I – Pelo registro da alienação de 10.000 quotas do Capital Social:

CONTAS CONTÁBEIS	DÉBITO – R$	CRÉDITO – R$
Caixa ou Bancos (Ativo Circulante)	12.000,00	
Quotas Liberadas (Conta Redutora do Patrimônio Líquido)		10.000,00
Lucros na Alienação de Quotas Liberadas (Patrimônio Líquido)		2.000,00

Revenda com prejuízo

Considerando que, na revenda das quotas liberadas, a empresa apurou prejuízo de R$ 1.500,00, temos:

- Valor recebido pela alienação das quotas   R$ 8.500,00
- (-) Valor pago na data da aquisição   R$ 10.000,00
- Prejuízo apurado na operação   R$ 1.500,00

I – Pelo registro da alienação de 10.000 quotas do Capital Social:

CONTAS CONTÁBEIS	DÉBITO – R$	CRÉDITO – R$
Caixa ou Bancos (Ativo Circulante)	8.500,00	
Prejuízo na Venda de Quotas Liberadas (Conta de Resultado)		1.500,00
Quotas Liberadas (Conta Redutora do Patrimônio Líquido)		10.000,00

R

REDUÇÃO DO CAPITAL SOCIAL

1. INTRODUÇÃO

De acordo com o artigo 189 da LSA, do resultado do exercício, serão deduzidos, antes de qualquer participação, os prejuízos acumulados e a provisão para o Imposto de Renda.

O prejuízo do exercício (contábil) será obrigatoriamente absorvido pelos lucros acumulados, pelas reservas de lucros e pela reserva legal, nessa ordem.

Se, após a operação mencionada no parágrafo anterior, a empresa continuar com saldo de prejuízo contábil, este poderá ser absorvido com o capital social. Nesse caso, a empresa deverá efetuar alteração contratual mencionando o novo valor do capital social.

2. REGISTRO CONTÁBIL

Com base na alteração contratual ou estatutária, o capital social reduzido com prejuízo contábil será debitado na conta "Prejuízos Acumulados" e a crédito da conta "Capital Social", ambas no patrimônio líquido.

3. EXEMPLO PRÁTICO

Vamos considerar que, no balanço patrimonial, constam as seguintes contas no patrimônio líquido:

PATRIMÔNIO LÍQUIDO	
Capital Social	R$ 500.000,00
Reserva de Capital	R$ 100.000,00
Reserva de Lucros	R$ 120.000,00
Prejuízos Acumulados	R$ 80.000,00

Considerando que o capital será reduzido com os prejuízos acumulados de R$ 80.000,00, o lançamento contábil será efetuado da seguinte maneira:

CONTAS CONTÁBEIS	DÉBITO – R$	CRÉDITO – R$
Capital Social (Patrimônio Líquido)	80.000,00	
Prejuízos Acumulados (Patrimônio Líquido)		80.000,00

REEMBOLSO DE DESPESAS

1. INTRODUÇÃO

Os reembolsos de despesas caracterizam-se por valores pagos ou devidos cujo ônus deva ser reembolsado por terceiro.

Normalmente, tais despesas ocorrem entre empresas contratantes, onde, por conveniência prática, um dos contratantes paga as despesas e, pelo contrato, tem direito ao ressarcimento das mesmas do outro contratante.

É o caso, por exemplo, de um contrato de consultoria, onde a empresa contratante assume as despesas de viagem, alimentação etc. das pessoas que irão prestar os serviços e que são empregados.

Mas também tais reembolsos podem ocorrer entre empregados e empregadores, em decorrência, por exemplo, do uso de veículos dos empregados nas atividades do empregador.

2. REGISTRO CONTÁBIL

A empresa que tiver que reembolsar as despesas contabilizará uma obrigação no passivo circulante.

A empresa que receber o reembolso irá reconhecer como receita bruta, no resultado do exercício.

3. EXEMPLOS PRÁTICOS

3.1. Reembolso de despesas de veículos de empregados

Determinada empresa utiliza o veículo de um funcionário, para vendas externas, reembolsando as despesas ocorridas com o uso do mesmo à vista dos documentos (notas fiscais de combustíveis, manutenção, pedágio etc.).

Considerando que o valor dos gastos seja de R$ 300,00, teremos os seguintes lançamentos contábeis:

a) Por ocasião da entrega dos documentos ou relatório de despesas pelo funcionário:

CONTAS CONTÁBEIS	DÉBITO – R$	CRÉDITO – R$
Despesas de Veículos (Conta de Resultado)	300,00	
Reembolso de Despesas a Pagar (Passivo Circulante)		300,00

b) Por ocasião do pagamento do reembolso respectivo:

CONTAS CONTÁBEIS	DÉBITO – R$	CRÉDITO – R$
Reembolso de Despesas a Pagar (Passivo Circulante)	300,00	
Caixa/Banco Conta Movimento (Ativo Circulante)		300,00

Nota
Recomenda-se que haja contrato por escrito, entre empregador e empresa, estipulando as condições de uso.

3.2. Reembolso de despesas entre empresas

Despesas de viagens decorrentes de contrato de consultoria (transportes, hospedagem, alimentação etc.), onde a empresa de consultoria paga tais despesas e, contratualmente, deve ser ressarcida pela contratante.

Considerando que o valor dos gastos seja de R$ 1.000,00, teremos os seguintes lançamentos contábeis:

I – Na empresa de consultoria que pagou as despesas e que tem o direito a reembolsá-las, tais valores deverão ser contabilizados da forma que segue:

a) Por ocasião do pagamento da despesa a ser reembolsada pela contratante (Empresa X):

CONTAS CONTÁBEIS	DÉBITO – R$	CRÉDITO – R$
Valores a Receber – Empresa x (Ativo Circulante)	1.000,00	
Receita Bruta (Conta de Resultado)		1.000,00

b) Por ocasião do recebimento do reembolso:

CONTAS CONTÁBEIS	DÉBITO – R$	CRÉDITO – R$
Caixa/Banco Conta Movimento (Ativo Circulante)	1.000,00	
Valores a Receber – Empresa X (Ativo Circulante)		1.000,00

O documento contábil para suporte de tal contabilização (além do próprio contrato) é o relatório de despesas de viagem.

II – Na empresa contratante, que suportará tais despesas, a contabilização será a seguinte:

a) Por ocasião do recebimento do relatório de despesas:

CONTAS CONTÁBEIS	DÉBITO – R$	CRÉDITO – R$
Despesa de viagem (Conta de Resultado)	1.000,00	
Reembolso de Despesas a Pagar (Passivo Circulante)		1.000,00

b) Por ocasião do pagamento do reembolso respectivo:

CONTAS CONTÁBEIS	DÉBITO – R$	CRÉDITO – R$
Reembolso de Despesas a Pagar (Passivo Circulante)	1.000,00	
Caixa/Banco Conta Movimento (Ativo Circulante)		1.000,00

REMESSA DE MERCADORIAS PARA CONSERTO

1. INTRODUÇÃO

Quando o contribuinte realizar a remessa de uma mercadoria para conserto, deve emitir uma nota fiscal com a natureza da operação "Remessa para Conserto", sem destaque do ICMS. No retorno, o destinatário deverá emitir nota fiscal com a natureza da operação "Retorno de Conserto", sem destaque de imposto.

A mercadoria deverá retornar ao remetente no prazo de até 180 dias, período após o qual se considera encerrada a fase de suspensão do pagamento do imposto.

2. REGISTRO CONTÁBIL

Na remessa de mercadorias para conserto, sugerimos que o registro seja efetuado numa conta de estoque em poder de terceiros. No retorno, as mercadorias voltam a ser registradas no estoque de mercadorias para revenda, no ativo circulante.

A mão de obra e o material aplicado no serviço comporão o custo das mercadorias para revenda.

3. EXEMPLO PRÁTICO

Para contabilização de remessa de mercadoria para conserto, sugerimos os seguintes lançamentos (artigo 177 da Lei nº 6.404/1976):

Considerando que o valor da Nota Fiscal de Remessa para Conserto seja de R$ 10.000,00 e o serviço realizado seja de R$ 2.000,00.

a) Remessa para conserto:

CONTAS CONTÁBEIS	DÉBITO – R$	CRÉDITO – R$
Estoque de Mercadorias em Poder de Terceiros (Ativo Circulante)	10.000,00	
Estoque de Mercadorias para Revenda (Ativo Circulante)		10.000,00

b) Retorno das mercadorias:

CONTAS CONTÁBEIS	DÉBITO – R$	CRÉDITO – R$
Estoque de Mercadorias para Revenda (Ativo Circulante)	10.000,00	
Estoque de Mercadorias em Poder de Terceiros (Ativo Circulante)		10.000,00

c) Faturamento do conserto (mão de obra e material aplicado):

CONTAS CONTÁBEIS	DÉBITO – R$	CRÉDITO – R$
Estoque de Mercadorias para Revenda (Ativo Circulante)	2.000,00	
Obrigações (Passivo Circulante)		2.000,00

REMESSA DE MERCADORIAS PARA DEMONSTRAÇÃO

1. INTRODUÇÃO

As remessas de mercadorias com o objetivo de demonstração, sendo o destinatário localizado no mesmo Estado do remetente, são, via de regra, beneficiadas com a suspensão do pagamento do ICMS.

Por outro lado, as operações de remessa para demonstração destinadas a outros Estados são tributadas normalmente pelo ICMS.

Para usufruir da suspensão do ICMS, o remetente deverá observar o prazo de 60 (sessenta) dias para o retorno das mercadorias ou transmissão de propriedade das mesmas. Decorrido esse prazo, se a mercadoria permanecer em poder do destinatário, o imposto será devido normalmente, acrescido de multa e juros, tomando como data de ocorrência do fato gerador a da saída da mercadoria em demonstração.

Entretanto, no âmbito do IPI, as mercadorias remetidas a este título por contribuintes do imposto, serão normalmente tributadas, a não ser que sejam para demonstração em feiras ou exposições.

2. REGISTRO CONTÁBIL

As mercadorias remetidas para demonstração serão registradas em conta de compensação.

3. EXEMPLO PRÁTICO

Consideremos que a empresa remetesse 100 unidades de determinada mercadoria à empresa de representação de vendas "Y", estabelecida dentro do mesmo Estado, para demonstração junto aos seus clientes, sem configurar consignação.

Vamos supor, ainda, que seu preço de venda seja de R$ 150.000,00.

Neste caso, tal operação poderia ser contabilizada da seguinte forma:

3.1. Contabilização na empresa remetente

a) Pela remessa das mercadorias:

CONTAS CONTÁBEIS	DÉBITO – R$	CRÉDITO – R$
Mercadorias Remetidas para Demonstração (Conta de Compensação Ativa)	150.000,00	
Remessa de Mercadorias para Demonstração (Conta de Compensação Passiva)		150.000,00

b) Pelo retorno das mercadorias remetidas para demonstração:

CONTAS CONTÁBEIS	DÉBITO – R$	CRÉDITO – R$
Remessa de Mercadorias para Demonstração (Conta de Compensação Passiva)	150.000,00	
Mercadorias Remetidas para Demonstração (Conta de Compensação Ativa)		150.000,00

3.2. *Contabilização na empresa de representação de vendas*

a) Pelo recebimento das mercadorias para demonstração:

CONTAS CONTÁBEIS	DÉBITO – R$	CRÉDITO – R$
Entrada de Mercadorias para Demonstração (Conta de Compensação Ativa)	150.000,00	
Mercadorias Recebidas para Demonstração (Conta de Compensação Passiva)		150.000,00

b) Pela devolução das mercadorias recebidas em demonstração:

CONTAS CONTÁBEIS	DÉBITO – R$	CRÉDITO – R$
Mercadorias Remetidas para Demonstração (Conta de Compensação Ativa)	150.000,00	
Entrada de Mercadorias para Demonstração (Conta de Compensação Ativa)		150.000,00

RESERVA DE CAPITAL

1. INTRODUÇÃO

A reserva de capital é uma operação estranha à atividade da sociedade, proveniente de aumentos indiretos do capital, ou seja, fenômenos extraoperacionais, como a alienação de partes beneficiárias e bônus de subscrição.

Dessa forma, reservas de capital são contribuições recebidas dos investidores proprietários do negócio e de terceiros que não representam receitas ou ganhos que não podem figurar em conta de resultado.

2. LEGISLAÇÃO SOCIETÁRIA

Na conta Capital Social, as ações somente podem ter o seu valor nominal e caso tenha valor excedente será tratado como Reserva de Capital.

O art. 182 da Lei nº 6.404/1976 dispõe que Reserva de Capital é:

a) a contribuição do subscritor de ações que ultrapassar o valor nominal e a parte do preço de emissão das ações sem valor nominal que ultrapassar a importância destinada à formação do capital social, inclusive nos casos de conversão em ações de debêntures ou partes beneficiárias;

b) o produto da alienação de partes beneficiárias e bônus de subscrição.

Será ainda registrado como reserva de capital o resultado da correção monetária do capital realizado, enquanto não capitalizado.

Já, pelo art. 200 da Lei nº 6.404/1976, as reservas de capital somente poderão ser utilizadas para:

a) absorção de prejuízos que ultrapassarem os lucros acumulados e as reservas de lucros (art. 189, parágrafo único);

b) resgate, reembolso ou compra de ações;

c) resgate de partes beneficiárias;

d) incorporação ao capital social;

e) pagamento de dividendo a ações preferenciais, quando essa vantagem lhes for assegurada (art. 17, § 5º).

A reserva constituída com o produto da venda de partes beneficiárias poderá ser destinada ao resgate desses títulos.

3. REGISTRO CONTÁBIL

Os valores que não devem ser lançados para resultado e atendem ao disposto no item 2 devem ser registrados em conta de Reserva de Capital e a sua contrapartida a conta que melhor couber que, em venda de ações em tesouraria, é uma conta do ativo circulante disponível provavelmente ou, no caso de integralização de capital, a conta Capital Social.

4. EXEMPLO PRÁTICO

Admita-se que um acionista integralize capital por valor superior ao valor nominal das ações, a saber:

- Integralização por   R$ 60.000,00
- Valor nominal das ações   R$ 40.000,00
- Ágio da Emissão   R$ 20.000,00

I – Pela capitalização

CONTAS CONTÁBEIS	DÉBITO R$	CRÉDITO R$
Bancos Conta Movimento (Ativo Circulante)	60.000,00	
Capital Social (Patrimônio Líquido)		40.000,00
Reserva de Capital (Patrimônio Líquido) Ágio na Emissão de Ações		20.000,00

Admita-se que a sociedade tem Ações em Tesouraria pelo valor contábil de R$ 130.000,00 e resolve vender essas quotas por R$ 200.000,00; a diferença de R$ 70.000,00 deverá ser registrada em conta de Reserva de Capital.

I – Pela capitalização

CONTAS CONTÁBEIS	DÉBITO R$	CRÉDITO R$
Bancos Conta Movimento (Ativo Circulante)	200.000,00	
Ações em Tesouraria (Patrimônio Líquido)		130.000,00
Reserva de Capital (Patrimônio Líquido) Ágio na Venda de Ações em Tesouraria		70.000,00

No caso de ocorrer prejuízo, esse valor deverá ser debitado na mesma conta de reserva de capital que sustentava as quotas/ações em tesouraria.

RESERVA DE LUCROS

1. INTRODUÇÃO

As reservas de lucros são as contas de reservas constituídas pela apropriação de lucros da companhia, conforme previsto no §

4º do art. 182 da Lei nº 6.404/1976 (LSA), para atender a várias finalidades, sendo sua constituição efetivada por disposição da lei ou por proposta dos órgãos da administração.

A partir de 01.01.2008, por força por força da Lei 11.638/2007 (Nova LSA), o saldo das reservas de lucros, exceto as para contingências, de incentivos fiscais e de lucros a realizar, não poderá ultrapassar o capital social. Atingindo esse limite, a assembleia deliberará sobre aplicação do excesso na integralização ou no aumento do capital social ou na distribuição de dividendos.

2. CLASSIFICAÇÃO

De acordo com a Lei das S/A., classificam-se como reservas de lucros:

a) Reserva Legal;
b) Reserva Estatutária;
c) Reserva para Contingências;
d) Reserva de Incentivos Fiscais;
e) Reserva de Lucros para Expansão;
f) Reserva de Lucros a Realizar;
g) Reserva especial para dividendo obrigatório não distribuído.

2.1. Reserva legal

De acordo com o art. 193 da LSA, do lucro líquido do exercício, 5% (cinco por cento) serão aplicados, antes de qualquer outra destinação, na constituição da reserva legal, que não excederá de 20% (vinte por cento) do capital social.

A companhia poderá deixar de constituir a reserva legal no exercício em que o saldo dessa reserva, acrescido do montante das reservas de capital de que trata o § 1º do artigo 182 da LSA, exceder de 30% (trinta por cento) do capital social.

A reserva legal tem por fim assegurar a integridade do capital social e somente poderá ser utilizada para compensar prejuízos ou aumentar o capital.

2.2. Reserva estatutária

As reservas estatutárias são constituídas por determinação do estatuto da companhia, como destinação de uma parcela dos lucros do exercício, e não podem restringir o pagamento do dividendo obrigatório (art. 194 da LSA).

O estatuto poderá criar as reservas desde que, para cada uma:

1. indique, de modo preciso e completo, a sua finalidade;
2. fixe os critérios para determinar a parcela anual dos lucros líquidos que serão destinados à sua constituição; e
3. estabeleça o limite máximo da reserva.

2.3. Reserva para contingências

De acordo com o artigo 195 da LSA, a assembleia geral poderá, por proposta dos órgãos de administração, destinar parte do lucro líquido à formação de reserva com a finalidade de compensar, em exercício futuro, a diminuição do lucro decorrente de perda julgada provável, cujo valor possa ser estimado.

Nesse caso, a proposta dos órgãos da administração deverá indicar a causa da perda prevista e justificar, com as razões de prudência que a recomendem, a constituição da reserva.

A reserva será revertida no exercício em que deixarem de existir as razões que justificaram a sua constituição ou em que ocorrer a perda.

2.4. Reserva de incentivos fiscais

A assembleia geral poderá, por proposta dos órgãos de administração, destinar para a reserva de incentivos fiscais a parcela do lucro líquido decorrente de doações ou subvenções governamentais para investimentos, que poderá ser excluída da base de cálculo do dividendo obrigatório (art. 195 da LSA, redação incluída pela Lei nº 11.638/2007).

2.5. Reserva de lucros para expansão

Para atender a projetos de investimento e expansão, a companhia poderá reter parte dos lucros do exercício. Essa retenção deverá estar justificada com o respectivo orçamento de capital aprovado pela assembleia geral (art. 196 da LSA).

O orçamento, submetido pelos órgãos da administração com justificação da retenção de lucros proposta, deverá compreender todas as fontes de recursos e aplicações de capital, fixo ou circulante, e poderá ter a duração de até 5 (cinco) exercícios, salvo no caso de execução, por prazo maior, de projeto de investimento.

2.6. Reserva de lucros a realizar

No exercício em que o montante do dividendo obrigatório, calculado nos termos do estatuto ou do art. 202 da LSA, ultrapassar a parcela realizada do lucro líquido do exercício, a assembleia-geral poderá, por proposta dos órgãos da administração, destinar o excesso à constituição de reserva de lucros a realizar (art. 197 da LSA).

Desta forma, à opção da companhia, poderá ser constituída a reserva de lucros a realizar, mediante destinação dos lucros do exercício, cujo objetivo é evidenciar a parcela de lucros ainda não realizada financeiramente, apesar de reconhecida contabilmente, pela empresa.

Esta situação pode ocorrer em decorrência, por exemplo, de lucro em vendas a prazo cuja realização financeira ocorrerá após o término do exercício seguinte.

Desta forma, evita-se distribuir dividendo obrigatório sobre essa parcela de lucros que, apesar de existente, não está realizada financeiramente no caixa da empresa.

Tais valores, à medida da sua realização financeira, devem ser transferidos para lucros ou prejuízos acumulados, entrarão no cômputo para cálculo dos dividendos.

2.7. Reserva especial para dividendo obrigatório não distribuído

A companhia deverá constituir essa reserva quando tiver dividendo obrigatório a distribuir, mas sem condições financeiras para seu pagamento, situação em que se utilizará do expediente previsto nos §§ 4º e 5º do art. 202 da LSA.

Neste caso, o dividendo deixa de ser pago naquele exercício. Tal dividendo será pago aos acionistas no futuro, assim que a situação financeira o permitir, desde que não tenham sido absorvidos por prejuízos dos exercícios seguintes.

3. IMPOSTO DE RENDA

Com relação à reserva de incentivos fiscais, as subvenções para investimento, inclusive mediante isenção ou redução de impostos, concedidas como estímulo à implantação ou expansão de empreendimentos econômicos e as doações feitas pelo poder público, reconhecidas no resultado com observância das normas contábeis, não serão computadas na determinação do lucro real, desde que sejam registradas na reserva de lucros a que se refere o art. 195-A da Lei nº 6.404, de 1976, observado o disposto no art. 193 desta mesma lei, que somente poderá ser utilizada para (art. 189 da IN RFB nº 1.700/2017):

> a) absorção de prejuízos, desde que anteriormente já tenham sido totalmente absorvidas as demais reservas de lucros, com exceção da reserva legal; ou
>
> b) aumento do capital social.

No caso da letra "a", a pessoa jurídica deverá recompor a reserva à medida que forem apurados lucros nos períodos subsequentes.

As referidas doações e subvenções serão tributadas caso não seja observado o disposto no parágrafo anterior, inclusive nas hipóteses de:

> I – capitalização do valor e posterior restituição de capital aos sócios ou ao titular, mediante redução do capital social, hipótese em que a base para a incidência será o valor restituído, limitado ao valor total das exclusões decorrentes de doações ou subvenções governamentais para investimentos;
>
> II – restituição de capital aos sócios ou ao titular, mediante redução do capital social, nos 5 (cinco) anos anteriores à data da doação ou da subvenção, com posterior capitalização do valor da doação ou da subvenção, hipótese em que a base para a incidência será o valor restituído, limitada ao valor total das exclusões decorrentes de doações ou de subvenções governamentais para investimentos; ou
>
> III – integração à base de cálculo dos dividendos obrigatórios.

Se, no período de apuração, a pessoa jurídica apurar prejuízo contábil ou lucro líquido contábil inferior à parcela decorrente de doações e de subvenções governamentais e, nesse caso, não puder ser constituída como parcela de lucros, esta deverá ocorrer à medida que forem apurados lucros nos períodos subsequentes.

4. REGISTRO CONTÁBIL

A reserva de lucros será contabilizada debitando a conta de "Lucros ou Prejuízos Acumulados" e creditando a conta de reserva de lucros, ambas no patrimônio líquido.

A nova LSA, a Lei nº 11.638/2007 vedou às sociedades por ações apresentarem saldo de lucros sem destinação, não sendo permitido, para esse tipo de sociedade, apresentar nas suas demonstrações contábeis, a partir da data de 31/12/2008, saldo positivo na conta de Lucros ou Prejuízos Acumulados.

A conta Lucros ou Prejuízos Acumulados deve permanecer no plano de contas, haja vista que o seu uso continuará sendo feito para receber o registro do resultado do exercício, bem com as suas várias formas de destinações (constituição de reservas, distribuição de lucros ou dividendos etc.). Mas, não deve compor o patrimônio liquido.

Em relação às sociedades limitadas, é permitida a existência de saldo positivo no patrimônio liquido, exceto às sociedades por ações.

5. EXEMPLO PRÁTICO

Vamos considerar que a empresa queira constituir uma reserva de lucros a realizar.

Considerando os seguintes valores, hipoteticamente:

Resultado positivo da equivalência patrimonial na empresa A.	2.000
Resultado negativo da equivalência patrimonial na empresa B.	1.800
Lucro, ganho ou rendimento em operações cujo prazo de realização financeira ocorra após o término do exercício social seguinte.	100
Lucro líquido do exercício	700
Dividendos a Pagar (determinado no Estatuto Social)	500

Conforme dito no item 2.6, no exercício em que o montante do dividendo obrigatório, calculado nos termos do estatuto ou do art. 202 da LSA, ultrapassar a parcela realizada do lucro líquido do exercício, a assembleia-geral poderá, por proposta dos órgãos da administração, destinar o excesso à constituição de reserva de lucros a realizar (art. 197 da LSA).

Para fins da constituição da Reserva de Lucros a Realizar, considera-se realizada a parcela do lucro líquido do exercício que exceder da soma dos seguintes valores:

    a) o resultado líquido positivo da equivalência patrimonial (art. 248 da LSA), e

    b) o lucro, ganho ou rendimento em operações cujo prazo de realização financeira ocorra após o término do exercício social seguinte.

Vejamos o cálculo da parcela destinada na formação da reserva de lucros a realizar e o dividendo obrigatório, assim composto:

1	Resultado líquido positivo da equivalência patrimonial ($ 2.000 – $ 1.800)	200
2	(+) Lucro, ganho ou rendimento em operações cujo prazo de realização financeira ocorra após o término do exercício social seguinte.	100
3	(=) Soma do lucro a realizar (1 + 2)	300
4	Parcela do lucro líquido que excede ao lucro a realizar: Lucro líquido do exercício: $ 700 (-) Lucro a realizar: $ 300	400

Assim, temos:
- Dividendos a Pagar (determinado no Estatuto Social): R$ 500
- (-) Parcela realizada do lucro líquido: R$ 400
- (=) Parcela destinada a Reserva de Lucros a Realizar: R$ 100

Registro contábil:

CONTAS CONTÁBEIS	DÉBITO – R$	CRÉDITO – R$
Lucros ou Prejuízos Acumulados (Patrimônio Líquido)	100,00	
Reserva de Lucros a Realizar (Patrimônio Líquido)		100,00

RETENÇÃO DO ISS

1. INTRODUÇÃO

A Lei Complementar nº 116/2003, a fim de harmonizar a tributação do ISS sobre serviços consolidou os tipos de serviços sujeitos a essa tributação que era trada anteriormente pelo Decreto-lei nº 406/1968.

A retenção de um tributo é a transferência da responsabilidade de apurar e recolher o tributo, tendo como finalidade uma melhor forma de controle por parte do Estado, pois a retenção não influência no preço do serviço contratado, pois quando do seu pagamento retém o imposto e recolhe aos cofres públicos.

2. ISS

A Lei Complementar nº 116/2003, em seu art. 6º autoriza os municípios transferir a responsabilidade pela retenção a terceira pessoa, vinculada ao fato gerador da respectiva obrigação, ou seja, a retenção pela fonte pagadora dos serviços prestados.

Os responsáveis pela retenção estão obrigados ao recolhimento integral do imposto devido, multa e acréscimos legais, independentemente de ter sido efetuada sua retenção na fonte.

São responsáveis:
   a) o tomador ou intermediário de serviço proveniente do exterior do País ou cuja prestação se tenha iniciado no exterior do País;
   b) a pessoa jurídica, ainda que imune ou isenta, tomadora ou intermediária dos serviços descritos nos subitens 3.05, 7.02, 7.04, 7.05, 7.09, 7.10, 7.12, 7.14, 7.15, 7.16, 7.17, 7.19, 11.02, 17.05 e 17.10 da lista anexa a Lei Complementar.

A alíquota do ISS pode ser de 2% a 5%, conforme estipular em lei especifica cada município.

3. REGISTRO CONTÁBIL

O registro contábil do ISS retido na fonte no tomador dos serviços é a débito do passivo circulante em conta de ISS retido a recolher e no prestador de serviços a débito do ativo circulante em conta de ISS Retido a Compensar.

4. EXEMPLO PRÁTICO

Admita-se que uma empresa preste serviços profissionais no valor de R$ 5.000,00 e está sujeita à retenção do ISS pela alíquota de 5%.

Registro no Tomador dos Serviços:

1. Pelos serviços prestados

CONTAS CONTÁBEIS	DÉBITO – R$	CRÉDITO – R$
Serviços Prestados por Terceiros (Conta de Resultado)	5.000,00	
Fornecedores (Passivo Circulante)		4.750,00
ISS Retido na Fonte a Recolher (Passivo Circulante)		250,00

2. Pelo recolhimento do ISS retido

CONTAS CONTÁBEIS	DÉBITO – R$	CRÉDITO – R$
ISS Retido na Fonte (Passivo Circulante)	250,00	
Caixa/Banco Conta Movimento (Ativo Circulante)		250,00

3. Pelo pagamento dos serviços prestados

CONTAS CONTÁBEIS	DÉBITO – R$	CRÉDITO – R$
Fornecedores (Passivo Circulante)	4.750,00	
Caixa/Banco Conta Movimento (Ativo Circulante)		4.750,00

Registro no Prestador dos Serviços

1. Pelo serviço prestado

CONTAS CONTÁBEIS	DÉBITO – R$	CRÉDITO – R$
Cliente (Ativo Circulante)	4.750,00	
ISS Retido na Fonte a Compensar (Ativo Circulante)	250,00	

Receita de Serviços (Conta de Resultado)		5.000,00

1. Pela compensação do ISS retido

CONTAS CONTÁBEIS	DÉBITO – R$	CRÉDITO – R$
ISS a Recolher (Passivo Circulante)	250,00	
ISS Retido na Fonte a Compensar (Ativo Circulante)		250,00

RESCISÃO DO CONTRATO DE TRABALHO

1. INTRODUÇÃO

As verbas constantes das rescisões contratuais também devem constar da folha de pagamento. Ou seja, todas as verbas pagas, as verbas descontadas e os encargos sociais incidentes devem estar antecipadamente registrados mediante apropriação da folha de pagamento.

2. PREVIDÊNCIA E FGTS

Na rescisão do contrato de trabalho sobre as férias indenizadas inclusive em dobro e proporcionais, não incidem as contribuições ao INSS nem ao FGTS e sobre o aviso prévio indenizado não incide a contribuição ao INSS.

3. EXEMPLO PRÁTICO

Admita-se que a empresa "GBTO" dispensou sem justa causa, em 20.09.20X1, um de seus colaboradores, cuja data de admissão é 10.01.20X0, e o salário mensal era de R$ 1.200,00.

VERBAS RESCISÓRIAS	
Salário	800,00
Aviso Prévio Indenizado	1.200,00
13º Salário proporcional	900,00
Férias proporcionais	900,00

VERBAS RESCISÓRIAS	
1/3 sobre férias proporcionais	300,00
Total dos Vencimentos	4.100,00
Deduções	
INSS sobre saldo de salário	64,00
INSS sobre o 13º salário	72,00
Total dos descontos	136,00
Valor Líquido a Receber	3.964,00

Demais dados complementares:
- INSS da Empresa   R$ 340,00
- FGTS   R$ 1.510,00

I – Pelo registro do saldo de salário e do aviso prévio indenizado:

CONTAS CONTÁBEIS	DÉBITO – R$	CRÉDITO – R$
Salário (Conta de Resultado)	800,00	
Aviso Prévio Indenizado (Conta de Resultado)	1.200,00	
Salário a Pagar (Passivo Circulante)		2.000,00

II – Pelo valor do INSS descontado do empregado:

CONTAS CONTÁBEIS	DÉBITO – R$	CRÉDITO – R$
Salário a Pagar (Passivo Circulante)	136.00	
INSS a Recolher (Passivo Circulante)		136,00

III – Pelo valor do INSS a cargo da empresa:

CONTAS CONTÁBEIS	DÉBITO – R$	CRÉDITO – R$
Encargos Sociais – INSS (Conta de Resultado)	340,00	
INSS a Recolher (Passivo Circulante)		340,00

IV – Pelo valor do FGTS incidente sobre a rescisão:

CONTAS CONTÁBEIS	DÉBITO – R$	CRÉDITO – R$
Encargos Sociais – FGTS (Conta de Resultado)	1.510,00	
FGTS a Recolher (Passivo Circulante)		1.510,00

V – Pelo valor do 13º salário proporcional:

CONTAS CONTÁBEIS	DÉBITO – R$	CRÉDITO – R$
13º Salário (Conta de Resultado)	900,00	
Salários a Pagar (Passivo Circulante)		900,00

VI – Pelo valor das férias proporcionais + 1/3 sobre férias proporcionais:

CONTAS CONTÁBEIS	DÉBITO – R$	CRÉDITO – R$
Férias (Conta de Resultado)	1.200,00	
Salários a Pagar (Passivo Circulante)		1.200,00

VII – Pelo pagamento das verbas rescisórias:

CONTAS CONTÁBEIS	DÉBITO – R$	CRÉDITO – R$
Salários (Passivo Circulante)	3.964,00	
Caixa ou Bancos (Ativo Circulante)		3.964,00

VIII – Pelo pagamento do FGTS incidente sobre a rescisão:

CONTAS CONTÁBEIS	DÉBITO – R$	CRÉDITO – R$
FGTS a Recolher (Passivo Circulante)	1.510,00	
Caixa/Banco Conta Movimento (Ativo Circulante)		1.510,00

IX – Pelo pagamento do INSS incidente sobre a rescisão:

CONTAS CONTÁBEIS	DÉBITO – R$	CRÉDITO – R$
INSS a Recolher (Passivo Circulante)	476,00	
Caixa/Banco Conta Movimento (Ativo Circulante)		476,00

RESERVA DE INCENTIVOS FISCAIS

1. INTRODUÇÃO

Reserva de incentivos fiscais é uma reserva de lucros que foi instituída pelo art. 195-A da Lei nº 6.404/1976, incluído pela Lei 11.638/2007, para registrar as doações e subvenções recebidas pela companhia.

De acordo com a referida fundamentação legal, a assembleia geral poderá, por proposta dos órgãos de administração, destinar para a reserva de incentivos fiscais a parcela do lucro líquido decorrente de doações ou subvenções governamentais para investimentos, que poderá ser excluída da base de cálculo do dividendo obrigatório.

2. IMPOSTO DE RENDA

As subvenções para investimento, inclusive mediante isenção ou redução de impostos, concedidas como estímulo à implantação ou expansão de empreendimentos econômicos e as doações feitas pelo poder público, reconhecidas no resultado com observância das normas contábeis, não serão computadas na determinação do lucro real e do resultado ajustado, desde que sejam registradas na reserva de lucros a que se refere o art. 195-A da Lei nº 6.404, de 1976 (Reserva de Incentivos Fiscais), a qual somente poderá ser utilizada para (art. 198 da IN RFB nº 1.700/2017):

a) absorção de prejuízos, desde que anteriormente já tenham sido totalmente absorvidas as demais reservas de lucros, com exceção da reserva legal; ou

b) aumento do capital social.

Na hipótese prevista na letra "a", a pessoa jurídica deverá recompor a reserva à medida que forem apurados lucros nos períodos subsequentes.

As doações e subvenções serão tributadas caso não seja observado o disposto no parágrafo anterior, ou seja, dada destinação diversa, inclusive nas hipóteses de:

I – capitalização do valor e posterior restituição de capital aos sócios ou ao titular, mediante redução do capital social, hipótese em que a base para a incidência será o valor restituído, limitado ao valor total das exclusões decorrentes de doações ou subvenções governamentais para investimentos;

II – restituição de capital aos sócios ou ao titular, mediante redução do capital social, nos 5 (cinco) anos anteriores à data da doação ou da subvenção, com posterior capitalização do valor da doação ou da subvenção, hipótese em que a base para a incidência será o valor restituído, limitada ao valor total das exclusões decorrentes de doações ou de subvenções governamentais para investimentos; ou

III – integração à base de cálculo dos dividendos obrigatórios.

Se, no período de apuração, a pessoa jurídica apurar prejuízo contábil ou lucro líquido contábil inferior à parcela decorrente de doações e de subvenções governamentais e, nesse caso, não puder ser constituída como parcela de lucros, esta deverá ocorrer à medida que forem apurados lucros nos períodos subsequentes.

No caso de período de apuração trimestral do IRPJ e da CSLL, o registro na reserva de incentivos fiscais deverá ser efetuado até 31 de dezembro do ano em curso.

O valor que constituir exclusão na parte A do e-Lalur e do e-Lacs, será controlado na parte B, para ser adicionado quando descumpridas as condições previstas neste tópico.

Não poderá ser excluída da apuração do lucro real e do resultado ajustado a subvenção recebida do Poder Público, em função de benefício fiscal, quando os recursos puderem ser livremente movimentados pelo beneficiário, isto é, quando não houver obrigatoriedade de aplicação da totalidade dos recursos na aquisição de bens ou direitos necessários à implantação ou expansão de empreendimento econômico, inexistindo sincronia e vinculação entre a percepção da vantagem e a aplicação dos recursos.

3. REGISTRO CONTÁBIL

3.1. Tratamento contábil quando a subvenção for condicional:

Se houver contraprestação a ser realizada, primeiro deverão ser cumpridas as condições estabelecidas para, só então, as subvenções serem reconhecidas no resultado da empresa.

Exemplo: Se uma indústria recebe do governo um terreno, como subvenção, para construir sua fábrica e o contrato determina que este terreno seja da empresa após 15 anos, desde que sejam gerados 2.000 empregos novos. Neste caso, a indústria deverá contabilizar o terreno no ativo imobilizado, pelo valor justo, assim que adquirir a posse do imóvel.

O valor justo seria o valor de mercado que a indústria pagaria normalmente se tivesse que adquirir de outra pessoa.

A contrapartida deste registro será uma conta do passivo ou de uma conta do ativo retificador do próprio imobilizado.

O valor registrado no passivo ou na conta do ativo retificador será transferido para o resultado na medida em que a indústria for eliminando as restrições que impeçam a incorporação do terreno ao seu patrimônio. Ou seja, se no final dos 15 anos a empresa tiver cumprido a exigência da contratação de 2.000 empregos novos, o valor registrado no passivo ou no ativo retificador será transferido para o resultado como uma receita de subvenção. Se a empresa não tiver cumprido com esta obrigação, não poderá reconhecer a receita, no resultado do exercício.

No caso de recebimento de máquina, o processo será diferente. A empresa deverá reconhecer a receita de subvenção na medida em que forem sendo efetuadas as depreciações do ativo. Este crédito poderá ser feito como receita ou como redução das despesas de depreciação.

3.2. Tratamento contábil quando a subvenção for incondicional:

Se a empresa receber subvenções ou qualquer incentivo sem que haja obrigação adicional a cumprir, o reconhecimento da receita será imediato.

Exemplo: Se a destina uma parte do seu imposto de renda nas quotas de um fundo por conta de um incentivo fiscal, e desde que, no pagamento do imposto não haja obrigações, nesse momento reconhecerá essa parcela como receita de subvenção.

3.3. Benefícios sob a forma de isenção ou redução tributária:

Existem situações em que o benefício é dado quando não ocorre o recolhimento do imposto, quando é apurado lucro que normalmente incidiria tal tributo.

Não existindo compromissos de investimento e outros, reconhece uma despesa do imposto de renda (100% do valor apurado), e registra como redução dessa despesa, uma receita de subvenção (valor da isenção ou redução tributária).

3.4. Constituição da reserva de incentivo fiscal:

Cada exercício em que a empresa reconhecer a receita de subvenção, o valor deverá ser transferido para reserva de incentivos fiscais, no patrimônio líquido, para que a empresa tenha benefícios fiscais comentados no item 2, deste tópico.

4. EXEMPLO PRÁTICO

A empresa WM, na data do encerramento social, apurou um lucro antes da CSLL e do IRPJ, no valor de R$ 1.000.000,00.

Considerando que, no resultado do exercício, tenha sido registrada uma receita de subvenção de R$ 80.000,00.

Considerando que a alíquota do IRPJ seja de 25% (IR + Adicional), e da CSLL seja de 9%.

Sugerimos os seguintes lançamentos contábeis:

I – Registro da provisão da CSLL ($ 1.000.000,00 x 9%):

CONTAS CONTÁBEIS	DÉBITO – R$	CRÉDITO – R$
CSLL (Conta de Resultado)	90.000,00	
CSLL a Recolher (Passivo Circulante)		90.000,00

II – Registro da provisão do imposto de renda ($ 1.000.000,00 x 25%):

CONTAS CONTÁBEIS	DÉBITO – R$	CRÉDITO – R$
IRPJ (Conta de Resultado)	250.000,00	
IRPJ a Recolher (Passivo Circulante)		250.000,00

III – Registro da receita de subvenção:

CONTAS CONTÁBEIS	DÉBITO – R$	CRÉDITO – R$
IRPJ a Recolher (Passivo Circulante)	80.000,00	
Receita de Subvenção – Conta redutora do IRPJ (Conta de Resultado)		80.000,00

Após estes lançamentos contábeis, a DRE ficará demonstrada da seguinte forma:

(=) Lucro Líquido antes da CSLL	1.000.000,00
(-) CSLL	90.000,00
(=) Lucro Líquido antes do IRPJ	910.000,00
(-) IRPJ	250.000,00
(+) Receita de Subvenção	80.000,00
(=) Lucro Líquido do Exercício	740.000,00

Dos R$ 740.000,00 de lucros apurados, a receita de subvenção de R$ 80.000,00 será transferida para reserva de incentivos fiscais, ou seja:

CONTAS CONTÁBEIS	DÉBITO – R$	CRÉDITO – R$
Receita de Subvenção – Conta redutora do IRPJ (Conta de Resultado)	80.000,00	
Reserva de Incentivos Fiscais (Patrimônio Líquido)		80.000,00

RESERVA DE PRÊMIOS NA EMISSÃO DE DEBÊNTURES

1. INTRODUÇÃO

Prêmio na emissão de debêntures é quando o valor da alienação das debêntures for superior ao seu valor nominal determinado para a liquidação desses valores mobiliários.

2. IMPOSTO DE RENDA

O prêmio na emissão de debêntures, reconhecido no resultado com observância das normas contábeis, não será computado na determinação do lucro real e do resultado ajustado, desde que (art. 199 da IN RFB nº 1.700/2017):

I – a titularidade da debênture não seja de sócio ou de titular da pessoa jurídica emitente; e

II – seja registrado em reserva de lucros específica, a qual somente poderá ser utilizada para:

    a) absorção de prejuízos, desde que anteriormente já tenham sido totalmente absorvidas as demais reservas de lucros, com exceção da reserva legal; ou

    b) aumento do capital social.

Para fins do item I, serão considerados os sócios com participação igual ou superior a 10% (dez por cento) do capital social da pessoa jurídica emitente.

Na hipótese prevista na letra "a" do item II, a pessoa jurídica deverá recompor a reserva à medida que forem apurados lucros nos períodos subsequentes.

O prêmio na emissão de debêntures será tributado caso não seja observado o disposto no parágrafo anterior, ou seja, dada destinação diversa, inclusive nas hipóteses de:

I – capitalização do valor e posterior restituição de capital aos sócios ou ao titular, mediante redução do capital social, hipótese em que a base para a incidência será o valor restituído, limitado ao valor total das exclusões decorrentes do prêmio na emissão de debêntures;

II – restituição de capital aos sócios ou ao titular, mediante redução do capital social, nos 5 (cinco) anos anteriores à data da emissão das debêntures, com posterior capitalização do valor do prêmio na emissão de debêntures, hipótese em que a base para a incidência será o valor restituído, limitada ao valor total das exclusões decorrentes de prêmio na emissão de debêntures; ou

III – integração à base de cálculo dos dividendos obrigatórios.

Se, no período de apuração, a pessoa jurídica apurar prejuízo contábil ou lucro líquido contábil inferior à parcela decorrente de prêmio na emissão de debêntures e, nesse caso, não puder ser constituída como parcela de lucros, esta deverá ocorrer à medida que forem apurados lucros nos períodos subsequentes.

No caso de período de apuração trimestral do IRPJ e da CSLL, o registro na reserva de lucros específica deverá ser efetuado até 31 de dezembro do ano em curso.

O valor que constituir exclusão na parte A do e-Lalur e do e-Lacs, será controlado na parte B, para ser adicionado quando descumpridas as condições previstas neste tópico.

3. REGISTRO CONTÁBIL

O prêmio recebido deve ser registrado como receita a apropriar no passivo não circulante, para apropriação ao resultado do exercício em função do prazo das deliberações e do reconhecimento das despesas de juros. Esta receita deverá ser registrada numa conta retificadora da despesa financeira.

O Pronunciamento Técnico CPC 08 determina que os prêmios na emissão de debêntures devem ser acrescidos ao valor justo inicialmente reconhecido na emissão, para evidenciação do valor líquido, e apropriado ao resultado em função da fluência do prazo, com base no método do custo amortizado.

4. EXEMPLO PRÁTICO

Vamos supor que, no final do ano 01, a empresa WM tenha feito uma captação de recursos no mercado financeiro, via debêntures, no valor de R$ 1.000.000,00, incorrendo em custo da transação no valor de R$ 150.000,00. Os investidores pagaram um prêmio no valor de R$ 120.000,00.

A taxa de juros contratual dessa operação é de 10% ao ano, sendo que a empresa fará o resgate dos títulos ao final de dois anos, por meio de um único pagamento no valor de R$ 1.210.000,00.

As despesas financeiras totalizaram R$ 240.000,00, que representam R$ 210.000,00 de despesas de juros, mais R$ 150.000,00 de custos de transação, menos R$ 120.000,00 referentes ao prêmio na emissão das debêntures.

Dessa forma, a empresa recebeu um valor líquido de R$ 970.000,00 ($ 1.000.000,00 + $ 120.000,00 − R$ 150.000,00).

Com base nestes dados, sugerimos os seguintes lançamentos contábeis:

I – Registro da captação de recursos:

CONTAS CONTÁBEIS	DÉBITO – R$	CRÉDITO – R$
Caixa ou Bancos (Ativo Circulante)	970.000,00	
Custos a Amortizar (Passivo Não Circulante) – Conta Redutora das Debêntures	150.000,00	
Debêntures (Passivo Não Circulante)		1.000.000,00
Prêmio a Amortizar (Passivo Não Circulante)		120.000,00

II – Registro da apropriação dos encargos financeiros – final do ano 02:

CONTAS CONTÁBEIS	DÉBITO – R$	CRÉDITO – R$
Despesa Financeira (Conta de Resultado)	115.000,00 [1]	
Prêmio a Amortizar (Passivo Não Circulante)	60.000,00	
Custos a Amortizar (Passivo Não Circulante) – Conta Redutora das Debêntures		75.000,00
Debêntures (Passivo Não Circulante)		100.000,00

([1]) *O valor da despesa financeira de R$ 115.000,00 é composto dos seguintes valores: R$ 100.000,00 de juros; mais R$ 75.000,00 da amortização do custo, menos R$ 60.000,00 de receita na emissão de prêmios.*

III – Registro da reserva de prêmios na emissão de debêntures – final do ano 02:

CONTAS CONTÁBEIS	DÉBITO – R$	CRÉDITO – R$
Receita de Prêmios na Emissão de Debêntures – Retificadora da Despesa Financeira (Conta de Resultado)	60.000,00	
Reserva de Prêmios na Emissão de Debêntures (Patrimônio Líquido)		60.000,00

IV – Registro da apropriação dos encargos financeiros – final do ano 03:

CONTAS CONTÁBEIS	DÉBITO – R$	CRÉDITO – R$
Despesa Financeira (Conta de Resultado)	125.000,00 [2]	
Prêmio a Amortizar (Passivo Não Circulante)	60.000,00	
Custos a Amortizar (Passivo Não Circulante) – Conta Redutora das Debêntures		75.000,00
Debêntures (Passivo Não Circulante)		110.000,00

[2] *O valor da despesa financeira de R$ 125.000,00 é composto dos seguintes valores: R$ 110.000,00 de juros; mais R$ 75.000,00 da amortização do custo, menos R$ 60.000,00 de receita na emissão de prêmios.*

V – Registro da reserva de prêmios na emissão de debêntures – final do ano 03:

CONTAS CONTÁBEIS	DÉBITO – R$	CRÉDITO – R$
Receita de Prêmios na Emissão de Debêntures- Retificadora da Despesa Financeira (Conta de Resultado)	60.000,00	
Reserva de Prêmios na Emissão de Debêntures (Patrimônio Líquido)		60.000,00

VI – Registro do resgate dos títulos – final do ano 03:

CONTAS CONTÁBEIS	DÉBITO – R$	CRÉDITO – R$
Debêntures (Passivo Não Circulante)	1.210.000,00	
Caixa ou Bancos (Ativo Circulante)		1.210.000,00

RESERVA PARA CONTINGÊNCIA

1. INTRODUÇÃO

A Reserva para Contingências é constituída com o objetivo de compensar, em exercício futuro, a diminuição do lucro decorrente de perda julgada provável, sendo tal perda passível de ser monetariamente mensurada (Lei nº 6.404/1976, artigo 195).

A ocorrência de tal perda poderá importar, para a sociedade, uma substancial redução de seu lucro ou mesmo o ingresso em uma faixa de prejuízo.

A constituição dessa reserva busca evitar uma situação de desequilíbrio financeiro, que ocorreria caso fossem distribuídos os dividendos obrigatórios em um exercício, em face da probabilidade de redução de lucros ou mesmo da ocorrência de prejuízos em exercício futuro, em virtude de fatos extraordinários previsíveis.

Por configurar uma postergação no pagamento de dividendos, a constituição dessa reserva deve obedecer ao § 1º do artigo 195 da Lei nº 6.404/1976, isto é, a proposta feita pelos órgãos da administração deverá indicar a causa da perda prevista e justificar, com as razões de cautela devidamente fundamentadas, a constituição dessa reserva.

A utilização dessa reserva é recomendável no caso de determinados ramos de negócios, diretamente sujeitos a fenômenos naturais ou cíclicos, tais como: geadas, secas, inundações etc.

Essa reserva é também utilizada por empresas que, por outras razões definidas, operam com períodos fortemente lucrativos, seguidos de períodos com baixa lucratividade ou mesmo prejuízos, desde que seja previsível tal situação.

Segundo o § 2º do artigo 195 da Lei nº 6.404/1976, a reserva será revertida no exercício em que deixarem de existir as razões que justificaram a sua constituição ou em que ocorrer a perda.

2. REGISTRO CONTÁBIL

Na constituição de reserva para contingência, debita-se a conta de "Lucros ou Prejuízos Acumulados" e credita-se a conta de "Reserva de Lucros", no patrimônio líquido.

3. EXEMPLO PRÁTICO

Consideremos que determinada empresa agrícola tenha a sua produção atingida, ciclicamente, pelo fenômeno El Niño, prejudicando substancialmente seus lucros e, consequentemente, a distribuição de dividendos aos seus acionistas.

Nesse caso, a empresa deverá constituir a Reserva para Contingências, tendo em vista a previsão de ocorrência do fenômeno climático.

Considerando que a empresa tenha apurado um lucro de R$ 100.000,00.

Considerando que a empresa constituirá 15% do lucro apurado no exercício a título de Reserva para Contingência – Fenômeno El Niño.

Considerando que ocorreu a efetiva perda, o saldo da provisão deverá ser revertido.

Teremos os seguintes lançamentos contábeis:

a) Constituição da reserva:

CONTAS CONTÁBEIS	DÉBITO – R$	CRÉDITO – R$
Lucros ou Prejuízos Acumulados (Patrimônio Líquido)	15.000,00	
Reserva para Contingências (Patrimônio Líquido)		15.000,00

b) Reversão da constituição da reserva, por ter ocorrido a efetiva perda:

CONTAS CONTÁBEIS	DÉBITO – R$	CRÉDITO – R$
Reserva para Contingências (Patrimônio Líquido)	15.000,00	
Lucros ou Prejuízos Acumulados (Patrimônio Líquido)		15.000,00

RETIFICAÇÃO DE LANÇAMENTOS CONTÁBEIS

1. INTRODUÇÃO

A escrituração do livro Diário não deve conter rasuras, emendas, raspaduras ou borrões, linhas em branco, entrelinhas ou escritos à margem, observando-se sempre a ordem cronológica dos fatos e seguindo um sistema de contabilização uniforme.

A não observância dessas normas torna a escrituração imprestável para dar suporte à tributação com base no lucro real, expondo a empresa ao risco de desclassificação da escrita pelo Fisco e, consequentemente, do arbitramento do lucro tributável.

Eventuais erros cometidos na escrituração devem ser corrigidos mediante retificação de lançamentos, observados os procedimentos aceitos pela técnica contábil.

2. REGISTRO CONTÁBIL

A retificação de lançamentos contábeis está tratada nos itens 31 a 36 da Resolução CFC nº 1.330/2011, que aprovou a ITG 2000 – Escrituração Contábil, e dispõe:

   a) retificação de lançamento é o processo técnico de registro realizado com erro na escrituração contábil da entidade;

   b) são formas de retificação, o estorno, a transferência e a complementação;

   c) em qualquer das modalidades referidas na letra "b", o histórico do lançamento deverá conter o motivo da retificação, a data e a localização do lançamento de origem;

   d) o estorno consiste em lançamento inverso àquele feito erroneamente, anulando-o totalmente;

   e) lançamento de transferência é aquele que promove a regularização de conta indevidamente debitada ou creditada, mediante transposição do valor para a conta adequada;

f) lançamento de complementação é aquele que vem, posteriormente, complementar, aumentando ou reduzindo, o valor anteriormente registrado;

g) os lançamentos realizados fora da época devida deverão consignar, nos seus históricos, a data efetiva das ocorrências e a razão do registro extemporâneo.

3. EXEMPLO PRÁTICO

1º Exemplo

Ao fazer a conciliação bancária, verificou-se que foi lançada em duplicidade a duplicata contra o cliente "A", no valor de R$ 15.000,00.

I – Pelo estorno da duplicata lançada em duplicidade:

CONTAS CONTÁBEIS	DÉBITO – R$	CRÉDITO – R$
Duplicatas a Receber (Ativo Circulante)	15.000,00	
Bancos Conta Movimento (Ativo Circulante)		15.000,00

2º Exemplo

Vamos admitir que na compra de uma máquina no valor de R$ 35.000,00 à vista procedeu-se ao seguinte lançamento:

I – Pela compra da máquina:

CONTAS CONTÁBEIS	DÉBITO – R$	CRÉDITO – R$
Veículo (Ativo Imobilizado)	35.000,00	
Bancos Conta Movimento (Ativo Circulante)		35.000,00

Como a máquina foi lançada em conta de veículos, deverá ser efetuado o estorno, para corrigir o lançamento e registrar em "Máquinas e Equipamentos".

II – Pelo estorno:

CONTAS CONTÁBEIS	DÉBITO – R$	CRÉDITO – R$
Máquinas e Equipamentos (Ativo Imobilizado)	35.000,00	
Veículo (Ativo Imobilizado)		35.000,00

3º **Exemplo**

Vamos tratar de complemento do lançamento já registrado, tomando como exemplo ICMS no valor de R$ 62.080,00 incidentes sobre as vendas.

I – Pelo ICMS incidentes sobre vendas:

CONTAS CONTÁBEIS	DÉBITO – R$	CRÉDITO – R$
Impostos Incidentes sobre Vendas – ICMS (Conta de Resultado)	60.240,00	
ICMS a Recolher (Passivo Circulante)		60.240,00

Verifica-se que faltou o lançamento de R$ 1.840,00 referente ao ICMS sobre vendas que deve ser complementado da seguinte forma:

II – Pelo complemento do ICMS incidente sobre vendas:

CONTAS CONTÁBEIS	DÉBITO – R$	CRÉDITO – R$
Impostos Incidentes sobre Vendas – ICMS (Conta de Resultado)	1.840,00	
ICMS a Recolher (Passivo Circulante)		1.840,00

4º **Exemplo**

No caso de pagamento de IPVA no valor de R$ 1.690,00 com o seguinte lançamento:

I – Pelo recolhimento do IPVA:

CONTAS CONTÁBEIS	DÉBITO – R$	CRÉDITO – R$
Despesa Tributária – (Conta de Resultado)	1.960,00	
IPVA a Recolher (Passivo Circulante)		1.960,00

II – Pelo estorno do IPVA lançado a maior:

CONTAS CONTÁBEIS	DÉBITO – R$	CRÉDITO – R$
IPVA a Recolher – (Passivo Circulante)	270,00	
Despesa Tributária – (Conta de Resultado)		270,00

ROYALTIES PAGOS E RECEBIDOS

1. INTRODUÇÃO

Consiste em uma quantia que é paga por alguém ao proprietário pelo direito de usar, explorar ou comercializar um produto, obra, terreno etc.

2. IMPOSTO DE RENDA

A dedução de despesas com royalties será admitida quando necessárias para que o contribuinte mantenha a posse, uso ou fruição do bem ou direito que produz o rendimento (art. 361 do RIR/2018).

As somas das quantias devidas a título de royalties pela exploração de patentes de invenção ou uso de marcas de indústria ou de comércio, e por assistência técnica, científica, administrativa ou semelhante, poderão ser deduzidas como despesas operacionais até o limite máximo de cinco por cento da receita líquida das vendas do produto fabricado ou vendido (art. 365 do RIR/2018).

A dedutibilidade das importâncias pagas ou creditadas pelas pessoas jurídicas, a título de aluguéis ou royalties pela exploração ou cessão de patentes ou pelo uso ou cessão de marcas, bem como a título de remuneração que envolva transferência de tecnologia (assistência técnica, científica, administrativa ou semelhantes, projetos ou serviços técnicos especializados) somente será admitida a partir da averbação do respectivo ato ou contrato no Instituto Nacional da Propriedade Industrial – INPI, obedecidos o prazo e as condições da averbação e, ainda, as demais prescrições pertinentes, na forma da Lei nº 9.279, de 14 de maio de 1996 (art. 365, § 3º, do RIR/2018).

Estão sujeitos à incidência do imposto na fonte, calculado pela tabela progressiva, os rendimentos decorrentes de aluguéis ou royalties pagos por pessoas jurídicas a pessoas físicas (Lei nº 7.713, de 1988, art. 7º, inciso II).

3. REGISTRO CONTÁBIL

Os royalties pagos serão registrados como despesa operacional, no resultado do exercício. E os recebidos devem ser registrados como receita, no resultado do exercício, segundo regime de competência.

4. EXEMPLO PRÁTICO

Vamos considerar que a empresa WM efetua o pagamento dos royalties no valor de R$ 10.000,00 e, sobre este, incide também IR Fonte, no valor de R$ 2.000,00.

Neste caso, sugerimos os seguintes lançamentos contábeis:

I – Registro da apropriação dos royalties, pelo regime de competência:

CONTAS CONTÁBEIS	DÉBITO – R$	CRÉDITO – R$
Despesa de Royalties (Conta de Resultado)	10.000,00	
IRRF a Recolher (Passivo Circulante)		2.000,00
Royalties a Pagar (Passivo Circulante)		8.000,00

II – Registro do pagamento dos royalties:

CONTAS CONTÁBEIS	DÉBITO – R$	CRÉDITO – R$
Royalties a Pagar (Passivo Circulante)	8.000,00	
Caixa/Bancos (Ativo Circulante)		8.000,00

III – Registro do recolhimento do IR Fonte:

CONTAS CONTÁBEIS	DÉBITO – R$	CRÉDITO – R$
IRRF a Recolher (Passivo Circulante)	2.000,00	
Caixa/Bancos (Ativo Circulante)		2.000,00

S

SALÁRIO-MATERNIDADE

1. INTRODUÇÃO

Salário-maternidade é um benefício concedido pela Previdência Social a seguradas empregadas, empregadas domésticas, contribuintes individuais, trabalhadoras avulsas, seguradas especiais e facultativas (artigo 94 do RPS/1999, aprovado pelo Decreto nº 3.048/1999).

Este benefício é pago pela empresa às funcionárias e abatido do valor devido da Guia da Previdência Social (GPS), no mesmo mês de referência.

2. REGISTRO CONTÁBIL

A contabilização desse benefício será a débito da conta intitulada "INSS a Recolher" e a crédito da conta "Salários e Ordenados a Pagar", ambas, no passivo circulante.

Este registro deve ser no mês de competência da folha de pagamento a que se referir.

A conta "INSS a Recolher", além desse benefício, engloba o valor do encargo da empresa e a contribuição devida pelo empregado, pelo autônomo e pelos sócios e acionistas, retida pela empresa e por ela recolhida.

3. EXEMPLO PRÁTICO

Vamos considerar que na folha de pagamento de determinada empresa esteja sendo pago salário-maternidade no valor de R$ 1.200,00 para suas funcionárias gestantes.

Lançamento Contábil:

Registro do benefício pago pela empresa e do abatimento na GPS:

CONTAS CONTÁBEIS	DÉBITO – R$	CRÉDITO – R$
INSS a Recolher (Passivo Circulante)	1.200,00	
Salários e Ordenados a Pagar (Passivo Circulante)		1.200,00

SIMPLES NACIONAL

1. INTRODUÇÃO

As pessoas jurídicas enquadradas como microempresas ou empresas de pequeno porte, inscritas no Simples Nacional, terão que efetuar, mensalmente, o pagamento unificado de impostos e contribuições de acordo com a Lei Complementar nº 123, de 14 de dezembro de 2006, alterada pela Lei Complementar nº 147, de 7 de agosto de 2014.

2. REGISTRO CONTÁBIL

Os impostos e contribuições unificados mensalmente pelas microempresas e empresas de pequeno porte, inscritas no Simples Nacional, serão deduzidos das receitas brutas auferidas no mês como impostos incidentes sobre as vendas, no resultado do exercício.

3. EXEMPLO PRÁTICO

Vamos considerar que uma empresa mercantil, apurasse R$ 2.188,00 de Simples Nacional sobre o faturamento do mês.

Sugerimos o seguinte lançamento contábil:

CONTAS CONTÁBEIS	DÉBITO – R$	CRÉDITO – R$
Impostos e Contribuições Unificados (Conta de Resultado – Impostos Incidentes sobre as Vendas)	2.188,00	
Simples Nacional a Recolher (Passivo Circulante)		2.188,00

SINISTRO DE BENS

1. INTRODUÇÃO

A empresa paga um prêmio para contratar um seguro de um determinado bem por um prazo de vigência estipulado na apólice de seguro.

Esse pagamento representa a contraprestação da garantia de cobertura de perdas que o segurado eventualmente venha a sofrer no prazo de vigência do seguro.

2. IMPOSTO DE RENDA

O ganho de capital apurado no sinistro do bem segurado é tributado para o IRPJ e CSLL.

3. REGISTRO CONTÁBIL

Contabilmente, o bem sinistrado será baixado do patrimônio e a contrapartida será registrada na conta "Ganho ou Perda de Capital", no resultado do exercício.

A indenização recebida pela seguradora será tratada como preço de venda do bem sinistrado e será debitada numa conta a receber do ativo circulante e creditada na conta "Ganho ou Perda de Capital", no resultado do exercício.

Após os registros contábeis, será apurado o ganho ou perda de capital da operação.

3.1. Estorno do crédito de ICMS, PIS/Pasep e Cofins

Se na aquisição do bem sinistrado a empresa se creditou de ICMS, PIS/Pasep e Cofins, os saldos remanescentes desses créditos devem compor o custo de aquisição do bem para fins de apuração do ganho ou perda na alienação.

Caso a pessoa jurídica calcule os créditos do PIS/Pasep e da Cofins com base nos encargos de depreciação, amortização ou exaustão de bens do ativo imobilizado, não haverá nenhum lançamento adicional a ser feito relativamente aos créditos das referidas contribuições, haja vista tais valores não interferirem no custo de aquisição do bem, sendo deduzidos diretamente dos referidos encargos.

4. EXEMPLO PRÁTICO

Vamos supor que tenha ocorrido sinistro, com perda total, de um veículo da empresa, segurado pelo prazo de 12 meses, levando-se em conta os seguintes dados:

a) custo de aquisição do bem sinistrado: R$ 50.000,00;

b) valor da depreciação acumulada, até a data do sinistro: R$ 20.000,00;

c) valor do prêmio do seguro, totalmente quitado, registrado na contabilidade: R$ 4.500,00;

d) valor da indenização reconhecida pela seguradora na data do sinistro: R$ 45.000,00.

Neste caso, sugerimos os seguintes lançamentos contábeis:

a) Registro da baixa do bem sinistrado:

CONTAS CONTÁBEIS	DÉBITO – R$	CRÉDITO – R$
Ganho ou Perda de Capital (Despesa Operacional – Conta de Resultado)	50.000,00	
Veículos (Ativo Imobilizado)		50.000,00

b) Registro da baixa do valor da depreciação do bem sinistrado:

CONTAS CONTÁBEIS	DÉBITO – R$	CRÉDITO – R$
Depreciação Acumulada (Ativo Imobilizado)	20.000,00	
Ganho ou Perda de Capital (Despesa Operacional – Conta de Resultado)		20.000,00

Após esses lançamentos, constata-se que o valor contábil do bem sinistrado, corresponde a R$ 30.000,00 (R$ 50.000,00 – R$ 20.000,00).

c) Registro do valor da indenização a receber da seguradora:

CONTAS CONTÁBEIS	DÉBITO – R$	CRÉDITO – R$
Indenização de Sinistro a Receber (Ativo Circulante)	45.000,00	
Ganho ou Perda de Capital (Receita Operacional – Conta de Resultado)		45.000,00

Após os lançamentos contábeis, a conta "Ganho ou Perda de Capital", apresenta um saldo credor de R$ 15.000,00, assim demonstrado:

GANHO OU PERDA DE CAPITAL	
(a) 50.000,00	
	20.000,00 (b)
	45.000,00 (c)
50.000,00	65.000,00
	15.000,00

Dando continuidade ao nosso exemplo, considerando que o valor do prêmio de seguros tenha sido de R$ 4.500,00 e a empresa tenha apropriado, até a data do sinistro, a importância de R$ 3.000,00 (8/12), o saldo que resta a apropriar é de R$ 1.500,00 (4/12).

Neste caso, o registro da baixa do prêmio de seguro a apropriar será efetuado da seguinte maneira:

d) Registro da baixa do prêmio:

CONTAS CONTÁBEIS	DÉBITO – R$	CRÉDITO – R$
Despesa com Seguros (Conta de Resultado)	1.500,00	
Prêmio de Seguros a Apropriar (Ativo Circulante)		1.500,00

e) Registro do recebimento da indenização:

CONTAS CONTÁBEIS	DÉBITO – R$	CRÉDITO – R$
Caixa/Banco Conta Movimento (Ativo Circulante)	45.000,00	
Indenização de Sinistro a Receber (Ativo Circulante)		45.000,00

SOBRAS DE MATERIAL PRODUTIVO – RESÍDUOS

1. INTRODUÇÃO

Resíduo pode ser considerado qualquer material que sobra após uma ação ou processo produtivo. Diversos tipos de resíduos (sólidos, líquidos e gasosos) são gerados nos processos de extração de recursos naturais, transformação, fabricação ou consumo de produtos e serviços.

O sistema contábil deve considerar este resíduo de forma que o custo unitário resultante seja o mais apurado possível, e a técnica contábil deverá variar conforme o tipo de sucata ou sobra envolvido.

2. IMPOSTO DE RENDA

A venda de sobras de material produtivo (sucatas) é tributável para fins do Imposto de Renda e da CSLL.

3. REGISTRO CONTÁBIL

As sobras ou sucatas possuem valor e são normalmente estocadas até que uma quantidade considerável seja acumulada, sendo, então, vendidas aos possíveis compradores.

Quando as sobras são vendidas, normalmente, as empresas debitam uma conta de disponibilidades no ativo circulante em contrapartida uma receita no resultado do exercício.

Todavia, o procedimento mais apurado, e que deve ser seguido pelas empresas que buscam um custo mais correto, é o de se efetuar o lançamento do custo das vendas dessas sobras.

Sendo assim, existem dois métodos que podem ser utilizados:
- ✓ crédito em ordem específica de produção ou ao processo de fabricação. Neste caso, debita-se a conta "Custo do Produto Vendido – Sobras", na conta de resultado e credita-se a conta "Estoque de Produtos em Elaboração", no ativo circulante.
- ✓ crédito como redução dos custos indiretos de fabricação. Neste caso, debita-se a conta "Custo do Produto Vendido – Sobras", na conta de resultado e credita-se a conta "Custo Indireto de Fabricação", também na conta de resultado. Normalmente, este procedimento é utilizado se não for possível identificar as sobras com uma ordem de produção ou processo específico de fabricação.

3.1. Sobras com valor insignificante

Se a sobra ou sucata é de valor insignificante e é vendida em intervalos irregulares, costumeiramente, não se efetua nenhum lançamento contábil, até que essa sobra seja vendida.

Nesse caso, por ocasião da venda das sobras, o procedimento contábil é feito da seguinte forma:

D – Caixa ou Bancos Conta Movimento (AC)
C – Receita de Sobras (CR)

3.2. Sobras com valor significativo

No caso de sobras com valor significativo, requer-se controle e armazenagem especial.

A empresa tem que elaborar um relatório para controlar a movimentação das sobras.

Essas sobras são estocadas seguindo os mesmos critérios dos materiais normais. A valorização do retorno dessas sobras ao estoque poderá ser efetuada pelo custo estimado ou pelo preço do mercado da venda dessas sobras. O lançamento de crédito pode seguir o mesmo raciocínio do tópico anterior, ou seja, crédito em uma ordem de produção específica ou ao processo de fabricação.

3.2.1. Avaliação pelo custo estimado

Por ocasião do retorno das sobras ao estoque, o procedimento contábil é o de efetuar o seguinte lançamento, para registrar o custo do retorno das sobras de material direto no processo de produção.

CONTAS CONTÁBEIS	DÉBITO – R$	CRÉDITO – R$
Estoque de Sobras de Material (Ativo Circulante)	0,00	
Estoque de Produtos em Elaboração (Ativo Circulante)		0,00

Uma vez em estoque, essas sobras deverão aguardar o destino, que poderá ser o de reaproveitamento em uma peça menor ou o de venda. Nesses casos, os seguintes lançamentos contábeis seriam efetuados:

CONTAS CONTÁBEIS	DÉBITO – R$	CRÉDITO – R$
Estoque de Produtos em Elaboração (Ativo Circulante)	0,00	
Estoque de Sobras de Material (Ativo Circulante)		0,00

Por ocasião da venda, o lançamento contábil para registrar o custo das sobras vendidas seria o seguinte:

CONTAS CONTÁBEIS	DÉBITO – R$	CRÉDITO – R$
Disponibilidades ou Contas a Receber (Ativo Circulante)	0,00	
Receitas de Sobras de Material (Conta de Resultado)		0,00

Pelo registro do custo das vendas das sobras, a empresa deverá efetuar o seguinte lançamento:

CONTAS CONTÁBEIS	DÉBITO – R$	CRÉDITO – R$
Custo das Sobras de Material Vendido (Conta de Resultado)	0,00	
Estoque de Sobras de Material (Ativo Circulante)		0,00

3.2.2. Avaliação pelo preço de mercado

Quando existir um preço de mercado estável para as sobras e não for possível determinar o seu custo, esse preço pode ser usado para fins de retorno ao estoque.

Assim que o material retornar ao estoque, o seguinte lançamento contábil deverá ser efetuado (para registrar o retorno das sobras ao estoque conforme sua origem e pelo preço de venda do mercado):

CONTAS CONTÁBEIS	DÉBITO – R$	CRÉDITO – R$
Estoque de Sobras de Material (Ativo Circulante)	0,00	
Estoque de Produtos em Elaboração (Ativo Circulante)		0,00

ou:

CONTAS CONTÁBEIS	DÉBITO – R$	CRÉDITO – R$
Estoque de Sobras de Material (Ativo Circulante)	0,00	
Custo Indireto de Fabricação (Conta de Resultado)		0,00

4. EXEMPLO PRÁTICO

Vamos considerar que uma empresa industrial, mensalmente, vende aparas de papel que sobram do processo produtivo no valor de R$ 1.000,00. Nesse caso, o lançamento contábil será:

CONTAS CONTÁBEIS	DÉBITO – R$	CRÉDITO – R$
Caixa/Banco Conta Movimento/Conta a Receber (Ativo Circulante)	0,00	
Receita Bruta de Sucata (Conta de Resultado)		1.000,00

SUBCONTAS DA LEI Nº 12.973/2014

1. INTRODUÇÃO

A partir de 01.01.2015, a Receita Federal do Brasil passou a exigir das empresas controles fiscais por meio de subcontas contábeis para registrar os ajustes a valor presente do ativo e passivo e para registrar a avaliação a valor justo do ativo e passivo. A lei também exige que tenha um controle fiscal na sua adoção inicial.

2. VALOR PRESENTE

De acordo com o Pronunciamento Técnico CPC 12, valor presente (*present value*) é a estimativa do valor corrente de um fluxo de caixa futuro, no curso normal das operações da entidade.

A Lei nº 6.404/1976, alterada pela Lei nº 11.638/2007, determina:

> VIII do art. 183 da LSA – *"os elementos do ativo decorrentes de operações de longo prazo serão ajustados a valor presente, sendo os demais ajustados quando houver efeito relevante"*.

> III do art. 184 da LSA – *"as obrigações, os encargos e os riscos classificados no passivo não circulante serão ajustados ao seu valor presente, sendo os demais ajustados quando houver efeito relevante"*.

Ajuste a Valor Presente (AVP) tem como objetivo efetuar o ajuste para demonstrar o valor presente de um fluxo de caixa futuro. Esse fluxo de caixa pode estar representado por ingressos ou saídas de recursos (ou montante equivalente; por exemplo, créditos que diminuam a saída de caixa futuro seriam equivalentes a ingressos de recursos). Para determinar o valor presente de um fluxo de caixa, três informações são requeridas: valor do fluxo futuro (considerando todos os termos e as condições contratados), data do referido fluxo financeiro e taxa de desconto aplicável à transação.

3. VALOR JUSTO

O Pronunciamento Técnico CPC 46, define valor justo como o preço que seria recebido pela venda de um ativo ou que seria pago pela transferência de um passivo em uma transação não forçada entre participantes do mercado na data de mensuração.

Valor justo tem como primeiro objetivo demonstrar o valor de mercado de determinado ativo ou passivo; na impossibilidade disso, demonstrar o provável valor que seria o de mercado por comparação a outros ativos ou passivos que tenham valor de mercado; na impossibilidade dessa alternativa também, demonstrar o provável valor que seria o de mercado por utilização do ajuste a valor presente dos valores estimados futuros de fluxos de caixa vinculados a esse ativo ou passivo; finalmente, na impossibilidade dessas alternativas, pela utilização de fórmulas econométricas reconhecidas pelo mercado.

4. ADOÇÃO INICIAL

De acordo com o art. 291 da IN RFB nº 1.700/2017, a data da adoção inicial dos arts. 1º, 2º, 4º a 71 e incisos I a VI, VIII e X do caput do art. 117 da Lei nº 12.973/2014, será 1º de janeiro de 2014 para as pessoas jurídicas optantes pela lei em 2014 (por meio da manifestação adotada da DCTF de dezembro/2014), e 1º de janeiro de 2015 para as não optantes.

Ou seja, as empresas deveriam no dia 31.12.2013 (para as optantes da lei em 2014), e no dia 31.12.2014 (para as não optantes da lei em 2014), levantar duas contabilidades, a saber:

- Contabilidade societária (apresentada por meio da ECD), onde os ativos e passivos estarão mensurados de acordo com a Lei nº 6.404/1976; e
- Contabilidade fiscal (FCont), onde os ativos e passivos estarão mensurados de acordo com os métodos e critérios vigentes em 31.12.2007.

Comparando estas duas contabilidades, poderá existir diferenças positivas e negativas em relação às contas do ativo e do passivo proveniente da aplicação das novas regras contábeis, tais como ajuste a valor justo, ajuste a valor presente e etc..

Estas diferenças, na data da adoção inicial da Lei nº 12.973/2014, devem ser controladas por meio de subcontas contábeis.

5. IMPOSTO DE RENDA

A IN RFB nº 1.700/2017 dispõem do tratamento tributário do ajuste a valor presente, da avaliação ao valor justo, e da adoção inicial da Lei nº 12.973/2014, da seguinte maneira:

5.1. Adoção inicial

Se a diferença do ativo for positiva ou do passivo negativa poderá ser diferida, desde que o contribuinte evidencie essa diferença em subconta vinculada ao ativo ou passivo. Neste caso, esta diferença será adicionada na determinação do lucro real e do resultado ajustado, à medida da sua realização, inclusive mediante depreciação, amortização, exaustão, alienação, baixa ou liquidação (art. 295 da IN RFB nº 1.700/2017). No caso da diferença não ser evidenciada numa subconta do ativo ou passivo, deverá ser adicionada na determinação do lucro real e do resultado ajustado na data da adoção inicial.

Se a diferença do ativo for negativa ou do passivo positiva poderá ser excluída na determinação do lucro real e do resultado ajustado à medida de sua realização, inclusive mediante depreciação, amortização, exaustão, alienação, baixa ou liquidação, desde que o contribuinte evidencie contabilmente essa diferença em subconta vinculada ao ativo ou passivo. No caso da diferença não ser evidenciada numa subconta do ativo ou passivo, ela não poderá ser excluída na determinação do lucro real e do resultado ajustado, isto é, será indedutível (arts. 298 e 299 da IN RFB nº 1.700/2017).

5.2. Valor presente do ativo

Os valores decorrentes do ajuste a valor presente, de que trata o inciso VIII do caput do art. 183 da Lei nº 6.404/1976, relativos a cada operação, somente serão considerados na determinação do lucro real e do resultado ajustado no mesmo período de apuração em que a receita ou resultado da operação deva ser oferecido à tributação (art. 4º da Lei nº 12.973/2014).

Os valores apropriados como receita a partir da conta de juros a apropriar ou equivalente poderão ser excluídos do lucro líquido na determinação do lucro real e do resultado ajustado nos períodos de apuração relativos às apropriações.

Caso o ajuste a valor presente esteja relacionado a:
- a) outro ativo, a tributação ocorrerá à medida que esse ativo for realizado, inclusive mediante depreciação, amortização, exaustão, alienação ou baixa;
- b) uma despesa, a tributação ocorrerá no período de apuração em que a despesa for incorrida; ou
- c) um custo de produção de bens ou serviços, a tributação ocorrerá no período de apuração em que o custo for incorrido.

As adições e exclusões serão controladas na Parte B do e-Lalur e do e-Lacs.

5.3. Valor presente do passivo

Os valores decorrentes do ajuste a valor presente, de que trata o inciso III do *caput* do art. 184 da Lei nº 6.404/1976, relativos a cada operação, somente serão considerados na determinação do lucro real e do resultado ajustado no período de apuração em que (art. 5º da Lei nº 12.973/2014):
- a) o bem for revendido, no caso de aquisição a prazo de bem para revenda;
- b) o bem for utilizado como insumo na produção de bens ou serviços, no caso de aquisição a prazo de bem a ser utilizado como insumo na produção de bens ou serviços;
- c) o ativo for realizado, inclusive mediante depreciação, amortização, exaustão, alienação ou baixa, no caso de aquisição a prazo de ativo não classificável nas letras "a" e "b";

d) a despesa for incorrida, no caso de aquisição a prazo de bem ou serviço contabilizado diretamente como despesa; e

e) o custo for incorrido, no caso de aquisição a prazo de bem ou serviço contabilizado diretamente como custo de produção de bens ou serviços.

Nas hipóteses previstas nas letras "a", "b", e "c", os valores decorrentes do ajuste a valor presente deverão ser evidenciados contabilmente em subconta vinculada ao ativo.

Os valores decorrentes de ajuste a valor presente não poderão ser considerados na determinação do lucro real e do resultado ajustado (art. 5º, § 2º, da Lei nº 12.973/2014):

I. na hipótese prevista na letra "c", caso o valor realizado, inclusive mediante depreciação, amortização, exaustão, alienação ou baixa, não seja dedutível;

II. na hipótese prevista na letra "d", caso a despesa não seja dedutível; e

III. nas hipóteses previstas nas letras "a", "b" e "c", caso os valores decorrentes do ajuste a valor presente não tenham sido evidenciados contabilmente em subconta vinculada ao ativo.

Demais operações

Nas demais operações sujeitas ao ajuste a valor presente do passivo, os valores apropriados como despesa a partir da conta de juros a apropriar ou equivalente serão adicionados ao lucro líquido na determinação do lucro real e do resultado ajustado nos períodos de apuração relativos às apropriações (art. 95, § 1º, da IN RFB nº 1.700/2017). Caso o valor realizado do ativo seja dedutível, o valor da subconta poderá ser excluído do lucro líquido na determinação do lucro real e do resultado ajustado no período de apuração relativo à baixa. Caso seja indedutível, o valor da subconta não poderá ser excluído do lucro líquido na determinação do lucro real e do resultado ajustado.

Caso o ajuste a valor presente do passivo esteja relacionado a uma despesa dedutível, os valores decorrentes do ajuste a valor presente poderão ser excluídos do lucro líquido na determinação do lucro real e do resultado ajustado no período de apuração em que a despesa for incorrida. Se for indedutível os valores decorrentes do ajuste a valor presente não poderão ser excluídos do lucro líquido na determinação do lucro real e do resultado ajustado (art. 95, §§ 7º e 8º, da IN RFB nº 1.700/2017). Neste caso, as adições e exclusões serão controladas na Parte B do e-Lalur e no e-Lacs.

Caso o ajuste a valor presente do passivo esteja relacionado a um custo de produção de bens ou serviços, os valores decorrentes do ajuste a valor presente poderão ser excluídos do lucro líquido na determinação do lucro real e do resultado ajustado no período de apuração em que o custo for incorrido. Neste caso, as adições e exclusões serão controladas na Parte B do e-Lalur e do e-Lacs.

5.4. Avaliação a valor justo

Ganho:

O ganho decorrente de avaliação de ativo ou passivo com base no valor justo não será computado na determinação do lucro real e do resultado ajustado desde que o respectivo aumento no valor do ativo ou redução no valor do passivo seja evidenciado contabilmente em subconta vinculada ao ativo ou passivo (art. 97 da IN RFB nº 1.700/2017).

O ganho evidenciado por meio da subconta será computado na determinação do lucro real e do resultado ajustado à medida que o ativo for realizado, inclusive mediante depreciação, amortização, exaustão, alienação ou baixa, ou quando o passivo for liquidado ou baixado.

Na hipótese de não ser evidenciado por meio de subconta, o ganho será tributado. Neste caso, o ganho não poderá acarretar:

I – redução de prejuízo fiscal do período, devendo, nesse caso, ser considerado em período de apuração seguinte em que exista lucro real antes do cômputo do referido ganho;

II – redução de base de cálculo negativa da CSLL do período, devendo, nesse caso, ser considerado em período de apuração seguinte em que exista resultado ajustado positivo antes do cômputo do referido ganho.

Perda:

A perda decorrente de avaliação de ativo ou passivo com base no valor justo somente poderá ser computada na determinação do lucro real e do resultado ajustado à medida que o ativo for realizado, inclusive mediante depreciação, amortização, exaustão, alienação ou baixa, ou quando o passivo for liquidado ou baixado, e desde que a respectiva perda por redução no valor do ativo ou aumento no valor do passivo seja evidenciada contabilmente em subconta vinculada ao ativo ou passivo (art. 102 da IN RFB nº 1.700/2017).

Na hipótese de não ser evidenciada por meio de subconta, a perda será considerada indedutível na apuração do lucro real e do resultado ajustado.

6. REGISTRO CONTÁBIL

Contabilmente, os registros devem ser efetuados da seguinte maneira.

6.1. Adoção inicial

Diferença positiva do ativo:

A diferença positiva do ativo será registrada a débito na subconta em contrapartida à conta representativa do ativo (art. 295, § 1º, da IN RFB nº 1.700/2017).

O valor registrado na subconta será baixado à medida que o ativo for realizado, inclusive mediante depreciação, amortização, exaustão, alienação ou baixa.

No caso de ativo depreciável, amortizável ou exaurível, em que o controle é feito com a utilização de uma subconta para cada conta conforme disposto no § 2º do art. 300 da IN RFB nº 1.700/2017, a baixa relativa à depreciação, amortização ou exaustão será feita na subconta vinculada à conta de depreciação acumulada, amortização acumulada ou exaustão acumulada.

Diferença negativa do passivo:

A diferença negativa do passivo será registrada a débito na subconta em contrapartida à conta representativa do passivo (art. 296, § 1º, da IN RFB nº 1.700/2017).

O valor registrado na subconta será baixado à medida que o passivo for baixado ou liquidado.

Diferença negativa do ativo:

A diferença negativa do ativo será registrada a crédito na subconta em contrapartida à conta representativa do ativo (art. 298, § 1º, da IN RFB nº 1.700/2017).

O valor evidenciado na subconta será baixado à medida que o ativo for realizado, inclusive mediante depreciação, amortização, exaustão, alienação ou baixa.

No caso de ativo depreciável, amortizável ou exaurível, em que o controle é feito com a utilização de uma subconta para cada conta conforme disposto no § 2º do art. 300 da IN RFB nº 1.700/2017, a baixa relativa à depreciação, amortização ou exaustão será feita na subconta vinculada à conta de depreciação acumulada, amortização acumulada ou exaustão acumulada.

Diferença positiva do passivo:

A diferença positiva do passivo será registrada a crédito na subconta em contrapartida à conta representativa do passivo (art. 299, § 1º, da IN RFB nº 1.700/2017).

O valor evidenciado na subconta será baixado à medida que o passivo for baixado ou liquidado.

6.2. Valor presente do ativo

Na venda a longo prazo sujeita ao ajuste a valor presente, os valores decorrentes do ajuste a valor presente serão registrados a crédito em conta de juros a apropriar ou equivalente, no ativo (art. 91 da IN RFB nº 1.700/2017).

Caso a receita da venda seja classificada como receita bruta conforme o art. 12 do Decreto-Lei nº 1.598/1977, os valores decorrentes do ajuste a valor presente deverão ser registrados a débito em conta de dedução da receita bruta, em contrapartida à conta de juros a apropriar ou equivalente.

A medida que os juros forem sendo apropriados, serão transferidos do ativo para o resultado do exercício como receita financeira de ajuste a valor presente.

6.3. Valor presente do passivo

Os valores decorrentes do ajuste a valor presente do passivo serão registrados a débito em conta de juros a apropriar ou equivalente, no passivo (art. 94 da IN RFB nº 1.700/2017).

Nas hipóteses previstas nas letras "a", "b" e "c" do subitem 5.3, os valores decorrentes do ajuste a valor presente serão registrados a crédito na subconta vinculada ao ativo, em contrapartida à conta de juros a apropriar ou equivalente, no passivo.

Os juros a apropriar ou equivalente serão transferidos para despesa financeira de ajuste a valor presente, no resultado, quando forem incorridos.

Na hipótese de aquisição a prazo de bem para revenda, o valor evidenciado na subconta vinculada ao ativo será baixado no período de apuração em que o bem for revendido.

Na hipótese de aquisição a prazo de bem a ser utilizado como insumo na produção de bens ou serviços, o valor evidenciado na subconta vinculado ao ativo será baixado no período de apuração em que o bem for utilizado como insumo na produção de bens ou serviços.

Na hipótese de aquisição a prazo de ativo não classificável nas letras "a" e "b" do subitem 5.3, o valor evidenciado na subconta vinculada ao ativo será baixado à medida que o ativo for realizado, inclusive mediante depreciação, amortização, exaustão, alienação ou baixa.

Demais operações:

Nas demais operações sujeitas ao ajuste a valor presente do passivo, os valores também serão registrados a débito em conta de juros a apropriar ou equivalente, no passivo (art. 95 da IN RFB nº 1.700/2017).

Caso o ajuste a valor presente esteja relacionado a um ativo, os valores decorrentes do ajuste a valor presente serão registrados a crédito em subconta vinculada ao ativo, em contrapartida à conta de juros a apropriar ou equivalente, no passivo.

O valor evidenciado na subconta será baixado à medida que o ativo for realizado, inclusive mediante depreciação, amortização, exaustão, alienação ou baixa.

Os juros a apropriar ou equivalente serão transferidos para despesa financeira de ajuste a valor presente, no resultado, quando forem incorridos.

No caso de ativo depreciável, amortizável ou exaurível, em que o controle é feito com a utilização de uma subconta para cada conta conforme disposto no § 2º do art. 89 da IN RFB nº 1.700/2017, a baixa relativa à depreciação, amortização ou exaustão a que será feita na subconta vinculada à conta de depreciação acumulada, amortização acumulada ou exaustão acumulada.

6.4. Avaliação a valor justo

Ganho:

Quando da avaliação com base no valor justo, o ganho será registado a crédito em conta de receita ou de patrimônio líquido em contrapartida à subconta vinculada ao ativo ou passivo (arts. 98 e 100, § 1º, da IN RFB nº 1.700/2017).

O valor registrado na subconta será baixado à medida que o ativo for realizado, inclusive mediante depreciação, amortização, exaustão, alienação ou baixa, ou quando o passivo for liquidado ou baixado (arts. 98 e 100, § 3º, da IN RFB nº 1.700/2017).

No caso de ativo depreciável, amortizável ou exaurível, em que o controle é feito com a utilização de uma subconta para cada conta conforme disposto no § 2º do art. 89 da IN RFB nº 1.700/2017, a baixa relativa à depreciação, amortização ou exaustão será feita na subconta vinculada à conta de depreciação acumulada, amortização acumulada ou exaustão acumulada.

Perda:

Quando da avaliação com base no valor justo, a perda será registrada a débito em conta de despesa ou de patrimônio líquido em contrapartida à subconta vinculada ao ativo ou passivo (arts. 103 e 104, § 1º, da IN RFB nº 1.700/2017).

O valor registrado na subconta será baixado à medida que o ativo for realizado, inclusive mediante depreciação, amortização, exaustão, alienação ou baixa, ou quando o passivo for liquidado ou baixado (arts. 103 e 104, § 3º, da IN RFB nº 1.700/2017).

No caso de ativo depreciável, amortizável ou exaurível, em que o controle é feito com a utilização de uma subconta para cada conta conforme disposto no § 2º do art. 89 da IN RFB nº 1.700/2017, a baixa relativa à depreciação, amortização ou exaustão será feita na subconta vinculada à conta de depreciação acumulada, amortização acumulada ou exaustão acumulada (art. 103, § 4º, da IN RFB nº 1.700/2017).

7. EXEMPLOS PRÁTICOS

7.1. Adoção inicial: Diferença positiva do ativo.

Vamos supor que, na adoção inicial, a empresa apresentasse a seguinte situação:

IMÓVEL	IMÓVEL
Com base na Contabilidade Societária (ECD)	Com base na Contabilidade Fiscal (FCont)
R$ 2.000.000,00	$ 800.000,00

Neste caso, a empresa apurou uma diferença positiva (ganho) de R$ 1.200.000,00.

Na data da adoção inicial da Lei nº 12.973/2014, a empresa deverá evidenciar este ganho, contabilmente, da seguinte forma:

CONTAS CONTÁBEIS	DÉBITO – R$	CRÉDITO – R$
Subconta – Adoção Inicial – Imóveis (Ativo Imobilizado)	1.200.000,00	
Imóveis (Ativo Imobilizado)		1.200.000,00

Após o lançamento contábil, o balanço patrimonial da adoção inicial ficará demonstrado da seguinte maneira:

BALANÇO PATRIMONIAL DA ADOÇÃO INICIAL	
ATIVO NÃO CIRCULANTE	R$
Imóveis	800.000
Subconta – Adoção Inicial – Imóvel	1.200.000 [1]
Total	2.000.000

OBS.: A soma do saldo da subconta com o saldo da conta do ativo a que a subconta está vinculada resultará no valor do ativo mensurado de acordo com as disposições da Lei nº 6.404, de 1976 (art. 300, § 1º, da IN RFB nº 1.700/2017).

([1]) O valor registrado na subconta será baixado à medida que o ativo for realizado, inclusive mediante depreciação, amortização, exaustão, alienação ou baixa (art. 295, § 2º, da IN RFB nº 1.700/2017).

A tributação (adição no Lalur) ocorrerá à medida que o ativo for realizado, inclusive mediante depreciação, amortização, exaustão, alienação ou baixa (art. 294 da IN RFB nº 1.700/2017).

7.2. *Adoção inicial: Diferença negativa do ativo.*

Vamos supor que, na adoção inicial, a empresa apresentasse a seguinte situação:

MÁQUINAS E EQUIPAMENTOS	MÁQUINAS E EQUIPAMENTOS
Com base na Contabilidade Societária (ECD)	Com base na Contabilidade Fiscal (FCont)
R$ 100.000,00	$ 150.000,00

Neste caso, a empresa apurou uma diferença negativa (perda) de R$ 50.000,00.

Na data da adoção inicial da Lei nº 12.973/2014, a empresa deverá evidenciar esta perda, contabilmente, da seguinte forma:

CONTAS CONTÁBEIS	DÉBITO – R$	CRÉDITO – R$
Máquinas e Equipamentos (Ativo Imobilizado)	50.000,00	
Subconta – Adoção Inicial – Máquinas e Equipamentos (Ativo Imobilizado)		50.000,00

Após o lançamento contábil, o balanço patrimonial da adoção inicial ficará demonstrado da seguinte maneira:

BALANÇO PATRIMONIAL DA ADOÇÃO INICIAL	
ATIVO NÃO CIRCULANTE	R$
Máquinas e Equipamentos	150.000
(-) Subconta – Adoção Inicial – Máquinas e Equipamentos	50.000
Total	100.000

OBS.: A soma do saldo da subconta com o saldo da conta do ativo a que a subconta está vinculada resultará no valor do ativo mensurado de acordo com as disposições da Lei nº 6.404, de 1976 (art. 300, § 1º, da IN RFB nº 1.700/2017).

(¹) *O valor registrado na subconta será baixado à medida que o ativo for realizado, inclusive mediante depreciação, amortização, exaustão, alienação ou baixa (art. 298, § 2º, da IN RFB nº 1.700/2017).*

Fiscalmente, a diferença negativa poderá ser excluída no Lalur à medida de sua realização, inclusive mediante depreciação, amortização, exaustão, alienação ou baixa (art. 297 da IN RFB nº 1.700/2017).

7.3. *Ajuste a valor presente do passivo:*

Vamos supor que a empresa tenha adquirido a longo prazo, mercadorias para revenda no valor de R$ 120.000,00.

Considerando que o valor presente seja de R$ 100.000,00.

Considerando que o prazo de pagamento seja de 30 meses.

Neste caso, sugerimos os seguintes lançamentos contábeis:

a) Registro da aquisição das mercadorias:

CONTAS CONTÁBEIS	DÉBITO – R$	CRÉDITO – R$
Estoque (Ativo Circulante)	120.000,00	
Fornecedores (Passivo Circulante + Não Circulante)		120.000,00

b) Registro do ajuste a valor presente:

CONTAS CONTÁBEIS	DÉBITO – R$	CRÉDITO – R$
Juros a Apropriar (Passivo Circulante + Não Circulante)	20.000,00	
Subconta – AVP – Estoque (Ativo Circulante)		20.000,00

Após estes lançamentos, o balanço patrimonial ficará demonstrado da seguinte maneira:

BALANÇO PATRIMONIAL			
ATIVO	R$	PASSIVO	R$
Circulante + Não Circulante		Circulante + Não Circulante	
Estoque	120.000	Fornecedores	120.000
(-) Subconta – AVP – Estoque	20.000 ²	(-) Juros a Apropriar	20.000 ¹
TOTAL	100.000	TOTAL	100.000

(¹) Contabilmente, à medida que os juros forem sendo incorridos, deverão ser transferidos para o resultado do exercício como despesa financeira de ajuste a valor presente. Essa despesa não é dedutível, ou seja, será adicionada do lucro líquido na determinação do lucro real e da base de cálculo da CSLL (art. 94, § 2º, da IN RFB nº 1.700/2017).

(²) O valor evidenciado na subconta vinculada ao ativo será baixado no período de apuração em que o bem for revendido. Esse valor poderá ser excluído do lucro líquido na determinação do lucro real e da CSLL no período de apuração relativo à baixa (art. 94, § 6º, da IN RFB nº 1.700/2017).

7.4. *Ajuste a valor presente do ativo:*

Dando continuidade ao exemplo anterior, vamos supor que as referidas mercadorias foram revendidas por R$ 200.000,00.

Considerando que o valor presente seja de R$ 185.000,00.

Considerando que o prazo de venda seja de 30 meses.

Com base nestes dados, sugerimos os seguintes lançamentos contábeis:

a) Registro da venda:

CONTAS CONTÁBEIS	DÉBITO – R$	CRÉDITO – R$
Clientes (Ativo Circulante + Não Circulante)	200.000,00	
Receita Bruta (Conta de Resultado)		200.000,00

b) Registro do ajuste a valor presente:

CONTAS CONTÁBEIS	DÉBITO – R$	CRÉDITO – R$
Ajuste a Valor Presente – Dedução da Re-	15.000,00	
Juros a Apropriar – Conta Redutora de Clientes (Ativo Circulante + Não Circulante)		15.000,00

c) Registro da baixa do estoque, de acordo com o exemplo anterior:

CONTAS CONTÁBEIS	DÉBITO – R$	CRÉDITO – R$
CMV (Conta de Resultado)	120.000,00	
Estoque (Ativo Circulante)		120.000,00

d) Registro da realização da subconta vinculada ao ativo, de acordo com o exemplo anterior:

CONTAS CONTÁBEIS	DÉBITO – R$	CRÉDITO – R$
Subconta – AVP – Estoque (Ativo Circulante)	20.000,00	
Receita AVP (Conta de Resultado)		20.000,00

Após estes lançamentos, o balanço patrimonial e a DRE ficarão demonstrados da seguinte maneira:

BALANÇO PATRIMONIAL	
ATIVO	R$
Circulante + Não Circulante	
Clientes	200.000
(-) Juros a Apropriar	15.000 [1]
TOTAL	185.000

(¹) Contabilmente, à medida que os juros forem sendo apropriados, deverão ser transferidos para o resultado do exercício como receita financeira de ajuste a valor presente. Essa receita poderá ser excluída do lucro líquido na determinação do lucro real e da base de cálculo da CSLL (art. 91, § 2º, da IN RFB nº 1.700/2017).

DRE	
Revenda de Mercadorias	200.000
(-) Dedução da Receita Bruta Ajuste a Valor Presente	15.000 [2]
(=) Receita Líquida	185.000
(-) CMV	120.000
(=) Lucro Bruto	65.000
(+) Receita AVP	20.000 [3]
(=) Lucro	85.000

(²) O Ajuste a Valor Presente (AVP), registrado como dedução da receita bruta, será adicionado ao lucro líquido na determinação do lucro real e da CSLL, tendo em vista, que somente será considerado na determinação do lucro real e da CSLL no mesmo período de apuração em que a receita ou resultado da operação deva ser oferecido à tributação (art. 91, § 3º, da IN RFB nº 1.700/2017).

(³) A receita de AVP poderá ser excluída do lucro líquido na determinação do lucro real e da CSLL no período de apuração relativo à baixa (art. 91, § 2º, da IN RFB nº 1.700/2017).

7.5. Avaliação a valor justo: Ganho do ativo.

Vamos considerar que na data do encerramento do exercício social, a empresa possuía um terreno de R$ 700.000,00, registrado como propriedade para investimento.

Considerando que a avaliação a valor justo deste ativo, segundo laudo, seja de R$ 1.500.000,00.

Neste caso, a empresa apurou um ganho de R$ 800.000,00, na avaliação do ativo.

Teremos o seguinte lançamento contábil:

Registro do ganho de R$ 800.000,00 (R$ 1.500.000,00 – R$ 700.000,00):

CONTAS CONTÁBEIS	DÉBITO – R$	CRÉDITO – R$
Subconta – AVJ – Terreno – Propriedade para Investimento (Ativo Não Circulante)	800.000,00	
Receita de Avaliação a Valor Justo do Ativo (Conta de Resultado)		800.000,00 [1]

([1]) *A receita de avaliação a valor justo não será tributada, tendo em vista que a contrapartida está evidenciada numa subconta vinculada ao ativo (art. 97 da IN RFB nº 1.700/2017). Ou seja, será excluída no e-Lalur e no e-Lacs.*

Após este lançamento contábil, o ativo ficará demonstrado da seguinte maneira no balanço patrimonial:

ATIVO NÃO CIRCULANTE	R$
Propriedade para Investimento	
Terreno	700.000
Subconta – AVJ – Terreno	800.000 [2]
TOTAL	1.500.000

Obs.: A soma do saldo da subconta com o saldo da conta do ativo a que a subconta está vinculada resultará no valor do ativo mensurado de acordo com as disposições da Lei nº 6.404, de 1976.

([2]) *O ganho evidenciado por meio da subconta será computado (tributado) na determinação do lucro real e da CSLL à medida que o ativo for realizado, inclusive mediante depreciação, amortização, exaustão, alienação ou baixa.*

7.6. *Avaliação a valor justo: Perda do ativo.*

Dando continuidade ao exemplo anterior, vamos supor que a avaliação a valor justo do ativo, segundo laudo, seja de R$ 500.000,00.

Neste caso, a empresa apurou uma perda de R$ 200.000,00, na avaliação do ativo.

Teremos o seguinte lançamento contábil:

Registro da perda de R$ 200.000,00 (R$ 700.000,00 – R$ 500.000,00):

CONTAS CONTÁBEIS	DÉBITO – R$	CRÉDITO – R$
Perda na Avaliação a Valor Justo do Ativo (Conta de Resultado)	200.000,00 [1]	
Subconta – AVJ – Terreno – Propriedade para Investimento (Ativo Não Circulante)		200.000,00

([1]) Neste momento, a perda deverá ser adicionada e controlada no e-Lalur e e-Lacs (art. 102 da IN RFB nº 1.700/2017).

Após este lançamento contábil, o ativo ficará demonstrado da seguinte maneira no balanço patrimonial:

ATIVO NÃO CIRCULANTE	R$
Propriedade para Investimento	
Terreno	700.000
(-) Subconta – AVJ – Terreno	200.000 [2]
TOTAL	500.000

Obs.: *A soma do saldo da subconta com o saldo da conta do ativo a que a subconta está vinculada resultará no valor do ativo mensurado de acordo com as disposições da Lei nº 6.404, de 1976.*

([2]) *A perda, evidenciada por meio da subconta vinculada ao ativo, será dedutível (excluída) na determinação do lucro real e da CSLL, à medida que o ativo for realizado, inclusive mediante depreciação, amortização, exaustão, alienação ou baixa, e desde que a respectiva perda por redução no valor do ativo seja evidenciada contabilmente em subconta vinculada ao ativo (art. 102 da IN RFB nº 1.700/2017).*

Na hipótese de não ser evidenciada por meio de subconta, a perda será considerada indedutível na apuração do lucro real.

SUBSCRIÇÃO DE CAPITAL SOCIAL

1. INTRODUÇÃO

É o capital social fixado no estatuto ou contrato social. Os sócios devem subscrever (assumir o compromisso de realizar) todas as ações ou quotas em que se divide o capital social, ainda que seja realizada apenas uma parte do capital subscrito. É o capital que o acionista ou o quotista se compromete a integralizar, para a formação do capital próprio, dentro do prazo estabelecido em Assembleia Geral Extraordinária (nas sociedades por ações) ou no contrato social das demais sociedades.

2. REGISTRO CONTÁBIL

O capital social subscrito será registrado numa conta específica do patrimônio líquido em contrapartida da conta "Capital a Integralizar" que é uma conta redutora da conta "Capital Subscrito".

3. EXEMPLO PRÁTICO

Uma sociedade limitada foi constituída com um capital social de R$ 100.000,00, estando previstas no contrato social a subscrição e a integralização da seguinte forma:

I. Capital Social Subscrito = R$ 100.000,00 (compromisso dos sócios em injetar recursos particulares no patrimônio da empresa);

II. Capital Realizado ou Integralizado em dinheiro = R$ 70.000,00 (valor já efetivamente entregue pelos sócios à empresa);

III. Capital a Integralizar = R$ 30.000,00 (montante que ainda falta injetar na empresa, tendo em vista que o compromisso total para formação do capital foi de R$ 100.000,00).

a) Registro do capital subscrito:

CONTAS CONTÁBEIS	DÉBITO – R$	CRÉDITO – R$
Capital Social (Patrimônio Líquido)	100.000,00	
Capital Social a Integralizar[1] (Patrimônio Líquido)		100.000,00

[1] Conta redutora do Capital Social.

b) Registro da integralização do capital social em dinheiro:

CONTAS CONTÁBEIS	DÉBITO – R$	CRÉDITO – R$
Caixa/Banco Conta Movimento (Ativo Circulante)	70.000,00	
Capital Social a Integralizar (Patrimônio Líquido)		70.000,00

c) Após estes lançamentos contábeis, o capital social ficará demonstrado da seguinte maneira no patrimônio líquido:

PATRIMÔNIO LÍQUIDO	R$
Capital Subscrito	100.000,00
(-) Capital a Integralizar	30.000,00
(=) Capital Social	70.000,00

SUBVENÇÕES PARA INVESTIMENTOS

1. INTRODUÇÃO

De acordo com o *Dicionário Michaelis*, subvenções são auxílios pecuniários ou subsídios concedidos pelos poderes públicos.

2. IMPOSTO DE RENDA

As subvenções para investimento, inclusive mediante isenção ou redução de impostos, concedidas como estímulo à implantação ou expansão de empreendimentos econômicos, reconhecidas no resultado com observância das normas contábeis, não serão computadas na determinação do lucro real, desde que sejam registradas na reserva de lucros (RESERVA DE INCENTIVO FISCAL) a que se refere o artigo 195-A da Lei nº 6.404, de 1976, observado o disposto no artigo 193 dessa Lei, que somente poderá ser utilizada para (art. 198 da IN RFB nº 1.700/2017):

I. absorção de prejuízos, desde que anteriormente já tenham sido totalmente absorvidas as demais Reservas de Lucros, com exceção da Reserva Legal; ou

II. aumento do capital social.

Na hipótese prevista no inciso I, a pessoa jurídica deverá recompor a reserva à medida que forem apurados lucros nos períodos subsequentes.

As referidas subvenções serão tributadas caso não seja observado o disposto no parágrafo anterior, ou seja, dada destinação diversa da que está prevista nos incisos I e II, inclusive nas hipóteses de:

I. capitalização do valor e posterior restituição de capital aos sócios ou ao titular, mediante redução do capital social, hipótese em que a base para a incidência será o valor restituído, limitado ao valor total das exclusões decorrentes de doações ou subvenções governamentais para investimentos;

II. restituição de capital aos sócios ou ao titular, mediante redução do capital social, nos 5 (cinco) anos anteriores à data da doação ou da subvenção, com posterior capitalização do valor da doação ou da subvenção, hipótese em que a base para a incidência será o valor restituído, limitada ao valor total das exclusões decorrentes de doações ou de subvenções governamentais para investimentos; ou

III. integração à base de cálculo dos dividendos obrigatórios.

3. REGISTRO CONTÁBIL

As subvenções concedidas pelo poder público devem ser contabilizadas no resultado do exercício, numa conta redutora do imposto (Lei nº 11.941/2009, artigos 18 e 21 e IN RFB nº 949/2009, artigos 4º e 5º).

4. EXEMPLO PRÁTICO

Vamos considerar que a empresa tenha uma subvenção para investimentos do ICMS de 70% no prazo de 10 anos.

Considerando que o valor do imposto a recolher seja de R$ 10.000,00, teremos os seguintes lançamentos contábeis:

a) Registro do imposto:

CONTAS CONTÁBEIS	DÉBITO – R$	CRÉDITO – R$
ICMS sobre as Vendas (Conta de Resultado)	10.000,00	
ICMS a Recolher (Passivo Circulante)		10.000,00

b) Registro do recolhimento do imposto:

CONTAS CONTÁBEIS	DÉBITO – R$	CRÉDITO – R$
ICMS a Recolher (Passivo Circulante)	3.000,00	
Caixa/Banco Conta Movimento (Ativo Circulante)		3.000,00

c) Registro da receita de subvenção:

CONTAS CONTÁBEIS	DÉBITO – R$	CRÉDITO – R$
ICMS a Recolher (Passivo Circulante)	7.000,00	
Receita de Subvenção do Imposto[1] (Conta de Resultado)		7.000,00

[1] Conta redutora de ICMS sobre as Vendas.

TESTE DE RECUPERABILIDADE

1. INTRODUÇÃO

Quando um ativo tem seu valor contábil superior ao seu valor de recuperação quando da sua venda, deverá reconhecer as perdas prováveis por desvalorização, de acordo com o Pronunciamento Técnico CPC nº 01.

A entidade deve avaliar ao fim de cada período de reporte, se há alguma indicação de que um ativo possa ter sofrido desvalorização. Se houver alguma indicação, a entidade deve estimar o valor recuperável do ativo.

O teste de recuperabilidade não se aplica a estoques, ativos advindos de contratos de construção, ativos fiscais diferidos, ativos advindos de planos de benefícios a empregados ou ativos classificados como mantidos para venda (ou incluídos em grupo de ativos que seja classificado como disponível para venda) em decorrência de os Pronunciamentos Técnicos do CPC vigentes aplicáveis a esses ativos conterem disposições orientadoras para reconhecimento e mensuração desses ativos.

Valor recuperável de um ativo ou de unidade geradora de caixa é o maior montante entre o seu valor justo líquido de despesa de venda e o seu valor em uso.

O tratamento do teste de recuperabilidade (impairment) previsto no Pronunciamento Técnico CPC nº 01 (R1), deve levar em conta:

- Os documentos para analise, que é a Demonstração da Posição Financeira (Balanço Patrimonial);
- A identificação dos ativos possíveis do teste de recuperabilidade;

- Apuração das perdas a serem contabilizadas;
- O efetivo reconhecimento das perdas;
- Notas Explicativas.

Teste de impairment: teste que tem por objetivo verificar e mensurar uma perda dos benefícios econômicos futuros esperados de um ativo ou unidade geradora de caixa.

Unidade geradora de caixa: é o menor grupo identificável de ativos que gera entradas de caixa, entradas essas que são em grande parte independentes das entradas de caixa de outros ativos ou outros grupos de ativos.

2. IMPOSTO DE RENDA

O teste de recuperabilidade de um ativo foi introduzido na MP nº 627/2013 convertida na Lei nº 12.973/2014, em seu art. 32, para disciplinar o momento em que a pessoa jurídica poderá reconhecer na apuração do lucro real e da base de cálculo da CSLL, os valores contabilizados como redução ao valor recuperável, que será quando ocorrer a venda ou baixa do bem.

No caso de alienação ou baixa de um ativo que compõe uma unidade geradora de caixa, o valor a ser reconhecido na apuração do lucro real deve ser proporcional à relação entre o valor contábil desse ativo e o total da unidade geradora de caixa à data em que foi realizado o teste de recuperabilidade.

3. REGISTRO CONTÁBIL

O registro contábil se dá a débito de perdas por desvalorização tendo como contrapartida provisão para perdas por desvalorização.

4. EXEMPLO

Teste de Recuperabilidade de um equipamento utilizado na produção industrial registrado por:
- Custo de Aquisição .... R$ 200.000,00
- Depreciação Acumulada........................... R$ 80.000,00

- Valor de Mercado.. R$ 24.000,00
- Gastos com a venda....................................... R$ 26.000,00
- Preço de venda dos produtos .... R$ 20,00
- Custo de produção .... R$ 16,00
- Capacidade produtiva.. 20.000 unidades por ano (próximos 3 anos)
- Custo de capital da empresa........................... 10% ao ano

1ª Etapa
Calcular o preço de venda líquido do equipamento
Preço de venda no mercado .... R$ 124.000,00
(-) Despesas com a Venda .... R$ 26.000,00
Ganho de Capital .... R$ 98.000,00

2ª Etapa
Calcular o valor do lucro que o equipamento vai gerar nos próximos três anos

Preço de venda dos produtos .... R$ 20,00
(-) Custo de produção..................................... R$ 16,00
Lucro do produto .... R$ 4,00
(x) total da produção .... R$ 20.000
= Lucro anual .... R$ 40.000,00

Demonstrativo dos três anos na data do teste, considerando o custo de capital de 10%, terá:

1º ano – 40.000,00/1,10 = R$ 36.363,64
2º ano – 40.000,00/1,21 = R$ 33.057,85
3º ano – 40.000,00/1.331 = R$ 30.052,59
Total .... R$ 99.474,08

3ª Etapa
O valor recuperável e maior que o ganho de capital (suposta venda), a saber:

Valor recuperável................................ R$ 99.474,08
• Ganho de Capital .... R$ 98.000,00

4ª Etapa
Apuração do Valor Contábil

Custo de aquisição ....R$ 200.000,00
Depreciação Acumulada..................R$ 80.000,00
Valor Contábil ....R$ 120.000,00

5ª Etapa
Apuração da perda por desvalorização do equipamento

Valor Recuperável do ativo....................R$ 99.474,08
Valor contábil do bem .... R$ 120.000,00
Perda por desvalorização...................... R$ 20.525,92

Registro Contábil

CONTAS CONTÁBEIS	DÉBITO – R$	CRÉDITO – R$
Perdas por Desvalorização (Conta de Resultado)	20.525,92	
Provisão para Perdas por Desvalorização (Conta Redutora do Ativo Imobilizado)		20.525,92

No caso de unidade geradora de caixa, o conceito é utilizado quando não se pode determinar o valor recuperável de um item de maneira individual.

Exemplo:
Uma entidade de mineração tem uma estrada de ferro particular para dar suporte às suas atividades de mineração. Essa estrada pode ser vendida somente pelo valor de sucata e ela não gera entra-

das de caixa que são, em grande parte, independentes das entradas de caixa provenientes de outros ativos da mina.

Não é possível estimar o valor recuperável da estrada de ferro privada porque seu valor em uso não pode ser determinado e é provavelmente diferente do valor de sucata. Portanto, a entidade deve estimar o valor recuperável da unidade geradora de caixa à qual a estrada de ferro particular pertence, isto é, a mina como um todo.

TÍTULOS A RECEBER

1. INTRODUÇÃO

Títulos a Receber é uma conta do Ativo Circulante ou do Realizável a Longo Prazo que registra os créditos que na maioria dos casos são representados por notas promissórias.

Os créditos por muitas vezes são originários de duplicatas não pagas e renegociadas entre as partes como emissão de notas promissórias ou um outro título equivalente com novo vencimento.

Créditos registrados em conta de Títulos a Receber:
  a) venda de bens patrimoniais ou de investimentos; e
  b) de empréstimos concedidos a terceiros.

2. REGISTRO CONTÁBIL

Os títulos a receber são classificados no Ativo Circulante, quando se tratar de direitos realizáveis até o final do exercício seguinte e no Ativo Não Circulante, no subgrupo Realizável a Longo Prazo: quando se tratar de direitos realizáveis após o término do exercício seguinte

Vale lembrar que, nas empresas em que o ciclo operacional tiver duração maior que o exercício social, a classificação no Circulante ou no Não Circulante terá por base o prazo desse ciclo.

3. TRIBUTAÇÃO

Os títulos a receber por tratar de crédito de alguma operação que já foi tributado não são novamente tributados, exceto se correr juros e correção monetária, que serão incorporados ao lucro contábil para fins de apuração do IRPJ e CSLL

4. EXEMPLO PRÁTICO

A empresa ERG vende para a empresa WM um terreno classificado no seu imobilizado pelo valor contábil de 150.000,00 por R$ 300.000,00, a serem pagos em 3 parcelas mensais, iguais e sucessivas, representadas por 3 notas promissórias a ser pagas em 30, 60 e 90 dias, conforme Compromisso Particular de Compra e Venda.

1. Pela venda do terreno

CONTAS CONTÁBEIS	DÉBITO R$	CRÉDITO R$
Títulos a Receber (Ativo Circulante)	300.000,00	
Ganhos ou Perda de Capital (Contas de Resultado)		300.000,00

2. Pela baixa do terreno

CONTAS CONTÁBEIS	DÉBITO R$	CRÉDITO R$
Ganhos ou Perda de Capital (Contas de Resultado)	150.000,00	
Terreno (Ativo Não Circulante)		150.000,00

3. Pelo recebimento da 1º Nota Promissória

CONTAS CONTÁBEIS	DÉBITO R$	CRÉDITO R$
Bancos Conta Movimento (Ativo Circulante)	100.000,00	
Títulos a Receber (Ativo Circulante)		100.000,00

> **Nota**
> Os outros dois lançamentos do recebimento das Notas Promissórias são idênticos ao lançamento 3.

TRANSFERÊNCIA ENTRE MATRIZ E FILIAL
1. INTRODUÇÃO

Operações de transferências de mercadorias entre matriz e filial são operações comuns e corriqueiras que consiste na transmissão da propriedade de um bem para outrem.

Podemos tratar como transferências somente as operações ocorridas entre estabelecimentos da mesma empresa.

2. IMPOSTO DE RENDA

Perante a legislação do Imposto de Renda, a transferência de mercadorias entre estabelecimentos da empresa não é tributada.

3. REGISTRO CONTÁBIL

As transferências entre matriz e filial de mercadorias, créditos de ICMS etc. terão como contrapartida uma conta corrente recíproca.

A empresa que tiver filiais poderá adotar os seguintes critérios:

3.1. Contabilidade centralizada

Entende-se como contabilidade centralizada aquela em se lança no livro Diário da matriz o movimento da matriz e da filial.

3.2. Contabilidade descentralizada

Entende-se como contabilidade descentralizada aquela em que se possui um livro Diário para a matriz e um livro Diário para a filial, ou seja, a contabilidade é feita como se fossem empresas independentes. Nessa hipótese, no final de cada mês, a empresa deverá consolidar as contas patrimoniais e de resultados da filial com as da matriz.

4. EXEMPLO PRÁTICO

Para melhor entendimento da questão, vamos supor que determinada empresa adquire, a prazo, mercadorias por R$ 1.000,00, com incidência de ICMS no valor de R$ 120,00. Essa mercadoria posteriormente é transferida para a filial; teremos, então:

I – Registro da compra na matriz:

CONTAS CONTÁBEIS	DÉBITO – R$	CRÉDITO – R$
Estoque de Mercadorias – Matriz (Ativo Circulante)	880,00	
ICMS a Recuperar (Ativo Circulante)	120,00	
Fornecedores (Passivo Circulante)		1.000,00

II – Registro da transferência para a filial:

CONTAS CONTÁBEIS	DÉBITO – R$	CRÉDITO – R$
Estoque de Mercadorias – Filial (Ativo Circulante)	880,00	
Estoque de Mercadorias – Matriz (Ativo Circulante)		880,00

III – Registro do ICMS:

CONTAS CONTÁBEIS	DÉBITO – R$	CRÉDITO – R$
ICMS a Recuperar – Filial (Ativo Circulante)	120,00	
ICMS a Recolher – Matriz (Passivo Circulante)		120,00

TROCA DE MERCADORIAS EM GARANTIA

1. INTRODUÇÃO

Considera-se troca a substituição de mercadoria por uma ou mais da mesma espécie, ou de espécie diversa, desde que de valor não inferior ao da substituída.

2. REGISTRO CONTÁBIL

Nas operações de troca de mercadorias em garantia, tendo em vista que o ônus pela substituição da mercadoria defeituosa é do fabricante, não é necessário nenhum registro contábil por parte da empresa revendedora do produto.

Todavia, é recomendável que a revendedora registre essa operação em contas de compensação.

3. EXEMPLO PRÁTICO

Vamos supor que a empresa revendedora tenha adquirido do fabricante mercadorias defeituosas, por um valor total de R$ 30.000,00.

Sugerimos os seguintes lançamentos contábeis:

I – Registro da remessa da mercadoria para o fabricante:

CONTAS CONTÁBEIS	DÉBITO – R$	CRÉDITO – R$
Remessa de Bens em Garantia (Conta de Compensação Ativa)	30.000,00	
Bens Garantidos pelo Fabricante (Conta de Compensação Passiva)		30.000,00

II – Registro do retorno da mercadoria:

CONTAS CONTÁBEIS	DÉBITO – R$	CRÉDITO – R$
Bens Garantidos pelo Fabricante (Conta de Compensação Passiva)	30.000,00	
Remessa de Bens em Garantia (Conta de Compensação Ativa)		30.000,00

V

VALE-PEDÁGIO

1. INTRODUÇÃO

O Vale-pedágio que foi instituído pela Lei nº 10.209/2001 e regulamentado pelo Decreto nº 3.525/2000. É utilizado obrigatoriamente em despesas de deslocamento de carga por meio de transporte rodoviário, nas rodovias brasileiras.

O pagamento de pedágio, por veículo de carga, é de responsabilidade do embarcador.

Embarcador é o proprietário originário da carga, contratante do serviço de transporte rodoviário de carga.

Equipara-se, ainda, ao embarcador:
 a) o contratante do serviço de transporte rodoviário de carga que não seja o proprietário originário da carga;
 b) a empresa transportadora que subcontratar serviço de transporte de carga prestado por transportador autônomo.

2. REGISTRO CONTÁBIL

Na empresa transportadora, o Vale-Pedágio terá o seguinte tratamento contábil:
 a) registra-se o valor correspondente ao Vale-Pedágio, fornecido pelo embarcador, em conta própria do ativo circulante, tendo como contrapartida uma conta do passivo circulante, intitulada "Adiantamentos de Vales-Pedágio", por exemplo;
 b) por ocasião da utilização do Vale-Pedágio, será feito um lançamento inverso ao mencionado na letra "a" *supra*;
 c) a indenização (correspondente a 1% do valor do frete contratado, limitada ao valor do Vale-Pedágio) deduzi-

da pelo embarcador será, por sua vez, registrada como custo dos serviços prestados, no resultado do exercício.

2.1. No embarcador

No embarcador, os valores relativos aos dispêndios com os Vales-Pedágio poderão ter o seguinte tratamento:

   a) os valores dispendidos na aquisição dos Vales-Pedágio devem ser registrados numa conta do ativo circulante;

   b) por ocasião do efetivo fornecimento dos Vales-Pedágio ao transportador, os valores respectivos serão lançados numa Conta Transitória, também no Ativo Circulante:

   - que será creditada pelo valor correspondente ao reembolso de 1% do valor do frete (limitado ao valor do Vale-Pedágio), a que tem direito o embarcador; e

   - cujo saldo remanescente será transferido para conta de mesma classificação daquela em que foi lançado o valor do frete (o frete deve ser lançado a débito de conta compatível com a natureza do bem transportado – despesa operacional, custo de produção, conta de estoque ou custo de ativo imobilizado).

3. EXEMPLO PRÁTICO

Considerando que uma determinada empresa:

   a) adquiriu vales-pedágio no valor de R$ 1.000,00, para serem fornecidos a transportadores de carga;

   b) contratou serviços de uma empresa transportadora para entrega de mercadorias vendidas no estabelecimento de um de seus clientes por R$ 3.000,00;

   c) antecipou R$ 100,00 em vales-pedágio à transportadora.

Sugerimos os seguintes lançamentos contábeis:

I – No embarcador:

a) Registro da compra dos vales-pedágio:

CONTAS CONTÁBEIS	DÉBITO – R$	CRÉDITO – R$
Vales-pedágio – Despesas Antecipadas (Ativo Circulante)	1.000,00	
Caixa ou Banco Conta Movimento (Ativo Circulante)		1.000,00

b) Registro da distribuição dos vales-pedágio à transportadora:

CONTAS CONTÁBEIS	DÉBITO – R$	CRÉDITO – R$
Vales-pedágio Fornecidos – Conta Transitória (Ativo Circulante)	100,00	
Vales-Pedágio – Despesas Antecipadas (Ativo Circulante)		100,00

c) Registro do pagamento do frete à transportadora e a apropriação da indenização do Vale-pedágio:

CONTAS CONTÁBEIS	DÉBITO – R$	CRÉDITO – R$
Fretes e Carretos (Conta de Resultado)	3.000,00	
Vales-Pedágio Fornecidos – Conta Transitória (Ativo Circulante). Indenização por conta do fornecimento de Vales-pedágio (1% de R$ 3.000,00).		30,00
Caixa/Banco Conta Movimento (Ativo Circulante)		2.970,00

d) Registro da apropriação da despesa com vale-pedágio:

CONTAS CONTÁBEIS	DÉBITO – R$	CRÉDITO R$
Vales-pedágio – Despesas com Vendas (Conta de Resultado)	70,00	
Vales-pedágio Fornecidos – Conta Transitória (Ativo Circulante)		70,00

II – Na empresa transportadora, teremos os seguintes lançamentos contábeis:

a) Registro do recebimento do vale-pedágio:

CONTAS CONTÁBEIS	DÉBITO – R$	CRÉDITO – R$
Vales-pedágio (Ativo Circulante)	100,00	
Adiantamento de Vales-pedágio (Passivo Circulante).		100,00

b) Registro da prestação de serviço de transporte e indenização ao embarcador:

CONTAS CONTÁBEIS	DÉBITO – R$	CRÉDITO – R$
Caixa/Banco Conta Movimento (Ativo Circulante)	2.970,00	
Custo dos Serviços Prestados (Conta de Resultado). Indenização por conta dos Vales-pedágio recebidos (1% de R$ 3.000,00)	30,00	
Receita de Serviços Prestados (Conta de Resultado)		3.000,00

c) Registro da utilização dos Vales-pedágio, conforme conhecimento:

CONTAS CONTÁBEIS	DÉBITO – R$	CRÉDITO – R$
Adiantamento de Vale-pedágio (Passivo Circulante)	100,00	
Vale-pedágio (Ativo Circulante)		100,00

VALE-TRANSPORTE

1. INTRODUÇÃO

Vale-transporte é um benefício concedido pelas empresas aos seus funcionários para o deslocamento residência-trabalho e vice-versa.

O vale-transporte concedido pelas empresas é descontado na folha de pagamento até o limite de 6% do salário individual.

Quando o montante do vale-transporte for inferior a esse limite, o desconto tem como teto o valor bruto dos vales-transportes entregues ao funcionário no mês.

2. IMPOSTO DE RENDA

A despesa operacional ou o custo de produção, relativamente concedido aos trabalhadores, são dedutíveis para o IRPJ e CSLL. Por outro lado, a recuperação destes gastos (descontos dos empregados), não será tributado para fins de determinação do lucro real (IRPJ) e do resultado ajustado(CSLL).

3. REGISTRO CONTÁBIL

Os gastos incorridos serão classificados, observado o regime de competência (Resolução CFC nº 750/1993, artigo 9º):

    a) nas empresas industriais ou prestadoras de serviços:

- ✓ como custo de produção, relativamente ao vale-transporte concedido aos trabalhadores da área de produção;
- ✓ como despesa operacional, relativamente ao vale--transporte concedido aos funcionários das áreas (de administração, de vendas e de outros setores não ligados diretamente ou indiretamente à produção de bens ou serviços;

    b) nas demais empresas, inclusive nas empresas mercantis: como despesa operacional.

3.1. Aquisição dos vales-transportes

O registro contábil na compra dos vales-transportes para os funcionários será efetuado em conta de despesa antecipada, no ativo circulante, para ser apropriado, como custo ou despesa operacional, no mês em que os vales-transportes forem utilizados pelos trabalhadores.

3.2. Descontos dos empregados

Os valores descontados dos empregados devem ser registrados a crédito da conta de custo de produção, no ativo circulante, ou a crédito na conta de recuperação de custo ou despesa operacional, no resultado do exercício, tendo como contrapartida a conta "Salários e Ordenados a Pagar", no passivo circulante.

4. EXEMPLO PRÁTICO

Considerando que empresa mercantil:

a) adquiriu 700 vales-transportes no valor de R$ 1.400,00;

b) distribuiu 400 vales-transportes no valor de R$ 800,00; e

c) efetuou o desconto na folha de pagamento do mês da utilização dos vales-transportes no valor de R$ 500,00 (respeitado o limite máximo de 6% do salário básico de cada funcionário).

Teremos os seguintes lançamentos contábeis:

a) Registro da compra dos vales-transportes:

CONTAS CONTÁBEIS	DÉBITO – R$	CRÉDITO – R$
Despesas Antecipadas (Ativo Circulante)	1.400,00	
Caixa/Banco Conta Movimento (Ativo Circulante)		1.400,00

b) Registro da distribuição dos vales-transportes:

CONTAS CONTÁBEIS	DÉBITO – R$	CRÉDITO – R$
Despesas com Vale-Transporte (Conta de Resultado)	800,00	
Despesas Antecipadas (Ativo Circulante)		800,00

c) Registro do desconto efetuado na folha de pagamento:

CONTAS CONTÁBEIS	DÉBITO – R$	CRÉDITO – R$
Salários e Ordenados a Pagar (Passivo Circulante)	500,00	
Recuperação de Despesa Operacional (Conta de Resultado)		500,00

VALOR JUSTO

1. INTRODUÇÃO

Valor justo é a quantia pela qual um ativo podia ser trocado ou um passivo liquidado entre partes conhecedoras e dispostas a isso, numa transação em que não exista relacionamento entre elas. Valor justo é o valor de mercado.

Reflete o valor que seria recebido na venda de um ativo ou pago na transferência de um passivo.

2. IMPOSTO DE RENDA

O ganho decorrente de avaliação de ativo ou passivo com base no valor justo não será computado na determinação do lucro real e da base de cálculo da CSLL desde que o respectivo aumento no valor do ativo ou redução no valor do passivo seja evidenciado contabilmente em subconta vinculada ao ativo ou passivo (art. 13 da Lei nº 12.973/2014).

Na hipótese de não ser evidenciado por meio de subconta, o ganho será tributado. Neste caso, o ganho não poderá acarretar redução de prejuízo fiscal do período, devendo ser considerado em período de apuração seguinte em que exista lucro real antes do cômputo do referido ganho.

O ganho evidenciado por meio da subconta será computado na determinação do lucro real e da base de cálculo da CSLL à medida que o ativo for realizado, inclusive mediante depreciação, amortização, exaustão, alienação ou baixa, ou quando o passivo for liquidado ou baixado.

Este ganho não será computado na determinação do lucro real e da base de cálculo da CSLL caso o valor realizado, inclusive mediante depreciação, amortização, exaustão, alienação ou baixa, seja indedutível.

A perda decorrente de avaliação de ativo ou passivo com base no valor justo somente poderá ser computada na determinação do lucro real e da base de cálculo da CSLL à medida que o ativo for realizado, inclusive mediante depreciação, amortização, exaustão, alienação ou baixa, ou quando o passivo for liquidado ou baixado, e desde que a respectiva redução no valor do ativo ou aumento no valor do passivo seja evidenciada contabilmente em subconta vinculada ao ativo ou passivo (art. 14 da Lei nº 12.973/2014).

A perda não será computada na determinação do lucro real e da base de cálculo da CSLL caso o valor realizado, inclusive mediante depreciação, amortização, exaustão, alienação ou baixa, seja indedutível.

Na hipótese de não ser evidenciada por meio de subconta, a perda será considerada indedutível na apuração do lucro real e da base de cálculo da CSLL.

3. REGISTRO CONTÁBIL

A contrapartida do valor justo para os elementos do ativo e do passivo será registrada como receita e despesa no resultado do exercício.

No caso de aplicações em instrumentos financeiros disponíveis para venda futura, o valor do ajuste apurado no balanço pelo valor justo será registrado na conta "Ajuste de Avaliação Patrimonial", no patrimônio líquido. No momento da baixa, o ganho ou perda acumulado nessa conta deve ser transferido para o resultado do exercício.

4. EXEMPLO PRÁTICO

Vamos considerar que, em 01.02.20X0, a empresa efetuou uma aplicação financeira no valor de R$ 100.000,00, com vencimento em 31.03.20X0 no valor de R$ 130.000,00.

a) pela aplicação:

CONTAS CONTÁBEIS	DÉBITO – R$	CRÉDITO – R$
Aplicação Financeira para Venda (Ativo Circulante)	100.000	
Disponibilidades (Ativo Circulante)		100.000

Em 28.02.20X0, a aplicação financeira apresentou um preço no valor de R$ 115.000,00.

b) registro do rendimento, pelo regime de competência:

CONTAS CONTÁBEIS	DÉBITO – R$	CRÉDITO – R$
Aplicação Financeira para Venda (Ativo Circulante)	15.000	
Receita Financeira AVJ (Resultado)		15.000

Em 31.03.20X0, o valor justo (mercado) da aplicação financeira vale R$ 120.000,00. Esta aplicação não foi negociada (vendida).

c) registro do ajuste:

CONTAS CONTÁBEIS	DÉBITO – R$	CRÉDITO – R$
Aplicação Financeira para Venda (Ativo Circulante)	5.000	
Ajuste de Avaliação Patrimonial (Patrimônio Líquido)		5.000

Em 15.05.20X0, a aplicação financeira foi vendida ao valor justo no valor de R$ 120.000,00, antes de seu vencimento.

d) registro da venda:

CONTAS CONTÁBEIS	DÉBITO – R$	CRÉDITO – R$
Banco Conta Movimento (Ativo Circulante)	120.000	
Aplicação Financeira para Venda (Ativo Circulante)		120.000

e) registro da transferência do ganho na operação:

CONTAS CONTÁBEIS	DÉBITO – R$	CRÉDITO – R$
Ajuste de Avaliação Patrimonial (Patrimônio Líquido)	5.000	
Receita Financeira AVJ (Resultado)		5.000

VARIAÇÃO CAMBIAL

1. INTRODUÇÃO

Variações cambiais são as variações monetárias decorrentes das alterações das taxas de câmbio sofridas por direitos de créditos ou por obrigações contratadas em moeda estrangeira (Lei nº 6.404/1976, artigo 183, I, redação dada pela Lei nº 11.638/2007 e artigo 184, II).

Elas podem oscilar para mais ou para menos, dependendo da flutuação do câmbio.

Nos direitos com clientes estrangeiros serão utilizadas as taxas de compra e, nas obrigações serão utilizadas as taxas de venda.

2. IMPOSTO DE RENDA

As variações monetárias dos direitos de crédito e das obrigações do contribuinte, em função da taxa de câmbio, serão consideradas, para efeito de determinação da base de cálculo do Imposto sobre a Renda da Pessoa Jurídica (IRPJ), da Contribuição Social sobre o Lucro Líquido (CSLL), da contribuição para o PIS/Pasep e da Contribuição para o Financiamento da Seguridade Social (Cofins), bem como da determinação do lucro da exploração, quando da liquidação da correspondente operação, segundo o regime de caixa (artigo 2º da IN RFB nº 1.079/2010).

As pessoas jurídicas poderão reconhecer, fiscalmente, essas variações pelo regime de competência (artigo 3º da IN RFB nº 1.079/2010). Neste caso, a pessoa jurídica manifestará a sua opção pelo regime de competência na entrega da DCTF.

3. REGISTRO CONTÁBIL

As variações cambiais devem ser reconhecidas mensalmente pelo regime de competência, da seguinte maneira:

   a) a débito de uma conta de despesa financeira intitulada "Variação Cambial Passiva", no resultado do exercício, e a crédito da conta de obrigação ou da conta de direito, no balanço patrimonial (dependendo da flutuação do câmbio);

   b) a débito da conta de direito ou na conta de obrigação, no balanço patrimonial (dependendo da flutuação do câmbio), e a crédito de uma conta de receita financeira intitulada "Variação Cambial Ativa".

4. EXEMPLO PRÁTICO

Vamos considerar que, em 31.05.X0, a empresa tenha importado uma máquina a prazo pelo valor de US$ 100,000.00.

Considerando que a taxa de câmbio na data do desembaraço aduaneiro seja de R$ 1,70, o balanço patrimonial da empresa apresentará o seguinte saldo:

Balanço patrimonial:

ATIVO IMOBILIZADO	R$	PASSIVO CIRCULANTE	R$
Máquinas e Equipamentos	170.000,00	Fornecedores Estrangeiros	170.000,00

Em 30.06.X0, a cotação dos Estados Unidos, divulgada pelo Banco Central do Brasil, era de R$ 1,74 para venda.

Valor atualizado em 30.06.X0 (US$ 100,000.00 x R$ 1,74)	174.000,00
(-) Valor contábil	170.000,00
(=) Variação Cambial	4.000,00

Neste caso, teremos o seguinte lançamento contábil:

a) Registro da variação monetária decorrente das alterações da taxa de câmbio:

CONTAS CONTÁBEIS	DÉBITO – R$	CRÉDITO – R$
Variação Cambial Passiva (Conta de Resultado)	4.000,00	
Fornecedores Estrangeiros (Passivo Circulante)		4.000,00

Após o registro da variação, o balanço patrimonial ficará demonstrado da seguinte maneira:

Balanço patrimonial:

ATIVO IMOBILIZADO	R$	PASSIVO CIRCULANTE	R$
Máquinas e Equipamentos	170.000,00	Fornecedores Estrangeiros	174.000,00
		PL	
		Prejuízo Acumulado	4.000,00

VARIAÇÃO NO PERCENTUAL DE PARTICIPAÇÃO AVALIADA PELO MÉTODO DE EQUIVALÊNCIA PATRIMONIAL

1. INTRODUÇÃO

A variação no percentual de investimentos avaliados pelo Método de Equivalência Patrimonial pode ocorrer em função da venda parcial do investimento, reestruturação de espécie e classe de ações, renuncia do direito de subscrever aumento de capital, aquisição de ações próprias para cancelamento ou manter em tesouraria, etc.

Ocorrência comum é a investidora não subscrever capital na investida quando de aprovação de aumento de capital ou realizar em montante menor ou mesmo maior provocando, assim variação no percentual do investimento.

2. TRIBUTAÇÃO

O ajuste realizado no investimento avaliado pelo Método de Equivalência Patrimonial por aumento ou redução no patrimônio liquida do investimento não será computado na determinação do lucro real, conforme art. 426 do RIR/2018.

Os ajuste são feitos no e-Lalur e e-Lacs em adições ou exclusões dependo do resultado apresentado dentro da Escrituração Contábil Fiscal – ECF

3. REGISTRO CONTÁBIL

Quando a variação no percentual do investimento resultado em ganho, o valor apurado será tratado como receita não operacional e registrado como Receita de Equivalência Patrimonial.

No caso de variação no percentual de investimento resultar perda, o valor apurado será tratado como Perda de Equivalência Patrimonial e registrado como Perda de Equivalência Patrimonial.

4. EXEMPLO PRÁTICO

O capital da investida representa 4.000 ações das quais a investidora detém 55%. No ano de 20X1 a investidora subscreve capital na ordem de 2.000 ações no valor de R$ 1,00 cada.

O patrimônio líquido da investida antes da subscrição representa:

- Capital Social   R$ 4.000,00
- Reservas de Capital   R$ 2.000,00
- Total   R$ 6.000,00

Participação da investidora: R$ 6.000,00 x 55% = R$ 3.300,00

Após a subscrição de capital a investida apurou um lucro de R$ 1.500,00 com distribuição de 30% desse valor.

4.1 Cálculo do novo percentual

Investida

Ações Integralizadas 4.000
Ações Subscritas   2.000
Total   6.000

Investidora

Ações antes da subscrição 4.000 x 55% = 2.200
Ações depois da subscrição 4.200 (2.000 + 2.200)
Novo Percentual 4.200 x 6.000 = 70%
Variação no percentual 70% – 55% = 15%

4.2 Calcular a Equivalência Patrimonial

CONTAS	INVESTIDA	PERCENTUAL	INVESTIDORA
Capital Integralizado	6.000	55%	3.300
Subscrição	2.000	100%	2.000
Ganho na subscrição			300
Total	8.000	70%	5.600
Lucros do Período	1.500	70%	1.050
Dividendos	450	30%	315
Saldo	9050	70%	6335

4.3 Lançamentos contábeis

1. Pela subscrição

CONTAS CONTÁBEIS	DÉBITO R$	CRÉDITO R$
Participação em "X"(Ativo Não Circulante)	2.000,00	
Bancos Conta Movimento (Ativo Circulante)		2.000,00

2. Pelo ganho na subscrição

CONTAS CONTÁBEIS	DÉBITO R$	CRÉDITO R$
Participação em "X"(Ativo Não Circulante)	300,00	
Ganho de Capital (Conta de Resultado)		300,00

3. Pelo equivalência

CONTAS CONTÁBEIS	DÉBITO R$	CRÉDITO R$
Participação em "X"(Ativo Não Circulante)	1.050,00	
Receita de Equivalência (Conta de Resultado)		1.050,00

4. Pelo apropriação dos dividendos

CONTAS CONTÁBEIS	DÉBITO R$	CRÉDITO R$
Dividendos a Receber(Ativo Circulante)	315,00	
Participação em "X"(Ativo Não Circulante)		315,00

VENDA AMBULANTE

1. INTRODUÇÃO

Venda Ambulante é a saída (remessa) de diversas mercadorias sem destinatário certo, por meio de veículo ou qualquer outro meio de transporte, para a realização de vendas fora do estabelecimento físico do remetente a clientes localizados no próprio Estado de São Paulo ou em outro Estado, com a emissão de uma Nota Fiscal para acompanhar a mercadoria e outra no ato de sua entrega (art. 434 do RICMS/2000-SP).

2. IMPOSTO DE RENDA

A venda ambulante é uma receita normalmente tributada perante a legislação do imposto de renda (art. 208 do RIR/2018).

3. REGISTRO CONTÁBIL

De acordo com o Pronunciamento Técnico CPC 47, a receita proveniente da venda de bens deve ser reconhecida quando forem satisfeitas todas as seguintes condições:

a) quando as partes do contrato aprovarem o contrato (por escrito, verbalmente ou de acordo com outras práticas usuais de negócios) e estiverem comprometidas em cumprir suas respectivas obrigações;

b) quando a entidade puder identificar os direitos de cada parte em relação aos bens ou serviços a serem transferidos;

c) quando a entidade puder identificar os termos de pagamento para os bens ou serviços a serem transferidos;

d) quando o contrato possuir substância comercial (ou seja, espera-se que o risco, a época ou o valor dos fluxos de caixa futuros da entidade se modifiquem como resultado do contrato); e

e) quando for provável que a entidade receberá a contraprestação à qual terá direito em troca dos bens ou serviços que serão transferidos ao cliente. Ao avaliar se a possibilidade de recebimento do valor da contraprestação é provável, a entidade deve considerar apenas a capacidade e a intenção do cliente de pagar esse valor da contraprestação quando devido. O valor da contraprestação à qual a entidade tem direito pode ser inferior ao preço declarado no contrato se a contraprestação for variável, pois a entidade pode oferecer ao cliente uma redução de preço.

4. EXEMPLO PRÁTICO

Considerando que a empresa WM Comércio Ltda., remeteu ao vendedor ambulante 100 guarda-chuvas a um preço unitário de R$ 7,00, que totaliza R$ 700,00 de mercadorias.

Considerando que o ICMS seja de 18%.

Sugerimos os seguintes lançamentos contábeis, na remessa das mercadorias para venda ambulante:

I) Registro da NF de remessa para venda fora do estabelecimento:

CONTAS CONTÁBEIS	DÉBITO – R$	CRÉDITO – R$
Mercadorias Remetidas para Venda Ambulante (Ativo Circulante)	700,00	
Estoque (Ativo Circulante)		700,00

II) Registro do ICMS na remessa para venda ambulante:

CONTAS CONTÁBEIS	DÉBITO – R$	CRÉDITO – R$
ICMS a Recuperar sobre Remessas para Venda Ambulante (Ativo Circulante)	126,00	
ICMS a Recolher (Passivo Circulante)		126,00

Dando sequência ao exemplo, suponhamos que o vendedor ambulante tenha efetivado a venda de 80 guarda-chuvas e que os 20 guarda-chuvas não comercializados sejam devolvidos para a Empresa WM.

Neste caso, sugerimos os seguintes lançamentos contábeis:

III) Registro do retorno das mercadorias (20 guarda-chuvas x R$ 7,00):

CONTAS CONTÁBEIS	DÉBITO – R$	CRÉDITO – R$
Estoque (Ativo Circulante)	140,00	
Mercadorias Remetidas para Venda Ambulante (Ativo Circulante)		140,00

IV) Registro do ICMS (18%) no retorno das mercadorias:

CONTAS CONTÁBEIS	DÉBITO – R$	CRÉDITO – R$
ICMS a Recolher (Passivo Circulante)	25,20	
ICMS a Recuperar sobre Remessas para Venda Ambulante		25,20

Nota: Salientamos que o contribuinte deverá observar a legislação do ICMS de seu Estado, pertinente ao assunto.

Finalizando nosso exemplo, vamos considerar que o vendedor ambulante tenha efetuado apenas a venda de 80 guarda-chuvas a um preço unitário de R$ 10,00. Neste caso, sugerimos os seguintes lançamentos contábeis.

V) Registro da venda das mercadorias:

CONTAS CONTÁBEIS	DÉBITO – R$	CRÉDITO – R$
Clientes (Ativo Circulante)	800,00	
Revenda de Mercadorias (Conta de Resultado)		800,00

VI) Registro do ICMS (18%) incidente sobre as vendas:

CONTAS CONTÁBEIS	DÉBITO – R$	CRÉDITO – R$
ICMS Incidente s/ Venda das Mercadorias (Conta de Resultado)	144,00	
ICMS a Recolher (Passivo Circulante)		144,00

VII) Registro do CMV:

CONTAS CONTÁBEIS	DÉBITO – R$	CRÉDITO – R$
CMV (Conta de Resultado)	560,00	
Mercadorias Remetidas para Venda Ambulante (Ativo Circulante)		560,00

VENDA COM ENTREGA FUTURA

1. INTRODUÇÃO

A venda com entrega futura ocorre quando a empresa vende, mediante emissão de documento fiscal, mercadorias já produzidas ou adquiridas de fornecedores, mas que, por conveniência ou interesse do comprador, continua a mercadoria em poder da vendedora, que passa a ser considerada mera depositária da mercadoria vendida.

2. IMPOSTO DE RENDA

No caso de venda com entrega futura, a tributação do IRPJ, CSLL, PIS e Cofins ocorrerá na emissão da nota fiscal, tendo em vista que a fornecedora possui o produto em estoque.

3. REGISTRO CONTÁBIL

Na venda de mercadorias para entrega futura, o reconhecimento contábil de sua receita deve ser observado se (artigo 9º da Resolução CFC nº 750/1993 e PN CST nº 73/1973):

a) o vendedor tem a posse dos bens a serem entregues;

b) os estoques estão segregados dos demais e colocados à disposição do cliente.

Essa segregação se faz necessária para fins internos na empresa vendedora.

A receita deverá ser reconhecida na data em que for efetuada a transação da venda.

Nesse caso, o vendedor é considerado depositário fiel das mercadorias vendidas que continuam na sua posse.

4. EXEMPLO PRÁTICO

Determinada empresa faturou mercadorias, já adquiridas do fornecedor, no valor de R$ 5.000,00, sendo que essas mercadorias não foram entregues ao adquirente por conveniência ou interesse deste. Neste caso, teremos os seguintes lançamentos contábeis:

a) Registro do faturamento:

CONTAS CONTÁBEIS	DÉBITO – R$	CRÉDITO – R$
Clientes (Ativo Circulante)	5.000,00	
Receita Bruta de Vendas (Conta de Resultado)		5.000,00

b) Registro do ICMS de 18% sobre os R$ 5.000,00:

CONTAS CONTÁBEIS	DÉBITO – R$	CRÉDITO – R$
ICMS s/Vendas (Conta de Resultado)	900,00	
ICMS a Recolher (Passivo Circulante)		900,00

c) Registro da baixa do estoque:

Considerando que o valor do custo das mercadorias vendidas seja de R$ 700,00, teremos:

CONTAS CONTÁBEIS	DÉBITO – R$	CRÉDITO – R$
Custo das Mercadorias Vendidas (Conta de Resultado)	700,00	
Estoque de Mercadorias para Revenda (Ativo Circulante)		700,00

d) Registro do recebimento:

CONTAS CONTÁBEIS	DÉBITO – R$	CRÉDITO – R$
Caixa/Banco Conta Movimento (Ativo Circulante)	5.000,00	
Clientes (Ativo Circulante)		5.000,00

e) Registro da mercadoria em depósito:

CONTAS CONTÁBEIS	DÉBITO – R$	CRÉDITO – R$
Estoque de Terceiros (Contas de Compensação)	700,00	
Mercadorias de Terceiros (Contas de Compensação)		700,00

f) Registro da entrega da mercadoria:

CONTAS CONTÁBEIS	DÉBITO – R$	CRÉDITO – R$
Mercadorias de Terceiros (Contas de Compensação)	700,00	
Estoque de Terceiros (Contas de Compensação)		700,00

VENDA DE INGRESSOS EM EVENTOS

1. INTRODUÇÃO

Eventos são todos os acontecimentos previamente planejados, organizados e coordenados de forma a contemplar o maior número de pessoas em um mesmo espaço físico e temporal, com informações, medidas e projetos sobre uma ideia, ação ou produto, apresentando os diagnósticos de resultados e os meios mais eficazes para se atingir determinado objetivo(MARTIN, 2008).

Ou seja, constitui-se no deslocamento e concentração de pessoas para festas, concerto, desfile etc.

2. IMPOSTO DE RENDA

A venda de ingressos em eventos é uma receita tributada perante a legislação do imposto de renda (art. 208 do RIR/2018).

3. REGISTRO CONTÁBIL

De acordo com o Pronunciamento Técnico CPC 47, as receitas provenientes de apresentações artísticas, banquetes e outros eventos especiais devem ser reconhecidas quando o evento ocorrer. Quando os ingressos para uma série de eventos forem vendidos, a comissão deve ser alocada a cada evento em base que reflita a extensão em que os serviços são prestados para cada evento.

4. EXEMPLO PRÁTICO

Considerando que uma empresa que produz grandes bailes na região, tenha vendido 1.000 ingressos por R$ 150,00 cada um, que totaliza R$ 150.000,00.

Neste caso, sugerimos o seguinte lançamento contábil:

a) Registro na venda:

CONTAS CONTÁBEIS	DÉBITO – R$	CRÉDITO – R$
Caixa ou Banco Conta Movimento (Conta de Resultado)	150.000,00	
Adiantamento de Clientes (Passivo Circulante)		150.000,00

Após ter ocorrido o evento, a empresa deverá reconhecer a receita no resultado do exercício, da seguinte forma:

b) Registro no faturamento:

CONTAS CONTÁBEIS	DÉBITO – R$	CRÉDITO – R$
Adiantamento de Clientes (Passivo Circulante)	150.000,00	
Receita da Prestação de Serviços (Conta de Resultado)		150.000,00

Nota: Sobre a receita de prestação de serviços haverá incidência do ISS, PIS/Pasep e da Cofins.

VENDA DE MERCADORIAS E SERVIÇOS

1. INTRODUÇÃO

A receita bruta compreende (artigo 2º da Lei nº 12.973/2014):

I – o produto da venda de bens nas operações de conta própria;

II – o preço da prestação de serviços em geral;

III – o resultado auferido nas operações de conta alheia; e

IV – as receitas da atividade ou objeto principal da pessoa jurídica, não compreendidas nos incisos I a III.

Na receita bruta, não se incluem os impostos não cumulativos cobrados, destacadamente, do comprador ou contratante, dos quais o vendedor dos bens ou o prestador dos serviços seja mero depositário (IPI).

Nas vendas a prazo, o custo do financiamento, contido no valor dos bens ou serviços ou destacado na nota fiscal, integra a receita bruta para efeito de tributação (Ato Declaratório Normativo Cosit nº 07, de 1993).

2. DEFINIÇÕES

Mercadorias – valores de venda de produtos adquiridos de terceiros. Exemplo: uma farmácia adquire medicamentos de um distribuidor, e revende-os. Trata-se de mercadorias, e não de produtos.

Produtos – valores de venda de produtos de produção própria (indústria). Exemplo: uma indústria farmacêutica adquire insumos, industrializa-os e vende aos distribuidores. Trata-se de produtos de produção própria vendidos.

Serviços – valores de venda de serviços executados por contrato ou tarefa. Exemplo: serviços de auditoria independente, executados para um cliente.

Regime de competência – As receitas e as despesas devem ser incluídas na apuração do resultado do período em que ocorrerem, sempre simultaneamente quando se correlacionarem, independentemente de recebimento ou pagamento.

3. REGISTRO CONTÁBIL

As vendas de mercadorias e serviços devem ser contabilizadas por ocasião da entrega ou execução do produto ou serviço, ou seja, pelo regime de competência.

4. EXEMPLO PRÁTICO

Observe os dados abaixo:

DISCRIMINAÇÃO	VENDAS – R$
Receita Bruta	660.000,00
(-) Desconto Incondicional	60.000,00
(=) Valor Total da NF	600.000,00
(-) ICMS de 18%	108.000,00
(-) Custo das Mercadorias Vendidas	240.000,00
(-) Cofins a Recolher/Recuperar	45.600,00
PIS a Recolher/Recuperar	9.900,00

As contribuições para a Cofins e PIS foram calculadas pela sistemática da não cumulatividade mediante a aplicação das alíquotas de 7,6% e 1,65%, respectivamente, sobre o valor total das notas fiscais de Vendas e de Devolução de Vendas;

Com base nesses dados, seguem os lançamentos contábeis:

a) Registro das vendas:

CONTAS CONTÁBEIS	DÉBITO – R$	CRÉDITO R$
Clientes (Ativo Circulante)	600.000,00	
Desconto Concedido Incondicionalmente (Conta de Resultado)	60.000,00	
Receita Bruta (Conta de Resultado)		660.000,00

b) Registro do ICMS sobre as vendas:

CONTAS CONTÁBEIS	DÉBITO – R$	CRÉDITO R$
ICMS sobre as Vendas (Conta de Resultado)	108.000,00	
ICMS a Recolher (Passivo Circulante)		108.000,00

c) Registro do PIS/Pasep sobre as vendas:

CONTAS CONTÁBEIS	DÉBITO – R$	CRÉDITO R$
PIS sobre as Vendas (Conta de Resultado)	9.900,00	
PIS a Recolher (Passivo Circulante)		9.900,00

d) Registro da Cofins sobre as vendas:

CONTAS CONTÁBEIS	DÉBITO – R$	CRÉDITO R$
Cofins sobre as Vendas	45.600,00	
Cofins a Recolher (Passivo Circulante)		45.600,00

Observação:
Neste livro, existe uma matéria sobre devolução destas vendas.

VENDOR

1. INTRODUÇÃO

Vendor é uma operação de financiamento de venda baseado no princípio de cessão de crédito, que permite a uma empresa vender seu produto a prazo e receber o pagamento à vista.

A empresa vendedora transfere seu crédito ao banco e este, em troca de uma taxa de intermediação, paga o vendedor à vista e financia o comprador.

2. REGISTRO CONTÁBIL

A taxa de intermediação cobrada pelo banco na transferência dos créditos será classificada como despesa financeira, no resultado do exercício.

3. EXEMPLO PRÁTICO

Vamos considerar que uma empresa mercantil negociou junto ao banco uma duplicata no valor de R$ 100.000,00, sendo que a taxa de intermediação é de R$ 4.000,00, por exemplo.

O registro contábil na empresa vendedora será o seguinte:
a) Pela venda:

CONTAS CONTÁBEIS	DÉBITO – R$	CRÉDITO – R$
Clientes (Ativo Circulante)	100.000,00	
Receita de Vendas (Conta de Resultado)		100.000,00

b) Pelo recebimento junto ao banco:

CONTAS CONTÁBEIS	DÉBITO – R$	CRÉDITO – R$
Caixa/Banco Conta Movimento (Ativo Circulante)	96.000,00	
Despesa Financeira (Conta de Resultado)	4.000,00	
Clientes (Ativo Circulante)		100.000,00

O registro contábil na empresa avalista será o seguinte:

Sendo a pessoa jurídica avalista do comprador, poderá registrar e controlar esta operação de garantia em contas de compensação da seguinte forma:

CONTAS CONTÁBEIS	DÉBITO – R$	CRÉDITO – R$
Avalista de Títulos (Conta de Compensação)	100.000,00	
Títulos Avalizados (Conta de Compensação)		100.000,00

O registro contábil na empresa cliente será o seguinte:

Quanto ao registro contábil do cliente, tratando-se de bens do ativo imobilizado, sugerimos os seguintes lançamentos:

a) Pela compra financiada:

CONTAS CONTÁBEIS	DÉBITO – R$	CRÉDITO – R$
Ativo Imobilizado	100.000,00	
Financiamento Bancário a Pagar (Passivo Circulante ou Não Circulante)		100.000,00

b) Pelos encargos do financiamento:

CONTAS CONTÁBEIS	DÉBITO – R$	CRÉDITO – R$
Juros a Incorrer (Conta Redutora do Passivo Circulante ou Não Circulante)	4.000,00	
Juros a Pagar (Passivo Circulante ou Não Circulante)		4.000,00

c) Pelo pagamento:

CONTAS CONTÁBEIS	DÉBITO – R$	CRÉDITO – R$
Financiamento Bancário a Pagar (Passivo Circulante ou Não Circulante)	100.000,00	
Juros a Pagar (Passivo Circulante ou Não Circulante)	4.000,00	
Caixa/Banco Conta Movimento (Ativo Circulante)		104.000,00

d) Apropriação da despesa, pelo regime de competência:

CONTAS CONTÁBEIS	DÉBITO – R$	CRÉDITO – R$
Juros Passivos (Conta de Resultado)	4.000,00	
Juros a Incorrer (Conta Redutora do Passivo Circulante ou Não Circulante)		4.000,00

W

WARRANT AGROPECUÁRIO (WA)

1. INTRODUÇÃO

Para falarmos desse título de crédito, vale destacar que o depositário (armazenador) e o depositante, na operação de armazenagem de produtos agropecuários, definirão de comum acordo, a constituição de garantias, as quais deverão estar registradas no Certificado de Depósito Agropecuário (CDA) e no *Warrant* Agropecuário (WA).

Warrant Agropecuário (WA) é um título de crédito representativo de promessa de pagamento em dinheiro que confere direito de penhor sobre o CDA correspondente, assim como sobre o produto nele descrito. O CDA e o WA são títulos executivos extrajudiciais unidos, emitidos no mesmo momento pelo depositário, a pedido do depositante, podendo ser transmitidos unidos ou separadamente, mediante endosso.

As normas a serem aplicadas ao CDA e ao WA são as de direito cambial, no que forem cabíveis. Portanto, esses títulos são cartulares, antes de seu registro em sistema de registro e de liquidação financeira, ficando certo que aquele que o possuir é o legítimo titular do direito e após a sua baixa serão escriturais ou eletrônicos, enquanto permanecerem registrados em sistema de registro e de liquidação financeira.

2. CARACTERÍSTICAS DO *WARRANT*

Na solicitação de emissão do WA, o depositante ao depositário declarará, sob as penas da lei, que o produto é de sua propriedade e está livre e desembaraçado de quaisquer ônus e outorgará, em caráter irrevogável, poderes ao depositário para transferir a propriedade do produto ao endossatário do CDA.

Após sua emissão, o depositário torna-se responsável, civil e criminalmente, inclusive perante terceiros, pelas irregularidades e inexatidões neles lançadas. Também assume a obrigação de guardar, conservar, manter a qualidade e a quantidade do produto recebido em depósito e de entregá-lo ao credor na quantidade e qualidade consignadas no CDA e no WA.

O WA após sua emissão é obrigatório o registro em sistema de registro e de liquidação financeira de ativos autorizado pelo Banco Central do Brasil, no prazo de até 30 dias, contado da data de emissão dos títulos, no qual constará o respectivo número de controle do título. Contudo, o registro será precedido da entrega dos títulos à custódia de instituição legalmente autorizada para esse fim, mediante endosso-mandato.

Já a instituição custodiante será a responsável por efetuar o endosso do CDA e do WA ao respectivo credor, quando da retirada dos títulos do sistema de registro e de liquidação financeira.

As negociações serão efetuadas por intermédio dos mercados de bolsa e de balcão com ativos financeiros, e são isentas do Imposto sobre Operações de Crédito, Câmbio e Seguro ou relativas a Títulos ou Valores Mobiliários.

A remuneração produzida por Certificado de Depósito Agropecuário (CDA), *Warrant* Agropecuário (WA), são isentas do Imposto de Renda, na fonte e na Declaração de Ajuste Anual das pessoas físicas; entretanto, esta isenção não se aplica aos rendimentos auferidos por pessoas jurídicas e ao ganho de capital auferido na alienação ou cessão.

Para a retirada do produto, o credor do CDA providenciará a baixa do registro eletrônico e solicitará à instituição custodiante o endosso na cártula e a sua entrega. A baixa do registro eletrônico ocorrerá somente se o CDA e o WA estiverem em nome do mesmo credor; ou o credor do CDA consignar, em dinheiro, na instituição custodiante, o valor do principal e dos juros devidos até a data do vencimento do WA.

A consignação do valor do WA equivale ao real e efetivo pagamento da dívida, devendo a quantia consignada ser entregue ao credor do WA pela instituição custodiante, junto com a cártula do CDA, documento comprobatório do depósito consignado.

Por fim, com a entrega do CDA ao depositário, juntamente com o respectivo WA ou com o documento comprobatório, o endossatário adquire a propriedade do produto nele descrito, extinguindo-se o mandato.

3. REGISTRO CONTÁBIL

Os *Warrants* emitidos como título de crédito será registrado pela sua emissão em contas de compensação e após a sua negociação em conta do disponível em contrapartida como obrigações com terceiros.

4. EXEMPLO PRÁTICO

Admita-se emissão do CDA e WA, com negociação pelo produtor apenas do WA sugerimos os seguintes lançamentos:

I – Pela remessa dos produtos agropecuários ao armazém geral (Depositário):

CONTAS CONTÁBEIS	DÉBITO – R$	CRÉDITO – R$
Produtos depositados em armazém geral (Contas de Compensação)	100.000,00	
Depósito de produtos em armazém geral (Contas de Compensação)		100.000,00

II – Pela emissão dos títulos pelo armazém geral:

CONTAS CONTÁBEIS	DÉBITO – R$	CRÉDITO – R$
Warrant (Contas de Compensação)	10.000,00	
Warrants Emitidos (Contas de Compensação)		10.000,00

III – Pela negociação do título WA:

CONTAS CONTÁBEIS	DÉBITO – R$	CRÉDITO – R$
Caixa ou Bancos (Ativo Circulante)	10.000,00	
Obrigações com Terceiros (Passivo Circulante)		10.000,00

IV – Pela apropriação dos juros devidos:

CONTAS CONTÁBEIS	DÉBITO – R$	CRÉDITO – R$
Despesa com Juros (Conta de Resultado)	100,00	
Obrigações com Terceiros (Passivo Circulante)		100,00

V – Pelo resgate do WA:

CONTAS CONTÁBEIS	DÉBITO – R$	CRÉDITO – R$
Obrigações com Terceiros (Ativo Circulante)	10.100,00	
Caixa ou Bancos (Ativo Circulante)		10.100,00

BIBLIOGRAFIA

A. Esgoti & Auditores Associados. Disponível em: <www.ariesgoti.cnt.br>.

CONSELHO FEDERAL DE CONTABILIDADE. *Princípios Fundamentais de Contabilidade e Normas Brasileiras de Contabilidade*. 28. ed. Brasília: Conselho Federal de Contabilidade, 2000.

Direito em debate. Disponível em: <www.direitoemdebate.net>.

FABRETTI, Láudio Camargo. Incorporação, Fusão, Cisão e outros eventos societários.

IOB On Line. Disponível em: <www. iobonline.com.br>.

IOB On Line. Disponível em: <http://www.iobonline.com.br/pages/core/login.jsf>

IUDÍCUBUS, Sérgio de; MARTINS, Eliseu; GELBCKE, Ernesto Rubens; SANTOS, Ariovaldo dos. *Manual de Contabilidade Societária*. 1. ed. São Paulo: Atlas, 2010.

LGN Organização Contábil. Disponível em: <www.lgncontabil.com.br>.

NEPOMUCENO, F. *Contabilização de Tributos e Contribuições Sociais*. 1. ed. São Paulo: IOB Thomson, 2004.

OLIVEIRA, Luís Martins; CHIEREGATO, Renato; HERNANDEZ PEREZ JUNIOR, José; GOMES, Marliete Bezerra. *Manual de Contabilidade Tributária*. 3. ed. São Paulo: Atlas, 2004.

_____. *Lei das Sociedades por Ações*. 26. ed. São Paulo: Atlas, 1998.

_____. *Lei nº 11.638, de 28 de dezembro de 2007.*

Portal da Educação. Disponível em: <http://www.portaleducacao.com.br/direito/artigos/37506/acao-trabalhista-direito-processual-civil#ixzz42cY42AOm>.

Portal de Contabilidade. Disponível em: <www.portaldecontabilidade.com.br>.

Portal do Contabilista. Disponível em: <www.contabilista-sp.com.br>.

Portal Tributário. Disponível em: <www.portaltributário.com.br.>

Professor Ricardo. Disponível em: <www.blogdoprofessorricardo.blogspot.com>.

Tax Contabilidade <www.tax-contabilidade.com.br>.

Wikipédia, a enciclopédia livre. Disponível em: <http://pt.wikipedia.org>.

<www.cosif.com.br>.

<www.guiatrabalhista.com.br/tematicas/dep_recursal.htm>

<www.silnev.com.br>.